LA CIVILISATION DU PHOQUE

Avec le soutien du Centre national du livre.

ISBN : 978-2-410-02591-0
Dépôt légal : octobre 2022

170 bis, boulevard du Montparnasse, 75680 Paris cedex 14

Paul-Émile VICTOR
Joëlle ROBERT-LAMBLIN

LA CIVILISATION DU PHOQUE

Belin

Eskimo, Inuit, Kalaallit…

Excepté dans quelques régions d'Alaska et du Nord-Est sibérien, le terme « eskimo » (ou esquimau) n'est plus utilisé de nos jours dans la plupart des territoires du Grand Nord. Il demeure toutefois la référence à une langue (la famille eskimo-aléoute) et une culture spécifique (souvent désignée comme « traditionnelle ») développée par les petits groupes humains qui se sont progressivement disséminés, par vagues successives, depuis la Sibérie orientale, à travers le détroit de Béring, le long des côtes sud-ouest de l'Alaska et vers l'est : l'extrême nord de l'Alaska et du Canada, jusqu'au Groenland.

Considéré par diverses communautés comme péjoratif, le terme « eskimo », qui signifierait en langues amérindiennes « mangeur de viande crue » ou « locuteur d'une langue étrangère », a été remplacé au Canada, notamment par le terme « inuit » signifiant « les Hommes ». Au Groenland toutefois, la population autochtone contemporaine se désigne d'une façon générale par l'appellation « kalaallit » (groenlandais), en distinguant trois communautés régionales, celle du sud-ouest, très majoritaire, parlant le kalaallisut, la langue officielle ; celle du nord-ouest, utilisant l'inuktun, et celle de l'est, le tunumiisut.

Joëlle ROBERT-LAMBLIN

SOMMAIRE

Note concernant la composition du livre

Les pages qui suivent sont composées en très grande majorité de ce qui a été publié lors de la première édition en deux tomes de *La Civilisation du Phoque*, parus en 1989 et 1993. Elles sont présentées sous forme de fac-similés et de textes typographiés, auxquels ont été ajoutés quelques inédits issus des archives de Paul-Émile Victor et des mises à jour de Joëlle Robert-Lamblin.

Note concernant les dessins, photographies et documents de terrain

La majorité des dessins au trait illustrant le texte ci-après a été faite par Paul-Émile Victor sur le terrain, entre 1934 et 1937, ou ultérieurement.

Les autres dessins ont été exécutés par ses informateurs eskimo, les habitants d'Ammassalik, et en particulier par son compagnon Kristian.

L'ensemble des dessins, photographies et manuscrits de terrain de Paul-Émile Victor ayant trait au Groenland oriental, constitue le « Fonds Paul-Émile Victor » de la Bibliothèque centrale du Muséum national d'histoire naturelle à Paris.

Note concernant les nomenclatures, les vocabulaires des diverses rubriques, etc.

On observera parfois des termes différents pour des actions identiques.

Ces vocabulaires variables proviennent des divers informateurs interrogés au cours des années 1934-1937. Il en est de même des prononciations notées pour des noms de personne, des lieux géographiques ou du vocabulaire courant.

Nous avons conservé ces diverses notations autant que faire se pouvait. Le lecteur se reportera au glossaire publié en annexe. Dans toute la mesure du possible, il y trouvera les correspondances entre le vocabulaire des années 1934-1937 et la langue selon la transcription actuelle.

À la population du Groenland oriental qui a chaleureusement accueilli Paul-Émile Victor en 1934-1937, puis Joëlle Robert-Lamblin entre 1967 et 2007, et leur a fait partager son précieux savoir ancestral.

PRÉFACE

Lire ce livre fait un bien fou.

Car être extrait avec radicalité du monde d'aujourd'hui (celui de l'agonie culturelle de l'Occident et de la fragilité de la paix y compris en Europe, je fais court) pour être déplacé dans un monde où le temps et les paysages se déploient au rythme d'une respiration posée, contemplative, et bizarrement dans un noir et blanc séduisant et rassurant, est une chance.

Il me faut du temps pour commencer à mesurer l'ampleur et la profondeur de ce qu'il est donné à voir et à lire dans ce livre. L'infime parcelle de terre glacée et ceux qui l'habitent, vus d'ici, de notre présent, c'est un peu comme la découverte d'une exoplanète égarée à des années-lumière de nous.

Ce voyage dans le temps, c'est d'abord l'obsession d'un homme pour une petite tranche de population eskimo, les Ammassalimiut, perdue dans les glaces du Groenland (on appelle ça un isolat). Et cet homme, c'est Paul-Émile Victor, nom qui continue à braver les couches d'ignorance qui s'accumulent pourtant avec l'accélération aveugle de notre société mondiale. Paul-Émile Victor, ça dit toujours quelque chose, ça résonne, ça a imprimé le temps… avec toujours cette dose de mystère, d'aventures qui font rêver, font toucher les lointaines contrées de notre monde d'avant, au point de se demander si celui d'aujourd'hui en est vraiment le fruit.

Entrer dans sa tête, grâce aux textes de l'anthropologue Joëlle Robert-Lamblin qui a poursuivi ses travaux trente ans plus tard, est un privilège. Et l'artiste que je suis est plein d'admiration. Il y a là une soif encyclopédique de l'inconnu, de besoin, dans ce cas, de dompter tous les éléments de la vie d'un groupe d'humains dont le monde ignore tout, sans recherche du scoop et du buzz qui n'existent pas encore… Non, par simple volonté de comprendre et de transmettre.

Il y a dans cette tête une réelle vision multimédia d'une micro-société. Des images, des chants et poèmes, des sons et mots d'un langage brut traité phonétiquement. Il y a un long temps d'immersion, compté en années, d'une générosité sidérante et d'un amour profond. Car PEV, tout comme Joëlle Robert-Lamblin, aime ce peuple par-dessus tout.

Et puis il y a le dessinateur (et ça, j'ignorais qu'il l'était), au trait fin à peine tremblé, qui trace avec assurance les objets et les gestes du quotidien, du traîneau au fouet, de la fabrication du kayak au flotteur de harpon en peau de phoque... Dessiner sur le vif des gestes techniques pédagogiques est très difficile, rébarbatif et peu gratifiant. Mais la magie opère, et on entre dans la vie (des photos rares nous y aident) de gens qui vivent, aiment, choquent parfois...

Ce livre est plus qu'un témoignage sur un lieu ou une époque.

C'est une expérience. On y ressent le vent glacé sur la peau, l'odeur de la mer et des phoques éventrés, l'envie d'être enfant et de jouer différemment, et plus tard d'aimer et de vieillir... On se sent Ammassalimiut.

Enki BILAL

AVANT-PROPOS

L'histoire de ce livre est celle des retrouvailles inespérées et merveilleuses entre un vieil homme et sa jeunesse.

Paul-Émile a écrit un jour : « J'ai toujours vécu demain, et parfois même après-demain. »[1] Il a toujours été porté et entraîné par ses enthousiasmes et ses projets ; au point, sans doute, de n'avoir pas su faire de temps en temps un pas de côté pour s'arrêter, oh juste un peu ! En grand sentimental qu'il était, il évitait probablement de se pencher sur son passé et il tenait *mordicus* au meilleur des choses, au meilleur des gens. Il voulait « y croire », jusqu'au bout.

Bien lui en a pris.

Lorsqu'il quitte la France en 1940, il laisse dans son studio parisien l'énorme travail ethnologique qu'il a rapporté de ses deux séjours au Groenland, entre 1934 et 1937. À son retour des États-Unis, cinq ans plus tard, il ne retrouve rien sauf un pays et une société profondément meurtris, et des amis chamboulés par ce qu'ils ont vécu, préoccupés à se reconstruire eux-mêmes. Paul-Émile, lui, pense déjà à mettre à profit tout ce que son expérience d'instructeur polaire dans la US Air Force lui a appris, pour permettre à la France d'exister de nouveau et de retrouver son statut international de nation polaire, en Arctique comme en Antarctique. En février 1947, il crée les Expéditions Polaires Françaises qu'il dirigera pendant trente ans. Bien que « retraité » en Polynésie française, il poursuit un nombre impressionnant d'activités qui, elles aussi, laissent peu de place à la recherche du passé.

Aussi, lorsque, en mai 1986, sa fidèle assistante lui apprend qu'on a déposé à son bureau de Paris plusieurs cartons de déménagement contenant des documents, notes, fiches, carnets, visiblement de sa main et portant sur son travail ethnologique d'avant-guerre, il sait que son prochain séjour à la capitale sera marquant.

1 - Victor P.-É., *Dialogues à une voix*, Paris, Robert Laffont, 1995, p. 303. *J'ai toujours vécu demain* est le titre de la biographie de Paul-Émile Victor coécrite par Daphné Victor et Stéphane Dugast, Robert Laffont 2015 et Point Seuil 2017.

Cet été-là, alors que je m'enquiers de savoir comment il vit cette situation, il me dit : « C'est comme si je découvrais le travail d'un jeune homme que je ne connais pas… » et ajoute, amusé : « et je trouve ça pas mal du tout ! »

Il n'y a pas de hasards, il n'y a que des rencontres. Deux s'avèrent alors capitales pour Paul-Émile. Tout d'abord Joëlle Robert-Lamblin, anthropologue, directeur de recherche au CNRS et proche collaboratrice de Robert Gessain lorsqu'il était directeur du musée de l'Homme. Paul-Émile trouvera en elle « des qualités de précision, de sérieux et de synthèse rares, et une connaissance approfondie des « Eskimo » de la côte est du Groenland »[2].[3]

Puis Raymond Chabaud, docteur ès-lettres, sémiologue, fou de voyages et de livres de voyages : il ira jusqu'à coéditer le premier tome avec Armand Colin, en 1989, puis assumera seul la publication du second, quatre ans plus tard.

À l'automne 1989, dans une exposition, Paul-Émile croise Claude Lévi-Strauss. Le grand ethnologue s'approche du « jeune homme » de 82 ans, lui serre la main et le félicite chaleureusement pour son travail sur les « Eskimo ». Très ému, Paul-Émile Victor se sent adoubé et enfin reconnu par une communauté scientifique qui, depuis cinquante ans, le bat froid parce que presque tout son travail d'avant-guerre demeure introuvable.

Daphné VICTOR

2 - Avant-propos rédigé par PEV en 1991 pour le tome 2 de *La civilisation du phoque*, Raymond Chabaud 1993.

3 - Je ne veux pas passer sous silence le soutien important qu'ont apporté aussi Catherine Énel (1947-2020), ethnologue et linguiste, qui vivait à l'époque à Ammassalik, et Elisa Maqe (1916-?), originaire d'Ammassalik, qui déjà avait été une précieuse informatrice pour PEV en 1934-35. Elles ont notamment coédité avec Paul-Émile Victor *Chants d'Ammassalik* (Meddelelser om Grønland,1991), qui venait compléter la connaissance de la Civilisation du phoque.

INTRODUCTION

Au cours de mes hivernages 1934-1935 et 1936-1937 sur la côte orientale du Groenland, j'ai étudié dans le détail toutes les activités de la vie courante des Ammassalimiut, découverts cinquante ans plus tôt seulement, en 1884. Chacune de ces activités et chacun des objets usuels s'y rapportant ont fait de ma part l'objet de fiches ethnographiques descriptives, précises, de dessins exécutés comme des dessins industriels et de nomenclatures détaillées, ainsi que de nombreuses photographies, évidemment.

Peu après mon retour, j'ai été mobilisé une première fois lors de l'entrée des troupes allemandes en Tchécoslovaquie, en 1939, puis pour la durée de la guerre. Dès mon retour à la vie civile, en 1946, j'ai entrepris les démarches qui ont abouti à la création des Expéditions Polaires Françaises (missions Paul-Émile Victor). Tout mon temps a été pris, depuis leur création en février 1947, par leur organisation, leur direction et les opérations sur le terrain, essentiellement sur la calotte glaciaire – « inlandsis » – du Groenland et en terre Adélie, mais aussi au Canada arctique, en Alaska, en Islande et sur le continent antarctique.

Un nombre restreint de mes notes ethnographiques du Groenland oriental a servi à mon camarade d'expédition, le Dr Robert Gessain – d'abord sous-directeur puis directeur du musée de l'Homme, et fondateur du Centre de Recherches Anthropologiques du musée –, pour rédiger quelques publications que nous avons signées de nos deux noms. Mais ce n'est que récemment que j'ai pu me tourner de nouveau vers cette activité scientifique, l'ethnologie, pour laquelle j'avais, d'une part, fait mes études et, d'autre part, hiverné au Groenland à deux reprises et traversé l'inlandsis, en 1936.

Cette longue période d'« absence » d'environ quarante-cinq ans a eu hélas des conséquences désastreuses : je n'ai pu retrouver qu'une partie de mes documents ; il manque encore environ un tiers de mes originaux. L'ensemble des documents retrouvés à ce jour (fiches ethnographiques, notes, croquis, textes recueillis sous la dictée ou écrits directement par des informateurs ammassalimiut, etc.) remplit deux grandes valises et pèse environ 40 kilos, auxquels il faut ajouter plusieurs volumes de journaux de terrain totalisant approximativement 2 000 pages et contenant de nombreux passages à intérêt ethnographique ; sans compter, encore, plus de 3 000 fiches descriptives qui accompagnent les objets de la collection d'Ammassalik du musée de l'Homme.

Mais je dois dire que lorsque j'ai récupéré cet énorme fatras – le mot est un peu exagéré – je me suis senti légèrement découragé. D'autant plus que les éléments me sont parvenus, après un gros paquet, par petites tranches éparses, hétéroclites, et souvent impossibles à situer.

C'est alors que Joëlle Robert-Lamblin a réussi le miracle de tout ranger, classer, ventiler, peser, évaluer… et m'a proposé un plan. Aujourd'hui encore, c'est le plan de base de notre travail commun. Car Joëlle Robert-Lamblin est rapidement devenue ma collaboratrice incontournable (comme on dit aujourd'hui) et l'évident coauteur des ouvrages prévus.

Je suis fier d'avoir été l'élève de Marcel Mauss, le père de l'ethnologie. En 1933-1934, juste avant mon premier départ pour le Groenland, j'ai pris des notes aussi détaillées et précises que possible de ses cours. Je les rédigeais et Mauss les revoyait ensuite. Elles font l'objet d'un petit volume dactylographié déposé à la bibliothèque du musée de l'Homme.

Marcel Mauss m'avait pris en affection. Il m'invitait parfois dans son appartement de la Cité universitaire. J'y entrais comme au Panthéon : j'y admirais ce qu'il appelait son « domaine », une très grande pièce qui croulait sous des monceaux de livres accumulés sur les rayonnages, par terre, sur les sièges et dessous, derrière la porte et sous le téléphone. Et partout ailleurs. Mais il y avait surtout trois grandes tables dans la pièce. Sur l'une, il travaillait l'ethnologie ; sur une deuxième, il écrivait un livre sur les Germains ; la troisième était réservée au « courant », je crois. C'est sur la première, la moins encombrée, qu'il corrigeait, ou plutôt annotait, mes notes.

C'est là aussi que, un jour, je déposai l'une de mes boîtes à chaussures remplie des fiches que j'avais faites en découpant les vieux exemplaires de *L'Illustration* que j'avais découverts, adolescent, dans le grenier familial de Lons-le-Saunier. Je me souviens avec précision de la scène. Ses lèvres, charnues et roses, brillaient à travers les poils de sa barbe clairsemée. Elles s'entrouvrirent dans une sorte de moue gourmande mitigée d'un sourire.

Mauss divisait l'ethnologie en deux parties : celle qui décrit la civilisation matérielle et celle qui présente la civilisation culturelle. Pour mes enquêtes sur le terrain, j'ai procédé de la façon suivante, à savoir recueillir :

1. des notes « pense-bête », succinctes, de tout ce que j'entendais ou voyais, dans un petit carnet que j'avais toujours sur moi ;

2. des fiches détaillées pour chaque « événement », revues et corrigées par l'informateur ;
3. des récits et notes dans mon journal de terrain, que je rédigeais chaque soir, quels qu'aient été le lieu, l'heure ou la fatigue ;
4. des récits et notes écrites à mon intention par certains informateurs et en particulier par mon compagnon Kristian, ainsi que par ma mère d'adoption, Kara.

Tous les textes de ce livre ont été rédigés au présent. Logiquement, ils auraient dû l'être au passé, car un bon nombre de sujets traités parlent de connaissances pratiquement disparues aujourd'hui. Mais je n'ai pas eu le courage de le faire. Pour moi, les Ammassalimiut, tels qu'ils étaient il y a plus de cinquante ans, continuent de vivre devant mes yeux (et, je dois l'avouer, dans mon cœur) comme ils vivaient à l'époque où je partageais leurs joies, leurs peines et leurs problèmes.

Depuis lors, je suis retourné leur faire deux visites rapides.

Le 5 août 1951, j'ai amerri dans la baie d'Ammassalik avec le *Catalina* de l'expédition au Groenland des Expéditions Polaires Françaises. Après l'accident survenu sur l'inlandsis, qui coûta la vie à deux de mes camarades (Alain Joset, géophysicien, et Jens Jarl, glaciologue danois), j'allais solliciter, auprès du représentant danois le plus proche, le certificat de décès nécessaire pour les assurances. À cette époque, je ne constatais que très peu de changements. Il y avait une route et deux camions. La plupart des maisons en pierre et en touffes d'herbes avaient fait place à des maisons en bois, de style danois.

J'y suis retourné treize ans plus tard, à Kulusuk, où un C130 de la US Air Force venant de Søndre Strømfjord me déposa pour quelques heures. Cette fois-ci, je découvris combien profond était le changement. La langue elle-même s'était rapprochée de celle des Groenlandais occidentaux, avec leurs chuintements caractéristiques et leur mélodisation des phrases. Les maisons, toutes en bois d'importation, peintes en vert, en rouge et en jaune, étaient surchauffées. Quant aux traîneaux, ils n'avaient plus rien de commun avec ceux que je connaissais à l'époque[4].

Aujourd'hui, les choses se sont détériorées. L'évolution, l'occidentalisation se sont accélérées. Il y a de plus en plus de fonctionnaires (et d'assistés) et de moins en moins de chasseurs. Il y a la télévision et la vidéo, le téléphone international, des voitures et des taxis, des motoneiges et un horrible H.L.M. à plusieurs étages !

Les habitants sont devenus des « Groenlandais orientaux » que je ne connais pas. Mais je connaissais bien les Ammassalimiut. Et c'est d'eux dont je parle. Au présent.

4 - Je devais apprendre que les Ammassalimiut avaient abandonné depuis plusieurs années leurs traîneaux traditionnels pour se construire des traîneaux très proches et très inspirés du traîneau que j'avais construit en 1936-1937 en me basant sur mon expérience de l'époque.

Ce sont d'ailleurs les années séparant mes observations d'alors de leur vie d'aujourd'hui, qui font l'intérêt des pages qui suivent. Les lecteurs auront ainsi la possibilité de mesurer l'évolution linguistique et les changements profonds de cette population qui a constitué pendant longtemps un des isolats les mieux connus en ethnologie.

Paul-Émile VICTOR
1989 et 1993

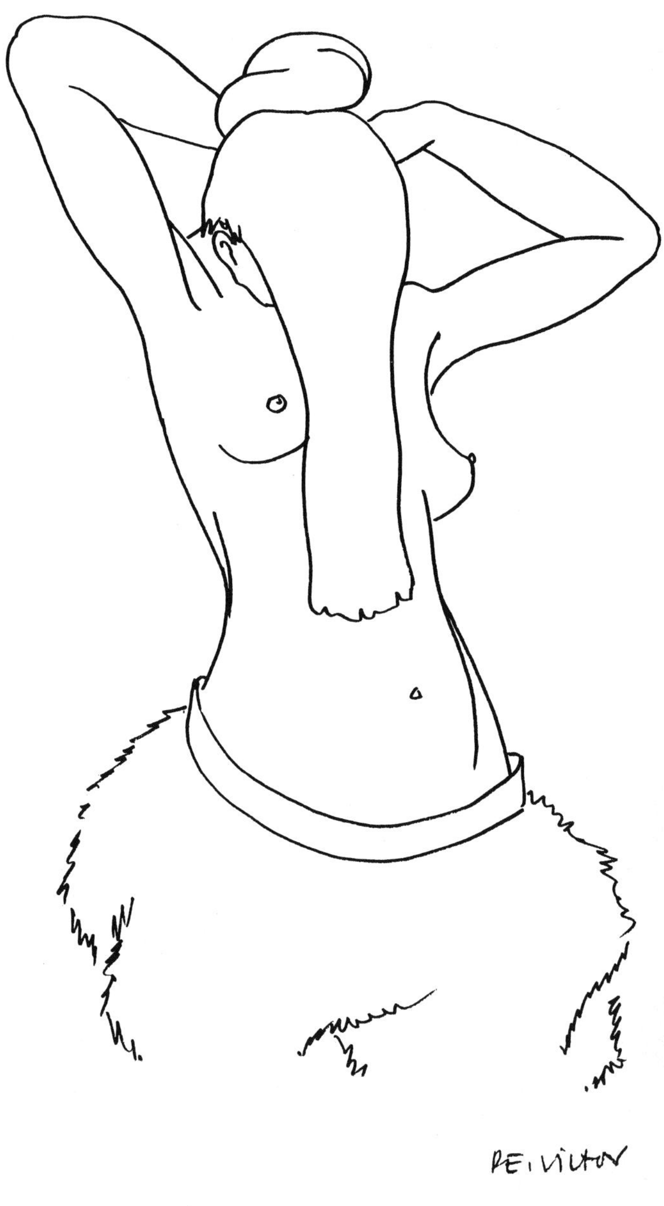
PE.Victor

UNE VIE
SINGULIÈRE
DANS
UN MILIEU
EXTRÊME

Il y a à peine plus d'un siècle que le monde occidental eut la révélation de l'existence des Eskimo d'Ammassalik, une petite population de chasseurs nomades ayant vécu jusqu'alors dans l'isolement, entre les glaces de l'inlandsis et celles de la banquise, sur la côte orientale du Groenland à la latitude du cercle polaire.

En 1884, au terme d'une longue et difficile expédition en umiak (barque eskimo faite de bois et de cuir), l'officier de marine danois Gustav Holm approchait pour la première fois cette ethnie dont l'existence était connue des habitants du sud-ouest du Groenland et qu'ils désignaient du terme « Ammassalimiut », c'est-à-dire les gens du lieu où il y a des « *ammassat* », les capelans (de petits salmonidés). Les Ammassalimiut étaient alors au nombre de 413, disséminés sur quelque 500 kilomètres de côtes. La révélation de leur mode de vie fut fascinante. Tandis que leurs compatriotes ouest-groenlandais franchissaient les étapes de la colonisation européenne depuis plus d'un siècle et demi, à la suite de l'arrivée du pasteur norvégien Hans Egede en 1721, les Est-Groenlandais étaient, en cette fin du XIXe siècle, en quelque sorte des survivants de la préhistoire.

Assurément, il y avait beaucoup de capelans, en mai ou juin, au fond du fjord d'Ammassalik, à Qingek. Leur capture était l'occasion de festivités pour les Eskimo d'Ammassalik se retrouvant après la dispersion et le long isolement hivernal, mais ce petit poisson n'était pas un élément primordial pour leur subsistance. Ces nomades étaient avant tout des chasseurs de mammifères marins.

Dans cette immense région désertique, au climat rigoureux, où la faune terrestre est presque inexistante et où la végétation de maigre toundra est enfouie sous la neige pendant environ neuf mois par an, c'est le milieu marin qui offre les ressources indispensables à la vie humaine, essentiellement baleine, phoque, narval, bélouga et morse. Mais, au Groenland oriental, la mer recouverte d'une épaisse banquise pendant la plus grande partie de l'année ne livre pas facilement ses richesses. Comment ne pas être rempli d'admiration devant un tel défi lancé à cette nature hostile par l'homme qui, grâce à son génie, a su s'adapter à ses rares ressources et vivre en totale autarcie pendant de nombreux siècles.

Les proches ancêtres des Est-Groenlandais découverts par Holm avaient été des chasseurs de baleines. Leurs grands bateaux de peaux, les umiaks, étaient des baleinières et leur organisation sociale reposait sur une relative densité humaine, la chasse aux cétacés nécessitant une participation collective de plusieurs hommes et fournissant des quantités de viande et de graisse assez importantes pour faire vivre plusieurs dizaines de personnes. Mais les chasses européennes intensives des

XVIIe et XVIIIe siècles, au large de la côte orientale du Groenland, avec un pôle très actif au Spitzberg, eurent raison de la population de baleines peuplant les eaux de ces régions. C'est alors que, sous peine de disparaître, les Eskimo du Groenland oriental durent effectuer une reconversion technologique et sociale considérable. Ils se spécialisèrent au cours du XIXe siècle dans la chasse au phoque, désormais la seule ressource sur laquelle ils pouvaient véritablement compter pour subsister. Ils furent dans l'obligation de se disperser pour un type de chasse plus individuelle (en kayak) et le nombre de consommateurs par producteur se réduisit considérablement par rapport à l'époque de la chasse baleinière.

Pour caractériser cette nouvelle ère, qui a duré jusqu'à une époque récente du XXe siècle, on peut évoquer une véritable « civilisation du phoque », car c'est de ce mammifère marin que les Ammassalimiut tiraient l'essentiel de leur existence matérielle : viande, graisse et sang pour se nourrir, fourrure ou cuir pour se protéger du froid et de l'humidité, graisse pour s'éclairer et se chauffer, os pour fabriquer des outils et des armes.

Mais si l'ingénieuse culture matérielle des Ammassalimiut et leurs techniques remarquables pour résoudre les problèmes inhérents à leur environnement (glace, neige, froid, obscurité, absence de végétation) éveillent l'intérêt et forcent la curiosité, on aurait tort de penser que l'existence de ces Eskimo ne tendait que vers une seule préoccupation : la quête de la nourriture, ou des éléments indispensables à la vie quotidienne. La beauté artistique des objets usuels, finement sculptés et ornés de figurines d'os ou d'ivoire, la richesse du patrimoine culturel, fait de chants, récits, légendes ou duels poétiques, transmis par la tradition orale, les règles complexes de la vie communautaire, ou encore le rôle primordial des croyances religieuses, sont là pour attester que ces chasseurs de phoque, malgré les efforts requis pour s'adapter à un univers hostile, avaient su s'élever au-dessus des problèmes de lutte quotidienne pour la survie.

Située en bout de chaîne des migrations eskimo (depuis la Sibérie jusqu'au Groenland, à travers l'extrême nord du continent américain) et isolée totalement par des conditions géographiques et climatiques particulières, la petite ethnie des Ammassalimiut a joué un rôle de conservatoire de traditions séculaires – et peut-être millénaires – maintenues jusqu'au XXe siècle. Avec l'ouverture de cette petite société sur le monde extérieur et la multiplication des contacts avec l'Occident, le passé semble bien devoir s'effacer rapidement.

Joëlle ROBERT-LAMBLIN

L'HISTOIRE DE LA RÉGION D'AMMASSALIK

AVANT 1884, LA « PRÉHISTOIRE »

La durée de l'occupation humaine dans cette partie du Groenland oriental est encore fort mal connue. Beaucoup d'hypothèses restent à démontrer et de nombreuses interrogations attendent toujours une réponse. Dans l'état actuel des connaissances, on est en droit de penser que les ancêtres de la population ammassalimiut contemporaine étaient des Eskimo de culture thuléenne, chasseurs de baleine venus du continent américain jusqu'au point extrême de leur expansion vers l'est. Ils seraient arrivés il y a quelques siècles, par petits groupes, en longeant les côtes groenlandaises, contournant l'île soit par le sud soit par le nord, la région d'Ammassalik ayant pu être le point de rencontre de ces deux routes de migrations. Cette hypothèse pourrait expliquer certaines subdivisions existant à l'intérieur même de la population d'Ammassalik, avec le fjord de Sermilik pour « frontière ».

À quand remonte l'arrivée dans ces lieux des chasseurs de baleine thuléens vivant dans de grandes maisons communes ? Selon les archéologues danois, vraisemblablement au XIVe siècle pour les premières vagues puis, après l'extinction des Vikings au Groenland occidental, aux XVe et XVIe siècles. Mais ont-ils été précédés dans cette partie méridionale du Groenland de l'Est par des populations de culture Dorset, chasseurs de phoque habitant de petites maisons, et ont-ils pu les rencontrer ? Des éléments de culture dorset ont été trouvés dans la région d'Ammassalik, mais jusqu'à présent, peu de recherche archéologique a vraiment été consacrée au développement de cette culture dans cette partie du Groenland.

Tout ce que l'on peut affirmer avec certitude, c'est que la région d'Ammassalik a été habitée au cours de plusieurs millénaires. Les récentes fouilles archéologiques danoises confirment, en effet, la présence de la culture saqqaq dans cette région, remontant à 1885 av. J.-C. Mais on ne peut rien avancer sur la question d'une continuité ou discontinuité des cultures qui s'y sont succédé.

Un autre point d'interrogation demeure : celui du passage de Vikings – venant de Scandinavie ou d'Islande – sur certains points de la côte orientale du Groenland et de leur éventuel établissement dans ces régions. Au cours des XVIIe, XVIIIe et XIXe siècles, de nombreux projets européens d'expédition vers la côte sud-orientale du Groenland eurent pour objet la recherche de survivants vikings ou de traces anciennes attestant leur présence à l'est du pays. Mais lorsqu'il fut enfin établi que l'Østerbygd (« établissement de l'Est »), bien connu par les sagas islandaises, était en réalité au sud-ouest du Groenland, dans la région de Julianehaab (actuellement Qaqortoq), la question, considérée comme réglée, fut un peu oubliée. Les divers voyages d'exploration du XIXe siècle ou du début du XXe siècle n'ont, par ailleurs, pas révélé de vestige archéologique non eskimo sur la côte orientale.

Si on laisse l'archéologie, qui est encore loin d'avoir livré tous ses secrets, pour se tourner vers les récits historiques, que sait-on de la région d'Ammassalik et de ses occupants avant leur découverte et leur description complète par G. Holm en 1884 ?

Un certain nombre d'éléments semblent bien démontrer que, malgré la banquise, des Vikings sont arrivés dans la région d'Ammassalik ou un peu plus au sud, c'est-à-dire sur les terres les plus proches d'un de leurs lieux de départ, l'Islande ; mais il se serait agi de visites isolées et non pas d'établissements comparables à ceux qui s'étaient développés au sud-ouest du Groenland (Østerbygd et Vesterbygd).

Holm fait remarquer, d'après les vieux récits islandais qu'il a pu trouver, que les premières régions du Groenland découvertes par les Vikings ont été, en réalité, celles de la côte orientale et ceci plus d'un siècle avant l'arrivée d'Erik le Rouge au sud-ouest du Groenland. En effet, aux environs de 877, Gunbjørn, fils d'Ulf Krage, venant de Norvège, pris dans une tempête, se trouve dévié vers l'ouest ; au lieu d'atteindre l'Islande, il arrive jusqu'à des îlots derrière lesquels se trouvait un glacier sur la terre ferme. Ce lieu, qui est désormais connu sous le nom de Gunbjørn Skaer, selon Holm et Petersen, se situait à la latitude même de la région d'Ammassalik. Près de cent ans plus tard, deux Vikings nommés Snaebjørn Galte et Rolf de Rødesand, dont l'un était banni d'Islande pour meurtre, partent à la recherche du lieu décrit par Gunbjørn, par la route la plus courte à l'ouest de l'Islande, et hivernent dans ce lieu.

Lorsqu'un peu plus tard Erik le Rouge doit, à son tour, quitter l'Islande, en 982, il déclare aller chercher le pays que vit Gunbjørn quand, lors d'une tempête, il manqua l'Islande.

La colonisation viking démarra trois ans plus tard au sud-ouest du Groenland. Toutefois, il apparaît qu'aux XIe et XIIe siècles, la route empruntée par les navigateurs au départ d'Islande, était celle qui suivait le plus court trajet entre l'Islande et le Groenland, jusqu'à être en vue des montagnes d'Ammassalik (facilement repérables de loin par leur altitude et par la courbe est-ouest que fait la côte à cet endroit), puis cette route longeait la banquise jusqu'au sud de l'île sans perdre de vue la côte. Cette voie maritime, qui n'était certes pas la plus courte, était la plus sûre pour atteindre la pointe sud du pays et la contourner.

Il y eut certainement de fréquents naufrages de bateaux vikings pris dans les glaces de la banquise. L'un d'eux, qui date de 1028, est connu car Finn Fegin, le neveu du roi de Norvège Olaf II le Saint, y perdit la vie. On sait que les survivants de ce naufrage gagnèrent la côte la plus proche et enterrèrent les morts, en plaçant d'énormes croix de pierre, dans une anse qu'ils appelèrent Finnbudir, sur une île qu'ils nommèrent Korsø, et que plus tard, le roi Olaf fit ramener les corps de cet endroit qui, toujours selon Holm et Petersen, pourrait être l'île d'Ammassalik.

À partir de la fin du XIIe siècle, cette route maritime a été abandonnée pour une nouvelle voie, évitant totalement les glaces de la côte orientale.

Quelques récits ultérieurs montrent que des voyageurs isolés ont pu accoster et hiverner sur la côte est. Ainsi le riche Islandais Bjørn Einarsen Jorsalfar hiverne au Groenland vers 1385-1387 et affirme que les îles de Gunbjørn étaient habitées et que la plus grande contenait 18 « fermes », mais les hommes d'Einarsen n'ont pas osé s'en approcher (selon toute vraisemblance, il s'agissait de grandes maisons eskimo).

Vers 1476, les navigateurs Pining et Pothorst ont rencontré, sans doute dans la même région, des Eskimo et ont fait du commerce avec eux. Mais il y eut plus tard des heurts violents avec ces derniers et les deux hommes précisent que des « pirates » groenlandais « attaquent les bateaux avec de nombreuses petites embarcations sans quille ».

Après les débuts de la colonisation dano-norvégienne sur la côte ouest du Groenland (par Hans Egede en 1721), les mentions portant sur les habitants de l'est du pays sont plus nombreuses. Elles proviennent de rumeurs transmises de proche en proche jusqu'aux petites stations installées par les administrateurs ou les missionnaires européens. Mais la plupart de ces informations concernent, en fait, les petits groupes eskimo vivant dans la partie tout à fait méridionale de la côte est, entre le cap Farewell à 60° de latitude nord et Ittuarssuit à 63°30, région qui n'est plus habitée depuis 1900. Les habitants d'Ammassalik, pour leur part, restent toujours pratiquement inconnus.

C'est le marchand danois Peder Olsen Walloe, entreprenant en 1751-1753 une expédition en umiak vers la côte est, au départ de Godthaab (actuellement Nuuk), qui le premier les mentionne précisément. Walloe ne parvient que jusqu'à la latitude de 61° sur la côte orientale, mais il recueille auprès d'autochtones qu'il rencontre des indications sur les populations vivant plus au nord jusqu'à Sermilik. Il apprend aussi qu'il existe un lieu où les capelans (*ammassat*) sont nombreux et où on les pêche : ce lieu est « Kollosub » (il s'agit de « Kulusuk », terme employé pour désigner la région du fjord d'Ammassalik par ses propres habitants, encore longtemps après, notamment lorsque Holm y séjourna en 1884).

L'officier danois W. Graah qui de même entreprend, en 1829-1830, un voyage en umiak le long de la côte est, en partant du sud, atteint la limite méridionale de la région d'Ammassalik : Ikertivaq, à 65° de latitude nord. Au cours de ce voyage extrêmement dur, Graah recense essentiellement la population vivant au sud-est, mais il entend parler par un vieil homme d'un lieu où ce dernier s'était rendu : Sermilik, à six ou huit jours de voyage au nord de la région d'Umiivik.

Les informations ultérieures proviennent de contacts directs – ou indirects, par l'intermédiaire des habitants du sud-est – entre le missionnaire morave installé à Friedrichsthal (actuellement Narsarmijit) ou l'administrateur commercial du comptoir de Pamiagdluk et quelques Ammassalimiut descendus au sud du pays se procurer, par troc, certains produits européens, notamment du fer. À son tour, le frère morave Brodbeck tente un voyage d'exploration en umiak, le long de la côte est, en 1883, mais bloqué par la banquise il ne parvient pas tout à fait jusqu'à la latitude de 61°.

Après de nombreuses tentatives, soldées par des échecs, pour traverser la banquise en venant de l'est, le premier navire moderne qui réussit à accoster à Ammassalik est le *Sofia*, commandé par le Suédois Nordenskjöld. En septembre 1883, le navire s'ancre dans la baie de l'actuelle Tasiilaq pour une journée, mais au cours de cette expédition aucun habitant eskimo n'est aperçu par l'équipage.

Toujours à la recherche de traces d'établissements vikings à l'est du Groenland, le capitaine Gustav Holm entreprend, à la demande du gouvernement danois, en 1884, une nouvelle expédition en umiak, le long de la côte orientale.

Parvenu le 1er septembre 1884 jusqu'au fjord d'Ammassalik, Holm et ses compagnons de route s'installent à Tasilarteq pour l'hivernage.

Holm ne découvre pas de vestige viking, mais il fait connaître pour la première fois la population eskimo de cette région dont il avait entendu parler au sud-ouest du Groenland dès 1880. Il révèle son nombre (413 individus) et décrit son habitat, sa dispersion, ses coutumes et ses croyances.

Pour terminer cet aperçu historique, une dernière remarque s'impose. Si nous connaissons pour ces périodes anciennes ce que quelques voyageurs revenus de leurs expéditions ont pu raconter, ce qui demeure inconnu, c'est le nombre et l'histoire de ceux qui ont fait naufrage dans la banquise, qui ont tenté de gagner la côte pour survivre et ne sont jamais retournés chez eux. Aux XVIIe et XVIIIe siècles, la chasse à la baleine a été pratiquée de façon intensive au large des côtes du Groenland oriental, notamment entre le Spitzberg et Jan Mayen. Puis aux baleiniers hollandais, allemands, anglais, danois, suédois, français et espagnols, ont succédé les chasseurs de phoque et d'ours blanc. Anglais, Allemands, Danois et Norvégiens ont pratiqué la chasse commerciale au phoque ; mais à la fin du XIXe siècle, seuls les Norvégiens continuèrent à chasser le long de la côte orientale. Il est très probable que certains, parmi ces Européens chasseurs de mammifères marins, ont été amenés à accoster et à entrer en contact avec les Eskimo du Groenland oriental.

La tradition orale des Ammassalimiut comporte certains récits de *qattunatsiat*, individus à « peau claire », « sortes d'Européens », qui seraient parvenus autrefois jusque dans cette région. Et la liste nominative des habitants que Holm a dressée lors de la découverte de cette ethnie en 1884 mentionne quatre individus – garçons et filles – porteurs du nom « Kavdlunâq » (mot eskimo désignant les Occidentaux, qui se prononce *qattunaq* à Ammassalik). Connaissant le système de « réincarnation » des noms dans cette population, on peut envisager l'hypothèse que ces enfants ont été nommés d'après un chasseur ou un navigateur blanc que leurs ancêtres ont pu rencontrer ou qui aurait même pu faire partie de leur famille en laissant des descendants.

Il faut cependant préciser que, si de telles rencontres ont pu exister, il ne s'est agi, selon toute vraisemblance, que d'évènements exceptionnels.

APRÈS 1884

Lorsque Holm et son équipage repartent d'Ammassalik en 1885, après dix mois d'hivernage, ils provoquent une vague d'émigration parmi les Ammassalimiut qui découvrent que le voyage jusqu'au sud du pays peut se faire en un seul été et sont tentés d'aller retrouver certains biens matériels de la civilisation occidentale qu'ils viennent de découvrir. Par vagues successives, c'est près du quart de la population d'Ammassalik qui prend le chemin du sud en umiak.

Dès son retour au Danemark, Holm conçoit le projet de créer une mission et un poste de commerce à Ammassalik, mais il faut dix années pour que ce projet se concrétise. Si bien que, lorsque Carl Ryder, rentrant d'une expédition au Scoresbysund, séjourne deux semaines dans la région d'Ammassalik, en septembre 1892, il trouve une population réduite à 293 habitants.

Ryder annonce aux habitants d'Ammassalik qu'un poste de commerce va être établi dans leur région deux années plus tard et qu'ils doivent commencer à amasser les fourrures d'ours blanc, en vue de ces futurs échanges commerciaux. Mais c'est en fait l'équipage d'un bateau norvégien qui profite des fourrures. Parvenu jusqu'aux côtes d'Ammassalik en 1893, *l'Ino*, avec neuf hommes à bord, était venu chasser près du littoral et faire du commerce avec les autochtones, troquant les fourrures d'ours blanc et de renard contre des objets en métal et des vêtements (y compris les vêtements usagés des hommes de l'équipage).

À cause du mauvais temps, le navire est contraint d'hiverner sur l'île de Kulusuk ; il repart trois jours exactement avant l'arrivée des fondateurs de la nouvelle colonie danoise.

Le 26 août 1894, le *Hvidbjørn* commandé par Gustav Holm arrive à Ammassalik et débarque les deux personnes qui vont être responsables des débuts de la colonisation du district d'Ammassalik : le compagnon de route de Holm en 1884, le Dano-Groenlandais Johan Petersen, chargé de l'administration et du commerce, et le missionnaire luthérien danois Frederick Rüttel, responsable de l'évangélisation, ainsi que la femme de ce dernier et deux ouvriers. À la nouvelle de l'installation d'un comptoir commercial dans leur pays d'origine, la plupart des Ammassalimiut émigrés décident de regagner leur patrie en 1896 et, cette année-là, la population d'Ammassalik remonte de 247 à 372 habitants.

Un des effets spectaculaires de la colonisation occidentale dans la région d'Ammassalik a été l'explosion démographique qu'elle a déclenchée, en dépit d'un nouveau fléau : les épidémies redoutables de maladies introduites par les visiteurs étrangers, contre lesquelles l'ethnie n'avait aucune défense immunitaire. Bien que grippe, coqueluche, varicelle, poliomyélite et même simple rhume, aient entraîné de nombreux décès, le nombre des Ammassalimiut avait doublé trente années après l'installation du point de commerce et le retour du sud des émigrés. On parlait presque de « surpopulation » et c'est alors qu'intervint, en 1925, le départ de 70 individus vers le Scoresbysund, à 1 000 kilomètres plus au nord sur la côte orientale, où le gouvernement danois avait décidé d'établir un nouveau point de peuplement groenlandais.

En réalité, la création par Ejnar Mikkelsen d'un nouvel habitat groenlandais sur la côte est, la colonie du Scoresbysund (aujourd'hui appelée commune d'Ittoqqortoormiit), répondait à un double dessein : « alléger » la population du district d'Ammassalik, mais surtout servir la cause danoise dans son conflit avec la Norvège au sujet de la souveraineté sur la côte nord-est du Groenland car, depuis 1924, le Danemark et la Norvège s'étaient accordés pour laisser l'accès aux chasseurs norvégiens et danois sur les côtes du Groenland oriental non habitées par des populations autochtones.

En raison des difficultés d'accès à ces régions, il ne devait plus y avoir de contact entre les populations apparentées, celles d'Ammassalik et du Scoresbysund, sauf quelques échanges isolés. Aujourd'hui encore, ce sont les deux seuls habitats groenlandais existant sur cette immense côte orientale dont le nombre d'habitants n'atteint pas 7 % du total de la population vivant sur l'île du Groenland.

L'ASPECT DU PAYS

Les limites administratives reconnues, depuis sa colonisation, à la région d'Ammassalik, s'étendent d'un glacier appelé Ikertivaq situé au nord, à 66°30 de latitude, jusqu'à un autre glacier au sud, également nommé Ikertivaq, à 65° de latitude. Mais, si ces limites officiellement admises ont pu être une réalité pour des personnes étrangères à la région, elles n'ont aucune signification particulière pour les Ammassalimiut qui, jusqu'à une époque récente, en nomades totalement libres, se mouvaient par leurs propres moyens (umiak et kayak) le long des 900 kilomètres de côtes englacées séparant Kangerlussuak (à 68° de latitude Nord) de Puisortok (à 61°50). Au-delà de Kangerlussuak, la navigation vers le nord devenait difficile, et la traversée le long du front du glacier de Puisortok, au sud, était un passage redouté par les chasseurs d'Ammassalik; ce n'était toutefois pas un obstacle infranchissable puisqu'il arrivait que des familles entières se rendent jusqu'à la région du cap Farewell, à l'extrémité méridionale du Groenland.

Dans sa partie centrale, la région d'Ammassalik présente un relief montagneux, avec des sommets dépassant 1 000 mètres et atteignant parfois 2 000 mètres ou plus. C'est sur l'étroite frange côtière de cette contrée accidentée, constituée de trois fjords principaux, à orientation nord-sud: les fjords de Sermilik, d'Ammassalik et de Sermiligak, ou sur les nombreux îlots situés près de leur embouchure, que s'est en majeure partie installée l'ethnie des Ammassalimiut.

Vers l'ouest, l'inlandsis recouvre très rapidement la terre de sa calotte de glace qui va en s'épaississant jusqu'à atteindre 3 000 mètres. Les Groenlandais sont très réticents à s'aventurer à l'intérieur de ce désert blanc, privé de vie animale et peuplé, selon la tradition, d'êtres monstrueux et inquiétants.

LE CLIMAT ET LES SAISONS

En dépit de sa situation en zone subarctique, juste au-dessous du cercle polaire, la région d'Ammassalik subit l'influence de deux facteurs qui rendent son climat rigoureux. La proximité de l'inlandsis crée, d'un côté, une masse d'air froid que les vents d'ouest amènent sur la région; de l'autre, la présence du courant glacial arctique le long de la côte orientale du Groenland entraîne la formation d'une banquise pouvant atteindre jusqu'à 100 kilomètres de large.

À la fin du XXe siècle, le climat de la région côtière d'Ammassalik a pour principales caractéristiques :

– des températures annuelles moyennes basses (-1,5 °C) et une faible amplitude annuelle des températures moyennes (15 °C d'amplitude), les mois de février et mars étant les mois les plus froids (avec une température moyenne de -8 °C) et juillet le mois le plus chaud (+7 °C en moyenne). Le thermomètre descend rarement en dessous de -20 °C et ne s'élève qu'exceptionnellement jusqu'à des températures proches de +20 °C ;

– de nombreuses précipitations (900 millimètres en moyenne annuelle), réparties sur toute l'année, essentiellement sous forme de neige. Pendant 260 jours par an, le sol est recouvert d'une couche de neige d'au moins 15 centimètres, avec un enneigement maximal se situant généralement au mois d'avril ;

– un temps très instable, susceptible de changements rapides, en toute saison, et de brusques variations de température ;

– des vents fréquents, parfois très violents, comme le *pitterak*, ce vent du nord-ouest qui, en février 1970, détruisit une partie de la petite capitale Tasiilaq.

Les deux principales saisons qui rythment le mode de vie et les occupations des Est-Groenlandais sont l'hiver et l'été. Printemps et automne sont de brèves inter-saisons, d'environ un mois, moins marquées.

La saison hivernale, caractérisée par l'enneigement du sol et l'englacement de la mer, est longue. Elle dure approximativement de la mi-novembre à la fin mai ; cependant, elle comprend deux phases, très différentes quant aux répercussions qu'elles peuvent avoir sur les activités des habitants : l'hiver « sombre » et l'hiver « lumineux ». Il n'y a pas de véritable nuit polaire, à cette latitude, mais une période où le soleil, très bas sur l'horizon, masqué par le relief géographique, reste invisible pour les occupants de la côte est du Groenland. Les déplacements sont difficiles, parfois impossibles, durant cette période de froid et d'obscurité, qui s'étend de fin novembre à fin février. La vie humaine, alors ralentie, se blottit autour des lampes à graisse de phoque, ces points de chaleur et de lumière que chaque femme mariée entretient devant sa place de plate-forme, à l'intérieur des habitations enfouies sous la neige. En février ou mars, une fois épuisées les réserves constituées aux beaux jours, la nourriture peut arriver à manquer. Mais, à partir de mars, les jours rallongent jusqu'à éliminer totalement l'obscurité nocturne vers la mi-mai : c'est l'hiver « lumineux », période bénie pour la chasse, où les conditions climatiques sont idéales pour les trajets en traîneau à chiens et où les phoques, appréciant eux aussi le retour du soleil, sortent sur la banquise pour se chauffer à ses rayons. Avec le retour de la lumière du jour, c'est le plus souvent l'abondance alimentaire qui réapparaît.

L'été, d'environ trois mois, n'est guère chaud, mais la perpétuelle clarté (jusqu'à la fin de juillet), la disparition de la neige sur la frange côtière, la rupture et la fonte de la glace de mer, en font une saison d'intense activité humaine, où le temps pris sur le sommeil (alors réduit au plus strict minimum, souvent 3 ou 4 heures) est utilisé à vivre pleinement : circuler en bateau, changer de campement, chasser, pêcher, cueillir plantes et baies, faire des visites, se divertir, et surtout être dehors et jouir de la nature, si belle en cette saison de renouveau.

La banquise qui se reforme au début du mois de novembre et se soude le long de la côte est du Groenland, isole la région d'Ammassalik, empêchant tout accès de l'extérieur par voie maritime jusqu'à la fin de juin. Avant l'ère de l'aviation, le district d'Ammassalik se trouvait totalement coupé de tout contact avec le reste du monde pendant au moins neuf mois par an, parfois même durant deux années consécutives. À l'intérieur de la région, en dehors des zones où les courants marins empêchent la formation de glace, les polynies, l'eau des fjords se solidifie et permet la circulation des traîneaux à chiens à partir de décembre jusqu'en mai ou début juin, selon les années.

LES RESSOURCES

Il y a peu de vie sur la terre ferme dans cette région du Groenland. La faune y est réduite à très peu d'espèces et à un petit nombre d'individus et la flore, peu développée, reste inaccessible pendant une grande partie de l'année du fait du long enneigement.

À part l'homme, les seuls habitants de cette région sont l'ours blanc, le renard polaire et le chien de traîneau, animal domestiqué, descendant du loup, adapté à la vie à l'extérieur, dans la neige et le froid, et vivant en étroite interdépendance avec l'homme. Le renne, autrefois présent dans cette région (d'après des vestiges archéologiques de murets ayant servi à le piéger), avait définitivement disparu, jusqu'à une tentative de réimplantation, en 1971. De même, le lièvre polaire, jadis présent, ne se trouve plus guère dans cette partie du Groenland oriental et le bœuf musqué a pu venir, à une époque ancienne, à cette latitude, mais son habitat actuel est plus septentrional : au-delà de la rive nord du fjord de Scoresbysund.

Quelques oiseaux sont sédentaires, tel le corbeau, le lagopède, le harfang des neiges, mais la majeure partie de l'avifaune que l'on rencontre dans cette région et que les Ammassalimiut chassent, ne fait que passer sur le parcours de ses migrations :

eider, oie et canard sauvage, guillemot, plongeon, mergule, goéland, mouette, sterne, pétrel, etc.

Sur la région côtière : îles, îlots et montagnes, au climat plus atlantique, l'ensemble de la végétation est assez pauvre et adapté à un enneigement prolongé. En revanche, vers l'intérieur des fjords, sur les pentes abritées et ensoleillées et sur les zones planes, on découvre une végétation d'espèces subarctiques et continentales : buissons de saules, pelouses herbacées à angélique et alchémille, landes de camarines, d'airelles bleues et de genévriers nains.

Pour un certain nombre de végétaux, les Ammassalimiut ont su trouver, au cours des siècles, une utilisation alimentaire (certaines tiges, feuilles, fleurs, racines et baies) ; un usage thérapeutique ou hygiénique (les mousses) ; ou encore un emploi comme isolant thermique (les graminées) ou combustible (les bruyères, mousses et lichens).

Mais c'est du milieu marin, sensiblement plus riche, que les habitants d'Ammassalik ont toujours tiré l'essentiel de leurs ressources et continuent de le faire encore aujourd'hui. La faune marine, avec ses mammifères : phoque dont cinq espèces peuvent se trouver dans cette région[1], narval, bélouga, morse, baleine à rostre... ; ses poissons : omble chevalier, capelan, chabot, morue, sébaste, flétan, loup, saumon, requin... ; ses mollusques et crustacés..., a fourni pendant des siècles la base essentielle de toute la culture matérielle des occupants de cette région.

Il faut ajouter que le milieu benthique offre différentes espèces d'algues dont sept ont été jadis utilisées par les Ammassalimiut, et quatre espèces sont encore couramment consommées. Ces algues, accessibles toute l'année, même en hiver à la cassure de la banquise le long des côtes, ont assuré un apport indispensable de vitamine C à cette petite population dont le régime alimentaire traditionnel était à 95 % carné.

Enfin, c'est par la mer qu'arrivent les troncs de bois flotté, matériau jadis si précieux pour la construction des habitations d'hiver et d'été, de même que pour la fabrication des embarcations, des outils et des armes, dans ce pays totalement privé d'arbres.

1 - Parmi les cinq espèces de phocidés qui peuvent se rencontrer dans cette partie du Groenland oriental, trois sont résidentes : le phoque de fjord, *Pusa hispida*, le phoque barbu, *Erignathus barbatus*, et le phoque commun, *Phoca vitulina*. Les deux espèces migrantes sont : le phoque à capuchon, *Cystophora cristata* et le phoque du Groenland, *Pagophilus groenlandicus*. À Ammassalik, le plus couramment chassé, en toute saison, est le petit phoque de fjord qui mesure environ 80 cm et pèse autour de 40 kg.

Une liste des différentes espèces animales et végétales consommées par les habitants d'Ammassalik, avec leur appellation en langue vernaculaire, se trouve en Annexe, p. 419.

L'HABITAT ET LE MODE DE VIE

Tel est le cadre naturel de vie des Eskimo d'Ammassalik : une terre inhospitalière ; un climat sévère qui régit les activités humaines : « *sila naalagaavok* » (le temps – le climat – est le maître) disent les Groenlandais ; et une mer riche, mais qui livre son gibier selon son gré et ses humeurs (c'est là que réside la « Mère » des animaux marins) et dont les ressources ont été convoitées depuis des siècles par les Européens, chasseurs de baleine, de phoque ou d'ours blanc.

C'est une petite population en équilibre précaire que découvrit Holm en 1884. Deux années auparavant, une effroyable famine avait très durement frappé cette région, décimant des familles entières et obligeant les survivants à manger les morts. Durant deux hivers consécutifs extrêmement rigoureux (1881 et 1882), la chasse au phoque, à travers une banquise totalement prise et très épaisse, avait été particulièrement mauvaise ; et il n'y avait pas eu de véritable été intermédiaire pour reconstituer les réserves alimentaires. Les plus vieux d'Ammassalik racontent encore ce qu'ils ont entendu dans leur jeunesse : pendant ces terribles périodes de famine, lorsqu'il ne restait plus le moindre aliment, raclure de graisse, racine, os à ronger, ou chair de requin au goût si détestable, les chiens, compagnons indispensables de l'Eskimo, étaient abattus un à un et mangés ; lanières de cuir, semelles de bottes, vêtements et couvertures de peau des embarcations et des tentes, étaient longuement mâchés ; dans les cas extrêmes enfin, on en venait à manger les morts. La tradition orale ajoute encore que la chair humaine est meilleure que celle de l'ours blanc et que ceux qui avaient goûté de l'homme y avaient parfois pris goût…

On peut estimer la perte en vies humaines, lors de ces sombres années de 1881-1882, à environ 15 % de la population. Pourtant, deux années seulement plus tard, Holm rencontrait une société confiante dans la vie et soucieuse de redonner à ses enfants tous les noms des disparus afin de remplir son devoir vis-à-vis des morts. Car l'âme-nom d'une personne décédée souffre considérablement tant qu'elle n'a pas trouvé un autre corps, celui d'un nouveau-né, pour l'accueillir et la « réincarner ».

Dans le passé, disettes et famines revenaient régulièrement et ces chasseurs arctiques subissaient successivement des périodes d'expansion et de surmortalité, conséquences de l'alternance entre pénurie et abondance de gibier. Certains petits groupes humains vivant sur la côte orientale du Groenland se sont éteints, comme ceux du nord que Clavering avait aperçus en 1823 ; d'autres ont émigré vers des régions moins isolées, comme ceux du sud qui se sont rapprochés des postes de commerce de la côte occidentale, à la fin du XIXe siècle.

Le mode d'habitat traditionnel des Ammassalimiut, fondamentalement lié aux exigences du milieu (climat et ressources), reposait sur deux principes essentiels : dispersion et mobilité.

La dispersion des membres de l'ethnie, par petits groupes familiaux relativement éloignés les uns des autres, avait pour principal objectif d'assurer à chacun d'entre eux un territoire de chasse suffisamment productif pour la durée d'un hivernage. Un « village » d'hiver ne comportait en fait qu'une seule grande maison, pouvant abriter plusieurs dizaines de personnes. Parmi les treize habitations hivernales recensées par Holm en 1884, le nombre d'habitants variait de 12 pour la plus petite à 58 pour la plus importante.

Mais chaque hivernage se présentait différemment du précédent : le lieu choisi, la composition des familles élémentaires réunies pour la vie en communauté, le nombre d'habitants rassemblés sous le même toit, étaient reconsidérés et le plus souvent modifiés d'un hiver à l'autre. Ces décisions importantes étaient prises par le patriarche de la famille, sorte de chef de la maisonnée qui, en rassemblant autour de lui une partie des membres de sa parentèle, cherchait à équilibrer le nombre des producteurs (les chasseurs) et celui des consommateurs. Les nouveaux événements familiaux étaient pris en compte : décès, mariage, adoption ou naissance. Exposés aux dangers de la chasse, les hommes adultes laissaient souvent derrière eux des veuves et des orphelins dont l'existence pouvait devenir une véritable charge pour la maison endeuillée. L'arrivée d'un nouveau gendre était alors bienvenue pour compenser une telle perte.

Changer de maison d'hivernage – chaque année ou tous les deux ou trois ans – pour laisser les animaux marins revenir près de la place abandonnée, consistait le plus souvent à s'installer dans une ruine existant déjà dans un lieu considéré comme giboyeux. Reconstruire les murs écroulés, adapter les dimensions de la maison au nombre d'occupants, refaire le toit et aménager l'intérieur n'était qu'une affaire de quelques jours pour ces nomades accoutumés à de fréquents déplacements. Les habitants de la maison d'hiver installés sous la tente pendant les préparatifs devaient tous prendre place dans la maison au même moment, à l'emplacement désigné par le patriarche, qui lui-même se trouvait le plus souvent au centre de la plate-forme, en face du couloir d'entrée. Les femmes mariées allumaient alors l'une après l'autre leur lampe à huile, et l'installation de cette nouvelle petite société, cellule autarcique pour le temps d'un hivernage, était souvent achevée par une séance de chamanisme.

La vie communautaire hivernale, de grande promiscuité, d'entraide et de partage durait sept à huit mois, ou plutôt environ huit lunes, car c'était ainsi que les Ammassalimiut divisaient le temps dans le cycle annuel (la première lune étant celle qui suit le jour le plus court de l'année).

Les grandes maisons patriarcales à moitié enterrées telles que Holm les découvrit sur les rivages de la région d'Ammassalik, à la fin du XIXe siècle, étaient composées d'une grande pièce unique presque rectangulaire, de 8 à 10 mètres de long et de 5 mètres environ de large, et d'un couloir d'accès de plusieurs mètres de long, bas et coudé dans le sens contraire au vent dominant, l'ouverture de ce couloir constituant la seule aération de l'habitation. Les matériaux de construction utilisés étaient ceux que pouvait fournir l'environnement : pierres et mottes de terre pour les murs ; bois de flottage pour l'armature de la toiture et les piliers de soutien de la plate-forme ; pierres plates pour le sol et le bat-flanc ; peaux de phoque pour l'isolation des parois intérieures et l'étanchéité du toit ; intestins de phoque séchés, cousus en bandes translucides et fines, pour couvrir les ouvertures servant de fenêtres. En outre, des morceaux de graisse de phoque étaient souvent utilisés pour boucher les trous dans la toiture.

À l'intérieur, une partie importante de la pièce était occupée par la plate-forme – d'environ 2 mètres de large et 50 centimètres de hauteur – qui partageait la pièce dans le sens de la longueur, d'un mur à l'autre, en longeant la paroi du fond. La plate-forme elle-même était divisée dans sa largeur par des demi-cloisons de peaux d'environ 50 centimètres de hauteur : ces séparations délimitaient la place revenant à chaque couple, leurs jeunes enfants et leurs filles non mariées. Les garçons célibataires et les visiteurs dormaient à part, sur de petits bat-flancs situés sous les fenêtres de part et d'autre de l'orifice d'entrée de la maison.

Devant l'emplacement revenant à chaque femme mariée sur la plate-forme commune, se trouvait une lampe de pierre posée sur un socle, propriété personnelle de la femme.

Au sein même de la vie communautaire d'hiver, la famille élémentaire conservait ainsi un « domaine privé » restreint : quelques mètres carrés de plate-forme où se tenir dans la journée et dormir la nuit, prolongés dans l'aire commune par un foyer individuel, la lampe de pierre à graisse de phoque surmontée d'un séchoir. Devant et sous cette partie de plate-forme se trouvaient encore les biens propres de la famille restreinte : coffre à outils de l'homme, objets et instruments de travail de la femme, vêtements, récipients en tous genres, rouleaux de peaux, etc.

Les grandes maisons elles-mêmes étaient un bien commun, excepté le bois de flottage qui entrait dans leur construction. Chaque famille élémentaire apportait ses affaires personnelles et le bois lui appartenant, et remportait ces éléments à la fin de l'hiver.

En règle générale, les familles d'Ammassalik pratiquaient leur nomadisme hivernal à l'intérieur de zones géographiques correspondant à des subdivisions de l'ethnie. On a pu distinguer, en effet, au sein de ce qui est globalement désigné comme l'ethnie ammassalimiut, trois sous-groupes ayant leurs particularités linguistiques et culturelles et pratiquant une certaine endogamie : les gens du fjord de Sermilik, ceux du fjord d'Ammassalik et ceux du fjord de Sermiligak. Et c'est essentiellement sur les rives ou les îlots de ces trois fjords, avec quelques extensions au sud du Sermilik et au nord de Sermiligak, que se trouvaient la plupart des habitations d'hiver régulièrement occupées.

Mais parfois un petit groupe familial entreprenait une plus grande expédition, de plusieurs hivers, pour aller exploiter d'autres territoires de chasse ou chercher des ressources devenues trop rares dans sa région : par exemple, le phoque barbu et le phoque à capuchon, dont les cuirs épais et solides servaient à confectionner les courroies, les couvertures des embarcations, les vêtements imperméables et les semelles de bottes ; ou encore le narval et l'ours, dont l'ivoire et la fourrure pouvaient servir de monnaie d'échange auprès des gens du sud, pour obtenir fer, aiguilles, perles ou tabac importés d'Europe. Tout au long du chemin, la capture de phoques assurait la subsistance de ces voyageurs confiants et libres de toute contrainte.

Par contraste avec la vie hivernale, confinée dans les maisons surpeuplées, le nomadisme d'été correspondait à un besoin fondamental pour les habitants d'Ammassalik de rompre avec la communauté et ses contraintes et de se disperser en petites unités. La famille nucléaire reprenait alors ses droits, au moment où la nature elle-même explose de vie et offre une plus grande variété dans ses ressources. Pendant quatre à cinq mois, extrêmement mobiles, vivant sous des tentes en peau de phoque de forme conique, les habitants d'Ammassalik partaient joyeusement en quête de ces nouvelles ressources : capelans et ombles chevaliers, oiseaux migrateurs, grands phoques dérivant dans la banquise morcelée, baies et plantes sauvages. Les emplacements saisonniers pour la pêche, la cueillette et la chasse estivale étaient connus et répertoriés depuis des générations : les ruisseaux, à l'intérieur des fjords, que l'omble chevalier descend en juin pour aller vers la mer et remonte en août vers les lacs ; les côtes où s'arrêtent et nichent les oiseaux migrateurs ; les pentes abritées où pousse l'angélique et où, en fin d'été, abondent camarines et airelles bleues ; les fonds de fjord vers lesquels migrent les phoques en mai-juin, et les îlots près de la mer où, en juillet et début août, la chasse aux grands phoques, pratiquée au milieu des glaces dérivantes, peut être excellente.

C'est au cours de cette période d'abondance et de surplus alimentaire que se constituaient les réserves en prévision du prochain hivernage et de ses inévitables moments de pénurie. Les conserves de nourriture étaient réalisées par les femmes qui prenaient soin de faire sécher au soleil et au vent quartiers de viande, capelans, estomacs ou gros intestins de phoque remplis de sang de phoque, et préparaient des outres de peau garnies de graisse et d'huile de phoque, de morceaux de viande, de baies et de plantes (orpin, oseille sauvage et pissenlit).

Cette époque de l'année où les déplacements familiaux sont facilités était encore mise à profit par les habitants d'Ammassalik pour reprendre contact avec des parents éloignés ou d'autres membres de la communauté. C'était notamment à Qingek, le lieu de la pêche aux capelans, que se tenait annuellement vers le mois de mai un grand rassemblement de plusieurs centaines de personnes. Réunis alors pour quelques jours, à l'occasion de cette pêche collective aux *ammassat*, les gens des fjords d'Ammassalik et de Sermiligak resserraient leurs liens et souvent, il en résultait des mariages.

LES RYTHMES QUOTIDIENS

Le chasseur arctique ne connaît d'autres rythmes de vie que ceux qu'imposent le milieu extérieur (saisons, conditions de la neige et de la glace, vent, obscurité, brouillard, état de la mer), les migrations et le comportement du gibier (temps plus ou moins long pour découvrir un animal, difficultés de la capture), les besoins alimentaires de sa famille et son état de santé personnel. Toutes ces composantes intervenant de façons diverses, aucune règle de vie régulière n'existe chez ces chasseurs pour le lever ou le coucher, les repas, le commencement ou la fin d'une activité. Seul le retour du chasseur, lorsqu'il rapporte un gibier, est véritablement décisif pour la préparation d'un repas familial. Mis à part ce moment très attendu, mais totalement imprévisible, la liberté d'action laissée à chacun, dès le plus jeune âge, permet à tout membre de la famille de vivre à son propre rythme : dormir quand il a sommeil – même si c'est en pleine journée – vaquer à ses occupations ou jouer à n'importe quel moment de la « nuit » – quand il fait clair à la belle saison –, réclamer le sein ou quelque nourriture d'appoint lorsque la faim se fait sentir.

Ce système d'éducation où l'enfant n'est soumis ni à des contraintes ni à des punitions, mais où il apprend par incitations et conseils des adultes, parce qu'en réalité il doit « savoir lui-même ce qu'il doit faire », est à mettre en relation avec la coutume de « réincarnation » du nom d'un parent mort dans tout enfant qui vient au monde. C'est ainsi l'ancêtre, « réincarné » dans l'enfant que l'on appelle généralement par le terme de parenté qui vous liait avec le mort : « mon oncle »,

« ma mère », « mon père », « mon mari » (quel que soit le sexe de l'enfant), qui est de nouveau présent avec son savoir personnel, et dont on respecte la personnalité.

LA VIE EN SOCIÉTÉ

Dans la société traditionnelle, presque exclusivement orientée vers la chasse – la pêche et la cueillette n'étant considérées que comme des activités secondaires –, tout individu de même groupe d'âge et de même sexe se consacrait au même type d'activité et assurait la même production, avec toutefois plus ou moins de succès.

La division du travail, définie très précisément entre l'homme et la femme, les rendait complémentaires et interdépendants. À l'exception de très rares cas de femmes élevées en chasseurs, la chasse était le domaine réservé aux hommes. Ils étaient les pourvoyeurs de gibier, ceux dont dépendait toute famille. Mais, dès le retour de la chasse, c'était alors à la femme de transformer le gibier rapporté, en nourriture, vêtement, combustible… Et, au-delà de ces tâches de transformation du gibier et de constitution de réserves, elle avait aussi le rôle, très important socialement, de distribuer et de répartir la nourriture au sein de la famille.

Le tout jeune garçon était initié par son père aux techniques du kayak, au lancer du harpon, à la conduite du traîneau à chiens… Il apprenait aussi à connaître les différents gibiers, les indices de leur présence, leurs comportements lorsqu'ils sont poursuivis et blessés. La petite fille, de son côté, vivait auprès de sa mère et apprenait, tout en jouant, à découper le gibier, préparer les peaux, s'occuper des plus jeunes frères et sœurs… Il y avait ainsi, chez les enfants, un passage progressif du jeu à la vie réelle et, vers l'âge de 10-12 ans, garçons et filles contribuaient déjà activement aux tâches de la vie familiale.

À l'époque de l'autosubsistance, tout était produit au sein de la cellule familiale : chaque groupe dispersé constituait une véritable unité de production, de distribution et de consommation. Il n'existait dans l'ethnie aucun artisan spécialisé. Tout chasseur était appelé à fabriquer lui-même son habitat, ses moyens de transport, ses armes de chasse et ses outils de travail, ainsi que ceux de sa femme, les objets domestiques, les jouets de ses enfants et les masques et tambours utilisés lors des divertissements sociaux. De même, toute femme adulte était apte à travailler le cuir et la fourrure, à confectionner les vêtements familiaux. Même pour mettre les enfants au monde, la femme était souvent seule ; parfois elle était aidée par une vieille femme de la maison, mais, avant la colonisation danoise, il n'y avait pas de sage-femme à Ammassalik.

Une seule exception toutefois à cette totale interchangeabilité des rôles entre individus de même sexe et de même génération existait dans la fonction spécifique du chamane (*angakkeq*). Dès leur enfance, les chamanes (hommes ou plus rarement femmes) étaient désignés par des signes surnaturels et le long apprentissage de la transe extatique se faisait, en grand secret, sous la direction d'un chamane plus âgé. Cette fonction sociale et religieuse très particulière du chamane : médecin-guérisseur et médiateur entre les diverses forces qui régissent l'univers et les humains, lui conférait une place à part dans l'ethnie, qu'aucun non-initié ne pouvait exercer. Les chamanes étaient cependant aussi des chasseurs. C'étaient souvent de médiocres chasseurs qui vivaient surtout des cadeaux en nature (nourriture, fourrure ou arme) qui leur étaient faits en échange de leurs services en tant que guérisseurs.

Lors de sa découverte par les Occidentaux, l'ethnie comptait au minimum dix chamanes, c'est-à-dire approximativement un homme adulte sur dix.

LE COUPLE ET LA FAMILLE

Dans la tradition, la jeune fille devenue pubère signalait son changement de statut par le port, dans la maison ou la tente, d'un cache-sexe de peau, au lieu de la nudité de l'enfance, et en relevant ses cheveux en chignon sur la tête (le *pikkiva* très particulier des femmes eskimo), tandis que les plus jeunes filles laissaient pendre leur chevelure dans leur dos. C'était une indication pour les partenaires masculins, qui de leur côté commençaient aussi, vers l'âge de 15-16 ans, à porter à l'intérieur de l'habitation un cache-sexe couvrant leur nudité.

Mais la maturité physique n'était pas un critère suffisant pour être « mariable » ; il fallait surtout être capable de tenir un rôle d'adulte dans la société, à savoir, pour l'homme, être suffisamment habile à la chasse pour subvenir aux besoins d'une famille, et pour la femme, s'occuper parfaitement de toutes les tâches incombant au sexe féminin.

Etant données l'interdépendance de l'homme et de la femme dans la société traditionnelle ammassalimiut et la nécessité de se reproduire pour durer, le célibat était pratiquement inconcevable. Il était possible de se marier à partir de 16-17 ans pour les filles et de 17-18 ans pour les garçons.

Les mariages se faisaient préférentiellement entre membres appartenant au même sous-groupe ethnique. Toutefois, ceux-ci ne devaient pas être proches parents, et l'interdit allait jusqu'aux cousins germains, considérés comme aussi proches que des frères et sœurs.

Ainsi, dans la tradition, fallait-il chercher un conjoint hors de sa maison, puisque les grandes habitations patriarcales regroupaient essentiellement autour des grands-parents, oncles et tantes, cousins germains, frères et sœurs et demi-frères et sœurs. Lorsque le groupe était restreint, ces interdits vis-à-vis de la parenté proche et les choix préférentiels limitaient considérablement l'effectif des mariables. C'est ce qui explique certaines différences d'âge très importantes que l'on pouvait trouver, allant jusqu'à vingt ans ou plus entre les époux, que ce soit entre une femme jeune et un vieux mari, ou inversement entre un jeune garçon et une femme âgée.

Le mariage traditionnel n'était marqué par aucune cérémonie particulière, ce n'était l'occasion ni de fête, ni même de réunion entre les familles concernées. En général le jeune homme allait chercher sa femme dans la maison de ses futurs beaux-parents, en leur faisant éventuellement des cadeaux, par exemple un harpon. Puis il ramenait l'épouse chez ses propres parents. La jeune femme pouvait simuler le refus de partir ou le déplaisir de le suivre, et le jeune homme la « force », ou même la violence (ces comportements évoquant un mariage par rapt). Arrivé à la maison familiale du mari, le nouveau couple était accueilli par le père du marié qui désignait l'emplacement réservé aux jeunes époux sur la plate-forme et prononçait souvent une formule magique pour leur assurer bonne santé et longue vie.

La résidence du couple était ensuite tantôt matrilocale, tantôt patrilocale, selon les nécessités économiques de la répartition entre producteurs et consommateurs pour le regroupement des familles nucléaires dans l'habitat d'hiver.

Le mariage était donc essentiellement matérialisé par l'acceptation – le plus souvent tacite – de l'union par chacun des parents des époux et le début de la cohabitation entre mari et femme. Un des motifs de refus à l'adresse d'une éventuelle future bru était la paresse : il ne fallait surtout pas prendre une épouse oisive qui, entre autres méfaits, négligerait l'entretien des vêtements de chasse si nécessaires pour la survie de son mari. Tant qu'une union n'était pas féconde, les époux pouvaient se séparer pour n'importe quel motif, même futile.

À la naissance du premier enfant, l'union prenait un caractère plus stable. Toutefois, il s'est trouvé des cas de séparation de couples ayant des enfants. Il n'était pas rare non plus qu'un homme vienne enlever la femme d'un autre chasseur, moins habile, physiquement moins fort, ou tout simplement absent de chez lui : véritable mariage par rapt, avec parfois l'assentiment ou même la complicité des parents de la femme.

Deux hommes ayant des liens d'amitié pouvaient aussi conclure entre eux une sorte de pacte consistant à échanger leurs femmes pour une certaine durée. Il s'agissait, le plus souvent, de rendre service à l'autre chasseur partant en expédition de chasse et ne pouvant emmener sa femme malade ou sur le point d'accoucher. Les enfants nés lors de tels échanges de femmes appartenaient alors « pour moitié » à un père et « pour moitié » à l'autre.

Enfin, quelques unions étaient polygames. Holm dénombrait neuf bigames en 1884, soit 10 % de l'ensemble des hommes mariés. Ces hommes polygames étaient en général de bons chasseurs, capables de nourrir une grande famille. La bigamie présentait des avantages certains d'un point de vue socio-économique. Pour un bon chasseur, une deuxième femme devenait nécessaire afin d'aider la première aux travaux de dépeçage du gibier, de préparation des peaux, etc. ; pour les déplacements en umiak une femme supplémentaire représentait une rameuse de plus dans l'équipage ; et, si la première épouse était trop âgée, une plus jeune assurait la continuité de la descendance. Du côté des femmes, même s'il existait des conflits ou des jalousies entre co-épouses, il était primordial, pour survivre, d'avoir un pourvoyeur de gibier ; or, en raison de la surmortalité masculine liée aux dangers de la chasse, il se trouvait de nombreuses veuves. La bigamie aidait donc à résorber une partie de ce surplus de femmes adultes, à une époque d'isolement total de la tribu. En cas de disette, les femmes en surnombre ainsi que leurs jeunes enfants, ne pouvant ni émigrer ni chercher de conjoints dans une autre région, n'avaient en définitive de choix qu'entre mariage – ou remariage – avec un homme d'Ammassalik ou suicide (un certain nombre de cas sont connus).

La reconnaissance sociale de la femme était tout à fait liée à son aptitude à être mère, de même la stabilité du couple dépendait-elle en grande partie de ce facteur. La femme inféconde gardait une position à part dans la société. Elle vivait dans l'insécurité, rejetée en quelque sorte par le groupe familial. Il lui était refusé un des rôles essentiels de l'épouse : partager et distribuer les morceaux du gibier tué par son mari. Une autre femme la remplaçait alors pour cet acte social de grande importance : la sœur du chasseur – si elle-même était mère de famille – ou sa mère ou sa tante ou encore une autre parente, à la condition qu'elle soit elle-même féconde.

Le mariage eskimo n'apportait donc pas *ipso facto* à l'épouse un statut particulier dans la communauté familiale de son conjoint. Les parentes de son mari conservaient encore un certain temps des privilèges qui ne lui étaient conférés, à elle l'épouse, qu'après la naissance du premier enfant, et de préférence un fils. Comme dans toute société eskimo traditionnelle, les naissances de garçons étaient mieux accueillies que celles des filles, à Ammassalik. Toute future mère souhaitait avant tout avoir un fils, futur chasseur, futur producteur, et cette valorisation extrême des naissances masculines allait parfois, dans certaines circonstances particulières, jusqu'à l'infanticide des petites filles.

LE PARTAGE DU GIBIER

Après la capture d'un petit phoque de fjord, l'espèce la plus communément chassée dans cette région, le chasseur ne s'occupe plus de son gibier une fois rentré chez lui : c'est à sa femme – ou à sa mère s'il n'est pas marié, ou si sa femme ne lui a pas encore donné d'enfant – qu'appartient désormais le phoque. Elle procède au dépeçage du gibier, puis répartit les parts de nourriture entre les membres de la famille, selon des règles établies apprises auprès de ses aînées. C'est ainsi qu'au père et à la mère du chasseur reviennent traditionnellement les côtes sternales du phoque et que la part destinée aux parents de la femme est la colonne vertébrale. Mais si ces personnes sont décédées, les morceaux sont offerts à l'enfant qui porte le nom du mort et le « réincarne ».

En plus des attributions très définies de parts alimentaires aux ascendants du couple, il peut y avoir une distribution aux collatéraux, frères et sœurs du chasseur et de sa femme, et encore aux « parents » (par le jeu de la « réincarnation ») des enfants du chasseur. Ainsi, un des enfants pourra offrir une part de gibier à sa « femme », c'est-à-dire en fait à la veuve du mort dont il porte le nom. Enfin, dans les cas de capture de grands phoques (phoque barbu et phoque à capuchon), le cercle de distribution peut encore s'étendre aux cousins germains et aux oncles et tantes.

En définitive, il ne reste généralement pour le chasseur et sa cellule familiale restreinte que la tête, la partie supérieure de la colonne vertébrale, une partie des côtes (asternales), les membres antérieurs, le sacrum et les viscères du phoque capturé. Quant à la peau, elle est la propriété de l'épouse du chasseur, à moins que ce dernier ne la donne à sa mère, comme il avait coutume de le faire avant son mariage.

Lorsqu'il s'agit d'un gibier de grande taille, également plus rare : phoque barbu, ours, morse, narval ou bélouga, les règles d'attribution et de partage sont plus étendues encore. Avant même une répartition au sein de la famille du chasseur, les personnes qui ont soit participé à la capture, soit assisté au dépeçage, ont des droits sur le gibier, et des parts très précises de l'animal capturé leur sont destinées.

Lorsque plusieurs individus ont participé, ou simplement assisté, à la chasse d'un de ces gros gibiers, ils peuvent s'assurer une part de viande en touchant la proie au moment de la capture, ou même en envoyant de loin un objet quelconque sur l'animal. Il peut y avoir ainsi jusqu'à cinq parts distribuées dans l'ordre de l'appropriation du gibier par ces personnes. Pour l'ours, le narval, le bélouga et le morse, le premier homme qui touche l'animal reçoit le membre postérieur droit, le deuxième le membre postérieur gauche, le troisième le membre antérieur droit, le quatrième le membre antérieur gauche et le cinquième s'attribue l'appendice caudal et la ceinture pelvienne. Puis, ceux qui assistent au dépeçage (le dépeçage d'un gros gibier est exécuté par les hommes, contrairement au petit gibier qui est dépecé par les femmes) ont aussi une part alimentaire : des côtes asternales et des muscles abdominaux.

Ainsi il n'y a pas que le chasseur et ses parents qui profitent de ces prises exceptionnelles, des non-apparentés peuvent également faire partie de la répartition d'une telle richesse. Cependant, s'il existe une sorte de nivellement égalitaire au niveau de la nourriture, la fourrure de l'ours ou celle du phoque barbu, l'ivoire du narval ou du morse, restent la propriété d'une seule personne. La peau du phoque barbu, comme les défenses du narval et du morse, reviennent au chasseur qui a tué l'animal (ou au premier à l'avoir blessé, s'ils sont plusieurs chasseurs ensemble) ; mais, dans le cas de l'ours blanc, c'est le premier individu qui a aperçu l'ours ou qui a découvert ses traces dans la neige qui est considéré comme le « chasseur de l'ours » (*nannitteq*) et qui en reçoit la prestigieuse fourrure.

Les ours blancs viennent parfois rôder près des maisons ou des campements, attirés par l'odeur des peaux ou de la viande de phoque qui sèchent suspendues près des habitations. Il n'est donc pas rare que le *nannitteq*, qui a déclenché la poursuite en traîneau ou en bateau jusqu'à la mise à mort de l'animal (sans même nécessairement avoir participé à la chasse), soit une femme ou un enfant ; c'est à lui que reviennent la considération publique, ainsi que la très belle fourrure et les meilleures parts de viande. Quant à celui qui a réussi à blesser à mort le redoutable prédateur, il n'est pas considéré comme celui qui a « eu l'ours », s'il ne l'a pas lui-même découvert ; il reçoit simplement, dans le partage collectif, une des parts auxquelles ont droit les participants à la chasse ayant touché l'animal lors de sa poursuite ou de sa mise à mort. La fourrure de l'ours blanc, particulièrement épaisse et chaude, a toujours été considérée comme une très grande richesse, même avant l'installation d'un comptoir commercial à Ammassalik. Elle servait à la confection des vêtements les plus chauds (le pantalon des chasseurs), ou était une valeur d'échange pour les opérations de troc qui avaient lieu au sud du pays.

Toutes ces règles de partage du gibier, que l'on observe encore aujourd'hui, semblent avoir été mises en place pour assurer une solidarité entre les membres de l'ethnie, avec une sorte de « devoir » de la part du bon chasseur vis-à-vis de ses apparentés et une sorte de « droit » pour ceux-ci d'être nourris par celui qui possède. La redistribution sociale de la nourriture a sans aucun doute contribué, dans le passé, à la survie de ce petit groupe parfois menacé de disparition. Avoir de nombreux parents représentait des possibilités d'assistance en cas d'infortune, mais c'était aussi être pris dans un réseau de contraintes pesantes. Comme dans tout groupe social, il y avait des déviants : ceux qui ne partageaient pas quand ils possédaient, mais qui venaient tout de même chercher chez le voisin en cas de manque. Ils étaient connus, la tradition orale les désignait, mais aucune sanction n'était prise contre eux.

Le seul moment propice pour réaliser un excédent alimentaire était celui de la dispersion estivale sous la tente, période au cours de laquelle les familles restreintes, dégagées des obligations de partage, pouvaient se constituer des réserves pour l'hiver suivant.

Si l'extrême mobilité géographique des Ammassalimiut, la restructuration constante de la famille patriarcale au moment du regroupement hivernal, l'absence de classe sociale et la grande liberté laissée à chacun dans sa façon de vivre, ont pu donner l'apparence d'une petite société à l'organisation lâche ou inexistante, on observe qu'il existait cependant des règles très précises dictant un certain nombre de conduites, individuelles ou collectives, fondamentales pour l'existence du groupe. Parmi celles-ci, il faut rappeler la division sexuelle du travail, bien tranchée, et la complémentarité de l'homme et de la femme ; l'obligation de partage des plus importants produits de la chasse, assurant une large distribution de la nourriture au sein du groupe ; le rôle reconnu au patriarche – en raison de son savoir et de son expérience – pour certaines décisions importantes, notamment le signal de la dispersion familiale à la fin de l'hiver, le choix du lieu d'hivernage, la composition de la maisonnée et l'emplacement des couples sur la plate-forme commune.

LA SITUATION DES ANNÉES 1930

Aux débuts de la colonisation de cette région, le gouvernement danois fut soucieux de ne pas trop perturber une petite société qu'il jugeait fragile et vulnérable. Les contacts avec le monde extérieur furent limités et contrôlés, mais la seule présence d'un comptoir commercial à Tasiilaq devait exercer un pouvoir attractif sur les Eskimo d'Ammassalik. Fascinés par les produits européens qu'ils y découvraient et appréciaient fortement : bois, fer, fusil et munitions, tissus, tabac, riz, farine, sucre…, ces chasseurs arctiques devinrent dès lors dépendants de ces nouveautés, vite assimilées et intégrées dans leur vie quotidienne, parfois au point qu'ils n'hésitaient pas à entreprendre de longs trajets, en kayak ou en traîneau, pour se procurer simplement du tabac.

Mais le plus grand choc culturel eut lieu dans le domaine social et religieux. Le missionnaire luthérien danois chargé de l'évangélisation de ces païens de la côte est condamna la bigamie, obligeant les hommes à renoncer à une de leurs femmes, et instaura l'union conjugale unique et indissoluble jusqu'à la mort. Il dénonça aussi vigoureusement les pratiques chamaniques et tous les rites sociaux qu'il jugeait contraires aux nouvelles normes morales qu'il venait inculquer.

En 1921, les Ammassalimiut étaient tous christianisés, mais l'ordre du monde avait basculé pour eux. Toutes les valeurs et croyances ancestrales avaient été brusquement ébranlées, même les chants accompagnés au tambour étaient considérés comme suspects. Pour qu'elles puissent suivre la catéchèse, le pasteur faisait venir des familles entières près du petit centre administratif de Tasiilaq (son lieu de résidence), où les possibilités de chasse étaient très médiocres ; puis, plus tard, il ouvrit deux autres petites missions : à Kuummiut et à Kulusuk. Dans les années 1920-1930, une tendance de la population à se regrouper en villages se faisait déjà sentir, notamment vers ces trois pôles : Tasiilaq, Kuummiut et Kulusuk, où le nombre d'habitations ne cessa d'augmenter. Et ce phénomène irréversible n'ira qu'en s'accentuant par la suite.

Après les premières observations faites par Gustav Holm en 1884 et les recherches de William Thalbitzer de 1905, ces notes inédites de terrain de Paul-Émile Victor de 1934-1937 – s'ajoutant aux travaux de Robert Gessain – constituent une source considérable de nouvelles informations ou de précisions sur cette ethnie qui vivait par et pour le phoque. Cet ouvrage apporte le témoignage que, non seulement par leur culture matérielle et leurs techniques ingénieuses, les Ammassalimiut ont remarquablement réussi à s'adapter à leur milieu, mais aussi qu'ils ont su dépasser les contingences quotidiennes en réservant une place importante aux jeux et aux divertissements sociaux.

Joëlle ROBERT-LAMBLIN

Nuit d'été dans le fjord de Sermilik.

Le village de Kulusuk et ses maisons modernes.

Soleil de minuit.

La banquise se disloque en juillet seulement.

Iceberg captif dans la banquise.

Voyage en traîneau au printemps.

Dans le fjord de Sermiligak.

Ruisseau à ombles chevaliers sur l'île d'Ammassalik.

Après la fonte des neiges, les vallées se couvrent de fleurs.

La vieille église de Tasiilaq.

Séchoirs à morues à Sermiligak.

Cimetière chrétien face au village de Kulusuk.

Paysage d'hiver : dans la nuit polaire, le fjord est pris par les glaces

TECHNIQUES DE DÉPLACEMENT

L'Eskimo est fondamentalement un nomade, ou un semi-nomade. C'est poussé par la nécessité de survivre qu'il est constamment amené à explorer son vaste territoire de chasse, à la recherche d'un gibier rare ou de ressources saisonnières qui apparaissent en divers lieux à différents moments de l'année. Il peut encore avoir d'autres motifs de se déplacer que l'acquisition de la nourriture : le désir d'aller retrouver d'autres membres de la communauté pour resserrer les liens sociaux ou, au contraire, celui de fuir un lieu où les tensions sont devenues trop vives et les risques d'explosion de violence réels. Dans le passé, ce sont certains de ces mobiles : chercher de nouveaux moyens de subsistance ou s'éloigner d'un ennemi dangereux, qui ont conduit de petits groupes eskimo à quitter leur région pour des terres inconnues et à s'établir sur de nouvelles aires de chasse.

Dans un environnement aussi sévère, leur besoin permanent de mobilité a conduit les Eskimo à élaborer des techniques spécifiques de déplacement. Un des aspects de leur génie technique se retrouve dans leurs moyens de transport, parfaitement adaptés à des conditions climatiques extrêmes et variables et à des saisons très tranchées.

Pour parcourir un sol très accidenté et couvert de neige la plus grande partie de l'année, se déplacer sur une mer tantôt solidifiée, tantôt dégelée mais encore encombrée de glaces flottantes, les Ammassalimiut possédaient, traditionnellement, le traîneau à chiens et deux types d'embarcation, le kayak et l'umiak.

Les seuls matériaux qui entrent dans la fabrication de ces moyens de transport sont le bois et le cuir. Dans cette région sans arbres, le bois provient de troncs d'arbres flottés, originaires de Sibérie, transportés par les courants marins. Ces bois de flottage, découverts au hasard des déplacements, représentent un bien extrêmement précieux, indispensable également pour la fabrication des armes, outils, ustensiles de la maison, piquets de tente et piliers intérieurs de l'habitation hivernale. Quant au cuir, c'est celui que l'on obtient à partir des peaux épaisses et résistantes du phoque barbu ou du phoque à capuchon, préparées différemment selon qu'il s'agit de confectionner des couvertures pour les embarcations ou des courroies ou lanières pour l'assemblage de divers éléments de bois. Ce sont précisément ces ligatures de cuir qui apportent de la flexibilité aux armatures en bois et leur confèrent une remarquable résistance aux déformations et aux chocs.

Souplesse, maniabilité et légèreté sont les qualités majeures des moyens de transport mis au point par les Ammassalimiut. Mises à part les deux périodes de l'année où les déplacements sont pratiquement rendus impossibles : en début d'hiver, lorsque la glace commence à se former mais n'est pas encore assez solide pour supporter le poids du traîneau, et à la fin de la saison froide, au moment où la neige fond et la banquise devient dangereuse pour le traîneau sans laisser toutefois de chenaux suffisamment larges pour la navigation en bateau, les Ammassalimiut sont en mesure de s'adapter à la plupart des situations imposées par le milieu, grâce à leurs remarquables techniques de déplacement. Ils parviennent, en effet, à combiner les capacités de leurs différents moyens de transport, en les utilisant conjointement : ce sera le kayak emporté sur le traîneau par l'homme qui part chasser au bord de la glace ; l'umiak posé sur des traîneaux pour traverser, au printemps, un bras de fjord resté gelé ; ou encore les traîneaux et les chiens embarqués dans l'umiak pour une partie maritime d'un voyage collectif.

Si les techniques sont remarquablement ingénieuses, les déplacements n'en demeurent pas moins difficiles et risqués dans un tel environnement, que ce soit en traîneau, en umiak et, plus particulièrement encore, en kayak.

*

* *

Avec la modernisation récente de cette région du Groenland, de nouveaux moyens de transport, tels que le bateau à moteur et le scooter des neiges, ont fait leur apparition à Ammassalik et ont tendance à faire disparaître les moyens traditionnels. Demandant moins d'efforts et réduisant considérablement les distances entre les lieux, par leur rapidité de déplacement, ils contribuent, d'une certaine façon, à maintenir la mobilité de la population. Mais très chers à l'achat, ils sont une source d'endettement pour leurs propriétaires et lors des déplacements, les utilisateurs sont tributaires des rares points d'approvisionnement en carburant. Bruyants et dangereux, ils ne sont pas unanimement appréciés des Ammassalimiut.

Joëlle ROBERT-LAMBLIN

LE TRAÎNEAU

Le traîneau, tiré par des chiens, était le seul moyen de déplacement des Ammassalimiut sur le sol enneigé et la mer gelée de la longue saison hivernale, jusqu'à l'introduction, au début du XXe siècle, des skis en bois – une invention lapone parvenue jusque-là dans les bagages des colonisateurs danois – puis, beaucoup plus récemment, du très rapide et bruyant scooter des neiges (ou motoneige) qui séduit tant les jeunes, mais déplaît fortement aux plus âgés.

Le traîneau traditionnel d'Ammassalik, tel que Holm notamment a pu l'observer, était un assemblage de pièces de bois liées par des lanières de cuir, qui s'avérait robuste, souple et bien adapté au terrain très inégal et montagneux de cette région, mais qui avait aussi de très petites dimensions – court et étroit –, des montants arrière très bas et des patins en bois plein s'enfonçant totalement dans la neige. Il ne comportait, de plus, aucun système de freinage : un des moyens pour le ralentir consistait pour le conducteur à enfoncer verticalement dans la neige le manche de son fouet.

Après la découverte de l'ethnie par les Occidentaux, le traîneau d'Ammassalik subit des modifications successives ; tout d'abord une influence technologique venue de la côte occidentale du Groenland, puis, fait remarquable, une autre influence due cette fois à un ethnologue français : Paul-Émile Victor, qui avait lui-même mis au point un traîneau adapté à ses besoins, pour effectuer notamment des raids d'exploration dans l'arrière-pays de Kangerlugssuatsiak.

En définitive, le traîneau actuel, avec une structure de bois allégée (montants, patins, etc.), est à la fois plus grand, plus maniable et plus stable que le traîneau traditionnel. Il est, en outre, équipé d'un frein, sorte de râteau étroit en métal, situé à l'arrière, qui peut s'abaisser et sur lequel on monte pour réduire la vitesse du traîneau.

*

* *

Pour le chasseur, le traîneau est l'outil indispensable grâce auquel il peut se rendre, en hiver, sur son terrain de chasse et, lorsque l'expédition a été fructueuse, rapporter le gibier jusque chez lui. C'est en se déplaçant par ce moyen, que l'homme va repérer sur la banquise les trous de respiration des phoques, chercher les phoques sortis sur la glace pour se chauffer aux premiers rayons du soleil de printemps, ou bien encore visiter ses filets à phoque installés sous la glace (une technique de chasse introduite dans cette région en 1915). C'est aussi, très souvent, muni d'un kayak court posé sur son traîneau, que le chasseur part chasser du bord d'une polynie – une large zone d'eau libre où les courants marins ont empêché la glace de se former – ou d'une cassure de la banquise. Lorsqu'il a tiré un phoque depuis le rebord de la glace, le chasseur met rapidement le kayak à l'eau pour aller récupérer sa proie, avant qu'elle ne risque de couler. Le traîneau, laissé en retrait du lieu de chasse, est alors renversé sur la glace et les chiens, une patte passée dans le harnais, attendent de longues heures. C'est encore au moyen du traîneau que le chasseur va se lancer, à travers terre et mer gelée, dans une poursuite effrénée si par chance un ours blanc a été repéré par des traces dans la neige ou a été flairé par les chiens.

À la fin de l'hiver, vers mars-avril, lorsque les jours allongent, une sorte de besoin de rompre l'isolement hivernal se fait sentir, et c'est alors que des expéditions familiales à plusieurs traîneaux – incluant femmes et parfois quelques enfants – se décident subitement, pour aller rendre visite à d'autres maisonnées. Les visiteurs sont toujours les bienvenus et ces retrouvailles sont l'occasion de partager la nourriture mise en réserve, d'échanger des informations et des nouvelles, de s'amuser, rire, chanter et danser.

*
* *

Le traîneau glisse facilement et avance vite, grâce à ses patins d'une part, dont le lissage et l'englaçage sont l'objet de soins méticuleux de la part du propriétaire, et, d'autre part, grâce à son attelage, formé de chiens plus ou moins nombreux, plus ou moins bien nourris, et plus ou moins dressés à tirer ensemble le traîneau, chacun à sa place dans l'éventail de l'attelage.

Un bon chasseur peut pratiquement se reconnaître à l'importance de son attelage (dix à douze chiens) et à la beauté du pelage de ses bêtes. En effet, posséder de nombreux chiens et les alimenter convenablement, par exemple tous les deux jours en période hivernale, avec de la viande et de la graisse de phoque au lieu de requin séché ou de restes de poissons, implique que le propriétaire des chiens est un habile chasseur qui capture des phoques très régulièrement.

Dès leur plus jeune âge, les jeunes garçons d'Ammassalik apprennent le maniement du fouet, s'exerçant à le faire claquer ou à toucher du bout de la lanière un jeune chien attelé à leur petit traîneau d'enfant, construit pour eux, à leur dimension. Ainsi commencent-ils leur apprentissage, car conduire un traîneau exige une parfaite connaissance des terrains et des glaces, mais aussi une bonne maîtrise des chiens, pour les faire avancer tous au même rythme, dans la même direction, et éviter les bagarres entraînant l'enchevêtrement des traits.

À Ammassalik, l'homme a un besoin vital du chien. Malgré certains traitements brutaux, il sait ménager ses souffrances, notamment en lui protégeant les pattes avec des sortes de petites bottes en cuir, lorsque la glace est vive et coupante. Autrefois, ce n'était qu'en cas de très grande nécessité, en période tragique de famine, que les Ammassalimiut en venaient à manger leurs chiens.

À la fin du xxe siècle, si certains Ammassalimiut salariés ont adopté le scooter des neiges, les chasseurs pour leur part le rejettent, le considérant trop onéreux, trop bruyant, trop dangereux et trop fragile. Avec beaucoup de bon sens, ils remarquent que, lorsqu'elle est en panne de moteur ou de carburant, la machine vous laisse sur place, tandis que les chiens vous ramènent toujours chez vous.

Joëlle ROBERT-LAMBLIN

LE TRAINEAU A CHIENS

kātōdi^{t} : le traîneau

Le traîneau traditionnel des Ammassalimiut

Ce traîneau, probablement utilisé sans modifications pendant de nombreux siècles, a disparu au début du XXème siècle, remplacé ou inspiré par le traîneau de la côte occidentale (voir page 30). Les patins, les planches, les montants étaient taillés à coups d'herminette dans les troncs flottés recueillis dans les glaces.

Dimensions approximatives :

- longueur : 1,80 m
- largeur : 0,50 m
- hauteur totale : 0,65 m

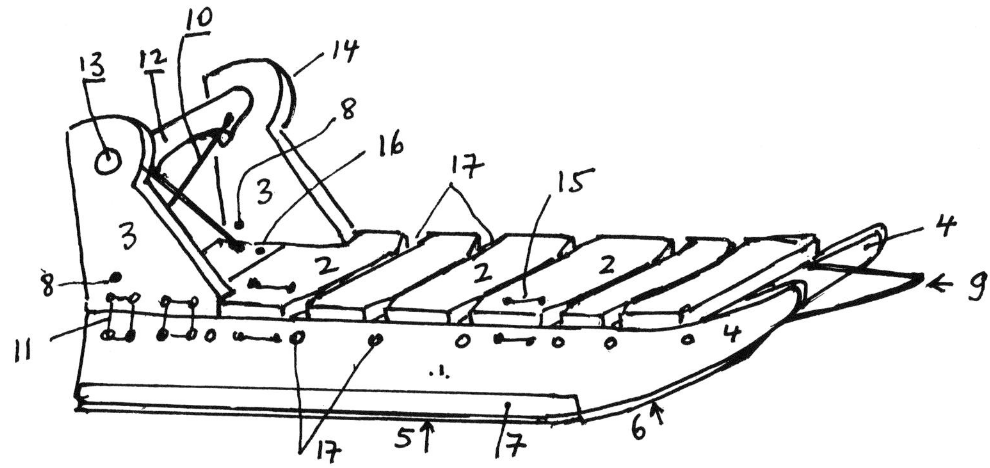

Fig. 1. - Nomenclature du traîneau.

1 - *inā'* (pluriel : *inä^{t}) :* patin
2 - *igārī^{t} (igārīdi^{t}) :* planche du dessus
3 - *nabāja' (nabājä^{t}) :* montants arrière
4 - *narcia' (narci^{t}) :* la partie avant, relevée, du patin, destinée à "boire l'obstacle"
5 - *pertā (pertä^{t}) :* revêtement inférieur (en os) des patins
6 - *ue^{r}ñera' :* partie avant de ce revêtement (à changer ou à réparer fréquemment)
7 - *cenārāki^{t} (cenārakidi^{t})*
ou *tadiŋīkit (tadiŋīkidit) :* protection latérale (en os) de la partie inférieure des patins
8 - *nabātico^{r}pia :* trou pour passer la courroie *nabatidā* de ficelage sur l'arrière du traîneau (baluchon, phoque, etc.)
9 - *nupiz'a' :* courroie avant, fixation des traits des chiens
10 - *nudūda' (nudūtä^{t}) :* courroie arrière pour assurer la rigidité des montants
11 - *nabātidā (nabatidä^{t}) :* courroie de fixation des montants sur les patins
12 - *cenīdā :* traverse supérieure des montants
13 - *cenīcorpia' :* trou de passage de cette traverse, à travers le montant
14 - *cuniŋīwāda' (cuniŋīwadä^{t}) :* partie supérieure arrondie, des montants
15 - *qiditā^{t} :* courroie de fixation des planches supérieures sur les patins
16 - *mījaco^{r}pia' :* trou de passage de la courroie *mījadā* de ficelage de la charge
17 - *naradā^{r}ce^{r}pi^{t} :* trous de passages des courroies de ficelage de la charge
naradā^{r}ce' : courroie de ficelage de la charge

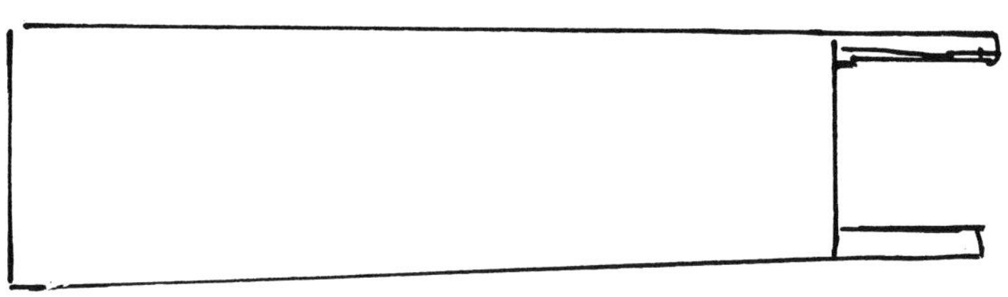

Fig. 2. - Vue de dessus montrant l'angle des patins dans le plan horizontal.

Fig. 3. - Vue de l'arrière montrant l'angle des patins dans le plan vertical.

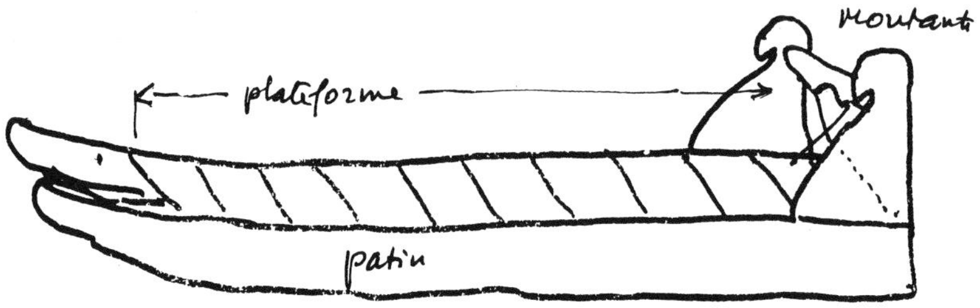

Fig. 4. - Variante de la forme de la partie supérieure des montants, permettant une meilleure prise des mains pour manœuvrer le traîneau.

Fig. 5. - Le traîneau traditionnel des Ammassalimiut, conçu pour s'enfoncer dans la neige profonde et prendre appui sur la plate-forme.

Le traîneau des Ammassalimiut inspiré de celui de la côte occidentale

Dès le début du XXème siècle, le traîneau traditionnel d'Ammassalik a été remplacé par un traîneau très largement inspiré par le type de traîneau des Ouest-Groenlandais. Il a différé, dans les premiers temps en particulier, par des détails provenant par exemple du manque de certains matériaux (pour l'assemblage des patins sur la plate-forme entre autres).

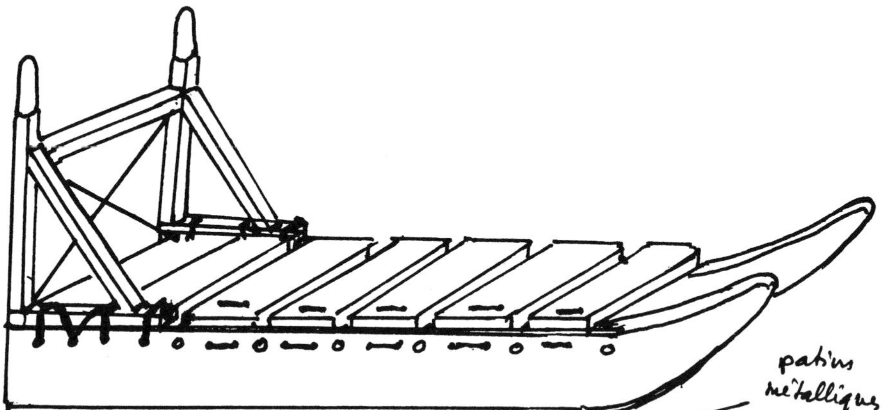

Fig. 6. - Le traîneau des Ammassalimiut, pendant la première moitié du XXème siècle.

Fig. 7. - Le traîneau de la côte occidentale du Groenland, d'où est issu le traîneau ci-dessus.

Dimensions approximatives de la plate-forme :
- longueur : 1,50 m
- largeur : 0,70 m

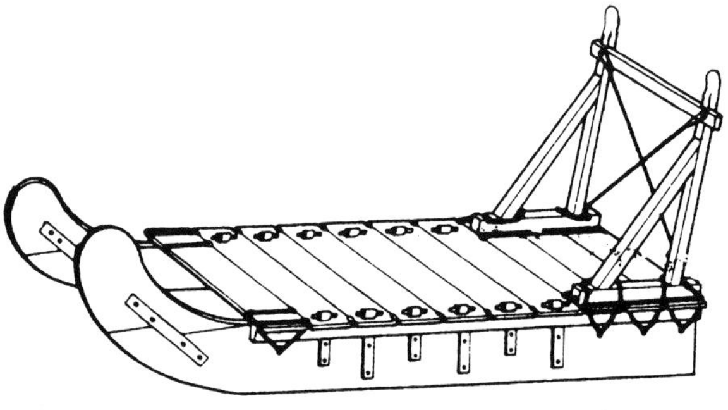

Le traîneau actuel des Ammassalimiut (depuis 1940)

Pendant mon deuxième hivernage (en 1936-37), j'ai construit un traîneau qui correspondait à l'expérience que j'avais acquise. Il s'inspirait de quatre types :

- le traîneau de Nansen
- le traîneau de Nansen, modifié pour notre traversée de l'Inlandsis du Groenland, en 1936
- le traîneau ouest-groenlandais
- le frein des traîneaux canadiens et d'Alaska.

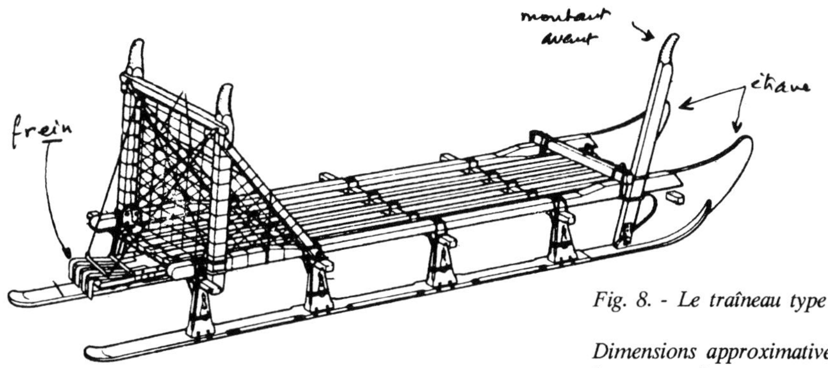

Fig. 8. - Le traîneau type "PEV".

Dimensions approximatives de la plate-forme :
longueur : 2 m
largeur : 0,60 m

Le principe de ce traîneau fut rapidement adopté par les Ammassalimiut. A partir des années 1940-1950, ils remplacèrent leurs traîneaux classiques par des traîneaux de ce type, qu'ils adaptèrent à leurs besoins. Aujourd'hui, ce sont les seuls traîneaux utilisés par les Ammassalimiut.

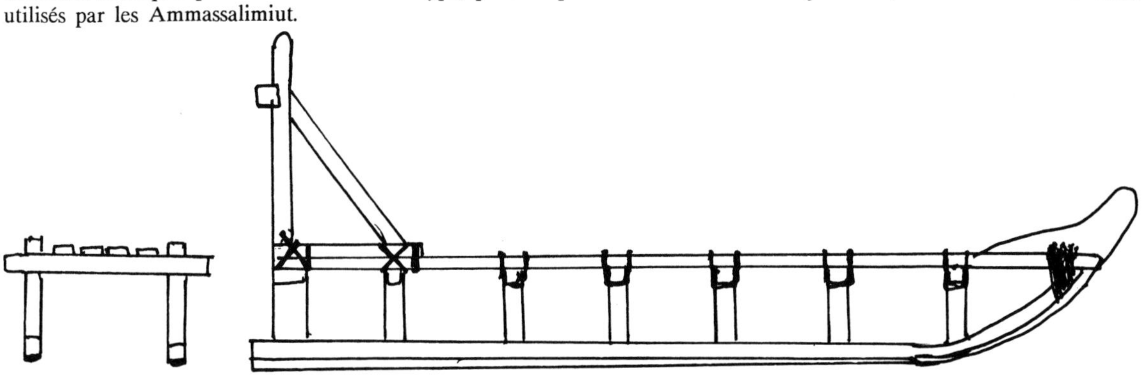

Fig. 9. - Le traîneau actuel des Ammassalimiut, inspiré du traîneau "PEV" de 1936-1937.

LES CHIENS, LE HARNAIS ET LE SYSTEME D'ATTELAGE

Les chiens

Le chien de traîneau est bâti en force, musclé, vigoureux et résistant. Sa tête, qui rappelle un peu celle du loup - en moins gros et moins triangulaire - possède un crâne arrondi, un museau pointu et des oreilles courtes pointées vers l'avant. Les membres sont forts, l'ossature puissante, et la cage thoracique profonde. Son poids va de 25 à 50 kg ; sa longévité est d'une dizaine d'années.

Les yeux sont légèrement obliques et en amande, pas très ouverts. Le cou est court et musclé. Le dos, étroit mais puissant, se termine par une queue très touffue formant panache et relevée sur les reins. Les pieds sont ronds ; les doigts serrés reposent sur des tubercules enrobés de grosses touffes de poils. Sur la neige, ils agissent comme des raquettes.

La fourrure est rude et épaisse, demi-longue, avec un sous-poil dense, doux, laineux et serré.

A Ammassalik, la race d'origine des chiens était blanche, petite, rapide et très résistante : ces chiens pouvaient rester, au cours de leurs déplacements, plusieurs jours sans manger. Elle a presque totalement disparu, par croisements, depuis l'arrivée des grands chiens venus de la côte ouest, à travers l'Inlandsis, avec l'expédition de Martin Lindsay de 1934 et l'Expédition Française Transgroenland de 1936 (de Robert Gessain, Michel Perez, Eigil Knuth et Paul-Emile Victor).

Les chiens portent toujours des noms auxquels ils répondent, parfois même le nom d'un homme mort. Les chiots et les chiennes allaitant leurs petits vivent dans la maison ou dans un abri qui leur est spécialement destiné, tandis que les chiens adultes couchent toujours à l'extérieur, quel que soit le temps. Roulés en boule, les pattes sous la tête, la queue sur le museau, ils sont souvent complètement ensevelis dans la neige. En été, devenant inutiles, ils sont moins nourris et souvent sont déposés dans un îlot où ils doivent se débrouiller comme ils peuvent avec un gros tas de graisse et de l'eau fraîche.

Les chiens ne sont jamais considérés comme des animaux familiers - sauf les chiots avec lesquels les enfants jouent. Agressifs et batailleurs, les Groenlandais les craignent, et c'est à juste titre car les accidents parmi les jeunes enfants ne sont pas rares.

Le harnais

anīᵗ : le harnais
Le harnais, en cuir de phoque barbu, place l'effort du chien sur ses épaules et sa poitrine.

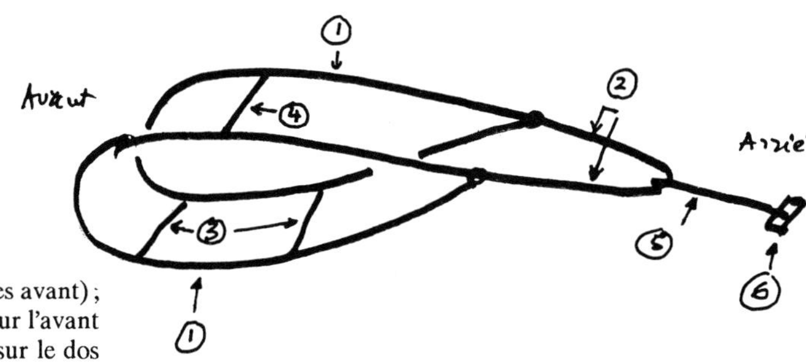

Fig. 10. - Nomenclature du harnais.

1 - *ar̄āj̄ā :* boucles (par où passent les pattes avant) ; la tête se situe entre les deux boucles, sur l'avant
2 - *qidia :* arrière du harnais (qui appuie sur le dos et sur lequel est fixé le pré-trait [5])
3 - *cagiaridā (cagiaridāᵗ) :* traverses sous poitrine et sous ventre
4 - *puguzurudā :* traverse dorsale (sur les épaules)
5 - *pabicar̄ā :* pré-trait
6 - *cen̄iᵗ* : pièce en os pour accrocher le trait

Le système d'attelage

Attelés au traîneau, les chiens forment des équipages plus ou moins nombreux suivant les chasseurs et selon leurs besoins.

Le chef-chien fait la police et corrige les chiens paresseux ou désobéissants. Ce n'est pas toujours lui que l'on place devant, mais celui qui obéit le mieux à la voix ; si une chienne est en chaleur, c'est elle qu'on met en tête.

L'attelage en éventail donne de l'indépendance à chaque chien - important pour les trous d'eau et les crevasses - et l'impression de liberté pour chacun d'eux. Toutefois, il a un inconvénient certain : les chiens changent fréquemment de place et finissent par emmêler les traits. Il faut alors s'arrêter pour les démêler.

Les Ammassalimiut ont gardé leur système d'attelage en éventail allongé, traditionnel et probablement très ancien. Les chiens sont placés à des longueurs différentes suivant leur aptitude à la traction ; la place du chien peut être changée en cours de route, si nécessaire. En neige profonde, ce système permet aux plus faibles (toujours placés en arrière des autres) de courir dans la trace des premiers, ce qui les rend plus efficaces.

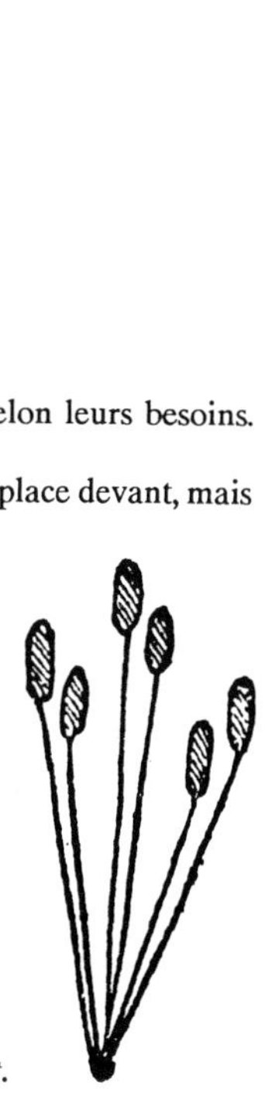

Fig. 11. - L'éventail allongé des Ammassalimiut.

LE FOUET

nogata : le fouet

Le fouet, nécessaire pour rappeler un chien à l'ordre, peut avoir jusqu'à une dizaine de mètres de long. Les chasseurs d'Ammassalik s'en servent avec une habileté consommée, pouvant frapper avec précision le chien qu'ils visent : le flanc droit ou gauche pour le faire obliquer ou le ramener à sa place dans l'attelage, l'arrière-train s'il paresse.

Le fouet traditionnel des Ammassalimiut, parfois décoré sur le manche de motifs en ivoire de narval, a été remplacé au début du XXème siècle par le fouet du type de la côte occidentale du Groenland. Ce dernier type est encore en usage actuellement.

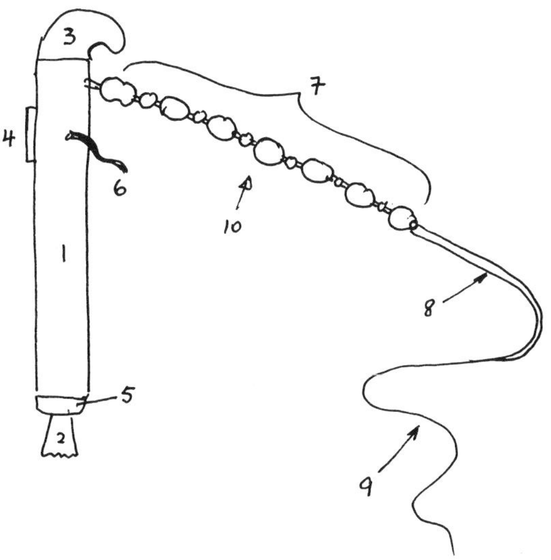

Fig. 12. - Nomenclature du fouet.

1 - *ibuā :* le manche court (environ 30 cm), en bois
2 - *idarnī*^{j}*ä*^{t} *:* qu'on pourrait appeler la "queue", sert à gratter la glace, ou parfois sert de frein, en os
3 - *nice' :* pièce en os ou en ivoire ; crochet destiné à ramener, en marche, vers le traîneau l'ensemble des traits des chiens
4 - *kakiwia' :* petite pièce en os, sert à se "moucher"
5 - *qāqowā :* embase en os ou en ivoire
6 - *qididā :* petite lanière pour attacher le fouet ou la lanière du fouet contre le manche
7 - *nakartä*^{t} *:* ensemble de billes en os ou ivoire, partie lourde du fouet
8 - *cidikārtā :* partie épaisse de la lanière du fouet
9 - *cudaŋā :* partie fine de la lanière
10 - *agiduru*^{t} *(agidurä*^{t}*) :* les perles en os ou ivoire

LES SKIS

pisīdi^t : ce qui sert à marcher : les skis

Les Eskimo d'Ammassalik ne possédaient, traditionnellement, ni skis ni raquettes pour se déplacer à pied dans la neige profonde.

C'est au début du XXème siècle (vers 1905), sous l'influence des Danois venus pour les administrer, qu'ils découvrirent l'utilité des skis et commencèrent à s'en fabriquer pour eux-mêmes : en bois blanc, courts, la semelle recouverte d'une peau de phoque. Toujours chaussés de *kamik* (bottes en peau de phoque, sans talon), leurs pieds étaient simplement maintenus sur les skis par une lanière transversale, en cuir de phoque.

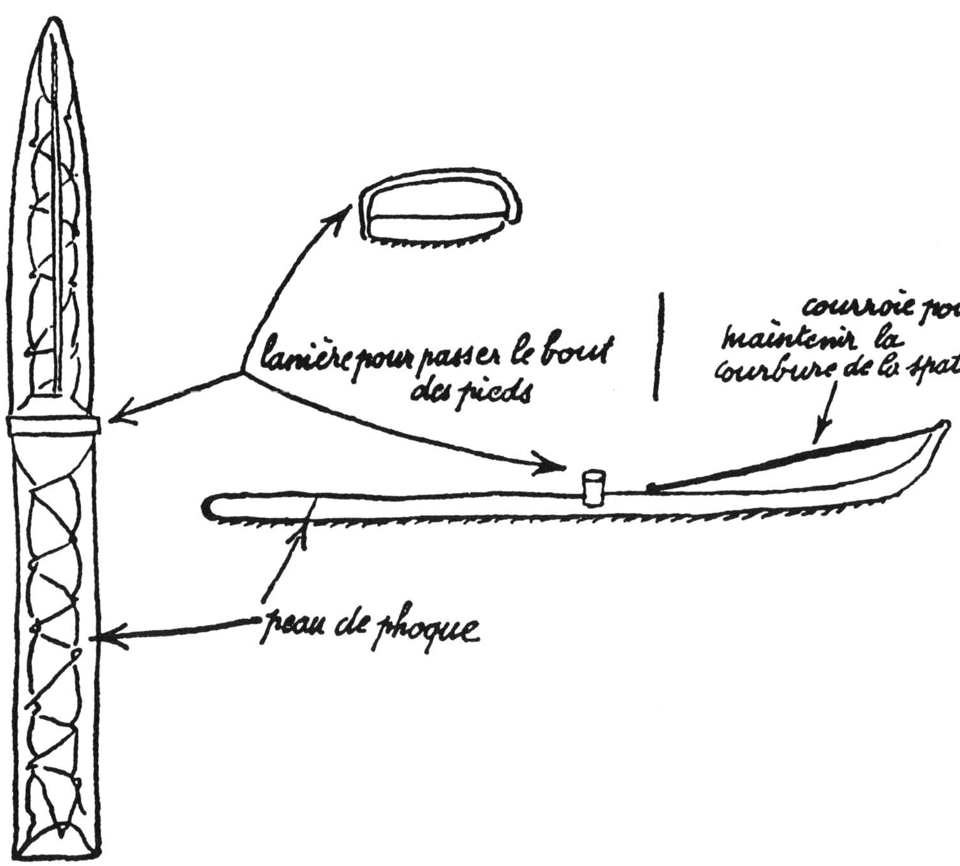

Fig. 13. - Les skis, pisīdi^t.

LE KAYAK

Rien n'est plus « personnel » que le kayak d'Ammassalik, puisque cette embarcation monoplace est construite aux mesures mêmes de son utilisateur : non pas d'après sa stature, mais selon l'épaisseur de sa cuisse et la longueur de ses jambes. L'homme parvient à glisser ses jambes – avec une rétroversion des genoux – à l'intérieur de son kayak, exactement comme une main enfile un gant très ajusté. Et une fois installé, protégé des éclaboussures d'eau par une sorte de tunique imperméable qu'il ajuste au cercle du trou d'homme et autour de son torse, le kayakeur fait véritablement corps avec son embarcation.

Le kayak est, avec le traîneau, un outil essentiel aux activités de chasse des Ammassalimiut. Lorsque la banquise se fragmente, caché par son écran blanc, le chasseur en kayak glisse sans bruit au milieu des glaces, en quête d'un gibier qui pourrait nager, venir respirer à la surface de l'eau, ou se reposer allongé sur un floe.

Idéalement, un chasseur possède deux kayaks, de tailles diverses pour répondre à des besoins différents : un court, transportable sur le traîneau et très maniable dans une mer encombrée de glaces, et un autre plus long, plus stable et permettant de se déplacer plus vite sur une mer libre d'obstacles.

Constitué d'un squelette de bois recouvert d'une enveloppe de peaux de phoques cousues entre elles, le kayak d'Ammassalik est une embarcation suffisamment légère pour pouvoir être portée par son seul utilisateur. Lors d'un long portage, le chasseur place parfois son kayak à l'envers, en « chapeau » sur sa tête, c'est-à-dire la tête passée dans le trou d'homme ; mais le plus souvent c'est appuyé sur sa hanche, le bras introduit à l'intérieur du trou d'homme, que le chasseur porte son kayak jusqu'à l'eau, ou le remonte vers la rive.

Toutes les armes et tous les accessoires traditionnels de cette chasse en eau libre se trouvent sur le pont du kayak, soigneusement installés, prêts à l'usage, et maintenus en place par des lanières de cuir et des pièces d'os ou d'ivoire : le harpon à phoque, avec son propulseur et la longue ligne reliant la pointe au flotteur, le harpon à oiseaux, le harpon muni d'ailettes, les lances, le couteau, le stylet pour achever les phoques, les bouche-plaies de toutes tailles et de formes variées, etc. et le fusil également qui, très vite après les débuts de la colonisation, a fait partie intégrante des armes de chasse.

La construction du kayak, comme celle de l'umiak, est une œuvre collective à laquelle participent hommes et femmes successivement ou conjointement, en apportant un très grand soin à ce travail minutieux dont va dépendre la sécurité du chasseur. Tandis que l'homme façonne ou répare la charpente en bois, les femmes de sa famille (épouse, mère, sœurs) préparent les peaux de grands phoques nécessaires à la confection de l'enveloppe de l'embarcation; celle-ci doit être renouvelée tous les deux ans environ, selon l'usage qui est fait du kayak. Les peaux sont lavées, trempées, épilées et cousues ensemble par un point de couture particulier ne risquant pas de compromettre l'étanchéité du cuir. Puis, au moment de la mise en place de la couverture de peau sur le squelette de bois, l'homme supervise et intervient au milieu des travaux féminins: pour tendre vigoureusement les peaux, passer les courroies du pont, fixer le cercle du trou d'homme, mettre en place les pièces de protection d'ivoire des extrémités...

Traditionnellement, le plus grand soin était apporté non seulement à la fabrication du kayak et à l'imperméabilisation de sa couverture de peau (en l'enduisant de graisse de phoque), mais aussi à son ornementation, dénotant de réelles préoccupations esthétiques. Tout le matériel de chasse figurant sur le pont du kayak, tous les vêtements du chasseur, y compris sa casquette et sa visière de protection contre la réverbération, étaient finement travaillés et soigneusement ornés. Ces décorations, représentant le plus souvent des animaux marins, ou symbolisant les esprits tutélaires du chasseur, rappellent la valeur spirituelle qu'avait une telle rencontre, entre l'homme et le gibier. La chasse était un rituel qui se déroulait entre deux êtres vivants doués d'une «âme» et c'est l'observance stricte des règles de ce rituel qui pouvait amener le gibier à s'offrir au chasseur.

*
* *

Dans ce mince et léger esquif qu'est le kayak de cette région, l'équilibre est extrêmement précaire: tous les gestes du corps doivent donc être mesurés et organisés, sous peine de déstabiliser et de faire chavirer l'embarcation. C'est au cours d'un apprentissage commencé très jeune, parfois vers 8-10 ans, sous la surveillance attentive de son père, que le futur chasseur acquiert les différentes techniques de maintien du corps et de tenue de la pagaie, pour savoir naviguer, lancer le harpon ou tirer un coup de fusil, mettre le flotteur à l'eau et apprendre à se redresser rapidement en cas de retournement du kayak.

C'est ainsi que, partant d'une nécessité absolue de pouvoir se sortir seul d'une situation dangereuse, se retourner et se redresser en kayak (c'est-à-dire «eskimoter») était devenu un sport dans lequel certains Ammassalimiut excellaient, prenant plaisir à multiplier et à compliquer les manières de ressortir de l'eau glacée. Revêtus d'un anorak imperméable, le *qajarcit,* bien serré autour du visage et des poignets et ajusté au trou d'homme du kayak, ces «spécialistes» de l'eskimotage, par jeu ou par défi, se lançaient vers l'avant ou vers l'arrière, s'aidant de leur pagaie ou du propulseur, ou même réussissaient à se redresser sans autre aide que leurs mains. Malgré l'extrême habileté des chasseurs de cette région, les accidents de kayak étaient, au début du XXe siècle, une des plus fréquentes causes de mortalité masculine.

Au fil du temps, les kayaks et l'armement ont perdu de leur diversité et de leur beauté. Les motifs décoratifs ont peu à peu été supprimés des armes de chasse, et des matériaux nouveaux sont entrés dans la fabrication du kayak et des instruments de chasse : bois d'importation, vis, clous, cordes de nylon, plaques de métal.

L'arrivée de bateaux à moteur à partir des années 1960 a commencé à marquer le déclin du kayak dans cette région. Et les petits canots à moteur hors-bord, très rapides, qui se sont beaucoup développés depuis les années 1970, semblent correspondre aux nouvelles aspirations des chasseurs et des pêcheurs d'aujourd'hui : aller plus vite, augmenter le rayon d'action, pouvoir rapporter de plus lourdes charges. Désormais les pères n'enseignent plus le maniement du kayak à leur fils ; cette technique ancestrale figure maintenant parmi les disciplines scolaires facultatives.

Joëlle ROBERT-LAMBLIN

LE KAYAK ET SES ACCESSOIRES

Le kayak : *caq̄i*[t]

cūwa : partie avant du trou d'homme
kīwa : partie arrière du trou d'homme

taderpiāda tūʷuā : côté droit
kitermiāda tūʷuā : côté gauche

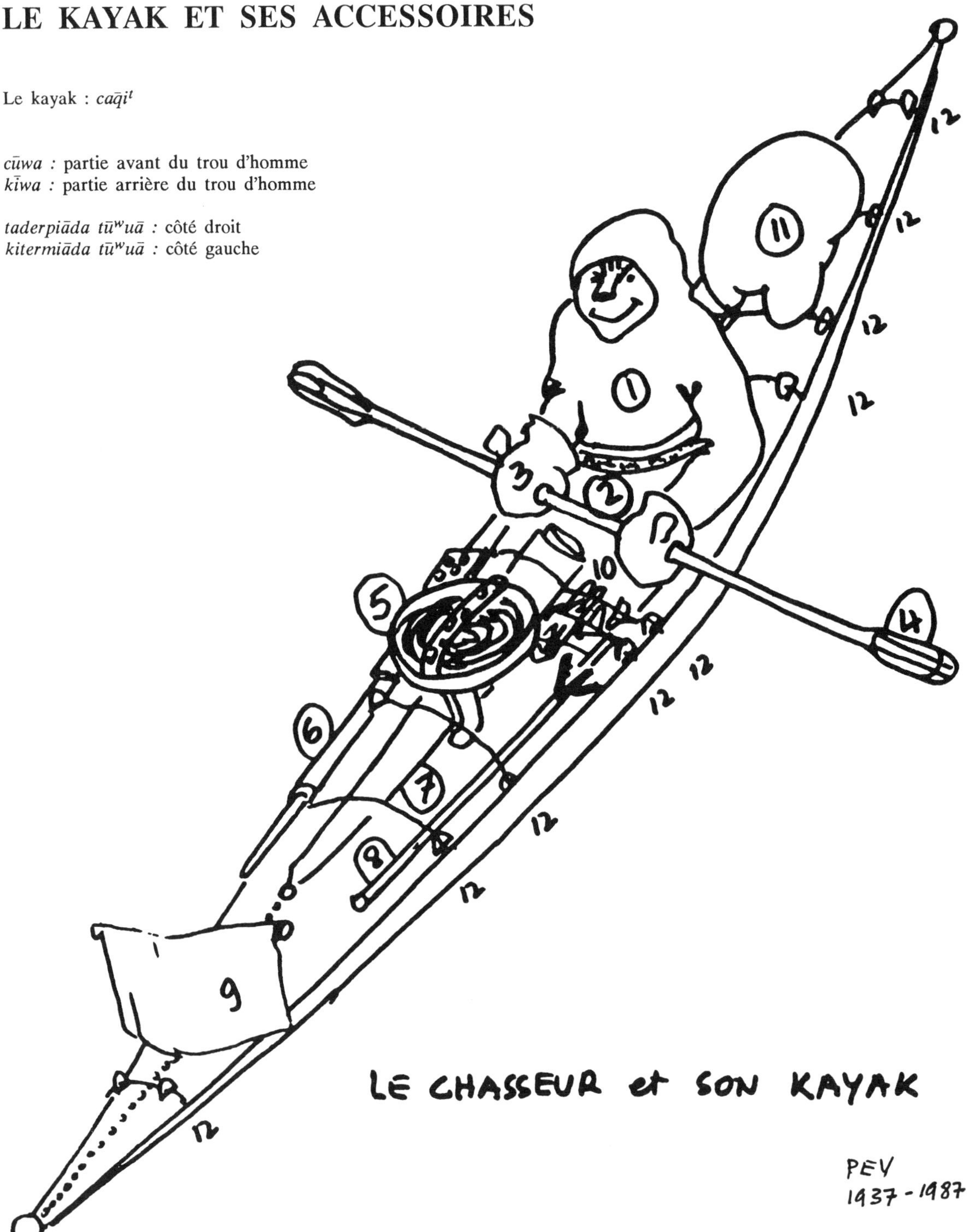

Fig. 14.

1 - anorak
2 - tablier de kayak
3 - gants à deux pouces
4 - pagaie
5 - support de la courroie qui relie la pointe du harpon au flotteur (11)
6 - harpon
7 - fusil dans sa gaine
8 - harpon à oiseaux
9 - écran blanc
10 - couteaux, bouche-plaies
11 - flotteur
12 - courroies de pont

LE SQUELETTE DU KAYAK

Fig. 15. - Kayak : squelette de bois.

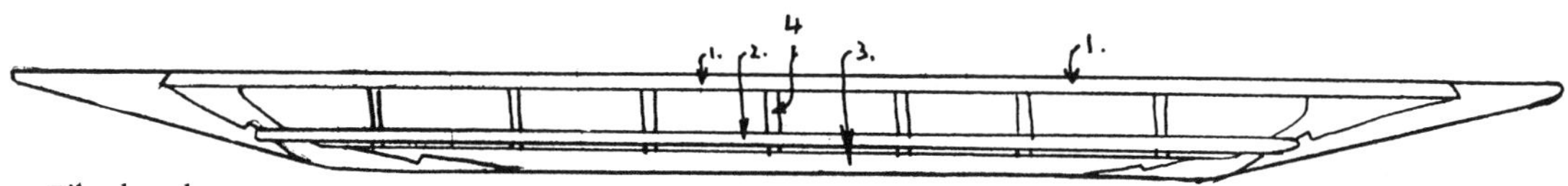

caq̄i^{t} : kayak
caq̄isica^{q} : squelette
pō^{r}*pō'* : enveloppe de peaux

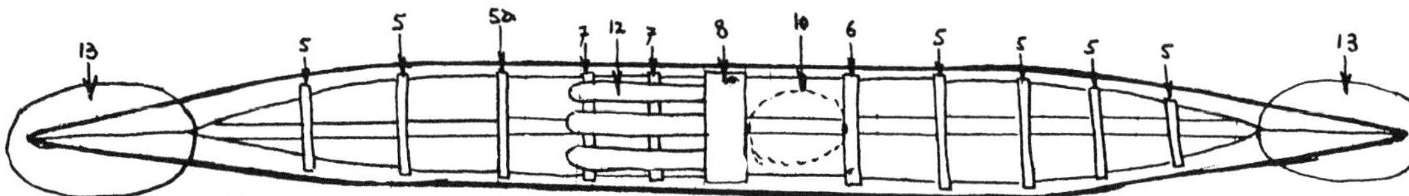

Fig. 16.

1 - *apum̄ā*^{in} : barres longitudinales supérieures
2 - *adā*^{it} : barres longitudinales médianes
3 - *qedercīa*^{t} : quille
4 - *tip̄iä*^{t} : membrure en forme de U
5 - *ajāiä*^{t} : barres de pontage ordinaires
5a - *tugumia* : barre pour appuyer les orteils
6 - *ercerpīa'* : barre de pontage arrière
7 - *cūdiä*^{t} : barres de pontage avant incurvées (place des genoux)
8 - *mas̄ia* : barre de pontage large, incurvée, dans laquelle est (9)
9 - *tikūia'* : trou de portage (emplacement pour mettre les doigts)
10 - *pāja'* : trou d'homme, cercle de bois
11 - *aiatīda*^{i}
12 - *tunarīi*^{w}*än* : barres plates avant, de renforcement de pontage
13 - *tun̄a*^{t} : avant et arrière des *āpum̄āi*^{n} (voir fig. 22)

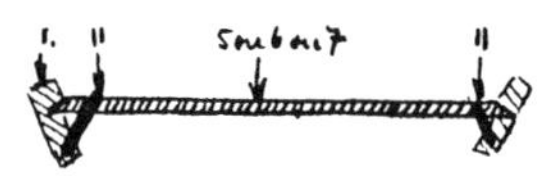

Fig. 17.

Fig. 18.

Fig. 19.

Mensurations du kayak (d'après les mesures de 22 kayaks)

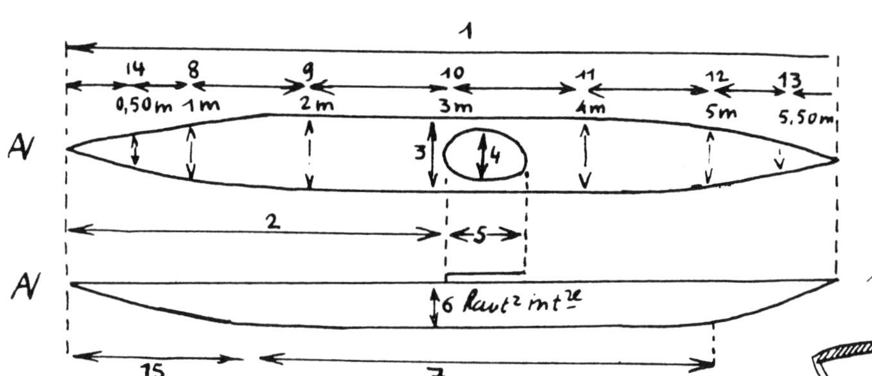

Fig. 20.

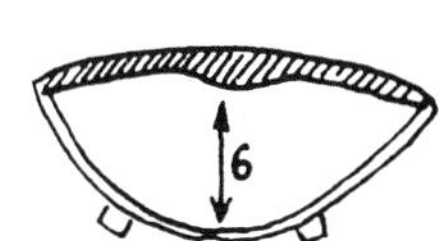

Fig. 21.

1 - longueur totale (de 5,15 à 5,90 m)
2 - distance de l'avant du kayak à l'avant du trou d'homme (de 2,40 à 2,80 m)
3 - largeur à l'avant du trou d'homme (de 45 à 50 cm)
4 - largeur du trou d'homme (de 33 à 39 cm)
5 - longueur du trou d'homme (de 34 à 42 cm)
6 - hauteur de l'intérieur du kayak, prise entre la partie supérieure des barres longitudinales inférieures et la partie inférieure du logement de pontage (de 11 à 17 cm)
7 - longueur de la quille proprement dite, hors les bouts relevés (de 3,20 à 4,20 m)
8 à 12 - largeurs prises tous les mètres (1m, 2m, 3m, 4m, 5m) depuis l'avant (8 : de 6 à 25 cm ; 9 : de 30 à 48 cm ; 10 : de 44 à 50 cm ; 11 : de 31 à 44 cm ; 12 : de 3 à 27 cm)
13 et 14 - largeurs prises à la cote 0,50m et 5,50m (13 : de 0 à 5 cm ; 14 : de 5 à 10 cm)
15 - longueur de la partie relevée avant (de 0,80 à 1,20m)

Les dimensions du kayak peuvent varier en fonction de la taille et du poids de son utilisateur et surtout en fonction de l'usage voulu. Dans l'eau libre de glace, un kayak long sera plus stable et plus rapide, tandis que pour circuler dans la banquise morcelée, un kayak court sera plus maniable et aussi plus facilement transportable sur un traîneau.

Assemblage des parties avant et arrière du kayak

1 - *apumāi*^{n}
3 - *qedercia*^{t} : quille
14 - *isugumiä*^{t}
15 - *nidā*^{j}*a'*

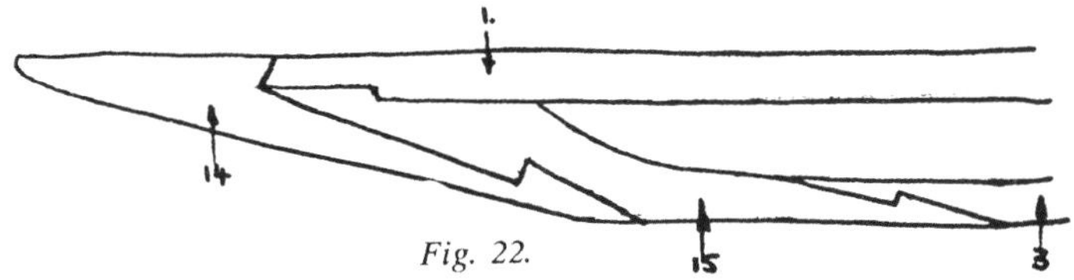

Fig. 22.

La quille

5 - *pōq* (pluriel : *pūuä*^{t})
pièces d'os, ou d'ivoire, à l'avant et à l'arrière, en prolongement de la quille
6 - *cānerta*^{q} (pluriel : *cāne*^{r}*tä*^{t})
quille, pièce d'os tout le long de la quille

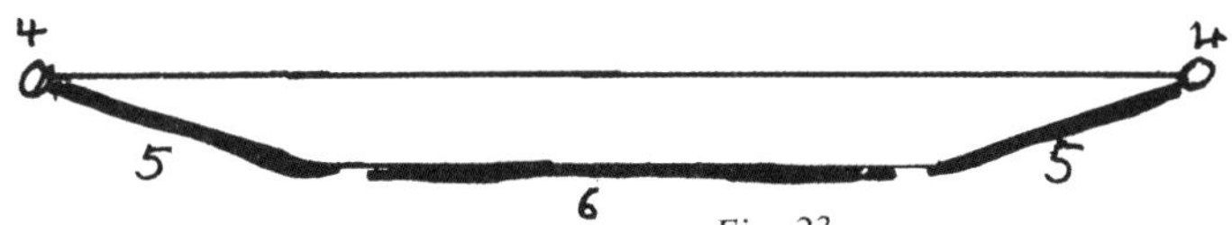

Fig. 23.

LE TROU D'HOMME

pāja' : trou d'homme

1 - *qicidä*^{t} : chevilles en os (à l'intérieur du trou d'homme) sur lesquelles vient s'accrocher l'enveloppe de peau du kayak
2 - *kikiä*^{t} : chevilles pour rassembler les deux extrémités du cercle de bois formant le trou d'homme
3 - *cānidä*^{t} : cheville de fixation des chevilles (2)
4 - encoche pour placer le "bouton" de la courroie inférieure de la veste du kayak : *qaiert*^{s}*i*^{t}

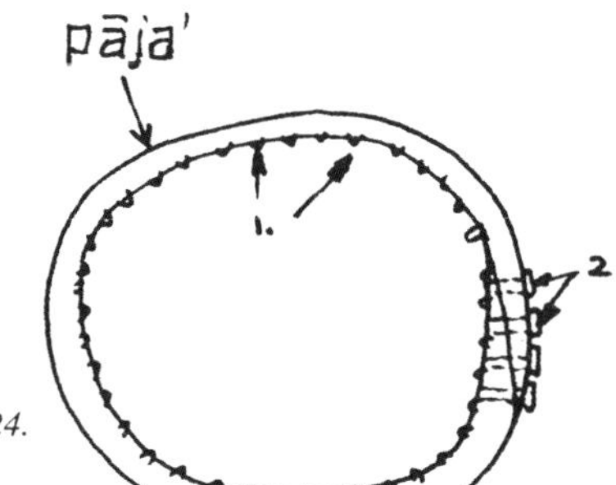

Fig. 24.

pāderū^{t} : instrument spécial pour placer les peaux sur les chevilles

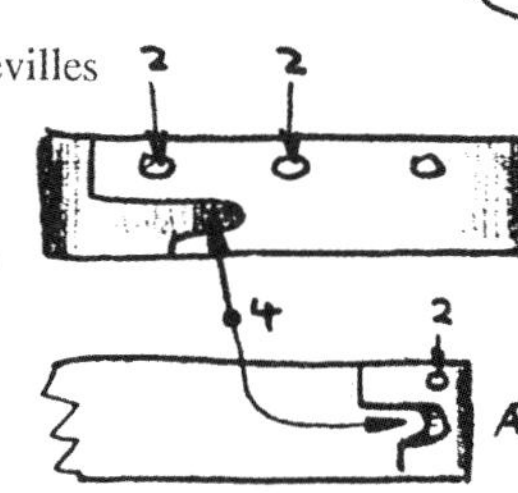

Fig. 25.

Fig. 26.

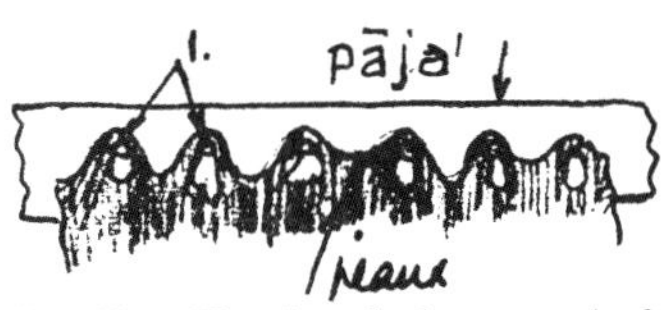

Fig. 27. - Fixation de la peau du kayak sur les chevilles (1), à l'intérieur du trou d'homme.

Kangerlugsuassiak - Aout 1936
Informateurs = Kara ♀ 40 ans
Odarpi ♂ 35 ans
Tigayet ♀ 25 ans.

LE PEAUSSAGE

pō^{r}*tuŋu* : couvrir le kayak de sa peau
pō^{r}*po'* : il couvre le kayak de peaux

Peaux utilisées

De préférence : 2 peaux de phoque barbu - *ane'* *(Erignathus barbatus)*
ou : 2 peaux de phoque à capuchon - *niniarte' (Cystophora cristata)*
ou : 3 peaux de phoque du Groenland - *nadaŋina' (Pagophilus groenlandicus)*

Peaux blanches ou peaux noires, utilisées suivant le goût du chasseur. Parfois une peau blanche au milieu, une peau noire à chaque extrémité.

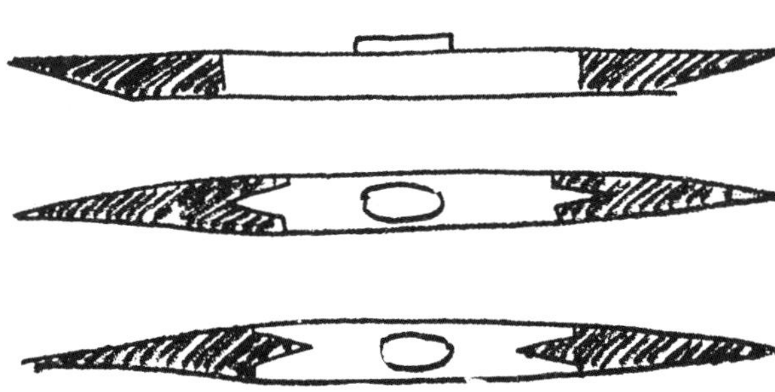

Fig. 28. - Le peaussage est fait par les femmes, sous la surveillance et avec l'aide de l'homme, propriétaire du kayak.

idāne' (pluriel : *idāje*^{t}) : les morceaux triangulaires ajoutés sur le pont (préparation des peaux noires : voir technique de travail des peaux)

Fil à coudre

Le fil employé est du *pe*^{r}*tā*, de taille moyenne
mercī^{t} : aiguille à coudre (en fer)

Découpage et assemblage des peaux

Les peaux sont placées sur le kayak de la façon suivante :

- le côté interne de la peau *(mamiŋā)* vers l'intérieur du kayak
- le côté externe de la peau *(iratā)* vers l'extérieur

(1) pidertuŋu : découper les peaux

(2) ūituŋu : assembler les peaux

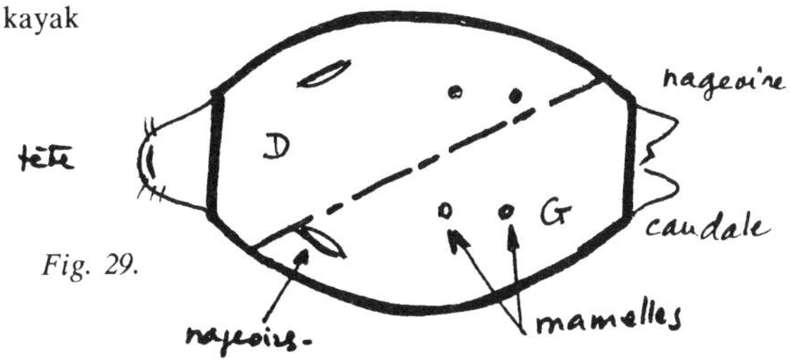

Fig. 29.

Deux peaux

La peau est posée "sur le dos".

PREMIERE PEAU : on enlève la tête et la nageoire caudale ; on coupe la peau en diagonale, en faisant passer le couteau *(cak̄e)* à l'avant de la nageoire et entre les mamelles.

DEUXIEME PEAU : on enlève la tête et la nageoire caudale.

ASSEMBLAGE : la partie D de la première peau est cousue à la queue de la deuxième peau. La partie G de la première peau est cousue à la tête de la deuxième peau.

- Longueur approximative : 6 m
- Largeur approximative : 1,50 m

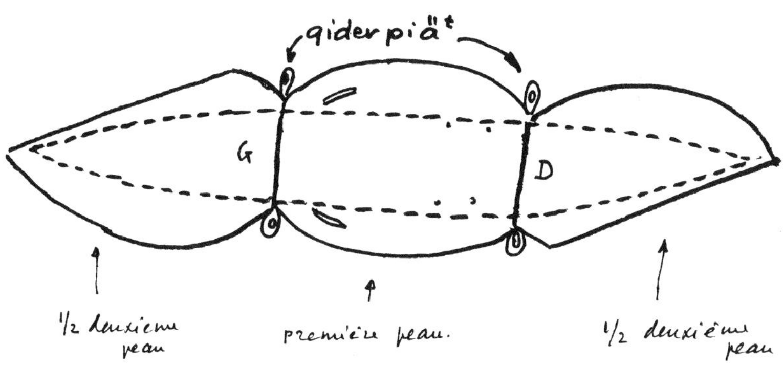

Fig. 30. - Enveloppe à deux peaux.

Trois peaux

La peau est posée "sur le dos".

PREMIERE PEAU : on enlève la tête et la nageoire caudale.

DEUXIEME PEAU et TROISIEME PEAU : on leur enlève la nageoire caudale. Elles conservent leur tête.

ASSEMBLAGE : la deuxième et la troisième peaux sont cousues à la tête et à la queue de la première peau.

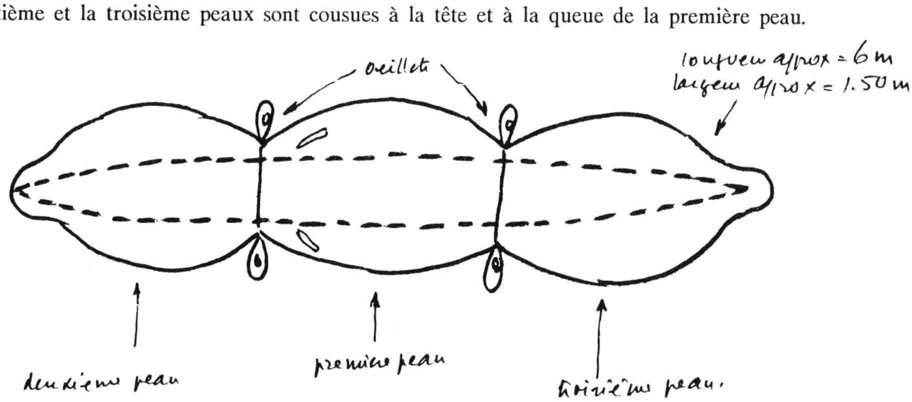

Fig. 31. - Enveloppe à trois peaux.

(3) qidiartuŋu : faire les œillets, *qiderpia'* (pluriel : *qiderpia^t^).* Ces œillets sont faits à même les peaux. Ils sont destinés au passage des courroies de tension pour la mise en place de l'enveloppe du kayak.

(4) qidertuŋu : à l'aide de courroies (ou de ficelle) passées par les œillets, on met l'enveloppe grosso modo sur le squelette du kayak, afin de procéder au ficelage tendu définitif.

(5) tūtuŋu : tendre l'enveloppe et la mettre, avec soin, en place. Se fait à l'aide d'une longue courroie *(tūtudā),* ou d'une longue ficelle.
travail effectué par le propriétaire du kayak

La courroie (ou ficelle) de tension de l'enveloppe du kayak est fixée au squelette du kayak :

- pour la partie avant du kayak, sur le *māsia* [(8) du plan général du squelette du kayak], barre de pontage large, incurvée, placée devant le trou d'homme. La courroie (ou ficelle) est passée dans un trou situé à droite du *māsia*. Elle se termine par un nœud qui l'empêche de repasser par ce trou ;

- pour la partie arrière, la courroie est attachée de même façon, à travers un trou situé à gauche du *ercerpia* [(6) du plan du squelette], barre de pontage à l'arrière du trou.

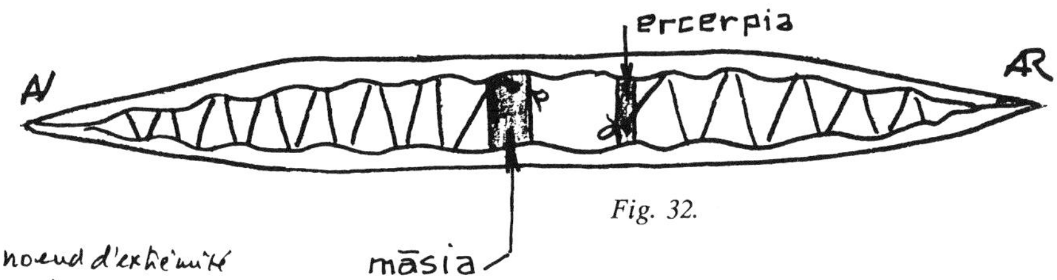

Fig. 32.

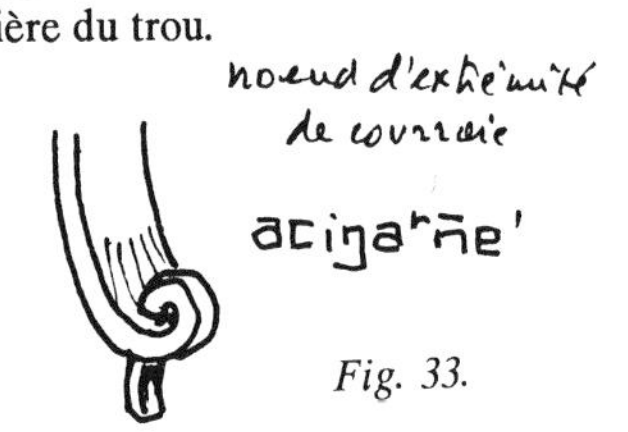

Fig. 33.

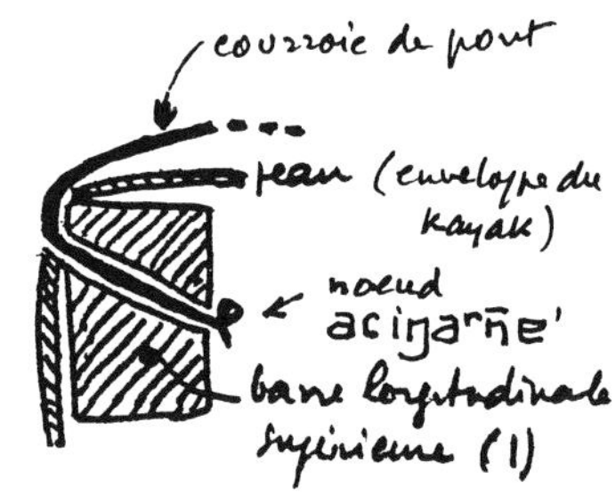

Fig. 34.

(6) taqeʳtuŋu : mettre en place les courroies de pont du kayak. Ces courroies, tendues par-dessus le pont, sont destinées à maintenir en place les accessoires de chasse : harpons, fusil, flotteur, bouche-plaies, etc. La plupart de ces courroies sont fixées, à leur départ, dans les barres longitudinales supérieures [(1) de la fig. 15] et traversent l'enveloppe pour faire surface sur le pont.

Courroies de pont

Les courroies de l'avant du trou d'homme, ainsi que les courroies de l'arrière du trou d'homme, sont d'une seule pièce. La courroie extrême avant ainsi que la courroie extrême arrière sont indépendantes des autres. Certaines courroies sont plus courtes que la largeur du pont. Elles sont cousues sur l'enveloppe du kayak.

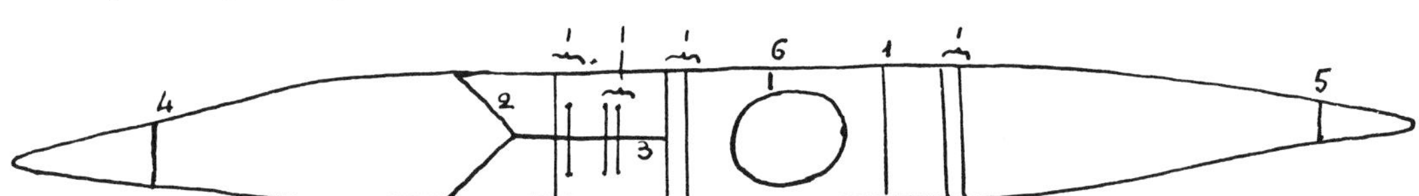

Fig. 35.

1 - *taqa*, pluriel : *taqäᵗ*
2-3 - *miāda*, pluriel : *miadäᵗ*
4 - *asadīdā*
5 - *taqādā*
6 - *acūŋūcucerpi'*

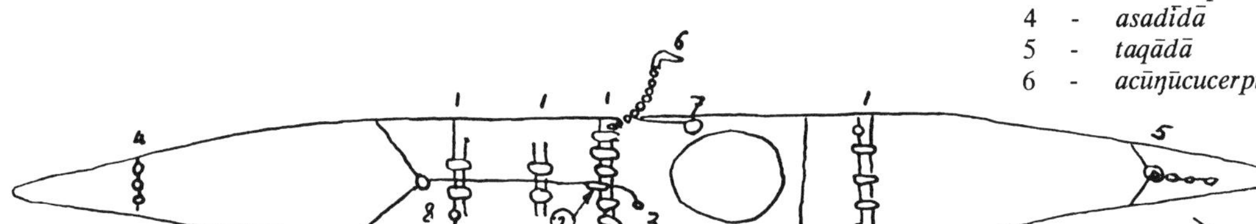

Fig. 36. - Os de courroies de pont.

1 - *qoñuᵗ*, pluriel : *qoñudiᵗ*
2 - *nīci*
3 - *nōruᵗ*
4 - *asadīda'*, pluriel : *asadidäᵗ*
5 - *taqādā'*
6 - *naratidi* : pour maintenir le harpon
7 - *acuŋukut*
8 - *acanīwikit*

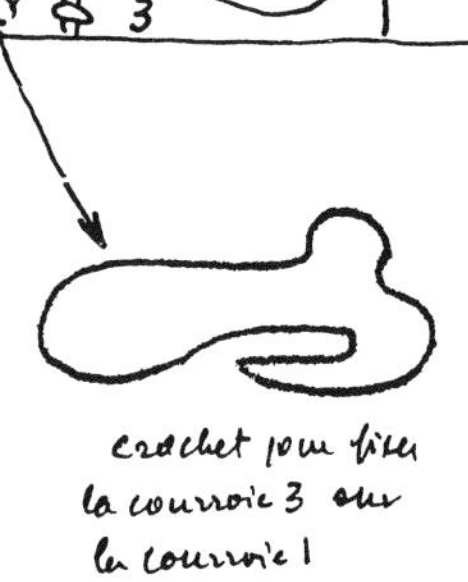

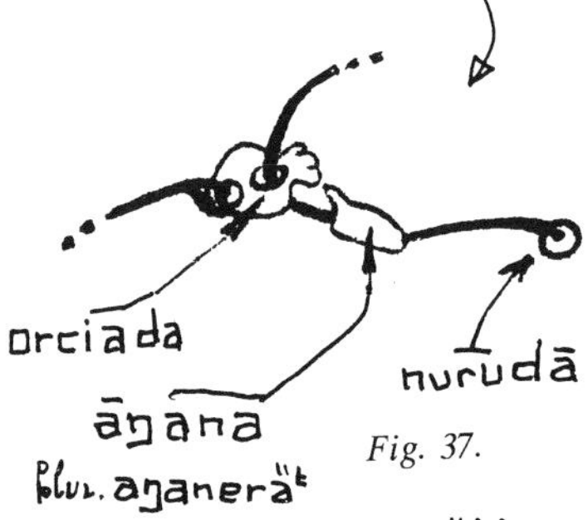

Fig. 37.

(7) izugumiternarāᵗ tiparteʳtuŋu : coudre les peaux sur les deux extrémités (couture, voir n° 10 et 11 ci-après). Une gouttière est pratiquée au milieu de l'*izugumiäⁿ* (fig. 38), à la jonction des deux *apumiäⁿ* (fig. 16) pour recevoir l'ourlet de couture.

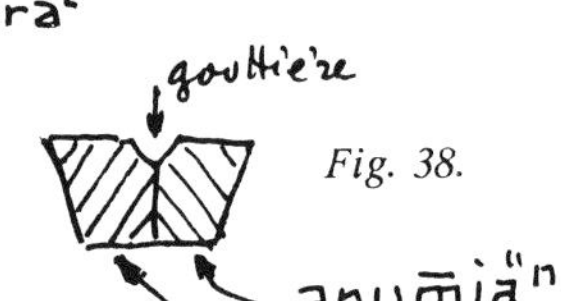

Fig. 38.

(8) cugādertuŋu : pour tester la tension des peaux de l'enveloppe, l'homme appuie sur les côtés du kayak, verticalement, du bout des doigts.

(9) taqērtuŋu : tendre la courroie de l'avant du kayak, *asadīdā* (fig. 35). C'est en effet une courroie que l'on ne pourra pas atteindre lorsque le kayak sera terminé.

(10) amicertuŋu et iditītuŋu : coudre les peaux. A l'exception de la couture médiane supérieure, toutes les coutures sont faites en deux temps, comme suit [pour la couture supérieure, voir (11) ci-après] :

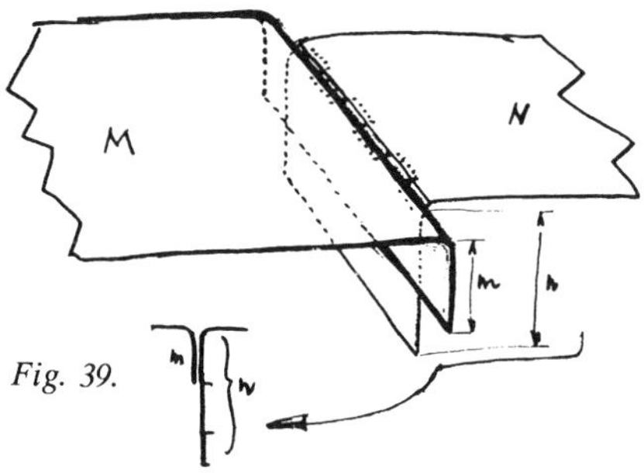

Fig. 39.

A - *amicertuŋu*: M et N sont les deux peaux à coudre. Elles sont mises en contact, repliées. Le repli n de N est plus long que le repli m de M (n = 2 1/2 fois m, environ). La couture, à la jonction des deux plis, est faite dans l'épaisseur des peaux (fig. 39 à 41).

B - *iditituŋu* : Le repli n est rabattu avec m sous la peau M. Le repli n couvre entièrement m puisqu'il est plus long que m.
- le bord du repli n est cousu à M (fig. 43 et 44)
- *merciwiñarñe'* : point de couture utilisé
- l'ensemble des replis ainsi cousus : *iditīñe'*

Fig. 40. Point de couture à la jonction des deux plis =

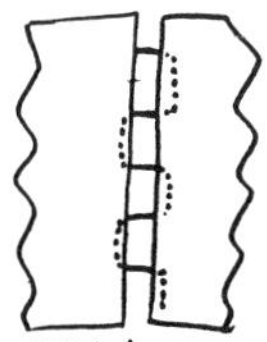

Fig. 41.

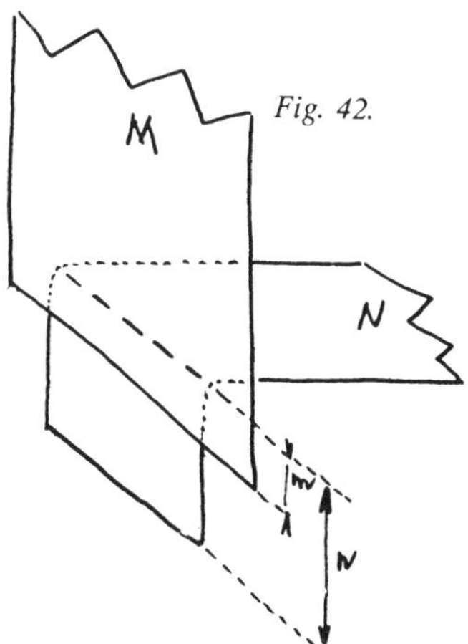

Fig. 42.

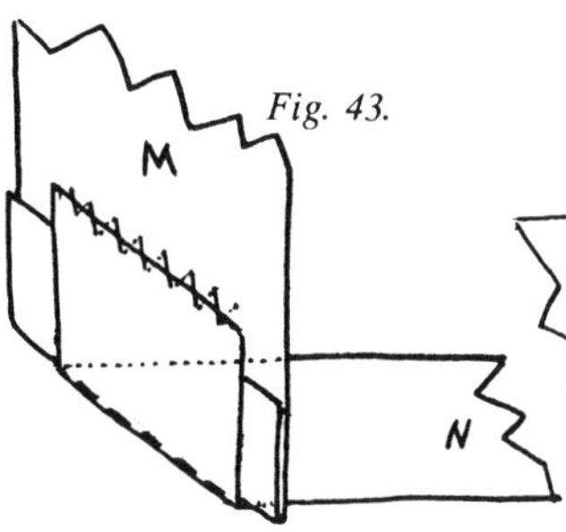

Fig. 43.

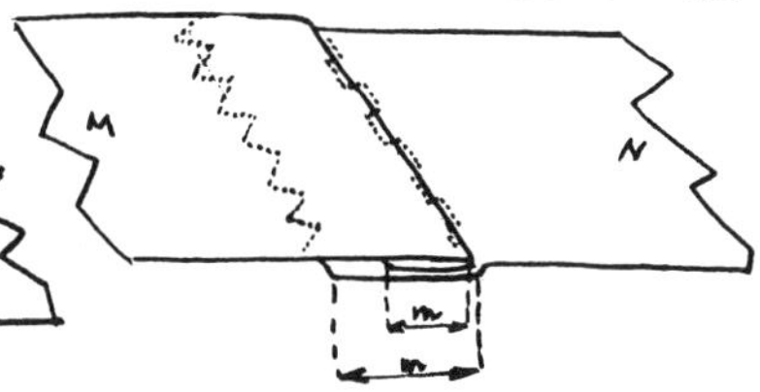

Fig. 44.

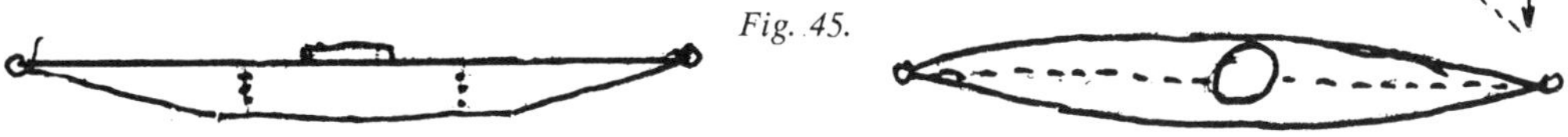

Fig. 45.

Coutures transversales
ūwīwa^{t}

Coutures longitudinales
kidiwä^{t}

(11) iditītuŋu et qatītuŋu : pour la couture médiane supérieure (longitudinale). Elle se fait en deux temps, comme suit :

A - *amicertuŋu* : le bord de la peau M est cousu, tendu, sous la peau opposée N (fig. 47)

B - *qatītuŋu* : le bord de la peau N est cousu sur M (fig. 48)

Fig. 46. – Point de couture qui permet de tendre les peaux

(12) pitagiratītuŋu: couper, à l'aide du couteau *cāke'*, le restant des peaux inutiles (chutes : *pitagiwa'*, pluriel : *pitagiwä^{t}*). Ces chutes deviennent la propriété des femmes. Après les avoir coupées en morceaux *(akortuŋu)*, elles les cuisent *(utuŋu)* pour les manger.

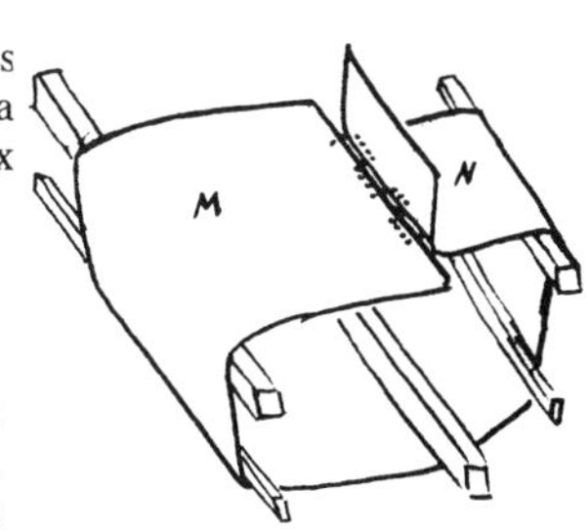

Fig. 47. - amicertuŋu.

(13) pāderīuŋu : mettre le trou d'homme en place
pāja' : trou d'homme
- une ouverture est coupée dans l'enveloppe, au milieu du kayak entre le *māsia* et l'*ercerpīa'* (fig. 16) pour recevoir le *pāja* (fig. 24).
- *amāterīuŋu :* faire les œillets dans l'enveloppe, autour de l'ouverture. Ces œillets viennent se placer sur les chevilles *qicidä^{t}* (fig. 26) placées à l'intérieur du *pāja,* à l'aide d'un outil spécial : *pādeīu^{t}*.

(14) panercertuŋu : laisser sécher le kayak

(15) amaqatertuŋu: frotter le kayak avec de la graisse *(amaqa)*

(16) ucicartuŋu : enduire le kayak et en particulier les coutures, avec de l'huile vieille et épaisse qui sort des morceaux de graisse abandonnée au soleil
- *pūja' :* vieille graisse collante
- *īne' pūjāŋerto' :* huile vieille et épaisse qui sort du *pūja'*

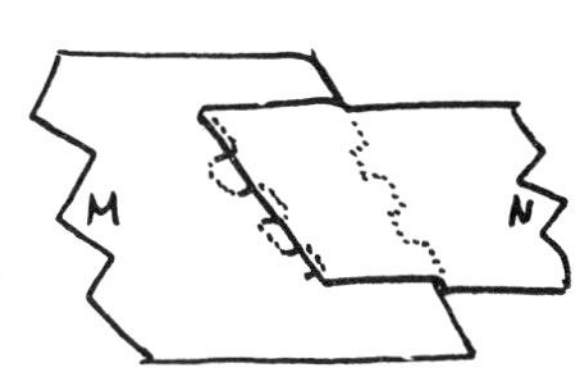

Fig. 48. - qatītuŋu.

L'ARMEMENT

FICHE N° 88
Tassiussak, sept. 1934
Kummiut, nov. 1934
Informateurs : Adami, 30 ans
Bianco, 22 ans
Madiarsi, 20 ans

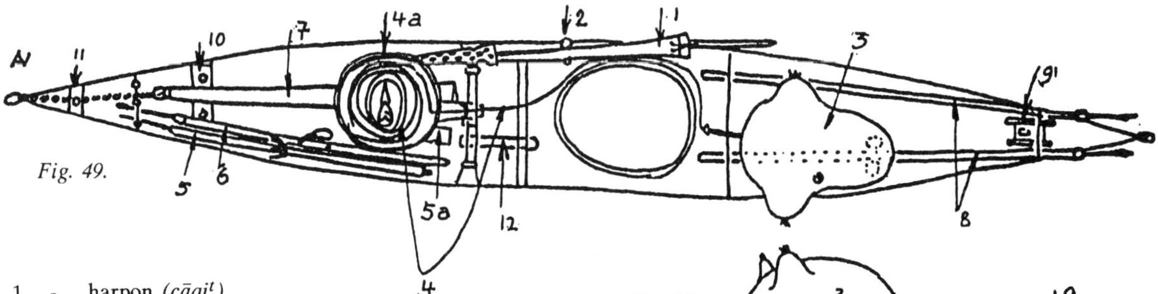

Fig. 49.

1 - harpon *(cāqi^t)*
2 - support de harpon
3 - flotteur *(pul̄ari)*
4 - courroie de harpon
4a - plateau-support de courroie *(asadi^t)*
5 - harpon à oiseaux *(nuki^t)*
5a - propulseur de *nuki^t*
6 - harpon pour la chasse sur la banquise *(acika^t)*
7 - gaine pour le fusil
8 - lances *(awadisa',* pluriel *awadisä^t)*
9 - traîneau-support du fusil pour la chasse sur la banquise *(qamudi)*
10 - emplacement pour l'écran de camouflage *(amakucui^t)*
11 - *tādidā* (autre écran de camouflage, plus petit)
12 - planchette pour placer la pagaie quand l'homme est à l'arrêt dans son kayak *(nutāki^t)*

Fig. 50.

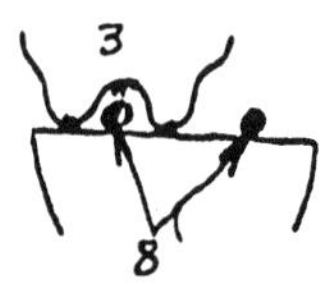

Fig. 51.

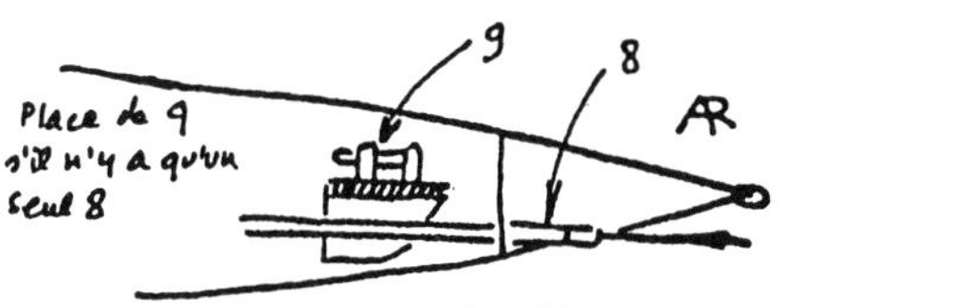

Fig. 52.

Le flotteur de harpon

Technique de fabrication du flotteur de harpon : *pul̄ari*

Le flotteur de harpon : *pul̄ari*

Fait en peau de phoque de fjord : *necia'* ou *caka',* sauf ceux de grandes tailles.

Fiche ETHNO. N° **86**

Informrs. Ippa ♀ 20 ans
Madiarsi ♂ 20 ans
Lieu Tassiussak
Date Nov. 1934
Enquêtrs. PEV.

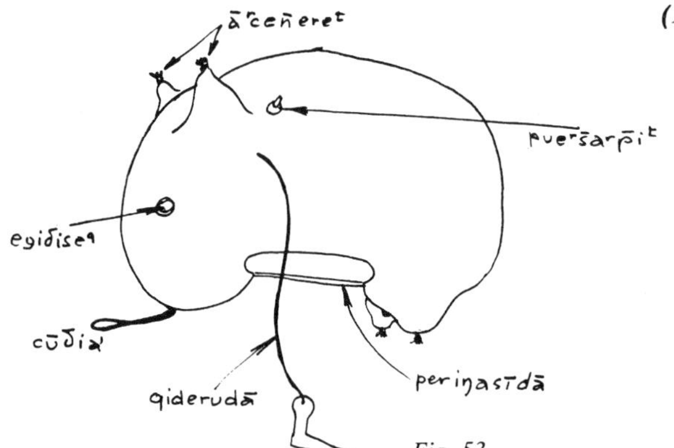

Fig. 53.

(1) nīpā : enlever la peau de phoque. A l'aide du *pidāda',* on coupe la peau autour du museau et des nageoires (en arrière des ongles pour faire les plus petites ouvertures possibles) et autour de l'anus.
Note : *pidāda' :* couteau utilisé par les hommes.
Ce travail est fait par les hommes, quelquefois par des femmes.
Puis, à l'aide du *pidāda',* on détache la peau et la graisse d'une part, de la viande de l'autre, en introduisant petit à petit le bras entre la couche de graisse et la viande, par le museau, puis l'anus.

Fig. 54.

(2) amuā : retirer la viande. Des hommes tiennent le corps du phoque, pendant que deux autres tirent vigoureusement avec leurs mains la chair de l'animal, qui passe par l'ouverture faite dans le museau.
Cette ouverture se distend alors, et livre passage au bloc squelette-viande.
Travail fait par les hommes.

Toutes les étapes suivantes sont exécutées par les femmes :

(3) *udipā* : retourner la peau (comme un gant) pour mettre la couche de graisse à l'extérieur

(4) *maŋipā* : par l'ouverture faite dans le museau, introduire la petite planche à écharner spéciale *(putārizirũ^{t})* dans le sac représenté par la peau retournée

(5) *amaqa^{i}e^{r} pā* *(= qatopā)* enlever la graisse à l'aide du couteau de femme *(sekēt ou cake').* La femme est assise par terre, la planche à écharner entre les jambes. Elle tient le *sekēt* en passant le médius et l'annulaire dans le manche. Elle détache la graisse en la poussant devant elle.

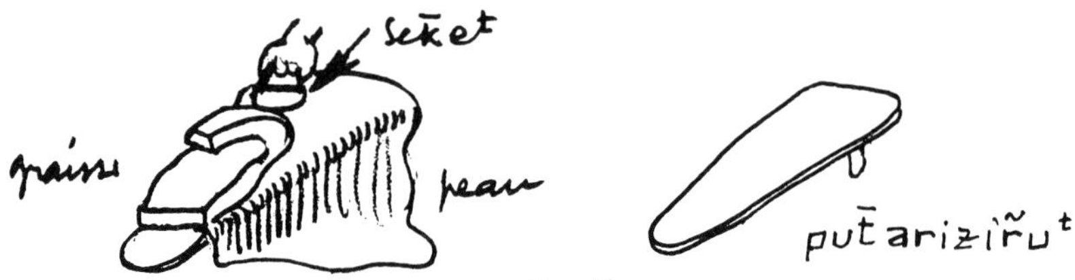

Fig. 55.

- **(6) *kidē^{r} pā*** : racler la couche d'huile qui reste sur la peau, à l'aide du racloir
- **(7) *udipā*** : retourner la peau, poils en dehors
- **(8) *amāqete^{r} pā*** : graisser les poils avec de la graisse de phoque *(amaqa)*
- **(9) *imūā*** : rouler la peau en boudin, et la plier
- **(10) *igi^{w}ā*** : la mettre ainsi roulée et pliée, dans un récipient quelconque
- **(11) *udipā*** : (fermer) : mettre une couche de graisse pour fermer le récipient, en guise de couvercle
- **(12) *qutā^{r} pā*** : accrocher le tout sous le plafond, au-dessus de la lampe à huile *(unaqi^{t})*, assez haut, pendant deux ou trois jours suivant la température de la maison
- **(13) *aqapā*** : descendre le tout
- **(14) *uditā^{r} pā*** : à la main, arracher les poils avec la petite pellicule qui se détache de la peau (presque sans efforts)
- **(15) *kidē^{r} pā*** : racler la couche d'huile avec le *kidida^{q}*
- **(16) *panidace^{r} pā*** : faire sécher rapidement sur toutes les faces sans laisser dessécher
- **(17) *cīca^{r} pā*** : distendre la peau en la tirant avec les mains, dans tous les sens
- **(18) *qade^{r}ce^{r} pā*** : ficeler les ouvertures avec du *pertāda',* après avoir fait le trou et placé le bouchon (valve) de gonflage
- **(19) *putār pā*** : gonfler le flotteur
- **(20) *pane^{r}ce^{r} pā*** : le sécher complètement au soleil, pendant plusieurs jours
- **(21) *qade^{r}ce^{r} pā*** : le finir définitivement, en ficelant les ouvertures, les unes en dedans, les autres en dehors, et en fixant les divers accessoires (voir fiche descriptive)

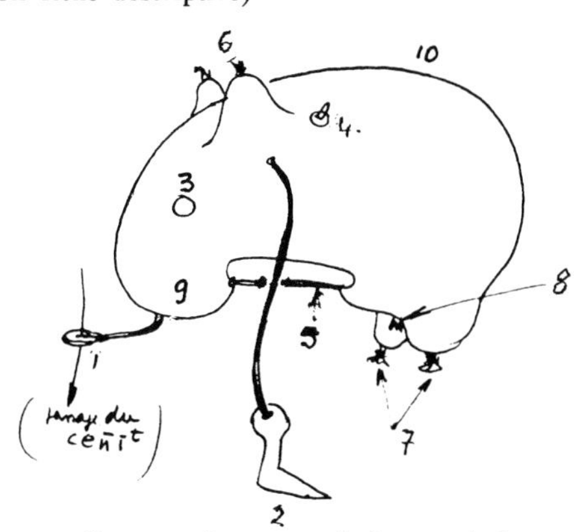

Fig. 56. - Le flotteur de harpon.

1 - boucle (courroie cousue sur le flotteur), boutonnière pour le passage du bouton de la courroie reliant le flotteur à la ligne du harpon (voir fig. 61)
2 - pièce de bois (taquet) pour maintenir le flotteur sur le pont. Elle est passée sous les courroies arrière du kayak
3 - bouchon de bois obturant le trou fait dans la peau par le harpon ou le fusil

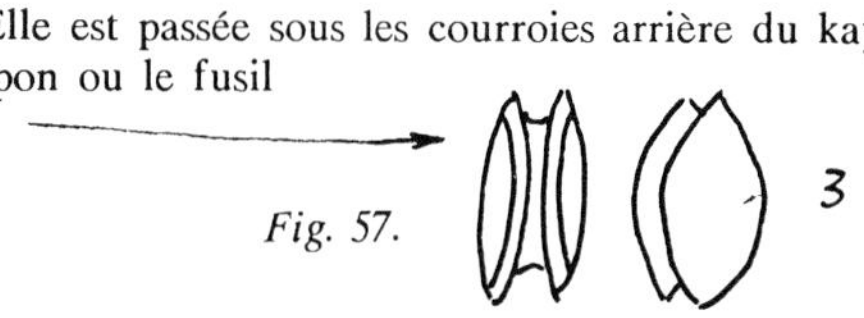

Fig. 57.

4 - valve pour le gonflement du flotteur
5 - courroie reliant l'emplacement de la tête (9) avec l'arrière du flotteur, dont la tension donne au flotteur la forme arrondie, ventre en l'air
6 - nageoires avant du phoque
7 - nageoires arrière
8 - anus
9 - tête
10 - ventre

Le plateau-support de la courroie du harpon

assadi^t

1- - *qidādidā (ou acadīda)* : cercle supérieur
2 - *qasāʼaʼ* : pied principal dont la partie inférieure, munie d'un cran, est passée sous la courroie à l'avant du trou d'homme, pour rendre le tout solidaire du kayak
3 - *niwaʼ* (pluriel : *niwä^t*) : pieds
4 - *napadiwä^t* : fixations (en os) du cercle supérieur sur le pied principal
5 - *atāzi^p ījā* : support pour la crosse du fusil
6 - *nuki^p ījā* : support pour la partie arrière du harpon à oiseaux *(nuki^t)*
7 - *cāqidi^p ījā* : support pour le harpon
8 - *parñañida* : courroie de fixation du support sur une courroie de pont
9 - *igāŋidä^t* (ou *aiaiä^t*) : rayons du support de courroie
10 - *tujaʼ* : idem n° 4

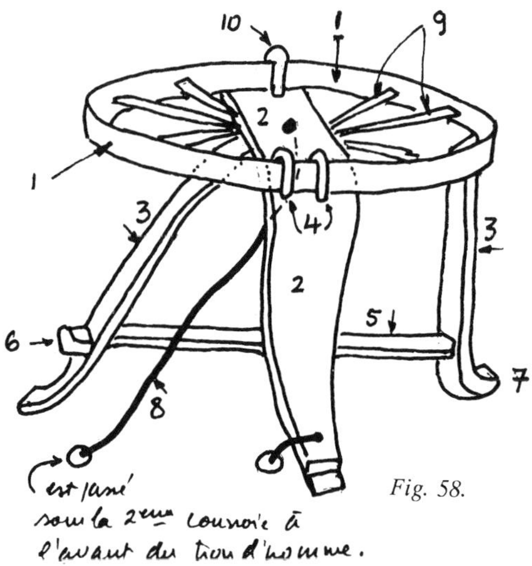

Fig. 58.

Il peut être intéressant de noter la différence entre ces deux dessins (et leur nomenclature). Le premier (fig. 59) a été exécuté et noté dès le début de mon séjour en 1934. Le deuxième a été rectifié et complété d'abord en 1934, puis en 1936 (fig. 60).

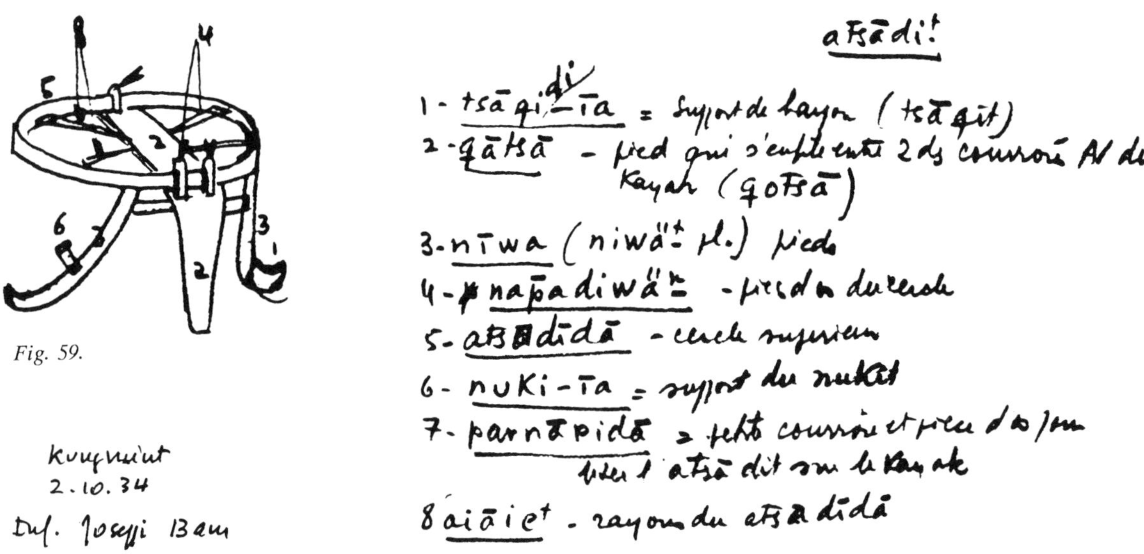

Fig. 59.

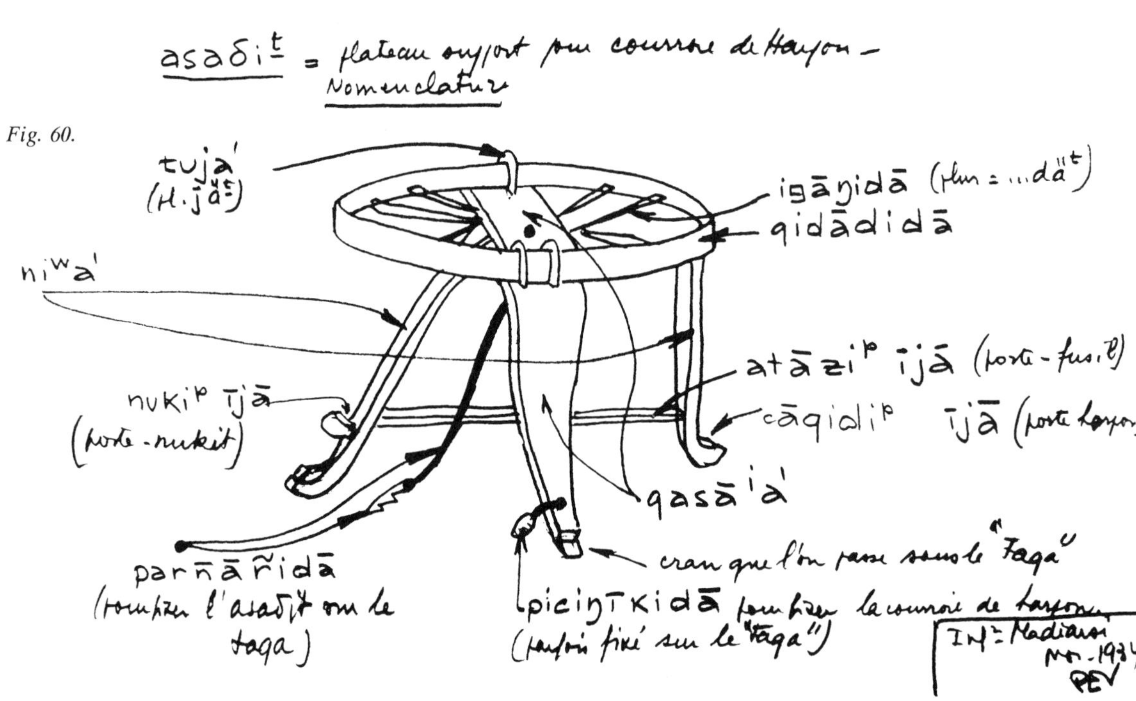

Fig. 60.

Différents types de courroies

Courroie de liaison entre le flotteur et la ligne du harpon

Fig. 61.

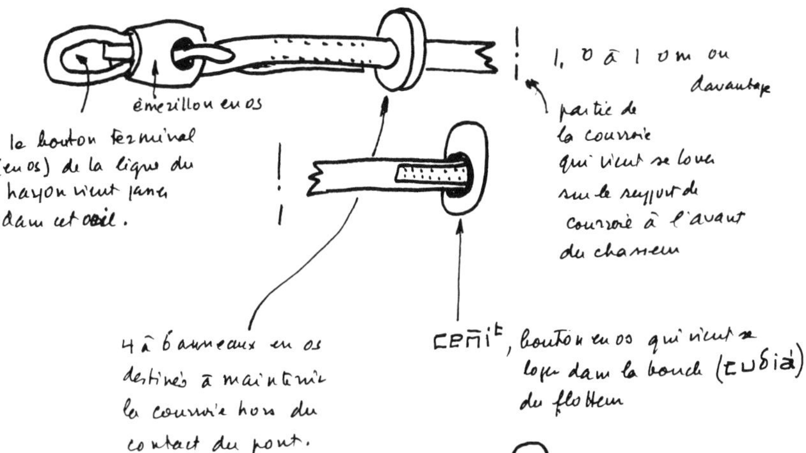

Courroie de remorquage du phoque : $k\bar{i}da^rq\bar{i}^t$ (pluriel : $k\bar{i}da^rq\bar{i}di^t$)

1 - crochet qui s'accroche à la petite courroie à l'arrière du kayak
2 - prise pour hisser le phoque à terre
3 - boucle serrée autour du museau du phoque pour le remorquage
4 - courroie

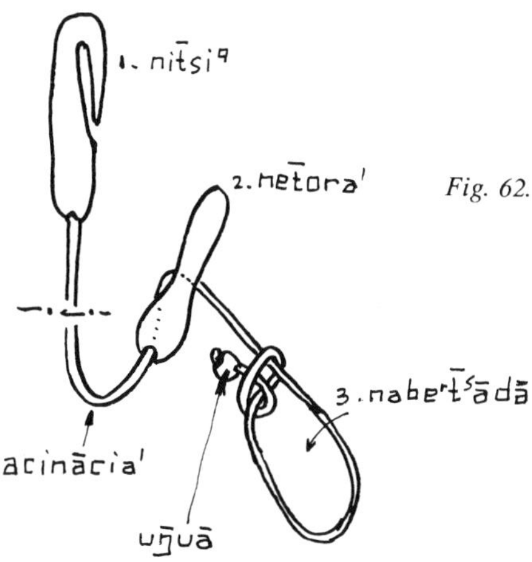

Fig. 62.

Courroie de ligature des nageoires antérieures pour le remorquage

1 - courroie
2 - arrêtoirs (en os)
3 - extrémités de la courroie
4 - fentes pratiquées dans la peau des nageoires, par lesquelles passe la courroie

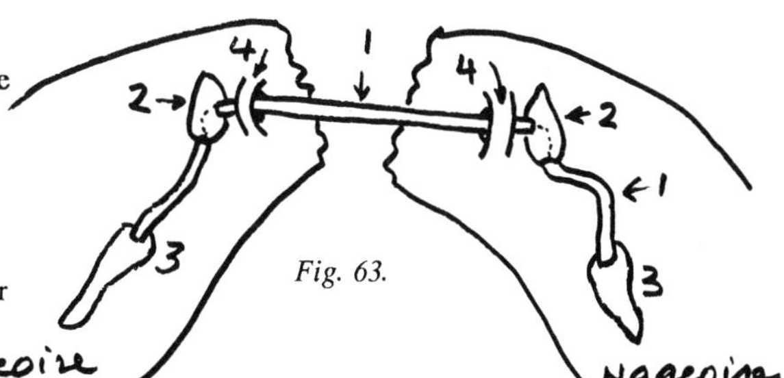

Fig. 63.

Le traîneau-support de fusil et l'écran de chasse sur banquise

qamudi ou *qamuci*

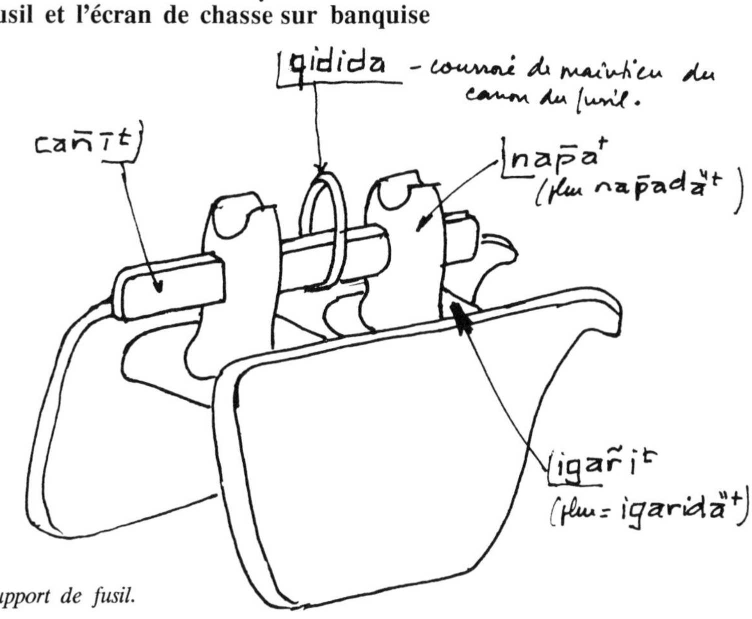

Fig. 64. - qamudi, le traîneau-support de fusil.

1 - *qamudi,* traîneau, adaptation du petit traîneau-support de harpon (ou de lance) pour la chasse au phoque dormant sur la banquise
2 - écran en toile blanche, influence du Groenland occidental
3 - montants en bois de l'écran
4 - fusil : *atāzi*
5 - courroie de maintien du fusil
6 - fente pour laisser passer le fusil et viser le phoque
7 - tendeurs

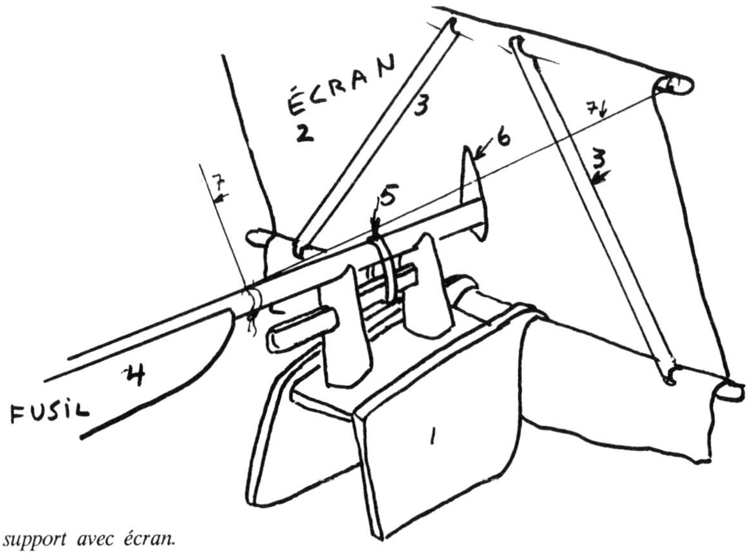

Fig. 65. - Le fusil sur son support avec écran.

La planchette-support de pagaie

nūtāki^t

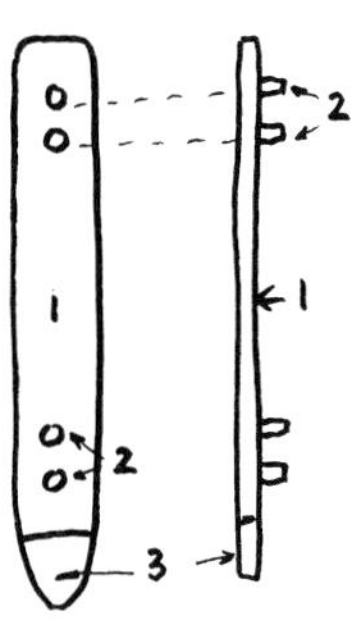

Fig. 66.

1 - *nūtāki*^{t}
2 - *iteriniwiki*^{t} (pluriel : *iteriniwikīdi*^{t}) : chevilles en os qui viennent se placer de chaque côté des courroies du kayak (fig. 68) et qui maintiennent le *nūtāki*^{t} en place sur le pont
3 - *katūwa'* : pointe en os

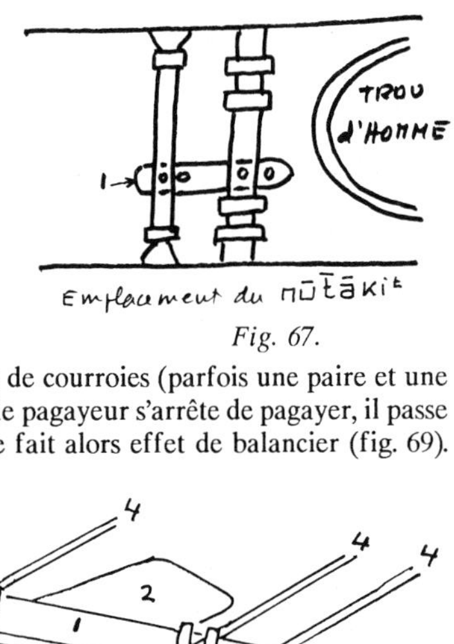

Fig. 67.

Cette planchette *(nūtāki*^{t}) est passée entre deux paires de courroies (parfois une paire et une courroie) à l'avant du trou d'homme (fig. 36). Lorsque le pagayeur s'arrête de pagayer, il passe une pale de la pagaie sous cette planchette. La pagaie fait alors effet de balancier (fig. 69).

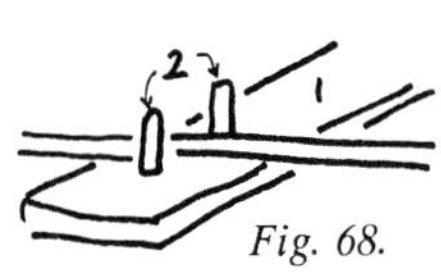

Fig. 68.

Mode d'utilisation du *nūtāki*^{t} :

1 - *nūtāki*^{t} : planchette-support de pagaie
2 - pagaie
3 - pont du kayak
4 - courroies de pont

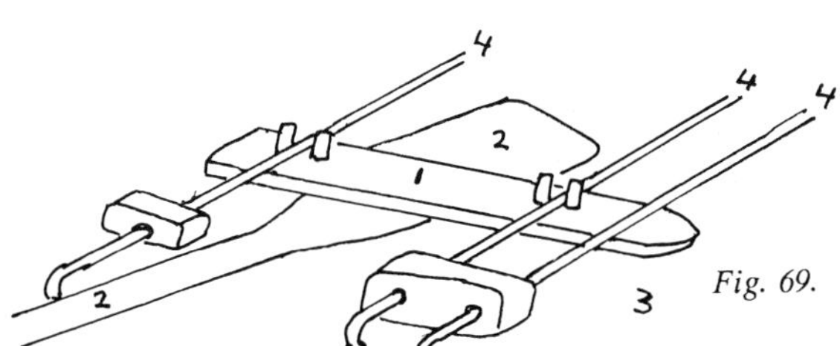

Fig. 69.

La pagaie

pādi

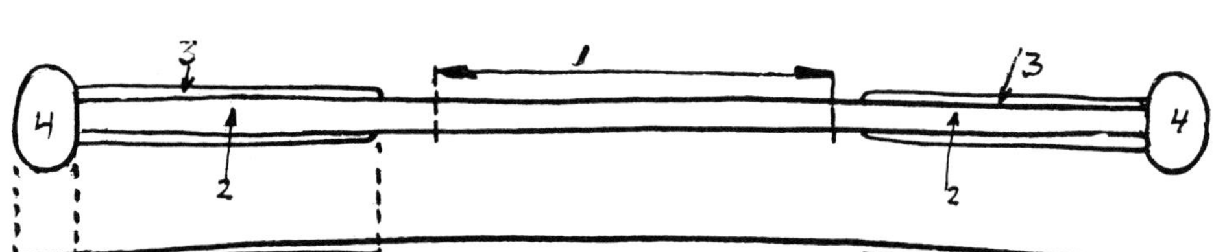

Fig. 70.

1. *täsiä*^{t} : le manche, la partie tenue en main
2. *kato'* : le plat, la pelle. Peut être entièrement en bois ou terminé par une pale en os et renforcé par des barres longitudinales
3. *ciä*^{t} : barres longitudinales de renforcement de la pelle. Peuvent être en os ou en bois
4. *kato'* : pale, extrémité de la pelle. Peut être en os ou en bois
5. *toqucerneră*^{t} : mortaises de fixation de la pale (4) sur la pelle (2)
6. *cañidä*^{t} : rivets en os pour fixer la pale (4) sur la pelle (2). Les rivets sont enfoncés à travers la pale (4) et les mortaises (5)

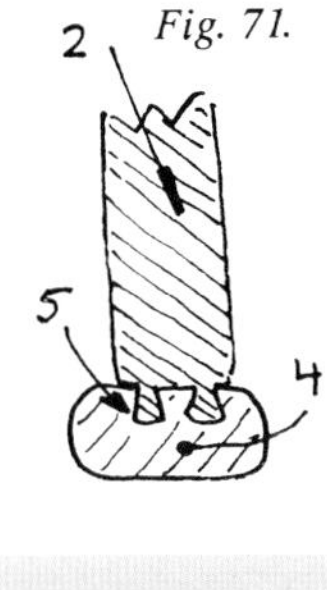

Fig. 71.

Les accessoires divers

- bouche-plaies, en bois, de tailles différentes, très variables. De formes s'adaptant à chaque cas
- aiguilles de suture, en os
- lances
- stylet pour achever les phoques
- couteau
- instrument pour nettoyer la plaie, en os
- courroies de remorquage, etc.
- *ineq̄ivia' :* peau de phoque, placée dans le kayak sous le trou d'homme, pour faciliter le glissage pour entrer
- *iciāda' :* pièce de peau d'ours servant de siège
- *qernetoro*ᵗ *:* pièce de peau d'ours servant de dossier
- bouche-trous : *nātinora*ᵗ, pièce de peau de phoque pour boucher un trou
  : *kidicā*ᵗ, pièce de fer-blanc (généralement de boîtes de conserve) pour boucher un trou

Peaussage d'un kayak, à Ammassalik, en 1968.

LE HARPON

Il existe à Ammassalik différentes sortes d'armes de jet, avec ou sans propulseur, chacune étant adaptée, soit à un type de gibier (mammifère marin, oiseau, poisson), soit à une technique de chasse particulière (chasse d'été en kayak ; chasse d'hiver sur la banquise, au trou respiratoire des phoques, ou bien encore lorsque les phoques sont montés sur la glace pour se chauffer au soleil).

Sur le pont de son kayak, le chasseur dispose ainsi de plusieurs harpons munis de propulseurs, notamment : *nuki*ᵗ, le dard à oiseaux bien reconnaissable par les trois pointes d'ivoire à crans qui sont fixées latéralement ; *iñerña'*, le harpon à mammifères marins, dont la hampe se termine par deux ailettes en os d'ours ; et *cāqi*ᵗ, le harpon le plus communément utilisé en kayak pour la chasse au phoque, au narval ou au bélouga, qui est décrit ci-dessous.

*cāqi*ᵗ = harpon à propulseur (pour la chasse en kayak)

Utilisation

1 – Le *cawip̄i'* de la longue courroie (*acinā*ᵗ) est placé sur le (*tadip̄ia'*) corps du harpon. On tend la courroie vers la tête du harpon. On place la pointe du harpon (*ca*ᵒ*gat̄ā'*) sur la tête du harpon (*īma'*).

2 – On met le propulseur en place entre les *atāki*ᵗ et la *nab̄ā*ᵗ.

Le harpon est alors prêt à être lancé.

3 – Le harpon est placé à droite du chasseur (s'il n'est pas gaucher...), la pointe tournée vers l'arrière du kayak (voir figure 49, le kayak)

4 – Lorsque le phoque est en position de harponnage, le chasseur donne un dernier coup de pagaie à droite pour faire légèrement dévier l'avant du kayak vers la gauche et donner ainsi au chasseur une plus grande « ouverture » de lancement.

5 – Lorsque le phoque est harponné, la pointe (de flèche) du harpon reste fichée dans le corps du phoque et se place perpendiculairement à la trajectoire (en travers). Le phoque fuit, entraînant avec lui la pointe qui entraîne la courroie et le flotteur (*put̄ari*ᵗ) que le chasseur doit rapidement jeter à l'eau.

6 – Si le choc est violent, la base de la tête du harpon sort de son logement (*cawart̄arpi*) et pend le long du corps auquel il est rattaché par les courroies *tet̄udā*ᵗ.

Après harponnage, il y a donc :

- le flotteur et la courroie remorqués par le phoque
- le flotteur dans l'eau entraîné par la fuite du phoque
- le propulseur, resté dans la main du chasseur.

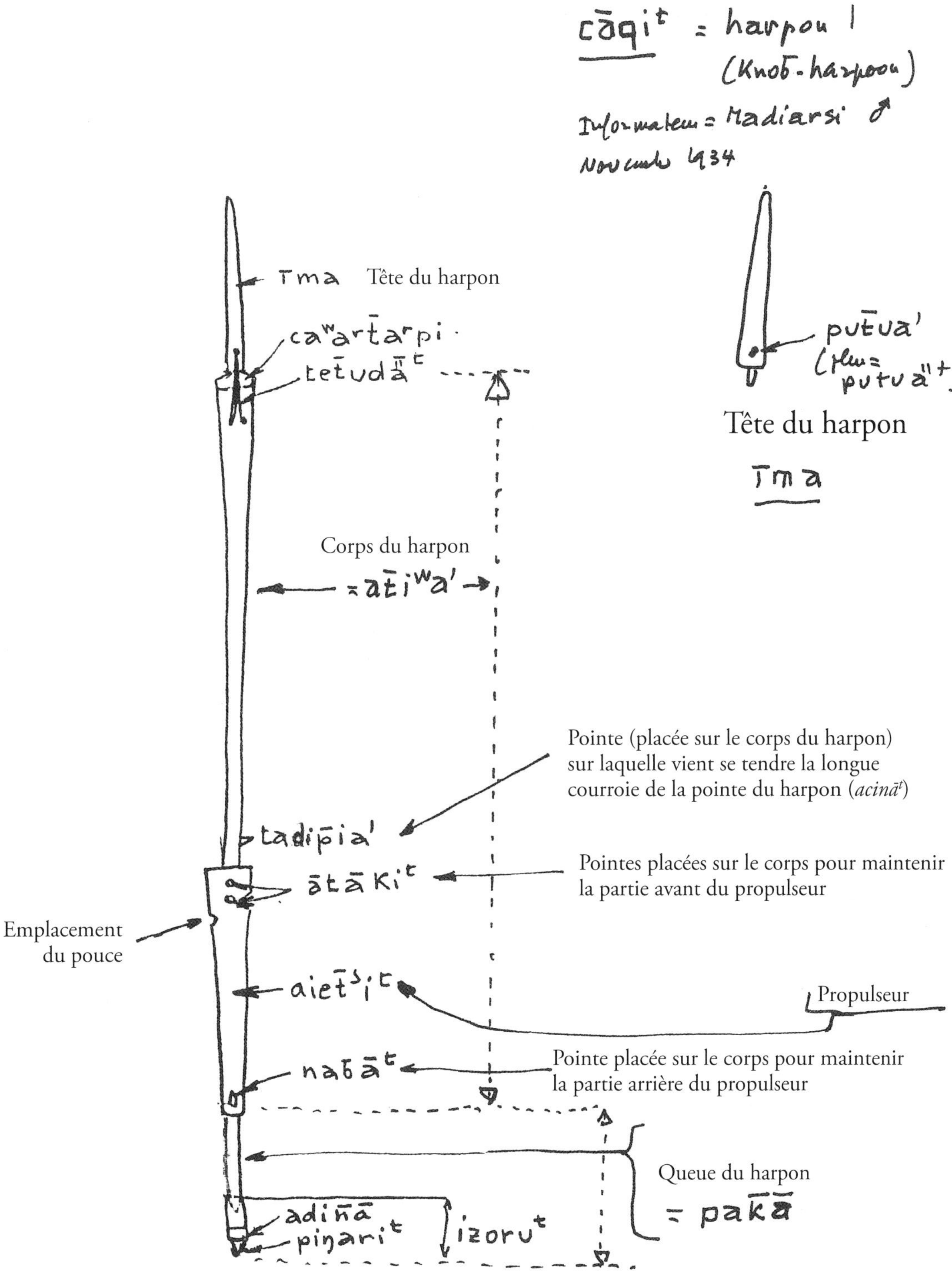

Rivet en os fixant le *ātāki^t* et le *nabā^t* = *ceñidā^t* (sur le corps du harpon)

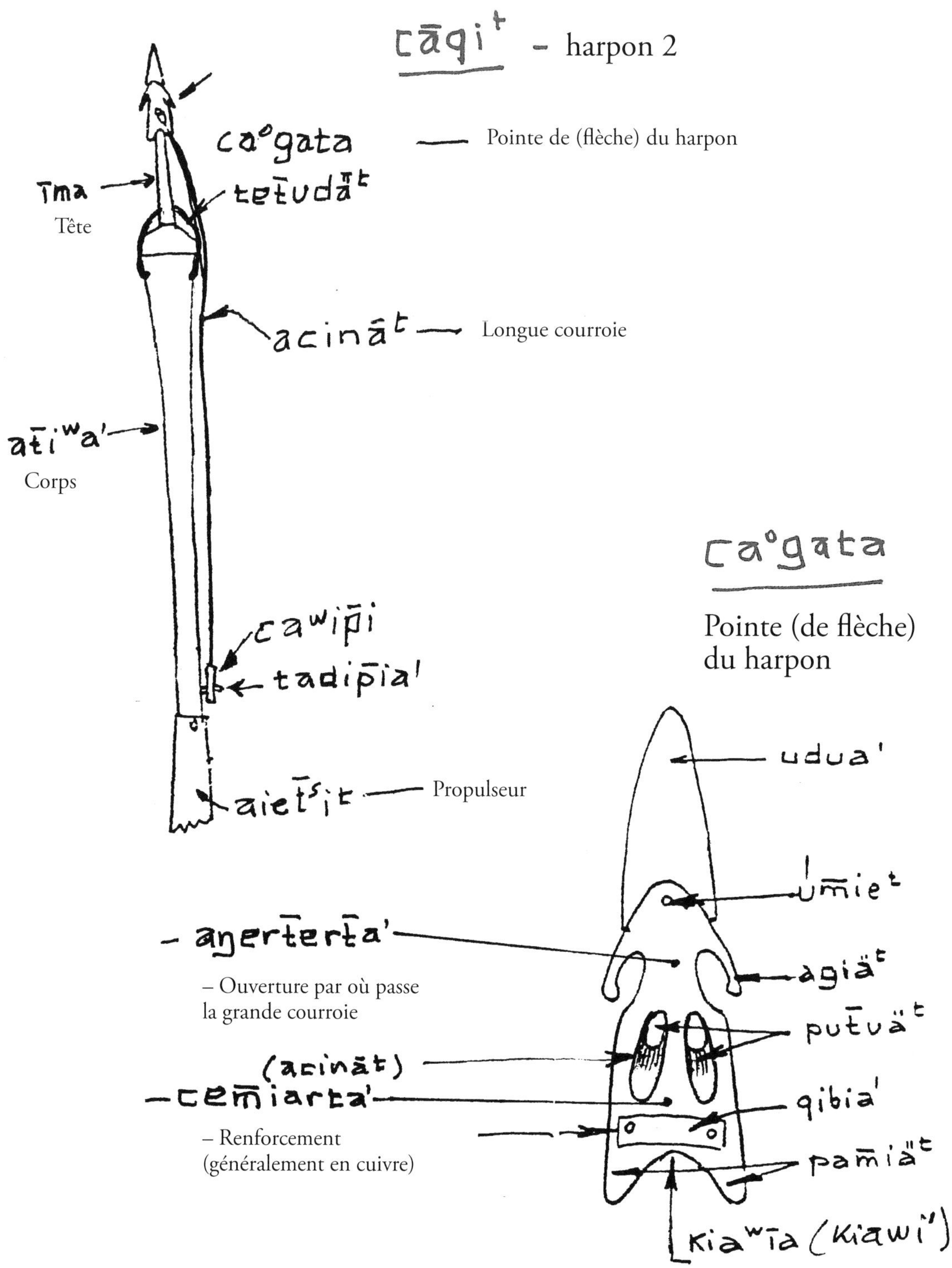
cāqi^t - harpon 2
ca°gata — Pointe de (flèche) du harpon
Tma
Tête
tetudä^t
acinā^t — Longue courroie
atiʷa'
Corps
cawipi
tadipīa'
aiet^si^t — Propulseur
ca°gata
Pointe (de flèche) du harpon
udua'
umie^t
- aŋerterta'
– Ouverture par où passe la grande courroie
agiä^t
putuä^t
(acinät)
–cemiarta'
– Renforcement (généralement en cuivre)
qibia'
pamiä^t
Kiaʷia (Kiawi')

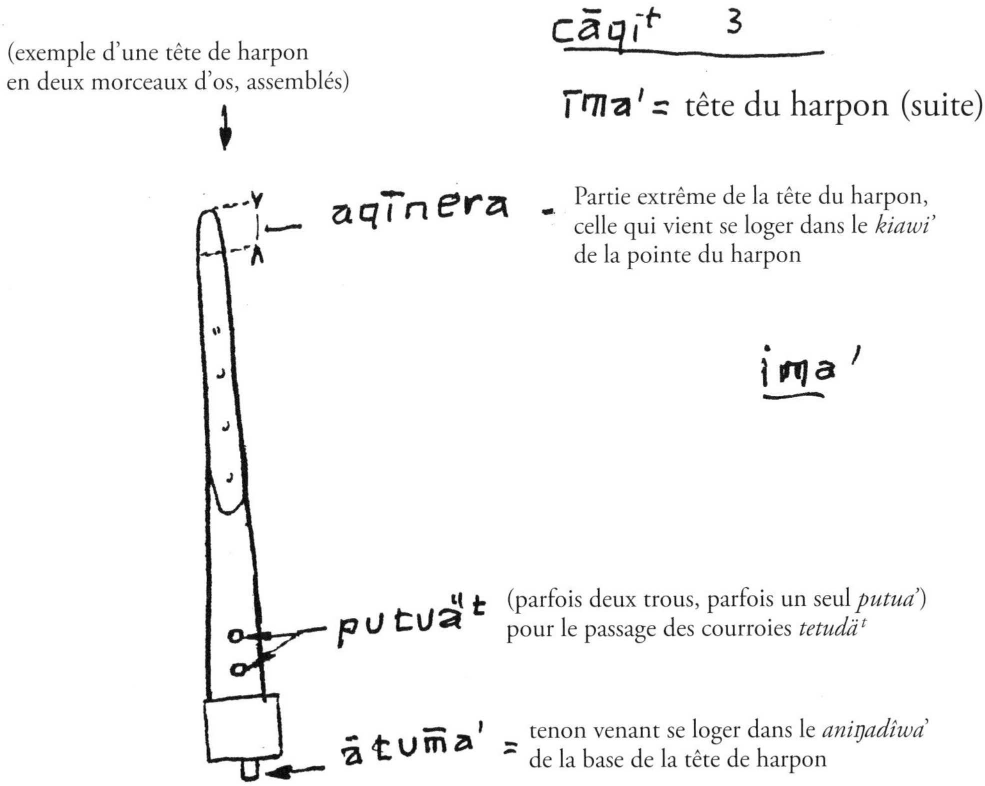
cāqit 3
īma' = tête du harpon (suite)
(exemple d'une tête de harpon
en deux morceaux d'os, assemblés)
aqīnera -
Partie extrême de la tête du harpon,
celle qui vient se loger dans le *kiawi'*
de la pointe du harpon
ima'
putuät
(parfois deux trous, parfois un seul *putua'*)
pour le passage des courroies *tetudä*ᵗ
ātumā' =
tenon venant se loger dans le *aniŋadîwa'*
de la base de la tête de harpon

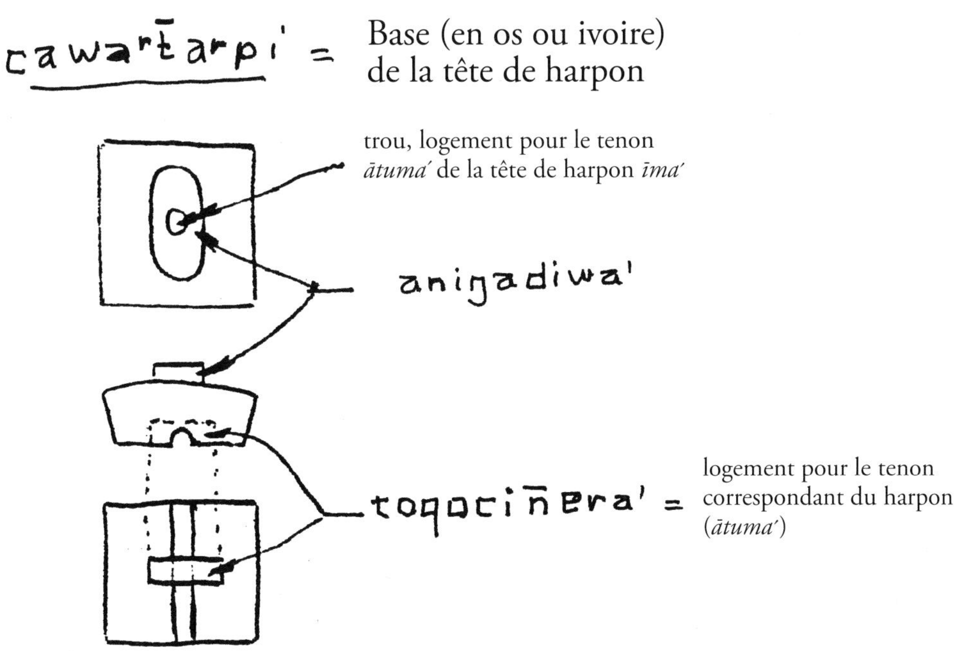
cawartarpi' =
Base (en os ou ivoire)
de la tête de harpon
trou, logement pour le tenon
ātuma' de la tête de harpon *īma'*
aniŋadiwa'
toqocinera' =
logement pour le tenon
correspondant du harpon
(*ātuma'*)

cāqit = harpon 4

aietsit – propulseur

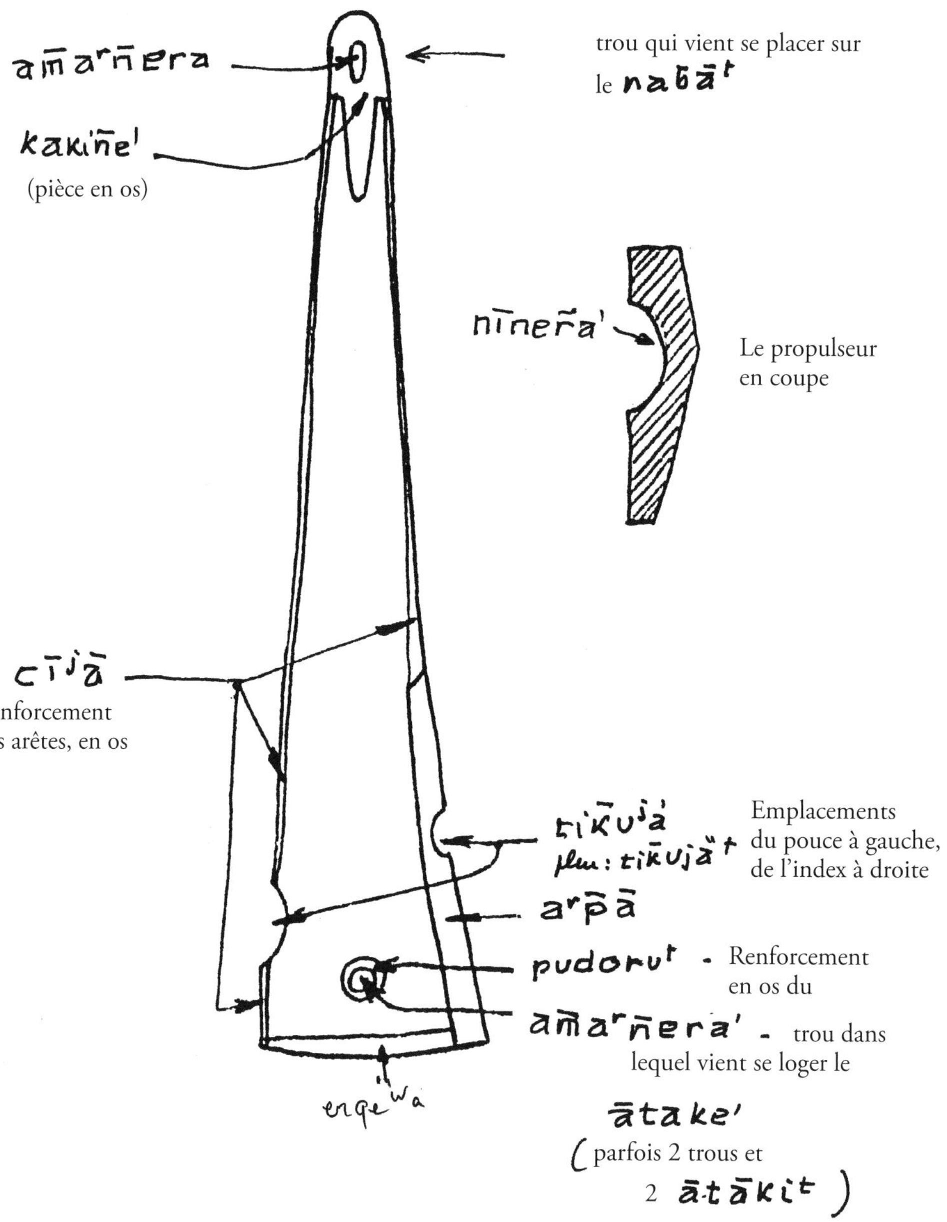

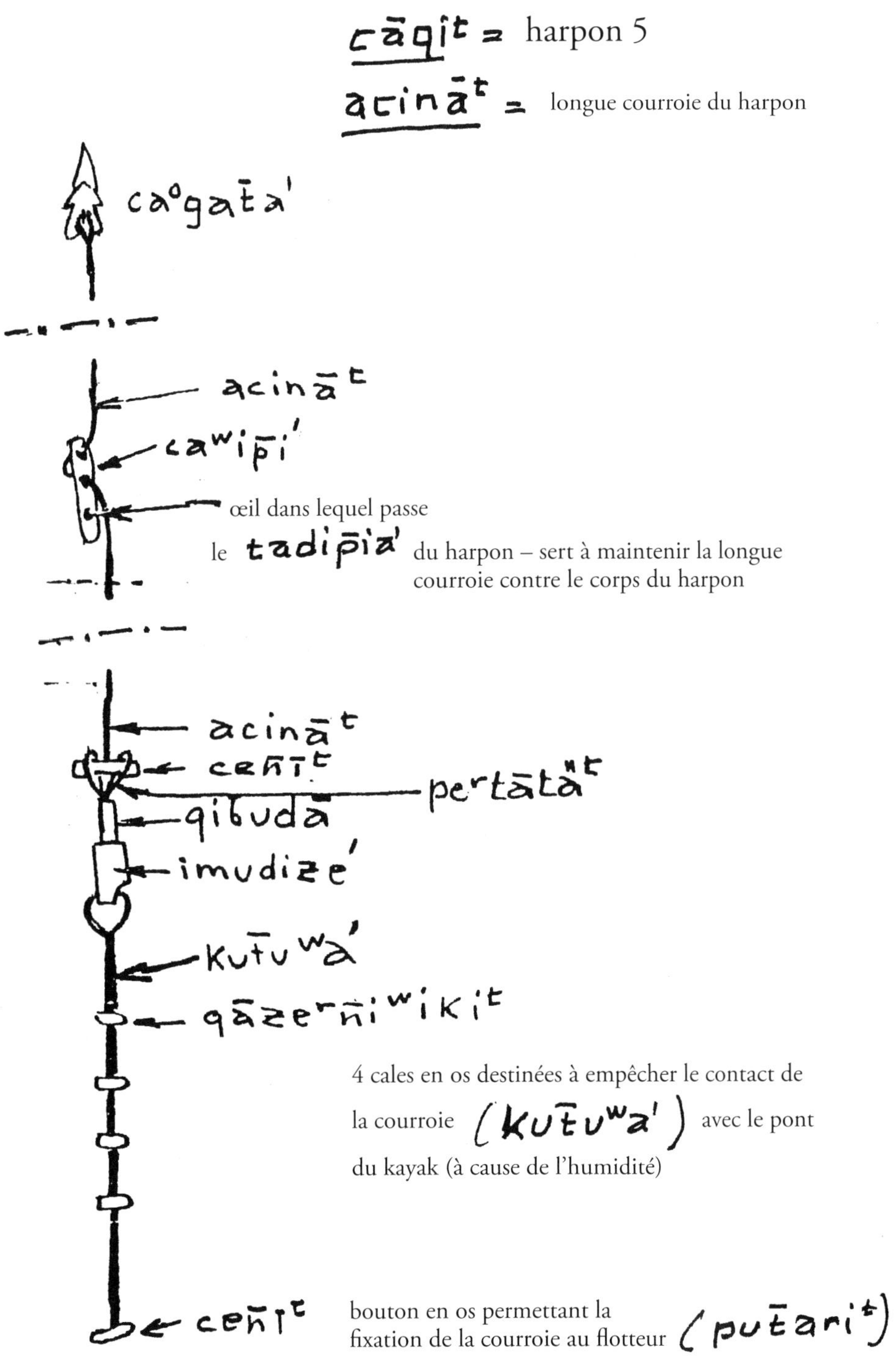
cāqit = harpon 5
acināt = longue courroie du harpon
caᵒgata'
acināt
cawipi'
œil dans lequel passe
le tadipia' du harpon – sert à maintenir la longue
courroie contre le corps du harpon
acināt
cenīt
pertātāt
qibudā
imudize'
kutuwa'
qāzernīwikit
4 cales en os destinées à empêcher le contact de
la courroie (kutuwa') avec le pont
du kayak (à cause de l'humidité)
cenīt
bouton en os permettant la
fixation de la courroie au flotteur (putarit)

UNE CHASSE AU NARVAL

« 17h, Gaba est chez moi pendant que j'écris.

– *Ata*! s'écrie-t-il tout à coup.

Nous dressons l'oreille l'un et l'autre. Un bruit de clapotis, comme des vaguelettes contre la glace.

– Je vais voir, dit-il.

À peine dehors, il se met à courir vers les autres tentes, en criant:

– *Qiedikät*! *qiedikät*!

Des narvals enfin, après quinze jours d'attente.

Rush. Mikidi et Kristian dévalent la pente jusqu'à leurs kayaks.

Entre le rivage et la ligne de glaces entraînées par le courant de la marée montante qui entre dans le fjord, une bande de narvals trace son sillage bouillonnant. Leurs têtes noires ou tachetées apparaissent et disparaissent. Les gerbes d'eau s'élèvent au-dessus de leurs têtes. Leur souffle fait parfois un bruit de sirène. Avant que Mikidi et Kristian ne soient bien loin, les narvals, après être restés en surface deux à trois minutes, ont plongé à nouveau. Les deux kayaks pagaient rapidement vers l'endroit où les narvals referont probablement surface.

Pendant qu'ils s'éloignent, nous voyons soudain deux *puciŋartit* tout proches du rivage. C'est ainsi que l'on appelle le narval qui se laisse flotter sur l'eau presque sans bouger. Je les photographie et ne les tire pas pour deux raisons: d'une part, d'autres bancs ne vont pas tarder à entrer, suivant les premiers de près; et un narval tué les ferait rebrousser chemin. D'autre part, un narval tiré et tué au fusil généralement coule; et de ce dernier fait, découle toute la technique de chasse au narval.

Il faut le harponner. La courroie du *putarit* (flotteur) s'enroule autour de la queue pendant qu'il nage. Le *putarit* lui-même fatigue le narval harponné qui reste en arrière et ne tarde pas à faire surface, décelé par le *putarit.* Si maintenant on le tue d'un coup de fusil, il coule, entraînant le *putarit.* Les chasseurs le harcèlent alors de leurs *awadisa'* (lances). Peu à peu les poumons et les entrailles se remplissent d'air, au fur et à mesure qu'il respire moins violemment en restant à la surface. Alors on l'achève d'un coup de fusil.

Peu après que ces deux *puciŋartit* aient plongé, d'autres bandes ronflant et soufflant suivent le courant et entrent dans le fjord, plus ou moins proches de la côte. Les deux kayaks ont disparu derrière les icebergs.

Grosse excitation ici: le nombre de narvals qui tout à coup viennent d'apparaître, doit être très élevé.

Avec mes jumelles, je les suis. Ce ne doit pas être extrêmement difficile de les approcher : lorsqu'ils font surface, ils y restent assez longtemps. Kristian dit qu'ils ne voient pas quand on vient par derrière, mais que leur acuité visuelle est excellente sur les côtés.

Et tout à coup, au loin, un cri aigu et prolongé :

– *Awidiarpadipo', awidiarpadipo'*!

Tout le monde à terre est pris d'une folie subite ; ils crient tous, courent dans tous les sens, rient aux éclats.

Ce cri annonce que l'un des deux kayakeurs a harponné un narval et que le *putarit* a réapparu. Il fait appel à l'autre pour que celui-ci vienne le harponner à son tour. Deux *putarit* valent mieux qu'un.

Ce cri aussi nous appelle, nous les terrestres.

Umiak à l'eau. Appareil photo. Et en route, il est 18 h 30.

Les filles rament sans arrêt, et il n'est pas besoin de les y encourager. Vers Ikartertumit, le cri à nouveau. Nous n'en sommes plus très loin.

Bientôt en effet nous voyons Kristian et Mikidi. Ils suivent lentement leurs deux *putarit* qui avancent, tirés par une force invisible.

– N'approchez pas trop, crie Kristian. Il est encore bien vivant !

Dans l'umiak, trois fusils : Teqi, mon fusil de chasse et le mauser.

Tout à l'heure nous prendrons part à la chasse. En y prenant part, nous serons *niŋertīt* : c'est-à-dire que nous aurons chacun une part du narval (le chasseur plus quatre *niŋertīt*).

Un bouillonnement à l'avant des *putarit* : le narval a lâché son air. Il ne tardera pas à refaire surface.

Il apparaît bientôt en effet. C'est une bête de taille moyenne paraît-il. Elle me semble énorme. On ne voit que le haut de son dos blanc tacheté de noir, long comme un kayak, large comme trois et, plantées dedans, deux lances qui se dressent comme des cornes.

Kristian et Mikidi le suivent de près, attendant que leurs lances se détachent pour les lui flanquer à nouveau dans le dos.

Je photographie à tour de bras et tout à coup je sens me résister un bouton du Leica : le film est fini. Dans la précipitation de notre départ, je n'ai pas pris de chargeur de rechange. J'assisterai donc à la fin de la chasse en spectateur inactif (sauf avec le fusil). »

Extrait du Journal de Kangerlugssuatsiak (le 5 juillet 1937)

Enfants en costume de fête des Groenlandais de la côte Ouest.

Costume de la côte Est et le chignon traditionnel.

Quand le rôle de la mère est tenu par une grande soeur

Version moderne de l'amawut

Le fusil à lunettes tend à remplacer le harpon.

Travail à l'herminette

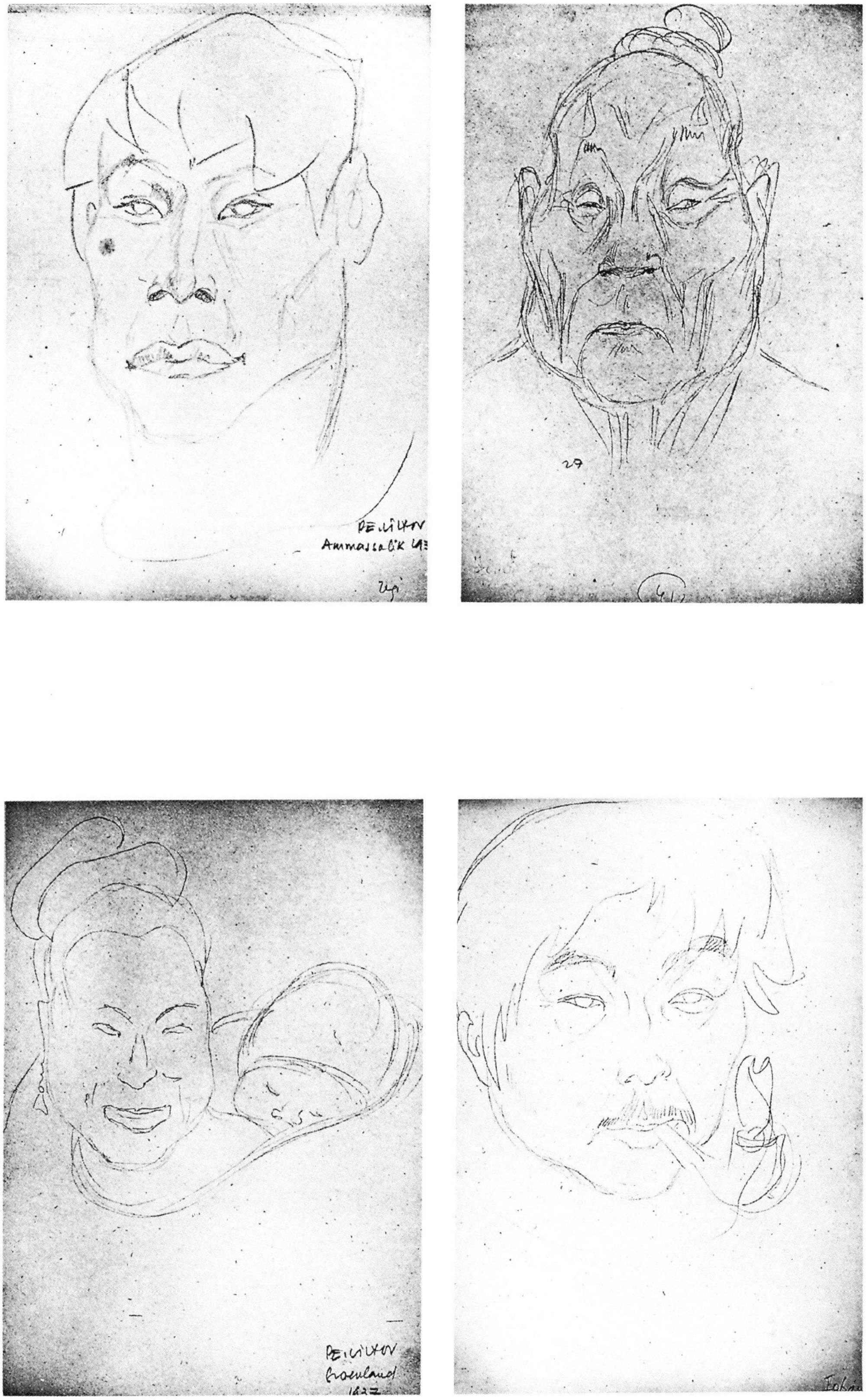

Portraits d'Eskimo (Paul-Emile VICTOR, 1937)

Intedi Singertak

Milika Kuitse

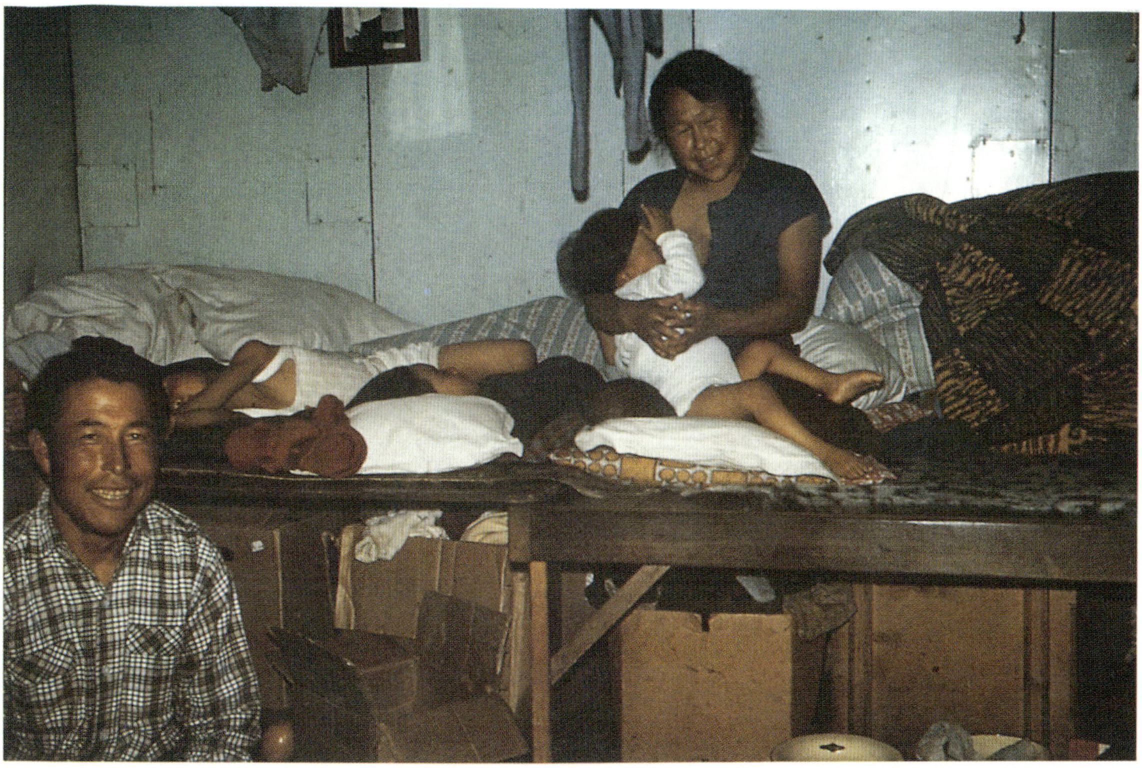

Vie d'intérieur sur la plate-forme commune.

Autour du pasteur, une promotion de jeunes confirmés.

Les co-épouses d'Ayukutok et le jeune Ningava paré de ses amulettes (Photo Thalbitzer).

LES MIGRATIONS

Dès que les beaux jours revenaient, longs, clairs et ensoleillés, une irrésistible envie de quitter la maison hivernale qu'ils avaient occupée pendant de nombreux mois (7 à 8 mois), prenait soudain les habitants d'Ammassalik. C'était alors qu'avec effervescence, tout était rapidement sorti de l'habitation, prêt à l'embarquement vers d'autres horizons. La toiture de la maison était démolie et les précieux éléments de bois ayant servi à sa construction, récupérés pour être emportés. Ainsi aérée et lavée par la pluie, l'habitation perdrait son « odeur d'hommes » qui, dit-on, éloigne les phoques des eaux environnantes.

C'était à ce moment que la grande famille patriarcale, réunie sous le même toit pour l'hivernage, éclatait en plus petites unités qui allaient vivre sous la tente, dispersées ou réunies avec d'autres parents que l'isolement hivernal avait longuement séparés.

La grande mobilité de la population, qui caractérisait cette période d'avril à septembre, était dictée en majeure partie par la présence de ressources saisonnières en différents lieux connus et répertoriés par les Ammassalimiut. La pêche aux *ammassat* (les capelans) ou à l'omble chevalier (sorte de saumon), la chasse aux grands phoques migrants et aux oiseaux de passage, la cueillette des plantes et des baies, la collecte des œufs d'oiseaux, constituaient les diverses activités qui se succédaient à cette période faste de l'année. Une impression d'abondance effaçait la dure période de soudure de la fin d'hiver, et la clarté, permettant de circuler nuit et jour sur une mer libérée de sa glace, apportait l'immense plaisir de pouvoir vivre dehors avec intensité.

Les campements changeaient fréquemment de place. C'est en chantant que les équipages d'umiak et les hommes en kayak remontaient les fjords vers les lieux de pêche, ou les descendaient vers leur embouchure, pour saisir le moment où phoques barbus et phoques à capuchon dérivent sur la banquise fragmentée. Ainsi, le printemps et l'été étaient en règle générale des moments de profusion et de variété dans le régime alimentaire des habitants d'Ammassalik, mais c'était aussi le temps de la constitution de réserves pour des périodes moins fastes, l'automne et l'hiver. Des quartiers de viande de phoque, de narval ou de bélouga étaient mis à sécher au vent et au soleil, et des outres de peau se remplissaient de plantes, de baies et de morceaux de phoques, conservés dans la graisse et l'huile de phoque.

Les migrations d'été étaient encore l'occasion de rassemblements exceptionnels avec d'autres membres de l'ethnie : la pêche aux capelans et à l'omble chevalier donnait lieu à de très joyeux regroupements pendant quelques jours. Traditionnellement, c'était la grande réunion de Qingek – le lieu de la pêche aux capelans, d'où cette région tire son nom (Ammassalik signifiant le lieu des *ammassat* ou capelans) – en mai ou début juin, qui constituait le grand moment des retrouvailles et des échanges sociaux et culturels. C'est lors de ce rassemblement de plusieurs centaines de personnes qu'avaient lieu des « duels de chant » et que se décidaient souvent les mariages.

À l'automne (fin août-début septembre), les familles se regroupaient pour un nouvel hivernage. C'était en général le chasseur le plus âgé de la famille, le patriarche, qui faisait le choix du lieu et désignait les habitants de cette nouvelle maisonnée, destinés à cohabiter et partager la vie collective jusqu'au prochain printemps. Les maisons d'hiver étaient totalement isolées les unes des autres, mais généralement elles se trouvaient situées à l'intérieur ou à proximité des trois grands fjords de la région : ceux de Sermilik, d'Ammassalik et de Sermiligak. Toutefois, les Ammassalimiut avaient, certaines années, étendu leur rayon d'action bien au-delà de cette région, vers le nord comme vers le sud, à des distances atteignant plusieurs centaines de kilomètres. Ils trouvaient, dans ces endroits éloignés, des gibiers trop rares chez eux : ours blancs, narvals, morses et grands phoques.

Certains avaient même, au XIXe siècle, fait le « grand voyage » jusqu'au sud du Groenland, pour effectuer des opérations de troc avec les Eskimo de la région du cap Farewell qui pouvaient, eux-mêmes, se procurer des produits européens auprès du comptoir commercial danois de Pamiagdluk. C'était pour obtenir ces biens si précieux à leurs yeux : le métal, les perles de verre et le tabac à priser, en échange de leurs fourrures et de leurs ivoires, que les Ammassalimiut entreprenaient parfois ces périlleuses expéditions familiales, qui leur prenaient trois ou quatre années.

*

* *

Le processus de sédentarisation de la population d'Ammassalik au cours du XXe siècle, conséquence de la colonisation danoise, a conduit les habitants de cette région à abandonner le nomadisme hivernal pour une existence sans errance, dans des habitations permanentes de type occidental, regroupées dans des villages de plus en plus peuplés. L'instinct de nomadisme n'a toutefois pas totalement disparu des mentalités des Ammassalimiut d'aujourd'hui ; il se manifeste principalement dans la persistance des migrations d'été (avec des moyens de transport modernes plus rapides et en utilisant, non plus les tentes de peaux, mais des tentes en coton ou en nylon) et il a persisté aussi dans un nouveau type de migrations hivernales.

Après 1966, quelques familles de chasseurs, désireuses de vivre pendant une année loin du centre administratif et commercial d'Ammassalik, ont eu la possibilité de se faire transporter en cargo et déposer dans les lieux que leurs ancêtres fréquentaient autrefois, le long de la côte orientale, au nord et au sud d'Ammassalik. Ils y trouvaient, en général, de bonnes conditions de chasse et rapportaient de nombreuses peaux qu'ils vendaient au comptoir commercial. Mais il était loin le temps où tout le matériel nécessaire à l'existence d'une famille d'Ammassalik tenait dans un umiak. À cette époque, le volume et le poids du matériel et des produits considérés comme étant indispensables pour un tel séjour (les milliers de cartouches, les centaines de kilos de sucre, de farine et de céréales, la margarine, le café, le thé, le tabac, la lessive, le combustible et le carburant, les médicaments, etc. sans compter les vêtements, la literie, le mobilier et le matériel de cuisine, les armes, les embarcations, le traîneau et les chiens), nécessitèrent l'affrètement d'un cargo, pour que se perpétuent les migrations lointaines.

Joëlle ROBERT-LAMBLIN

L'umiak (bateau des femmes) (Courtoisie M. de Quervain)

Débarquement lors d'une migration (Ammassalik, 1967).

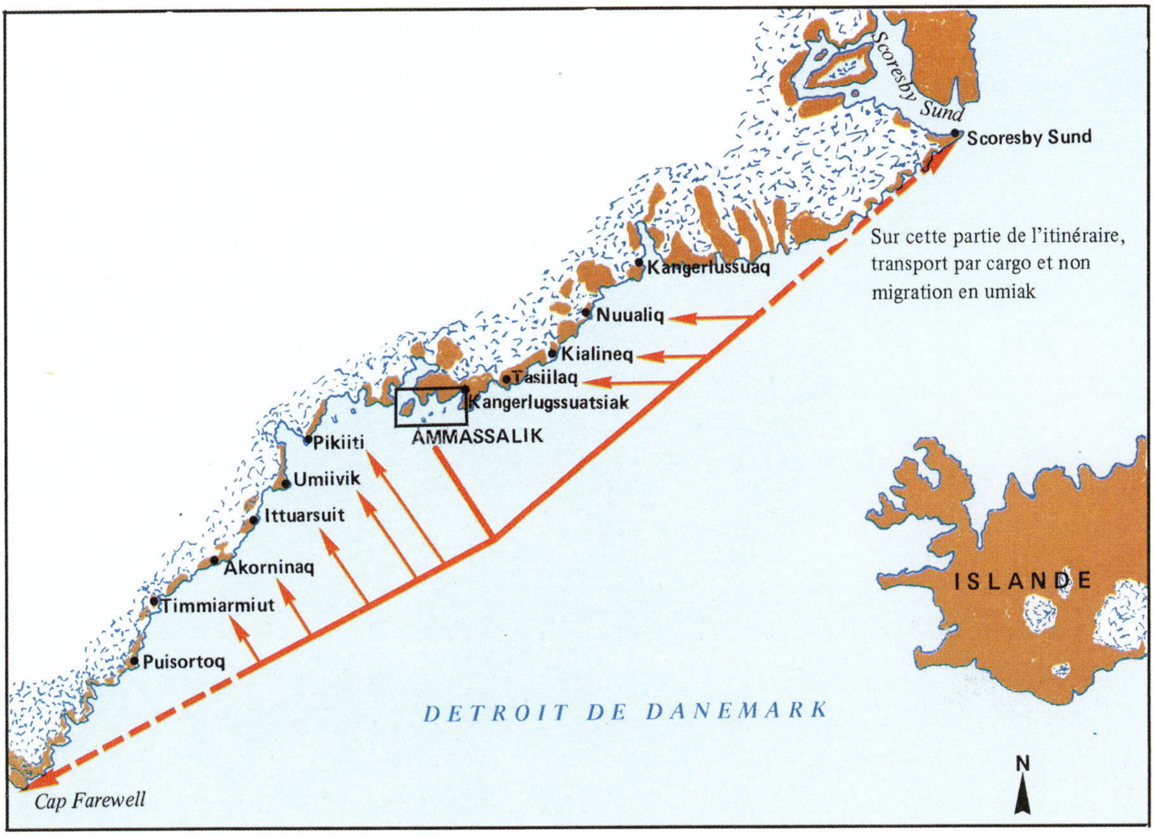

Itinéraires de migration des Amassalimiut

Quatre types de bateaux : cargo, chalutier, umiak et kayak.

Déplacements familiaux d'été.

Le retour à la maison d'hiver.

En hiver, l'umiak est retourné sur un support (Photo Thalbitzer)

Entrée de la maison d'hiver (Photo Thalbitzer)

Campement d'été avec tentes en peau de phoque

Niagangitsek Tabita et Marnake Monika et leurs nourrissons (Photo Thalbitzer)

Le bateau à moteur a élargi l'aire des migrations

Déplacement dans la nuit hivernale.

L'UMIAK

À la différence du kayak, qui est une embarcation strictement individuelle, l'umiak sert aux transports maritimes collectifs. C'est ce bateau à fond plat, léger, sorte de grande barque faite de bois ou d'os, et de cuir, des chasseurs de baleine eskimo de la culture de Thulé, qui a permis la grande vague de migration, à travers l'Arctique, des Eskimo thuléens. Progressant vers l'est en umiak, par petits groupes familiaux, ceux-ci, depuis l'Alaska, conquirent en quelques générations, à partir du xe siècle, tout l'Arctique américain, jusqu'à atteindre et occuper les côtes groenlandaises, point final de leur expansion.

L'umiak d'Ammassalik était aussi, à l'origine, à la fois une baleinière utilisée par les hommes pour chasser au harpon les grands cétacés, et un moyen de transport pour les déplacements familiaux. Mais cette embarcation a perdu sa première fonction au début du xixe siècle, lorsque la chasse à la baleine cessa par disparition de ces grands mammifères du détroit de Danemark, la mer qui borde les rivages des Ammassalimiut. Depuis lors, l'umiak n'a plus servi qu'aux migrations familiales.

Les premiers visiteurs occidentaux de cette région, frappés par les équipages féminins qui manœuvraient les rames de ces barques surchargées, sous la direction d'un vieil homme (plus rarement d'une femme âgée) tenant le gouvernail, tandis que les autres hommes accompagnaient le déplacement dans leur propre kayak, traduisirent le terme umiak par « bateau des femmes ».

L'umiak s'est révélé être une embarcation exceptionnellement adaptée à ce type de navigation dans la banquise fragmentée, au milieu des glaces dérivantes ; sa légèreté permettant de le hisser sur la glace ou sur la rive, et de le transporter à pied, sur une courte distance, ou bien posé sur plusieurs traîneaux, lors d'un plus long trajet, pour être ensuite remis à la mer.

Et c'est ce que Holm, officier de marine danois, avait compris, lorsque, en 1884, il eut l'intention d'atteindre la région d'Ammassalik. Là où beaucoup de tentatives pour traverser la banquise de la côte orientale avaient échoué, Holm réussit, en utilisant précisément les techniques de déplacement des Eskimo de cette région : l'umiak et son équipage féminin. Accompagné de rameuses groenlandaises de la région du cap Farewell, il parvint jusqu'à Ammassalik en umiak, remontant la côte orientale entre terre et banquise. De telles expéditions avaient été auparavant effectuées par des Ammassalimiut, descendus jusqu'au sud du pays pour des opérations de troc, puis revenus chez eux.

Lorsque l'umiak servait à de courts déplacements, comme aller cueillir des baies, chercher de l'angélique, partir pêcher quelques poissons ou récolter des algues et des moules, il était alors chargé presque exclusivement de passagers. Mais, lorsqu'il s'agissait de quitter le lieu habité pour une autre destination, le contenu de l'embarcation devenait inimaginable. En plus des douze à quinze passagers – femmes, enfants et nourrissons (dans *l'amawut* de leur mère) – se trouvait embarqué un monceau d'affaires : lampes à huile, séchoirs, coffrets à outils, seaux, bassines et récipients en tous genres, bois de charpente, traîneau, rouleaux de peaux, vêtements, provisions, etc. et souvent, de surcroît, des chiens. Car, sans aucune certitude qu'on y reviendrait de sitôt, rien n'était laissé dans l'habitation que l'on quittait. Les voyages étaient parfois longs et fatigants, mais ils étaient très appréciés, car ils conduisaient vers une nouvelle destination et apportaient du changement dans la vie quotidienne. Pour un simple arrêt nocturne, l'umiak était porté à terre, vidé de son contenu et retourné avec un des bords maintenu soulevé ; il servait ainsi d'abri temporaire pour quelques heures de sommeil.

La navigation en umiak n'était pas sans péril. La sécurité du voyage dépendait essentiellement de l'étanchéité de la couverture de cuir du bateau, que les glaces coupantes risquaient d'endommager. En cas de petite avarie, un morceau de graisse pouvait provisoirement boucher la voie d'eau. Mais le plus grand danger venait des icebergs qui, à tout moment, pouvaient basculer en provoquant de véritables lames sur la surface de l'eau. Un umiak fut renversé dans de telles circonstances, en juillet 1914, et un homme, quatre femmes et six enfants qui étaient à bord périrent noyés.

Pendant l'hiver, l'umiak installé, retourné, sur un support surélevé qui le mettait à l'abri des chiens voraces, loin de devenir totalement inutile, servait alors de garde-manger : sur sa coque, à l'extérieur, ou à l'intérieur, sur les planches des bancs.

Il n'était pas donné à tout chasseur de posséder un umiak. C'était une sorte de symbole de « richesse » et de prestige que d'être propriétaire d'une telle embarcation. En effet, cela nécessitait tout d'abord de disposer d'une grande quantité de bois de flottage pour la charpente et d'un certain nombre de peaux de grands phoques, pour la confection et le renouvellement de la couverture (sept à huit peaux à changer environ toutes les quatre ou cinq années). Il fallait, de surcroît, être à la tête d'une grande famille, avec femmes et adolescents pour servir de rameurs. Souvent les hommes polygames – des chasseurs capables d'assurer la charge d'un grand nombre de bouches à nourrir – possédaient un umiak dans lequel ils transportaient leur grande famille. Les chasseurs sans umiak dépendaient, pour leur part, d'un parent propriétaire d'umiak pour leurs migrations familiales.

Le déclin de l'umiak, dès la fin des années 1930, s'explique par le manque de peaux adéquates pour renouveler l'enveloppe de cuir, notamment celles du phoque barbu et du phoque à capuchon, deux espèces qui, avec le phoque du Groenland, ont été surexploitées dans les eaux avoisinantes, par les chasseurs norvégiens, au cours de la deuxième moitié du XIXe siècle et au début du XXe siècle.

En 1884, on comptait en moyenne, à Ammassalik, un umiak pour quinze habitants – ou un umiak pour trois chasseurs ; en 1938, la proportion était passée à un umiak pour trente-et-un habitants – ou un umiak pour cinq chasseurs. En réalité, le nombre total d'umiak (vingt-huit) n'avait pas changé, mais la population s'était très sensiblement accrue.

Pendant plusieurs décennies, une partie des habitants d'Ammassalik fut condamnée à une complète sédentarisation, jusqu'à ce que l'importation de barques en bois dans les années 1950, puis celle de bateaux à moteur à partir des années 1960 redonnent à un certain nombre de familles la possibilité de partir l'été vivre sous la tente et chercher les ressources saisonnières du pays.

Il n'y a, maintenant, plus d'umiak en usage à Ammassalik ; les derniers qui furent construits et entretenus jusqu'à une époque récente, servaient à remorquer les chiens ou du matériel, derrière le bateau à moteur de leurs propriétaires.

Joëlle ROBERT-LAMBLIN

Vue d'ensemble d'un umiak.

CONSTRUCTION DE L'UMIAK

L'AVANT DE L'UMIAK

Avant de l'umiak (de Vitu, Kūmmiut), montrant le mode de fixation des peaux.

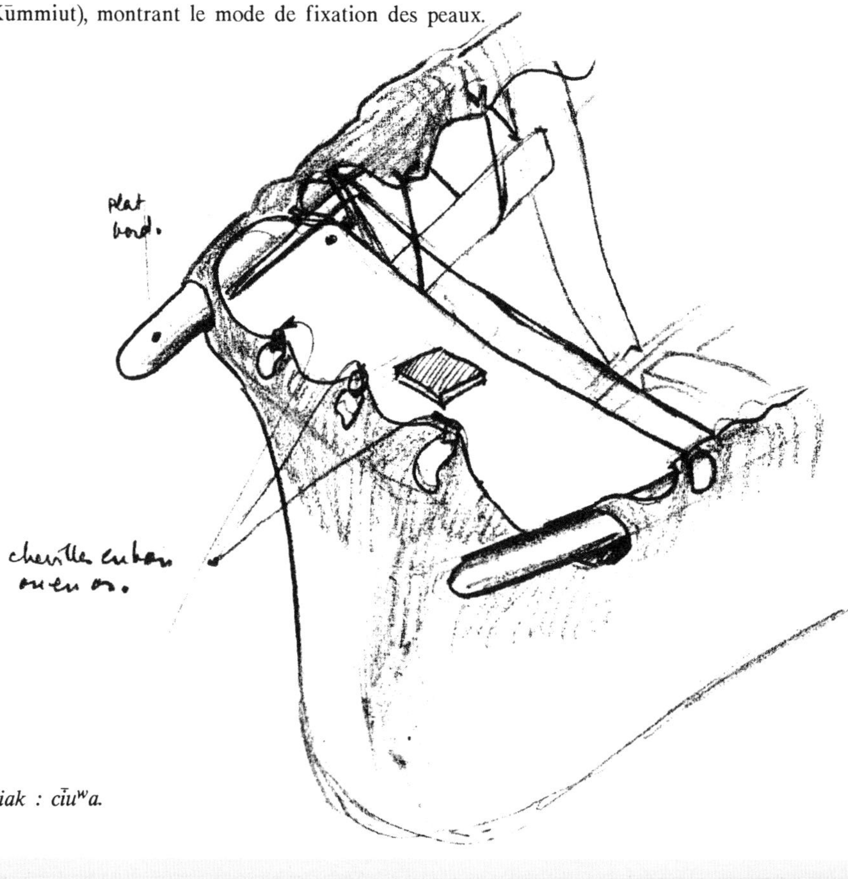

Fig. 151. - Avant de l'umiak : cīu^{w}a.

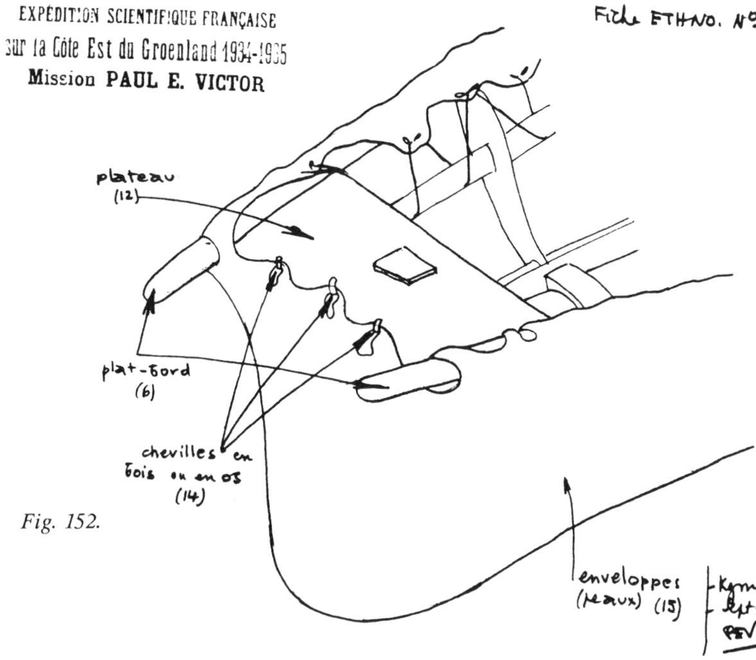

Fig. 152.

Nomenclature :

- umiak
- avant
- umiak de Vitu (Kūmmiut)

6 - plat-bord : *qodā*

12 - plateau : *kiīiʷa*

14 - chevilles pour tenir l'enveloppe sur le plateau : *qiīˢudai* (pluriel : *qiīˢudäᵗ*)

15 - enveloppe (de peaux) : *pūʷäᵗ*

Assemblage de l'étrave

Umiak de Vitu (Kūmmiut)

Etrave : l'avant vu de l'intérieur, montrant l'étrave et l'extrémité des appuis (4).

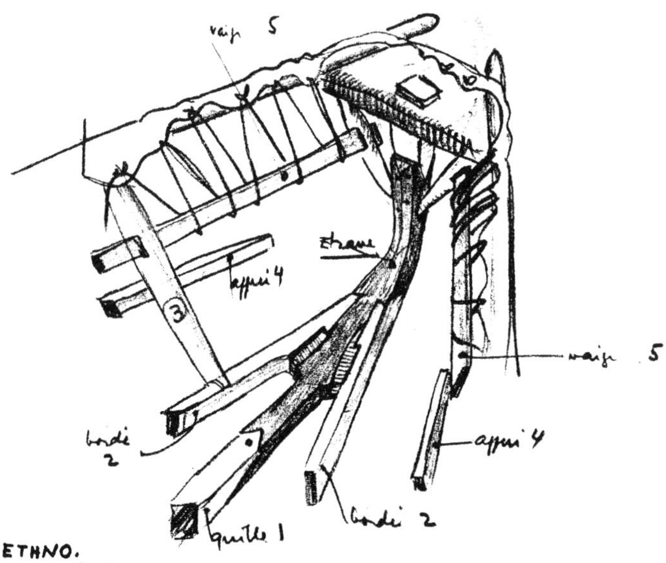

Fig. 153.

Fig. 154.

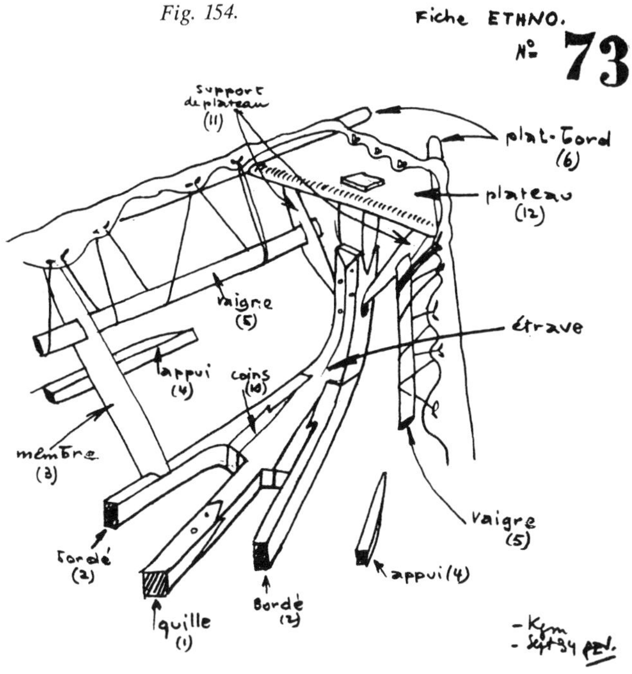

Nomenclature de l'étrave

- umiak
- assemblage avant
- umiak de Vitu (Kūmmiut)

1 - quille ou carlingue : *qedarsia*
2 - bordé ou serre de fond : *akiʷa'* (pluriel : *akiʷäᵗ*)
3 - membre : *napadrtā* (pluriel : *napadrtät*)
membre inférieur : *namia* (pluriel *namiäᵗ*)
4 - vaigre - appui pour l'enveloppe : *qorādā*
5 - vaigre ou serre-banquière : *tūpia* (pluriel : *tūpiäᵗ*)
6 - plat-bord : *qoda* (pluriel : *qodäᵗ*)
10 - coins : *tuña'* (pluriel : *tunäᵗ*)
11 - support du plateau : *tokodaⁱ* (pluriel : *tokodāᵗ*)
12 - plateau (avant) : *kiīiwa*

Assemblage de l'étambot :

Etambot : l'arrière vu de l'intérieur montrant également l'extrémité des appuis (4)

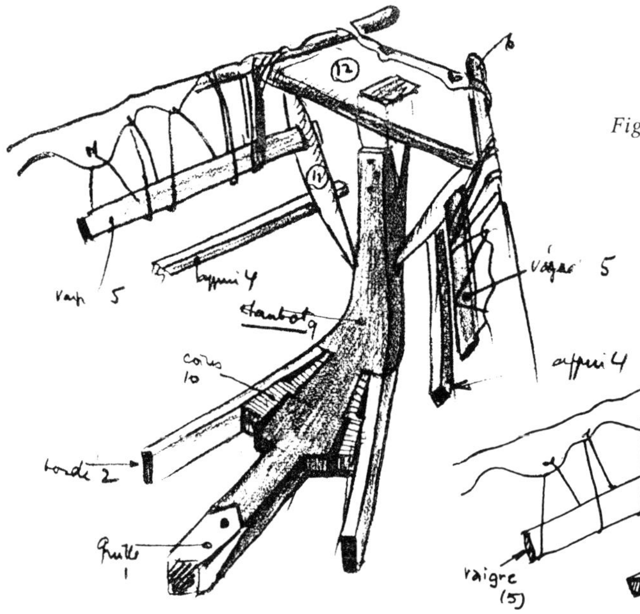

Fig. 159.

Fiche ETHNO. N° **72**

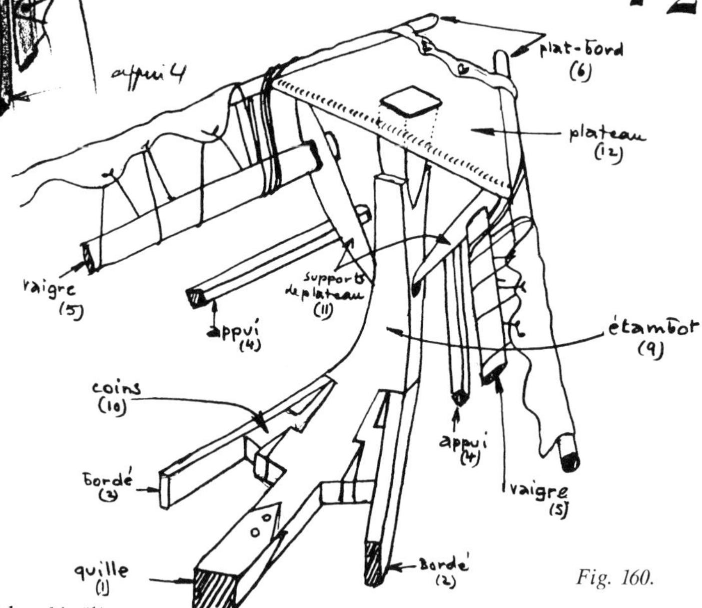

Fig. 160.

Nomenclature de l'étambot :

- umiak
- assemblage arrière
- umiak de Vitu (Kūmmiut)

1 - quille ou carlingue : *qedarsīa*
2 - bordé ou serre de fond : *aki^{w}a'* (pluriel : *akiwä^{t})*
4 - appui pour l'enveloppe : *qorādā*
5 - vaigre ou serre-banquière *tūpia* (pluriel *tūpiä^{t})*
6 - plat-bord : *qoda* (pluriel : *qoda^{t})*
9 - étambot : *kanā*
10 - coins : *tuña'* (pluriel : *tuñä^{t})*
11 - support du plateau : *tokoda^{i}* (pluriel : *tokodä^{t})*
12 - plateau (arrière) : *kiti^{w}a*

Réparations de fortune de l'étambot

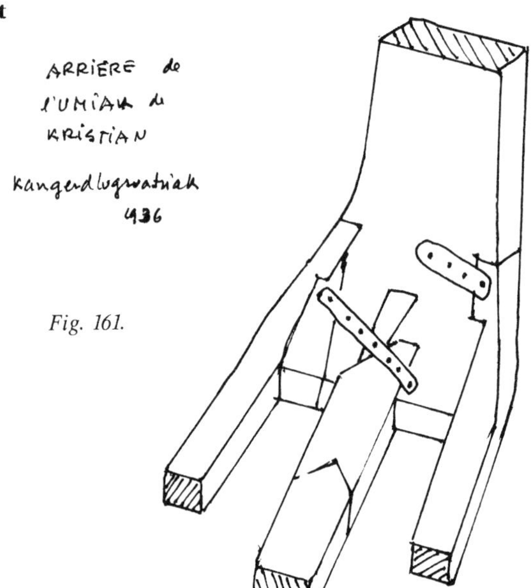

Fig. 161.

Réparations de fortune faites avec des morceaux de fer-blanc (boîtes de conserve) et des clous.

LA MEMBRURE

Fiche ETHNO. N° **80**

Mensurations

Fig. 162.

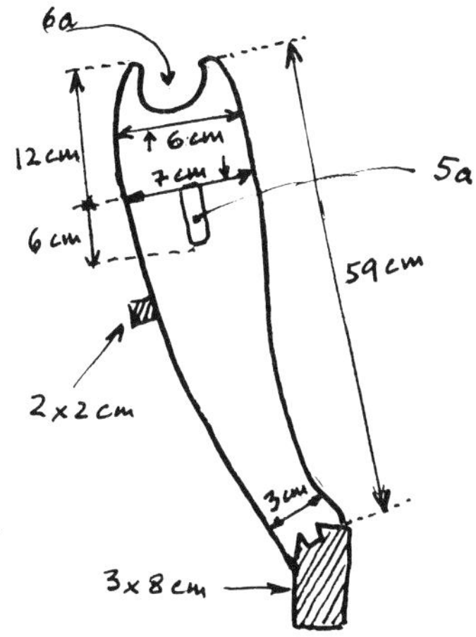

5a - *tūpid^{e}rp̄ia*
6a - *qod^{e}rdap̄ia*

Fig. 163.

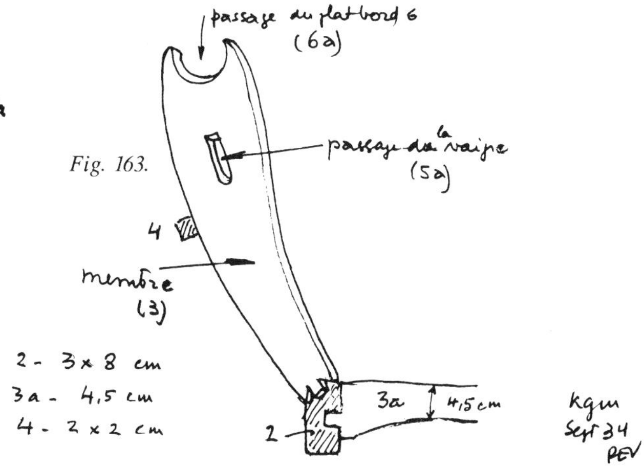

Assemblage de la membrure :

Umiak appartenant à Vitu,
11/9/34, Tassiusak-Kūmmiut

Fiche ETHNO. N° **76**

- umiak
- assemblage
- umiak de Vitu (Kūmmiut)

2 - bordé ou serre de fond : *aki^{w}a'*
3 - membre : *nap̄adrt̄a*
4 - appui : *qorādā*
5 - vaigre ou serre-banquière : *tup̄ia*
6 - plat-bord : *qodā*
7 - fixation des bancs sur les membres : *iceq̄oda^{i}*
16 - banc : *icoqā*

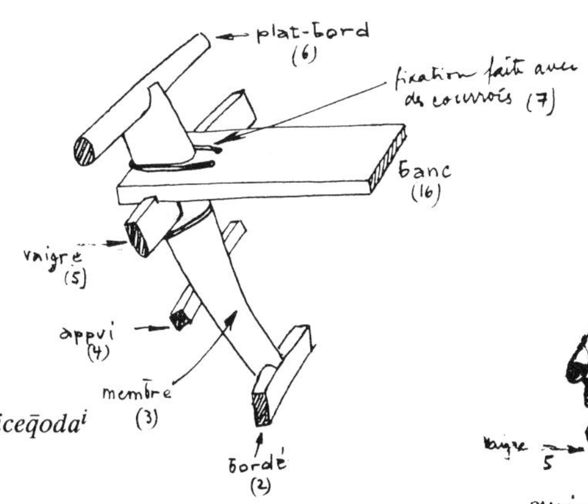

Fig. 164.

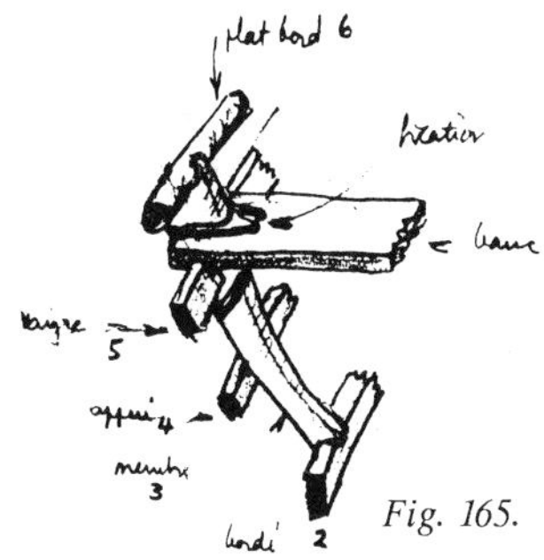

Fig. 165.

L'ASSEMBLAGE INFERIEUR (FOND)

- umiak
- assemblage inférieur
- umiak de Vitu (Kūmmiut)

Fiche ETHNO. N° **79**

Fig. 166.

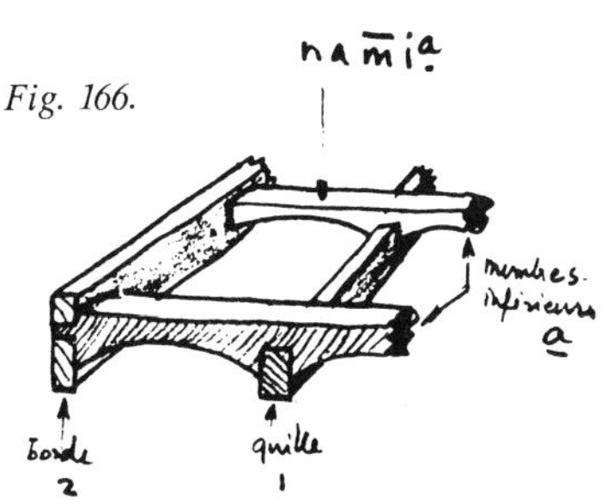

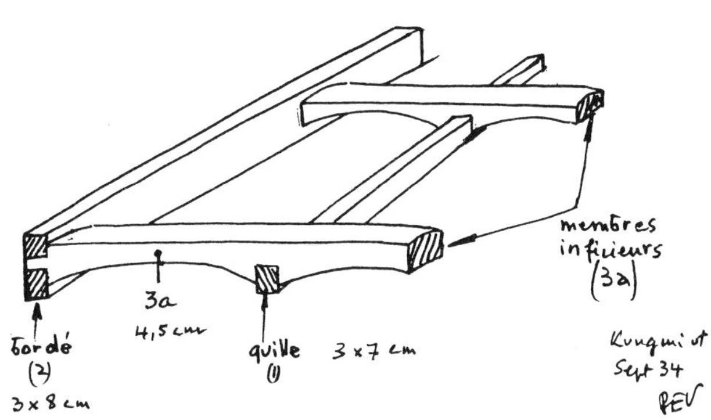

1 - quille ou carlingue : *qed^{r}s̄ia*
2 - bordé ou serre de fond : *aki^{w}ā^{t}*
32 - membres inférieurs : *nam̄iä^{t}* (singulier : *nam̄ia)*

Fig. 167.

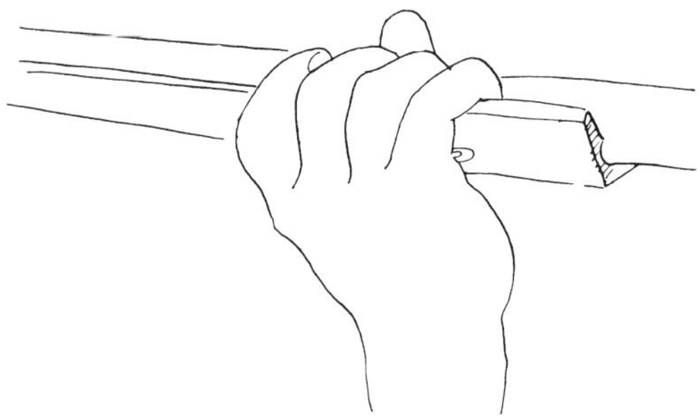

Fig. 79. - una^{r}certuŋu : position de la main renversée en arrière pour lancer le harpon.

Avec le couteau de kayak, il détache ensuite la peau de la graisse dans la direction de la tête du phoque, en introduisant le couteau dans la plaie faite par le harpon. Dans le logement ainsi aménagé, il enfonce un des nombreux bouche-plaies qui se trouvent sur le pont du kayak ; il le choisit en fonction de la taille de la plaie.

Toujours avec le couteau de kayak, il fait un trou à la base du cou vers la face interne du phoque, et détache la peau de la graisse tout autour de ce trou avec le couteau. Puis il prend son harpon à oiseaux et, avec la pointe, longue d'une trentaine de centimètres environ, il fait des trous entre graisse et chair, en étoile autour de celui qu'il vient de faire au couteau.

Et enfin, à l'aide d'un bouche-plaie particulier - celui-là même qui doit plus tard obstruer le trou de gonflage - il fait, dans la direction de la tête, un véritable tunnel partant du trou de gonflage.

Ayant posé la tête du phoque devant lui, sur le kayak, il se penche en avant, applique les lèvres sur le trou et gonfle le phoque pour faciliter ensuite le remorquage. L'air ainsi insufflé se loge entre graisse et chair.

Le trou de gonflage est ensuite obturé à l'aide du bouche-plaie spécial. Puis les deux nageoires sont ficelées ensemble de façon à ce qu'elles restent collées au corps pour offrir moins de résistance.

Enfin, il remet le phoque à l'eau, fixe au kayak la courroie de remorquage, remet tout en place sur son kayak et repart.

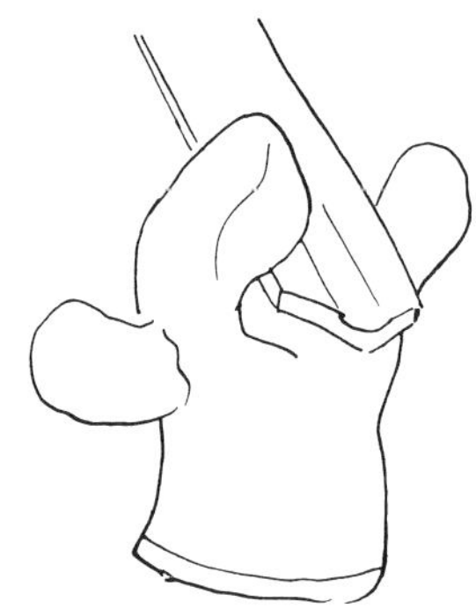

Fig. 80. - Main gantée du matadi dans la position unā^{r}certūŋu (unā^{r}cide').

Dans le cas de chasse avec fusil (comme cela se pratique tout à fait couramment maintenant) la technique est très légèrement différente : au moment où le phoque est en bonne position pour être tiré, le chasseur donne le dernier coup de pagaie à gauche, et passe la pale de la pagaie sous les courroies transversales situées immédiatement devant lui.

Il sort le fusil de sa gaine et tire en appuyant le canon sur la base supérieure de l'écran blanc *(tadida),* en tenant dans la main gauche la crosse appuyée à l'épaule droite. Aussitôt que le phoque a été tiré, le chasseur s'en approche rapidement à grands coups de pagaie, puis il le harponne comme ci-dessus, qu'il soit mort ou non, pour éviter qu'il ne coule.

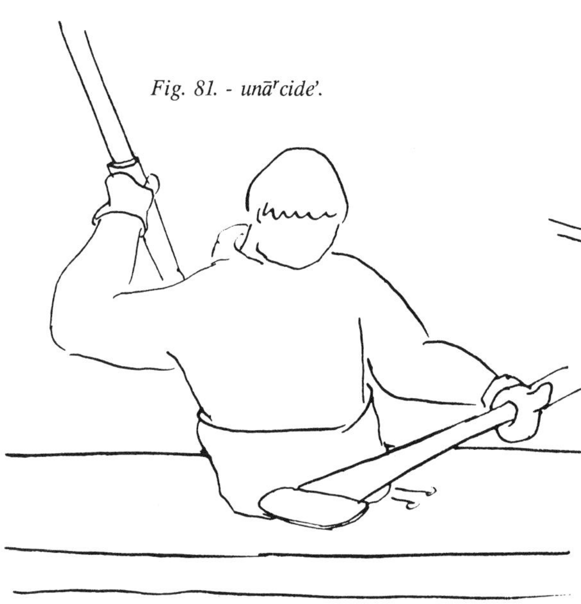

Fig. 81. - unā^{r}cide'.

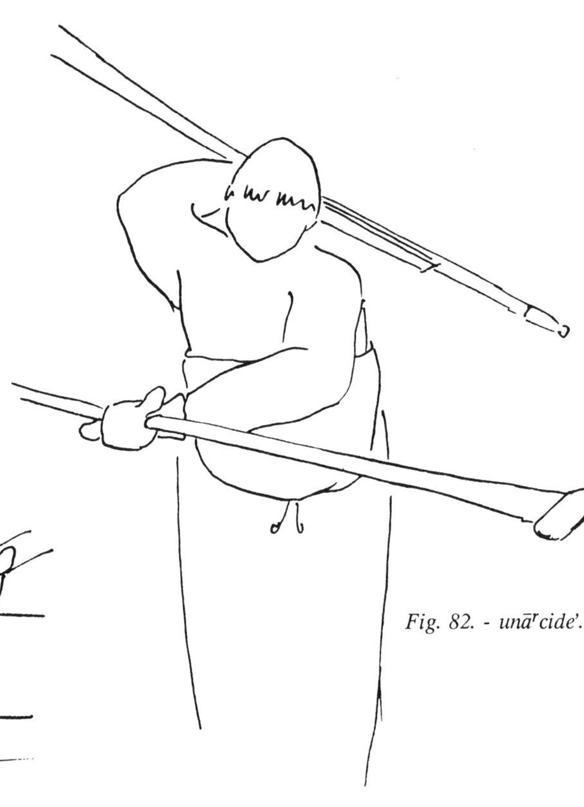

Fig. 82. - unā^{r}cide'.

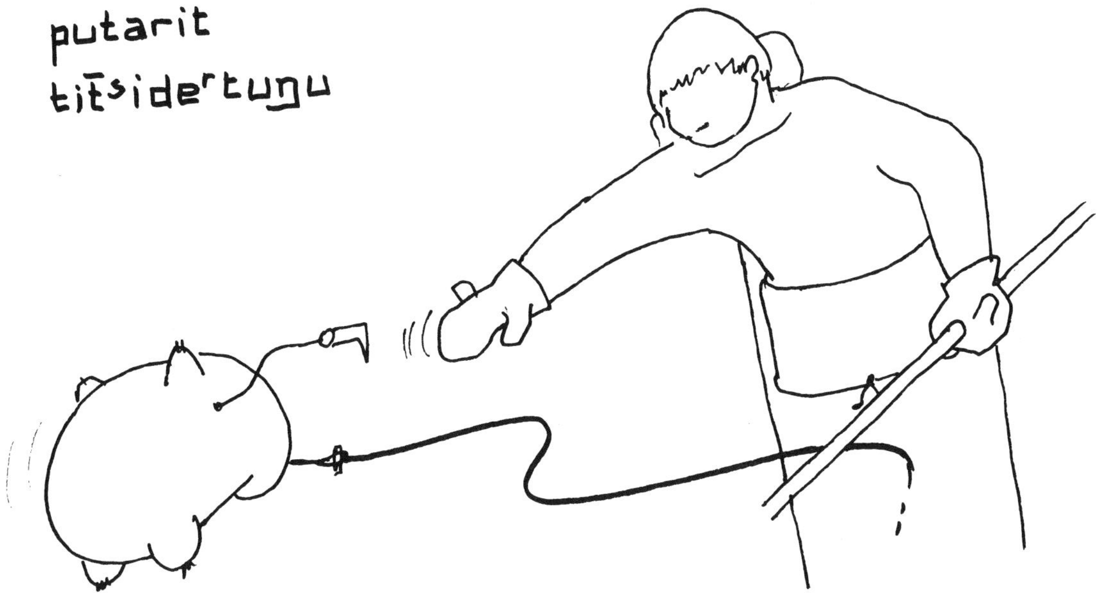

Fig. 87. - putarit.
tit̄^{s}ide^{r}tuŋu.

Fig. 88. - aŋiwat̄it̄erco'

Tigayet
1936
Groenland

GESTES
ET
TECHNIQUES

Les gestes, comme les expressions du visage, sont un véritable langage, un moyen essentiel de communication – tout autant que la parole – entre les membres d'une même communauté, qui reconnaissent ces signes et en saisissent la signification.

Certains habitants d'Ammassalik excellent dans l'art de raconter. Ils s'y emploient avec tout leur corps : les mains, le visage, le buste accompagnent la voix. La gestuelle n'est pas seulement l'illustration de la parole, elle apporte un indispensable complément d'informations que la narration proprement dite ne contient pas. Qui n'a pas vu un chasseur conter sa chasse, longue, pénible, pleine d'embûches, ou relater les hauts faits d'un ancêtre, avec toutes les mimiques, expressions, regards, tons de voix et gestes nécessaires pour ponctuer le récit d'une note d'humour ou pour provoquer l'étonnement ou l'effroi, ne peut comprendre la saveur de tels moments. Qui n'a pas remarqué un léger soulèvement des sourcils chez son interlocuteur, sans entendre le moindre son de voix, est passé à côté d'un signe d'acquiescement.

Le besoin de communiquer de loin, lorsque l'on ne peut s'entendre ou qu'il faut être particulièrement silencieux pour ne pas éloigner le gibier, a donné naissance au langage par signes utilisé par les chasseurs. Ces signaux corporels sont destinés à faire passer un message aux autres compagnons, par exemple au cours d'une chasse à l'ours.

En règle générale, les Ammassalimiut sont d'excellents conteurs et les meilleurs sont extrêmement prisés. Ce sont le plus souvent des hommes, parfois des femmes âgées, qui ont ce précieux talent de savoir distraire, déclencher l'hilarité ou évoquer des événements frappants pour l'imagination devant un auditoire attentif, captivé par le récit et son présentateur, tantôt complice participant, tantôt simple spectateur. Faire la relation d'une chasse, d'un voyage, d'un événement exceptionnel ou d'une anecdote, ou bien remémorer les faits et gestes d'un ancêtre, ou évoquer une légende, est tout un art, où la gestuelle joue un rôle d'importance. Accompagnant l'exposé des événements, le geste ponctue le récit, lui donne le rythme, l'anime. Et, par son pouvoir évocateur, il peut aussi compléter l'énoncé : c'est un élément de l'histoire, compris par tous, qui éveille dans chaque esprit la même image : le kayak qui avance sur l'eau sans bruit, le gibier soudain repéré, le harpon qui porte le coup fatal.

Dans cette société de chasseurs, où le récit de chasse tient une place toute particulière, les mouvements des bras, des mains et des doigts constituent une sorte de code de représentations qui, sans exclure la création individuelle, permettent à tous de situer l'action : les conditions climatiques de l'expédition, la position du soleil dans le ciel, le gibier dont il s'agit, comment il s'est présenté au chasseur, quelle a été la stratégie d'approche de l'homme, les multiples difficultés rencontrées pendant la poursuite, les réactions de l'animal blessé, et enfin sa mort ou au contraire, la disparition de l'animal qui a réussi à conserver sa liberté. Dans cette aventure revécue devant l'auditoire, une des mains du narrateur joue en général le rôle du gibier, tandis que l'autre figure le chasseur.

Certaines histoires sont personnelles au conteur : elles le concernent ou lui appartiennent ; d'autres lui sont venues des générations précédentes qui, elles aussi, avaient leurs maîtres dans l'art du récit. La reproduction, au fil des générations, de gestes et de signes ancestraux basés sur une observation méticuleuse des comportements humains et animaux, fait déjà partie de l'univers des enfants qui, en jouant, font l'apprentissage de cette gestuelle. Nous retrouverons le jeu des mimiques de doigts des enfants qui préfigure la gestuelle des adultes. Ainsi s'est constitué pour ce peuple sans écriture un patrimoine culturel venu du fond des âges, qui s'est conservé par la tradition orale, et que chaque nouvelle génération perpétue tout en le modifiant et en l'enrichissant. C'est également ainsi que l'histoire du groupe, gravée dans la mémoire collective, parvient à traverser le temps.

Enfin, il reste encore à évoquer la gestuelle propre au divertissement, où le narrateur, par ses jeux de physionomie, ses mimiques, sa manière de caricaturer les autres et ses grimaces, cherche à distraire et faire rire l'assistance. Quelques personnages bien connus sont de véritables acteurs comiques qui excellent dans l'art de déclencher l'hilarité générale.

Joëlle ROBERT-LAMBLIN

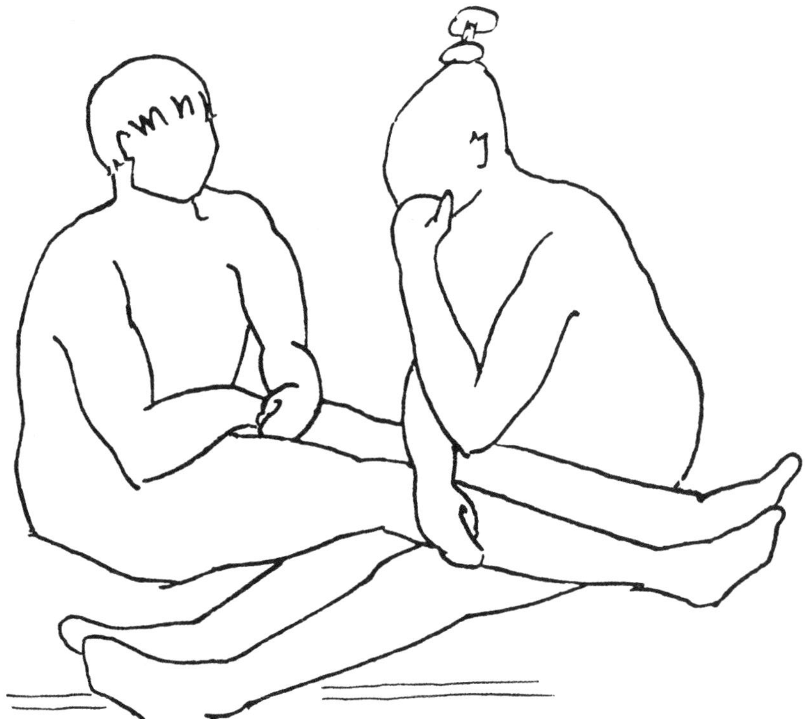

LES TECHNIQUES DU CORPS

« J'entends par ce mot les façons dont les hommes, société par société, d'une façon traditionnelle, savent se servir de leur corps ». (Marcel Mauss)

Dans les années 1930, dans son enseignement à l'Institut d'Ethnologie de Paris, Marcel Mauss attirait déjà l'attention des étudiants en sciences sociales sur l'intérêt considérable de recherches ethnologiques dans un domaine encore méconnu : l'empreinte du groupe social sur l'individu quant à l'usage qu'il peut faire de son corps.

Les mouvements qui nous paraissent les plus « naturels » dans notre propre société, sont en réalité acquis au cours de notre éducation et se réfèrent à un système culturel particulier ; et des positions telles que celles du repos, du travail, de l'accouchement… varient dans les diverses populations humaines beaucoup plus que nous serions *a priori* portés à le croire.

C'est pourquoi Marcel Mauss préconisait d'aller dresser au plus vite, à travers le monde, un inventaire systématique des techniques corporelles observées dans le plus grand nombre d'ethnies, afin de mieux en faire ressortir la richesse et la diversité.

Chaque technique se trouve solidaire de conduites spécifiques, de manières d'utiliser le corps humain qui sont le fruit d'un apprentissage, et il apparaît ainsi qu'à travers l'éducation, c'est la société qui contribue à adapter le corps de l'individu.

Dans ses instructions à l'usage des ethnographes, Marcel Mauss précise : « Certaines techniques ne supposent que la présence du seul corps humain, les actes dont elles comportent l'accomplissement n'en sont pas moins des actes traditionnels, expérimentés. L'ensemble du corps est une technique qui s'enseigne et dont l'évolution n'est pas finie ». Puis, insistant sur la nécessité de faire ressortir la différence de ces techniques corporelles, selon le sexe et selon l'âge des individus, il énumère un certain nombre de domaines privilégiés pour l'investigation, que nous retrouvons précisément dans cette partie de l'ouvrage : les techniques de la naissance et de l'obstétrique, de l'allaitement et des soins de l'enfant, de l'hygiène corporelle, du repos durant la veille ou le sommeil, de la reproduction etc. Et, bien sûr, devraient encore figurer à l'intérieur du même chapitre : la gestuelle, la danse, les gymnastiques et les acrobaties, qui sont traitées ailleurs dans cet ouvrage, de même que toutes les techniques corporelles qui font partie du long apprentissage du chamane pour acquérir une grande résistance physique, parvenir à changer son rythme cardiaque ou respiratoire, posséder la maîtrise de soi, la faculté d'entrer en transe et de perdre conscience, afin que son esprit parvienne à quitter son corps et à se déplacer à travers le temps et l'espace.

De nombreuses techniques impliquent l'usage d'un instrument. Les différentes manières dont un objet – ou un outil – est utilisé pour transformer les matériaux de base sont répertoriées sous la rubrique des « techniques mécaniques ». La division du travail entre les hommes et les femmes, existant dans la plupart des sociétés humaines, a généralement entraîné l'élaboration d'un outillage et de techniques propres à chaque sexe, avec une différence également marquée dans les positions et les mouvements du corps au travail.

Dans cette partie de sa recherche, Paul-Émile Victor montre à quel point il était imprégné de l'enseignement de Marcel Mauss, qu'il avait suivi à Paris juste avant de partir réaliser sa première enquête de terrain, à Ammassalik en 1934.

Traditionnellement, dans la société ammassalimiut, il n'existe aucun artisan spécialisé. Chacun doit savoir produire tout ce qui est nécessaire pour lui-même et sa cellule familiale : armes, outils, moyens de transport, habitat, objets domestiques, jouets, masques, tambours, vêtements et aliments.

Au cours d'un long apprentissage, s'acquièrent ces gestes précis et efficaces du travail – issus de l'expérience de nombreuses générations – qui font des femmes d'habiles couturières ou d'excellentes bouchères, et des hommes de remarquables travailleurs du bois, de l'os, de l'ivoire, de la stéatite et même du métal, ou des façonneurs de courroies d'une solidité à toute épreuve.

Il n'est guère besoin d'insister sur l'importance capitale de ces savoir-faire ou tours de main, dans un environnement comme celui de l'Arctique, où une peau endommagée lors de sa préparation, un vêtement mal cousu, une embarcation qui prend l'eau, une pièce de bois ou d'os qui se rompt, ou une courroie qui casse, peuvent coûter des vies humaines.

Les techniques de travail reposent essentiellement sur une très grande dextérité des mains qui manient les instruments avec des prises ou des angles différents. Mais ces techniques mettent aussi à contribution d'autres éléments du corps humain : les dents, véritable outil ou troisième main, qui tiennent, tirent, mâchonnent, mordillent, épilent, coupent, arrachent ; la joue sur laquelle on roule le fil de tendon ; les genoux qui, en s'écartant, étirent les peaux, ou qui servent de point d'appui au grand couteau masculin ; de même que les bras, les jambes, les pieds et même les orteils qui interviennent au cours des différentes étapes du travail.

La position classique (et « naturelle ») de la femme travaillant debout, les jambes complètement raides, le corps plié en deux, la tête en bas et les mains œuvrant au niveau du sol où se trouve le phoque à découper, la peau à laver ; les postures de repos de l'adulte, accroupi ou assis les jambes allongées, sans appui dorsal, le haut du corps penché vers l'avant ; la façon, en mangeant, de couper la viande au ras des lèvres, avec le couteau tenu verticalement ; la manière de s'embrasser, ou plutôt de se « sentir » ; le contact privilégié du tout jeune enfant lorsqu'il est porté nu contre le dos nu de sa mère, à l'intérieur de *l'amawut* ; tous ces gestes et ces scènes de la vie quotidienne des Eskimo, et bien d'autres encore, sont condamnés à disparaître, dans le contexte actuel d'évolution accélérée des petites populations du Grand Nord.

Par suite des fréquents contacts avec le monde extérieur, d'une profonde transformation des activités économiques et des possibilités d'acquérir dans les magasins locaux toutes sortes de produits manufacturés importés, un grand nombre de gestes et de techniques traditionnels, maintenant dépassés, tombent dans l'oubli, tandis que d'autres, venus d'Occident, prennent leur place.

L'école, par laquelle désormais tout le monde passe, enseigne de nouveaux comportements, des habitudes et des postures adaptées à la vie moderne, qui trouveront leur place dans les habitations en matériau importé, meublées à l'occidentale et dotées d'un certain confort.

On peut encore observer, à Ammassalik, un contraste entre les personnes âgées, qui ont passé une partie de leur existence sur la grande plate-forme communautaire et qui conservent les gestes et attitudes d'autrefois, même dans un contexte d'acculturation, et les jeunes générations, qui comptent derrière elles de nombreuses années de scolarité et qui ont séjourné au Danemark. À cet égard, deux cultures différentes coexistent encore, tant qu'il y aura des vieux…

Joëlle ROBERT-LAMBLIN

Dans ce chapitre sont rassemblées diverses notations de l'ethnologue sur le terrain, qui ont en commun une observation fine des gestes, postures, attitudes, c'est-à-dire des mouvements du corps qui, dans la réalité, sont indissociables des activités techniques ou des multiples occupations de la vie quotidienne.

L'outil demeure un objet inanimé – pour vitrine de musée – tant qu'une main ne vient, d'un geste très précis appris des générations précédentes, lui donner l'impulsion, le mouvement qui lui fera transformer la matière : découper, racler, trancher, émincer, assouplir, percer, tailler...

Le même couteau, tenu différemment, trouvera ainsi des usages distincts. Et, au-delà de la main, c'est le corps tout entier qui participe à l'action : bouche, joue, bras, jambes, pieds.

Pour associer le geste et l'outil, la culture matérielle et les comportements sociaux, faire comprendre le déroulement d'une action, décrire les mouvements de danse d'après les rythmes du tambour, ou encore évoquer la communication non-verbale que sont gestes corporels et expressions faciales, il fallait un talent exceptionnel d'observateur et de dessinateur.

Ces notes de terrain, illustrées de nombreux dessins, non seulement décomposent les mouvements et montrent leur enchaînement, mais elles fixent encore les positions du corps et les attitudes qui sont si familières à cette population. Ainsi sont dépeints d'une façon vivante et intimiste, avec la différenciation sexuelle existante, les hommes et les femmes d'Ammassalik, lorsqu'ils travaillent, se reposent, racontent, chantent ou dansent.

Joëlle ROBERT-LAMBLIN

LES TECHNIQUES DU CORPS POSITIONS ET TECHNIQUES DE TRAVAIL

RÉPARTITION DU TRAVAIL ENTRE HOMMES ET FEMMES

Chez les Ammassalimiut, en 1934-1937, la répartition du travail entre les hommes et les femmes est précise.

Le travail des hommes

Construction de la maison – La responsabilité de la construction de la maison d'hivernage revient essentiellement aux femmes (il s'agit généralement de remettre en état des ruines préexistantes).

Par exemple, en 1936, le *Pourquoi Pas ?*, navire du Commandant Charcot, nous déposa à Kangerlugssuatsiak, tard dans la saison. Il était urgent de construire la maison d'hivernage. Toute la famille y participa. Mais, jusqu'à sa mort, cette année-là, l'aïeule Yoanna se plaignit des courants d'air, répétant que « cela n'avait rien d'étonnant que la maison fût mal construite puisque c'étaient des hommes (de la famille) qui l'avaient construite ».

Dans les circonstances « normales », ce sont les femmes qui construisent la maison. Les hommes donnent les instructions quant à la forme et aux dimensions. Ce sont eux qui placent les poutres du toit ainsi que les poutres de soutènement. Ils aident (parfois) à transporter les pierres les plus lourdes. Si le nombre de femmes est réduit, ils aident à la construction des murs.

Tente – Ce sont les hommes qui dressent les montants et mettent en place les peaux sur le squelette de la tente. Ils apportent et placent leur *tumara* (caisse de rangement des hommes pour leurs vêtements, leurs outils, etc.) à l'emplacement qui est le leur dans la tente. S'ils sont trop peu nombreux, les femmes collaborent au montage dans la tente.

Chasse – Toute la chasse, hiver comme été, est de la responsabilité des hommes. On cite quelques (rares) cas de femmes chasseresses.

Pêche – C'est le rôle des femmes. Jusqu'au début du siècle, les hommes harponnaient l'omble chevalier (un petit salmonidé), mais en 1934-1937, hommes et femmes se partageaient cette pêche.

Cueillette – Les hommes ne participent à la cueillette des camarines (*puguket*) que si le temps est froid et que les baies risquent de geler. Ils vont ramasser les algues et les coquillages, en hiver seulement (ce qui, en été, est le travail des femmes).

Chiens et traîneaux – Sont entièrement de la responsabilité des hommes. Nourrir les chiens est parfois celle des femmes.

Travail de la stéatite, du bois, de l'os, du fer (et façonnage des courroies en peau de phoque) – Sont entièrement exécutés par les hommes. Par conséquent, ils font les squelettes des umiaks, kayaks et tentes..., fabriquent tous les outils, instruments de chasse, objets de la maison, masques et tambours de danse.

Flotteur de harpon – La peau de phoque destinée à faire le flotteur du harpon (*puťarit*) est enlevée par l'homme, lors du dépeçage du phoque. Elle est ensuite travaillée par la femme.

Le travail des femmes

Construction de la maison – La responsabilité de la construction de la maison d'hivernage revient aux femmes. Mais ce sont les hommes (en particulier le maître de la maison) qui donnent des instructions quant à la forme et aux dimensions. Les femmes construisent les murs. Elles apportent les pierres et découpent les mottes d'herbes.

Tente – Une fois la tente montée et les *tumara* des hommes en place, les femmes installent l'intérieur de la tente.

Lampe à huile (*unaqiᵗ*) – Les femmes entretiennent les lampes à huile, cherchent les mousses servant de mèches, alimentent les lampes en graisse de phoque et veillent à ce que la flamme ne s'éteigne pas.

Pêche – Elle est essentiellement le rôle des femmes. Mais cette activité peut être partagée entre les hommes et les femmes.

Cueillette des baies, plantes comestibles, algues (en été) et ramassage des coquillages (en été), récolte de l'herbe à *kamik* et des mousses et lichens, sont assurés par les femmes.

Cuisson et conservation des aliments – La « cuisine », c'est-à-dire la préparation des aliments est de leur responsabilité, de même que la constitution de réserves (*pānerte'*, *imiŋā'*...).

Phoque – Aussitôt le phoque ramené à terre par le chasseur, la femme (ou la mère) en prend possession et procède à son dépeçage et au partage des parts.

Peaux – Toutes les préparations des peaux, y compris celles des umiaks et des kayaks, sont de la responsabilité des femmes.

Couture – De même, tous les travaux de couture.

Éducation des enfants – Assurée par les femmes adultes ou sœurs aînées.

LES POSITIONS DE TRAVAIL

Il ne sera décrit, ci-après, que les principales positions des hommes et des femmes.

Positions des hommes

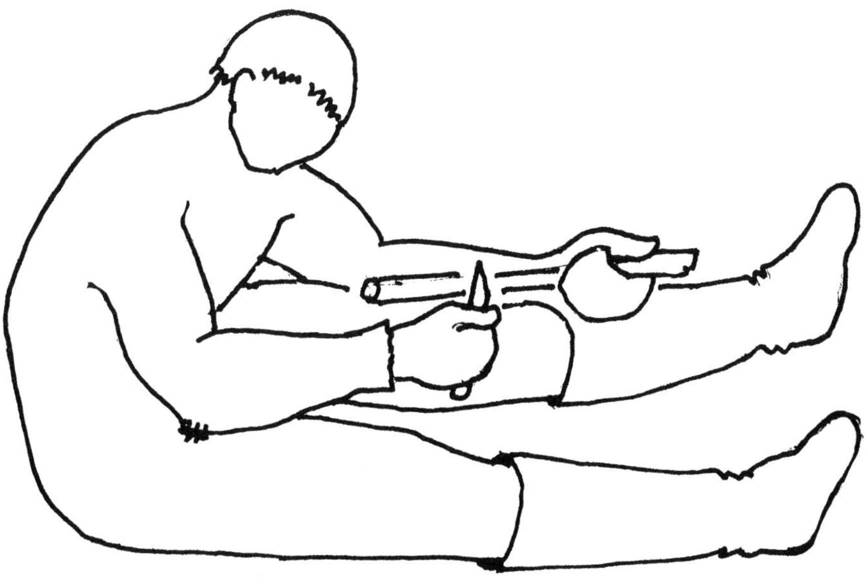

Fig. 206.

- debout, le travail des hommes comporte peu de cas nécessitant la position debout (voir travail des courroies, p. 124)
- assis, généralement jambes étendues, dos non appuyé
- couché, position uniquement utilisée pour le travail de finesse
  Couché sur le ventre, sur la plate-forme : sous l'aisselle gauche une peau de phoque roulée ou un vêtement roulé, les bras hors de la plate-forme.

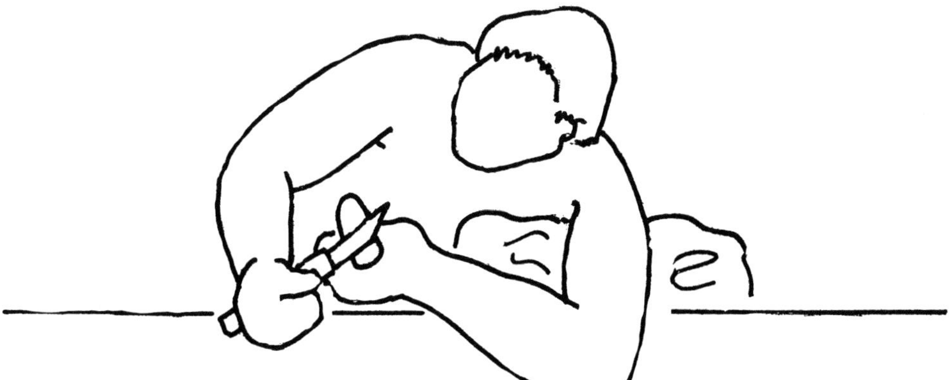

Fig. 207.

Positions des femmes

- debout, position de travail très générale chez les femmes. Jambes raides, avec rétroversion du genou, penchées en avant (voir position du lavage des cheveux, p. 170)

  Cette position est particulièrement appréciée des femmes. Par exemple, je fis un jour l'expérience suivante : voyant Kara, ma mère adoptive, laver du linge dans une bassine, dans la position décrite ci-dessus, j'ai posé la bassine sur une caisse, expliquant à Kara que c'est ainsi qu'on fait en Europe, parce que "c'est moins fatigant". Après quelques instants de travail ainsi, Kara est montée sur la caisse pour reprendre sa position habituelle, jambes tendues, penchée en avant.

Fig. 208.

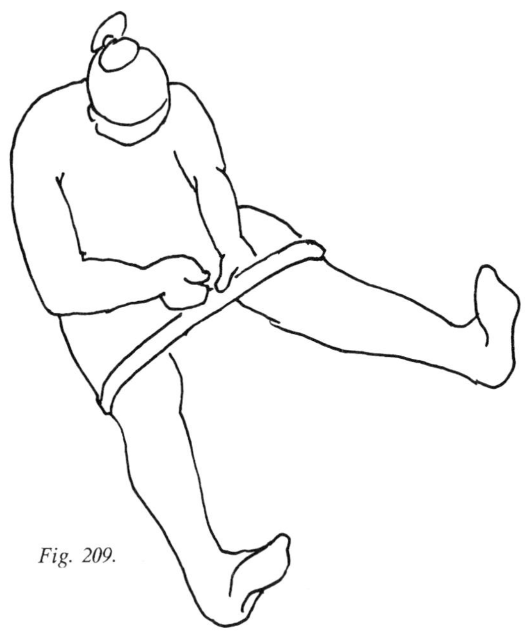

Fig. 209.

- assise, jambes étendues, à plat sur le sol (hommes et femmes, même position)

Fig. 210.

- en tailleur

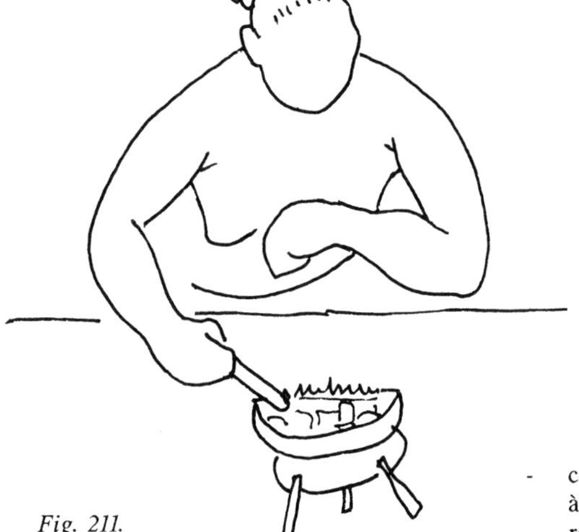

Fig. 211.

- couchée, la femme ne travaille pas couchée, sauf pour aviver la lampe à huile *(unaqi^{t})* dans le cas où elle est allongée sur la plate-forme pour repos ou sommeil. Pour cela, la femme se retourne sur le ventre et, allongée, s'appuie sur le coude gauche pour pouvoir se servir de la main droite.

LE TRAVAIL DES HOMMES

Utilisation et affûtage du couteau *(pidāḏa')*

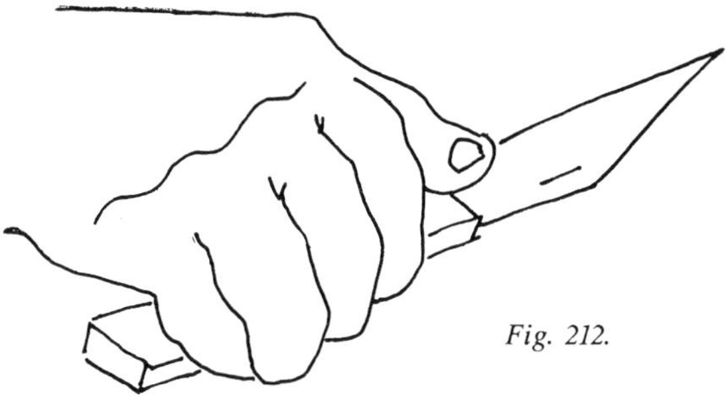

Fig. 212.

Position générale - Tenue du couteau *(pidāḏa)* pour tout travail sans finesse, sur tous matériaux (bois, courroies, os, stéatite, etc.). Le manche du couteau est tenu à pleine main.

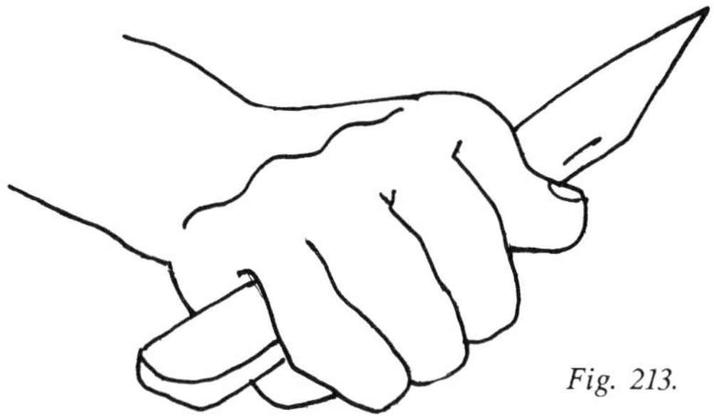

Fig. 213.

Tenue du couteau pour tout travail sans finesse, sur tous matériaux. Le pouce, l'index, le médius et l'annulaire tiennent le manche par-dessus. L'auriculaire est passé par-dessous.

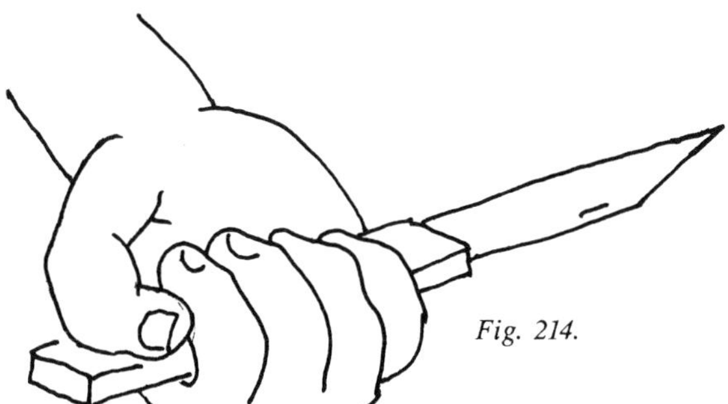

Fig. 214.

Tenue du couteau pour tout travail général, sans finesse, pour tous matériaux. Le manche du couteau est tenu à pleine main, ongles dessus pour les cinq doigts.

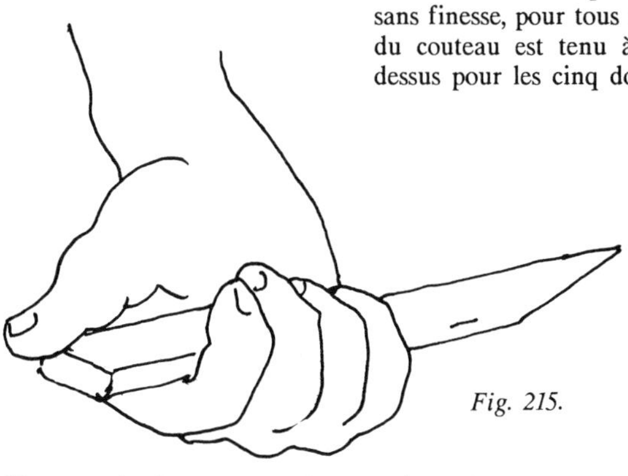

Fig. 215.

Idem, mais le pouce est appuyé contre l'extrémité du manche du couteau, pour plus de contrôle.

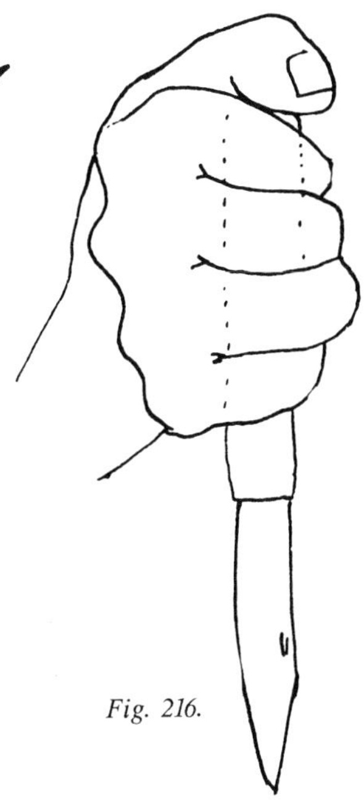

Fig. 216.

Le manche du couteau est tenu à pleine main, verticalement, pour le travail de force : fendre du bois, découper de la viande gelée (en particulier du *qicia')*.

Le pouce est généralement appuyé sur l'extrémité du manche pour donner plus de force.

Fig. 217.

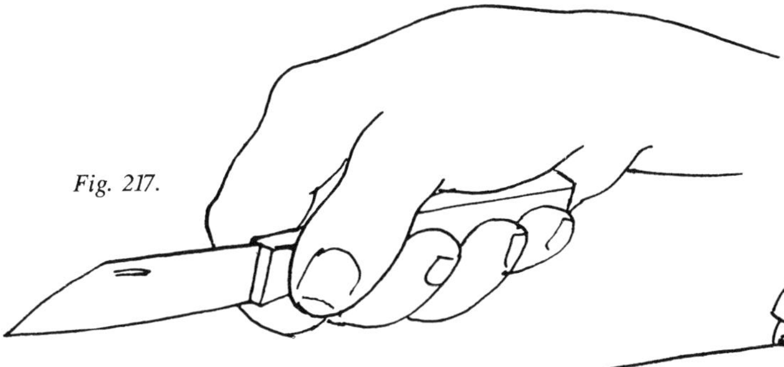

Tenues diverses du couteau pour le travail nécessitant plus de précision ou de finesse.

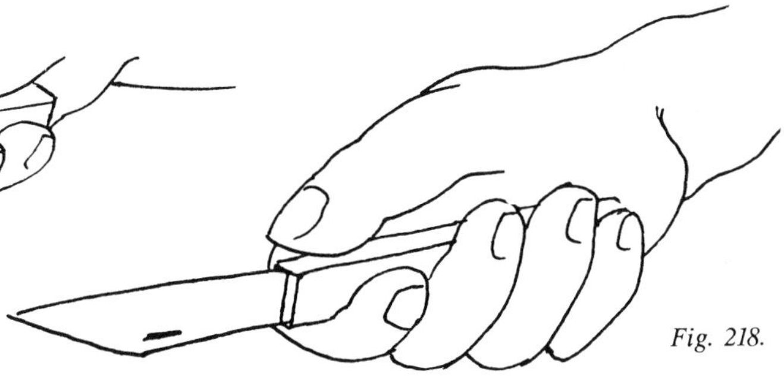

Fig. 218.

En particulier : position pour ouvrir (couper la peau au début de l'opération) grands phoques ou ours *(cītuŋu)*.

LA CIVILISATION DU PHOQUE

LE TRAVAIL DES FEMMES

Utilisation du couteau

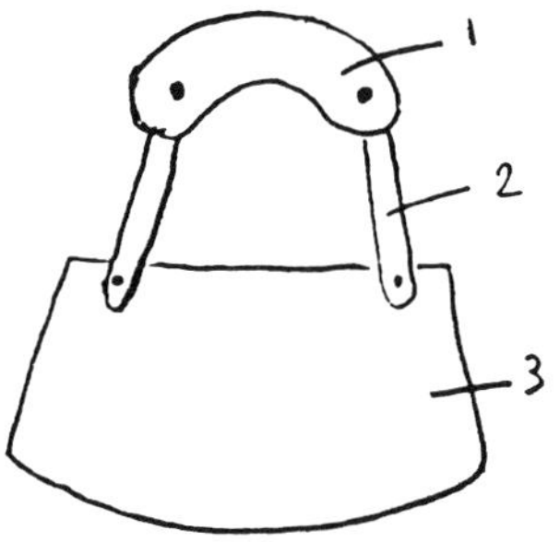

Fig. 276.

Nomenclature :
couteau des femmes : *cake'*, pluriel *caki*^{t}

1 - la poignée : *kimaīidā*

2 - la tige : *nīdva'* (pluriel : *nīdvä*^{t})

3 - la lame arrondie : *cakertā*

façon normale de tenir le *cake'* pour toute opération courante

exemple (figure 277) : découper un morceau de graisse tenu dans la main gauche

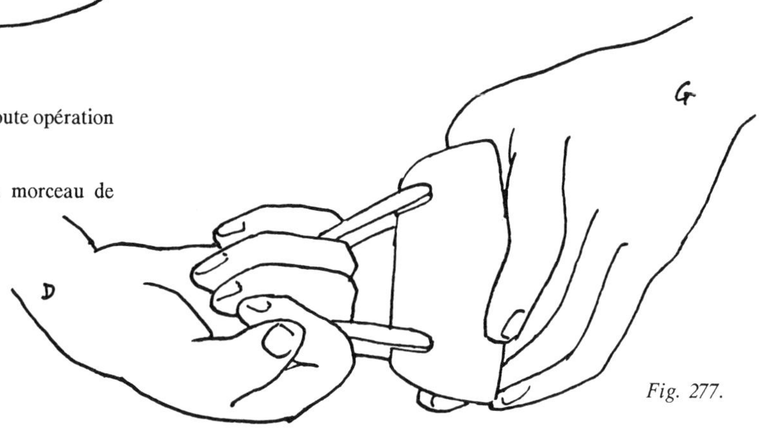

Fig. 277.

comment on tient le couteau des femmes *cake'* pour le découpage des phoques : *ak̄uwine'*

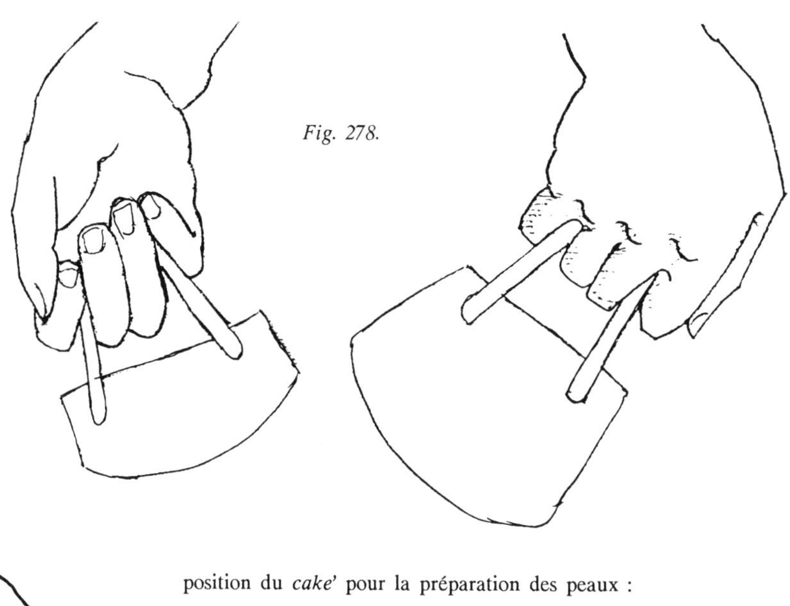

Fig. 278.

position du *cake'* pour la préparation des peaux :

- pour racler les peaux et enlever la graisse, la peau étant posée sur le *qabiarpi' : qabiarite'*

- pour amincir les peaux : *caīidīde'*

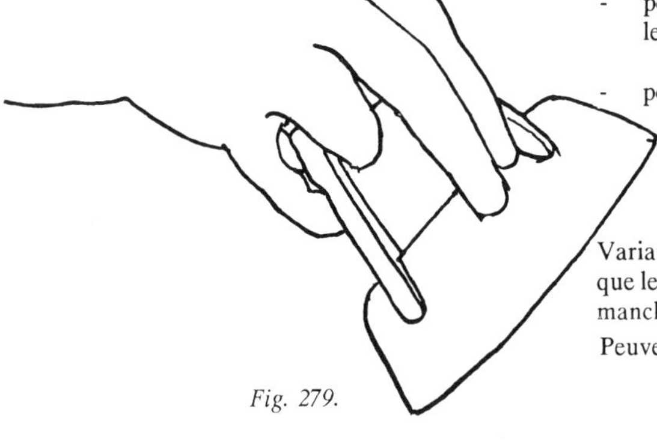

Fig. 279.

Variantes : dans la figure 279, l'index et le médius sont étendus alors que le pouce, l'annulaire et l'auriculaire maintiennent le *cake'* par son manche.

Peuvent être ainsi étendus : l'index seul
l'index et le médius (figure ci-contre)
l'index, le médius et l'annulaire

utilisations diverses du couteau des femmes *cake'*

- pour couper et découper les peaux : *kitīde'*

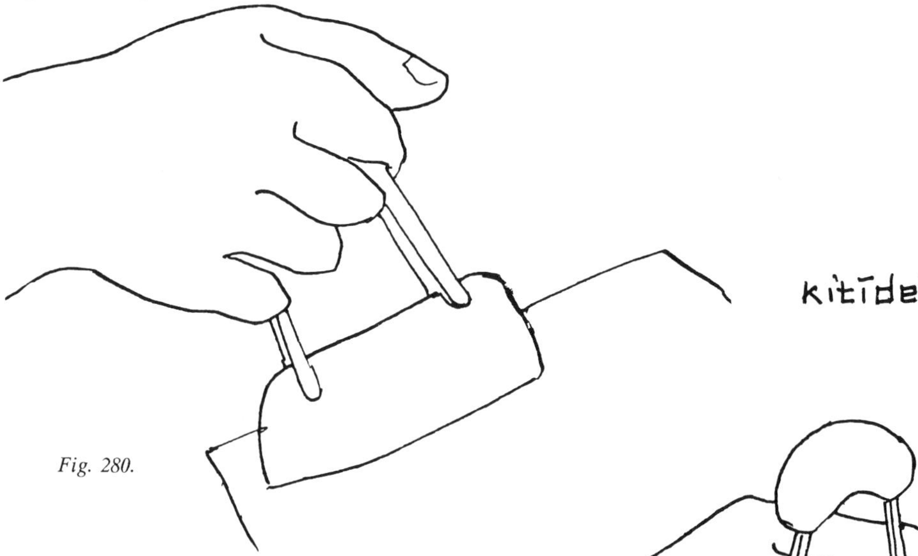

Fig. 280.

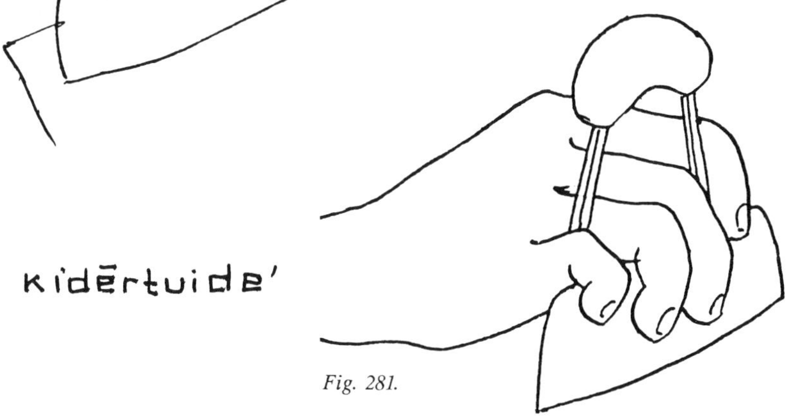

Fig. 281.

- pour amincir une peau par grattement
- pour gratter : *kidērtuide'*

UTILISATIONS DIVERSES : AFFUTAGE, GRATTAGE

grattage : *kidērtuituŋu, kidērtuide'*

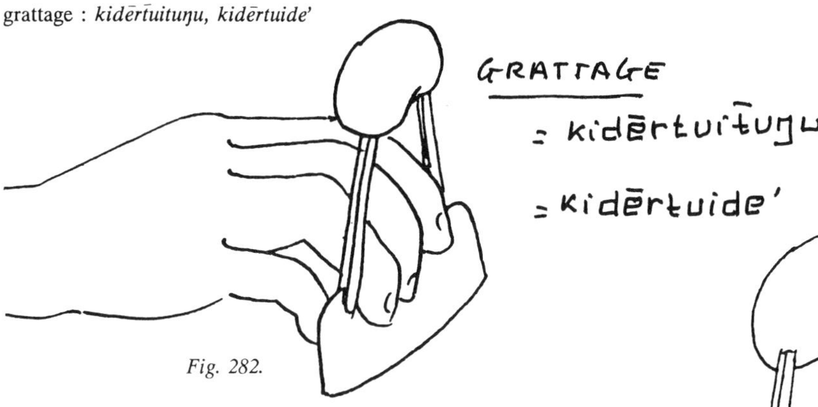

Fig. 282.

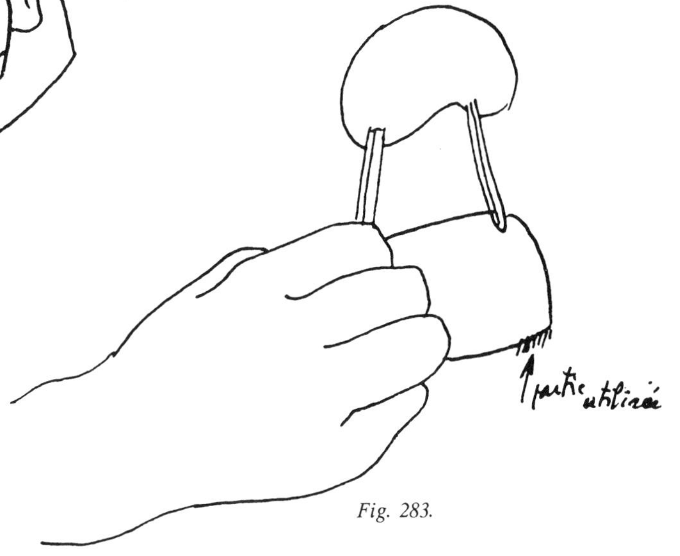

Fig. 283.

Découpage du phoque

tenue du *cake'* pour le découpage du phoque : *ak̄uwine'*, voir p. 146

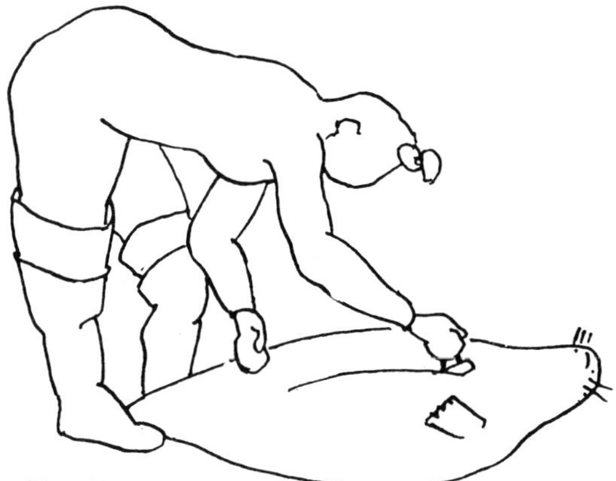

Fig. 290.

cīcide'

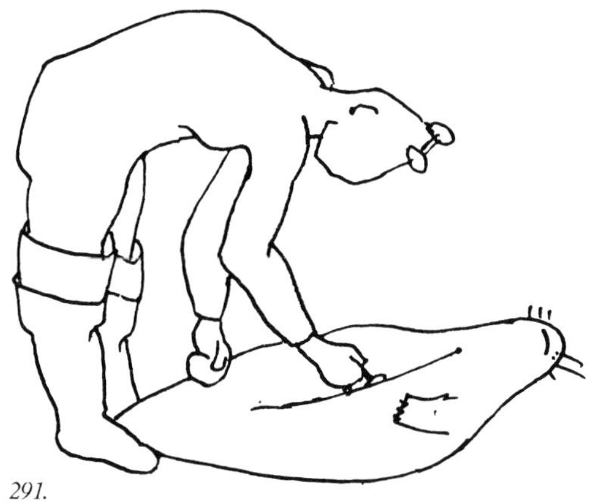

Fig. 291.

incision

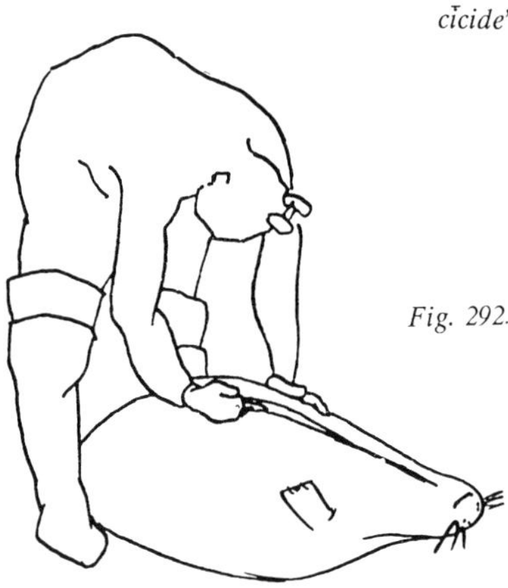

Fig. 292.

maperciwide' : enlever la peau et la couche de graisse

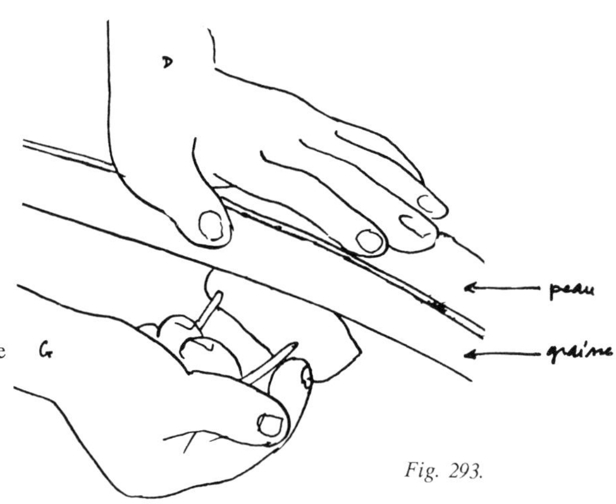

Fig. 293.

même position pour enlever la chair des côtes, en plaques, pour la faire sécher : *tidade'*

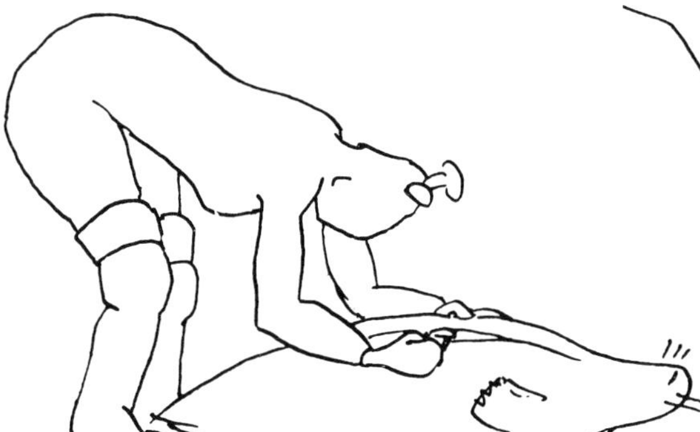

Fig. 294.

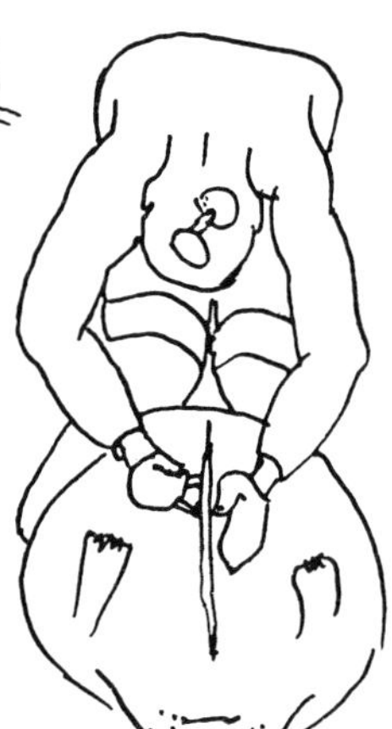

Fig. 295.

Fig. 296.

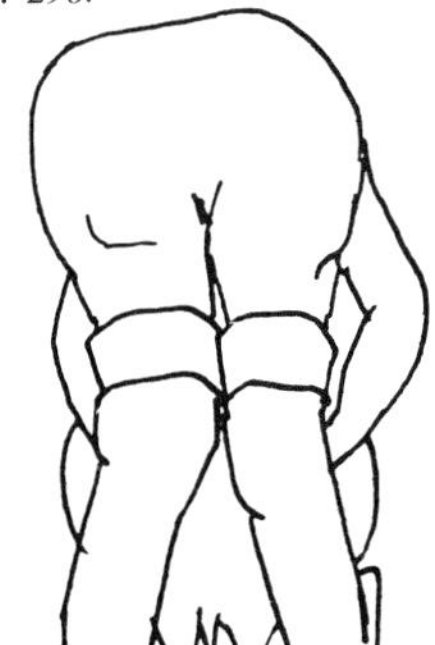

Préparation des peaux

qabiarpi' :
planche à écharner

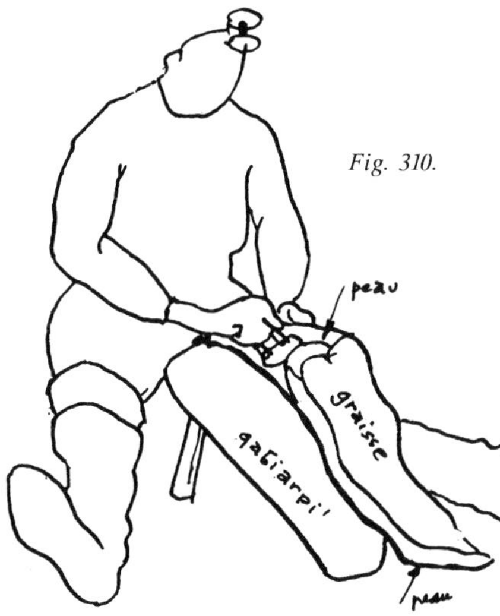

Fig. 310.

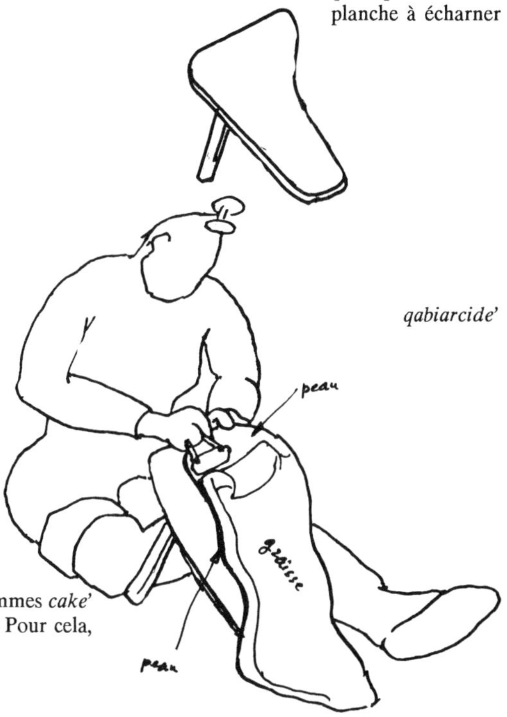

qabiarcide'

La peau est détachée du corps du phoque avec le couteau des femmes *cake'* (voir p. 145). La couche de graisse est ensuite retirée de la peau. Pour cela, celle-ci est posée sur le *qabiarpi'* et détachée avec le *cake'*.

Fig. 311.

Epilage des peaux : *migañe'*

Les peaux sont épilées à coups de dents par les femmes. Les peaux sont, au préalable, longuement macérées dans de l'urine fermentée.

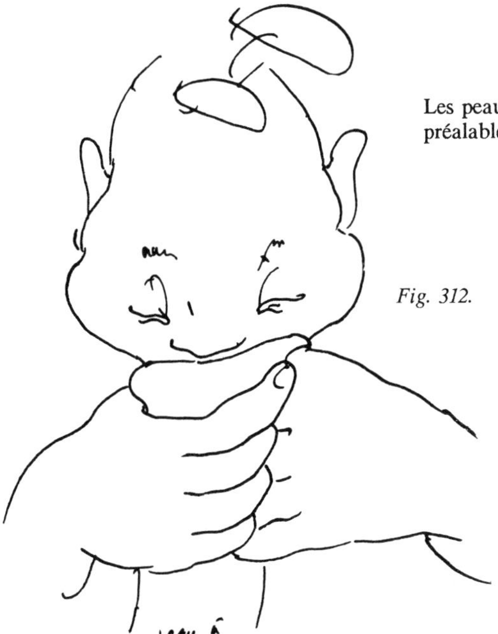

Fig. 312.

Fig. 313.

Fig. 314.

Fig. 315.

Assouplissement des peaux

sur les genoux et les jambes étendues

udune'

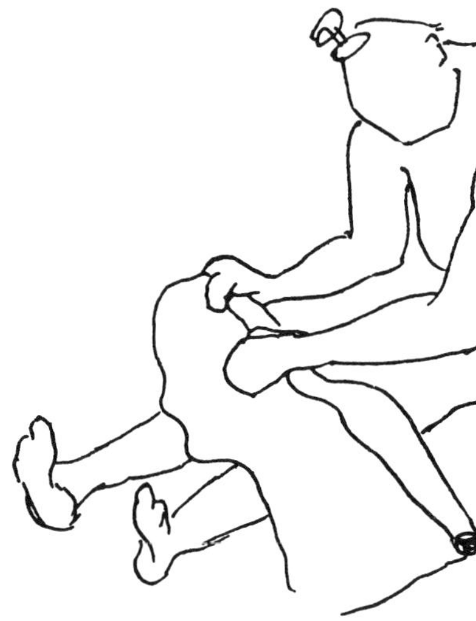

Fig. 316.

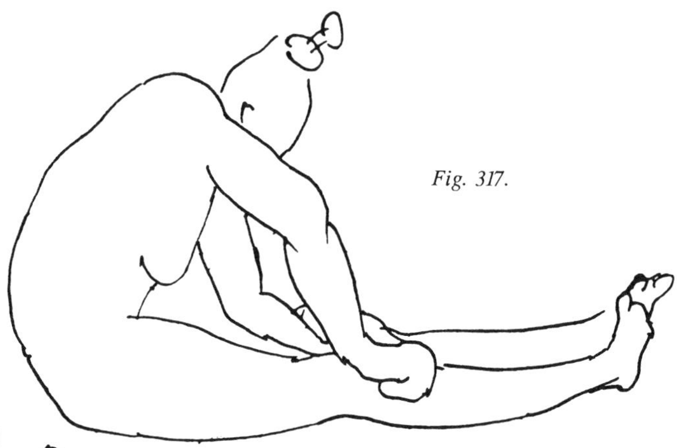

Fig. 317.

Fig. 318.

sur les genoux et à l'aide des genoux qui s'écartent

cīca̅n̅e'

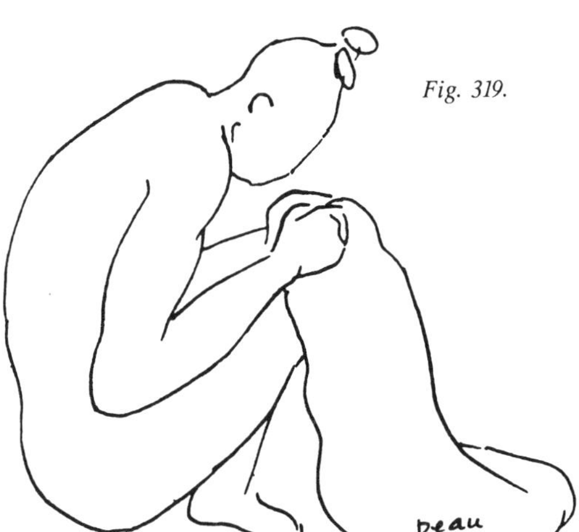

Fig. 319.

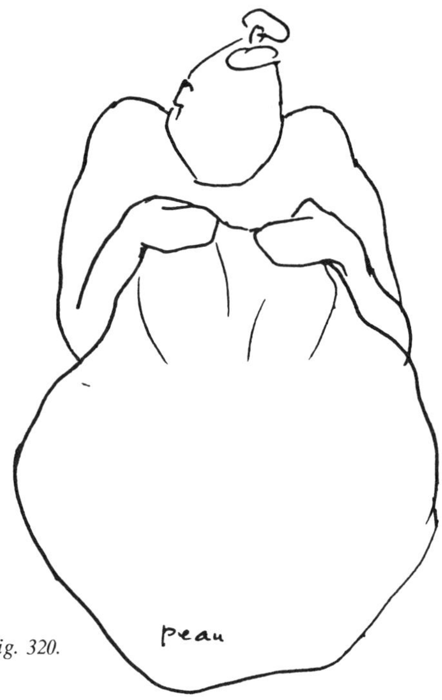

Fig. 320.

sur les genoux et à l'aide des genoux

cīca̅n̅e'

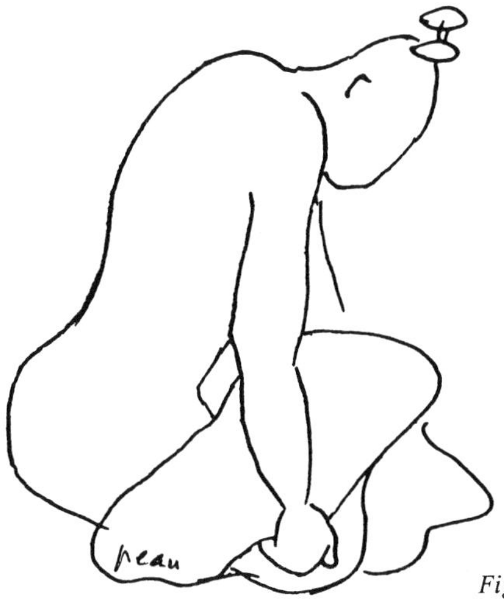

Fig. 321.

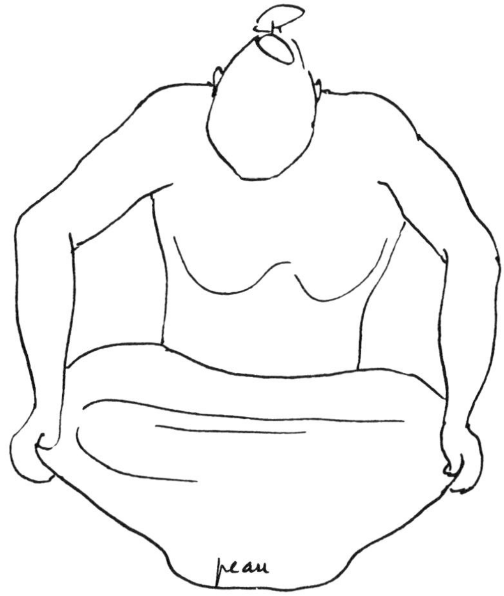

Fig. 322.

à plat sur le sol, à l'aide des mains et des bras

mik̄ān̄e'

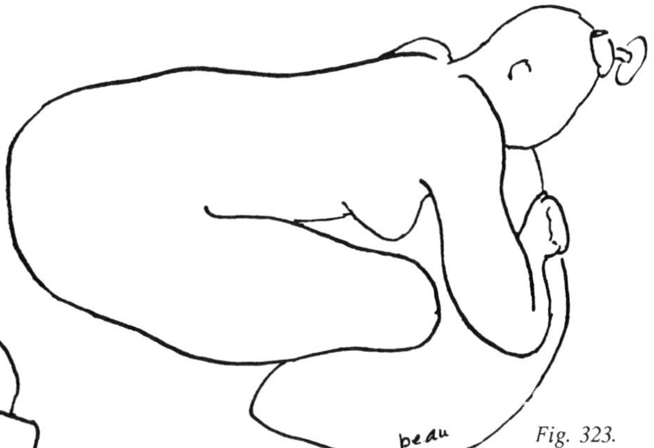

Fig. 323.

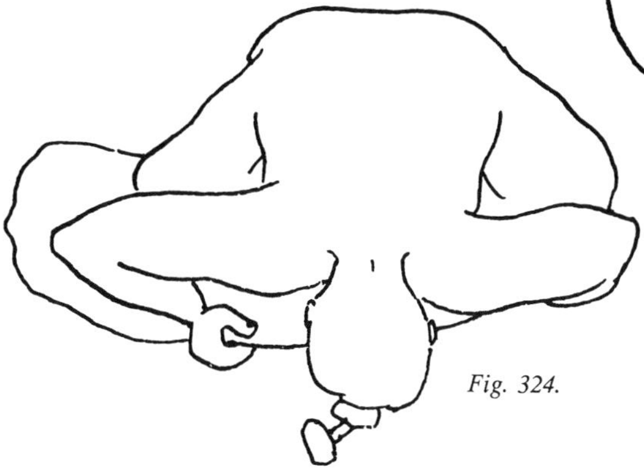

Fig. 324.

au sol, à l'aide des jambes

tuk̅a̅n̅e'

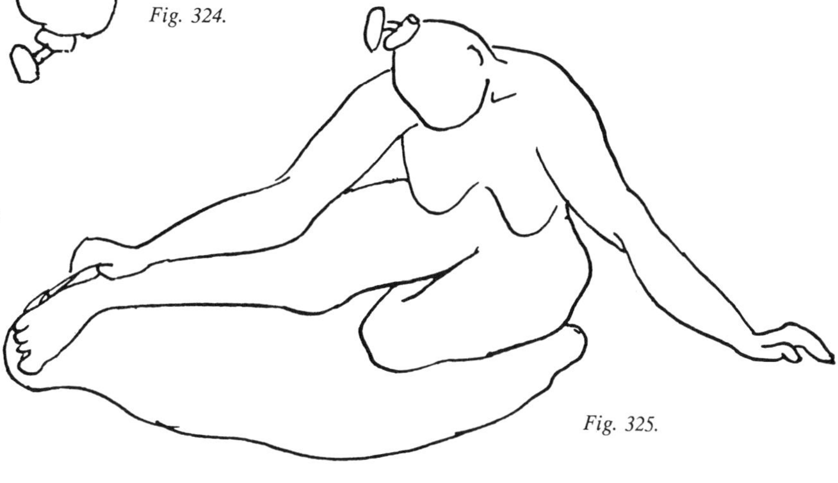

Fig. 325.

SEXUALITÉ, PROCRÉATION ET HYGIÈNE CORPORELLE

L'ÉDUCATION SEXUELLE

La promiscuité de la maison

Les Eskimo d'Ammassalik vivent, en hiver, dans des maisons de pierres et de terre ; en été, dans des tentes faites d'un squelette de bois sur lequel est placée une enveloppe de peaux de phoques.

Maison et tente possèdent des plates-formes, autrefois faites de dalles, maintenant (en 1934-37) composées de planches. Sur ces plates-formes vivent côte à côte plusieurs familles liées par des degrés de parenté divers, couchées les unes contre les autres pendant les heures de sommeil. Une famille n'est séparée de la suivante que par la partie relevée (sur environ 10 centimètres de hauteur seulement) d'une peau de phoque, posée sur la plate-forme. Cette séparation précaire bien souvent n'existe pas.

C'est dans cette promiscuité totale que se passent les actes de la vie, de la naissance à la mort.

Par exemple, la maison dans laquelle j'ai passé une année (adopté par la communauté eskimo avec laquelle je vivais) avait environ 6 mètres de long, 5 mètres de large et 1,70 mètre de haut. Dans cette maison vivaient vingt-six personnes : vingt-cinq Ammassalimiut et moi-même. Sur la grande plate-forme du fond, *itē'* (réservée aux gens mariés et à leurs jeunes enfants), couchaient les unes contre les autres vingt personnes, dont huit enfants de moins de 10 ans. Ces vingt personnes étaient réparties sur la plate-forme qui mesurait 1,60 mètre de large sur 6 mètres de long. Les six autres avaient leur place sur les plates-formes de fenêtre, *ipē'*.

« Dans cette maison, il n'y a pas seulement vingt-six hommes, femmes, enfants, mais encore quinze chiens, quelques grands, beaucoup de petits, qui courent sur les dalles branlantes et glissantes formant le sol de la maison, qui se battent pour un morceau de graisse volé, et que Yosepi, Gaba ou tout autre jette dehors à coups de pied quand ils deviennent trop bruyants.

Devant chaque case de plate-forme, il y a des sortes de tables basses sur lesquelles brillent les lampes à huile. Elles donnent la lumière et la chaleur. Au-dessus d'elles pendent de grandes bassines où bout, dans de l'eau douce sans sel, la viande de phoque ou la viande d'ours. Du toit pendent, pour sécher, des estomacs de phoque remplis de sang. Sous un séchoir, deux ou trois lambeaux de viande de requin grands comme le bras se faisandent tout doucement pour pouvoir être mangés.

Sur les tables, sur les dalles branlantes, partout, il y a mille récipients de toutes sortes, boîtes de conserves, vieilles théières, cuvettes émaillées sans émail, bidons d'essence sans fond, seaux, pots de chambre, casseroles, pleins de mille choses différentes : depuis les réserves de viande, de graisse et de sang jusqu'à l'urine fermentée qui sert au tannage des peaux. » (Extrait de *Banquise*, 1939, p. 26)

L'exemple des chiens

Les chiens sont les compagnons de chaque instant des Eskimo et en particulier des enfants.

De même que les enfants assistent à tout ce qui se passe dans la maison, de même la vie des chiens n'a-t-elle rien de secret pour eux. Il est fréquent de voir un groupe d'enfants de tous âges assister aux ébats d'un chien et d'une chienne et au résultat.

La connaissance de l'acte sexuel

L'éducation sexuelle se fait donc d'elle-même. Les enfants, dès leur plus jeune âge, n'ignorent rien en ce qui concerne la naissance et la façon de faire des enfants.

Parmi les jeux d'enfants, un certain nombre est inspiré de l'acte sexuel et de l'enfantement. Dans le jeu *magita*^{r}*ne'*, « osselets-marionnettes », certains osselets sont taillés spécialement pour représenter l'homme et la femme avec leurs attributs. Ce jeu est pratiqué à partir de l'âge de 5 ans environ par les enfants des deux sexes.

Un autre jeu, *ernide'*, « la femme qui accouche », est pratiqué uniquement par les petites filles, de tous âges, à partir du moment où elles sont capables de marcher : une fillette se couche sur le dos, sur la plate-forme. Une boule de chiffons ou un petit chiot vivant, placé sur le ventre sous les vêtements, représente l'enfant qui va naître. Une autre fillette est la sage-femme. Toutes deux miment, dans tous les détails, en riant aux éclats, un accouchement véritable, comme elles en voient fréquemment.

LA VIE SEXUELLE

Il n'est donc pas étonnant que garçons et filles « s'amusent » d'abord, avant d'en venir aux actes.

La virginité

On peut dire qu'il n'y a pratiquement pas de filles vierges. La plupart d'entre elles ne le sont plus bien avant la puberté (qui a lieu entre 14 et 16 ans ; d'après Robert Gessain, l'âge moyen à la puberté est de 14 ans et 9 mois).

Les relations entre garçons et filles sont généralement connues de tous, mais il y est fait très rarement allusion. Il n'est pas rare, en été en particulier, qu'une fille change de partenaire une ou plusieurs fois par semaine.

L'importance attachée à l'acte sexuel est relativement faible, malgré la christianisation (qui date du début du XXe siècle). Ce fait, probablement très ancien, semble profondément enraciné ; on peut s'en rendre compte par des jeux d'adultes qui se pratiquent encore parfois en 1937.

Ainsi, lors du jeu « d'extinction des lumières », on éteint les lampes de la maison pour toute la durée d'une nuit et, au cours de cette nuit, hommes et femmes changent de partenaire à leur gré.

Une autre coutume, « l'échange de femme », consiste pour deux hommes à échanger leurs femmes, pour une nuit, plusieurs jours ou plusieurs semaines.

Les enfants naturels

Malgré le manque total de précautions avant, pendant ou après l'acte sexuel, les enfants naturels sont plutôt rares.

Le sadisme

J'ai pu relever plusieurs cas de sadisme. De nombreux informateurs assurent que, de tout temps, des cas de sadisme ont existé : hommes adultes violant des fillettes impubères ou copulant avec des chiennes (ce dernier cas est peu fréquent).

Dans la maison d'hivernage de 1936-37, j'ai noté deux cas de sadisme : une petite fille orpheline de mère (son père s'étant remarié) avait été violée à l'âge de 9 ans par son oncle maternel chez lequel elle était élevée. De même, une jeune fille de 19 ans avait été, à l'âge de 13 ans, violée par son propre grand-père.

L'homosexualité

Inexistante ou extrêmement rare.

LA PROCRÉATION, LA GROSSESSE ET L'ENFANTEMENT

La promiscuité de la maison et le respect du voisin de plate-forme ont développé, chez les habitants d'Ammassalik, une sorte de pudeur, qui peut d'ailleurs provenir de tabous disparus.

Ils ne connaissent que quatre positions de procréation :

1) étendu sur le côté, face à face, une jambe de la femme passée par-dessus la cuisse de l'homme,

2) idem, les deux jambes de la femme entourant l'homme,

3) étendus sur le côté, la femme tournant le dos à l'homme,

4) l'homme couché sur la femme.

En outre, dans les jeux amoureux en plein air l'été, garçons et filles sont debout, face à face, ou la fille tournant le dos au garçon.

La grossesse

Il est curieux de constater que, malgré le manque total de malthusianisme, les enfants naturels sont très rares en 1934-1937.

Cependant, très vite après leur mariage, la plupart des femmes ne tardent pas à devenir enceintes.

Les naissances ultérieures sont plus espacées. Généralement tous les deux ans, parfois trois ou même quatre ans entre chaque enfant ; l'intervalle étant lié à la durée de l'allaitement.

L'accouchement

Durée

Les accouchements se font avec une très grande rapidité et presque sans préparatifs.

En février 1937, dans la maison où je vivais avec ma famille d'adoption, une femme de la communauté, Paoda, devait accoucher d'un jour à l'autre. Un matin, vers 8 heures, elle était assise sur la plate-forme, s'occupant normalement de l'entretien de la lampe à huile et de travaux de couture. Elle fut prise soudain de douleurs, d'abord très faibles et, un quart d'heure plus tard, l'enfant était né, sans souffrance apparente de la mère.

Assistance

La « sage-femme » est en général la plus vieille femme de la maison ou la plus expérimentée du groupement. Depuis le développement de la colonisation, il existe une infirmerie à la station danoise, où l'on distribue coton, gaze hydrophile, épingle de sûreté, et où l'on donne des notions d'hygiène et d'obstétrique aux femmes qui seraient amenées à procéder à des accouchements.

De plus, dans les trois agglomérations les plus importantes, il y a des sages-femmes professionnelles qui ont acquis une instruction spécialisée (toutes ces observations ont été faites entre 1934 et 1937 ; les choses ont beaucoup changé depuis). Autrefois, jusqu'au début du XXe siècle, les accouchements se pratiquaient de la façon suivante :

Préparatifs

L'accouchement était effectué soit par la femme toute seule, soit avec l'aide d'une accoucheuse, *ernerco^{r}to'*, et parfois d'une aide, *nim̄ide'*, qui tenait les jambes de l'accouchée.

Lorsque la femme se sentait prise de douleurs, elle tâchait de se retenir pour donner aux habitants de la maison le temps de sortir et de vider celle-ci de tout ce qui est peaux (sauf les *adicä^{t}*, les peaux tendues le long des murs). Ces coutumes étaient les mêmes que celles pratiquées en cas de décès. L'enfant pouvait en effet naître non viable, ou mort-né. Dans ce cas, il aurait fallu observer immédiatement toutes les coutumes de deuil et tous les tabous qu'entraîne une mort, pour la famille proche.

Pendant que les habitants de la maison en sortaient toutes les peaux, la sage-femme se raccourcissait les ongles de la main droite en les rongeant, et les limait ensuite en les frottant sur un galet, ou sur une pierre à aiguiser.

Positions

L'accouchée prenait alors une des deux positions d'accouchement suivantes :

– Couchée sur le dos, jambes écartées ;

– À genoux, appuyée sur les mains.

Jusqu'au dernier moment, la « sage-femme » aidait à l'accouchement. Elle se tenait derrière la femme à genoux, l'entourait de ses deux bras vigoureusement entrelacés à hauteur de la ceinture et poussait vers le bas par secousses répétées.

Dans les deux cas, l'accouchée devait avoir la tête tournée vers l'intérieur de la maison et les jambes vers le *kidi*, le mur de fond de la plate-forme.

Obstétrique

– Si l'enfant est viable et se présente normalement :

1 – la sage-femme le sort en passant la main par-dessus l'épaule, derrière le dos, sous l'aisselle ;

2 – aussitôt l'enfant sorti, elle lui passe l'index dans la bouche « pour en nettoyer l'intérieur » ;

3 – le placenta une fois sorti, la mère s'assied (à même les dalles de la plate-forme) ;

4 – la mère (ou la sage-femme) noue le cordon ombilical, *micījā*, deux fois ;

5 – puis le cordon ombilical est coupé, soit par la sage-femme à l'aide d'une coquille tranchante, généralement une coquille de moule (surtout pas avec le *cake'*, couteau des femmes, ou avec une quelconque lame de métal), soit par la mère, qui le coupe avec les dents. Dans ce cas, la mère avale ce qui lui reste dans la bouche, car « si elle ne le faisait pas, l'enfant mourrait jeune » ;

6 – la mère lèche le visage de l'enfant pour le nettoyer et essuie son corps avec des mousses fines, *atādicā^t*. Puis elle lui passe un peu d'eau douce sur les lèvres ;

7 – le placenta est ficelé dans une peau ayant servi de couverture, et de telle façon que le sac ainsi formé soit parfaitement fermé. Il est enfoui dans une fente de rocher sur laquelle on accumule des pierres pour empêcher les chiens de venir le dévorer. Ou encore, en hiver, si on ne peut rien trouver d'autre, le placenta est enfoui dans les pierres d'une vieille tombe ;

8 – la sage-femme « baptise » alors l'enfant en lui donnant les noms qui lui sont destinés ; ce sont les noms de parents morts qu'il « réincarnera ». Pour cela, tout en lui chuchotant les noms dans l'oreille, elle tient l'annulaire de l'enfant si celui-ci est un garçon ; l'index si c'est une fille ;

9 – la mère se lève presque aussitôt pour reprendre ses occupations habituelles.

– Si l'enfant est viable et se présente par les pieds : la sage-femme le sort jusqu'aux aisselles. Puis, introduisant la main, elle extrait l'un des bras de l'enfant, puis le deuxième. Enfin, pour faciliter le passage, elle rabat la tête vers l'avant en appuyant sur le menton.

– Si l'enfant est viable, mais est « collé » au placenta : la sage-femme introduit son bras et décolle l'enfant, à l'intérieur du corps de la mère.

– Si l'enfant naît sans vie : la seule technique connue pour essayer de faire venir l'enfant à la vie, c'est d'introduire l'index dans sa gorge, le plus loin possible, « pour permettre au souffle de sortir ».

Le résidu du cordon ombilical sur le ventre de l'enfant, une fois sec, est mouillé de salive et enlevé avec l'ongle. De nos jours, en 1934-37, la plaie est tamponnée avec des morceaux de coton, que la mère garde soigneusement dans des petits paquets de papier. Ces paquets sont cachés sous des pierres. Si l'enfant meurt, ils sont placés si possible dans la peau de phoque qui enveloppe le cadavre. Cette dernière coutume a été introduite très récemment par les pasteurs groenlandais de la côte occidentale.

L'INFANTICIDE

La mort de la mère

Dans le cas où une femme meurt, son enfant le plus jeune (jusqu'à l'âge de 2 ou 3 ans) est jeté à la mer, en même temps qu'elle, par son père ou par une sœur aînée. L'enfant est toujours jeté vivant à la mer, sauf si le père s'y oppose et désire le garder.

La mort du père ou du mari de la mère

La veuve jette son plus jeune enfant à la mer, si elle croit ne pas pouvoir subvenir elle-même aux besoins de tous ses enfants. Parfois, elle se jette aussi elle-même à la mer.

L'enfant naturel

Les enfants naturels sont parfois jetés à la mer. Mais ils sont assez généralement adoptés.

Remarques

Dans certains cas, non définis par la coutume, l'enfant est simplement abandonné, parfois à faible distance de la maison, où il s'éteint peu à peu.

L'infanticide était pratiqué jusqu'au début du siècle. En 1934-37, avec la colonisation danoise, l'infanticide est devenu presque inexistant pour deux raisons :

– L'apport moral de la christianisation, datant d'une trentaine d'années ;

– L'apport matériel de la colonisation, grâce à laquelle des vivres sont distribués par les autorités danoises en cas de disette, ce qui permet aux chasseurs de la communauté de se montrer plus larges dans la distribution des parts de phoques qu'ils rapportent.

C'est ainsi qu'en octobre 1934, une femme du village de Kulusuk perdit son mari, disparu en kayak. Il lui laissait cinq enfants, tous âgés de moins de 10 ans. Le lendemain de la mort de son mari, elle se coucha sur la plate-forme de la maison dans laquelle il n'y avait plus qu'elle et ses enfants (cet homme avait une maison individuelle pour sa propre famille) et elle n'en sortit plus. Des mois passèrent sans qu'elle sortît. Elle ne s'occupait plus de rien, même pas d'allumer sa lampe à huile de phoque. Lorsque, quelques 6 mois plus tard, je lui rendis visite, la maison avait l'air d'une caverne noire presque entièrement recouverte de glace intérieurement. Les enfants étaient horriblement sales et mal vêtus, mais mère et enfants avaient survécu, grâce aux vivres que leur apportaient les divers chasseurs du village.

Cependant, il existe encore des cas d'infanticide, très rares il est vrai.

Par exemple, en 1932, une fille non mariée de Kummiut, enceinte, alla accoucher loin du village, seule. Une fois l'enfant mis au monde, elle l'étrangla elle-même et le cacha dans une fente de rocher.

L'ALLAITEMENT

La durée

La durée de l'allaitement peut être très longue, jusqu'à l'épuisement total du lait. En général, l'enfant cesse de téter à partir du moment où naît une sœur ou un frère cadet, mais il est fréquent de voir une femme allaiter normalement un enfant nouveau-né et continuer à donner le sein à un ou même deux enfants plus âgés, jusqu'à ce qu'ils aient 7 ou 8 ans.

Les positions de l'enfant

– Étendu sur le bras – les enfants en bas âge sont tenus étendus sur le bras, à droite ou à gauche (position très généralement observée dans toutes les ethnies)

– Sous le bras – si l'enfant sait déjà se tenir debout, il prend parfois le sein, à demi étendu sous le bras maternel, lorsque la mère est assise sur la plate-forme. Dans ce cas, la mère ne tient pas l'enfant.

– Debout – devant la mère.

L'HYGIÈNE CORPORELLE

L'hygiène sexuelle : inexistante.

La propreté

Autrefois, sauf quelques exceptions, les Ammassalimiut ne se lavaient que lorsque la saleté sur leur corps était vraiment trop grande ; celle-ci provenant en particulier des contacts huileux, de la poussière de la maison et avant tout de la fumée de la lampe à huile. En cas de deuil, le corps était lavé à l'urine.

Actuellement, en 1934-37, les soins de propreté sont légèrement plus développés. Certains se lavent assez fréquemment, mais d'autres ont conservé leurs anciennes coutumes.

Les techniques de lavage

Autrefois, tout était lavé à l'urine fermentée. À cet effet, une grande bassine d'urine humaine, toujours maintenue pleine, était conservée dans la maison ; elle servait à l'hygiène et au tannage des peaux.

Dans le cas de saleté trop tenace, on utilisait la graisse de phoque et l'urine.

Après le lavage, une peau d'oiseau quelconque servait au séchage.

Actuellement (en 1934-37), le savon que les Ammassalimiut se procurent par échange ou achat au comptoir danois, est généralement utilisé.

On voit très rarement des gens qui se lavent encore à l'urine. Cette dernière est cependant toujours conservée et utilisée pour le récurage des vêtements ou d'objets sales.

Des vêtements sales, ou déchirés, servent d'essuie-mains.

Il n'est pas rare de voir, en été, des jeunes gens, jusqu'à l'âge de 18 à 20 ans, prendre des bains dans les lacs ou les torrents.

L'hygiène de la chevelure

Les femmes se lavent les cheveux assez régulièrement :

– Par hygiène ;

– Par coquetterie surtout, pour avoir les cheveux très brillants et lissés. Autrefois, les cheveux étaient lavés à l'urine, ce qui leur donnait des reflets roux et brillants.

Actuellement, les cheveux sont lavés et lissés à l'eau savonneuse. Mais la position de la femme pour se laver les cheveux est restée la même. L'urine, ou l'eau savonneuse, est mise dans une bassine ou un seau posé à terre. La femme, debout à côté de la bassine ou du seau, jambes tendues, avec rétroversion du genou, se penche en avant jusqu'à faire tremper sa tête dans le seau. Puis elle relève le haut du corps avant de retremper ses cheveux (fig. 380).

Ce mouvement de montée et descente du corps se fait plusieurs fois.

Les cheveux sont plus ou moins essorés par pression des mains, puis roulés sur l'avant du front (position d'attente avant d'être roulés en chignon, *pikiwa*).

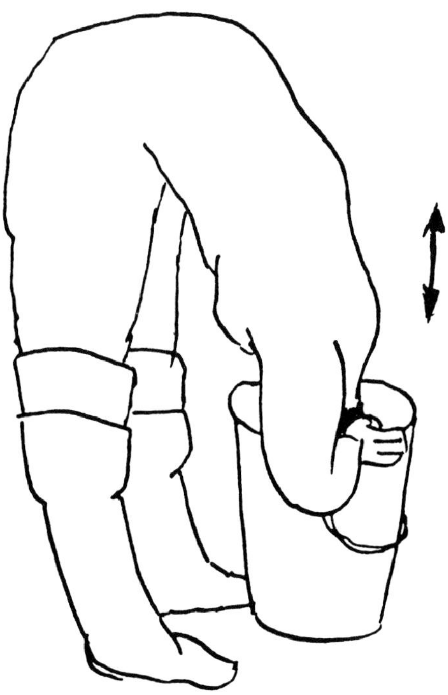

Fig. 380.

Fig. 381.

qudite' : le fait de se laver les cheveux
qudipo' : se lave les cheveux
qudir̄uŋu : se laver les cheveux

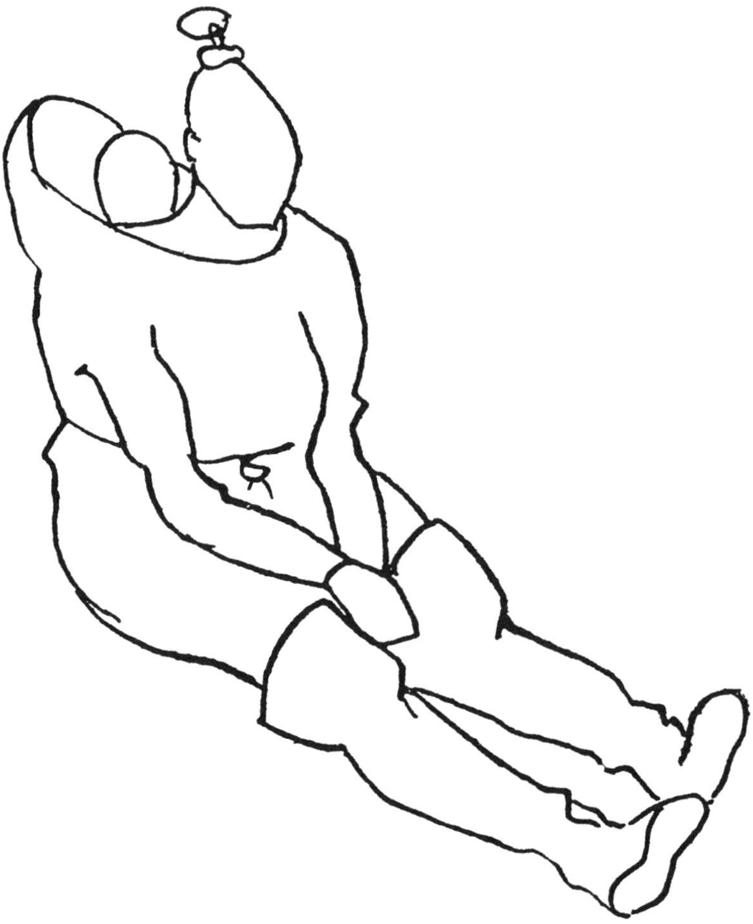

VÊTEMENTS ET MATÉRIEL DE COUTURE

Parmi les principales qualités requises pour une épouse de chasseur figure celle d'être habile dans les nombreux travaux qui lui sont dévolus et, avant tout, d'être une bonne couturière : la survie des membres de sa famille dépend de la qualité de la confection des vêtements, de même que celle des revêtements en peaux des tentes, kayaks et umiaks. Protection contre le froid et étanchéité de l'habillement et des embarcations sont des préoccupations prises en compte de façon primordiale.

Très jeunes, en observant leur mère, les filles apprennent à tailler cuirs et fourrures, souvent en suivant un patron, et à assembler les divers éléments par des points de couture spécifiques empêchant la pénétration de l'eau à travers les points.

Le matériel de couture fait partie des quelques biens personnels de la femme. En plus du grattoir et de la planche à racler les peaux, du palisson, le *kammiut*, qui sert à assouplir les bottes, du couteau spécifique des femmes à lame semi-arrondie, ou encore du petit couteau à lame courte utilisé pour découper les motifs décoratifs en cuirs colorés, se trouve le « nécessaire à couture » de la femme, accroché au séchoir à vêtements, toujours à la portée de sa main. Celui-ci sert de support aux dés à coudre, réalisés en cuir très épais de peau de phoque barbu, aux fils extraits de tendons de phoque ou de narval, mouillés à la salive des femmes, puis roulés sur leur joue pour obtenir des brins qui seront torsadés ou tressés et gonfleront lorsqu'ils seront humides, rendant ainsi les coutures parfaitement étanches. Quant aux aiguilles, si précieuses, elles sont plantées dans l'épaisseur de la pièce en cuir décoré, de forme triangulaire, qui fait partie de l'ensemble de cette « trousse » de couture.

Parmi les vêtements d'hommes portés autrefois, on peut citer le cache-sexe en cuir utilisé à l'intérieur des habitations et, pour affronter le froid extérieur, l'anorak en peau de phoque à double épaisseur, l'une avec les poils tournés vers le torse du chasseur, l'autre dont la fourrure est extérieure, ou l'anorak en cuir imperméable pour le kayak, le pantalon en fourrure de phoque ou d'ours, les moufles à deux pouces que l'on retourne lorsqu'une des faces est mouillée…

Pour les femmes, existait principalement l'*amawut* : cet anorak de peau à grand capuchon, avec les poils tournés vers l'intérieur, permettant aux mères de porter leur jeune enfant au chaud, nu contre leur dos, tout en gardant les mains libres, la culotte ou le cache-sexe de peau, *naatsit*, porté à l'intérieur des maisons, et une sorte de short en fourrure de phoque pour l'extérieur…

Les kamiks, bottes en phoque à double épaisseur, comportant une couche d'herbe sèche entre les deux semelles et des semelles externes en peau épaisse très résistante de phoque barbu, sont de facture et d'ornementation différentes pour les hommes et les femmes.

L'utilisation de tissu pour les vêtements a fait son apparition dès le développement des contacts avec les Européens. Quant au costume de fête des femmes, qui est apparu depuis de nombreuses décennies, avec sa grande collerette de perles multicolores, ses bottes montant jusqu'aux cuisses, et ses divers éléments décoratifs de tissu, fourrures et dentelles, il s'agit du costume national féminin emprunté à la côte ouest. Il est porté lors d'événements importants, tels que baptême, mariage, confirmation, premier jour de classe ou autres circonstances exceptionnelles.

Joëlle ROBERT-LAMBLIN

Vêtements :

- Vêtements pour hommes : anoraks, pantalons, cache-sexe
- Vêtements pour femmes : à capuchon (pour porter un bébé)
- Kamiks : pour hommes, pour femmes

Matériel de couture :

- Support de fil à coudre
- « Trousse » de couture

tatuda' (pluriel= *tatudā̈*^{t}) (Figure I)
Anorak de femme avec poil extérieur.

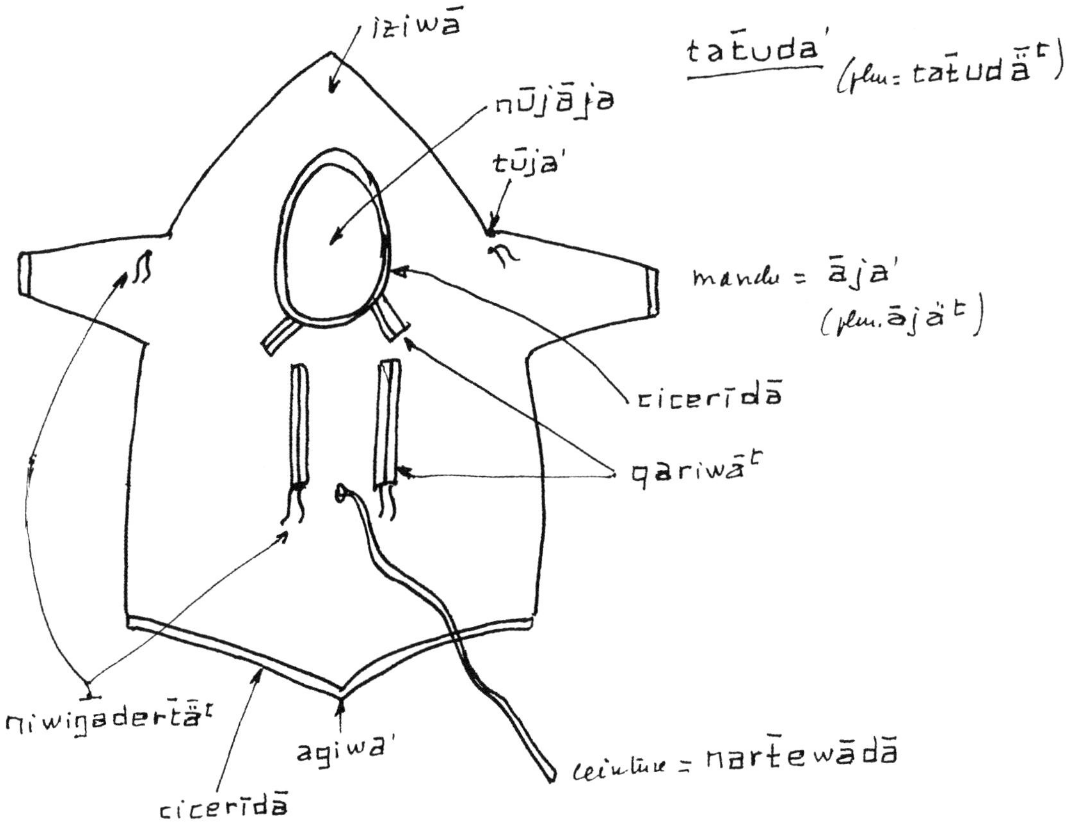

Patrons de coupe :

tika^{p} anorā 1 (Figure IIa)

Vêtement d'homme en peau avec poils à l'intérieur.

Coupe ancienne et actuelle (1934-37).

Anorak intérieur.

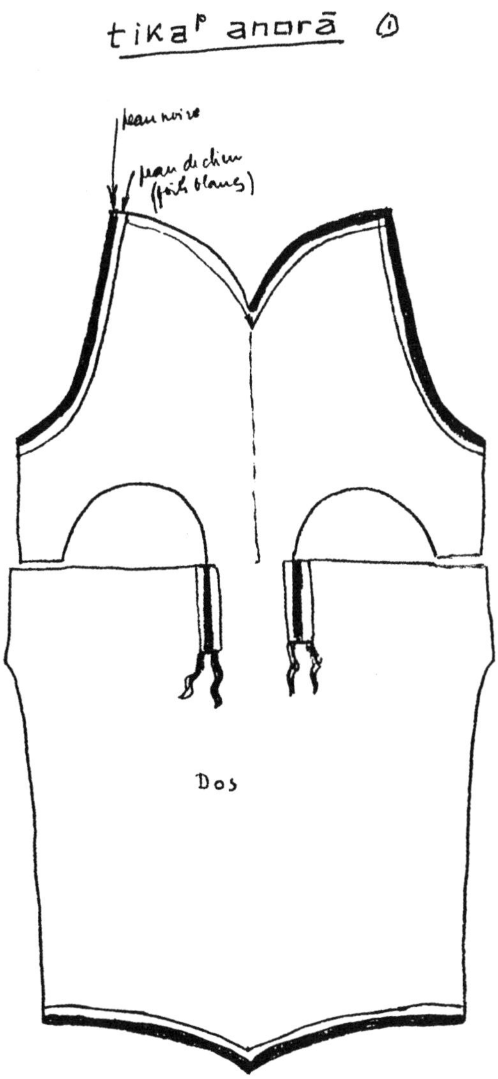

tikap anorā 2 (Figure IIb)

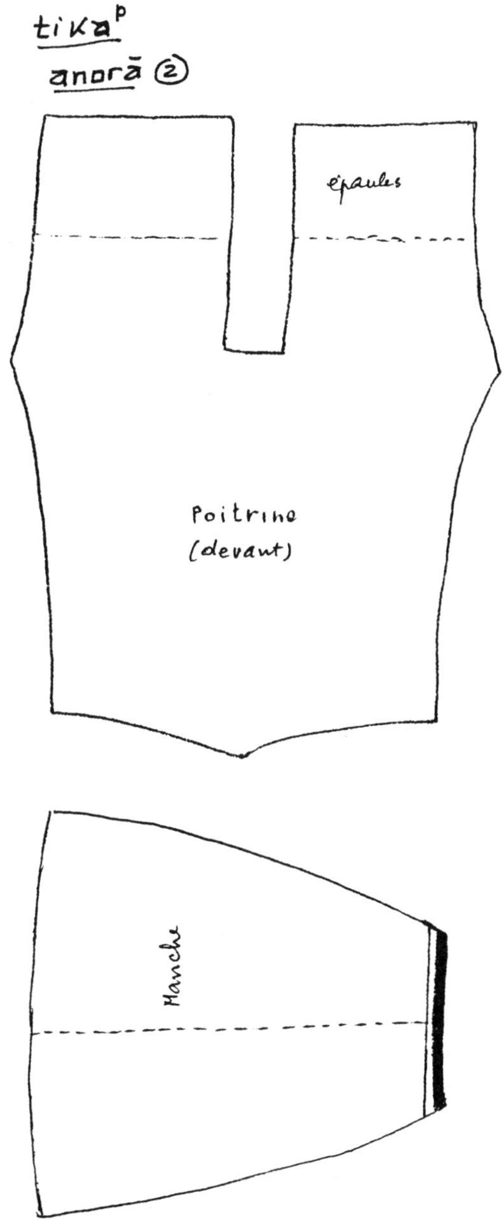

tikap adasē' 1 (Figure IIIa)
Vêtement d'homme en peau de phoque, se porte par-dessus l'anorak (fig II) avec les poils à l'extérieur. Coupe (patron) ancienne, avant l'influence du Groenland Ouest. Anorak extérieur.

tikap adasē' 2 (Figure IIIb)
(coupe ancienne).

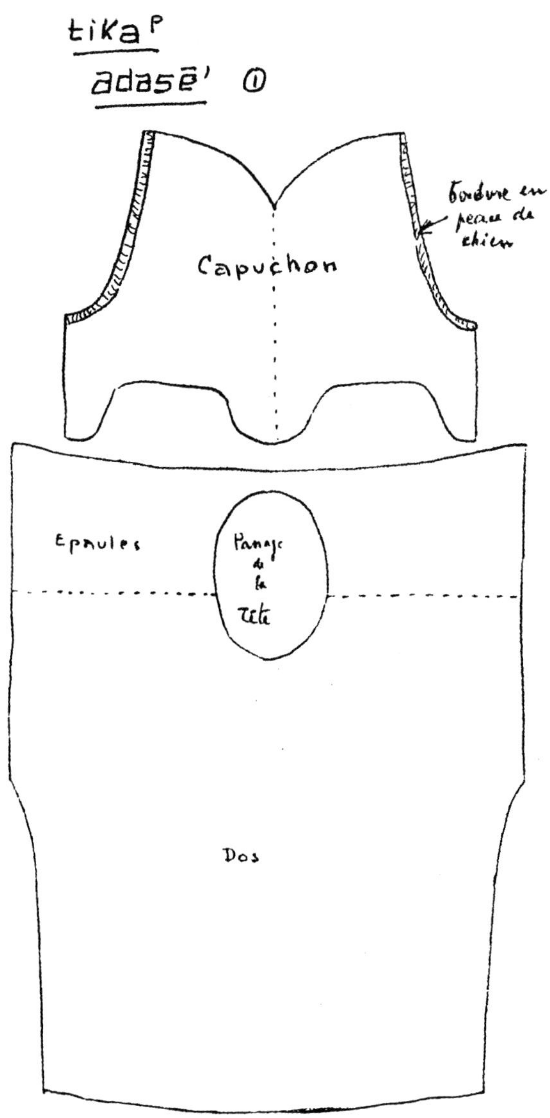

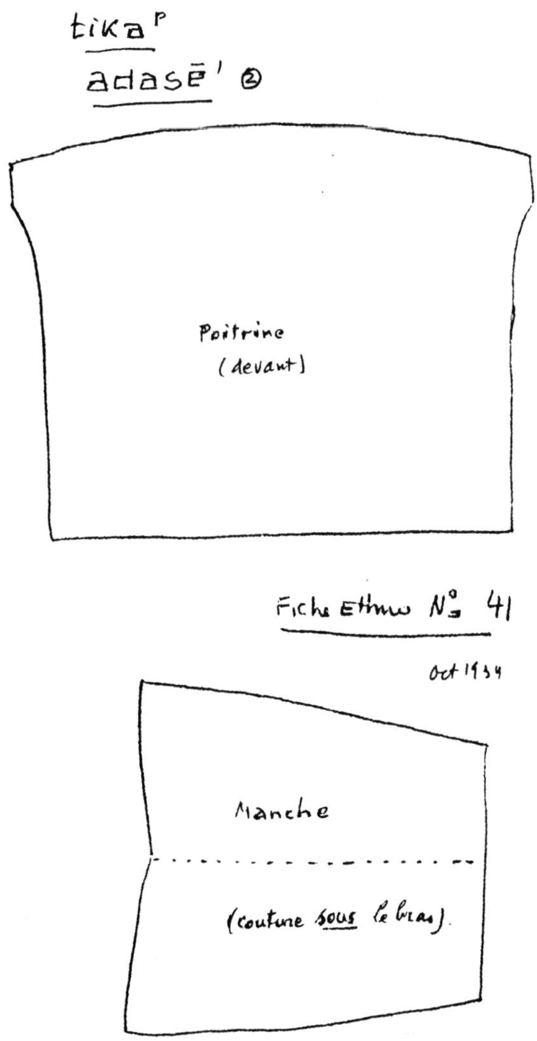

tikāp qatīde' (Figure IV)

Vêtement d'homme. Pantalon en peau de phoque, poils à l'extérieur. Coupe ancienne (avant l'influence de la côte ouest).

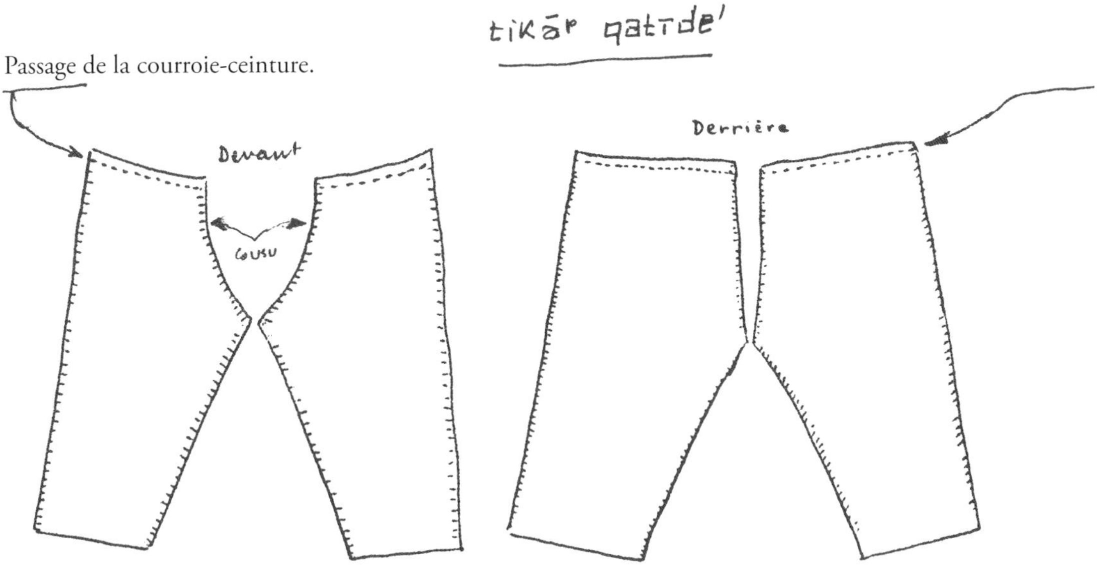

tikāp nāciwät (Figure V)

Vêtement d'homme. Cache-sexe en peau de phoque avec poils, n'est pratiquement plus d'usage (en 1934-1937) sauf par quelques vieux.

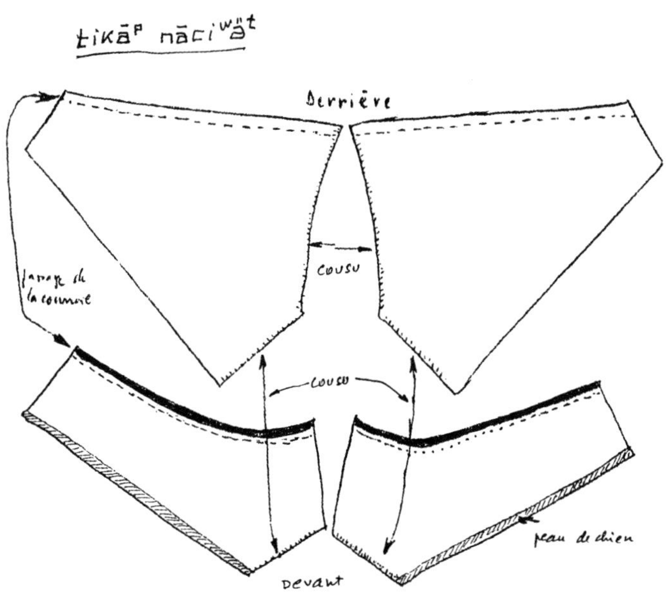

nudiakap amawudā 1 (Figure VI)

Vêtement de femme en peau de phoque avec un grand capuchon pour porter un enfant.

Coupe ancienne.

Note : les chiffres (1) (2) (3) etc. correspondent aux coutures.

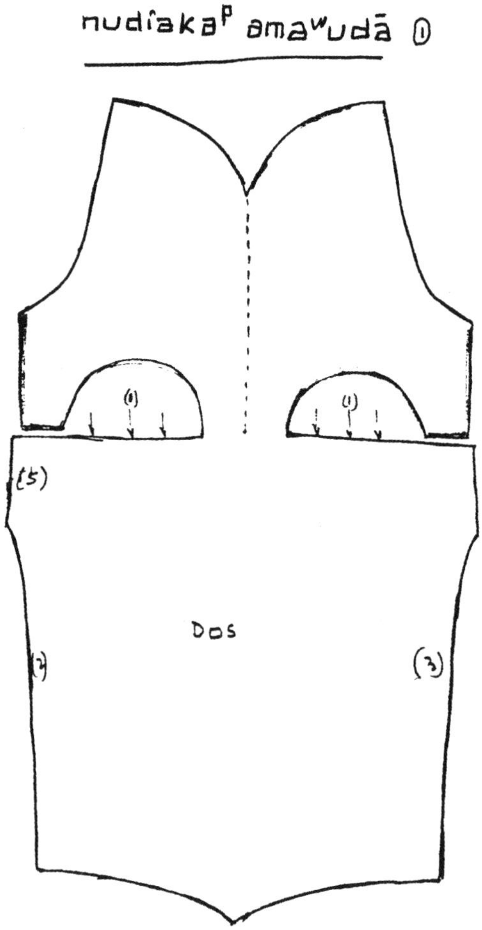

nudiakap amawudā 2 (Figure VII)

Coupe ancienne (avant influence de la côte ouest)

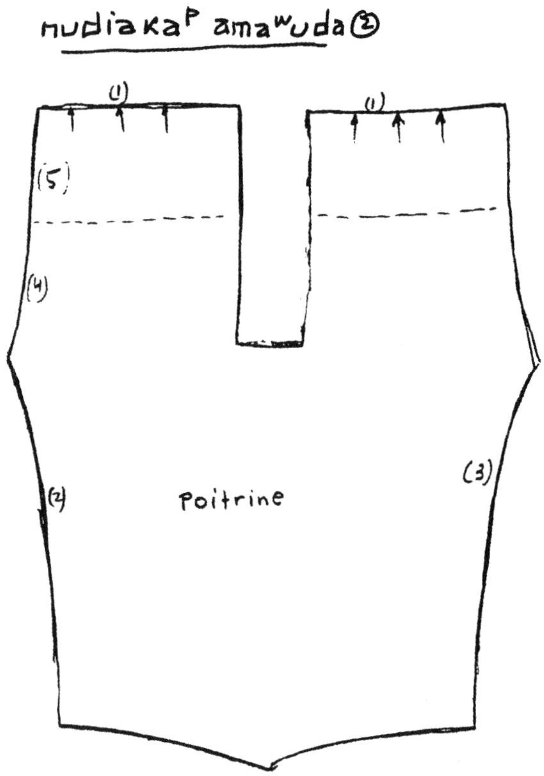

Manche

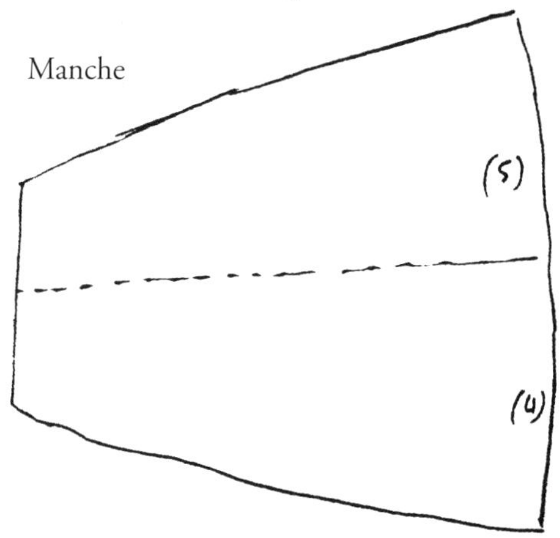

nudiakap amawuda (Figure VIII)

Vêtement de femme. Coupe influencée par la côte ouest (en 1934-1937)

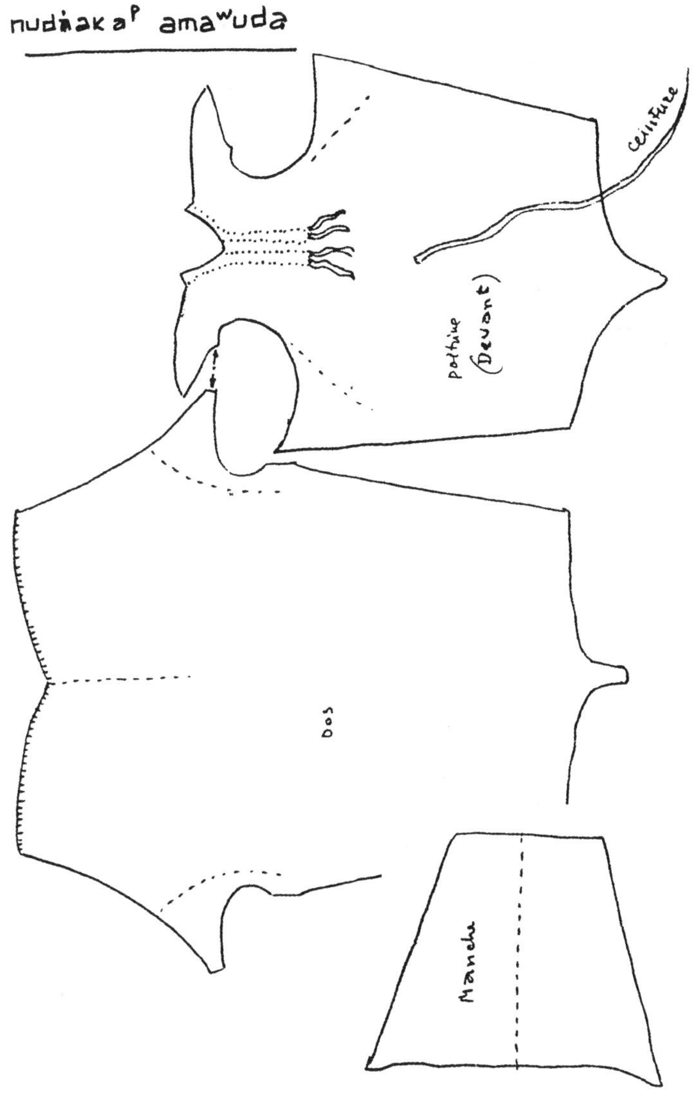

cīq̄ini (Figure IX)

Vêtement de femme.

Culotte en peau de phoque

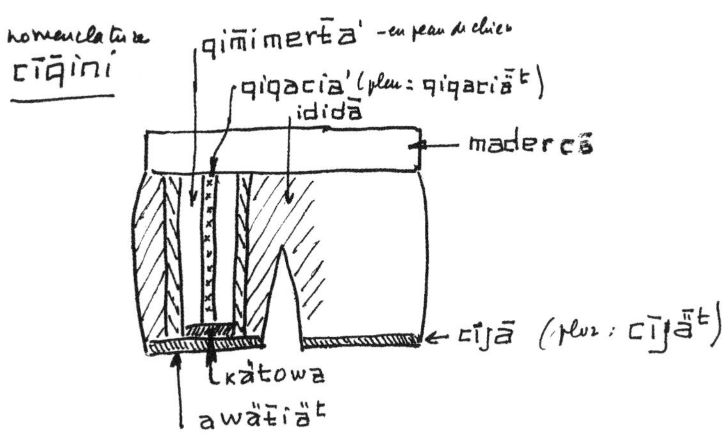

KAMIKS

Le terme « kamik » pour désigner la botte eskimo est entré dans le langage courant ; de même que le terme anorak, par exemple. Dans d'autres parties du domaine eskimo, cette pièce vestimentaire s'appelle *mukluk* (en Alaska par ex.)

À Ammassalik, le terme « kamik » est (en 1934-1937) d'importation de la côte ouest, normalement utilisé.

Vocabulaire :

kamiks extérieurs = *kamīn*
autrefois : *aīartakä*^{t}

kamiks intérieurs = *adecī*^{t} ou *adercī*^{t}
autrefois : *idib̄ā̈*^{t}

kamiks noirs avec bande brodée en haut et bande verticale blanche
sur le devant = *adāziararte'* (plur = *adāziarartī*^{t})
la bande blanche = *adāzia'*

kamiks noirs avec bandes brodées en haut et sur le devant = *cōqep̄erartī*^{t}
kamiks montants avec poils extérieurs (kamiks d'hiver) = *meqidī*^{t}

Coutures : couture continue pour la partie supérieure du pied. Autour de la semelle : couture extérieure, puis, kamik retourné (comme un gant), même couture intérieure doublant la précédente = *adercī*^{t}

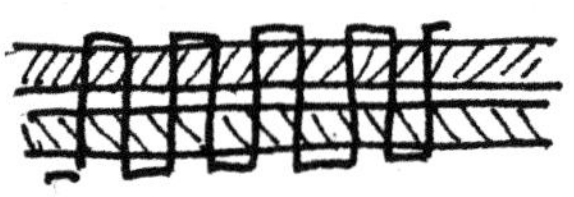
agicim̄ade'

merciwinarcim̄ade'

adiŋercim̄ade' (am̄icērcim̄ade')

Généralités, nomenclature

Kamiks extérieurs (*matamī kami'*)

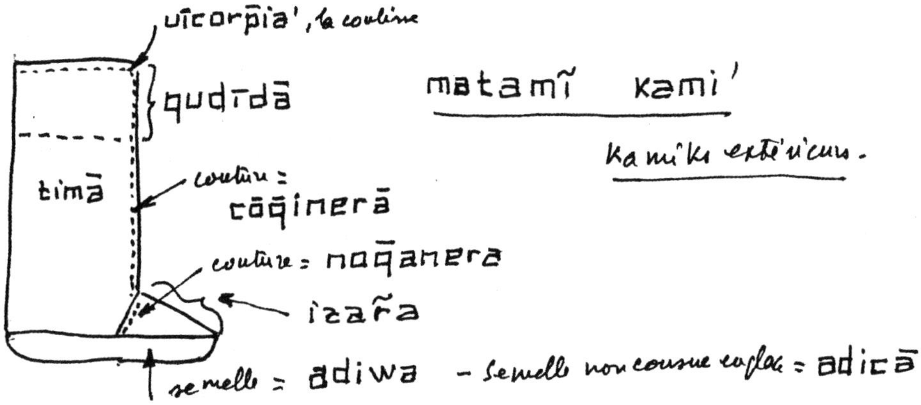

La courroie pour serrer le dessus du kamik = *uīdā*
La coulisse dans laquelle passe la courroie = *uīcorp̄ia'*

Kamiks intérieurs (*adecī ᵗ*)

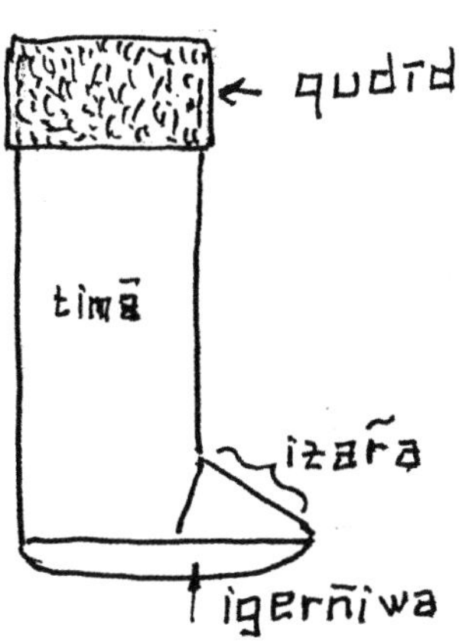

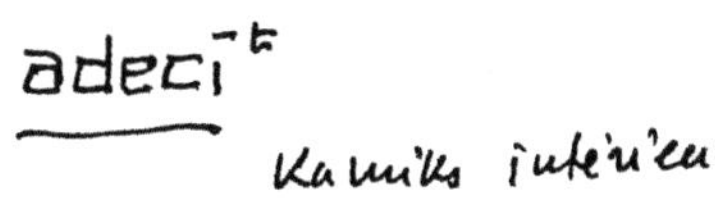

Peaux : du *mat̄amē* (peau de phoque épilée) de *caka* (phoque de fjord adulte). De préférence de *at̄at̄e'* (jeune phoque du Groenland).
Pour les semelles (*adicā*) : en *nadaŋina'* (phoque du Groenland). De préférence en *an̄e'* (phoque barbu).
Peaux avec poils (pour kamiks extérieurs ou pour pantalon) de *qit̄adiwa* (phoque commun) ou de *at̄at̄e'*

Patrons de coupe

Kamiks d'hommes, kamiks de femmes

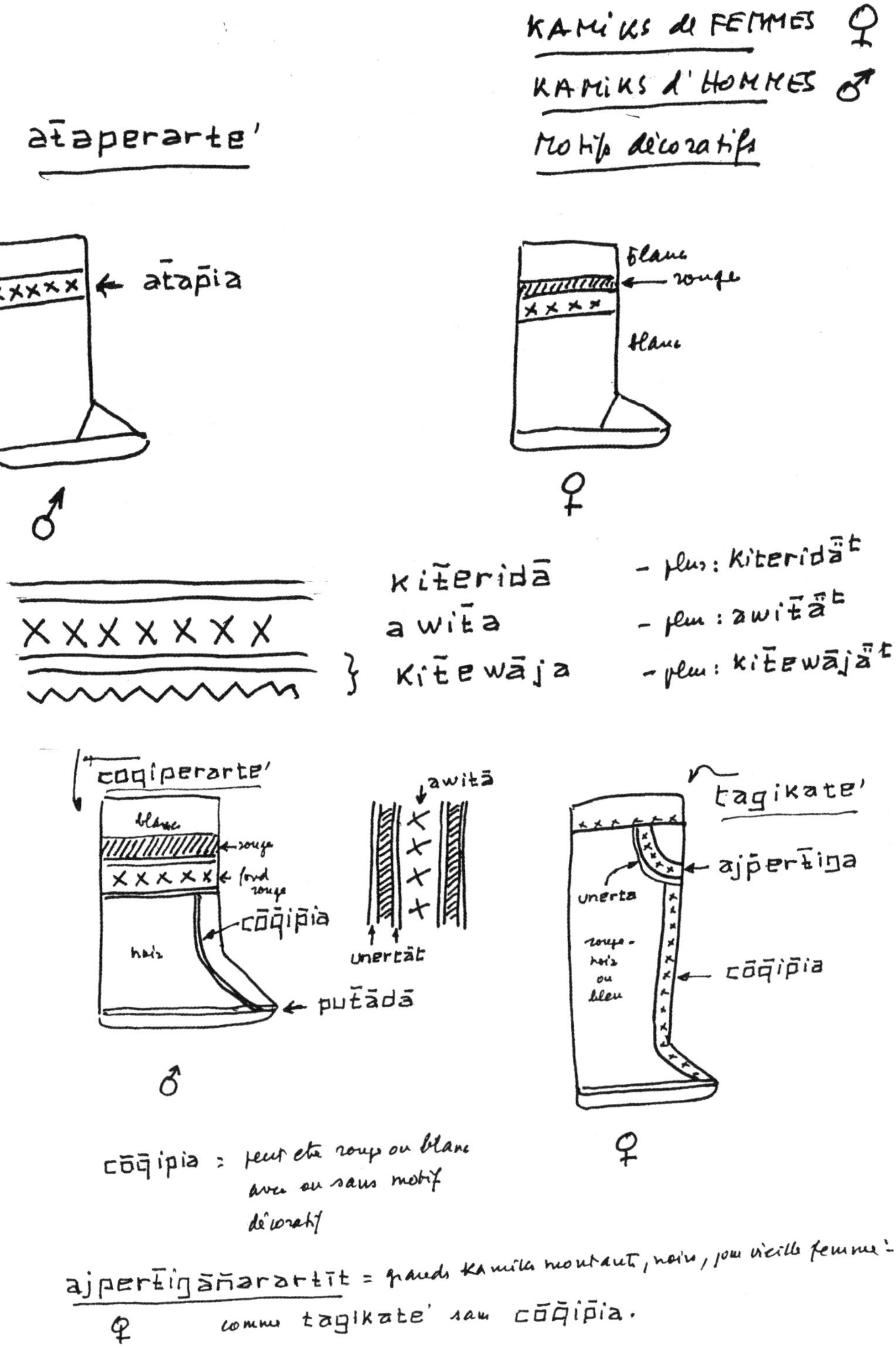

Kamiks d'hommes (*tikāᵖ kamieⁿ*)
Coupe ancienne, avant l'influence de la côte ouest.

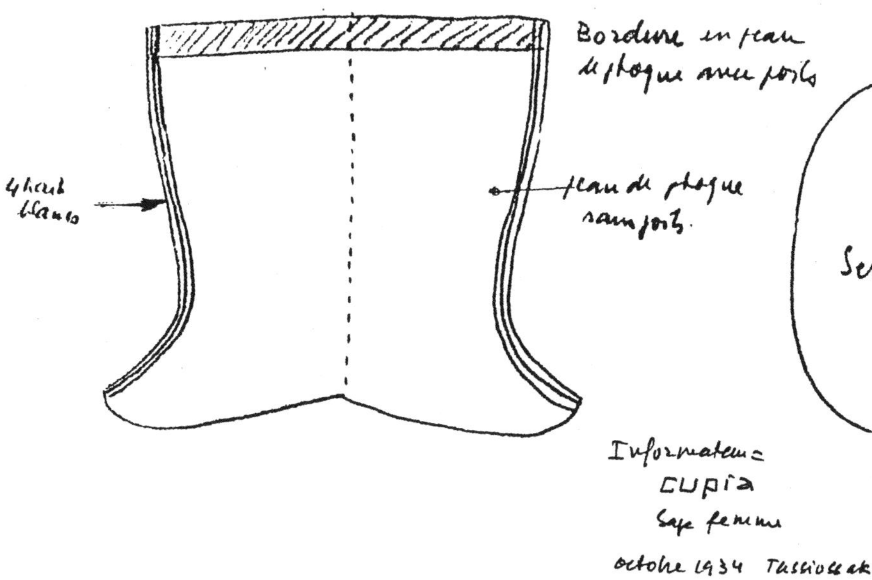

Kamiks de femmes (*nudiakāᵖ kamieⁿ*)
Coupe ancienne, avant l'influence de la côte ouest.

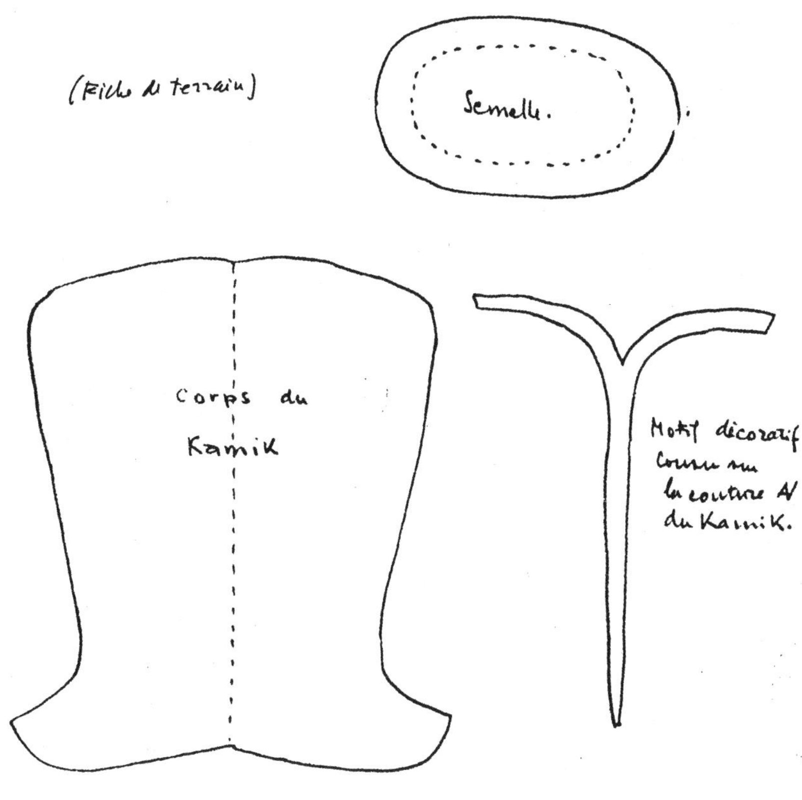

Travail des femmes

Préparation du fil à coudre en tendon : nugerẽ

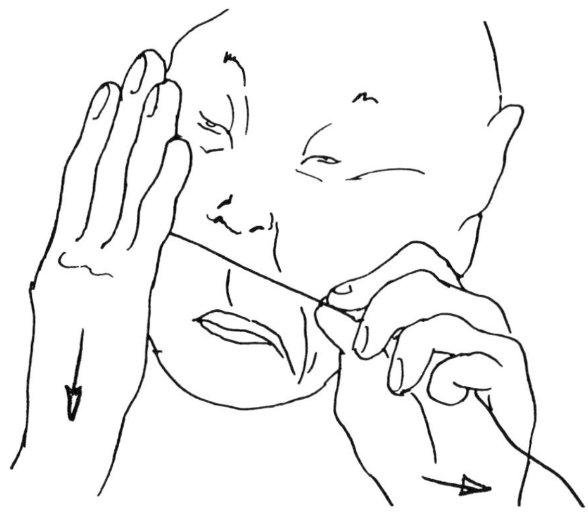

Fil à coudre (support de)

qit̄arp̄i’ (plur = *qit̄arp̄ī* ^{t})

Pièce en os servant à « stocker » les fils à 2 brins, *qit̄a,* à portée de main de la femme. Cette pièce est accrochée sur le séchoir. Les brins de *qit̄a* étant courts, le *qit̄arp̄i’* est assez long pour recevoir une dizaine de brins de *qit̄a.*

pertāwit (plur = *pertāwī* ^{t})

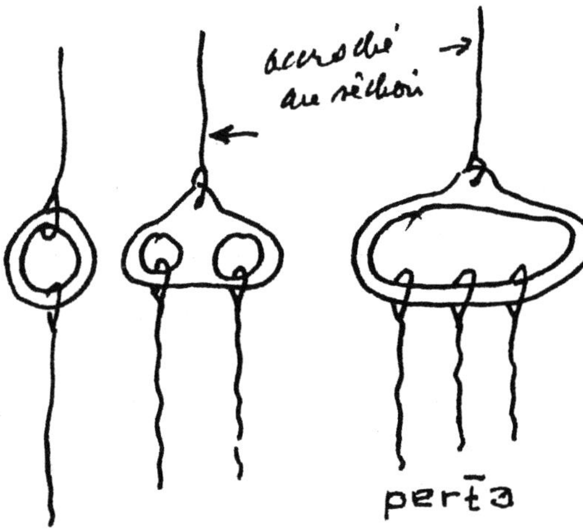

Pièce en os servant à « stocker » les fils à 3 brins : *pertā*
Les fils sont longs et ne nécessitent par conséquent pas de support long pour les accrocher à portée de la main de la femme, ou pour accrocher le tendon *nugerē* pour le tresser.

« Trousse » de couture

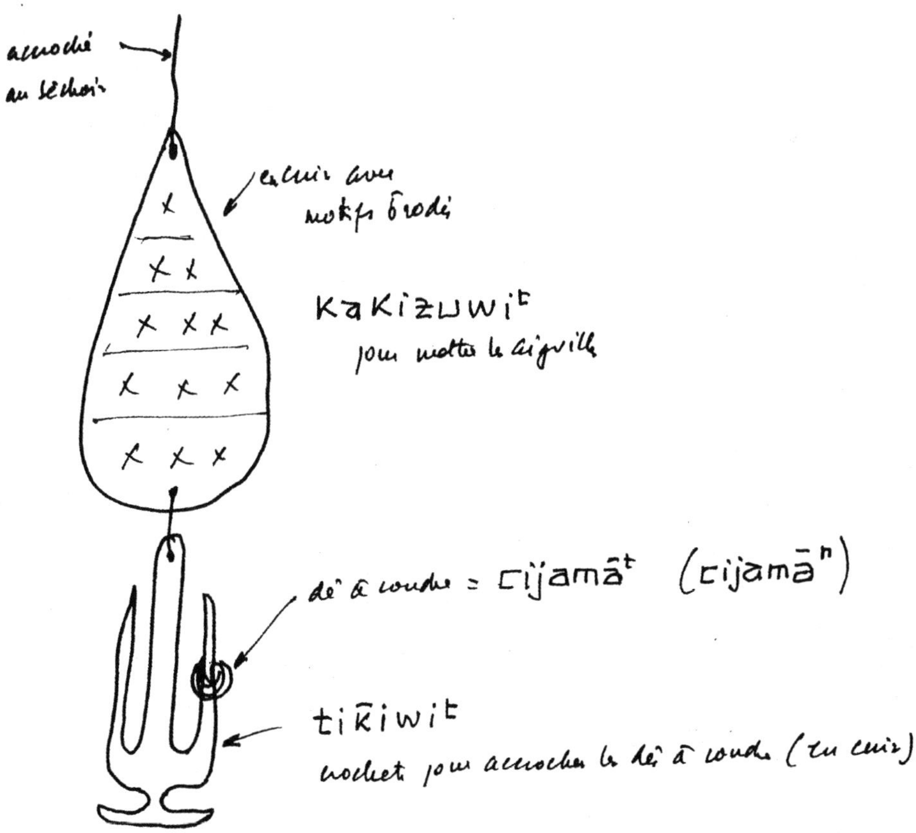

QIDĀT, LE TAMBOUR

Le seul instrument de musique connu des Eskimo d'Ammassalik est le *qidāt*, un genre de tambourin que l'on retrouve sous différentes formes dans tout l'Arctique eskimo, de même qu'en Sibérie septentrionale et en Laponie. L'originalité du tambour d'Ammassalik réside dans le fait que, à l'aide de la baguette, c'est le cadre de bois que l'on frappe et non pas la membrane, trop fine et trop fragile, qui le recouvre. Cependant, c'est tout de même de cette membrane que dépend essentiellement la qualité du son produit ; humidifiée avant l'utilisation du tambour, elle ne doit être ni trop tendue ni trop relâchée. Le chanteur procède toujours à des essais de son avant de commencer son chant et teste d'un léger tapotement de la paume de la main, la tension de la membrane.

Créateur de rythmes, le *qidāt* a pu avoir deux utilisations fondamentalement distinctes, l'une laïque, l'autre religieuse ; et c'est précisément parce qu'il était l'instrument des chamanes que les premiers missionnaires luthériens venus évangéliser les Ammassalimiut l'interdirent vigoureusement.

Dans la pratique laïque, comme nous pourrons le constater, hommes et femmes ne jouent pas du tambour de façon identique pour accompagner leurs chants et leurs danses. Selon le sexe, il existe différentes manières de tenir et de battre le tambour et de se mouvoir au son de ces rythmes. Il y a même une opposition dans la façon la plus commune de se placer par rapport à la grande plate-forme où se tient l'assistance : les uns face à l'auditoire, les autres lui tournant le dos.

Les femmes frappent leur tambour selon un seul rythme, qui est sensiblement plus lent que celui des hommes, et leurs mouvements harmonieux de la tête et des bras qui battent le tambour loin devant elles, s'accompagnent d'une ondulation des hanches. Pour leur part, les hommes connaissent plusieurs rythmes de tambour – différents selon les types de chants – qui s'accompagnent de mouvements de tête, de bras et de flexion des genoux plus rapides et plus saccadés que dans les danses féminines.

C'était autrefois souvent à l'occasion de l'arrivée de visiteurs, en hiver, dans l'unique pièce de la grande maison patriarcale, après une consommation collective de viande de phoque faisandée qui provoquait une grande excitation, que s'improvisaient les chants et les danses rythmées au tambour. Parfois, les hommes se masquaient (jamais les femmes) ou se noircissaient le visage avec de la suie de lampe et se déformaient les yeux et le nez au moyen d'un tendon passé autour de la tête, ou la bouche en tenant entre les dents un os ou un morceau de bois. Jusque tard dans la nuit, se succédaient alors chants solo, sortes de longs poèmes épiques, chants avec reprise en chœur des refrains par l'assistance, ou encore petites saynètes théâtrales...Certaines de ces danses mimées et chantées, accompagnées des battements du tambour, sollicitaient la participation active du public qui hurlait, riait et commentait. Souvent, les danseurs prenaient à partie des spectateurs, les femmes provoquant les hommes et réciproquement, par des propos très libres et des gestes suggestifs ou même fort réalistes. Ces fêtes hivernales pouvaient se terminer par le « jeu d'extinction des lumières » où, rituellement, une fois toutes les lampes éteintes, les couples changeaient de partenaires.

Les « duels de chants » ou « duels de danse » qui avaient lieu, pour leur part, à la saison des migrations d'été (c'est-à-dire entre avril et octobre), le plus souvent lors du grand rassemblement communautaire de mai-juin pour la pêche aux capelans, étaient d'une autre nature. Ils avaient pour fonction de régler pacifiquement un conflit opposant deux hommes, ou deux femmes, devant des spectateurs jouant pour ainsi dire le rôle d'une « cour de justice ». Cette institution sociale tout à fait originale opérait ainsi un déplacement de la violence physique vers la violence verbale, évitant souvent l'effusion de sang que risquaient de provoquer des antagonismes, jalousies ou rivalités, notamment entre deux hommes au sujet de femmes.

Devant l'auditoire – hommes, femmes, enfants – seul juge de l'issue du duel, les protagonistes debout face à face, les genoux légèrement fléchis, à tour de rôle tournaient en dérision leur adversaire, dans un chant satirique spécialement conçu pour l'occasion, rythmé au son du tambour. L'adversaire accueillait, patiemment, immobile, les mains derrière le dos, feignant l'indifférence et souriant, sans intervenir, ce flot de quolibets et de sarcasmes, accompagné régulièrement de coups de pommettes assénés par l'autre chanteur ; puis, à son tour, il ripostait de la même manière, accablant de railleries cinglantes son rival et tout son entourage. À l'issue de ce long échange, l'auditoire reconnaissait le vainqueur de façon implicite et le perdant, humilié par cette sanction publique, repartait le plus souvent avec la ferme détermination de préparer une riposte. Ainsi, les « duels de chants » se poursuivaient-ils parfois sur de nombreuses années.

Dans son utilisation religieuse, le *qidā*^{t} devenait l'instrument indispensable du chamane pour pratiquer son art. C'est en effet au moyen du tambour que le chamane (*aŋake*) convoquait ses esprits auxiliaires ou entrait en communication avec les puissances surnaturelles qui dominent le monde humain et animal et sont responsables des vents et des glaces. Il tentait alors de se les concilier pour rétablir l'ordre troublé sur terre : maladie, mauvaise chasse etc. Les tambours de chamanes étaient toujours ornés d'une figurine représentant un visage à l'extrémité de la poignée du tambour, ainsi qu'à celle de la baguette, ce qui n'était pas nécessairement le cas des tambours à usage seulement laïque. Ces représentations anthropomorphes renforçaient les actions entreprises par le chamane.

Lorsque celui-ci interrogeait ses esprits auxiliaires sur un point précis, il se tenait assis, le tambour vertical près de la bouche et il le battait selon un rythme particulier tout en dialoguant avec l'esprit auxiliaire. Mais, lorsqu'il s'agissait pour ce prêtre magicien de faire, en esprit, le grand voyage vers un monde extra-terrestre, vers le fond de la mer ou vers la lune, au cours d'une séance de *tornade'*, le tambour se mettait alors en mouvement de lui-même. Il se mettait à battre et à se déplacer seul dans l'air, à travers toute la maison habitée, plongée dans la plus grande obscurité, tandis que le chamane en extase demeurait assis sur une peau, près de l'entrée de l'habitation soigneusement obturée, la tête posée sur les genoux, les mains liées derrière le dos.

Dans leur œuvre de christianisation, les pasteurs condamnèrent tout en bloc : tambours, masques, danses et chants, comme étant contraires à la morale et à la religion qu'ils enseignaient. Les pratiques chamaniques disparurent à la mort ou lors de la conversion des chamanes ; quant au patrimoine culturel des chants, poèmes et saynètes théâtrales, transmis par la tradition orale, et maintenu à l'insu des autorités religieuses, il s'est appauvri au fil du temps pour n'être plus aujourd'hui qu'une faible survivance.

Joëlle ROBERT-LAMBLIN

LE TAMBOUR : qidā^{t}

Le tambour *qidā^{t}* est fréquent, en 1934-37, chez les Ammassalimiut. On peut considérer qu'il en existe approximativement un, au moins, par maison. Il est utilisé pour accompagner chants et danses, essentiellement en hiver. Mais les séances de chamanisme, pour lesquelles il était indispensable, ont complètement disparu.

Nomenclature

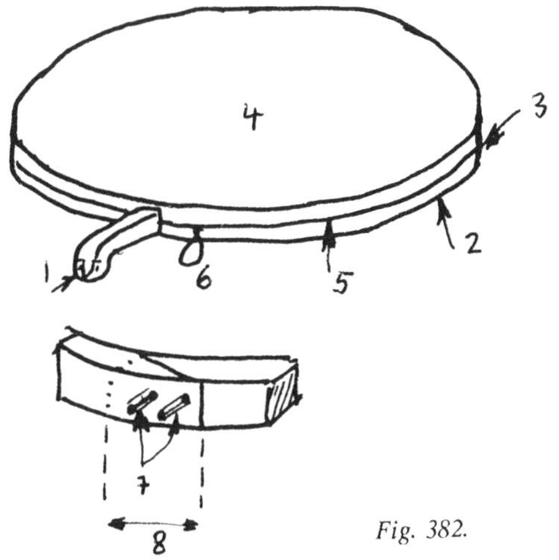

Fig. 382.

1 - la poignée : *kadido'*
2 - le cercle de bois : *qidā^{t}*
3 - la rainure dans le cercle, dans laquelle vient se loger la courroie qui maintient et tend la membrane : *kidide^{r}pi'*
4 - la membrane : *ize'*
5 - la courroie : *kidiŋa'*
6 - la boucle, nœud de la courroie ; *quta^{r}pia'* ou *niwiŋāwia'*
7 - les petites courroies de couture du cercle : *qididā* (pluriel : *qididī^{t}*)
8 - les deux parties du cercle qui se superposent et qui sont cousues par les *qididī^{t} : pe^{r}nerā^{t}*
9 - le tenon de la poignée (tenon sur lequel la poignée vient se ficher) : *toqoce^{r}ñera*
10 - la cheville (qui traverse le cercle) pour fixer le tenon sur le cercle: *ceñidā*
11 - les morceaux de réparation collés sur la membrane : *aīiwä^{t}*
12 - la baguette, tenue en main : *kade'* ou *kadiwā*

La baguette et le manche ont des figures sculptées, grâce auxquelles le chanteur-danseur a deux "aides" en main.

Matériaux

- le bois du *qidāt : pereciña' agīto' :* sapin (blanc)
  ou : *pereciña' piŋe :* pin (rose)
  ou : *izim̄āce'*
- la baguette, *kade'*, est fabriquée dans n'importe quel bois disponible mais de préférence en pin rose
- la membrane, *ize':*

1 - en membrane d'estomac d'ours frais : l'estomac est préparé comme suit : coupé en deux dans le sens de la longueur. La membrane extérieure, *qija'*, et la membrane intérieure, *nuwa'*, sont retirées comme on arrache du papier collant, à la main.
La partie médiane, *cigarnera*, fraîche, non travaillée, est tendue sur le cercle et laissée à sécher sur celui-ci.

2 - en "peau" de requin : *niädikä^{p} mami^{i}a*
Cette membrane est fabriquée comme suit :
on prélève la partie ventrale d'une peau de requin : *niädika^{p} cagi^{j}āda odiwia ;* on détache la peau rugueuse de la membrane intérieure, *mami*, à l'aide du couteau : on sépare le *mami* de la peau, *odīvi*, en tenant le *mami* à la main, et la peau avec les dents.
Le *mami* est alors nettoyé de sa graisse, sur la planche à écharner *qabiarpi'* avec le couteau des femmes *cake' ;* la membrane restante est aussitôt tendue sur le cercle, *qidā^{t}*, où elle est laissée à sécher.

3 - en peau de phoque : *pujdi^{p} odīvia'*, de préférence une peau de *necia' (Pusa hispida,* phoque de fjord).
Se prépare comme la peau blanche, *uñe'*.
Une fois sortie de l'urine fermentée *(amuīuŋu)*, on met la peau à tremper dans l'eau douce pendant 4 à 5 jours *(aniceřā)*.
La graisse est raclée sur la planche à écharner *qabiarpik* à l'aide du racloir *(qidādi) : mamerp̄a* ou *qabe^{r}p̄a.*
Si la peau ainsi raclée est encore trop épaisse, elle est affinée par grattage avec le couteau des femmes *cake'* (voir page 134) : *mamidarīuŋu* ou *qabedā^{r}īuŋu.* Lorsqu'elle a la finesse voulue, elle est tendue sur le cercle, *qidā^{t}*, et laissée à sécher sur place.

4 - en peau de chien : *qim̄i^{p} odīvia*
- la graisse *mam̄i* est raclée sur la planche *qabiarpi' : mam̄erīuŋu.*
- la peau ainsi raclée est mise à tremper dans l'urine fermentée pendant une semaine minimum, souvent davantage: *udice^{r}īuŋu qoda^{r}pimi.*
- une fois sortie de l'urine *(amuwā)*, elle est mise à tremper dans l'eau douce pendant environ une heure : *anicida^{r}īuŋu* ou *eqetorīuŋu.*
- les poils sont arrachés sans difficulté : *udituŋu.*
- racler la peau sur la planche *qabiarpi'*, avec le racloir *kidīdi*, puis avec le couteau *cake'*, comme on fait avec une peau de phoque.
- une fois prête, la peau ainsi traitée est tendue sur le cercle, *qidā^{t}*, et laissée à sécher sur place.

5 - en membrane intérieure du museau de phoque à capuchon *(niniarte') : nīniarti*^{p} *amājudā.*
La tête est découpée en partant de sous les narines, en les contournant. On remonte par une ligne courbe jusqu'aux yeux, en laissant les yeux à l'extérieur du découpage.
La membrane intérieure, *amājudā,* est alors retirée à la main et tendue telle quelle sur le cercle, *qidā*^{t}, où elle est laissée à sécher sur place.

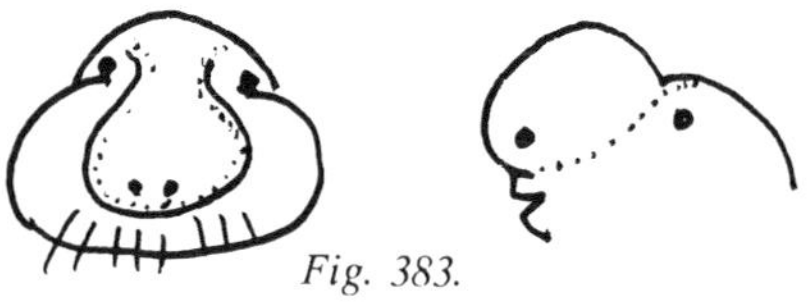

Fig. 383.

6 - en péritoine de morse : *āqi*^{p} *pujāda ciga*^{r}*ñera*
Se prépare exactement comme la membrane tirée de l'estomac d'ours (voir p. 173).

7 - en paroi d'intestin de phoque barbu *(añe') : anī*^{p} *amoajā.*
La membrane extérieure de l'intestin, ainsi que la membrane intérieure, sont retirées.
Pour enlever la membrane extérieure, l'intestin (frais) est tenu entre les dents par son extrémité côté estomac *(corā*^{r}*ñiā).* On pince l'intestin dans une boucle de tendon *(nugerē)* sec et non décortiqué. La surface en est rugueuse. On pousse cette espèce de pince vers le bas. Elle entraîne la membrane extérieure, *qijā.* Pour enlever la membrane intérieure, *idiwa',* on mordille l'intestin tout le long : *kimaditūŋu.*
Puis on le fait passer entre les dents serrées *(īkitūŋu),* puis entre les doigts *(cerertūŋu)* et l'*idiwa* sort. Il est ensuite travaillé comme une peau *umi* (rideau d'entrée de la tente).
Le résultat final se présente sous forme d'une bande. Les bandes sont cousues les unes aux autres comme pour confectionner un anorak contre la pluie *(igija').* Une fois prête, on mouille la paroi ainsi confectionnée et on la tend sur le cercle, *qidā*^{t}.

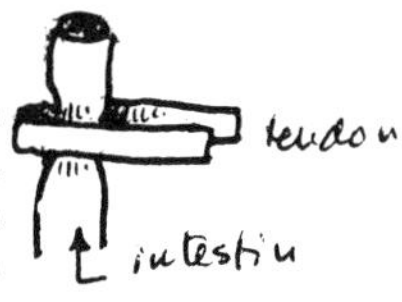

Fig. 384.

8 - en paroi d'estomac de phoque barbu *(añe'),* ou de phoque du Grœnland *(nadiŋina') : anī*^{p}, *nadiŋinā*^{p} *nīdarpi*^{j}*ā.*
L'estomac est gonflé *(putetūŋu)* et mis dans l'eau. On racle la membrane extérieure à l'aide du racloir, *kidīdā.* Une fois la membrane extérieure retirée, on retourne l'estomac comme un gant *(uditūŋu)* et on enlève la membrane intérieure, *idiwa,* comme on a enlevé la membrane extérieure. Puis l'estomac est découpé suivant le pointillé (fig. 385).
Cela donne une membrane que l'on tend sur le cercle, *qidā*^{t}, où on la laisse sécher.

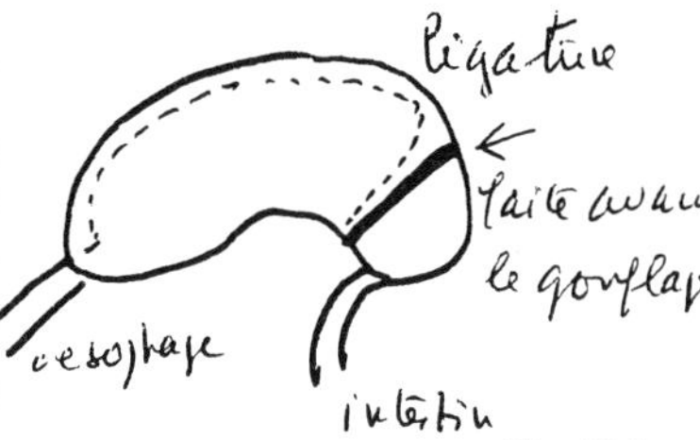

Fig. 385.

9 - en placenta de phoque barbu femelle : *anī*^{p}, *kabizi*^{j}*ā.*
Lorsqu'une femelle de phoque *añe',* grosse, est ramenée de la chasse, le fœtus en est retiré (comme par une césarienne), et le placenta est tendu sur le cercle, *qidā*^{t}, et laissé à sécher.

Jacob Sanimuinak jouant du qidat (1968)

UTILISATION POUR LE CHANT ET LA DANSE

Positions de l'homme

coqodawo'
le chanteur : *coqodade'*

Le chanteur est assis, dans la maison, ou à l'extérieur en été, n'importe où et sans orientation déterminée. Ses jambes sont étendues : *ticiŋade'* (fig. 386 et 387) ou croisées devant lui en tailleur : *eq̃iŋade'* (fig. 388).

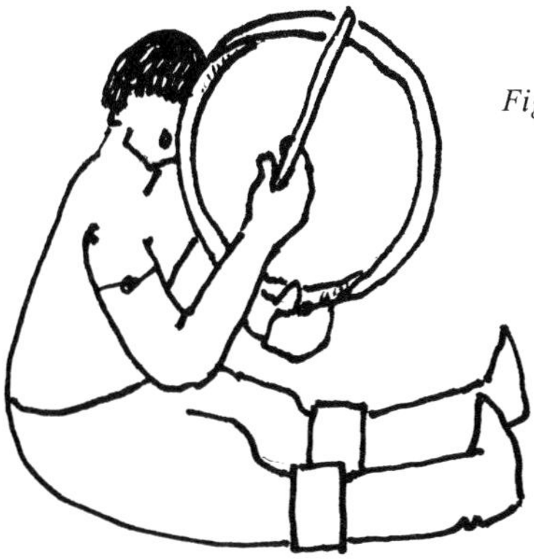

Fig. 386.

Le tambour est tenu verticalement, à gauche de la bouche. Il touche la joue gauche.

Fig. 388.

Le tambour est tenu devant soi, face au visage, dans le creux du coude droit.

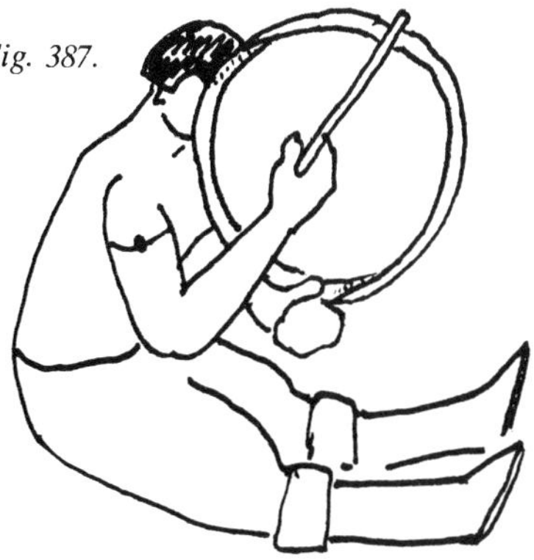

Fig. 387.

Le tambour est tenu verticalement, à droite de la bouche. Il touche la joue droite.

C'est dans ces positions que le chanteur chante des *iŋīdit* ou des *picīt*.

tiwawo'
tiwawo' - le chanteur : *tiwade'* ;
il est debout et danse.

a. *aritora^{r}po'* - le chanteur danseur : *aritota^{r}te'*

L'homme est debout, face au couloir d'entrée de la maison, le dos tourné à la plate-forme, *ir̄e'*, donc aux spectateurs. Le torse est légèrement penché en avant. Le torse monte et descend sur les genoux qui sont pliés (ce mouvement de montée et descente du torse : *aritotā^{r}te'*).

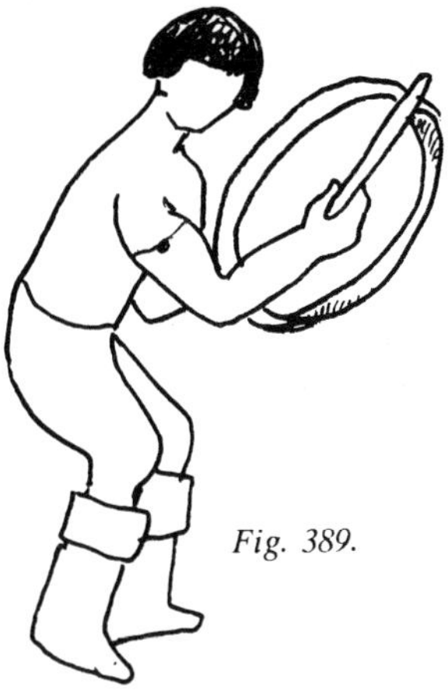

Fig. 389.

vu côté droit

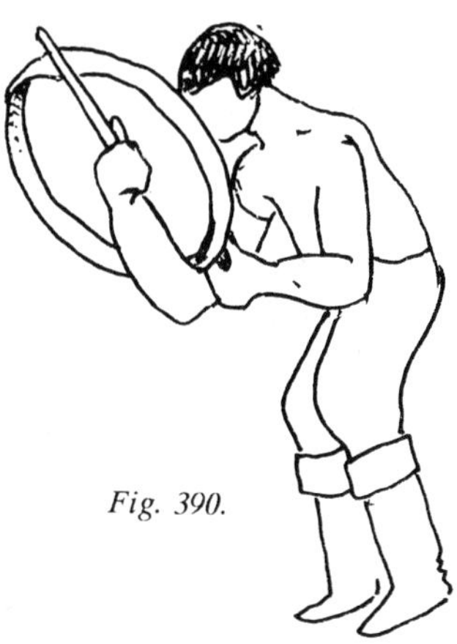

Fig. 390.

vu côté gauche

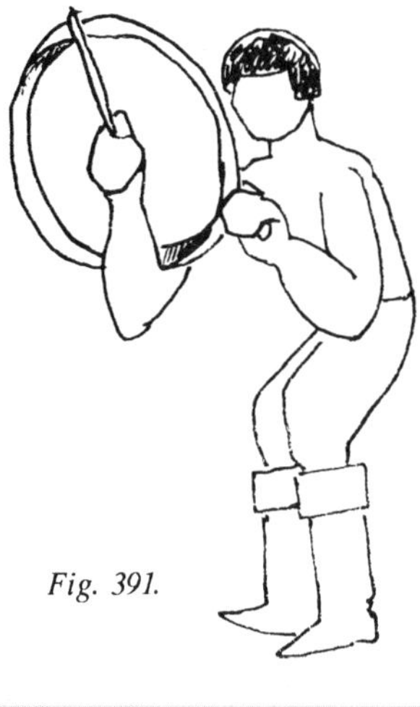

Fig. 391.

La main gauche tient le manche du tambour à pleine main.

La main gauche peut ainsi avoir plusieurs positions :

- position basse, presque dans le prolongement de l'avant-bras droit (fig. 389) ;
- position haute, perpendiculaire à l'avant-bras droit (fig. 391) ;
  le coude gauche doit être collé au corps.

Le tambour *qidā^t* est appuyé dans le creux du coude droit. La main droite tient la baguette, *kade'*, à pleine main, ongles dessus (fig. 393). L'avant-bras droit et la baguette sont tenus dans le prolongement l'un de l'autre, en diagonale sous le tambour (fig. 394).

La main gauche tient la poignée *kadido'* du tambour (fig. 392).

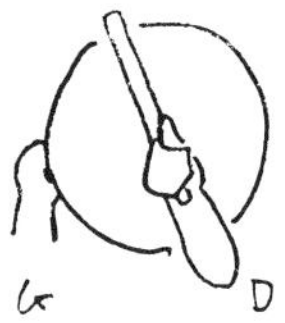

Fig. 394.

Fig. 393.

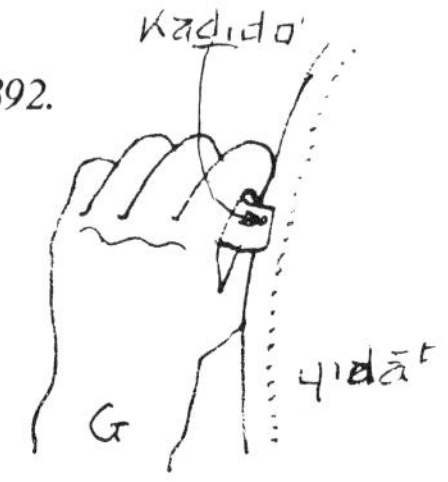

Fig. 392.

La baguette *kade'* est frappée sur le cercle de bois *qidā^t*, d'un mouvement de poignet. Le tambour est tenu face au chanteur-danseur (fig. 389, 390 et 391).

Rythmes

1) deux battements qui se suivent à intervalles réguliers •• •• •• : *kadīto'*
2) groupe de trois battements qui se suivent à intervalles réguliers, le troisième battement étant précédé d'un léger frappement. ••·• ••·• ••·• ••·•
   un, deux et trois - un, deux et trois, etc.

- le chant : *iŋerte'*. Il chante : *iŋe^{r}po'*. Il est chanté, ou chante : *iŋertūŋu*

  Le chant est fréquemment interrompu par une mimique, un "break" au cours duquel le chanteur s'étire, sans changer de position, pendant que son visage exprime une sorte de joie, parfois de jouissance, et qu'il manifeste cette joie en criant plusieurs fois, sans se presser : *i^j...ā ā*

- le "break" : *qa^{r}tēwa^{r}te' (qa^{r}tēwa^{r}po' ; qa^{r}tēwartūŋu)*

qide^{r}ciwa^{r}te'

b. *qide^{r}ciwarpo'* - *variante de la position verticale*

(également : *qacipo' ; qacite' : qacītuŋu)*

La position du chanteur-danseur est la suivante :

- le tambour est tenu à hauteur de l'épaule droite, presque jusqu'à toucher l'épaule ;
- la main droite tient la baguette *kade'* à pleine main ;
- l'avant-bras gauche est tenu horizontalement, collé au corps, à la hauteur de la ceinture.

Fig. 395.

Fig. 396.

Dans cette position, *qide^{r}ciwa^{r}te'*, les mouvements des jambes et du corps sont les suivants :
- *aritotā^{r}te'* : comme précédemment (p. 175) ;
- *qide^{r}ciwārte'* : jambes pliées sur les genoux ; torse immobile ; les hanches et les genoux sont animés d'un mouvement ondulatoire dans le plan des épaules et des hanches.

Le chanteur-danseur chante dans cette position et fait des "breaks" : *qa^{r}tēwa^{r}po'*.

c. *ercipo'* - *ercito'* - *ercītuŋu* ou *ercite'* :

Fig. 397.

position essentiellement utilisée pour faire des "breaks", très rarement pour chanter.
Le tambour est tenu verticalement à hauteur du visage, le bras droit presque dans le prolongement de l'épaule. Le torse est largement tourné vers la droite (fig. 397).

d. *iwe^{r}nite'* :
léger mouvement saccadé de la tête, à gauche et à droite ou devant, exécuté pendant un chant ou un "break" ; mimique rappelant les mouvements de tête du duel de chant.

e. *ibumer^{r}te'* :
mimique inspirée du duel de chant ; la bouche est fermée, les dents sont serrées ; la lèvre supérieure est plissée ; la tête est animée de rapides mouvements saccadés vers l'avant.

f. *cidāqa^{r}te'* :
le chanteur-danseur tourne le torse vers la plate-forme, c'est-à-dire vers les spectateurs, et chante normalement ("breaks" inclus).

Positions de la femme

Une seule position fondamentale : *qide^{r}ciwā^{r}te'*

La position est la même que la position *coqodawo'* de l'homme : torse légèrement penché en avant ; jambes pliées sur les genoux. Mais le torse reste immobile et tous les mouvements se font par les hanches et par les genoux animés d'un mouvement ondulatoire dans le plan épaules-hanches.

Fig. 398.

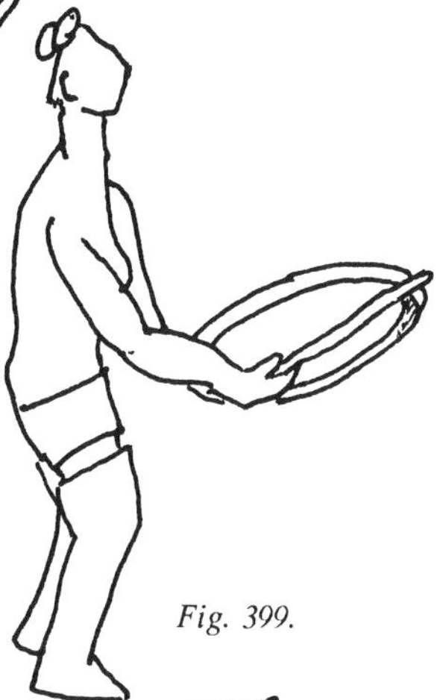

Fig. 399.

Fig. 400.

1) Position basse
   - premier temps - les deux bras sont repliés vers soi. Le tambour est appuyé sur l'avant-bras droit, soit dans le creux du coude, soit presque sur le poignet. Le tambour est alors presque vertical, face au *tiwade'* (fig. 398). Dans cette position, un seul battement :

   - deuxième temps - le corps se redresse légèrement, les deux bras s'allongent. Le tambour, presque horizontal, est pratiquement tenu à bout de bras. Dans cette position, deux battements assez espacés, le deuxième plus fort que le premier, suivi d'un troisième, très faible, suivi d'un long espace (fig. 399) : • ●•

Note :
Le rythme de battement du tambour ainsi que celui des mouvements du corps sont très lents. • ●• • ●• • ●• • ●•

2) Position haute
   - premier temps - comme dans le premier temps de la position basse (fig. 398).

   - deuxième temps - les bras s'allongent vers le haut et sont levés à 45° environ. Les rythmes sont les mêmes que pour la position basse.
   La position basse et la position haute peuvent se faire à gauche et à droite de la *tiwade'*, indistinctement, sans ordre précis.
   En prenant la position haute, la femme se tasse davantage. Elle semble jeter le battement devant elle.
   Elle danse généralement face à la plate-forme, de trois quarts ou de profil. Mais elle tourne le dos aux spectateurs quand elle veut chanter agressivement "des choses laides" (pour se venger, par exemple) (fig. 400).

Les mouvements "parfaits" du *qidā^{t}* sont les suivants :

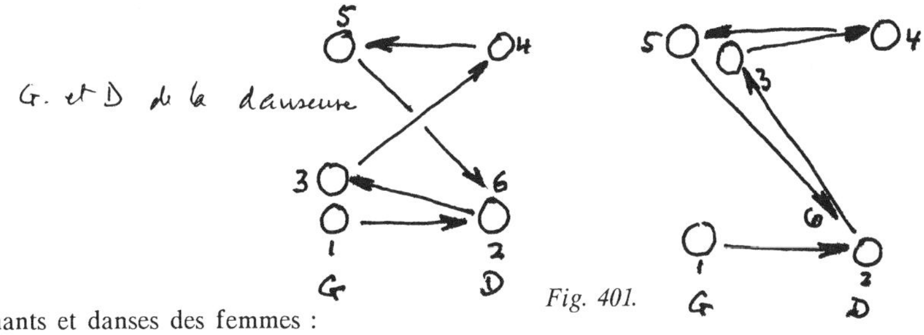

Fig. 401.

Positions des mains au cours des chants et danses des femmes :

la main gauche tient la poignée *kadido'* du tambour, le pouce par-dessus,
les doigts allongés par-dessous et appuyés sur le cadre du *qidā^{t}* (fig. 402)

la main droite peut tenir la baguette *kade'* de deux façons :

1. la tête du *kade'* dans le creux de la main, le pouce par-dessus la poignée, elle-même tenue par l'index et le médius allongés par-dessous (fig. 403).

2. le *kade'* est tenu par la main, comme la main gauche tient un violon : le pouce par-dessus la baguette, les autres doigts dessous (fig. 404).

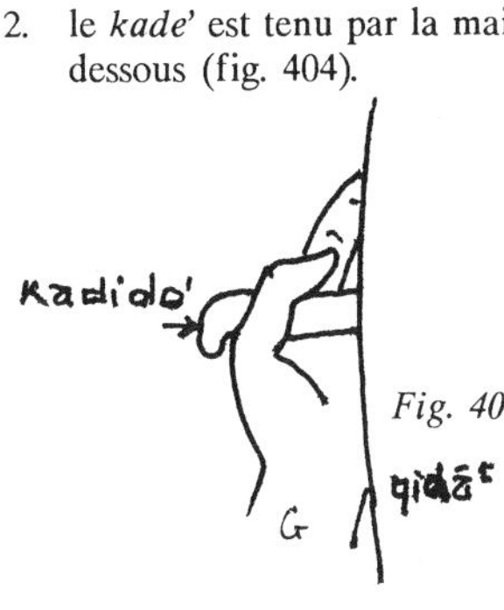

Fig. 402.

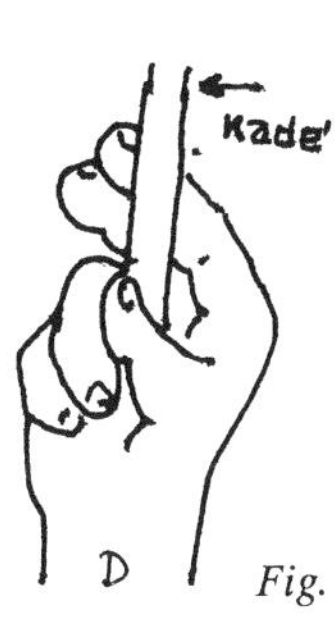

Fig. 403.

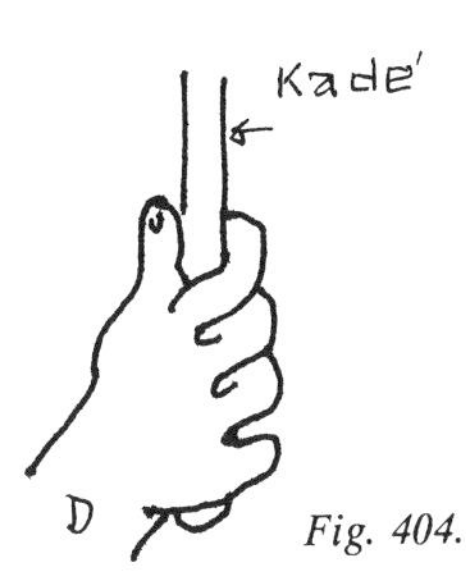

Fig. 404.

UTILISATION PAR LE CHAMANE

le chamane : *aŋake'*

En 1934-37, il n'y avait plus d'*aŋake'* chez les Ammassalimiut. Quelques hommes avaient la réputation de savoir manier la magie. A Tīderida, il y avait une femme de 65 à 70 ans, aveugle, qui s'appelait Kāga et qui avait été *aŋake'* autrefois, paraît-il. Je lui ai fait, à deux reprises, de longues visites de plusieurs jours. Mais elle restait absolument muette. Ce qui me faisait penser qu'il y avait une part de vérité dans ce qu'on disait d'elle.

Utilisation du *qidā*^{t} par l'*aŋake'* :

Informateur : Kora de Kulusuk
mars 1935

Tout en protestant de sa totale ignorance concernant ce sujet, interdit par les pasteurs, il fut le seul à me donner des renseignements sur la façon dont les *aŋaki*^{t} utilisaient le tambour. Kora disait que ses informations provenaient de son oncle maternal Cimujo, qui était *aŋake'*. Il l'avait fréquemment vu pratiquer son art.

Le rôle de l'*aŋake'* était :

1) soit de guérir les maladies, en allant lui-même ou en envoyant un des esprits-aides chercher les petites "âmes des articulations", dont la fuite à l'extérieur du corps du malade avait provoqué la maladie.

2) soit, au cours d'une séance de chamanisme, d'aller intervenir auprès de la déesse des animaux marins (par exemple) et lui peigner les cheveux dans lesquels, par la faute de la mauvaise conduite des hommes, les animaux marins étaient prisonniers; ce qui expliquait que la chasse était mauvaise.
Pour guérir un malade, c'est-à-dire pour ramener à leur propriétaire les petites âmes des articulations, fugitives, l'*aŋake'* interrogeait d'abord ses esprits-aides : *tartä*^{t}, pour savoir si le malade avait des chances de guérir ou non. Suivant la réponse du *tarta*, il partait lui-même à la chasse des petites âmes, les ramenait dans ses mains rassemblées, et les réintroduisait dans le corps du malade, par la porte par laquelle elles s'étaient enfuies : l'anus.
Parfois, l'intervention de l'*aŋake'* était nécessaire pour chasser du corps du malade des esprits malfaisants.
Pour consulter son ou ses esprits auxiliaires, l'*aŋake'* avait recours à deux procédés utilisant le tambour.

- *aŋiā*^{r}*te'* :
le tambour *qidā*^{t} est tenu de la façon classique (fig. 386, 387 et 388) par l'*aŋake'*, assis sur le sol. A l'aide de la baguette, *kade'*, il frotte le bord du cercle de bois du tambour.

- *kadiwā*^{r}*tito'* :
la baguette est frappée sur le bord du cercle de bois du tambour, à petits coups faibles et rapides.
L'esprit-aide ainsi appelé vient donner son avis. Seul l'*aŋake'* l'entend. Il s'engage alors une conversation dont les habitants de la maison entendent les questions posées par l'*aŋake'*, les précisions demandées par lui. Mais ils n'entendent pas les réponses.

- *tō*^{r}*nāde'* :
n'était pratiqué que par l'*aŋake'*. Kora, mon informateur, raconte qu'il a assisté souvent à des séances de *tornade'* de son oncle maternel Cimujo. Il avait entre 10 et 15 ans. Cela se passait donc au début du siècle, à Atenje', une maison proche de Kulusuk.

Au cours du *tōrnāde'*, le tambour *qidā*^{t} est posé par terre à côté de l'*aŋake'*, et hors de sa portée, disent les vieux. Le *qidā*^{t} bat seul, sans être touché par l'*aŋake'*, par terre, à coups très espacés devenant de plus en plus précipités, pour finir, juste avant l'arrivée de l'esprit auxiliaire, en une danse folle, quasi hystérique (d'après les descriptions qui m'en ont été faites, en particulier pendant mon hivernage de 1936-37). Kora raconte qu'il a vu le tambour se déplacer à travers la maison de Atenje sans que personne n'y touche, et battre comme une chose vivante sur le sol de la maison alors que toutes les lampes à huile *(unaqit)* étaient allumées dans la maison. Il dit aussi avoir tâté le tambour au cours de plusieurs séances de *tō*^{r}*n̄ade'*, et qu'il sentait le tambour battre ainsi sur le sol.
Quand le tambour *qidā*^{t} bat ainsi tout seul, il : *ū*^{w}*ā*^{w}*o'*.

Position de l'*aŋake'* pour le *tōrnāde'* :
L'*aŋake'* est assis sur une peau : *ici*^{j}*api*^{j}*ā*. Cette peau est pliée en deux dans le sens de la longueur, poils en dedans. Elle est posée à côté de l'*aŋake'*, avec l'ouverture à gauche. L'ouverture du couloir d'entrée de la maison est obstruée par une peau : *āt̄*^{w}*ā*, pendue aux poutres du plafond *(āqani qiderl̄uŋu)*, par des courroies appelées charnières : *madidūdät*. A gauche de l'*aŋake'* est posé le tambour. Cette orientation correspond en général au côté de la maison dirigé vers le soleil levant (toutes les fois que cela est possible, dépendant des vents principaux, l'entrée de la maison est orientée vers le soleil à midi, c'est-à-dire au sud).

Pour le *tōrnāde'*, l'*aŋake'* est nu. Il ne porte qu'un cache-sexe *(nāc̄i*^{t}*)*.
Dans le creux de sa main gauche, il tient une rondelle *(mak̄o*^{r}*l̄a')* de cuir à faire des semelles *(adica')*. Dans la main droite, il tient une petite baguette de bois, *an̄ā*^{r}*tudā*, avec laquelle il frappe à coups rapides sur le *mak̄o*^{r}*l̄a'* tenu dans la main gauche.
Cette action : *anādo*^{r}*po'*, *anādo*^{r}*te'*
Les esprits-aides de l'*aŋake'* : *tō*^{r}*n̄ä*^{t} (singulier : *tō*^{r}*n̄a*^{r}*te'*).

JEUX

Ce volumineux chapitre consacré aux jeux indique que nous ne sommes pas en présence de simples passe-temps, destinés à amuser les enfants ou distraire les adultes pendant les longues soirées d'hiver, ou les jours de tempête, mais qu'il faut reconnaître aux activités ludiques une véritable fonction sociale.

Le jeu chez les Ammassalimiut apparaît essentiellement comme un ciment entre les membres de la communauté, un moyen de se retrouver et de communiquer. Il n'existe guère, en effet, de jeu véritablement solitaire, les divertissements sont faits pour mettre en présence deux ou plusieurs protagonistes, de même âge et de même sexe, ou bien en mélangeant hommes et femmes ou des générations différentes, adultes et enfants.

Très souvent, il s'agit de « s'affronter » ou plutôt de se « confronter » avec un ou plusieurs autres habitants de la maison, ou des visiteurs, avec beaucoup de passion et en mettant en valeur ses propres aptitudes : force musculaire, adresse corporelle ou dextérité manuelle, rapidité, capacité à mémoriser gestes et paroles, etc. mais sans que jamais la compétition ne devienne un moyen de dominer ou d'humilier l'« adversaire » de jeu. Si un défi est lancé, ce peut être l'occasion pour les différents joueurs de tester et de mesurer leurs capacités et leur force physique, les uns par rapport aux autres ; ou alors de mettre à l'épreuve leur aptitude à résoudre un problème abstrait, en trouvant la solution d'un jeu de casse-tête.

L'humour et le rire, si présents dans la vie quotidienne des populations eskimo, sont *a fortiori* au centre des distractions. L'assistance fait fréquemment partie intégrante du jeu. Par des encouragements, des commentaires incitatifs, un soutien admiratif, ou des rires francs et sonores, les spectateurs s'impliquent dans la partie, poussant ainsi les joueurs à se surpasser et donnant au jeu la dimension d'un véritable spectacle. C'est le cas notamment des divertissements sportifs ou athlétiques, tels que la lutte, les acrobaties sur courroies tendues horizontalement (trapèze souple) ou sur le sol, et les joutes diverses ; ou bien encore lors de jeux requérant une grande adresse, tels que le bilboquet et les jeux de ficelle.

Comme dans beaucoup d'autres sociétés, jeux et jouets d'enfants ont une fonction véritablement éducative. Par le divertissement, et souvent sous la direction de plus âgés, les jeunes enfants font une initiation très complète à la vie d'adulte. Ils découvrent, à travers une série de jeux de rôlc, leurs activités futures. La différenciation sexuelle est d'ailleurs déjà présente dans les activités ludiques des premiers âges de la vie. Que ce soit à l'aide de jouets ou de modèles réduits confectionnés par leur père, ou en prenant des modèles vivants (frères et sœurs cadets, chiots), ou encore simplement en utilisant ce que l'environnement peut leur offrir : pierre, caillou, herbe, morceau de bois, chute de peaux, os d'animaux... garçons et filles « jouent » à la vie de leurs parents, imitant, mimant et parfois caricaturant, dans les moindres détails, leurs gestes et leurs attitudes. Pour le jeune garçon, ce sera poursuivre un gibier prestigieux, un ours de préférence, le harponner, naviguer en kayak, manier le fouet pour faire avancer le traîneau, et même défier un jeune « adversaire » en « duel de chant » accompagné du tambour, ou encore parodier une séance de chamanisme ; tandis que la petite fille s'amusera à accoucher, pouponner, découper le phoque, râcler la peau, distribuer la nourriture, entretenir la lampe à huile, ramer en umiak, etc. Et des jeux communs entre garçons et filles leur donneront l'occasion de reproduire, à leur échelle, la vie communautaire dans la maison ou dans la tente, les migrations d'été...

Le passage du jeu à la vie réelle se fait alors insensiblement ; peu à peu l'enfant participe de façon active à la vie familiale et, sans rupture, devient adulte. Différentes étapes importantes de son existence personnelle, comme ses premiers pas, la chute de sa première dent, la capture de son premier gibier, etc. sont célébrées communautairement par un « jeu de distribution » de cadeaux et de nourriture, organisé par son père. Ce cérémonial – entre jeu et rite (évoquant en quelque sorte le potlatch) – accompagne l'enfant dans sa progression vers l'âge mûr.

Enfin, le sentiment de peur et la crainte des esprits maléfiques et dangereux font encore partie des jeux d'enfants. On retrouve ainsi *kīapa'*, le masque effrayant, dans plusieurs de leurs jeux, soit représenté par un élément du jeu, comme dans les osselets, soit utilisé par les adultes pour impressionner les enfants. Ainsi, l'apprentissage de la vie, à travers les activités ludiques, nous apparaît très complet.

Dans le texte qui suit, la classification et le regroupement des jeux n'ont pas de signification particulière. Une tout autre présentation aurait pu se concevoir, par exemple en associant les divertissements selon le sexe des joueurs, ou leur génération ; le lieu où se pratique le jeu (à l'intérieur ou à l'extérieur des habitations), ou la saison (l'été ou l'hiver) ; selon qu'il s'accompagne ou non de récitatifs, ou bien encore d'après le nombre de participants (jeux individuels ou collectifs).

Nous aurions pu aussi rassembler dans une même catégorie des jeux qui sont en réalité des vestiges d'anciens cultes ou rituels, tombés en désuétude et ayant perdu, dans cette région, leur caractère magique ou sacré, mais connus ailleurs dans l'Arctique comme ayant été associés à des fêtes ou cérémonies religieuses, comme par exemple celles qui ont trait au culte de la baleine. Il en est ainsi des « jeux de distribution », de divers jeux de balle et de lutte, de l'exercice du bilboquet avec son long récitatif, de jeux comportant un élément divinatoire ou de succès désigné par le hasard : toupie, osselets, disque, de certaines figurines anthropomorphes, et enfin des jouets produisant des sons : rhombe, hélice et peut-être hochet.

Quelques jouets enfin sont les derniers témoins d'une technologie abandonnée : arbalète, arc et sarbacane avaient ainsi, à l'époque de l'observation, disparu de l'arsenal des armes de chasse, pour survivre en tant que distraction.

Jamais une telle variété de jeux n'avait été répertoriée, ni à Ammassalik ni ailleurs dans les populations eskimo. Ces divertissements, à règles très précises, évocateurs d'une culture matérielle et spirituelle spécifique, sont actuellement un élément très menacé du patrimoine culturel des Ammassalimiut.

Aujourd'hui, la plupart des jeux décrits ici sont ignorés des plus jeunes générations qui ont découvert les jouets fabriqués au loin, ainsi que d'autres formes d'amusements connus en Occident. Les jeux de cartes avec mises plus ou moins élevées (cigarettes, argent ou objets personnels) et les séances de loto organisées à l'échelle du village sont notamment devenus des jeux d'intérieur très populaires, tandis que les parties de ballon et de football, ou le ski, attirent les jeunes hors des maisons. Et plus récemment, la télévision et le magnétoscope tendent à supplanter les autres formes de loisirs.

Joëlle ROBERT-LAMBLIN

JEUX DE MIMIQUES

Mimique : art de l'imitation par le geste (Petit Robert)

Mimique des enfants : *puidiŋidāne'*

Ce jeu se joue à la fantaisie des enfants de tous les âges. Il représente les différentes phases de la vie et ce qui l'entoure. Mais, le plus souvent, c'est la vie du chasseur au cours d'une année qu'il illustre dans tous les détails :

– En été : sous la tente ; chassant le phoque ou les oiseaux en kayak ;

– En hiver : dans la maison ; chassant, en traîneau sur la glace, le phoque et l'ours ; prenant l'ours et le renard au piège ;

– L'été revenu, le grand bateau danois arrive. On y échange les peaux de bêtes tuées au cours de l'année.

L'environnement

– *qicaderpo'* : ça va geler.

Un enfant est maître du jeu, entouré par les autres enfants. Ils tendent leurs mains devant eux, doigts écartés et tendus. À chaque syllabe du mot, le maître de jeu les pince successivement, d'abord au torse, puis au bout des doigts, en prononçant le mot syllabe par syllabe :

qī – cā – dī – gā – ȷ̄ – ra!

À la dernière syllabe, le pincement doit être particulièrement fort. Si l'enfant pincé ne crie pas : *agā*! (l'équivalent de « aïe »), c'est que « ça ne gèle pas assez fort ». S'il crie, le doigt ainsi pincé (chaque doigt représente un homme) est mort, gelé.

– *cigidoʳpo'* : la glace va se former. « Le temps est beau, la glace se forme sur le fjord ».

Il s'agit d'une mimique exécutée par un seul enfant. L'enfant tient ses mains devant et à la hauteur de sa bouche, horizontalement, les paumes vers le bas, le bout des doigts joints. Les mains s'écartent horizontalement, s'éloignant lentement de la tête, pendant que l'enfant émet une sorte de sifflement, de chuintement (« ch… ») pour imiter le bruissement de la jeune glace en formation.

– *imādoʳpo'* : la mer va se faire. « L'été revient, la glace fond ».

Mimique exécutée par un seul enfant.

L'enfant tient ses mains devant lui, horizontalement, les paumes vers le bas, doigts écartés, les pouces se touchant. L'enfant abaisse ses deux mains lentement (symbolisant ainsi la glace qui fond et disparaît) en émettant un sifflement léger: « sss... »

– *ciĕtarpo'*: il pleut

L'enfant forme sa langue en boule entre les lèvres et souffle. La vibration de la langue émet un bruit qui ressemble à celui de la pluie sur la tente.

Les hommes

l'homme (l'être humain)

Fig. 405.

Fig. 406.

une femme portant son bébé dans le capuchon : *nudiaka amarte'*

L'habitat

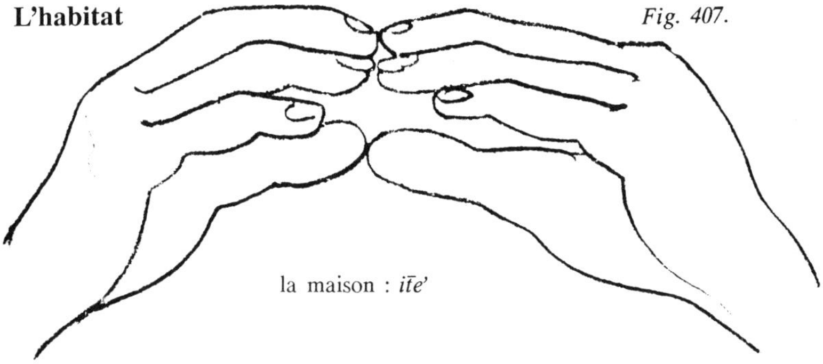

Fig. 407.

la maison : *ĩte'*

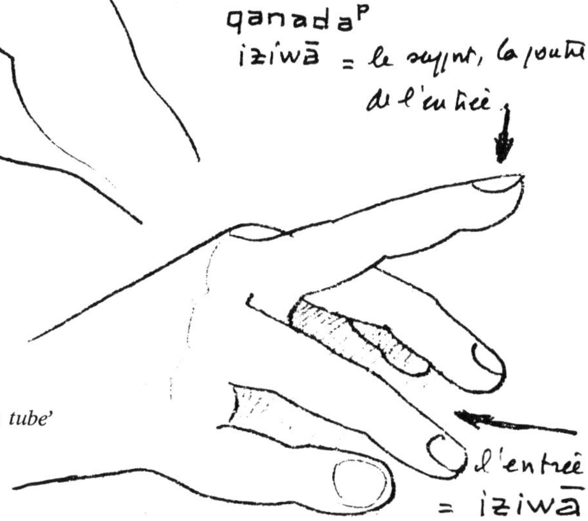

la tente : *tube'*

Fig. 408.

Les moyens de transport

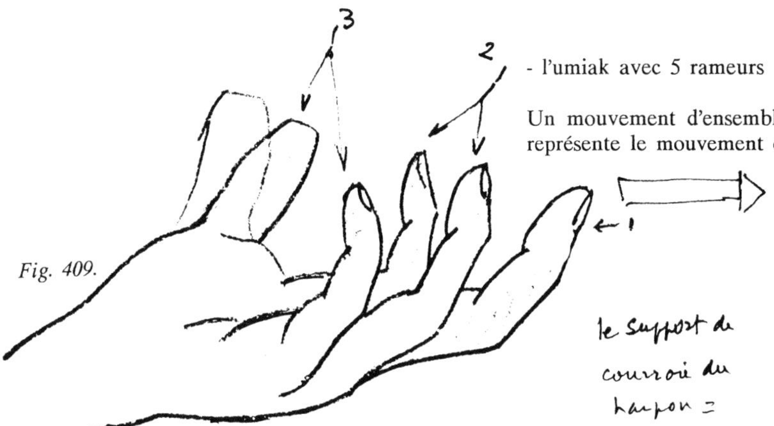

- l'umiak avec 5 rameurs

Un mouvement d'ensemble des doigts dans le sens de la flèche représente le mouvement des rameurs.

Fig. 409.

1. *cũka'*, le rameur avant
2. *cũkã' tutijä^t*, les deux rameurs à l'arrière du rameur avant.
3. *ceĩi^t*

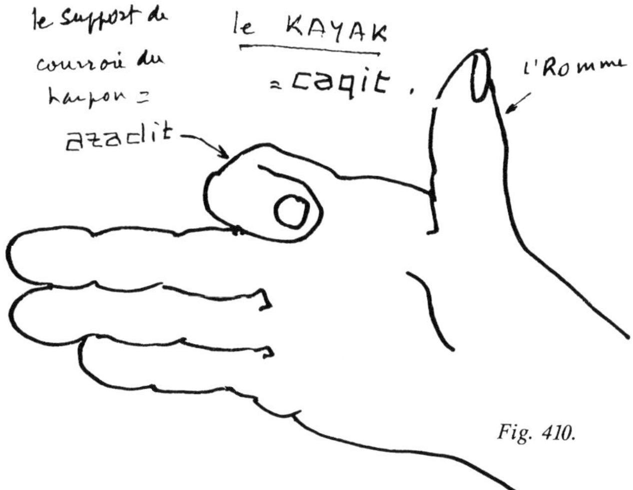

Fig. 410.

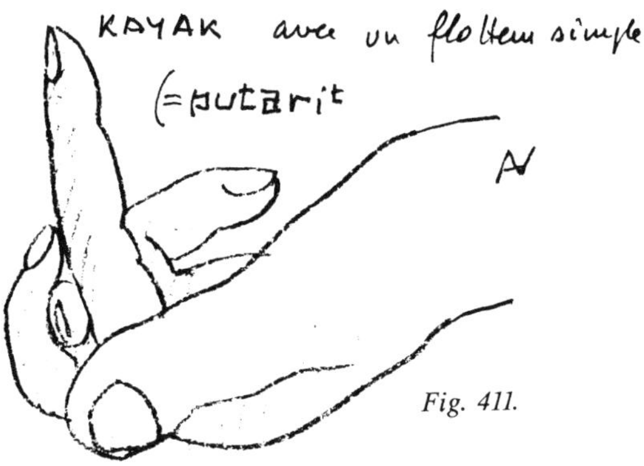

Fig. 411.

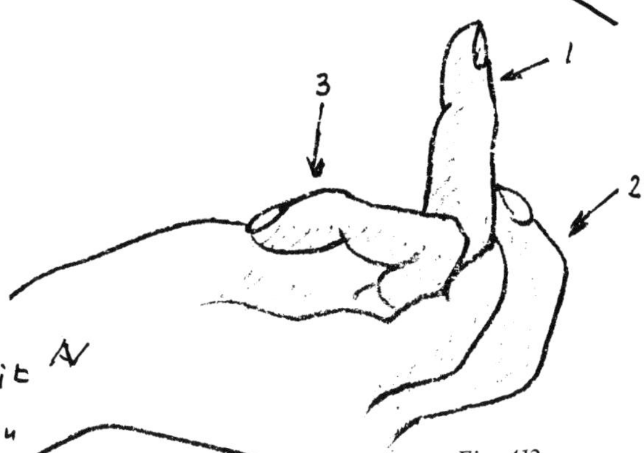

1- le kayakeur
2- le flotteur de harpon = putarit
3- le support de la courroie de harpon = azadi

Fig. 412.

- kayak à flotteur double

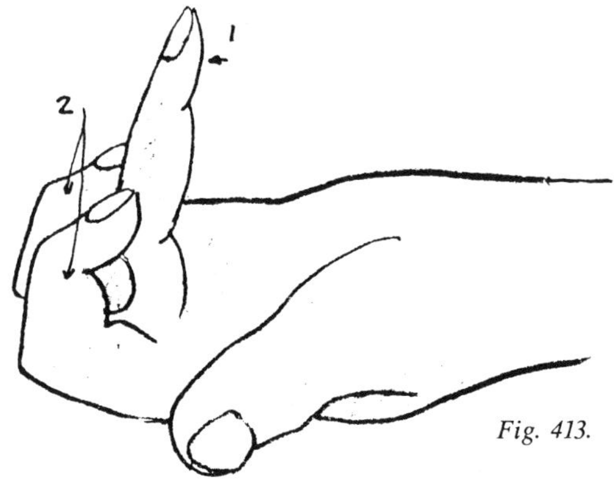

Fig. 413.

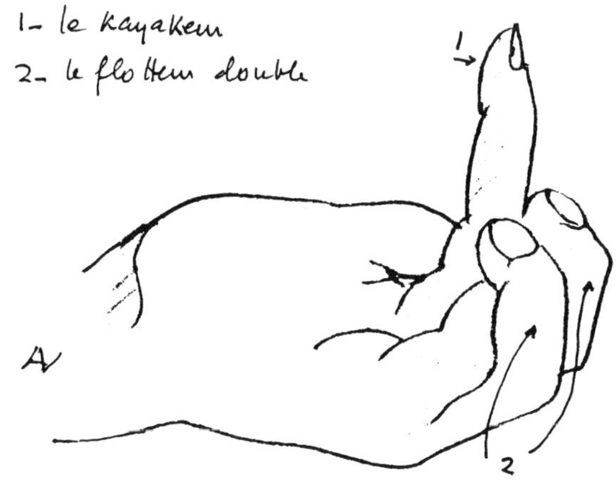

Fig. 414.

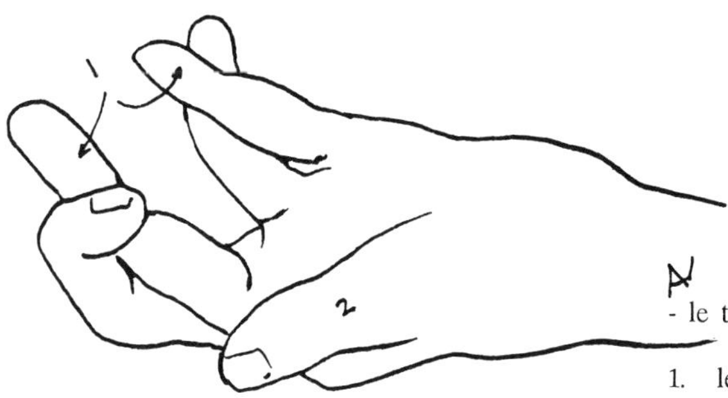

Fig. 415.

- le traîneau : *katōdi*

1. les montants arrières : *nabajet*
2. le pouce représente parfois le phoque qu'on ramène de la chasse

Les animaux

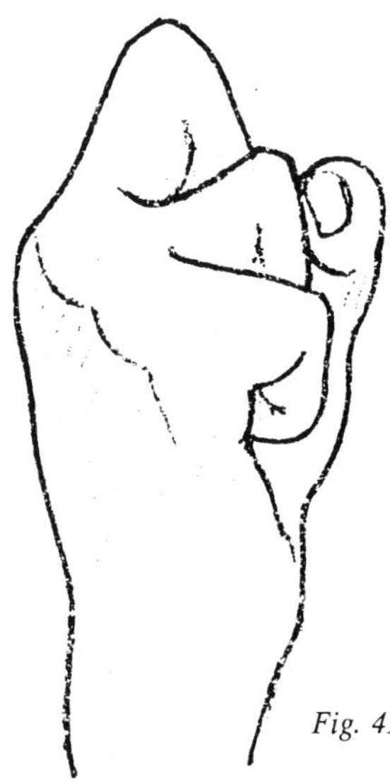

Fig. 416.

- le phoque
Ce geste représente un phoque vertical dont la tête fait surface.

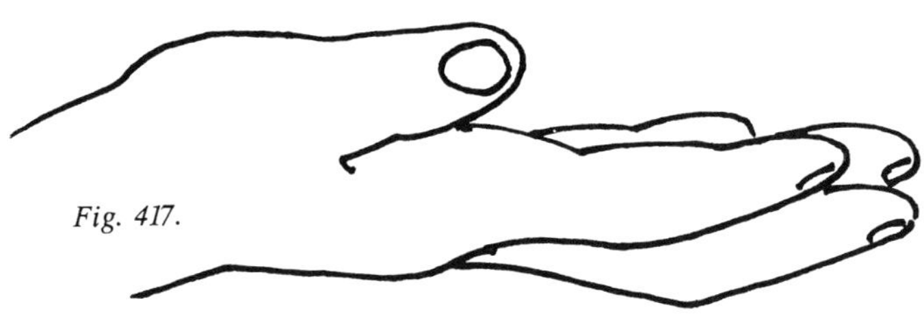

Fig. 417.

phoque couché sur le dos, sur la glace, étendu (dormant)

Fig. 418.

le même, couché sur le dos, relevant la tête pour scruter la surface autour de lui. La main, tenue horizontalement, tourne à gauche et à droite.

necia' : jeune phoque

Le pouce représente la tête qui émerge de la surface de l'eau. En faisant tourner le pouce ou la main, on représente le phoque scrutant la surface.

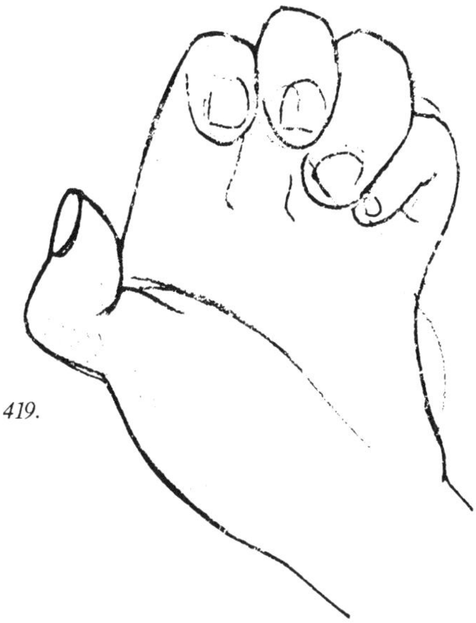

Fig. 419.

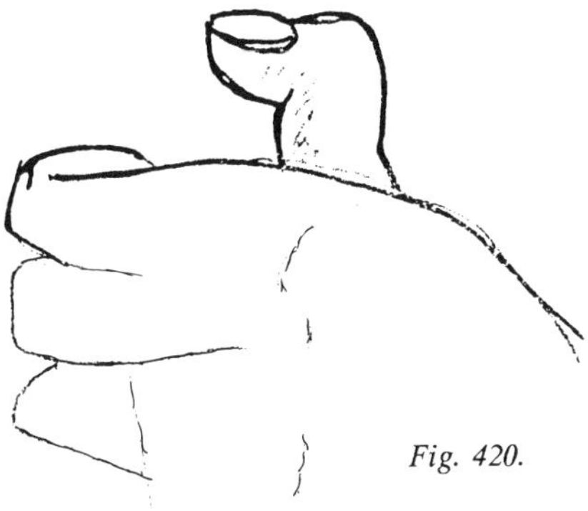

Fig. 420.

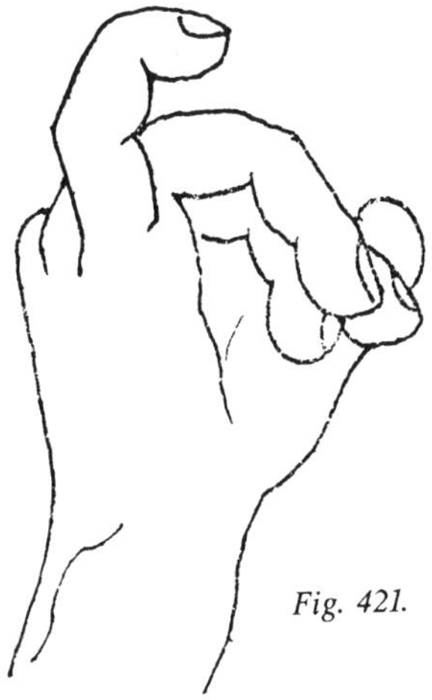

Fig. 421.

qīediwa' : phoque commun *(Phoca vitulina)*

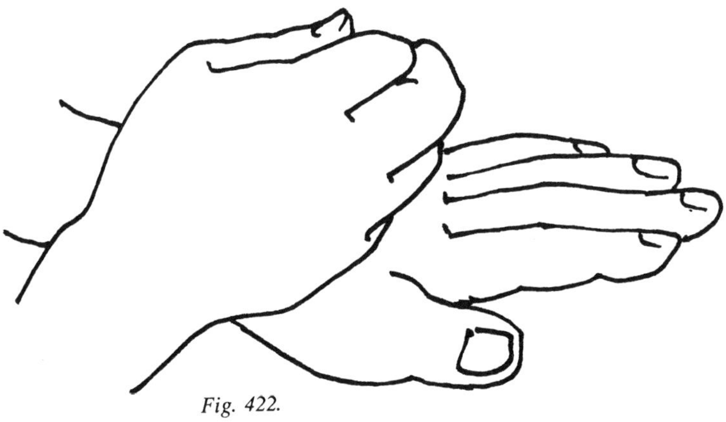

Fig. 422.

un phoque couché : *qacimade'*, sur la glace, banquise ou floe

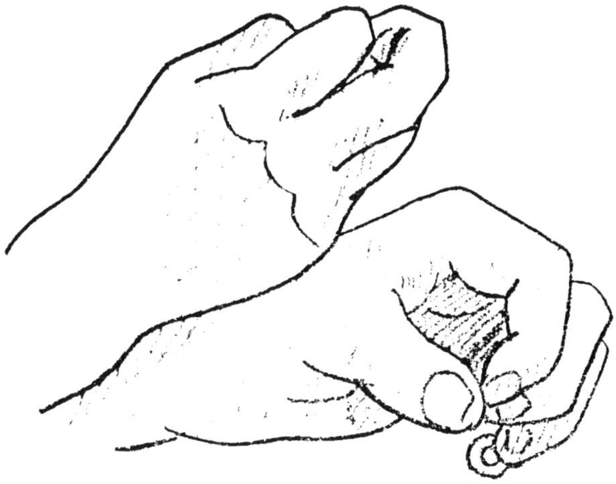

Fig. 423.

un phoque couché *(qacimade')*, sur la glace à côté de son trou de respiration *(ate')*

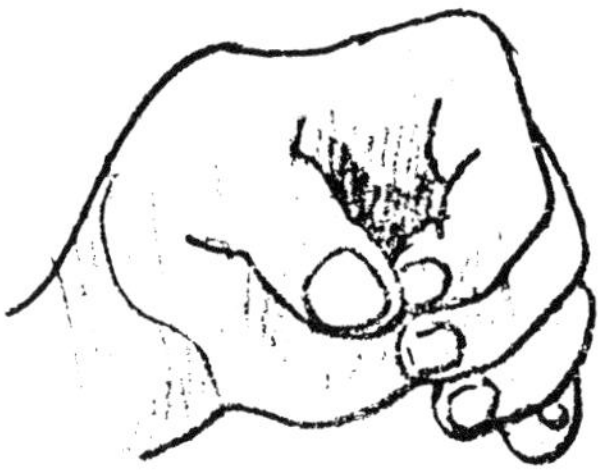

le trou de respiration du phoque à travers la glace : *ate'*

Fig. 424.

le phoque sous son trou de respiration

Fig. 425.

Fig. 426.

le phoque en train de respirer à son trou de respiration

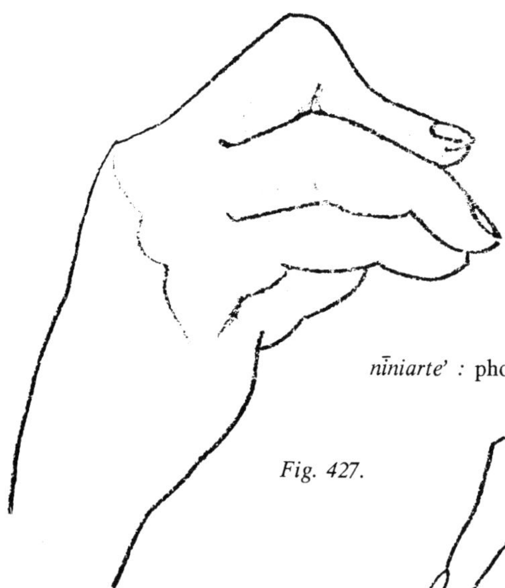

nīniarte' : phoque à capuchon *(Cystophora cristata)*

Fig. 427.

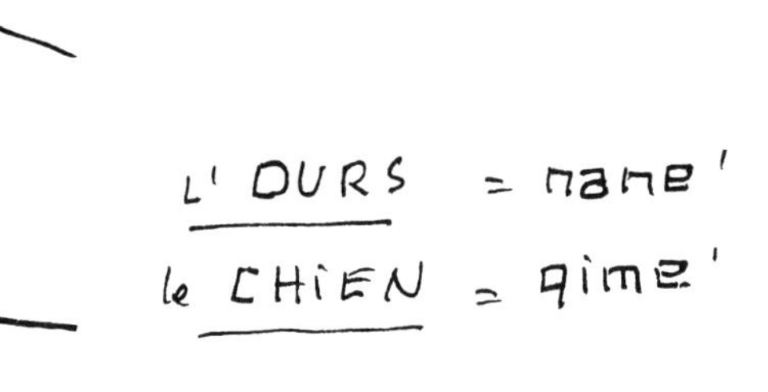

Fig. 428.

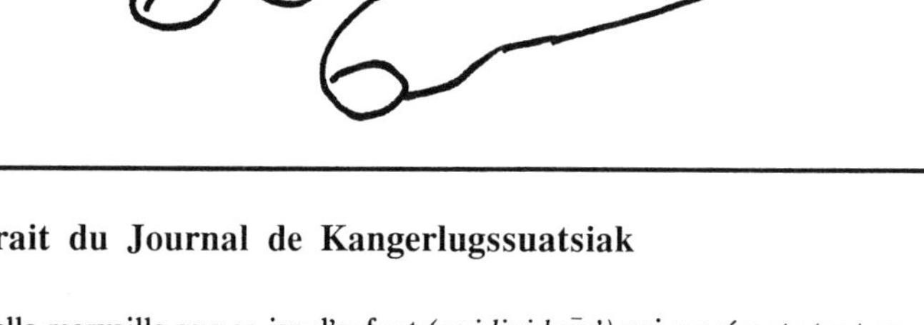

L'OURS = nane'

le CHIEN = qime'

Extrait du Journal de Kangerlugssuatsiak

"Quelle merveille que ce jeu d'enfant *(puidiŋidane')* qui représente tout avec les mains : les chasseurs, les phoques, leurs attitudes, les kayaks, umiaks etc."

(Journal de KGSK, le 3 avril 1937)

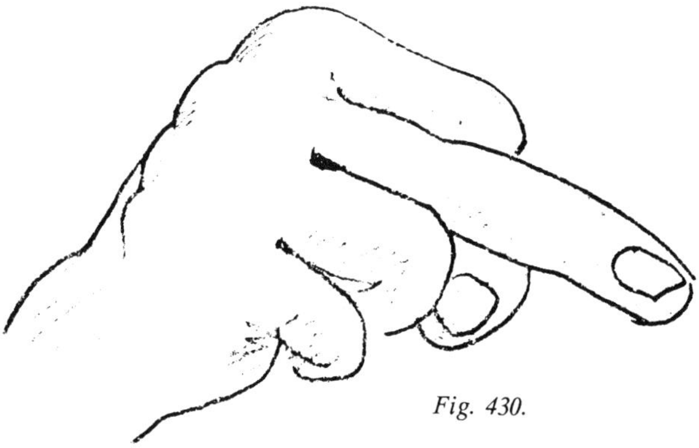

Fig. 430.

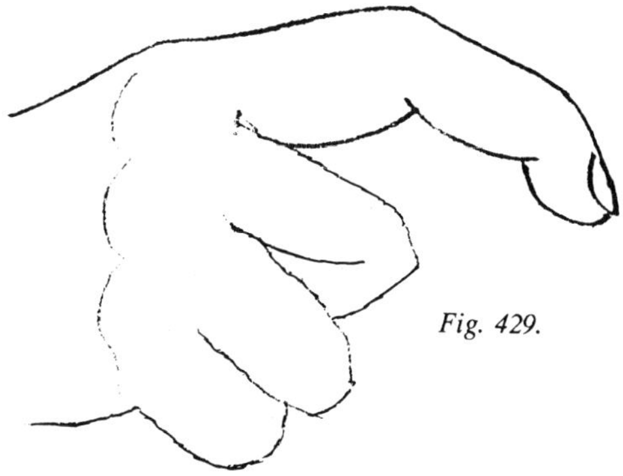

Fig. 429.

le NARVAL
=qiediwa'

le RENARD = Drociña'

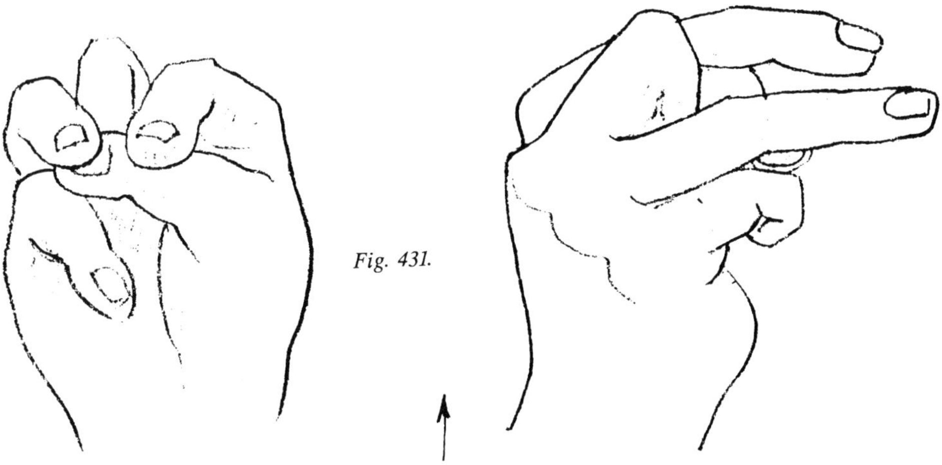

Fig. 431.

Le MORSE = āwe'

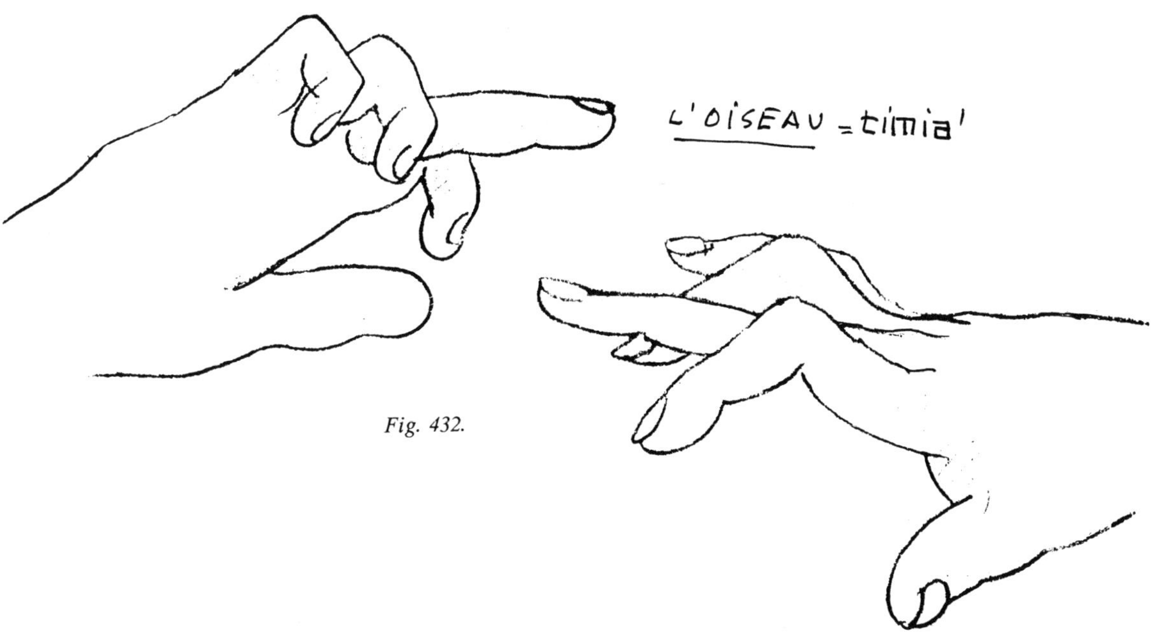

L'OISEAU = timia'

Fig. 432.

JEUX SUR COURROIES

LE TRAPEZE SOUPLE

le trapèze souple : *aciñarata*

le jeu : *acināratārne'*

le trapéziste, l'homme qui exécute les mouvements : *acināratārte'*
les courroies : *acinārat̄ä*ᵗ

L'appellation "trapèze souple" (ou barre-fixe souple !) a été donnée faute de mieux. Il s'agit d'un jeu d'adresse. Les mouvements consistent à exécuter des acrobaties, suspendu de diverses façons à des courroies tendues à travers la maison. C'est un jeu pour les hommes. Il arrive cependant, très rarement, qu'une femme se présente pour défier un homme. Mais c'est généralement pour se moquer de lui, ou pour faire le pitre.

Il est possible que ce jeu (ou certains mouvements, voir n° 37 et 39) ait eu autrefois une teinte plus ou moins religieuse. Mais à l'époque déjà (en 1934-37), ce sens avait été totalement oublié.

Quatre ou cinq longues courroies de peau de phoque *(añe' : Erignathus barbatus)*, jumelées, sont tendues à travers la maison, entre les deux murs latéraux. Tous les mouvements sont exécutés autour et à l'aide de ces courroies.

D'une façon générale, les illustrations sont faites face à l'exécutant (c'est-à-dire, les mains telles que l'exécutant les voit). Pour simplifier, deux courroies sont représentées ; mais dans la réalité il s'agit de plusieurs courroies, pour la solidité et pour en limiter la souplesse sous le poids de l'exécutant.

Informateurs de Kangerlugssuatsiak,
en 1936-37 :
- Kristian
- Odarpi
- Mikidi

1 - nuzuwiñāt̄uŋu

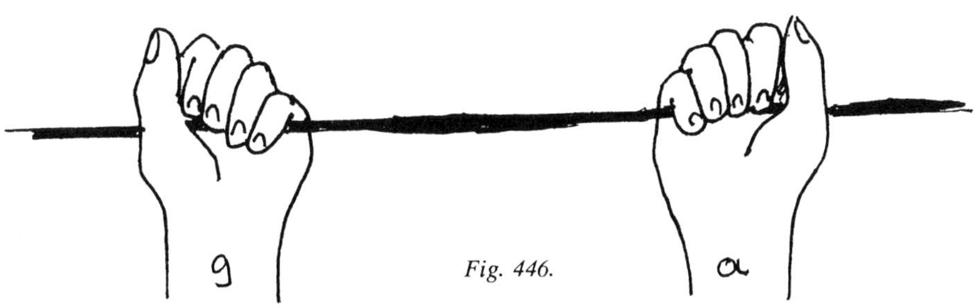

Fig. 446.

La courroie est tenue, les deux mains avec les doigts tournés vers l'exécutant. L'exécutant se lance en avant par-dessus la courroie : *tugījart̄uŋu.* Profitant du mouvement de balance ainsi obtenu, il doit passer par-dessus la courroie et se retrouver debout, de l'autre côté.

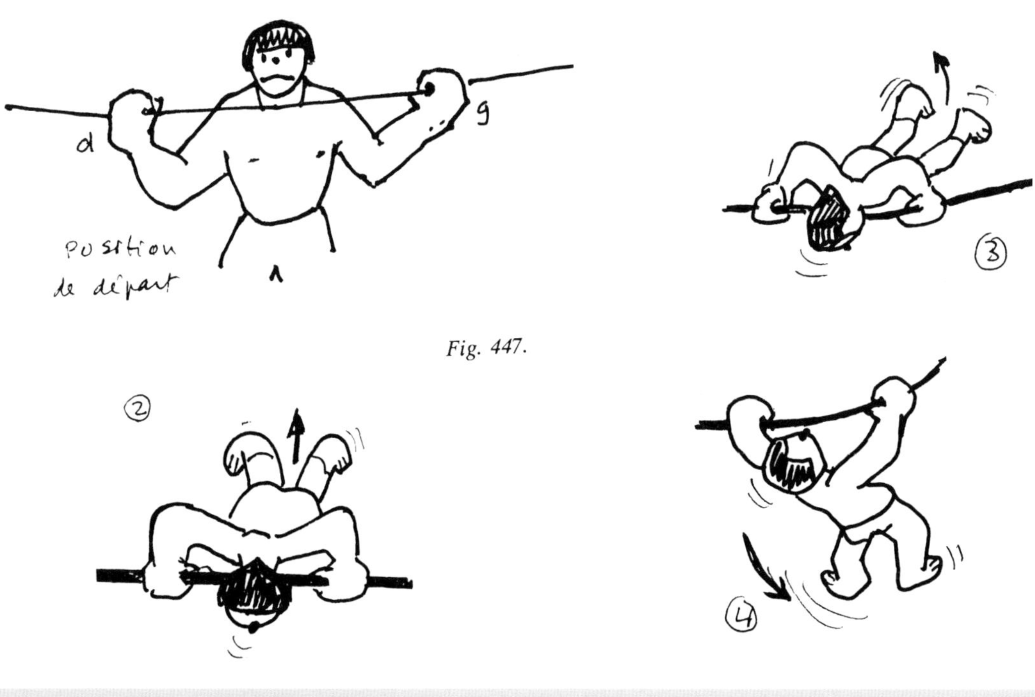

Fig. 447.

2 - ***paterītituŋu***

Comme le numéro 1, mais les doigts tournés vers l'extérieur, les dos des mains vers l'exécutant.

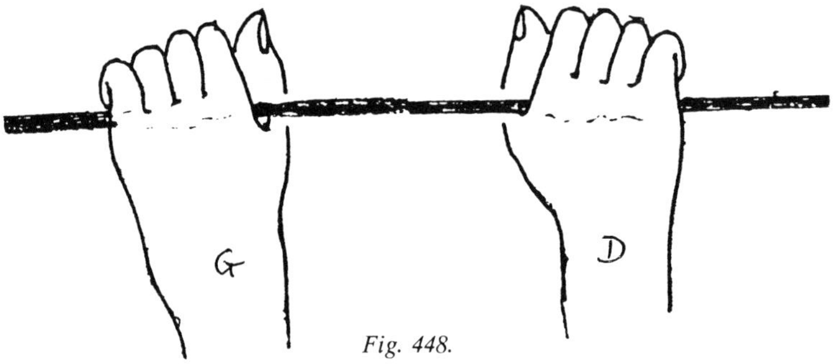

Fig. 448.

3 - ***paterītituŋu kadītuŋu***

Comme le numéro 1, mais les doigts toujours tournés vers l'extérieur, les mains sont rapprochées et jointes.

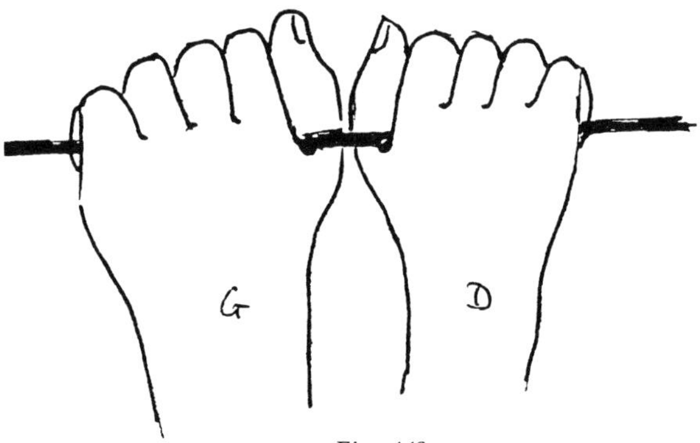

Fig. 449.

4 - ***nuzuwiñātuŋu kadītuŋu***

Comme le numéro 1, les doigts tournés vers l'exécutant et les mains rapprochées et jointes.

Fig. 450.

5 - ***tīwiñarītuŋu tugījarītuŋu***

La courroie (l'ensemble des courroies) est tenue, main droite, doigts tournés vers l'extérieur, main gauche, doigts tournés vers l'exécutant. L'exécutant se lance en avant par-dessus la courroie et, profitant du mouvement de balance ainsi obtenu, doit passer par dessus celle-ci. Passer par-dessus la courroie : *tugījarītuŋu*

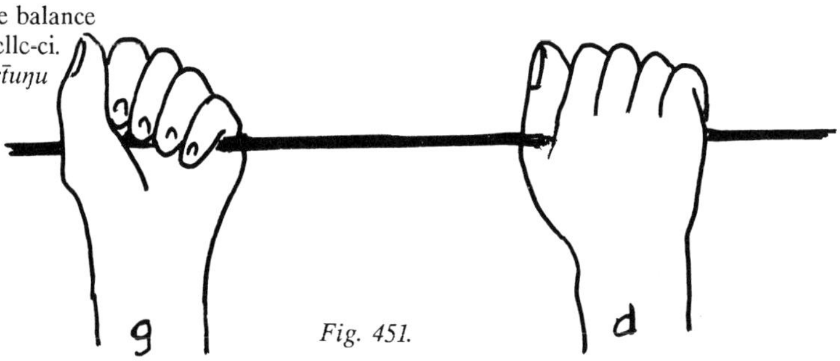

Fig. 451.

6 - **kiłuŋu**

Position classique des mains tenant la courroie, jointes et appuyées contre la joue droite de l'exécutant. La courroie est serrée entre les dents.

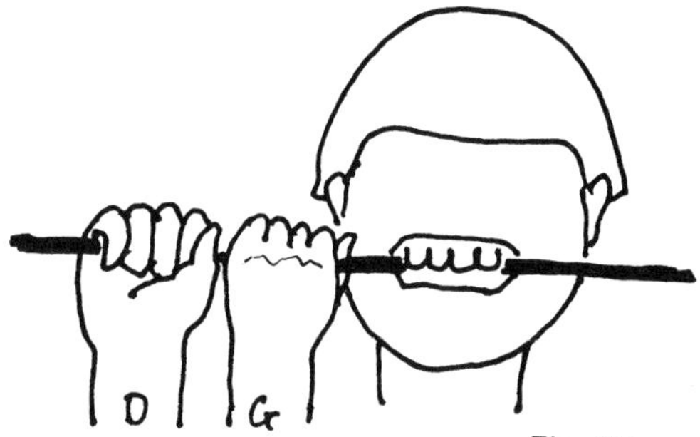

Fig. 452.

7 - Idem, la main droite, ongles tournés vers l'exécutant ; la main gauche, ongles tournés vers l'extérieur.

8 - Idem, les deux mains, ongles tournés vers l'exécutant.

9 - Idem, les deux mains, ongles tournés vers l'extérieur.

10 à 13 - Idem, la courroie tenue contre la joue gauche et les mains dans les quatre positions différentes ci-dessus.

Totalité des figures *kiłuŋu* : 8

14 - **qiłatałiłuŋu**

Bras croisés, une main (ici la gauche) les doigts tournés vers l'extérieur. L'autre main (ici la droite) tient la courroie à pleine main, donc doigts face à l'exécutant, tournés vers le haut. Mouvement très difficile à cause de la position respective des mains.

Même mouvement que le n° 1 ou le n° 4.

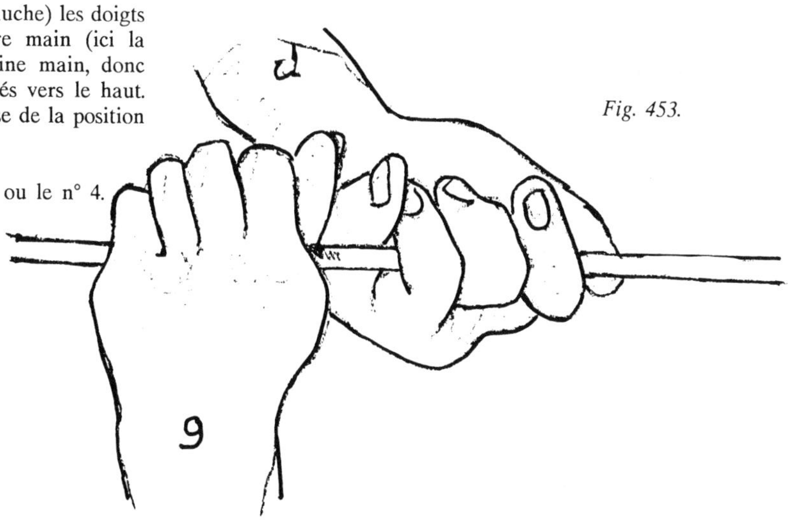

Fig. 453.

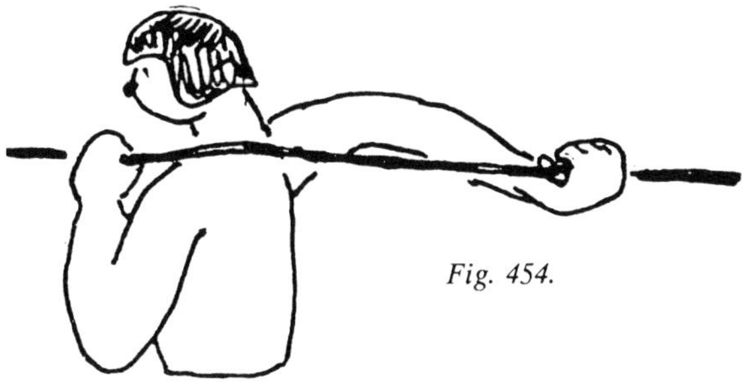

Fig. 454.

15 - **qiłatałiłuŋu** (suite du n° 14)

La courroie passe par-dessus l'épaule gauche. La main gauche tient la courroie devant l'exécutant. Le bras gauche est plié. Le bras droit est tendu en arrière. La main droite passe sous la courroie et la saisit, ongles vers le haut.

16 - La courroie passe devant l'exécutant. La main gauche la tient par-dessous, coude au corps. Le bras droit est tendu à droite. La main droite passe par-dessus la courroie et la tient, doigts passés par-dessous, ongles vers l'extérieur.

Fig. 455.

BILBOQUET

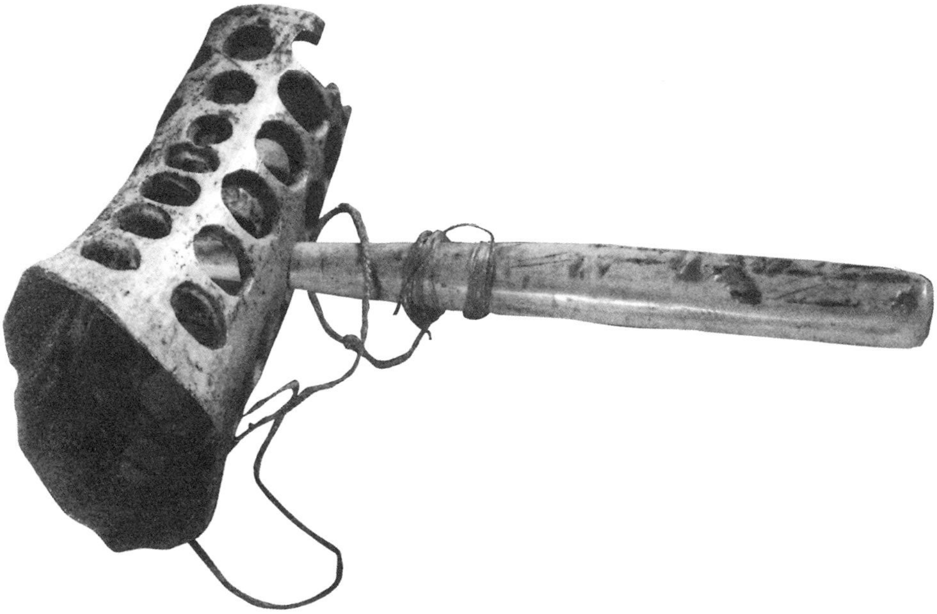

DESCRIPTION ET NOMENCLATURE

ajaŋa' : bilboquet

Description

Le type de bilboquet le plus répandu chez les Eskimo d'Ammassalik est celui qui est fabriqué à l'aide d'un radius de phoque, évidé (1).

Il est essentiellement composé par (2) :

- un corps ;
- un stylet (ou pointe)
- un lien reliant le corps à la pointe (ou cordon)
- le corps est formé par un radius de gros phoque, évidé et percé de nombreux trous. Le corps : *ajaŋa'*
- le stylet est fait d'un morceau d'os long d'un gros phoque, ou d'un morceau d'os d'ours blanc. Taillé en pointe émoussée, il est proportionné à la taille du corps. Le stylet ne porte pas de nom en eskimo, mais l'ensemble stylet-lien s'appelle : *ajadā*
- le lien est : soit du *qīta,* tendon de phoque à deux brins tressés, soit de préférence du *per̄ta,* tendon de phoque à trois brins tressés, soit même de la ficelle

Extrait du Journal d'Ammassalik

"Kara, Dumidia et Ippa jouent à l'*ajaŋa'*. Chacune représente un umiak. A chaque passe, correspond une image. L'umiak part. Il passe par tel endroit, arrive à terre, etc. Quand l'une d'elle rejoint l'autre, elle la tue, lui coupe la tête, renverse l'umiak, l'éventre, etc. L'autre est alors obligée de reprendre sa tête, réparer, se redresser, repartir, etc. Ou bien (et ceci se fait en jonglant, l'axe du bilboquet tenu dans les dents) ce sont les requins (1,2,3 etc. requins) qui mangent l'autre. Ou bien encore, l'une rend visite à l'autre, et ce sont des politesses que l'autre sera obligée de rendre."

(Journal d'AMK, le 10 janvier 1935)

Notes :

(1) - Pour une description détaillée des divers types de bilboquets dans le domaine eskimo, voir : *L'ajagaq, bilboquet eskimo,* par Robert Gessain, *in* Journal de la Sté des Américanistes, nouvelle série, t. XLI, pp. 239-294, Paris 1952.

(2) - Dans un souci d'uniformisation, les termes adoptés ici sont ceux utilisés par Robert Gessain dans la publication citée ci-dessus (à savoir : "corps-stylet et lien", alors que dans une première publication sur l'*ajaŋa* (*Le bilboquet chez les Eskimo d'Angmagssalik,* par Paul-Emile Victor, *in* Journal des Américanistes, nouvelle série, t. XXX, pp. 300 à 331, Paris 1938), les termes utilisés étaient : "corps, aiguille ou pointe, et fil ou cordon".

Nomenclature

- Les éléments de l'*ajaŋa'*

1 - stylet
2 - lien
3 - corps : *ajaŋa'*
4 - ensemble stylet et lien : *ajadā*
(il n'y a pas de nom pour désigner spécifiquement ni le stylet, ni le lien qui forment un tout)

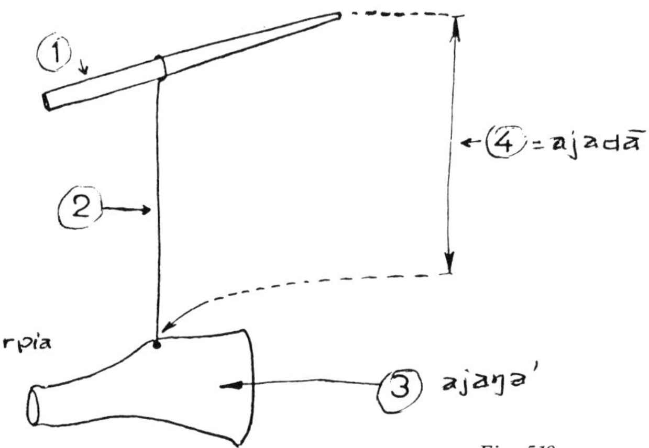

Fig. 519.

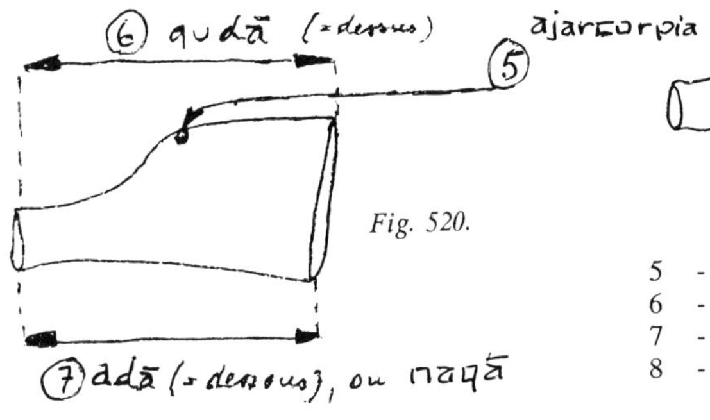

Fig. 520.

5 - trou de fixation du lien sur le corps : *ajacorpia*
6 - dessus du corps : *qudā*
7 - dessous du corps : *adā* ou *naqā*
8 - côté du corps : *ĩn^{w}ā*, pluriel *ĩn^{w}ā^t*

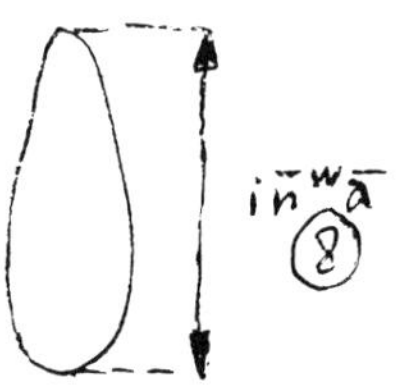

- Les différentes parties du corps de l'*ajaŋa'* :

1 - la partie la plus haute du dessus : *qatuniŋa*
2 - petite ouverture : *erciwa* (qui signifie gros intestin) ; cette ouverture est également appelée *kiawi :* anus
3 - grande ouverture : *pāja* (qui signifie entrée, d'une maison par exemple)
4 - dessus : *qudā*
5 - dessous : *ādā* ou *naqā*
6 - côté : *ĩn^{w}ā*
7 - trou par lequel est passé le lien (fil de suspension) : *ajarcorpia*

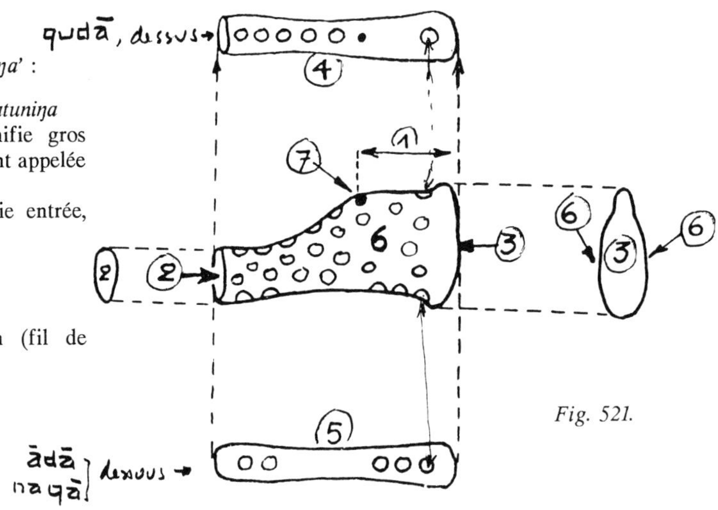

Fig. 521.

Fig. 522. - Le dessus de l'ajaŋa'.

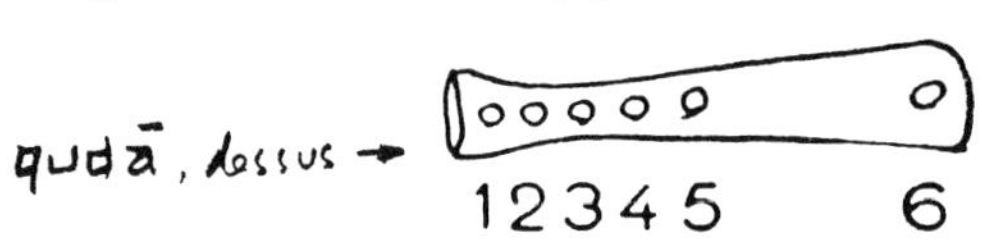

- Les trous du dessus de l'*ajaŋa'* sont :

1 - *izerce'* ou *tazqadiwa' :* celui qui est dans la partie étroite
2 - *izercĩ^p tutijā :* le suivant ; celui qui suit le *izerce'*
3 - *qiqace' :* celui du milieu
4 - *tapuwāmercĩ^p tutijā :* celui qui suit
5 - *cuducūdā :* la nageoire dorsale
6 - *qaderiza :* la partie comprise entre le nez et la lèvre (le *pāja* est alors comparé à une bouche)

Les trous du dessous sont :

7 - *izerce'*
8 - *izercĩ^p tutijā*
9 - *qiqace'*
10 - *taũuwada tutijā :* celui qui suit le *tatuwa*
11 - *tatuwa :* le menton (le *pāja* est alors comparé à une bouche)

Fig. 523. - Le dessous de l'ajaŋa'.

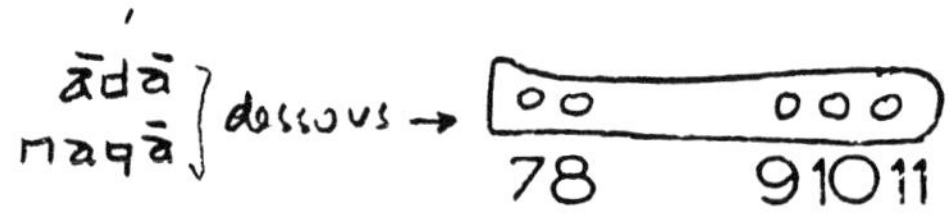

DEFINITIONS

Les sens

Au cours de l'exposé, les termes utilisés pour définir les sens de rotation seront "sens direct" et "sens rétrograde", dont les définitions sont les suivantes :

- sens direct (fig. 524 A) : l'*ajaŋa'* décrit un cercle ou une portion de cercle en partant de sa position d'attente et en s'éloignant, au début du mouvement, du corps de l'exécutant ;
- sens rétrograde (fig. 524 B) : l'*ajaŋa'* décrit un cercle ou une portion de cercle en partant de sa position d'attente et en se rapprochant, au début du mouvement, du corps de l'exécutant.

Fig. 524. - Sens de rotation A, sens direct ; B, sens rétrograde.

Les plans

La pointe et le corps de l'*ajaŋa'* peuvent se trouver dans deux plans différents :
- dans le plan de la main, c'est-à-dire dans un plan perpendiculaire au plan des épaules de l'exécutant ;
- dans le plan perpendiculaire à la main, c'est-à-dire dans un plan parallèle aux épaules de l'exécutant.

Les angles

Dans le plan de la main, comme dans le plan perpendiculaire à la main, la pointe peut être tenue différemment.
Les angles sont donnés de 0° à 360° :
- dans le sens rétrograde, quand la pointe est dans le plan de la main ;
- dans le sens de droite à gauche par rapport à l'exécutant, quand la pointe est dans le plan perpendiculaire à la main.

	Dans le plan de la main	Dans le plan perpendiculaire à la main
0° se trouvant	au-dessus de la main	au-dessus de la main
90° se trouvant	devant la main	à gauche de la main droite (non utilisé pour la main gauche)
180° se trouvant	au-dessous de la main	au-dessous de la main
270° se trouvant	derrière la main	à droite de la main gauche (non utilisé pour la main droite)

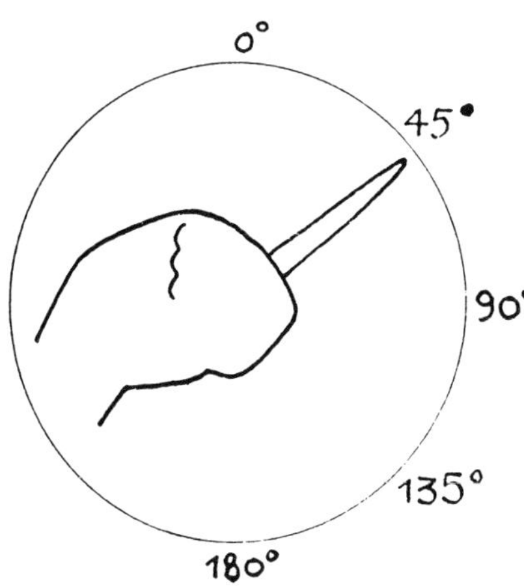

A : main droite vue de côté

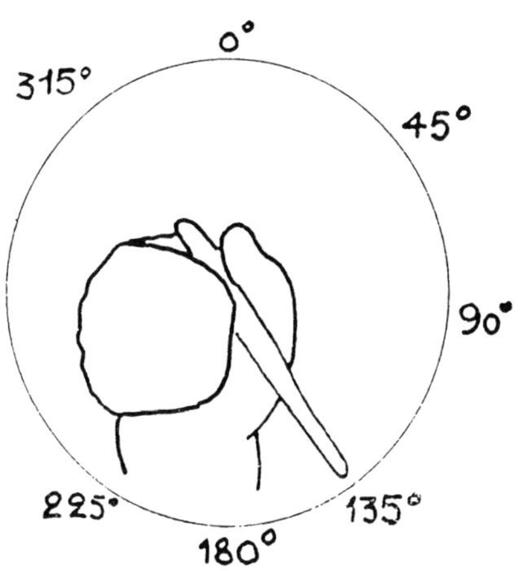

B : main droite vue de face

Fig. 525. - Définitions des angles : A, dans le plan de la main ; B, dans le plan perpendiculaire à la main.

Méthode de description

Chaque mouvement principal est décrit par une explication et un dessin de la position de départ de la main droite : vue de côté, vue de face, vue par l'exécutant ; par une explication et un dessin du mouvement proprement dit.

Pour certains mouvements compliqués, les positions intermédiaires sont données.

En 1936-1937, j'ai pris des photographies de tous les mouvements et détails concernant l'*ajaŋa'*. Malheureusement, elles n'ont pas été retrouvées.

DIFFERENTS MOUVEMENTS

(1) īmarmituŋu ou ajaŋiānarīuŋu

Position de départ

Le stylet
- est tenu à pleine main
- se trouve dans le plan de la main
- son angle est de 45°

Le corps
- tombe sans mouvement
- est dans le plan de la main

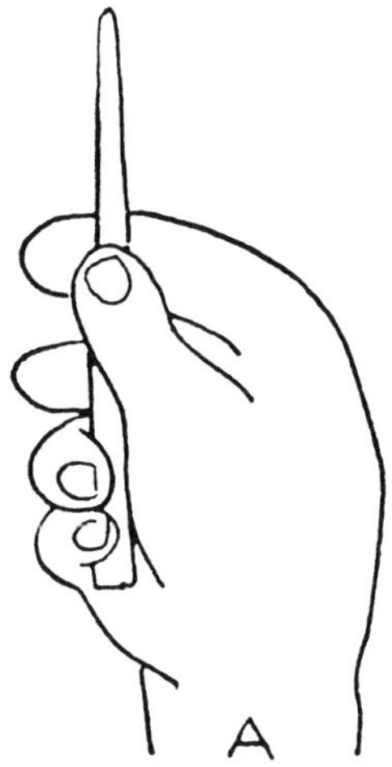

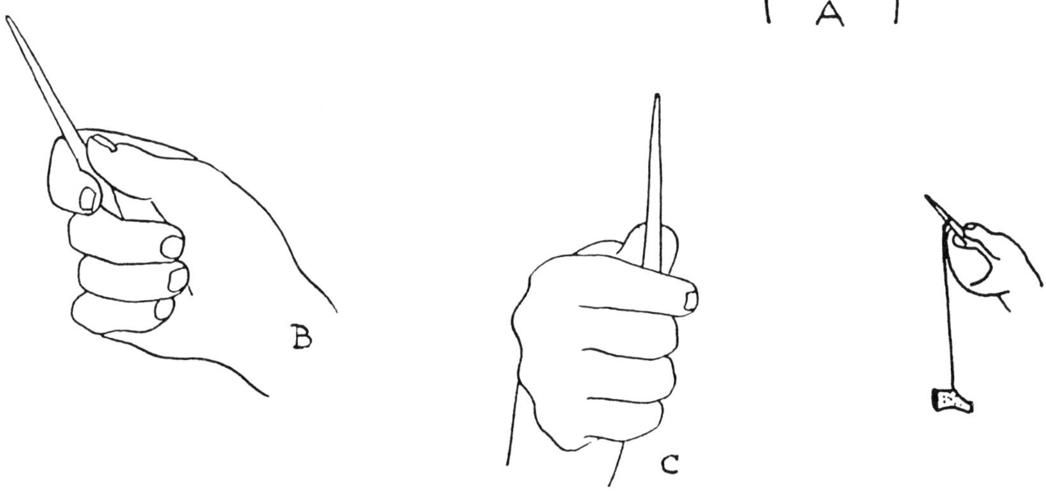

Fig. 526. - Position de départ de la main pour le mouvement (1) : īmarmituŋu (main droite). A, vue par l'exécutant ; B, vue de côté ; C, vue de face.

Exécution du mouvement (1)

Le corps de l'*ajaŋa'* décrit une portion de cercle dans le sens direct et dans le plan de la main.

Le corps de l'*ajaŋa'* est reçu sur le stylet qui doit se loger :

- soit dans la grande ouverture *(pāja)*
- soit dans la petite ouverture *(erciwa)*

Si la réception se fait dans la grande ouverture, le mouvement s'appelle : *īmarmituŋu* ou *ajaŋiānerīuŋu*. Dans ce cas, la position de départ du corps est : *pāja,* en avant.

(2) Si la réception se fait dans la petite ouverture, le mouvement s'appelle : *īmarmituŋu erciwāziŋi*. Dans ce cas, la position de départ du corps est : *erciwa,* en avant.

(3) - (4) Les mouvements (1) - (2) peuvent se faire de la main droite ou de la main gauche (3) - (4).

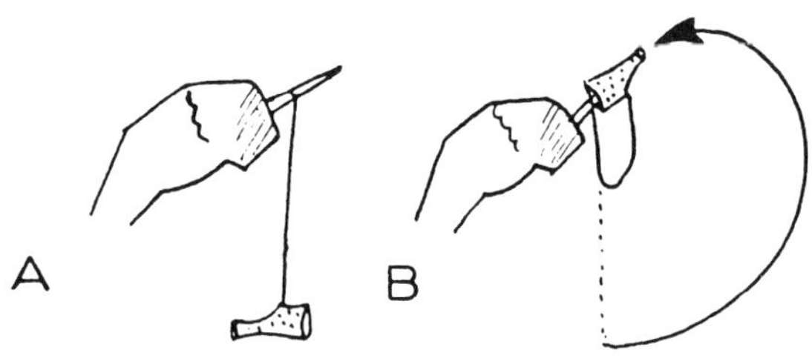

Fig. 527. - Exécution du mouvement (1) : īmarmituŋu. Main droite vue de côté : A, départ ; B, fin.

(5) izerĩtuŋu

Position de départ

Le stylet - est tenu entre le pouce et les extrémités des doigts
- se trouve dans le plan de la main
- son angle est de 315° environ

Le corps de l'*ajaŋa'* - tombe sans mouvement
- est dans le plan de la main

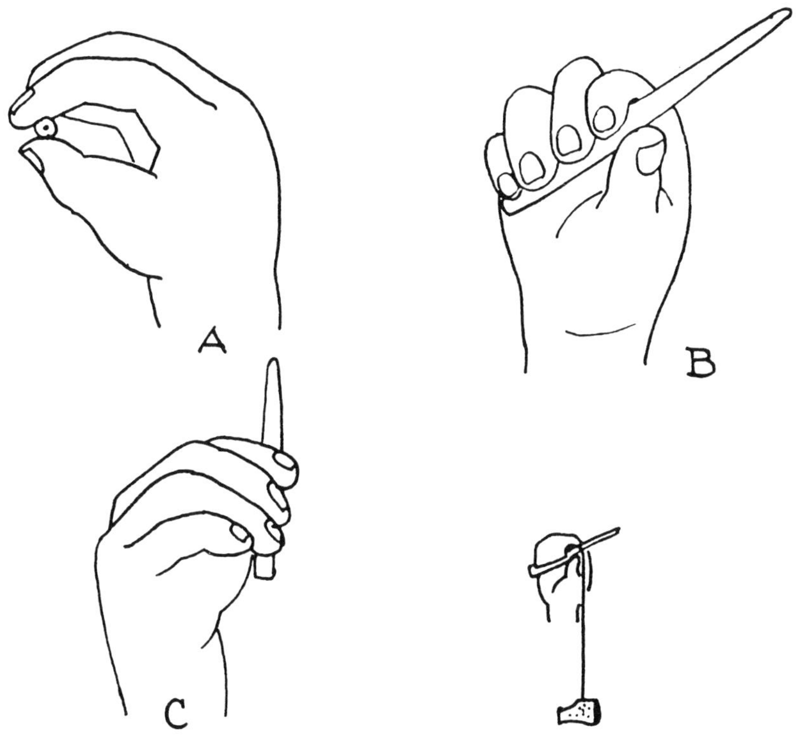

Fig. 528. - Position de départ pour le mouvement (5) : izerĩtuŋu. Main droite : A, vue par l'exécutant ; B, vue de côté ; C, vue de face.

Exécution du mouvement (5)

Le corps de l'*ajaŋa'* décrit une portion de cercle :

- dans le sens rétrograde
- et dans le plan de la main

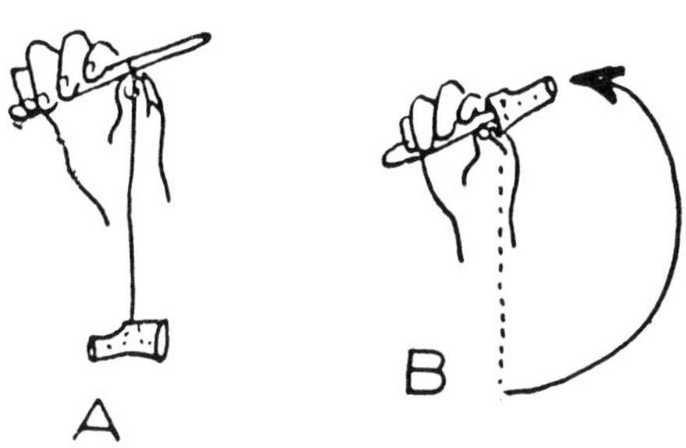

Fig. 529. - Exécution du mouvement (5) : izerĩtuŋu. Main droite vue de côté : A, départ ; B, fin.

Le corps de l'*ajaŋa'* est reçu sur le stylet qui doit se loger :

- soit dans la grande ouverture *(pāja)*
- soit dans la partie ouverture *(erciwa)*

Si la réception se fait dans la grande ouverture, le mouvement s'appelle : *izerĩtuŋu.* Dans ce cas, la position de départ du corps est : *pāja,* en arrière.

(6) Si la réception se fait dans la petite ouverture le mouvement s'appelle : *izerĩtuŋu erciwāziŋi.* Dans ce cas, la position de départ du corps est : *erciwa,* en arrière.

(7) - (8) Les mouvements (5) - (6) peuvent se faire de la main droite ou de la main gauche (7) - (8). S'ils se font de la main droite, la portion de cercle est décrite par le corps de l'*ajaŋa',* à gauche de la main droite ; s'ils se font de la main gauche, la portion de cercle est décrite à droite de la main gauche.

(9) mĩǰädidĩtuŋu

Position de départ

Le stylet
- est tenu entre le pouce et l'extrémité des doigts
- se trouve dans le plan de la main
- son angle est de 45° environ

Le corps de l'*ajaŋa'*
- tombe sans mouvement
- est dans le plan de la main
- la grande ouverture en arrière, la petite ouverture en avant.

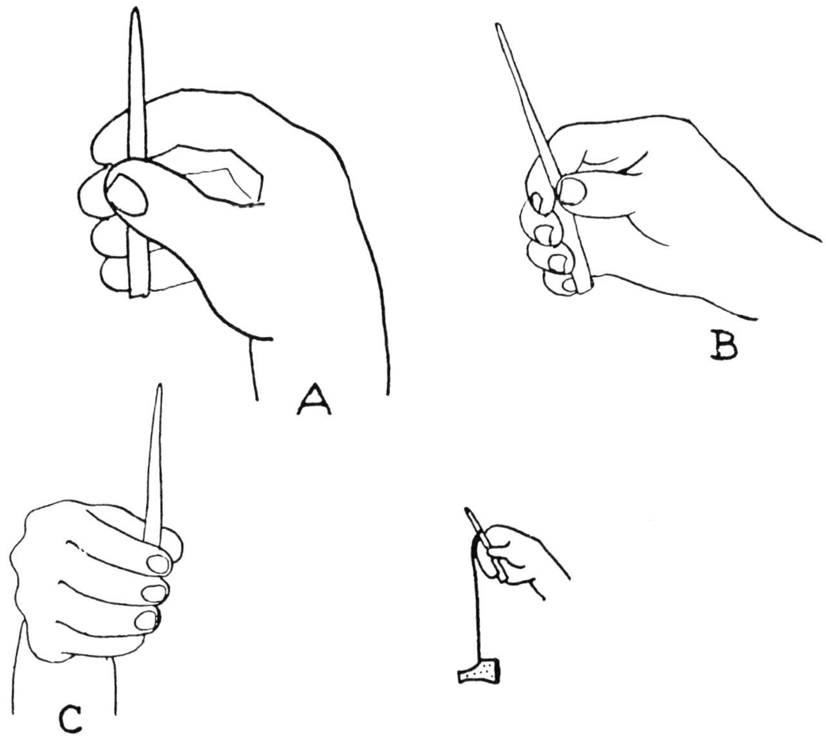

Fig. 530. - Position de départ pour le mouvement (9) : mĩǰädidĩtuŋu. Main droite : A, vue par l'exécutant ; B, vue de côté ; C, vue de face.

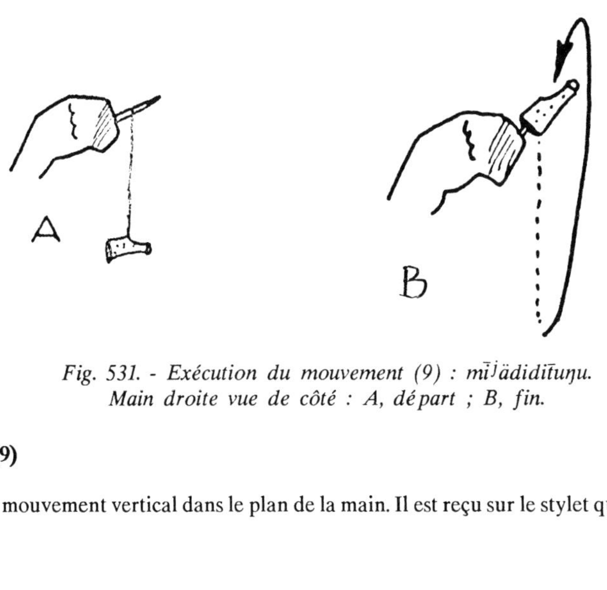

Fig. 531. - Exécution du mouvement (9) : mĩǰädidĩtuŋu. Main droite vue de côté : A, départ ; B, fin.

Exécution du mouvement (9)

Le corps de l'*ajaŋa'* décrit un mouvement vertical dans le plan de la main. Il est reçu sur le stylet qui doit se loger dans la grande ouverture *(pāja)*.

(10) Si la réception du corps se fait dans la petite ouverture, le mouvement change de nom et s'appelle : *nazĩtituŋu*. Dans ce cas, la position de départ du corps est : grande ouverture en avant, petite ouverture en arrière.

(11) - ***(12)*** Les mouvements (9) - (10) peuvent se faire de la main droite ou de la main gauche (11) - (12).

(13) acaīaīiīuŋu

Position de départ

Le stylet
- est tenu entre le pouce et l'extrémité des doigts
- se trouve dans le plan perpendiculaire à la main
- son angle est de 135° dans ce plan

Le corps
- tombe sans mouvement
- est dans le plan perpendiculaire à la main (c'est-à-dire dans le même plan que le stylet)

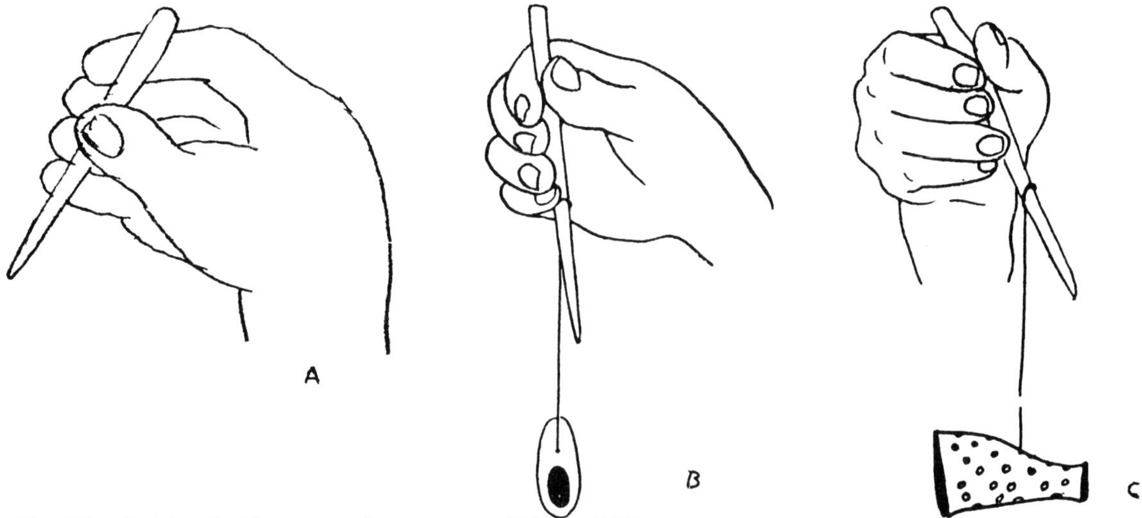

Fig. 532. - Position de départ pour le mouvement (13) : acaīaīiīuŋu.
Main droite : A, vue par l'exécutant ; B, vue de côté ; C, vue de face.

Exécution du mouvement (13)

Le corps est pratiquement immobile.
La main descend dans un plan vertical pour aller prendre le corps sur la pointe.

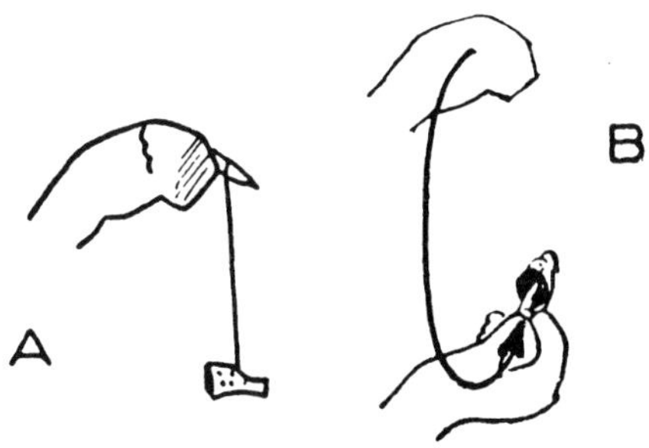

Fig. 533. - Exécution du mouvement (13) : acaīaīiīuŋu.
Main droite vue de côté : A, départ ; B, fin.

Position d'arrivée

Le stylet
- est tenu entre le pouce et les doigts
- se trouve à peu près dans le plan perpendiculaire à la main
- son angle est de 45° dans ce plan (il a donc tourné au cours du mouvement, passant de la position "pointé vers le bas" à la position "pointé vers le haut et de côté").

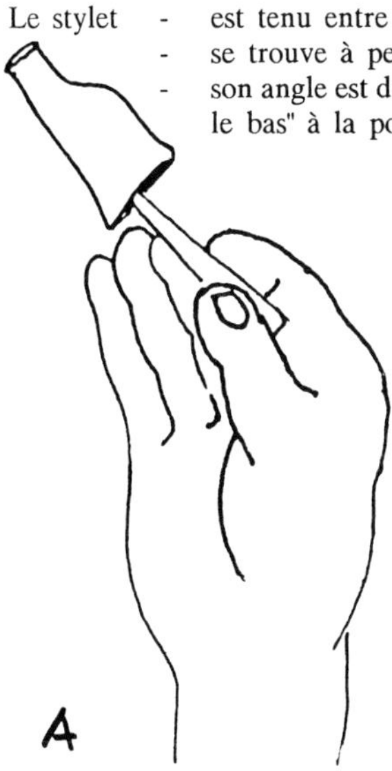

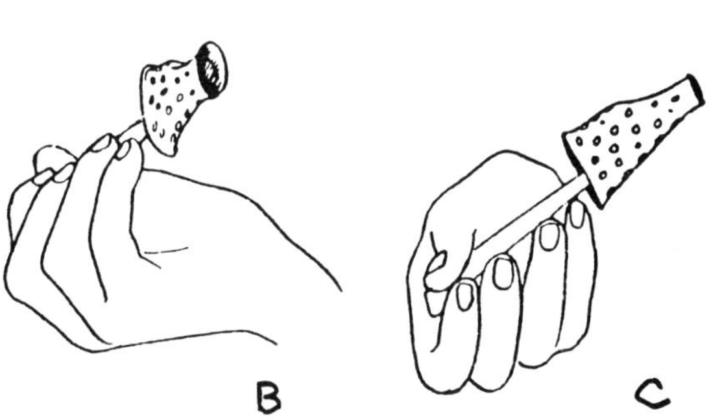

Fig. 534. - Position d'arrivée pour le mouvement (13) : acaīaīiīuŋu.
Main droite : A, vue par l'exécutant ; B, vue de côté ; C, vue de face.

Si la réception du corps sur le stylet se fait dans la grande ouverture, le mouvement s'appelle : *acaīaīiīuŋu.* Dans ce cas, la position de départ est la grande ouverture : *pāja,* à droite (par rapport à l'exécutant).

(14) Si la réception se fait dans la petite ouverture, le mouvement s'appelle : *acaīaīiīuŋu erciwaziŋi.* Dans ce cas, la position de départ est : *pāja,* à gauche (par rapport à l'exécutant).

(15) - (16) Les mouvements (13) - (14) peuvent se faire de la main droite ou de la main gauche (15) - (16).

JEUX DE FICELLE

Jeux de ficelle : *ajaŋado^{r}ne'* (pluriel : *ajaŋado^{r}ni^{t}*)

Les jeux de ficelle (*cat's craddle*) font partie du patrimoine culturel mondial, car ils sont connus par un très grand nombre de groupes ethniques du monde[1].

Chez les Ammassalimiut, j'ai recueilli trente jeux de ficelle qui constituent la totalité des jeux de ficelle connus à Ammassalik en 1934-37. En effet, malgré toute l'insistance que j'y ai apportée, il ne m'a pas été possible d'en découvrir un seul de plus. Chaque jeu de ficelle a été noté dans le détail, en vérifiant toutes les positions intermédiaires auprès de nombreux informateurs (enfants, femmes et hommes).

La méthode était la suivante :

1 – Dessin précis de chaque position des mains, des doigts et de la ficelle ;

2 – Description explicative et commentaires pour chaque position, en langage clair. Il n'a pas été fait usage du langage habituellement utilisé en ethnographie pour la description des jeux de ficelle (palmaire, dorsale, distale, etc.[2]) ; dessins et commentaires m'ont paru à la fois plus clairs, plus précis et plus courts ;

3 – Photographies des positions intermédiaires principales et de la figure finale (en moyenne cinq photos par jeu de ficelle). Ces photographies n'ont pas été retrouvées jusqu'à présent (1989) ;

4 – La figure finale, exécutée en ficelle, a été épinglée sur une fiche de carton de grand format.

Ci-après, je me suis contenté de donner à titre d'exemple la description complète d'un seul jeu de ficelle : le « cache-sexe », *năci^{t} piagiñi^{n}*

năci^{t} : cache sexe ; *piagiñi^{n}* : le plus rapide des deux, c'est-à-dire par la méthode la plus rapide. Il y a en effet un autre jeu de ficelle qui donne la même figure finale, mais qui comporte un nombre plus élevé de figures intermédiaires.

1 - En 1938 et 1939, je me suis rendu chez les Lapons du nord de la péninsule scandinave. Intéressé par les jeux de ficelle, j'avais fait une visite au Professeur Manker à Stockholm, spécialiste de la culture lapone. Il m'avait affirmé que les jeux de ficelle n'existaient pas chez les Lapons ; et confirmait ainsi ce qui m'avait été dit au musée de l'Homme à Paris. Dès mon premier séjour (dans le petit groupement de Masi, en Laponie finlandaise), j'ai découvert que les Lapons connaissaient bel et bien les jeux de ficelle. La méthode appliquée était simple (je ne parlais ni le finnois ni le lapon) : installé dans une tente, au milieu d'un groupe d'enfants, je sortais un morceau de ficelle de ma poche, et j'exécutais le jeu de ficelle eskimo qui représente la tente (*tube'*) car il était facile de faire comprendre ce qu'il représentait. La réaction des enfants fut immédiate. J'ai pu noter ainsi ce qui était probablement la totalité des jeux de ficelle connus par ces Lapons. Voir VICTOR P.-É., « Les jeux de ficelle chez les Lapons nord-occidentaux », *Boréales, Centre de Recherches Inter-nordiques*, n° 3, 1976, p. 147-208.

2 - Vocabulaire établi par Diamond Jenness dans : « Eskimo String Figures. Report Canadian Arctic Expedition », vol. 13, Ottawa, 1924.

Les vingt-neuf autres jeux de ficelle d'Ammassalik, connus en 1934-37, sont représentés dans la première édition de la *Civilisation du Phoque* (1989) uniquement par leurs figures finales. L'ensemble détaillé de ces jeux et de leurs positions intermédiaires a été publié dans *Med. om Grønland*, vol. 125, n° 7, Copenhague, 1940 : *Contribution à l'ethnographie des Eskimo d'Angmagssalik*, par P.-É. Victor, publication à laquelle on se référera si on veut « en savoir davantage ».

Vouloir en savoir davantage consisterait, par exemple, à faire une étude comparative des jeux de ficelle connus dans le monde (ils sont très nombreux) en appliquant deux principes :

1 – Rechercher, pour chaque ethnie, les jeux de ficelle traditionnels et les séparer de ceux connus pour avoir été importés ;

2 – Les comparer en suivant toutes les positions (c'est-à-dire les figures) intermédiaires respectives, ce qui permettrait de découvrir des liens non apparents si on se contentait de ne comparer que les figures finales.

On sait, en effet, qu'un même jeu de ficelle peut se terminer dans une région par une figure finale, qui, ailleurs, serait suivie par une ou plusieurs autres figures. Dans ce cas, les deux jeux de ficelle peuvent être considérés comme identiques, alors que les figures finales sont différentes.

Description des jeux de ficelle :

Les jeux de ficelle sont joués, chez les Ammassalimiut, par les enfants à partir de 7 ans environ et par les adultes. Ils sont joués, en général, par les enfants ; moins souvent par les femmes et assez rarement par les hommes.

Autrefois, le matériel utilisé était du *qitā* : tendon (de phoque ou de narval) à deux brins tressés, ou du *peʳtā* : tendon à trois brins tressés.

Maintenant (1934-1937), le tendon est remplacé par de la ficelle.

Les croquis sont toujours faits (sauf indication contraire dans le texte) comme si les mains étaient vues par l'exécutant.

1 - *Le cache-sexe*
Le cache-sexe par la méthode la plus rapide
nāci^{t} piagini^{n} (1)

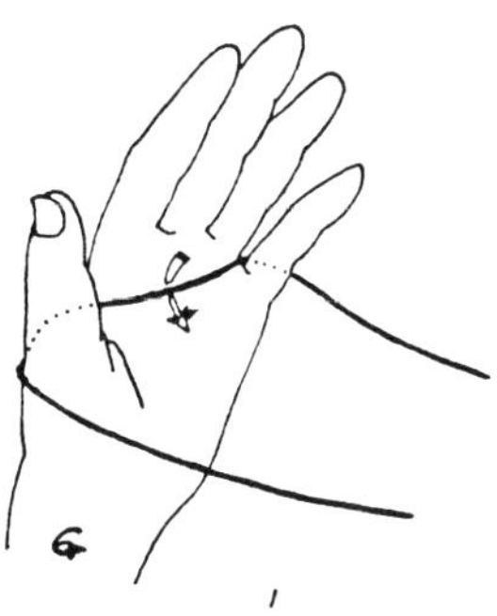

Fig. 566. - Figure de départ, main gauche (G) et main droite (D). L'index droit, suivant la flèche, vient prendre le brin palmaire gauche, par-dessus.

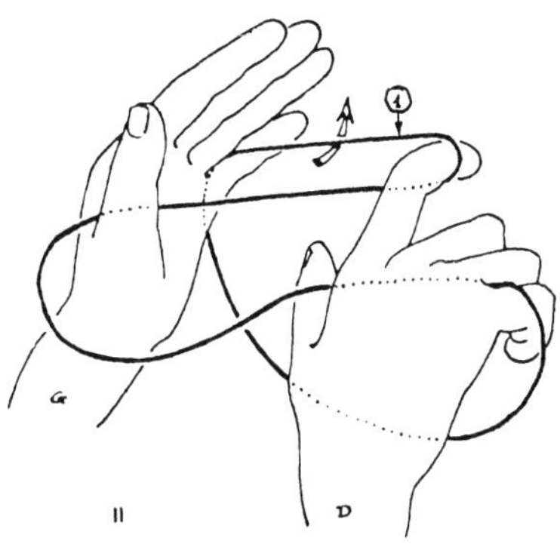

Fig. 567. - L'index droit a exécuté le mouvement. L'index gauche, suivant la flèche, vient prendre le brin (1) par-dessous.

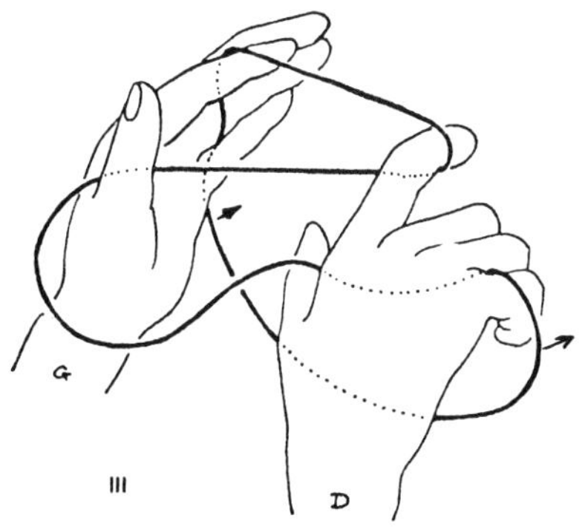

Fig. 568. - L'index gauche a exécuté le mouvement. Les auriculaires vont lâcher leurs boucles. Les mains vont s'écarter pour tendre la figure.

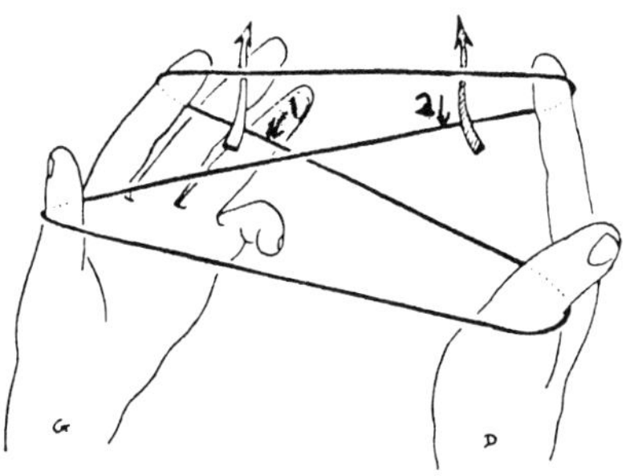

Fig. 569. - Le médius, l'annulaire et l'auriculaire gauche, suivant la flèche blanche, passent sous le brin (1).
Le médius, l'annulaire et l'auriculaire droit, suivant la flèche hachurée, passent sous le brin (2).

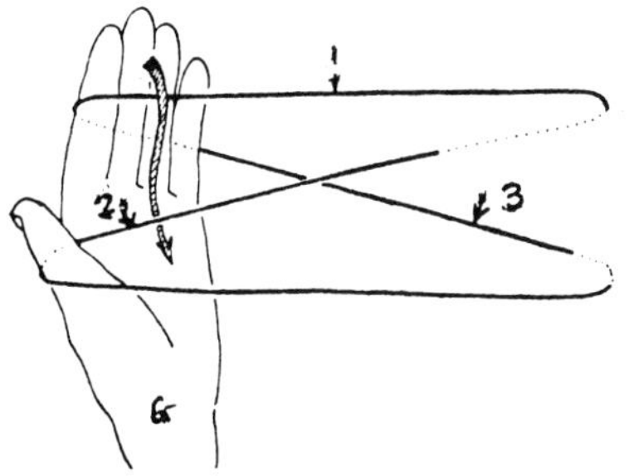

Fig. 570. - Les mains ont exécuté le mouvement. Les quatre doigts de la main gauche, suivant la flèche, se replient sur le brin (1) et passent sous le brin (2).
Les quatre doigts de la droite, suivant la flèche, se replient sur le brin (1) et passent sous le brin (3).

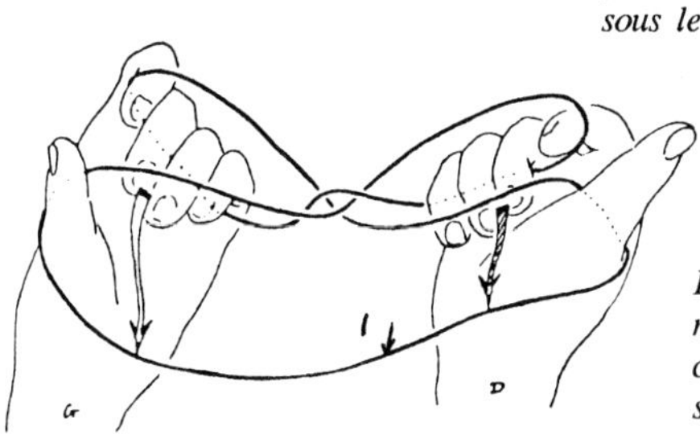

Fig. 571. - Les mains ont exécuté le mouvement. Le médius et l'annulaire de chaque main, suivant les flèches, viennent saisir le brin (1).

Fig. 572. - Les médius et les annulaires ont exécuté le mouvement. Les deux mains s'écartent pour tendre la figure.

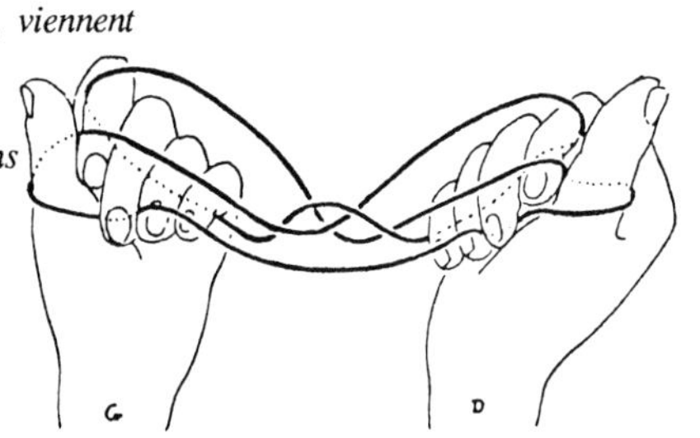

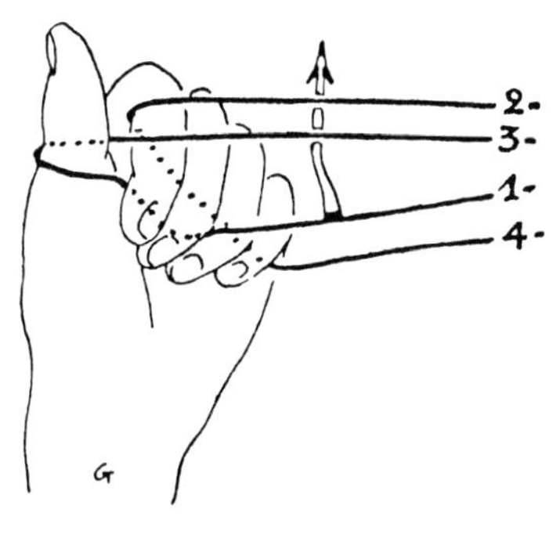

Fig. 573. - Les mains ont tendu la figure. Les mains exécutent un mouvement de rotation symétrique pour passer de la position ongles intérieurs (qu'elles ont) à la position ongles extérieurs. Ce mouvement de rotation fait passer le brin (1), suivant la flèche, entre les brins (3) et (2) d'une part, et le brin (4) d'autre part. Le brin (1) est tenu par l'index et le médius de chaque main, serré contre l'annulaire.

(1) Ce jeu de ficelle (le cache-sexe) a été publié une première fois en 1937, dans le "Journal de la Société des Américanistes", nouvelle série, tome XXIX, 1937, p. 387-395.

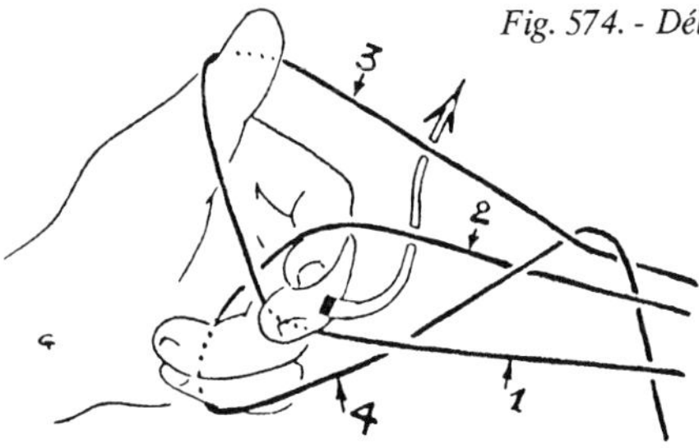

Fig. 574. - Début du mouvement de rotation.

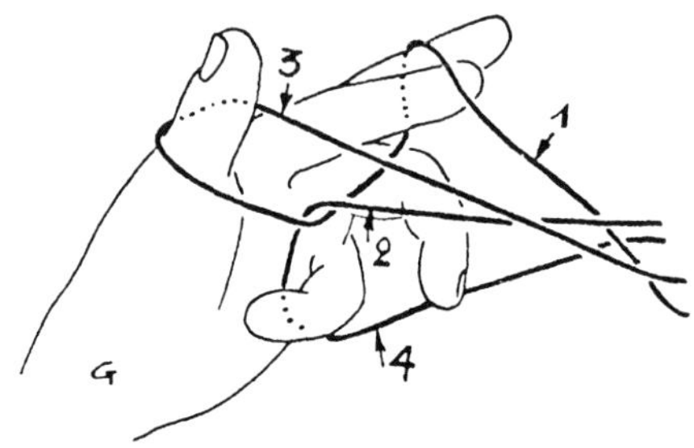

Fig. 575. - Suite du mouvement de rotation.

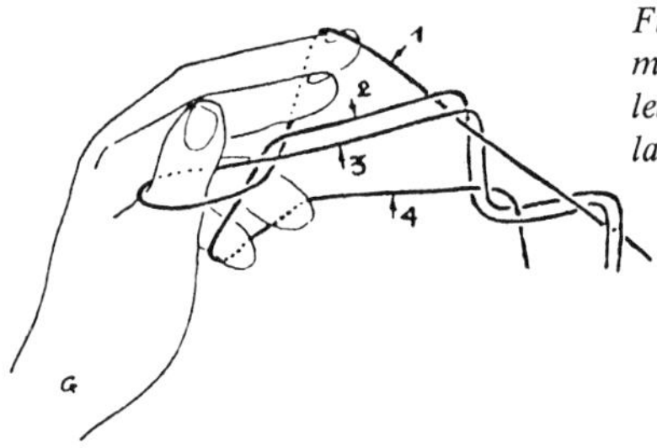

Fig. 576. - Les deux mains ont exécuté le mouvement de rotation. Les pouces lâchent leur boucle. Les mains s'écartent pour tendre la figure.

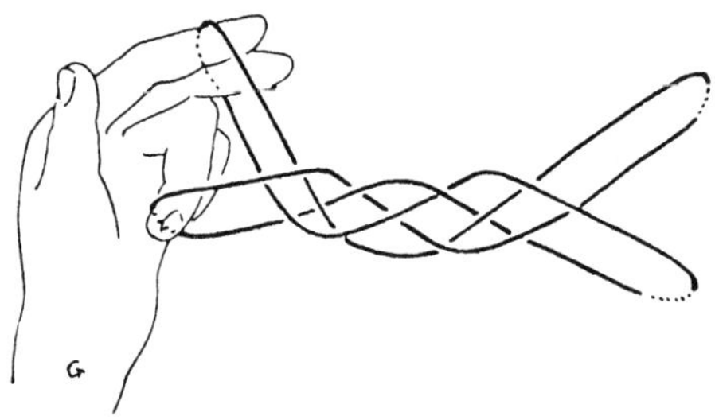

Fig. 577. - Les pouces ont lâché leurs boucles et la figure a été tendue. Les auriculaires lâchent leurs boucles.

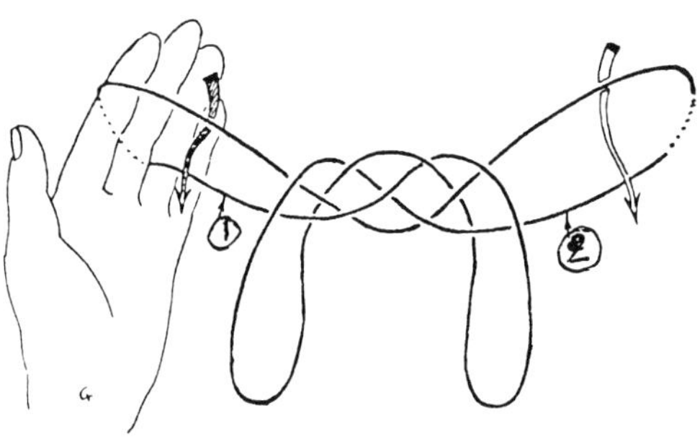

Fig. 578. - Les auriculaires ont lâché leurs boucles. L'annulaire et l'auriculaire de chaque main, suivant les flèches, se replient sur le brin (1), pour la main gauche, sur le brin (2), pour la main droite.

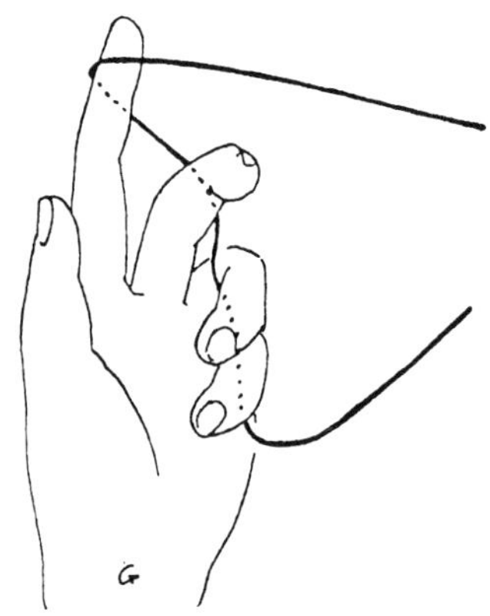

Fig. 579. - Les annulaires et les auriculaires ont exécuté le mouvement. Les deux mains exécutent simultanément un mouvement de rotation ayant pour axes les index, et amenant les ongles, actuellement dans la position intérieure, à la position extérieure.

Les mains commencent le mouvement de rotation, tirant les brins inférieurs, sans tirer les brins supérieurs. Les pouces, suivant les flèches, viennent abaisser respectivement les brins (1) et (2), les mains continuant leur mouvement de rotation.

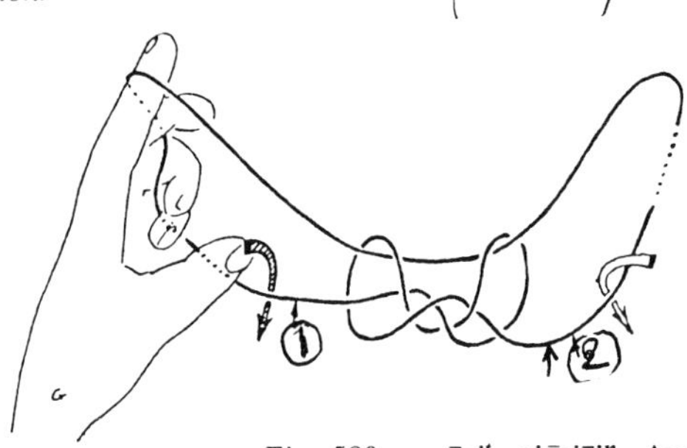

Fig. 580. - nāci^{t} piāgiñi^{n}. Avant-dernière figure.

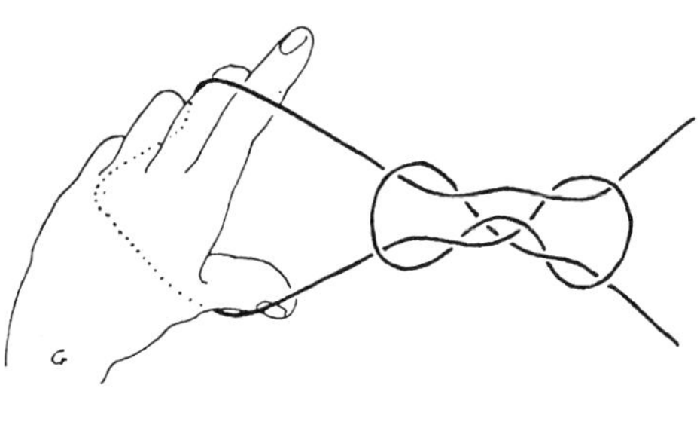

Fig. 581. - Le mouvement de rotation des deux mains est terminé. Les pouces sont en place. La figure ne doit pas être tendue. Elle est terminée.

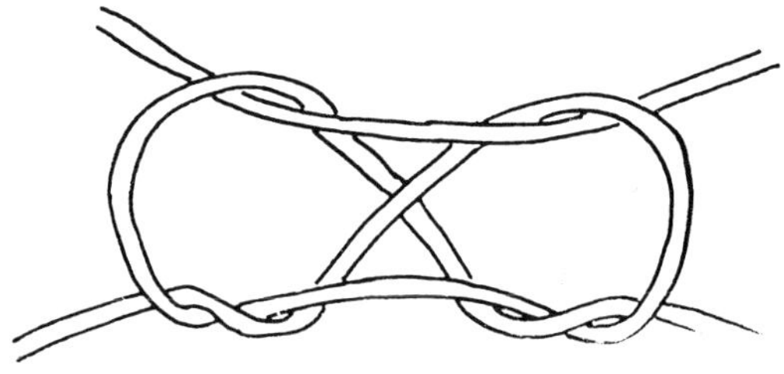

Fig. 582. - nāci^{t} : le cache-sexe.

2 - **Le cache-sexe**
Le cache-sexe, par le procédé le plus long
nāci^t piadiñi^n

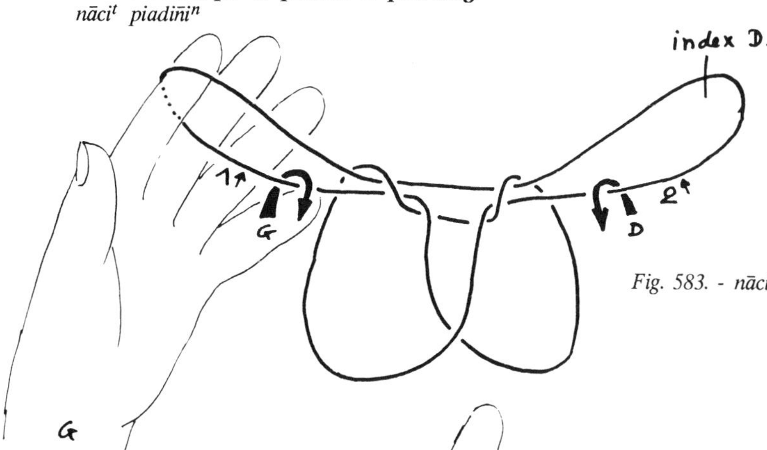

Fig. 583. - nāci^t piadiñi^n : avant-dernière figure.

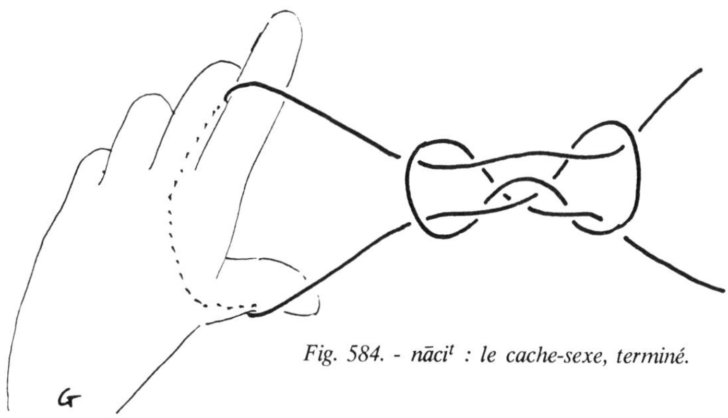

Fig. 584. - nāci^t : le cache-sexe, terminé.

3 - **La cage thoracique**
cagiťä^t

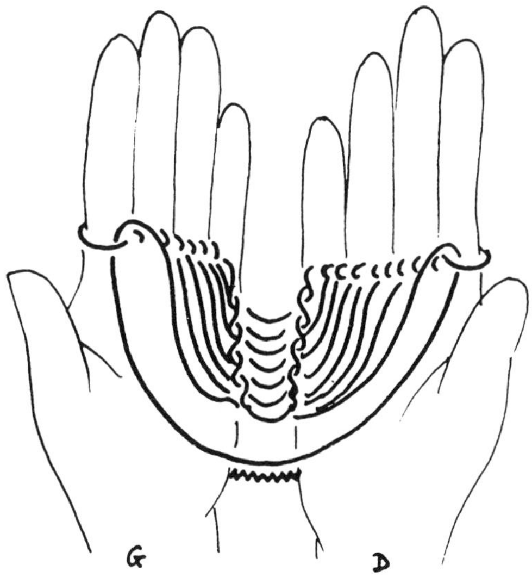

Fig. 585. - Avant-dernière figure.
Le zigzag représente la position des dents.

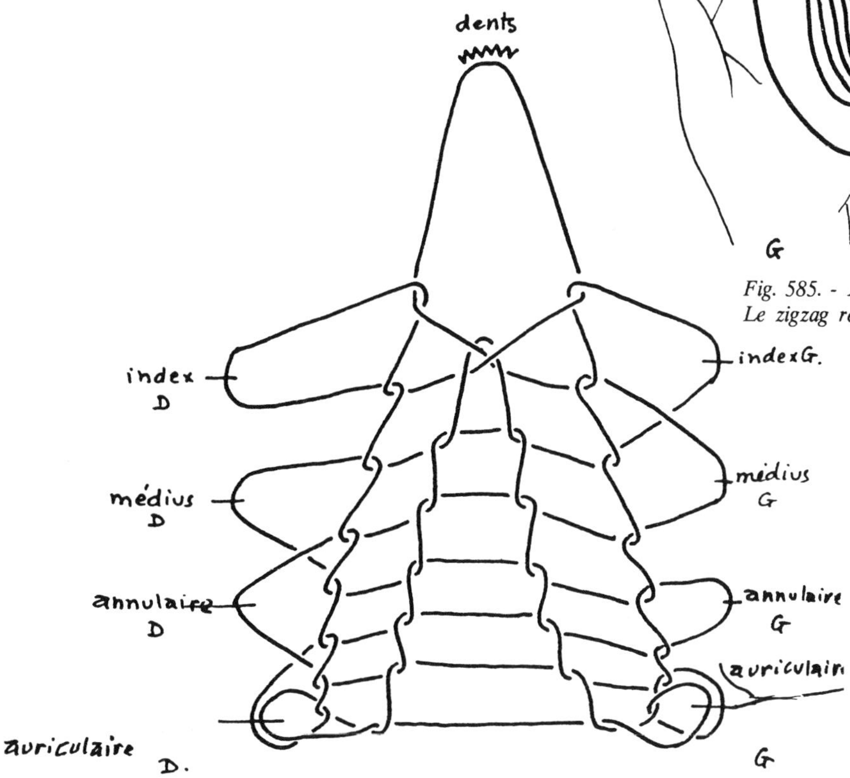

Fig. 586. - Figure terminée.

4 - **L'anus**
kiāwi

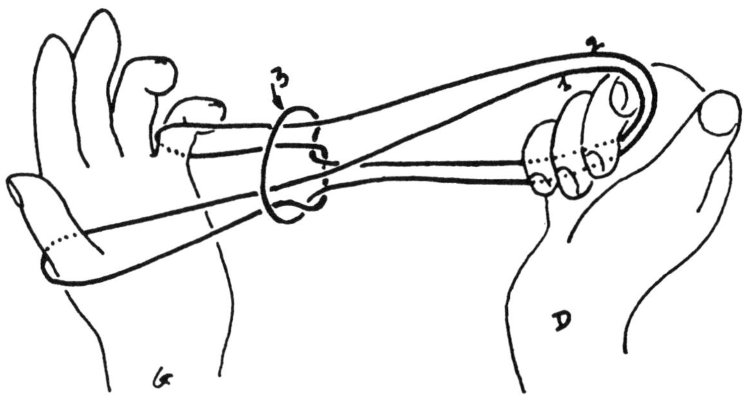

Fig. 587. - Figure terminée.

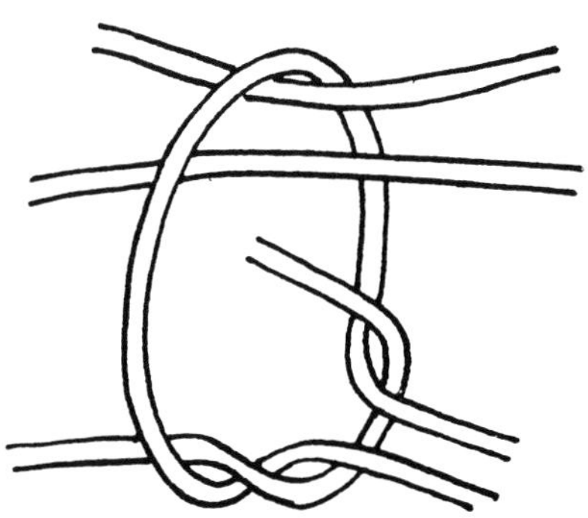

Fig. 588. - kiāwi - Détails.
D'un mouvement de bascule de la main droite, on peut alternativement serrer et desserrer la figure.

Extrait du Journal de Kangerlugssuatsiak

"*Ajaŋa*' (bilboquet) et jeux de ficelles *(ajaŋadorne')* étaient interdits par les *aŋakit* (les chamans) parce que cela déplaisait aux ours ("cela fait trop de bruit")."

(Journal de KGSK, 2 avril 1937)

"Aujourd'hui enfin, terminé les jeux de ficelles *(ajaŋadornit)* - une trentaine. Cela fait un énorme volume de fiches. Je suis capable de les refaire tous.

Seul, j'ai repris méthodiquement chaque jeu de ficelle, en suivant mes croquis et instructions, pour voir si j'arriverais au bon résultat. Cela m'a permis de voir les endroits où cela clochait. Quelques flèches rouges et bleues, quelques chiffres verts ont suffi à combler les lacunes."

(Journal KGSK, le 13 avril 1937)

5 - ***La lampe à huile***
(par le procéde le plus court)
unaqit piāgiñe'

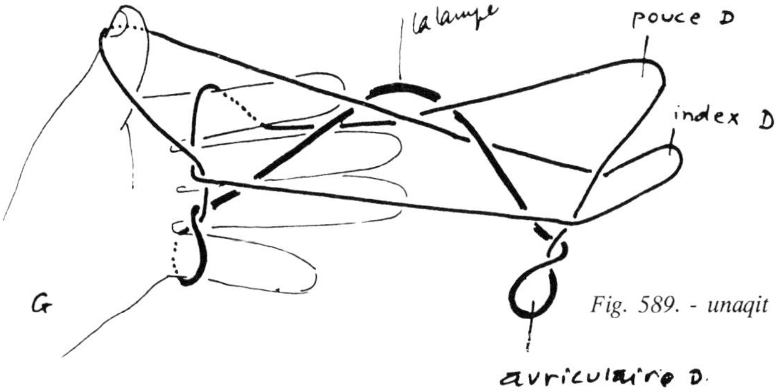

Fig. 589. - unaqit piāgiñe', figure terminée.

6 - ***La lampe à huile***
(par le procédé le plus long)
unaqi[t] *piādiñe'*

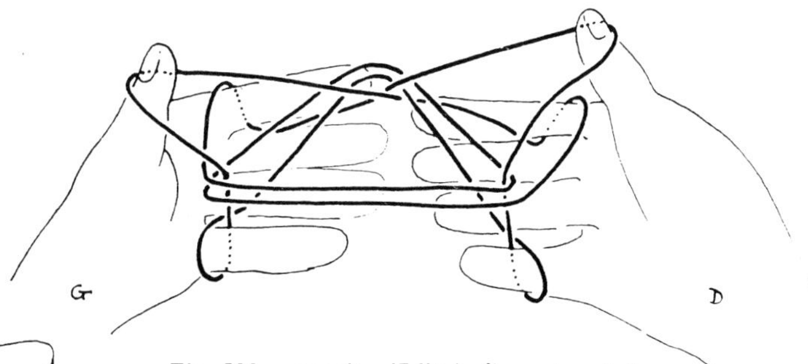

Fig. 590. - unaqit piādiñe', figure terminée.

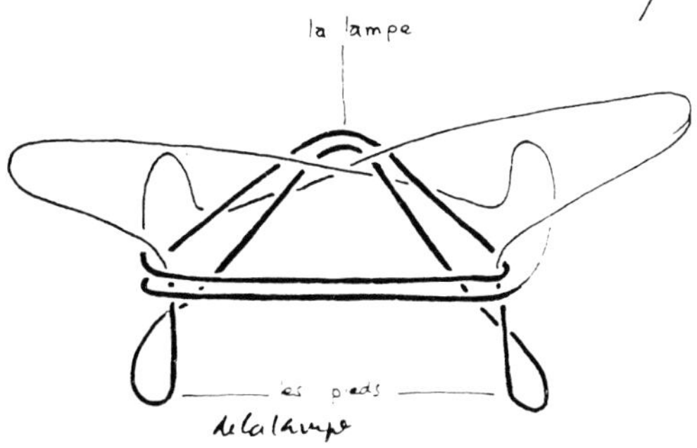

Fig. 591. - unaqit : la lampe à huile de phoque.

7 - ***Les flammes de la lampe à huile***
taqici[t]

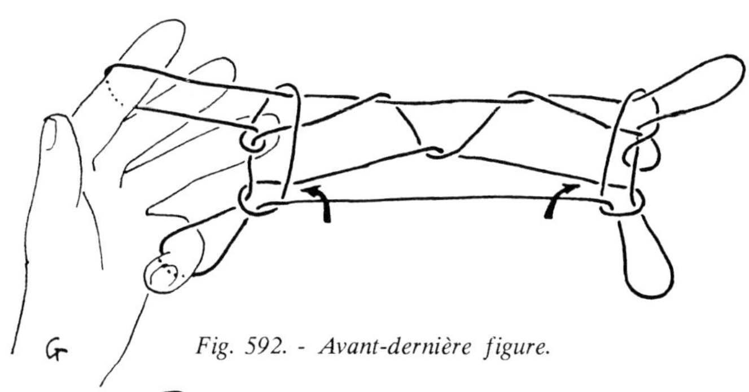

Fig. 592. - Avant-dernière figure.

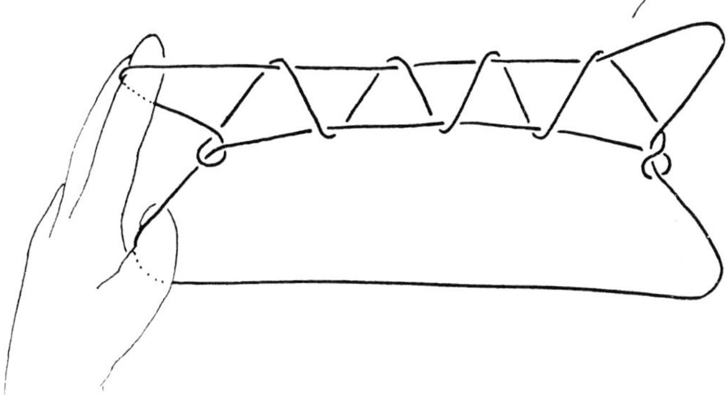

Fig. 593. - taqicit, figure terminée. Les zigzags de la ficelle représentent les flammes de la lampe à huile.

Umiak miniature (coll. part.)

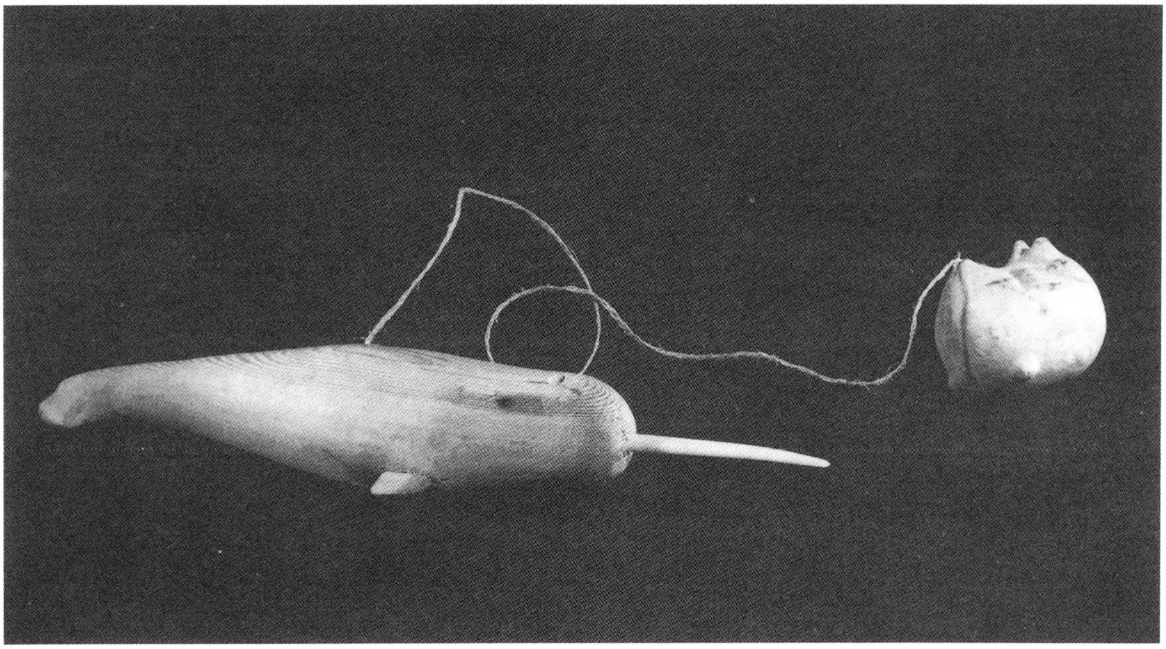

Jouet : narval harponné (coll. Musée de l'Homme)

Les chiens sont aussi les compagnons des enfants

Petit traîneau, jeu d'enfants

Oiseaux picorant (coll. Musée de l'Homme)

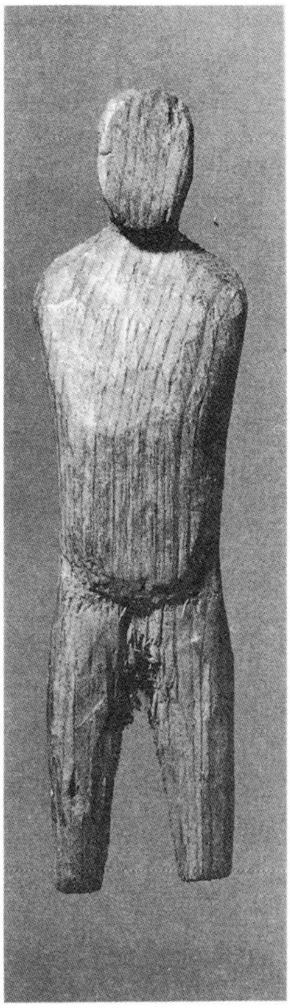

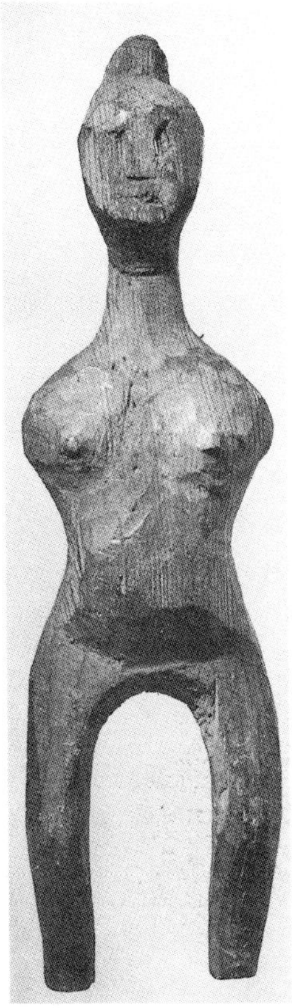

Poupées eskimo (coll. Musée de l'Homme)

Transport d'un jeune frère dans l'amawut

Famille réunie sur la plate-forme de son campement d'été

JEUX CASSE-TETE

- ***pirīnā coromā***

Casse-tête : jeu d'assemblage, composé de six pièces de bois de trois formes différentes.

Cet assemblage extraordinaire a été recueilli à Ammassalik, il y a 50 ans, alors que les Ammassalimiut n'avaient pratiquement eu que très peu de contacts avec le monde extérieur. On trouve aujourd'hui (en 1988) cet assemblage "casse-tête" sous des formes diverses, en bois ou en matière plastique, dans de nombreux magasins du monde occidental.

Quelle peut être son origine ?

Ordre d'assemblages des six pièces

1 - placer les deux pièces (1), verticalement, arête contre arête ;
2 - faire coulisser la pièce (2) suivant la flèche dans l'emplacement 2 situé dans la partie inférieure des deux pièces (1) assemblées ;
3 - faire coulisser la pièce (3) suivant la flèche dans l'emplacement 3 de la pièce (2), une fois que celle-ci a pris sa place dans l'emplacement 2 ;
4 - faire coulisser la pièce (4), suivant les flèches dans l'emplacement 4 de la pièce (2), une fois que celle-ci a pris sa place en 2 ;
5 - faire coulisser la pièce (5) (qui est la clé de l'assemblage) suivant la flèche dans l'ouverture située dans la partie supérieure des deux pièces (1).

Fig. 624. - pirīnā coromā.
Assemblage composé de six pièces de bois d'une longueur approximative de 10 cm chacune.

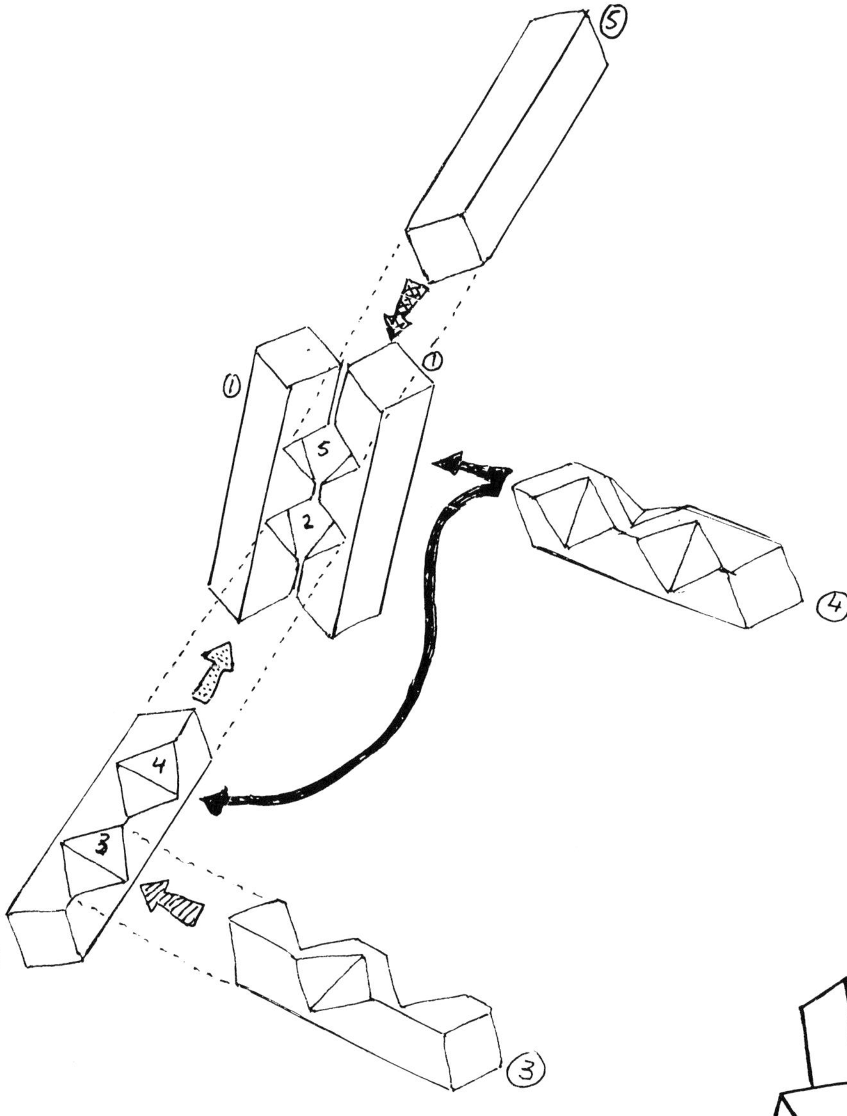

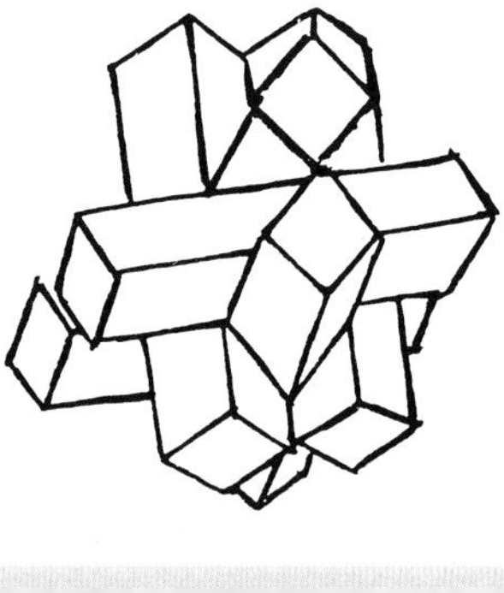

Fig. 625. - Figure finale, après l'assemblage de toutes les pièces.

- ***igārtā[1] ou igārtādit (de igārpok, il traverse)***

Casse-tête : jeu de "la traversée" (1), composé d'une planchette (ou baguette) de bois ou d'ivoire, percée de trois trous. Le fil, en tendon de phoque, qui tient les deux perles (ici une noire et une blanche), passe deux fois par le trou central en y faisant une boucle et se trouve attaché par des nœuds aux deux extrémités de la planchette.

Il s'agit de faire passer la boule noire du côté de la boule blanche sans démonter quoi que ce soit ; les deux boules étant, naturellement, plus grosses que chacun des orifices percés dans la planchette.

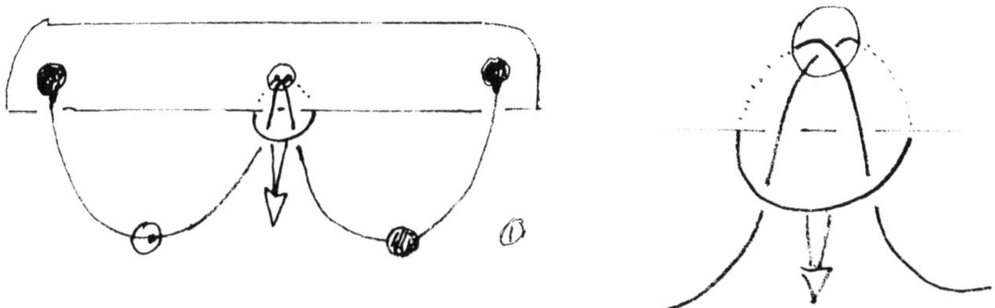

Fig. 626.

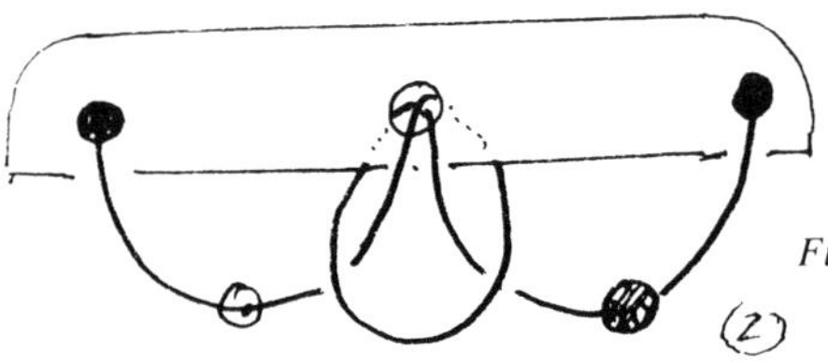

Fig. 627.

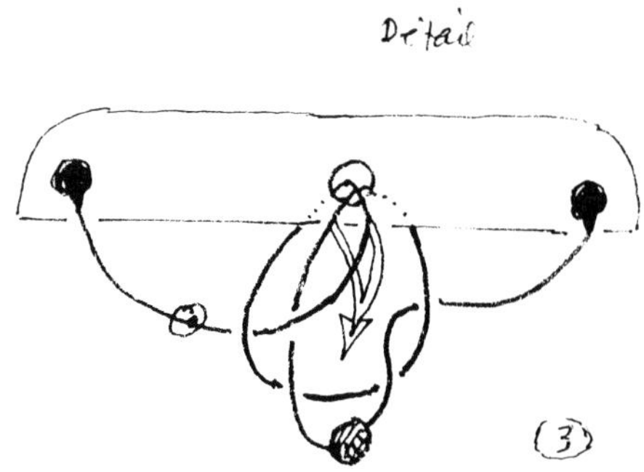

Fig. 628. - On doit tirer sur les deux brins à la fois, pour faire passer la boucle de l'autre côté de la planchette (par le trou central).

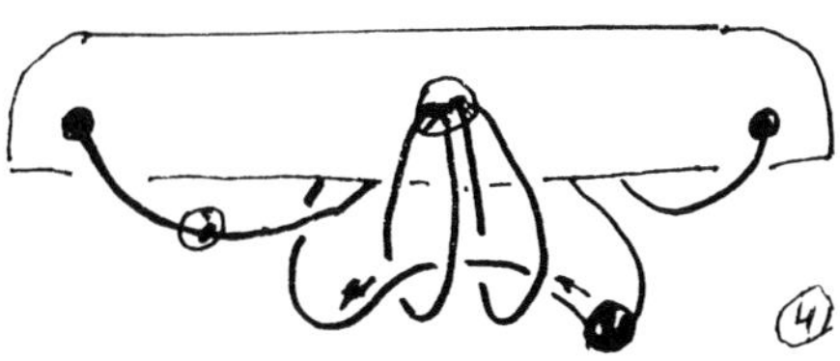

Fig. 629.

Fig. 630a. - Coté face.

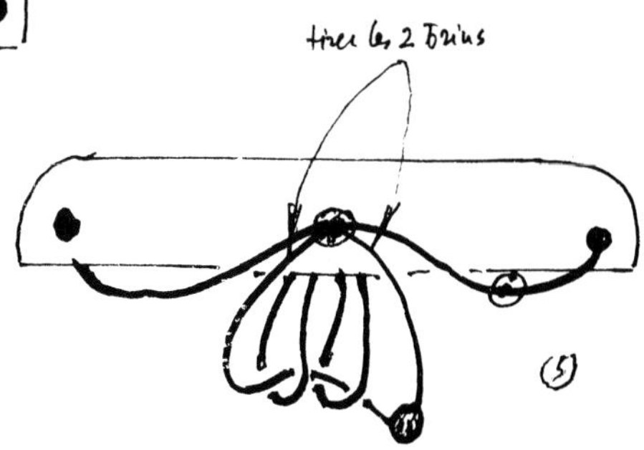

Fig. 630b. - Côté pile.

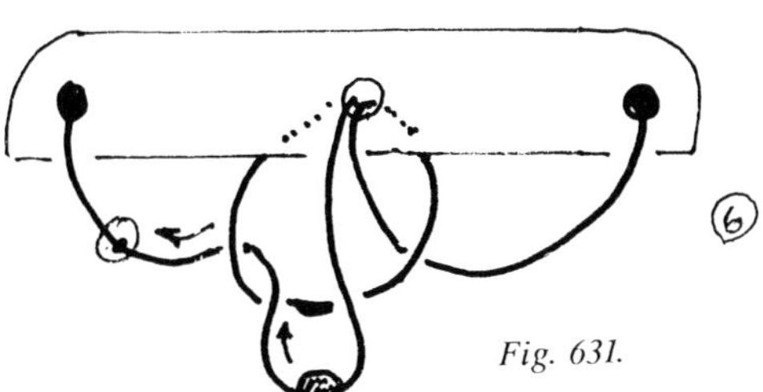

Fig. 631.

Fig. 632. - Figure terminale.

(1) Dans l'article où il décrit ce jeu, Robert Gessain fait remarquer la présence du même casse-tête en Asie du Sud-Est, en Afrique et en France. A ce propos, il pose l'hypothèse d'une diffusion plutôt que d'un phénomène de convergence (se reporter à *Un jeu des Ammassalimiut et d'ailleurs. Jeu eskimo ? Diffusion ? Convergence ?, in* "Objets et Mondes", t. XI, fasc. 3, 1971, pp. 263-272).

JEUX D'OSSELETS

magitarnc'

Joué par adultes et enfants
Eté et hiver
A l'intérieur et en plein air

Osselets : généralement des phalanges de *caka* (phoque de fjord, *Pusa hispida,* adulte)

Ce jeu est très répandu (en 1934-37).
Il est joué fréquemment. Il comporte deux phases indépendantes :

Phase I : une "bataille" entre osselets (généralement taillés, représentant des humains, hommes ou femmes), qui obéit à des règles assez complexes et extrêmement précises.

Phase II : la "construction", à l'aide d'osselets, de "modèles", habités ou non : maisons, tentes, bateaux, etc.
Ce jeu a été décrit en détail dans la Revue du Musée de l'Homme "Objets et Mondes", tome XIV, fasc. 2, été 1974, sous le titre *Magitarneq, jeu d'osselets chez les Ammassalimiut (côte est du Groenland),* par Robert Gessain et P.-E. Victor, pp. 73 à 88.

Nous ne rappellerons ici que les principales règles des phases I et II, en y ajoutant des détails omis dans la publication de 1974.

Nomenclature des osselets :

a) Osselets pris dans la nageoire postérieure gauche, paume vers le haut, du *caka.*

Numéros des osselets dans la figure 633 :

1 - *kidicarte' ace^{r}nerā :* utilisés pour représenter la paroi du fond de la plate-forme commune *(kidi),* de la maison ou de la tente
2 - *tika :* un homme avec attributs sexuels différenciés
3 - *nudiaka :* une femme avec attributs sexuels différenciés
4 - *eqiŋade'* (le courbé) : être humain, adulte ou enfant, quel que soit son sexe
5 - *u^{w}adica^{r}te' :* utilisé pour représenter les murs latéraux de la maison ou les parois latérales de la tente
6 - représente un oreiller : *agizica^{r}te'* ; ou bien représente la cloison de peau séparant les différents emplacements des familles sur l'*ite' : tadica^{r}te'*
7 - *kidicarte' qiqāce^{r}pā :* utilisé pour représenter la partie médiane du mur du fond
8 - ongle représentant un "masque" (ou être) effrayant : *kīapa'*

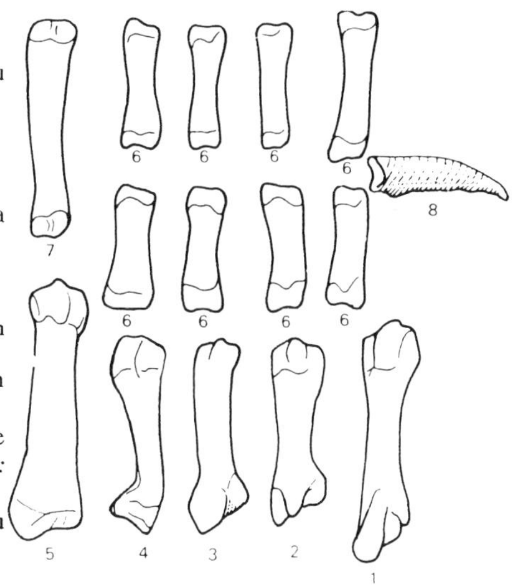

Fig. 633.

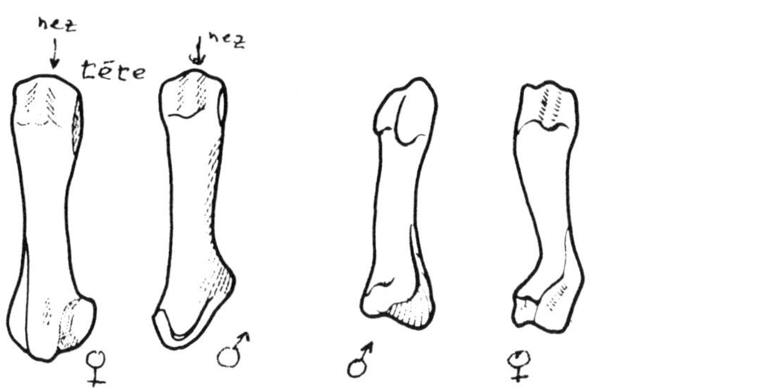

Fig. 634. - eqiŋade' : osselets non taillés, plus ou moins (naturellement) sexués.

b) Osselets pris dans la nageoire antérieure droite d'un jeune phoque *(necia'),* paume vers le haut.

Numéros des osselets dans la figure 635 :

1 - *tubi^{p} isiwā :* paroi du fond de la tente
2 - bébés
3 - filles
4 - garçons
5 - paroi ou *kīapa :* masque effrayant
6 - *kiapa'*

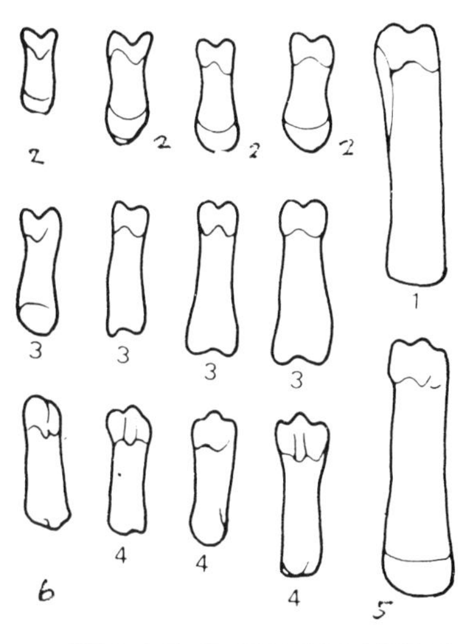

Fig. 635.

c) Osselets taillés, nettement sexués

Fig. 636. - Osselets taillés au couteau (en pointillé : la forme normale de l'osselet) afin d'en accentuer les caractéristiques sexuelles.

1 - homme
2 - femme
3 - couple côte à côte
4 - accouplement
5 - femme enceinte *(nartido')* : petit osselet collé contre un osselet "femelle", à l'aide de graisse de lampe à huile, ou de vieille graisse, ou de saleté collante.

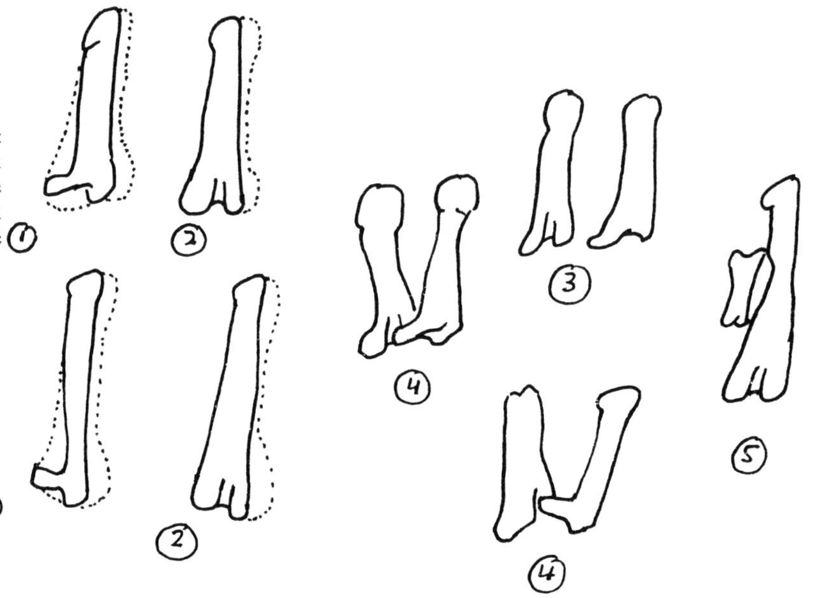

Fig. 636.

La phase I : le jeu même des osselets, la bataille

Elle est, la plupart du temps, jouée indépendamment de la phase II, généralement par les adultes, hommes contre hommes et femmes contre femmes.

- elle se joue avec les os représentant des hommes et des femmes adultes ;
- tous les os sont rassemblés en un tas ;
- le joueur le plus âgé commence (en général) ;
- il prend tous les os dans ses mains mises en coupe, et les lance en l'air ;
- les os qui retombent "le nez en l'air" (c'est-à-dire la protubérance représentant le nez, voir fig. 634) sont gagnés ;
- tous les joueurs, réunis en cercle, jouent à tour de rôle, dans le sens de la marche du soleil. Les joueurs peuvent être très nombreux, ou au minimum deux ;
- tous les osselets sont ainsi distribués, sauf un ;
- ce dernier passe au joueur suivant. Il le lancera jusqu'à ce qu'il tombe le nez en l'air. A ce moment, il prend vie et va se battre ;
- le joueur prend ce dernier osselet entre le pouce et l'index, en même temps que l'un des joueurs suivants. Ils les lancent tous les deux en l'air ;
  si son osselet tombe le nez en l'air, l'autre ne l'étant pas, l'autre est mort, et va former le premier d'un tas commun ;
  si son osselet n'a pas le nez en l'air, mais l'autre l'a, c'est son osselet qui est mort et l'osselet gagnant continue, c'est-à-dire que le joueur suivant (auquel appartient l'osselet gagnant) va jouer à son tour contre celui qui vient de perdre. Et ainsi jusqu'à épuisement de tous les osselets gagnés par tous les joueurs ;
- pour chaque joueur, le dernier osselet, s'il est tué, est *oqutartuŋu.* Le joueur auquel cet osselet appartient le prend dans la main, appuie la main sur le front et laisse tomber l'osselet deux fois en disant : *oqū* (dont le sens est inconnu), *oqū.* Puis il le lance encore deux fois normalement, disant : *magitāja, magitāja,* qui signifie "qu'il se relève". Si une de ces quatre fois, l'osselet se retrouve le nez en l'air, il reprend vie et se bat à son tour contre celui qui l'a battu tout à l'heure et ainsi de suite ;
- s'il ne se retrouve pas le nez en l'air l'une de ces quatre fois, il est définitivement mort ;
- lorsque tous les osselets sont épuisés, le tout dernier est à son tour *oqutartuŋu.* La procédure est la même, mais seul le deuxième *magitāja,* c'est-à-dire la quatrième tentative, compte. Si, au cours de cette étape, l'osselet se retrouve le nez en l'air, il devient *īdor̃a* (l'être humain le plus âgé, le plus sage) et le joueur le conserve ;
- le jeu recommence alors ;
  mais lorsque par cette même procédure tous les osselets sont épuisés, et qu'il ne reste plus que le *īdor̃a* de tout à l'heure, il se bat également ;
- il n'y a donc pas de gagnant (au sens européen) à la "fin" du jeu puisque, à chaque fois, il ne peut y avoir qu'un *īdor̃a* ou pas du tout ;

Note : les osselets sont jetés, les mains se renversant vers le joueur. Mais quand deux osselets se battent *(pakati^{t})* ils sont lancés en sens inverse, et accompagnés des mots :
īma nugẽr̃iwä^{t} cugadartuŋu : que mon humain ait les muscles tendus.

- lorsque l'osselet va en prendre un autre pour se battre avec lui, le joueur dit : *pakacãñu^{t} :* quelqu'un à battre ! (qu'on me donne quelqu'un à battre) ;
- celui qui vient pour se battre est tenu verticalement devant les autres et trépigne d'impatience ;
  il ne prend pas lui-même son adversaire mais attend qu'on le lui envoie. Le "vainqueur" projette le mort d'un coup de pied. L'amusement dans tout cela c'est la mimique qu'on fait face à ces osselets.

La phase II : les figures construites

La maison vide

Description :

1 - entrée du couloir d'accès ;
2 - partie du couloir d'entrée pénétrant dans la maison, en contrebas ;
3 - seuil de la maison, plus élevé que le sol du couloir d'entrée ;
4 - plates-formes où se tiennent dans la journée et dorment la nuit les adolescents non mariés et les visiteurs étrangers à la maisonnée ;
5 - fenêtres (obturées par des parois en intestins de phoque translucides) ;
6 - espace libre, dont le sol est fait de grandes dalles de schiste ;
7 - parties de la grande plate-forme commune où travaillent et dorment les personnes de la grande famille patriarcale ;
8 - cloisons de peaux de phoque suspendues à un tiers de hauteur, séparant des loges pour chaque famille élémentaire ;
9 - mur du fond *(kidi) ;*
10 - murs latéraux de la maison, de 50 cm d'épaisseur, construits en mottes d'herbe et en pierres ;
11 - à l'extérieur, cache à vivres *(miŋizuwi*^{t}*)*.

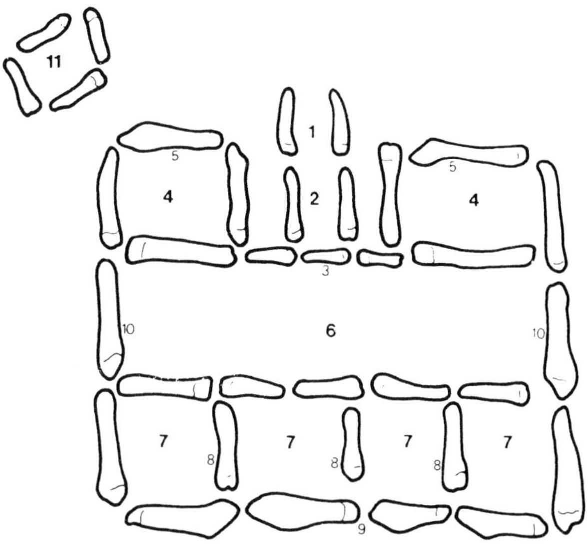

Fig. 637.

La maison et ses habitants

La maison, le soir, lorsque tous ses habitants sont réunis et que chacun a pris sa place.

Maison de taille moyenne (en 1934-37) : 14 personnes.
(La maison dans laquelle j'ai hiverné en 1936-37 comportait 26 personnes, dont le *qatuna* que j'étais ; elle était considérée comme une "grande" maison).

Description

1 - l'aïeule, veuve ;
2 - sa fille trop jeune pour être mariée ;
3 - son fils le plus jeune ;
4 - son fils adolescent non encore marié ;
5 - son fils aîné marié, le fils aîné et sa famille occupant traditionnellement cette loge près du mur latéral (généralement à l'est) ;
6 - la femme de 5 ;
7 - leur jeune fille ;
8 - une fille mariée de 1 ;
9 - le mari de 8 ;
10 - leur fille la plus jeune ;
11 - leur deuxième fils ;
12 - leur fils aîné (qui couche près de son oncle célibataire, parce que la loge de la famille sur la plate-forme est déjà occupée par quatre personnes) ;
13 - une autre fille de 1, enceinte ;
14 - le mari de 13.

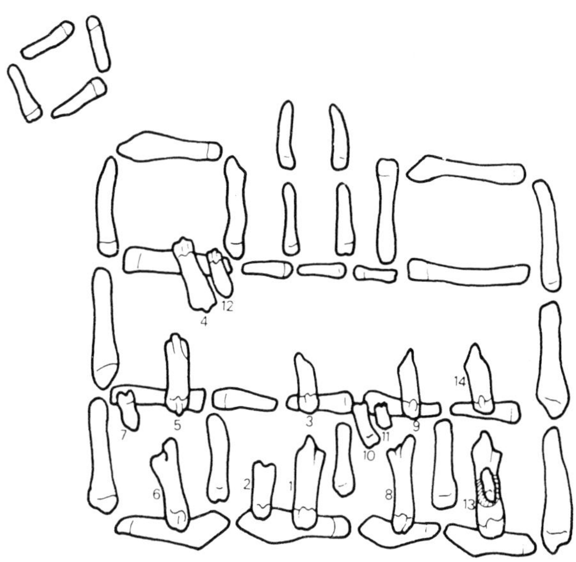

Fig. 638.

Les hommes sont généralement assis au bord de la plate-forme, les pieds sur leur "caisse de rangement" *(tumara)*. Les femmes mariées le sont aussi, assises en "bouddha" devant leur lampe à huile *(unaqi*^{t}*)*. Dans le jeu ainsi décrit, les femmes sont sur l'arrière de la plate-forme "parce que c'est plus facile comme ça...".

La maison, la nuit, lorsque tous dorment... ou presque... car le couple 5-6 n'est pas en train de dormir (en position d'accouplement, couchés sur le côté). Tous les personnages ont la tête sur le bord de la plate-forme.

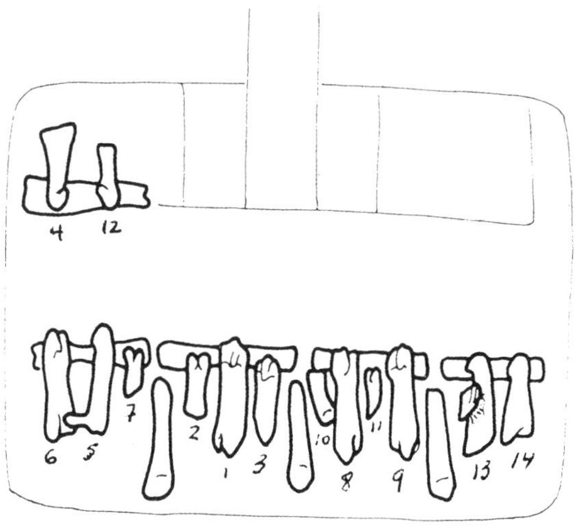

Fig. 639.

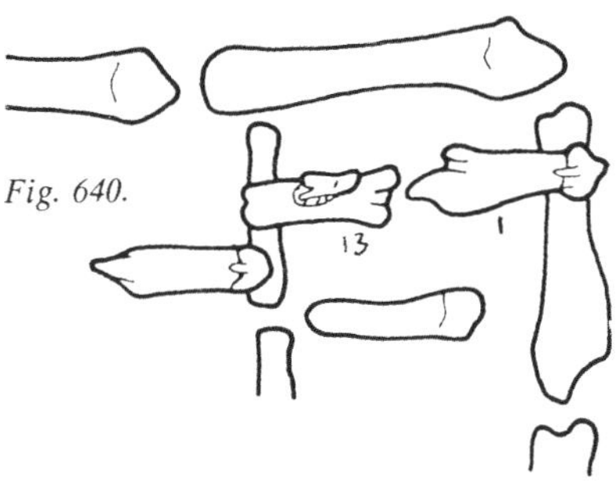

Fig. 640.

L'accouchement : la femme enceinte 13 est aidée par l'aïeule 1. Tous les hommes sont sortis de la maison. Lorsque "l'enfant" est "né", il est soumis à des rites précis qui déterminent son sexe (fille ou garçon), ou bien s'il est mort-né : il sera toujours *oqutartuŋu,* selon le processus décrit p. 263, c'est-à-dire, qu'au quatrième lancement : *oqū* (1) *oqū* (2) *magitāja* (3) *magitāja* (4), si l'osselet tombe le "nez en l'air", c'est une fille ; le "nez par terre", c'est un garçon ; sur le côté, il est mort-né.

Les activités quotidiennes

Les hommes vont "chasser", c'est-à-dire qu'on les fait sortir de la maison. Ils attendent dans un coin, pendant que les enfants jouent avec les femmes (qui vont sortir de la viande des caches à nourriture, etc.).
Puis les hommes "reviennent" : le phoque est représenté par un morceau de viande cuite. Ce morceau est partagé en parts distribuées dans la maison *(ubacät).*
Les habitants de la maison *tiwadarput* (ils chantent et dansent accompagnés de leur tambour) ; chaque joueur tient son partenaire (ils ne sont que deux) et chante à tour de rôle, etc.

Note : les joueurs font grande attention de toujours poser leurs hommes ou femmes de façon à ce qu'ils se tournent les uns vers les autres, et ne se tournent pas le dos (les osselets posés sur le "dos" regardent en effet d'un côté).

Fig. 641.

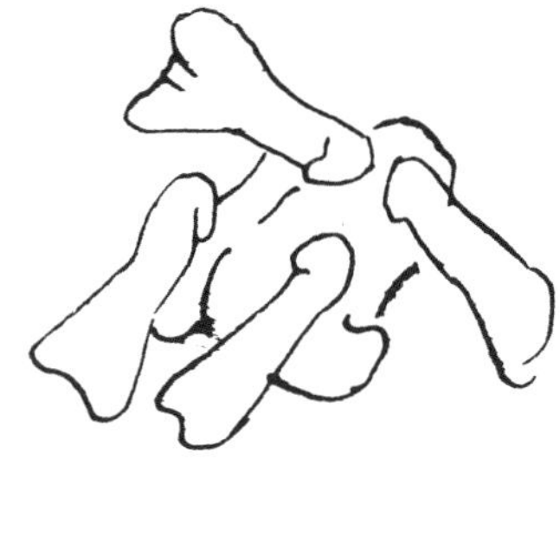

imiŋa (l'outre de cuir, réserve de nourriture)
Les adultes de la maison sont réunis au-dessus de l'*imiŋa*, apporté dans la maison, pour en consommer le contenu.

Quand les *qacimadi*[t] (phoques qui se chauffent au soleil sur la glace) commencent à appararaître, on dit :

- *Qacimadi*[t] *tiberadera*[t] *(tiberādit :* il y en a tant qu'on ne s'aperçoit pas quand il en manque ou quand quelques-uns s'en vont). C'est une phrase classique du jeu des osselets-marionnettes. Un osselet sort de la maison, va voir ce qui se passe dehors, revient dans la maison et dit :
- Hou ! *qacimaditiberaderāt !*

Aussitôt tous les habitants sortent, la maison est démolie, et on se met à jouer la partie du jeu qui s'appelle *aŋizoqizāne'*.

aŋizoqizāñe' (à celui qui fait le plus de captures)

Tous les osselets (hommes, femmes et autres pièces quelconques) sont mis en tas. Chaque joueur a un homme seulement. Un seul joueur lance les hommes en l'air. Ceux dont l'homme retombe le nez en l'air prennent chacun un osselet. Une fois tous les osselets distribués, chaque joueur se contruit une tente, les hommes et les femmes gagnés formant également des pièces de la tente. Au milieu de la tente, l'homme du joueur est seul.
Ce jeu consiste donc à avoir la plus grande et la plus belle tente.

La tente

Les 14 personnages de la maison se retrouvent le soir en été, sous la tente.
Les femmes et les enfants ont leur place sur la plate-forme. Les hommes sont assis sur leur *tumara* devant la plate-forme, près de l'entrée. Un *imiŋa* (outre à nourriture) est près de la tente : n° 15.

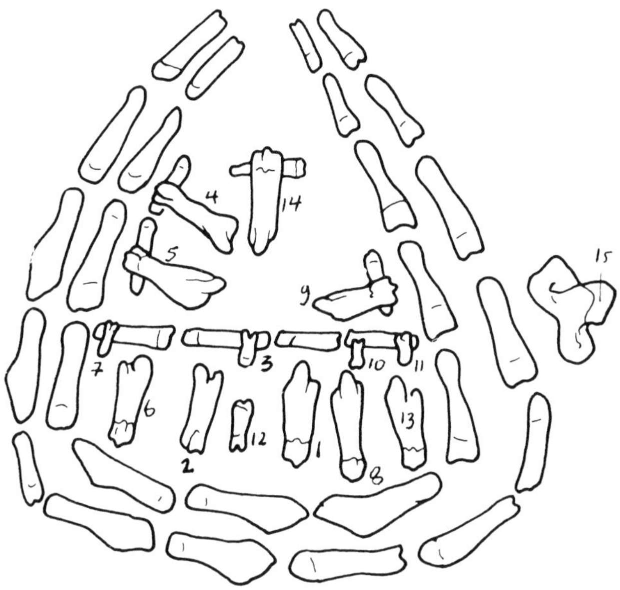

Fig. 642.

L'umiak

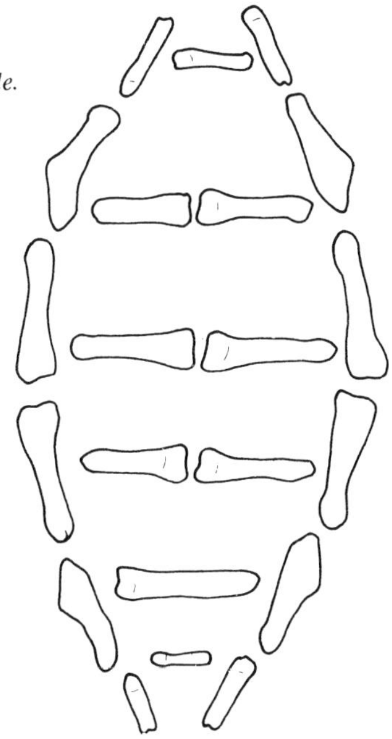

Fig. 643a. - L'umiak vide.

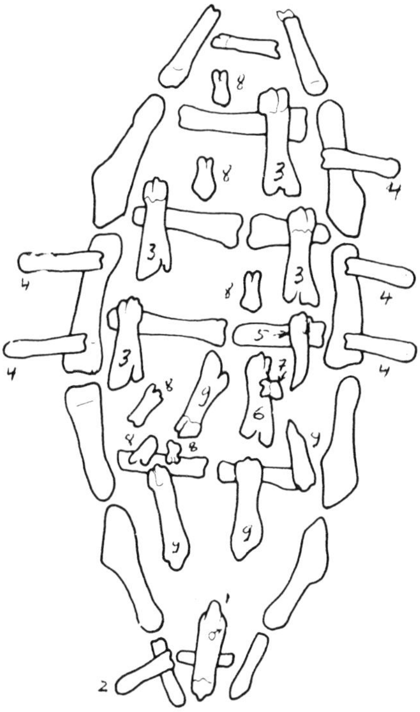

Fig. 643b. - L'umiak et son équipage : umiä'.

Le kayak

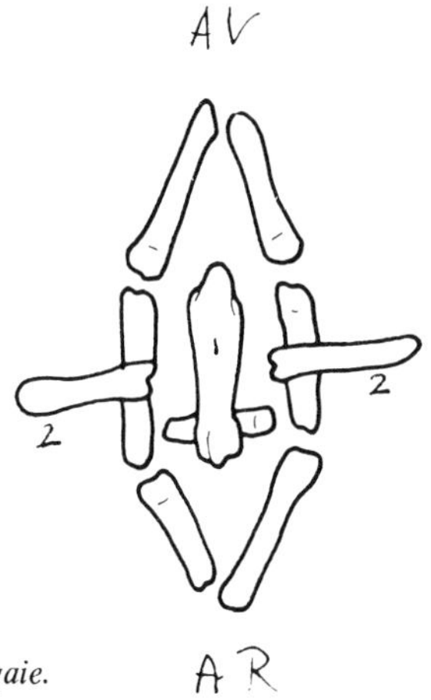

Fig. 644. - 1) le kayakeur ; 2) la pagaie.

1 - un homme (souvent le propriétaire de l'umiak ou un vieil homme), à l'arrière, tient l'aviron-gouvernail 2 ;
3 - quatre femmes manœuvrent chacune un aviron 4 ;
5 - un jeune garçon a pris la place de la femme 6 pour lui permettre d'allaiter son bébé 7 ;
8 - des enfants sont répartis un peu partout ;
9 - garçons et filles, à l'arrière (pour alléger l'avant de l'umiak), sont prêts à prendre la place d'une femme à un aviron, si nécessaire.

L'umiak est en général accompagné d'un ou de plusieurs kayaks.

JEUX ET JOUETS D'ENFANTS

1 - ātwā^{t} : sarbacane

Utilisé l'hiver, l'été ; dehors, dedans ; par les hommes et les garçons. Le tube de la sarbacane est fabriqué avec l'os de l'aile d'un goéland : *quzi^{p} izariwä^{t}*.
Les boulettes sont façonnées en mousse : *atadica (Bryum sp.)*, la même mousse qui sert, par ailleurs, de "papier de toilette"...

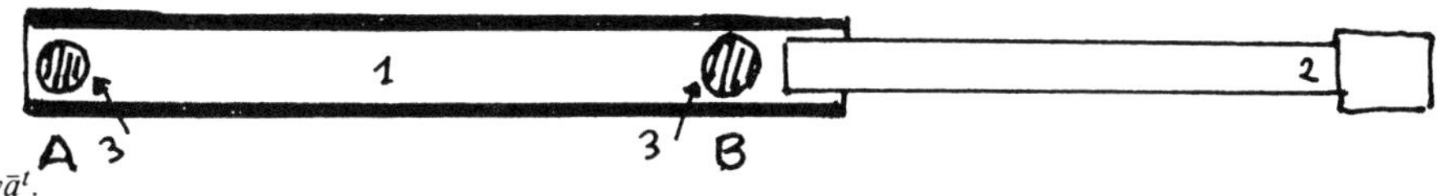

Fig. 654. La sarbacane : ātwā^{t}.

1 - *pat^{w}āt* : le tube
2 - *pāwiadā* : le piston
3 - *arartewa'* : une boulette (pluriel : *arartewä^{t}*)

La boulette A est placée à l'un des bouts du tube, le plus hermétiquement possible.
La boulette B est placée dans la bouche, ainsi que l'autre extrémité du tube. On souffle dans le tube pour "gonfler" la sarbacane; et avec la langue on pousse la boulette B pour boucher le tube.
Le piston est ensuite violemment enfoncé, une fois que la sarbacane est dirigée sur le but à atteindre.
Le jeu consiste : à atteindre une cible : *toŋājeqizātuni*
à tirer le plus loin possible *uwaziqizātuni*
à viser la main d'un autre, représentant un phoque.

2 - pica' : l'arbalète (modèle réduit)

Utilisé l'hiver, l'été ; dehors, dedans ; par les adultes et les enfants.
Les règles du jeu sont les mêmes que pour le jeu *nuwerñiarñe'* : harponner des petits phoques en bois, ou des petits morceaux de bois représentant des phoques, avec de petits harpons plus ou moins conformes à la réalité (voir plus loin, p. 274).

En dehors de viser un objet précis, le jeu consiste aussi à :

- tirer en l'air le plus haut possible : *qamōrtātuni ;*
- tirer le plus loin possible : *uwezeqizatuni.*

Il arrive qu'on chasse la perdrix des neiges (lagopède : *nagalakä^{t}*) avec ces petites arbalètes jouets.

1 - le corps (l'arbrier) : *qiditā'*
2 - le bras (l'arc) : *qartuwä^{t}*
3 - la gâchette : *nuzūtartewa*
4 - la courroie : *acināciartā*
5 - la flèche : *nadiwarta'*
6 - la pointe : *qīdīdā*
7 - la gouttière : *nīnerā*

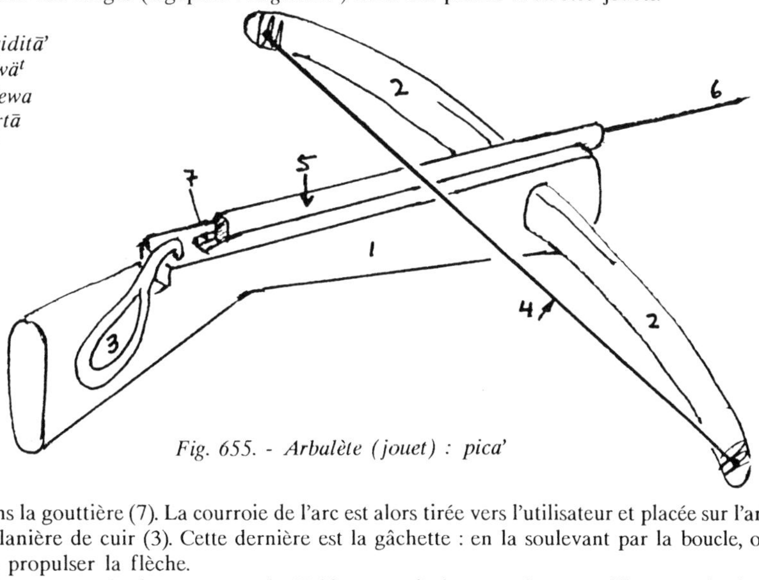

Fig. 655. - Arbalète (jouet) : pica'

La flèche (5-6) est installée dans la gouttière (7). La courroie de l'arc est alors tirée vers l'utilisateur et placée sur l'arbrier, dans l'encoche où elle recouvre la lanière de cuir (3). Cette dernière est la gâchette : en la soulevant par la boucle, on libère la courroie (très tendue) qui va propulser la flèche.
Il est à noter que l'arbalète était une arme de chasse connue des Eskimo aux siècles précédents et utilisée pour la chasse à l'ours, au caribou et au bœuf musqué. A Ammassalik, il existe des récits traditionnels ou des légendes qui racontent l'utilisation d'arbalètes de grandes tailles par des chasseurs, dans les temps anciens. Elle a ainsi disparu de l'arsenal des armes de chasse et s'est conservée parmi les jouets, sous forme de modèle réduit (il en est de même de l'arc).

Extrait du Journal de Kangerlugssuatsiak

A Tīderida, informateur Junta.

"Non seulement l'arbalète *(pica')* était connue autrefois (aujourd'hui à l'état de jouet seulement), mais aussi l'arc *(qartuwa, nādiwarta')*. L'arc était planté verticalement en terre ; la flèche était appuyée sur l'index de la main gauche tenant l'arc par son milieu. Junta a entendu dire que l'arc aurait été utilisé, assez récemment, pour tirer des phoques ou des hommes. Puis il est passé à l'état de jouet".

(Journal de KGSK, le 26 avril 1937)

3 - awādiwarpaditōti^{t} : hochet

Composé de plusieurs dents d'ours suspendues à de courtes lanières de cuir réunies au sommet. C'est le tout premier jouet des enfants d'Ammassalik.
Parfois, il est accroché au-dessus du seuil de la maison, dans l'entrée du couloir. Le bruit qu'il fait prévient de l'arrivée d'une personne (comme, par exemple, dans la légende de Katate').

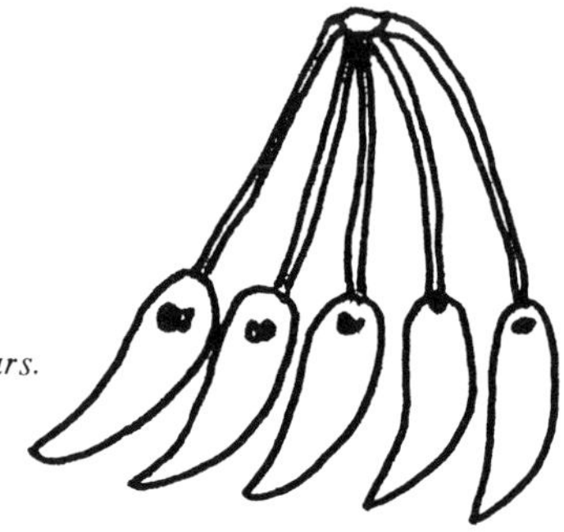

Fig. 656. - Hochet en dents d'ours.

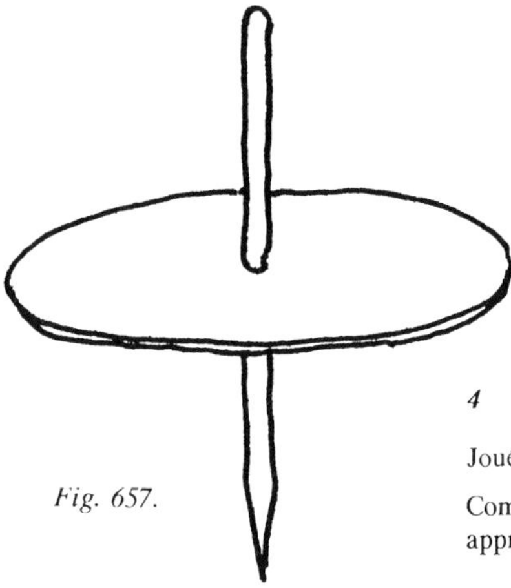

Fig. 657.

4 - kāvicia' : toupie.

Joué par enfants et adultes.

Composée d'un mince disque de bois, monté sur un axe de bois (hauteur approximative: 10 cm).

La toupie est mise en mouvement par un rapide frottement des mains l'une sur l'autre, l'axe étant tenu entre les deux paumes.

Le jeu se joue de la façon suivante : l'un des joueurs lance une question :
- Qui est-ce qui est complètement idiot ?
La toupie est lancée, tourne, agonise, sous les hurlements des joueurs et finit par s'arrêter, l'axe penché dans la direction de celui qui est "complètement idiot".
- Qui est-ce qui a mangé un morceau de viande qui ne lui appartenait pas ? etc.

Fig. 658.

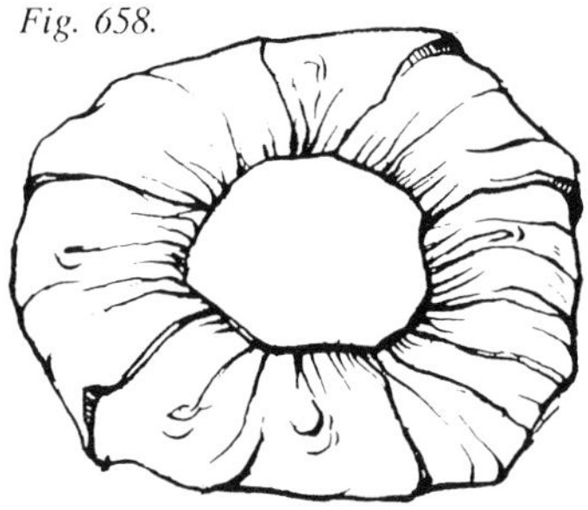

5 - arcä^{t} : balle

Les balles, de tailles très diverses, sont faites d'une vieille peau liée en boule, sur laquelle un morceau de peau a été cousu.

Les jeux de balles sont très répandus et très fréquemment joués. Presque chaque soir d'été, entre les habitations, de grandes parties se jouent au cours desquelles les cris et les rires sont bruyants et ininterrompus. Mais les groupes sont bien séparés : les enfants d'un côté, les "grands" de l'autre. Les grands sont souvent brutaux.

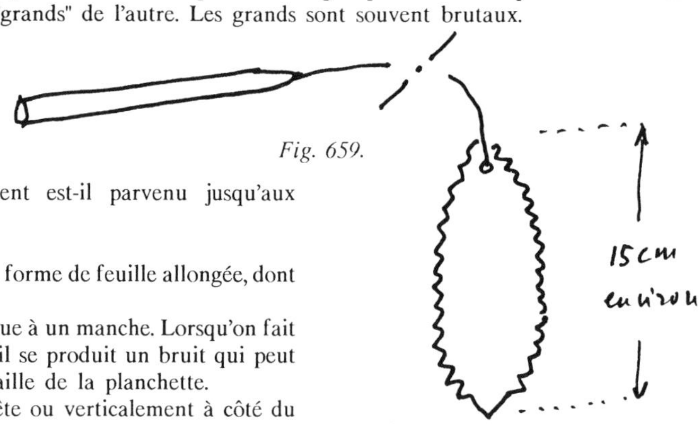

Fig. 659.

6 - noqatā^{t} imititä^{t} : rhombe

Un jeu bien connu à travers le monde. Comment est-il parvenu jusqu'aux Ammassalimiut ?

Il est constitué par une planchette de bois très mince, en forme de feuille allongée, dont les bords sont dentelés.
Cette planchette est reliée par un fil de tendon de phoque à un manche. Lorsqu'on fait tourner rapidement la planchette autour du manche, il se produit un bruit qui peut aller du bourdonnement au ronflement, suivant la taille de la planchette.
On le fait tourner horizontalement au-dessus de la tête ou verticalement à côté du corps.

Fig. 660.

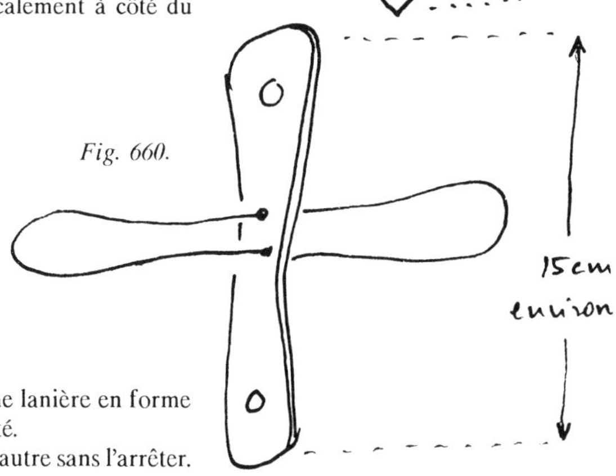

7 - imititärne' : "ronfleur"

Planchette en forme d'hélice que l'on fait tourner à l'aide d'une fine lanière en forme de boucle qui s'entortille et se détortille en tirant de chaque côté.
Le jeu consiste à faire ronfler et à passer le ronfleur d'un joueur à l'autre sans l'arrêter.

8 - qal̄ertäɫ : sorte de "trompette"

Dans une fente pratiquée dans un morceau de bois, on introduit un morceau d'intestin de phoque séché, que l'on tient par les deux bouts pour le tendre.
Quand on souffle, le morceau d'intestin vibre et produit un bruit de trompette.

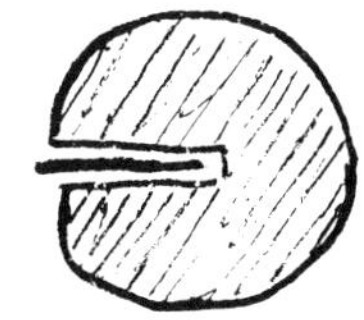

Fig. 661.

9 - aniŋāzua' : hélice

D'où les Ammassalimiut connaissaient-ils l'hélice ? (d'épaves de bateaux ?).

Les enfants eskimo jouent avec l'hélice, contre le vent ou en courant, comme tous les enfants. Mais "autrefois" (avant la découverte en 1884), l'hélice était utilisée pour faire revenir le beau temps. Après une longue période de vent et de mauvais temps, on plaçait une hélice sur une tombe. En tournant, l'hélice faisait du bruit qui dérangeait les morts. Ceux-ci intervenaient alors auprès des divinités pour faire cesser le mauvais temps et donc le bruit...

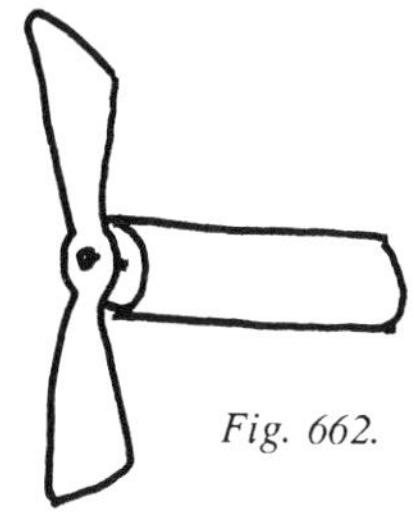

Fig. 662.

10 - awadertäɫ : disque tournant

Joué par les adultes et les enfants.

Faire tourner une pierre (ou une pièce d'os épaisse) en produisant un "ronflement".

Une pierre, qui a approximativement la forme d'une meule, tourne sur un axe sur lequel elle est fixée. Le jeu consiste à faire tourner la pierre le plus longtemps possible, en lui imprimant une rotation grâce à une courroie enroulée autour de l'axe et que l'on tire rapidement de la main droite, l'axe étant tenu par une grosse poignée (prise par la main gauche) qui peut glisser le long de l'axe.

1 - la pierre (qui peut avoir des formes très diverses et très irrégulières) : *kanem̄aq̄idā*
2 - l'axe (vertical), ou manche (en bois) : *ibua*
3 - la tête (en os) : *ātä^{w}rā*
4 - la poignée (en bois ou, le plus fréquemment, en os ; percée et traversée par l'axe du jeu) : *tik̄uja*
5 - la courroie de propulsion (en cuir de phoque) munie à l'extrémité d'une petite poignée : *acināciart̄ā*

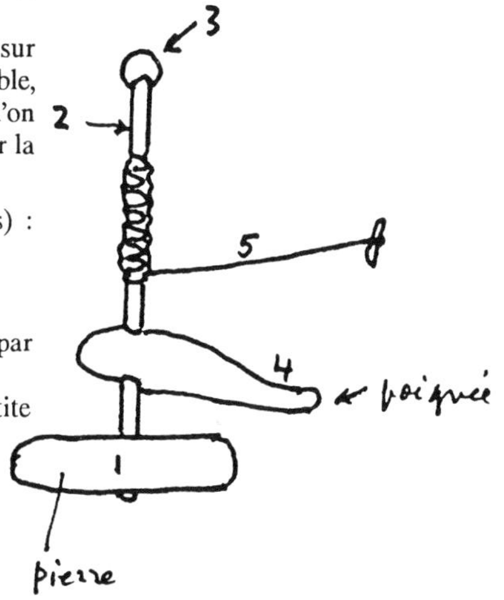

Fig. 663.

11 - pugurtatīdit : oiseaux picorant
Jouet en bois

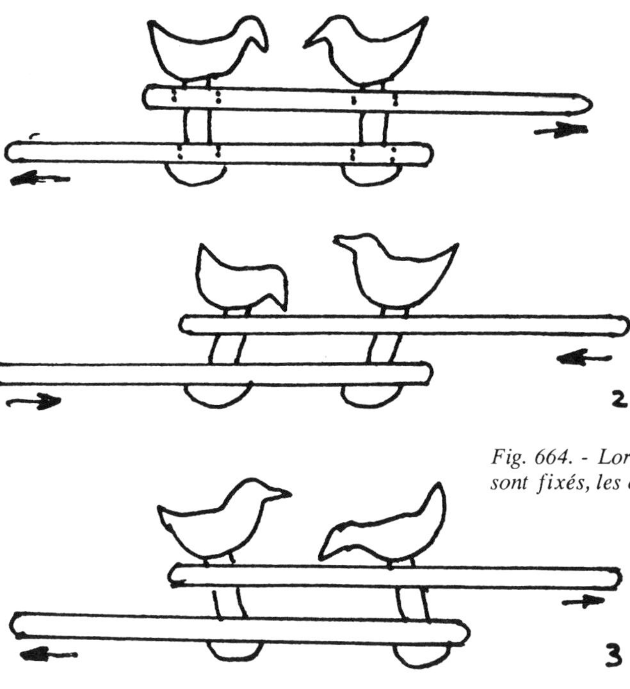

Fig. 664. - Lorsque l'on actionne les planchettes sur lesquelles ils sont fixés, les oiseaux - qui se font face - picorent alternativement.

12 - ***umiak (miniature)***

Fig. 665.

13 - ***Phoques, narvals, etc. harponnés***

Modèles d'animaux, en général sculptés dans du bois, reliés au "flotteur" par un fil en tendon.

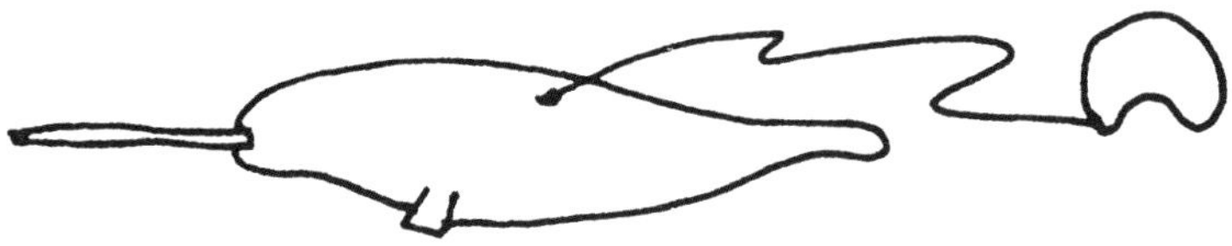

Fig. 666. - Narval et flotteur en bois.

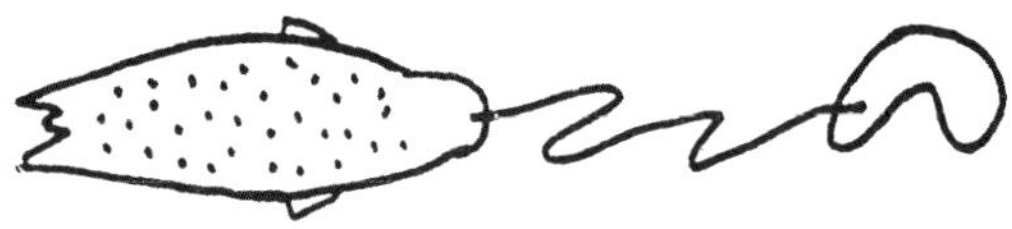

Fig. 667. - Phoque et flotteur en os.

14 - ***Traîneau miniature (du type traditionnel),*** avec des osselets représentant les chiens.

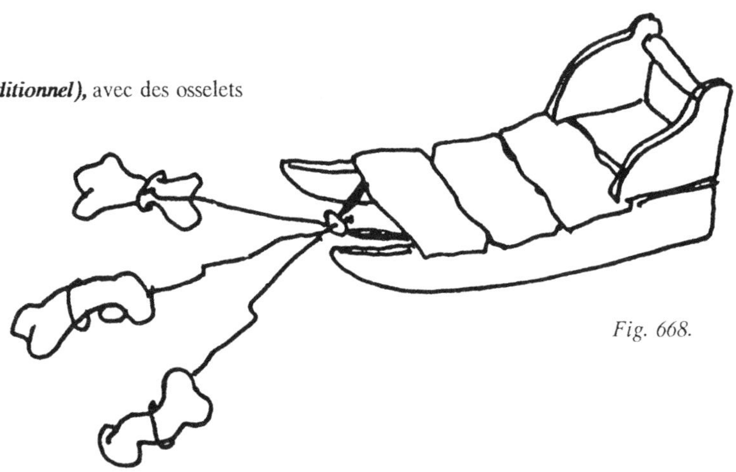

Fig. 668.

15 - ***caqizāda' (caqi^{t} : kayak)***

Jouet représentant un kayak miniature. Cette représentation va du simple morceau de bois taillé en pointe des deux bouts, jusqu'à un kayak composé de son squelette de bois, son enveloppe de peau, ses accessoires, et le kayakeur tenant la pagaie.

Un caillou ou un morceau de terre, posé sur le pont, représente un phoque. Le jouet est tiré dans une flaque d'eau.

16 - ***caqizāda' ōrāīarte'*** (*ōrāīarte'* : celui qui tourne)

Un jouet un peu plus élaboré consiste à fixer à un kayak miniature, une hélice : lorsqu'il se renverse, et qu'on le tire dans l'eau, il se redresse.
Le jeu consiste à jeter des pierres pour faire chavirer le kayak et voir comment il se redresse.

17 - ***nunakāciät caq̄izi^{t} : kayak en pierres***

Joué l'été par les garçons à partir de 5 ans.

Pendant tout l'été, les garçons se construisent des "kayaks" en pierres. Généralement proches des maisons de pierres construites par les filles : *ertīdä^{t}*.

Devant le kayak de pierres, une motte d'herbe représente le phoque. Le "kayakeur" le harponne avec un bout de bois quelconque *(nādiwa')*, ou cherche à le toucher avec des cailloux.

Puis le "phoque" (la motte d'herbe), posé sur le kayak, derrière le kayakeur, est "ramené à la maison". Là, la "femme" le dépècera avec un couteau de femme, *cake'*, représenté par une omoplate de phoque.

Fig. 669.

JEUX DIVERS

Fig. 677.

Les jeux ci-après ne peuvent pas se classer dans une catégorie déterminée.

Ce sont des jeux joués en hiver, en été, dehors, dedans, et par tous, adultes et enfants (mis à part *āwamītarne'*, qui est un jeu d'hommes adultes). Ceci ne signifie pas que tous y participent. Ce sont généralement les enfants qui y jouent entre eux ; mais les adultes (auxquels se joignent les enfants) y jouent de temps en temps.

Le plus important, le plus fréquent, qui parfois prend un sens compétitif de lutte entre deux adversaires (et non pas deux joueurs pour le plaisir) est *āwamītarne'*.

1 - āwamītarne'

Jeu sportif exclusivement pratiqué par les hommes, en été, comme en hiver.
Ce jeu est l'un des plus classiques.
Deux joueurs sont assis par terre, face à face, pieds contre pieds.
les deux mains (droites ou gauches) sont "accrochées" par leurs médius (ou par leurs index, ou par leurs annulaires, ou par leurs auriculaires). Si ce sont les mains droites, la main gauche de chaque joueur tient le pied droit du joueur adverse. Si ce sont les mains gauches, la main droite de chaque joueur tient le pied gauche du joueur adverse.
Le jeu se joue à plusieurs concurrents, par groupes de deux, par éliminations successives.
Il comporte huit possibilités :

Vocabulaire :
- par les mains droites : *taderpimī*
- par les mains gauches : *kitermīmī*

Mains droites :
1 - avec les médius : *qedercermitātu*^{t}
2 - avec les index : *cijamārmītātu*^{t}
3 - avec les annulaires : *migidaramītātu*^{t}
4 - avec les auriculaires : *awatermītātu*^{t}

Le groupe de deux adversaires (suivant les doigts accrochés) s'appelle : *qedercermītāti*^{t}, *cijamārmītati*^{t}, etc.

Mains gauches :
5 - avec les médius
6 - avec les index
7 - avec les annulaires
8 - avec les auriculaires

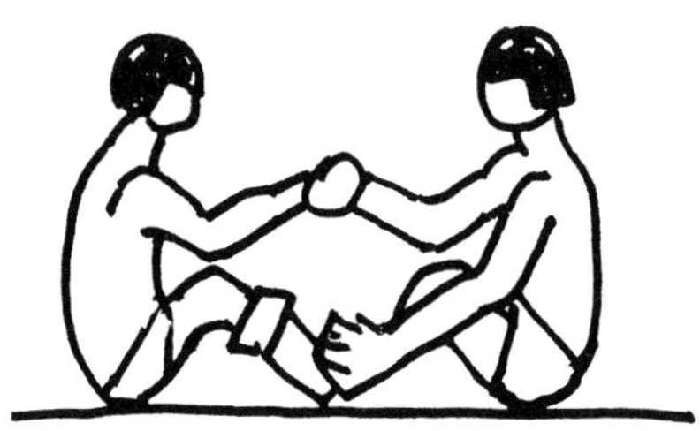
Fig. 678.

9 - kanīna^{r}*mitāne'*

Comme le jeu précédent, mais les deux joueurs s'accrochent par les poignets, le poing fermé, courbé vers soi-même (fig. 679).

Fig. 679.

10 - Idem, avec les poignets gauches.

11 - a^{r}*caquta*^{r}*ne'*

Idem, mais les deux joueurs s'accrochent par les avant-bras repliés, creux du coude de l'un dans le creux du coude de l'autre (fig. 680).

Fig. 680.

12 - Idem, avec le bras gauche.

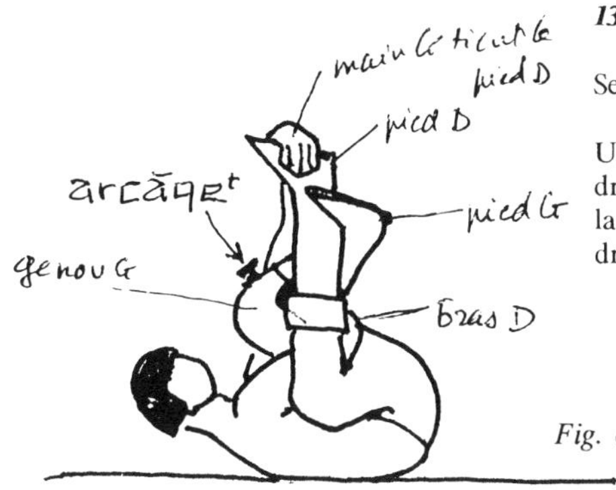

13 - arcãqe^{t}

Se joue été comme hiver, par deux hommes.

Un des hommes se couche sur le dos, les jambes repliées sur le ventre. Le bras droit est passé sous le genou gauche. La main gauche dépasse tout juste de sous la jambe gauche. La jambe droite est croisée sur la cheville gauche et le pied droit est tenu par la main gauche. La main droite tient l'*arcãqe^{t}*.

Fig. 681.

Fig. 682: - arcãqe^{t} : deux morceaux de bois reliés par une courroie.
Le deuxième joueur se place au-dessus du premier. Il saisit l'un des deux bois de l'arcaqe^{t}, l'autre étant tenu par le premier joueur. Le deuxième joueur doit porter le premier et le déposer sur la plate-forme *(ite')*.

Vocabulaire : les joueurs : *arcã^{r}tu^{t}*.

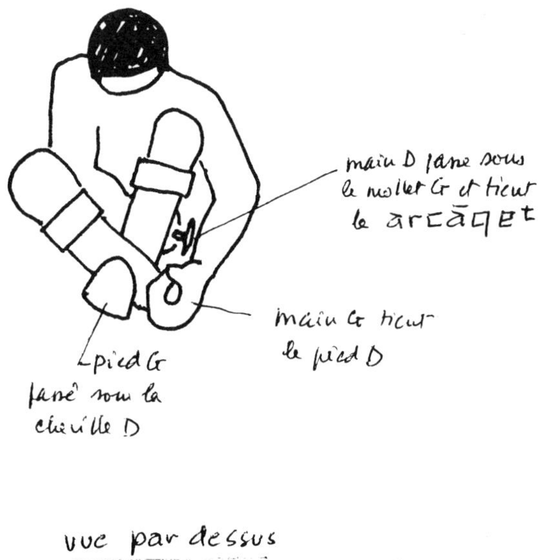

Fig. 683.

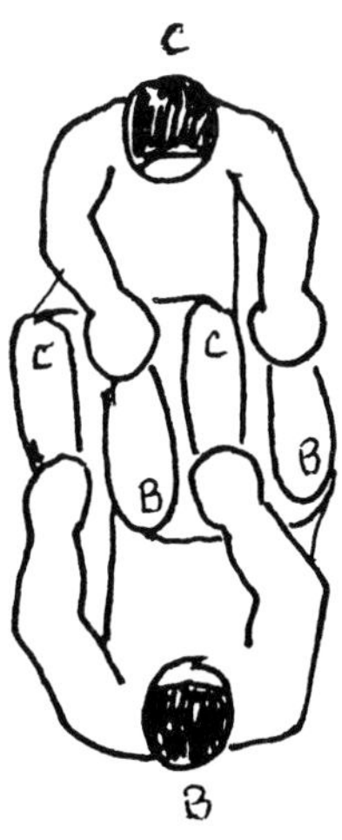

Fig. 684.

14 - qede^{r}ciŋida^{r}ñe'

Un homme A se met à quatre pattes sur le sol. Les deux autres, B et C, se placent de chaque côté de A, assis sur le sol, leurs jambes passées par-dessus le dos de A. B tient les pieds de C. C tient les pieds de B. A essaie de se lever en soulevant B et C. Ceux-ci essaient de garder l'équilibre que A tente de rompre.

15 - qede^{r}cercumañe'

Se joue l'hiver, l'été ; dehors, dedans ; adultes et enfant.

Ligoter : *qede^{r}cerīuŋu.*

Le joueur, adulte ou enfant, ligoté sur le sol, doit se relever.
Il est ligoté soit les mains derrière le dos, soit accroupi, une courroie serrée sous les genoux et passant derrière la nuque.
Cette position : *atīzeīuŋu.*

Fig. 686.

16 - kigiēŋiciarte'

Les mains sont ficelées derrière le dos. La tête est attachée contre les genoux, par une courroie qui passe sur la nuque et dans le creux des genoux. Le joueur est étendu par terre, sur le dos ; ou parfois sur les genoux et la tête.

Il doit se relever.

17 - icimit̄āne'

Le joueur : *icimit̄āte'* (pluriel : *icimit̄ātut*).

Le joueur se met debout sur la plate-forme *(it̄e')*, le long d'une poutre de soutènement verticale *(qik̄e^{t})*. Le torse est fortement incliné en avant, les deux mains sont passées derrière le dos, autour de la poutre.
Le jeu consiste à faire le tour de la poutre, dans cette posisiton, sans perdre l'équilibre, sans tomber.

Fig. 687.

18 - Ce jeu peut être rendu plus difficile avec une lampe à huile *(unaqit)* placée au pied de la poutre. Le joueur, s'il perd l'équilibre, risque de tomber la tête la première dans la flamme et la graisse...

Extrait du Journal de Kangerlugssuatsiak

"Kidimani - elle a quatre ans - a caché un chiot sur son ventre, dans son chandail. Couchée sur la plate-forme, les genoux relevés, les cuisses écartées, elle dit *"dāwa, dāwa"* pendant que Tada fait l'accouchement.

Tada, une fois le chiot retiré ("accouché"), le soulève en l'air par les pattes de derrière.
Voyant qu'il se porte bien, elle dit avec un large sourire :

- Tâââ ! ! !

- Qu'est-ce que ça veut dire, tâââ, dis-je ?

- C'est ma façon de rire quand je suis contente, répond Tada."

(Journal de KGSK, le 27 septembre 1936)

19 - udit̄ār̄ne'

Un homme se couche sur le dos sur la plate-forme de fenêtre *(ip̄i^{t})*, la tête dépassant de la plate-forme. Il s'agit de faire la pirouette, en relevant les jambes, et retomber en arrière, debout sur le sol.

20 - piziwarcerne' : marcher ou courir sur les genoux.

Le joueur : *piziwa^{r}ca^{r}to'*.

Joué par femmes et enfants.
Marcher sur les genoux en tenant les pieds derrière le dos avec les mains.

Le plus loin possible : *uwazeqizātuni.*

21 - kut̄aŋacarmi pizine' : marcher sur les mains
kut̄aŋade' : à l'envers, tête en bas

Se joue l'été ; hommes et garçons.
Le plus loin possible : *uwazeqizātuni.*
Le plus vite possible : *pikāq̄izātuni.*

Fig. 688.

LÉGENDES, RITES ET CROYANCES DES ESKIMO D'AMMASSALIK

Kristian

RITES ET CROYANCES DES AMMASSALIMIUT

La première partie de *La Civilisation du Phoque* rassemble les notes et les dessins ethnographiques de Paul-Émile Victor qui ont trait essentiellement à la vie matérielle des Eskimo d'Ammassalik. Comment, vivant en totale autarcie, ils avaient su résoudre et surmonter les immenses difficultés de la vie quotidienne, afin de se nourrir, se chauffer, se vêtir, se déplacer, c'est-à-dire subsister, tout en dépendant d'un gibier presque unique : le phoque. Cette adaptation remarquable d'un groupe humain à son environnement de neige et de glace se révèle à travers la description de techniques de chasse, de procédés de travail et de gestes d'une parfaite efficacité. Cependant, il apparaît déjà dans ces premiers chapitres que la vie matérielle n'est qu'un aspect – sans doute le plus spectaculaire et le plus facile à appréhender pour nous Occidentaux – d'une réalité plus complexe, où l'individu, la société et le monde extérieur sont totalement interdépendants et forment un ensemble indissociable.

La chasse, élément central de cette culture, ne saurait, en effet, être réduite à une série de techniques s'accordant aux différents types de gibier, à la saison, ou à l'épaisseur de la banquise. C'est un acte fondamentalement social, et les règles de partage du gibier entre les chasseurs puis entre les membres de la communauté sont là pour rappeler que l'animal tué n'est pas la propriété personnelle de celui qui l'a mortellement atteint, mais un don accordé par la Nature à la collectivité des hommes.

En fait, la chasse est avant tout un acte sacré qui doit s'accomplir selon des règles précises, par lesquelles l'homme montre son respect envers le gibier et son humilité vis-à-vis des forces de l'univers. Car ce sont ces puissances qui, à titre de réciprocité, consentiront à envoyer jusqu'à lui le gibier nécessaire à sa survie.

Vie sociale, vie religieuse et vie matérielle ne font donc qu'un dans la culture eskimo.

LA CONCEPTION DU MONDE ET LE RÔLE DU CHAMANE

Avant toute influence chrétienne, les habitants d'Ammassalik avaient une conception particulière de l'univers dans lequel ils vivent et de l'ordre qui doit régner dans le monde afin que les humains puissent prospérer.

Si l'homme parvient à dominer la matière, à la transformer ou à l'adapter pour la rendre utilisable, il se heurte à des obstacles d'une autre nature, du fait qu'il n'est pas le seul habitant de son univers : autour de lui, dans les airs, sur la terre, à l'intérieur de la terre, dans la mer, et même dans sa propre habitation, vivent toutes sortes d'esprits ou d'êtres surnaturels aux formes curieuses ou effrayantes qui sont le plus souvent dangereux pour les hommes, voire même tout à fait hostiles au genre humain.

Dans sa façon d'appréhender son existence, l'Eskimo manifeste tout à la fois une grande confiance dans la vie et dans l'avenir, et de très vives craintes face à toutes les menaces dont il se sent l'objet et aux forces qui le dominent.

Sa confiance se fonde sur la croyance en un retour cyclique des animaux qu'il pourchasse, en particulier le phoque. Comme les hommes, les animaux possèdent une âme (*inua*), sorte de principe de vie qui ne meurt pas avec le corps. Si le chasseur observe très scrupuleusement tous les rituels nécessaires à la rencontre sacrée avec son gibier, il acquiert la certitude que l'âme de l'animal réintégrera un autre corps et viendra se présenter devant son harpon, s'offrant de nouveau à lui, le chasseur qui l'a traitée avec tous les égards nécessaires.

Pour se préparer à la chasse, et comme pour s'excuser d'avoir à utiliser le corps du gibier pour sa survie, le chasseur décore son kayak, ses instruments de chasse et tous ses vêtements d'ornements d'os ou d'ivoire où les représentations animales, figuratives ou symboliques, tiennent une place essentielle. Avant de se laisser découvrir et capturer, le gibier sera également sensible aux chants du chasseur et aux formules magiques qu'il prononce durant sa longue recherche en kayak sur la mer.

Enfin, s'il respecte les interdits alimentaires qui frappent éventuellement la consommation de chair de phoque fraîchement tué, et s'il accomplit tous les rites qui suivent la mise à mort du gibier, le chasseur est assuré que ses futures chasses seront fructueuses. C'est d'ailleurs cette foi dans l'avenir, souvent interprétée par les Occidentaux comme de l'imprévoyance, qui le conduit à ne pas se préoccuper d'amasser d'abondantes réserves et à partager ce qu'il possède en de copieux et joyeux festins lorsqu'arrivent des visiteurs.

Les appréhensions ou frayeurs qui hantent l'existence des Ammassalimiut peuvent avoir plusieurs origines. Elles sont souvent provoquées par les nombreux êtres monstrueux : géants, nains, créatures mi-animales mi-humaines, grands visages terrifiants, femmes dévoreuses... qui peuplent la nature et vivent de ses ressources, et qui attaquent les humains ou tentent de les attirer dans leur propre univers d'où ils ne reviendront plus jamais. Les âmes-fantômes des morts, qui parfois rôdent autour des vivants, sont encore d'autres sources de tourments, sans compter de surcroît les *tupileks*, ces créatures maléfiques, œuvres de sorciers, destinées à nuire ou faire mourir, qui peuvent à tout moment surgir pour accomplir leur funeste mission.

C'est lorsqu'il s'éloigne des autres membres de la communauté ou qu'il est seul dans la nuit, la pénombre ou le brouillard, qu'un individu se trouve le plus exposé à ce genre de rencontre. La solitude est donc évitée autant que possible et ceux qui la recherchent, suspects de s'adonner à quelques pratiques magiques secrètes, sont craints de tous.

La protection contre les esprits malfaisants réside avant tout dans l'usage d'amulettes et de paroles magiques, que l'on acquiert par héritage ou achat en échange d'objets de grande valeur.

Parfois, plus rarement, des offrandes destinées à se concilier les bonnes grâces des esprits de la nature ou des âmes de défunts sont déposées près des tombes ou dans certains lieux dangereux afin d'assurer un voyage sans péril.

Mais à un niveau bien supérieur dans le panthéon des Ammassalimiut, se trouvent les grandes forces de la nature, celles qui dominent l'univers en régnant sur le vent, les précipitations, les saisons, les marées, les mouvements du gibier, et jusqu'à la reproduction des animaux et des hommes. C'est dire que l'ordre et l'harmonie du monde dépendent essentiellement de ces personnalités toutes-puissantes, parmi lesquelles les trois principales figures sont : Aninga (l'Homme-Lune), Imap nuliaka (la Femme de la mer, la Mère des animaux marins) et Asiaq (la Maîtresse de la pluie et du temps).

Si des dérèglements graves surviennent dans l'ordre du monde : les saisons ne se succèdent plus avec leur alternance de grand froid et de réchauffement, les vents sont déchaînés en tempêtes interminables, les mammifères marins se sont retirés de la région, ou bien les femmes ne sont plus fécondes, ce sont les humains qui en sont directement responsables. Par leurs agissements et leur mauvaise conduite, ils ont offensé ou gravement irrité une de ces divinités dont la vengeance se fait redoutable.

Les plus graves fautes que les hommes et les femmes puissent commettre, à cet égard, sont le non-respect des prescriptions ou la violation des tabous auxquels ils sont soumis à certaines périodes de leur existence, notamment en cas de deuil. Le châtiment provoqué par de tels manquements aux règles atteint le plus souvent non seulement le fautif, mais la communauté tout entière sur laquelle le malheur s'abat : maladie, famine, cataclysme. C'est alors que le recours au chamane prend sa dimension essentielle ; lui seul pourra servir d'intermédiaire entre les forces surnaturelles courroucées et les humains frappés par l'adversité.

Le chamane, qui peut être un homme ou une femme, a acquis au cours d'un long parcours initiatique la faculté de s'abstraire de son corps par la transe extatique et de voyager en esprit jusque dans les régions les plus lointaines du cosmos. Il s'est également concilié quelques-uns de ces esprits ou êtres monstrueux qui terrifient les hommes ordinaires. Au cours de son apprentissage, il s'est peu à peu familiarisé avec certains d'entre eux qui sont alors devenus ses esprits auxiliaires, aides indispensables dans l'accomplissement de son art et dans l'exercice de ses pouvoirs surnaturels.

Sur la personne du chamane reposent, en période de vive inquiétude ou de grand malheur, tous les espoirs de ses compatriotes. Lui seul pourra réussir à calmer la fureur de l'Homme-Lune qui menace d'envoyer vers les humains son chien exterminateur, un raz-de-marée, une tempête de neige ou un tremblement de terre ; ou apaiser la colère de la Maîtresse des animaux marins qui a rappelé auprès d'elle, au fond de la mer, tout le gibier. Celui-ci reste, pullulant, dans sa longue chevelure. Ou bien encore, le chamane ira rendre visite à Asiaq afin qu'en modérant le vent ou en envoyant la pluie sur une neige trop épaisse, elle fasse cesser le mauvais temps qui entrave les activités de chasse.

Ces très grands « voyages », pleins d'obstacles redoutables même pour les chamanes les plus expérimentés, sont entrepris au cours de séances chamaniques organisées l'hiver dans la grande maison communautaire. Les préparatifs, l'ordre d'extinction des lampes à huile, le déroulement de la séance proprement dite avec le battement de plus en plus rapide du tambour, l'arrivée dans la maison des esprits auxiliaires convoqués par le chamane, les conversations en langue secrète entre le chamane et ses esprits, le départ et le retour du chamane dans l'habitation, forment un rituel dont tous les détails ont la plus grande importance.

Lorsque la faute humaine a pu être identifiée par le chamane au cours d'un de ses spectaculaires vols magiques, il reste encore au mortel responsable du tabou non respecté ou de la règle transgressée à avouer publiquement son méfait. C'est à cette condition que peuvent revenir ordre et abondance parmi les humains.

Toutefois, la patience des puissances surnaturelles a ses limites, et l'inconduite humaine est, affirme-t-on, la cause de la disparition des baleines le long de la côte orientale du Groenland dans le courant du XIXe siècle. Les grands chamanes ont même prévenu les hommes que, en raison de leurs trop fréquents manquements aux règles sociales, les piliers qui supportent le ciel, comme une plate-forme au-dessus de la terre, menacent de se déboîter. Si cela devait arriver, le ciel tomberait sur la terre et ce serait la fin du monde, car il ne resterait plus rien.

Le plus souvent, l'intervention du chamane est sollicitée pour des causes individuelles : un habitant de la maison tombé gravement malade, une femme qui demeure stérile, etc., et il sera rétribué pour ses services de médecin-guérisseur. Au cours de la séance d'invocation de ses esprits auxiliaires, le chamane, guidé par eux, part à la quête de cette âme qui a d'elle-même délaissé le corps du malade ou qui a été dérobée par la magie malveillante d'un sorcier. Si le chamane parvient à la retrouver avant qu'elle n'ait atteint le Pays des morts, il pourra lui faire réintégrer son enveloppe charnelle et le malade guérira, sinon il ne peut plus rien faire pour éviter la mort de son « patient ». Pour la femme stérile, c'est à l'Homme-Lune que le chamane va rendre visite et auprès duquel il doit intercéder afin que, du ciel, il envoie un enfant à cette infortunée dont l'existence reste très précaire du fait de son infécondité.

Le chamane, personnage que rien ne distingue des autres dans la vie quotidienne, apparaît ainsi comme la clé de voûte de la société eskimo. Par ses pouvoirs extraordinaires, innés et acquis, lui conférant la faculté de se déplacer en esprit et de « voir » à travers l'espace comme à travers le temps, il est l'intermédiaire indispensable entre les hommes et les nombreuses puissances surnaturelles qui régissent le monde, le médecin des corps et des âmes, celui sur qui repose la survie du groupe humain lorsque survient l'adversité. Il peut encore avoir la puissance de se rendre jusqu'au Pays des morts – au fond de la mer ou dans le ciel – et d'en revenir pour les révéler. Le chamane est le lien entre le vivant et le mort ; l'humain, l'animal et le sacré ; l'individu et le corps social ; le passé, le présent et l'avenir.

L'ÊTRE HUMAIN ET LES GRANDES ÉTAPES DE SON EXISTENCE

L'être humain est composé de plusieurs éléments vitaux. C'est l'union indissociable d'un corps, d'un principe de vie et d'un nom personnel qui constitue un individu, avec toute sa vitalité, sa force mentale et physique. Qu'un seul élément fasse défaut et c'est l'affaiblissement, la maladie ou la mort qui guettent la personne humaine.

L'enfant naît ainsi, avec un corps (*timeq*) et une âme-principe de vie (*tarneq*), elle-même formée de plusieurs composantes : l'« âme » principale, immortelle, probablement située au bas de la nuque, qui est le principe même de la vitalité s'exprimant essentiellement par le souffle et la respiration, et plusieurs petites « âmes » localisées dans les diverses articulations, qui sont pour leur part garantes du bon fonctionnement des différentes parties du corps.

Toutefois, ce nouvel être humain ne sera en mesure de vivre et de se développer que lorsqu'il aura reçu et accepté son nom principal, ou âme-nom (*aleq*) – ainsi que d'autres noms secondaires qui parachèveront sa personnalité, définissant sa place dans la société et ses liens avec les autres membres de la communauté. Les noms qu'il reçoit sont, en effet, ceux des défunts du groupe familial, et au nom sont en outre attachés certains traits de caractère du parent décédé, parfois aussi des éléments de son destin.

À la mort de l'individu, tandis que le corps est destiné à disparaître et que l'âme-principe de vie va gagner le Pays des morts où elle demeurera éternellement, l'âme-nom attend avec anxiété un nouvel habitacle : le corps d'un nouveau-né où elle sera accueillie favorablement pour une nouvelle existence terrestre.

Cette conception de la personne humaine, essentiellement magico-religieuse, éclaire la façon dont les Ammassalimiut appréhendent le corps et son fonctionnement, et entourent d'infinies précautions et de rites les étapes les plus critiques de l'existence.

Ce qui assure au corps sa vigueur et sa bonne santé, c'est avant tout son intégralité. Rien ne peut en être extrait, pas même des cheveux ou des ongles, sans le menacer gravement dans sa totalité. Les articulations, chacune porteuse d'une petite « âme », apparaissent comme des zones de fragilité car c'est par là notamment que le corps humain peut souffrir, s'affaiblir et, dans les cas extrêmes, être disloqué. Pour annihiler définitivement la force d'un ennemi assassiné, on se hâte ainsi de séparer chaque membre aux jointures et de les disperser le plus loin possible les uns des autres.

Certaines parties de l'organisme humain ont, par ailleurs, une importance particulière qui repose davantage sur leur valeur symbolique que sur leur fonction biologique. Ainsi en est-il de l'anus, qui est, par essence, la porte d'entrée de l'âme dans le corps : c'est le chemin emprunté par l'âme-nom au moment où le nouveau-né reçoit ses noms ; c'est aussi par cette voie que revient une âme égarée ou que pénètre l'esprit auxiliaire du chamane pour remplacer temporairement dans le corps de son maître son esprit absent pendant le voyage chamanique.

Le quatrième doigt de la main, considéré comme une source potentielle d'énergie, joue un rôle capital dans plusieurs rituels : dans la cérémonie d'attribution du nom, dans l'envol chamanique, dans le rappel à la vie d'un mort « revenant » ..., car la force ou la puissance développée par le contact entre deux annulaires est considérable.

La respiration et le souffle, associés au principe même de vie, sont symboliquement utilisés pour empêcher un être humain de mourir, ou pour animer une créature chargée d'une mission occulte à accomplir.

Principal attribut de la beauté féminine, la chevelure est aussi un symbole de force et de vitalité pour les deux sexes. Sauf circonstances exceptionnelles, elle ne doit en aucun cas être coupée, au risque pour la personne de perdre la vie. Les cheveux des femmes adultes, habituellement liés en chignon haut placé sur la tête (le *pikiwa*) doivent être défaits – parfois même couverts d'un capuchon – dans des situations où leur propre existence, comme celle de leur entourage, est particulièrement en jeu et encourt des risques : l'accouchement, le deuil, l'exercice du rôle de guérisseuse…

Cette remarque amène naturellement à relier un nombre important des rites et des pratiques magiques des Ammassalimiut aux grands évènements de la vie humaine, tels que la naissance, la maladie, la mort.

Dans ces moments où l'individu et ses proches sont en position de grande vulnérabilité, il est primordial d'éloigner les nombreux dangers qui viennent les menacer. Il ne s'agit pas tant de risques physiques liés au milieu naturel que de dangers venant des forces maléfiques occultes qui tirent avantage de la fragilité passagère des hommes pour les atteindre. Il y a de même, dans ces périodes, une très forte menace qui pèse sur la chasse et par conséquent sur la survie de la communauté. La « contamination » du gibier par l'impureté des humains peut en effet entraîner un éloignement temporaire ou définitif des animaux marins.

Pour tenter de prévenir tous ces périls, les habitants d'Ammassalik usent de chants magiques, de charmes, d'amulettes, mais ils se doivent avant tout d'observer très scrupuleusement tout un ensemble de règles de vie extrêmement contraignantes. Si, parmi les prescriptions, figurent un certain nombre de conduites à suivre et d'actes à accomplir, tels des rites de purification, ce sont toutefois les interdits et les tabous qui prédominent.

La femme est particulièrement frappée par des interdictions touchant les activités quotidiennes, le travail des peaux, l'alimentation, la parole et les contacts avec les objets, les animaux ou les membres du groupe. Par nature plus fréquemment exposée que l'homme à l'état d'impureté, elle se trouve ainsi tout au long de son existence soumise à un nombre considérable de tabous.

Parmi les événements de la vie considérés comme extrêmement dangereux pour la société et son environnement se trouvent l'accouchement et le deuil, c'est-à-dire des situations où il risque d'y avoir un contact avec la mort, que ce soit pour les hommes ou pour le gibier. Lors d'un accouchement, il existe toujours un danger que l'enfant naisse mort-né ou que la mère meure en couches. Il faut donc, aux

Dumidia

premiers signes de l'enfantement, éloigner en hâte toutes les fourrures et les peaux qui sont dans la maison. Les chasseurs et les plus grands garçons doivent aussi sortir, quel que soit le climat extérieur. Si l'enfant vient au monde mort-né ou décède à la naissance, la mère entre alors dans une longue période de tabous et de privations qui accompagne le deuil d'un proche parent. Elle doit notamment éviter de toucher le gibier, même sous forme de nourriture, les instruments de chasse, les vêtements utilisés par les chasseurs, etc. et, lorsqu'elle sort, elle ne doit regarder ni la mer, ni le rivage, ni les ruisseaux.

Chez l'homme, la notion d'impureté se trouve également associée au contact avec la mort : un décès familial ou le fait d'avoir touché un cadavre en exécutant les rites mortuaires. Cependant, la durée du deuil est moins longue pour lui que pour sa femme ; il peut reprendre plus rapidement ses occupations, non sans avoir accompli les indispensables rituels destinés à « désacraliser » les outils, les embarcations, les activités de travail et de chasse.

Surveillant de très près l'observance des tabous et des règles, l'Homme-Lune s'irrite violemment lorsqu'ils ne sont pas respectés. Peuvent être particulièrement redoutables les fausses couches que les femmes tendent à dissimuler pour échapper aux terribles contraintes des interdits. Dans de tels cas, seuls les aveux publics de la femme fautive peuvent éloigner les représailles de l'Homme-Lune ou empêcher la Femme de la mer de rappeler à elle tous les animaux marins.

Il n'existe pas à proprement parler de rite de passage marquant l'entrée des jeunes dans l'âge adulte, mais le premier succès d'un garçon à la chasse est fêté par une cérémonie particulière. La capture du premier gibier, que ce soit une perdrix des neiges ou un phoque, est célébrée socialement par un jeu de distribution et une consommation collective de l'animal tué.

La maladie est perçue comme un désordre physiologique essentiellement lié à la disparition ou au vol d'une des nombreuses composantes de l'âme qui sont disséminées dans le corps et assurent son bon fonctionnement. Que l'un de ces éléments d'âme se soit échappé de lui-même ou qu'il ait été dérobé par l'action maléfique d'un sorcier ou d'une puissance surnaturelle, la conséquence est la même : il y a affaiblissement du corps, souffrance et finalement mort, s'il n'est pas très vite porté remède à cette « absence » d'âme.

Pour soigner les blessures légères, coupures, affections cutanées, éruptions de boutons, brûlures et abcès, quelques recettes ou traitements externes sont connus dans l'arsenal des savoirs familiaux, utilisant l'urine humaine comme désinfectant, l'huile et la graisse de phoque et des éléments végétaux comme cicatrisants, et même le cuir épais de phoque comme plâtre pour réduire les fractures.

Mais maladies, fièvres et maux internes sont du ressort du chamane qui, à la demande du malade ou de sa famille, officie comme un médecin-thérapeute et doit nécessairement recevoir un paiement pour l'exercice de cette fonction. Le premier stade de compétence dans l'exercice de la thérapeutique est la divination de l'origine et de la gravité de la maladie par la technique du soulèvement de la tête du malade.

Un chamane plus accompli a, pour sa part, la capacité de retrouver l'âme disparue, avec l'aide de ses esprits familiers, et de la faire regagner, par l'anus, l'intérieur du corps du malade. Celui-ci guérit alors rapidement. Mais, si l'âme n'est pas retrouvée et rapportée, le patient ne peut se remettre.

La maladie mentale, lorsqu'elle se manifeste par le délire ou encore des crises de démence violentes, est redoutée au plus haut point par l'entourage du malade. Elle dévoile soudain, en effet, que la personne atteinte s'est livrée, en cachette, à des pratiques de sorcellerie et, qu'ayant échoué, son action se retourne contre elle. C'est le groupe tout entier qui se trouve en grand danger et aucun traitcmcnt curatif ne peut agir : le dément doit au plus vite avouer publiquement ses activités occultes ou bien être neutralisé physiquement et aidé à mourir pour ne plus nuire.

Si la maladie – et le sommeil – sont marqués par un départ temporaire de l'âme, la mort signe son éloignement définitif. Les frontières de la mort sont cependant relativement floues, puisqu'il existe un délai pendant lequel l'état mortel demeure encore réversible. Par le pouvoir de paroles et de gestes magiques d'une particulière efficacité, certains individus peuvent être ramenés à la vie durant ce laps de temps de trois jours où l'âme-principe de vie, qui a délaissé son enveloppe charnelle, ne s'est pas encore définitivement éloignée du Pays des vivants. Passé ce délai, elle ira rejoindre un des deux au-delà qui accueillent les morts – le ciel ou le fond de la mer – où les défunts se trouvent voués à une existence assez similaire à celle qu'ils menaient sur terre. Toutefois, le sort des morts résidant au fond de la mer est jugé plus enviable que celui des morts du ciel, car ils bénéficient d'une véritable abondance alimentaire.

L'âme-nom ne connaît par la mort. Destinée à poursuivre sa vie sur terre, elle attend impatiemment d'être appelée vers un nouveau corps humain.

*

* *

Tout au long du présent ouvrage transparaît cette constante interpénétration des différents univers : la nature et la surnature, l'humain et l'animal, le vivant et le mort, le visible et le caché, le réel et le magique. De même les notions de temps et d'espace sont-elles parfois variables. C'est dans cette perspective d'une grande perméabilité entre les états et entre les mondes qu'il faut comprendre les notes et les récits qui sont présentés ici.

À travers ses récits, légendes ou poésies, la tradition orale nous livre la mémoire du groupe et les messages qui lui sont destinés. C'est sa fonction propre : distraire, amuser et instruire, par l'histoire vécue des ancêtres et par les mythes. Quant aux notes brutes de terrain de l'ethnologue, leur grand mérite est de nous livrer, sans aucune distorsion, les éléments d'un savoir fort complexe. Un retour aux sources mêmes des rites et pratiques magiques et des croyances religieuses est du plus grand intérêt pour tous ceux qui cherchent à approfondir les modes de relation entre l'homme de l'Arctique et son univers, à notre époque où la plupart des rituels et des coutumes ne sont plus connus ou compris par les descendants des anciens chamanes vivant à Ammassalik.

Lorsque ces informations sont recueillies par Paul-Émile Victor, en 1934-1937, le chamanisme, violemment combattu par les différents pasteurs venus évangéliser la région d'Ammassalik, a « officiellement » disparu. Depuis environ deux décennies, les chamanes, convertis à la religion luthérienne et baptisés, ne peuvent plus exercer leur art comme par le passé. Les tambours sont déclarés interdits et même les chants profanes, jugés suspects, sont condamnés par les hommes d'Église, pasteurs et catéchistes.

À cette époque où toute la population est nouvellement christianisée (les derniers païens ont été baptisés en 1921), les sujets touchant au chamanisme, à la sorcellerie et au domaine des esprits demeurent donc tabous ou tout à fait secrets. Pour les habitants d'Ammassalik, il est malaisé de les évoquer : soit honte d'un passé fortement réprouvé par les évangélisateurs, soit crainte que ces puissances et ces pouvoirs surnaturels ne se manifestent encore, en dépit d'une relative adhésion aux nouvelles croyances religieuses. En outre, la révélation publique de rituels ou de charmes magiques auxquels l'on croit et que l'on utilise à des fins protectrices ou maléfiques a pour conséquence de leur faire perdre définitivement toute efficacité. Ne pouvaient donc dévoiler leurs connaissances que ceux qui n'y attachaient déjà plus d'importance, et c'est probablement pour cette raison que la chamane Kaga de Tiderida se refusait à révéler son savoir.

Plus tard, il devint plus facile de parler avec un certain détachement de ces sujets. Toutefois les conversations demeuraient le plus souvent sur le mode de la confidence, en baissant la voix. C'est ainsi que j'ai eu l'occasion d'entendre, dans les années 1960-1970, la narration des exploits de certains chamanes célèbres, et des récits de pratiques secrètes que l'on attribuait à de nombreuses personnes détentrices de pouvoirs magiques, certaines étant encore vivantes à cette époque. Chaque séjour de terrain m'a permis d'approfondir un peu plus ces thèmes qui ne s'abordent que lorsque l'amitié et la confiance sont solidement établies. Je pouvais aussi constater que plus j'avais appris, plus il m'était enseigné. Mais, en même temps, les limites de ma connaissance ne cessaient de reculer. Puis vint un temps où les vieux qui « savaient » disparurent, les uns après les autres, et les générations suivantes ont alors définitivement tourné le dos à leur passé, ou bien créé un amalgame entre certains

Jakob Sanimuinak, petit-fils de trois chamanes (Sanimuinak du côté paternel, Imaka et Kaga du côté maternel) [Scoresbysund, 1968].

récits entendus dans leur jeunesse et d'autres éléments lus dans les livres, entendus à la radio ou même vus à la télévision.

C'est donc cette expérience personnelle du même terrain[1], complétée par la somme des informations publiées par les premiers observateurs et ethnologues ayant séjourné dans la région d'Ammassalik : Gustav Holm, Hanserâk, Johan Petersen, William Thalbitzer, Knud Rasmussen, Robert Gessain, qui m'a permis la remise en ordre et l'organisation – pour leur publication – des archives de Paul-Émile Victor ayant trait aux rites, pratiques et croyances traditionnelles des Eskimo d'Ammassalik.

1 - En particulier, j'aimerais citer parmi les informateurs d'Ammassalik et du Scoresbysund qui ont bien voulu me livrer une partie de leur savoir : Elvira Napajgudlak et Emmanueli Kilime, Jago et Dorte Sanimuinaq, Odin et Olga Maratse, Ippi et Kujoro Josuassen, Ipa et Dumidia Singertak, Ivani Uitsalikitsek, Kristian et Amalia Kunak. Quant à Elisa Sigvertsen, elle m'a offert l'occasion exceptionnelle, tandis que j'habitais chez elle en 1967, d'assister par hasard à une scène de transe extatique.

Parmi l'ensemble des notes recueillies par Paul-Émile Victor, observations d'une grande richesse et du plus haut intérêt pour la connaissance de la vie spirituelle des Eskimo d'Ammassalik, il convient de remarquer un exceptionnel recueil de mots tirés de la langue secrète des chamanes et des esprits. Avec ses quelque quatre-cent-cinquante termes, il constitue le plus important vocabulaire chamanique connu jusqu'à présent parmi les populations arctiques[2]. Il y a là matière pour une passionnante recherche ethnolinguistique sur ce langage ésotérique.

Joëlle ROBERT-LAMBLIN

2 - Voir la première édition de cet ouvrage (1993, R. Chabaud, p. 253-263). Le très intéressant vocabulaire chamanique publié par Otto Rosing en 1961 et réédité en 1990 comprend trois-cent-un termes. Se reporter également à ROBERT-LAMBLIN, J. Les dernières manifestations du chamanisme au Groenland oriental. *Boréales, Revue du Centre de Recherches Inter-Nordiques*, n° 66/69, 1996, p. 115-130.

NOTE CONCERNANT LES RÉCITS

J'ai noté ces récits au moment où on me les racontait, ou souvent le soir venu quand j'écrivais, parfois pendant plusieurs heures, mon journal de terrain. Quand je ne rédigeais pas séance tenante, je prenais des notes en style télégraphique sur un petit carnet qui ne me quittait jamais.

La traduction-adaptation-rédaction de ces récits posait plusieurs problèmes de style. Soit les écrire en forme littéraire[1], soit en traduction plus ou moins littérale ; soit enfin dans un style et avec un rythme qui se rapprochent le plus du style et du rythme des récits eskimo, en collant le plus possible au sens d'origine. Nous avons délibérément choisi cette troisième façon de faire. Elle explique les répétitions, la cadence des phrases et parfois le "chant" de la phrase.

La plupart des récits ci-après sont véridiques : aucun fait, aucun détail n'a été inventé (les approximations viennent de la difficulté de traduction et des nécessités de l'adaptation). Ils illustrent mieux que toute autre description ce qu'était la vie des Ammassalimiut il y a un siècle, avant leur découverte.

Paul-Emile Victor

---

(1) Voir : *La Grande Faim*, P.-E. Victor, Julliard, 1953 et *Les Survivants du Groenland*, P.-E. Victor, R. Laffont, 1977.

* Note de l'éditeur: la plupart des récits ont été enlevé de cette édition.

RÉCITS, LÉGENDES ET POÈMES D'AMMASSALIK

Dessin de Juko.

L'OURS-TUPILEK

À Agernanaj, proche de Kulusuk, vivait Niki, grand chasseur d'ours.

Dans sa tente, tout un côté était rempli de crânes d'ours empilés les uns sur les autres. Il s'amusait à chasser l'ours avec un poignard.

Le fond de la mâchoire d'un ours n'a pas de dents et il y a un espace entre la mâchoire supérieure et la mâchoire inférieure. L'ours est gaucher.

Sachant cela, certains chasseurs d'autrefois, et Niki entre autres, chassaient l'ours avec un poignard. Niki s'enveloppait l'avant-bras gauche d'une peau de phoque. Il tenait son poignard de la main droite, pointé vers l'avant. Torse nu pour ne pas donner prise aux griffes de l'ours, il le défiait jusqu'à ce que l'ours se dresse sur ses pattes de derrière. Alors l'homme se précipitait contre lui. Et, quand la gueule était ouverte, il lui enfonçait son avant-bras entouré de la peau de phoque jusque dans le fond de la gueule. L'ours, étant gaucher, est maladroit avec sa patte droite. Le chasseur venait donc se caler sous la patte gauche de l'ours. Il en était ainsi protégé, la patte droite cherchant maladroitement à se défaire de lui. Et le chasseur tuait alors l'ours en lui coupant l'artère fémorale avec son poignard. Tous les chasseurs qui s'amusaient à cette sorte de chasse avaient néanmoins de nombreuses cicatrices dans le dos.

C'est un ours qui tua Niki, le grand chasseur d'ours. Mais pas un ours comme les autres, un ours-tupilek.

Un jour, Niki part à la chasse.

Au pied d'Ortunuviak il voit un énorme ours qui vient dans sa direction. Niki n'était pas un homme ordinaire car la distance entre Kulusuk et Ortunuviak est tellement grande que seul un homme extraordinaire peut voir un ours à cette distance !

Niki voit un ours énorme. Mais il sait aussitôt que cet ours est un ours-tupilek qu'il a fabriqué, qu'il a envoyé contre ses ennemis du Sermilik, et qui revient contre lui. Il rentre chez lui et l'attend.

Quand l'ours arrive devant la maison, Niki sort sa lance. Mais la lance passe, manque l'ours. Niki se précipite sur lui. Il se glisse entre les pattes, sous son ventre et s'accroche aux poils. Mais l'ours se débarrasse de lui d'un coup de patte de derrière, comme s'il se grattait le ventre. Et il le mange.

Quelques années plus tard, l'enfant à qui on a donné son nom est grondé par ses parents. Le soir même, un ours entre dans la maison. Mais le père de l'enfant connaît des formules magiques. Il s'avance vers l'ours, tenant sa lance à l'envers. L'ours s'empare de la lance avec ses deux pattes de devant. Mais le père de l'enfant arrive à le faire sortir de la maison. Quand ils arrivent dehors, l'ours se sauve.

C'était l'ours-tupilek du grand chasseur d'ours Niki.

Kangerlugssuatsiak
13 avril 1937
Informateur : Kara

CHANT DE PRINTEMPS

J'étais dehors dans mon kayak,
J'étais en mer dans mon kayak,
Je pagayais dans mon kayak.
Tout doucement je pagayais
Dans Ammassivik, le fjord.
Il y avait des glaces sur l'eau.
Sur l'eau aussi un pétrel
Qui tournait la tête de tous côtés
Sans me voir pagayer.
Soudain plus que sa queue
Et puis plus rien.
Il a plongé, mais pas pour moi :
Une grosse tête était sur l'eau,
Celle d'un gros phoque poilu.
Une grosse tête qui me regardait,
Et ses moustaches brillaient
D'où tombaient des gouttes d'eau.
Et le phoque s'en vint doucement
De mon côté.
Mais je ne l'ai pas harponné.
Pourquoi ?
Peut-être par pitié ?
Je ne l'ai pas harponné,
Peut-être parce qu'il faisait beau
Et que le phoque jouissait du soleil,
Comme moi.

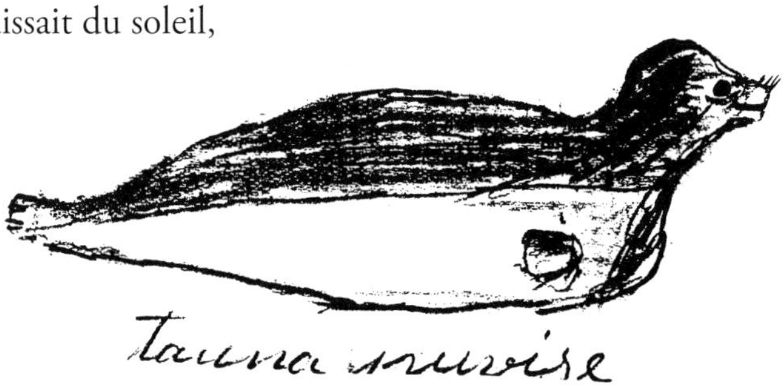

Dessin de Marti de Kummiut, 36 ans.

CHANT D'UNE JEUNE FILLE À PROPOS DE SON AMI QUI VA PARTIR

Un grand chagrin pèse sur moi
Et pèse sur mon âme
Tandis que je cueille des baies sur la falaise.
Un lourd chagrin pèse sur moi
Et obscurcit mon âme
Comme obscurcit la mer
Un nuage noir au ciel.
La mer, là en bas, devant notre demeure,
La mer est calme et sereine,
Et les kayakeurs courageux,
Tous ceux qui nous sont chers
Partent au loin sur la mer.
Un grand chagrin est tombé sur mon âme
Tandis que je cueillais des baies sur le rocher.

CHANT DU VIEILLARD

Iyâya-â iyâya!
Je veux essayer
De sortir de moi,
D'arracher de moi mes pensées,
Mes lourdes pensées.
Je veux essayer
De rentrer en moi,
D'enfouir en moi ma peine,
Ma lourde peine.

Ah! si mon chant guérisseur
Pouvait me libérer de ma peine,
Ma lourde peine.
Ah! que mon chant guérisseur
Puisse exprimer mes pensées,
Mes lourdes pensées.

Ah! si mon pauvre chant
Pouvait chasser de mon âme
Ma peine si grande.
Iyâya-â iyâya!

Mais non, hélas!
Ma gorge est fermée.
Il m'est impossible
D'arrêter mes larmes
Qui se pressent à ma gorge.
Il m'est impossible
De faire fuir par ma gorge
Ma peine,
Ma trop lourde peine.

Fatigués sont mes yeux,
Mes yeux usés,
Mes yeux s'éteignent.
Plus jamais ils ne suivront le narval
Quand des profondeurs il s'élance
Pour briser les vagues de la mer.

Plus jamais mes muscles ne frémiront
Comme en saisissant mon harpon.
Ah ! pourquoi les âmes des animaux de la mer,
Tous ceux qu'autrefois j'ai tués
Ne viennent-ils pas me secourir,
Ne viennent-ils m'aider
À calmer mes pensées,
Mes trop lourdes pensées ?

Ah ! si le souvenir des chasses d'autrefois
Pouvait me libérer
De la lassitude de la vieillesse !
Ô mon âme, entonne un chant
Sur les animaux que j'ai chassés,
Sur tous ceux que j'ai harponnés.
Je chante les souvenirs de ma jeunesse,
Je chante les narvals qui par bandes
Fendaient la surface de la mer
En écume bouillonnante
Devant le cap où j'ai vécu,
Devant Kiadinck, mon pays.

Je chante les souvenirs de ma jeunesse,
Quand le souffle nombreux des narvals sortait en tempête,
Quand résonnaient les chants gutturaux
Des narvals,
En tons graves et profonds,

En sons clairs et sonores,
Quand résonnaient les chants des uns,
D'autres sommeillaient
Sur le miroir de l'eau.
Je chante les souvenirs de ma jeunesse.

Je chante les souvenirs de ma jeunesse,
En les chantant
Jaillit de ma gorge,
Avec les souvenirs de ma jeunesse,
Le dernier souffle de ma vie.
Iyâ-âyâ-ayêk!

La chasse au narval
Dessiné par Aroni Oqaus
1937

CHANT D'UN MORT

Quand j'étais en bas,
Quand j'étais avec vous,
Tout là-bas sur votre terre,
Quand j'étais parmi vous,
Je ne pouvais chanter,
Je ne pouvais danser.
Maintenant que je ne suis plus là-bas,
Maintenant que je suis loin de vous,
Maintenant que j'ai quitté la terre,
Maintenant que je suis dans le ciel,
Je peux chanter,
Je peux danser.
Quand dans le ciel je suis arrivé
Après avoir quitté la terre,
J'étais sans forces,
J'étais sans souffle,
J'étais sans voix.
Mais j'ai vu les miens,
Mais j'ai revu tous ceux
Qui m'avaient quitté depuis si longtemps.
Je les ai tous revus.
Et quoiqu'à bout d'être monté,
J'ai chanté de tout mon cœur,
J'ai chanté de toute mon âme,
J'ai chanté de tout mon souffle,
J'ai chanté de toute ma voix,
J'ai chanté tout mon bonheur.

la vieille Kaga (aveugle)
de TIDERIDA -
le dernier ANGAKEK

LE CHAMANISME

LE CHAMANE, SES POUVOIRS, SES ACTES

Comment devient-on chamane ? Divers chemins existent pour parvenir à la domination du corps et de l'esprit et à l'acquisition de pouvoirs surnaturels permettant au chamane, au cours des séances de chamanisme, d'accomplir des exploits hors du commun, de s'entretenir avec les esprits, et de pénétrer dans des mondes totalement inaccessibles aux autres êtres humains.

Certains individus, hommes ou femmes, sont prédestinés à cette fonction par des signes singuliers ou extraordinaires s'étant manifestés dès leur venue au monde : enfant né coiffé ou survivant après le décès en bas âge de plusieurs frères et sœurs, par exemple. D'autres ont pu être amenés, par les circonstances de leur existence, à rechercher l'aide de puissances surnaturelles pour surmonter leurs difficultés personnelles. C'est souvent le cas d'orphelins, dépourvus de soutien économique, qui, dans leur quête d'une aide extraterrestre, parviennent à franchir les étapes successives menant au chamanisme. Une rencontre fortuite avec un esprit peut encore marquer le début d'un tel destin. D'autres personnes, enfin, sont choisies dès leur plus jeune âge ou à l'adolescence par un vieux chamane désireux de transmettre son expérience à un disciple lui paraissant présenter certaines dispositions ou des dons exceptionnels.

Mais l'itinéraire initiatique est si long et ardu qu'un bon nombre de postulants renoncent en cours de route à progresser dans cette voie. L'apprentissage du futur chamane se déroule sous les directives d'un ou de plusieurs maîtres, des chamanes plus âgés et expérimentés qui sont très chèrement rétribués pour l'instruction qu'ils dispensent à leur disciple. Les présents, contrepartie nécessaire de l'enseignement chamanique, consistent en des peaux, des courroies, des outils ou des armes, ou bien encore un flotteur de kayak ou un chien de traîneau.

C'est totalement à l'écart des lieux habités et dans le plus grand secret que le maître livrera ses connaissances ésotériques et commencera l'initiation de son élève. Il lui enseignera les paroles et les rites de la pratique chamanique. Toutefois, il restera à l'apprenti chamane à expérimenter, dans la solitude absolue, une interminable série d'épreuves d'endurance physique et psychologique au terme desquelles il aura vaincu la douleur et l'effroi, il connaîtra les techniques de l'extase et se sera acquis des *tartat*, ces esprits alliés, auxiliaires indispensables du chamane dans l'exercice de ses fonctions.

Éloigné de la mer, le lieu de retraite de l'apprenti chamane peut être situé dans la montagne, à proximité des glaciers où vivent esprits et géants, ou près d'un lac, d'une rivière ou d'une caverne, endroits également peuplés d'êtres surnaturels avec

Le chamane frotte sa pierre sur une roche plate (photo Thalbitzer, 1906).

lesquels l'homme doit nécessairement entrer en contact, malgré l'extrême frayeur qu'ils lui inspirent. Préparé par un long jeûne et la méditation, pendant des heures, l'apprenti chamane frotte de sa main gauche une roche plate à l'aide d'une pierre qu'il fait tourner dans le sens de la course du soleil dans le ciel, tout en prononçant des formules sacrées. Le bruit produit par le frottement de la pierre a le pouvoir de faire apparaître près de l'homme, un à un, des êtres monstrueux et terrifiants, qu'il va devoir tenter de s'approprier en les touchant et en apprenant leur nom personnel. C'est ainsi, en effet, qu'il pourra acquérir leurs aptitudes et leur force surhumaine et, par la suite, s'assurer leur soutien. Mais cette pénible épreuve n'est pas toujours couronnée de succès et l'homme, inlassablement, frottera sa pierre souvent jusqu'aux limites extrêmes de l'épuisement.

Lorsque, enfin, il a réuni plusieurs esprits, aux aspects et aux pouvoirs variés, qu'il peut désormais invoquer en les appelant par leur propre nom pour qu'ils l'assistent dans ses actions et l'aident à se déplacer dans les différents éléments – air, terre ou eau –, il reste encore au futur chamane à subir le redoutable rite de passage auquel va le soumettre l'Ours d'eau douce. Émergeant du milieu du lac qui est à proximité, l'Ours mythique va vers l'homme paralysé par la peur et, par trois fois, le jette en l'air avant de le dévorer entièrement, ne laissant sur place que son squelette. L'homme demeure sans conscience, comme mort. Mais l'Ours du lac, trop repu, va régurgiter les aliments humains et ceux-ci, peu à peu, regagneront le squelette privé de sa chair.

Ayant recouvré son corps, l'homme reprend conscience, mais il se trouve entièrement nu, à sa place initiale. Pour finir, ce sont ses vêtements qui, d'eux-mêmes et comme « animés », retournent également vers lui. Revenu à son apparence normale, il peut alors regagner son habitation.

Comme dans la plupart des rituels sacrés ou magiques, c'est par trois fois que l'apprenti chamane va devoir subir mort symbolique et résurrection, avant de posséder véritablement la grande puissance de l'Ours du lac.

Une autre épreuve similaire, très douloureuse pour celui qui en subit l'initiation mais qui va à terme le renforcer, est celle où, dans la mer, le morse et l'ours se renvoient l'homme de l'un à l'autre, comme une poupée molle, ou bien le mettent à mal et le dépècent, jusqu'à ce qu'il se retrouve sur la côte, quasi mort.

S'il recherche la protection ou l'assistance d'un ancien grand chamane décédé, le postulant va frotter sa pierre sur la tombe, jusqu'à ce qu'apparaisse l'esprit du mort. Malgré l'extrême frayeur qu'il ressent à ce moment-là, pouvant aller jusqu'à l'évanouissement, il tentera d'interroger l'esprit pour connaître sa science ou pour le rallier plus définitivement à sa cause en l'associant à ses esprits auxiliaires.

En dehors des périodes de retraite qui jalonnent son long parcours initiatique, de huit à dix années, l'apprenti-chamane mène une vie quotidienne identique à celle des autres individus. Il doit, toutefois, absolument s'abstenir de travailler le fer[1] et de consommer certaines parties du phoque, telles que viscères, cœur et foie.

Au terme de son initiation, le chamane dispose de dons et de pouvoirs considérables : divination, clairvoyance, ubiquité, omniscience... Par l'ascèse et d'autres pratiques, telles que le développement de sa concentration, le contrôle et le ralentissement de sa respiration, il parvient à l'état extatique qui lui permet de sortir de la sphère humaine. Quittant son enveloppe charnelle, l'âme du chamane peut pénétrer le domaine de l'extra-terrestre, communiquer avec les forces de l'Univers et les êtres surnaturels, se déplacer dans le temps et dans l'espace. À l'aide de son souffle, il a désormais le pouvoir de déplacer un objet, défaire à distance un nœud fait dans une courroie, mettre en mouvement son tambour, guérir ou rappeler à la vie un mourant.

1 - Le fer, matériau très rare à Ammassalik, provenait d'épaves de bateau ayant fait naufrage dans la banquise ; ou encore, on se le procurait par troc lors de longues et dangereuses expéditions jusqu'au sud du pays, dans la région du cap Farewell.

C'est ainsi que le chamane va devenir l'intermédiaire privilégié entre les hommes, le groupe social et les grandes puissances de l'Univers. Car vient enfin le jour où le nouveau chamane, ayant terminé son instruction et s'étant exercé dans la solitude et l'isolement, encouragé par les esprits, va proclamer qui il est et faire la preuve de ses capacités. S'il ne procède pas ainsi, il demeure sorcier. Si par ailleurs, pour cause de danger ou de maladie, il confesse son activité occulte avant le stade final de l'initiation, il doit renoncer définitivement au chamanisme.

En règle générale, les séances de chamanisme se déroulent pendant la sombre période hivernale, à l'intérieur de la grande maison patriarcale préalablement préparée pour l'événement et plongée dans l'obscurité. Il est au demeurant coutumier de célébrer le retour à l'habitation commune en pierres et mottes de terre par un cérémonial chamanique, le jour même où les familles nucléaires, à nouveau réunies à la fin de l'été, quittent leur tente pour entrer toutes en même temps dans la demeure d'hivernage. Toutefois, il arrive que, pour la guérison d'une maladie ou d'une blessure, le chamane intervienne pendant la période de dispersion estivale; il officie alors installé sur la plate-forme de la tente d'été, recouvert d'une grande peau, près du malade à soigner.

Pendant la saison d'habitat communautaire hivernal, les motifs qui conduisent le chamane à procéder à une cérémonie religieuse peuvent être très divers. Le malaise ressenti par le groupe peut être lié à une trop longue période sans gibier, à la violence du vent ou aux mauvaises conditions de la glace qui empêchent les chasseurs de sortir, ou encore à une menace quelconque pesant sur la communauté, notamment le danger d'un acte de sorcellerie. L'intervention du chamane peut également être sollicitée pour la stérilité d'une femme, un accouchement difficile, ou un cas de maladie. Mais parfois le chamane éprouve le besoin, par simple désir de mieux asseoir sa réputation, de faire la démonstration de son art, de sa puissance à invoquer les esprits et de sa capacité à voyager loin en dissociant son esprit de son corps. C'est précisément le cas lors de sa première séance chamanique, au moment de la révélation faite aux autres membres de la communauté de son état et de ses pouvoirs exceptionnels, et de la présentation de ses esprits auxiliaires personnels.

La séance se prépare avec le plus grand soin. Les fenêtres en intestins translucides de phoque sont obturées par des peaux et le couloir d'entrée de la maison, du côté de son extrémité intérieure, est bouché par une peau suspendue, la peau de ce rideau ayant pour caractéristiques d'être tout à fait sèche – totalement débarrassée de sa graisse – et épilée. Le sol de la maison, à l'entrée de la grande pièce communautaire, soigneusement balayé, débarrassé de toute saleté, y compris dans les interstices des dalles, va devenir un espace sacré. C'est là que va officier le chamane, assis sur une peau pliée en deux (non épilée), faisant face au rideau du couloir d'accès, c'est-à-dire orienté vers le rivage, et le dos tourné à l'assistance.

À droite du seuil de la maison, une pierre plate est disposée pour servir de support au tambour du chamane. Les instruments mêmes de l'officiant sont réduits à peu de choses : le tambour (*qilaat*) – avec sa membrane préalablement humidifiée – et sa baguette, posés ainsi sur la gauche du chamane, et un petit morceau de cuir (*makkortaa*) qui fait du bruit lorsqu'on le frappe à l'aide d'une baguette. Pour sa part, le chamane n'est vêtu que de son cache-sexe, la tenue habituelle à l'intérieur de la maison, une lanière très serrée autour de la tête et ses longs cheveux retenus en arrière. Le plus souvent, à sa demande, on lui attache les avant-bras derrière le dos, depuis les mains jusqu'aux coudes, et, dans cette position assise, les jambes allongées sur le sol, le corps courbé vers l'avant, on lui lie le cou aux genoux. Parfois encore, on lui glisse sous les aisselles des ailes de guillemot pour, symboliquement, favoriser son envol.

C'est alors que les lampes à huile sont éteintes, une à une, depuis la gauche du chamane vers sa droite. La tradition orale rapporte cependant que certains très grands chamanes conservaient quelques fois les lumières allumées, laissant ainsi l'assistance découvrir ce qui se déroule habituellement dans l'obscurité.

Dans la pièce plongée dans les ténèbres et le silence, le tambour devient magique : il se met à battre tout seul, à monter dans les airs, à se déplacer, comme s'il était animé, au-dessus de la tête du chamane et même à soulever du sol le chamane par son orteil gauche. La maison s'emplit de bruits : les battements du tambour, les claquements du rideau de peau fermant le couloir, le bruit du *makkortaa*, les gémissements et les halètements du chamane atteignant la transe, mêlés à l'excitation et à l'effroi de l'assistance qui vit la scène intensément.

Le chamane, parvenu à l'état de transe extatique, devient visionnaire ; il voit malgré la nuit et l'obscurité et en dépit des distances. Le monde lui apparaît clairement jusque dans l'intérieur des choses et des êtres. Il peut percevoir les esprits et, sur un ton de voix différent de son timbre habituel, il va dialoguer avec eux en langage ésotérique.

Pendant la séance chamanique, toutes sortes d'esprits monstrueux que le chamane s'est conciliés, convoqués par leur maître, vont ainsi entrer dans la maison, terrifiant toute l'assistance. D'apparence animale ou quasi humaine, ils ont des noms personnels, parlent, chantent ou poussent des cris curieux, frôlent les habitants et possèdent également eux-mêmes des esprits auxiliaires.

À travers ses visions et ses voyages, le chamane va découvrir la cause du mal qui trouble la vie des hommes. Il peut alors retrouver une âme qui a quitté son corps, tombé malade de ce fait, et, secondé par ses esprits auxiliaires, aller la rechercher.

Tandis que l'esprit du chamane s'éloigne de son corps, en s'enfonçant dans le sol ou en s'élevant dans les airs, un des esprits auxiliaires va prendre sa place temporairement, en pénétrant dans le corps de l'homme par le chemin habituel des âmes, c'est-à-dire par l'anus[2].

L'esprit qui a pris possession du corps de son maître en son absence, tient l'assistance au courant des péripéties du voyage, des dangers encourus et des obstacles surmontés par le chamane sur son parcours. Il y a des vols particulièrement difficiles que seuls les grands chamanes réussissent brillamment, encadrés par leur escorte d'esprits auxiliaires : ce sont les grands voyages qui mènent aux Pays des morts, vers l'Homme-Lune, chez la Mère des animaux marins, ou encore jusqu'à l'habitat d'Asiaq, la maîtresse du temps et de la pluie.

Quelles que soient l'importance et la difficulté du chemin parcouru, l'esprit du chamane doit absolument regagner avant l'aube, c'est-à-dire avant le retour de la lumière du jour, sa maison et son corps.

Lorsque, à la fin de la séance, les lampes sont rallumées une par une dans le sens inverse de leur extinction, l'officiant apparaît prostré, dans la même position qu'au début. On lui défait ses liens. Il est livide, épuisé, parfois blessé, car il a été attaqué par un être surnaturel ou un esprit auxiliaire, mais il en guérira vite par ses propres soins ou par une formule magique. Une fois revenu tout à fait à lui, il raconte aux habitants de la maison ce qu'il a vécu. Le cas échéant, il va provoquer l'aveu de la faute commise par l'un d'entre eux : un acte secret de magie maléfique, un tabou violé, un rituel inaccompli, une prescription non suivie. C'est la condition absolue du retour à l'ordre.

Le chamane peut encore, à la suite de son voyage, prédire l'avenir, annoncer les événements qui concernent directement le groupe social et dispenser des conseils avisés.

Les services de cet intercesseur des hommes auprès des grandes puissances ne sont, le plus souvent, pas rétribués. Toutefois, lorsqu'il procède à une guérison, le chamane reçoit une contrepartie matérielle de la part du malade ou de ses proches. Il en est de même lorsqu'il vient en aide pour un accouchement difficile.

Son intervention pour l'infécondité d'une femme, nécessitant un long et périlleux voyage jusqu'auprès de l'Homme-Lune – le tout-puissant maître de la reproduction des humains et des mammifères marins – lui donne le droit, au retour, de coucher avec la femme stérile pour laquelle il est intervenu.

2 - C'est pour cette raison que, lors des séances de chamanisme, on bouche parfois l'anus des jeunes enfants avec un morceau de graisse de phoque.

Certains individus, souvent des femmes, ne franchissent que quelques étapes de l'initiation chamanique et s'arrêtent à un stade intermédiaire. Ils demeurent des chamanes « mineurs », dont les pouvoirs sont restreints à la divination et à la guérison. À la différence du chamane accompli, *l'angakkeq*, le *qilaleq* ne possède qu'un ou deux esprits auxiliaires lui permettant l'exercice d'une médecine divinatoire.

La technique du soulèvement de la tête (*qilaneq*), pratiquée par ces derniers, consiste à interroger un esprit sur la nature ou la gravité du mal d'un malade. En élevant la tête du patient allongé sur la plate-forme, à l'aide d'un piquet de bois passé dans une courroie entourant le front et la nuque du malade, le *qilaleq* va obtenir des réponses aux diverses questions posées à l'esprit. Si la tête reste lourde, ne parvient pas à se soulever, la maladie s'avère très grave, conduisant inévitablement à la mort. Dans le cas contraire, la guérison ne devrait pas tarder. Il est à noter que, dans l'exercice de ses fonctions de *qilaleq*, la femme doit obligatoirement défaire son chignon et garder ses cheveux déliés.

Scène de soulèvement (*qilaneq*) par Timiartitseq. Photographie prise par William Thalbitzer, à Ammassalik, en 1905. Timiartitseq, née vers 1859, morte en 1914, fut baptisée en avril 1907 sous le nom de Maren (Mada). En voyant ce document, des informations âgés m'ont fait observer qu'il s'agit d'une scène reconstituée, car Timiartitseq devrait avoir son chignon défait et ses cheveux déliés (note de J. R.-L.).

En règle générale, chaque maisonnée d'hiver compte parmi ses habitants un chamane, parfois même deux[3]. Mais il arrive que, dans des circonstances particulièrement graves, on fasse venir d'ailleurs un chamane très réputé. Jalousies et rivalités sont très fréquentes entre chamanes habitant la même maison ou vivant dans des lieux différents. Elles se traduisent par des surenchères dans les démonstrations publiques de leurs pouvoirs, ou par des tentatives d'élimination entre chamanes rivaux. Souvent, en effet, les chamanes cherchent à se voler mutuellement leur âme, ou s'en prennent à celles de leurs enfants pour atteindre indirectement le concurrent.

La langue chamanique, ou langue sacrée, encore appelée langue *taartaq*, c'est-à-dire langue des esprits auxiliaires, est utilisée dans les chants du chamane, ses formules magiques, ses échanges avec les puissances surnaturelles et ses dialogues avec les esprits qu'il convoque lorsqu'il officie. Les esprits l'utilisent également pour converser les uns avec les autres ainsi que dans leurs propres chants. Quoique totalement incompréhensible pour une partie de l'auditoire, notamment les enfants, la langue chamanique n'est pas un langage absolument obscur. Les plus anciens, qui ont assisté à maintes reprises à des séances chamaniques, parviennent à en saisir le sens, si ce n'est dans sa totalité, au moins pour ce qui concerne un certain nombre d'éléments.

Employant la même syntaxe que la langue profane, et partiellement mélangée à cette dernière, la langue chamanique recourt à des termes de substitution pour désigner, aussi bien les êtres humains, les animaux, le monde extérieur, les activités et les objets quotidiens, que tout ce qui se rapporte au domaine magico-religieux.

Dans ce vocabulaire, certaines expressions font appel à la métaphore, telles que la fourrure de la terre ou de la mer pour désigner respectivement l'herbe et les algues, le chien de la mer pour nommer le requin, l'habitat de l'enfant pour désigner l'utérus, ou encore le sac pour qualifier la femme en insistant sur sa fonction reproductrice. D'autres termes permettent de mentionner indirectement un être, un objet ou une notion par une périphrase. Le corbeau est ainsi « l'oiseau de l'hiver » ; la lune, « la lumière – le feu – qui a un pénis » (c'est-à-dire l'astre masculin) ; le soleil, « la lumière – le feu – qui n'a pas de pénis » (l'astre féminin), etc.

Un certain nombre d'appellations du vocabulaire chamanique sont des termes anciens, disparus de la langue courante car tombés en désuétude ou bannis de

3 - ROBERT-LAMBLIN, J., « Les chamanes du Groenland oriental : éléments biographiques et généalogiques », *Études/Inuit/Studies*, vol. 21, 1-2, 1997, p. 269-292.

l'usage ordinaire par suite de tabous les proscrivant[4]. Il est, à ce sujet, intéressant de constater que plusieurs de ces mots devenus archaïques à Ammassalik, et conservés uniquement dans la langue sacrée de ses chamanes, sont toujours en vigueur dans la langue courante du Groenland occidental.

Le fait d'utiliser un langage particulier – mal ou pas du tout compris de l'assistance – tend à accentuer le caractère de mystère et d'ésotérisme qui entoure les diverses interventions du chamane.

Joëlle ROBERT-LAMBLIN

La vieille Tatakijuk, née vers 1850, et son fils Ukkaq. Photo Thalbitzer, 1906.

4 - Il est par exemple fréquent qu'à la mort d'une personne ayant eu pour nom un mot du vocabulaire commun, son nom étant devenu tabou, on soit obligé de changer le mot de la langue courante pour désigner l'objet. Cette coutume a d'ailleurs contribué à faire évoluer la langue d'Ammassalik et à accentuer ses divergences avec la langue du Groenland occidental.

LES RITES CHAMANIQUES

En 1934-1937, il y avait encore à Ammassalik quelques rares personnes qui :
– Soit avaient pratiqué le chamanisme (la vieille Kaga à Tiderida)
– Soit étaient passées par une partie de l'apprentissage d'*aŋak̄e'* (Abudu de Sarpa')
– Soit se souvenaient de récits ou de détails touchant le chamanisme (*aŋak̄īne'*) ou la magie (*idizīne'*) [ma mère adoptive Kara].

J'ai noté, à l'époque, tout ce qu'il était possible de retrouver. Malheureusement, aujourd'hui (1991), nombreuses sont mes fiches à ce sujet que je n'ai pas retrouvées. Je pense, néanmoins, que la cinquantaine de fiches que j'ai actuellement en ma possession apporte des éléments oubliés, ethnographiquement intéressants.

L'APPRENTISSAGE ET L'ACQUISITION D'ESPRITS AUXILIAIRES

L'apprentissage de l'*aŋak̄e'* est un processus de longue durée, généralement plusieurs années. L'apprenti chamane passe des journées entières dans la montagne, après avoir choisi un site qui lui procurerait un rocher plat et un éloignement important de toute activité humaine. Là, il frotte une pierre contre ce rocher sans jamais se laisser distraire, à jeun et sans eau. Il est dirigé et enseigné par un *aŋak̄e'*, mais il est initié par des esprits auxiliaires qui lui apparaissent. Il est « dévoré » plusieurs fois et ressuscite chaque fois. Ou, plus exactement, il reprend forme humaine grâce à l'aide des esprits auxiliaires, généralement des *jajweciä^{t}*.

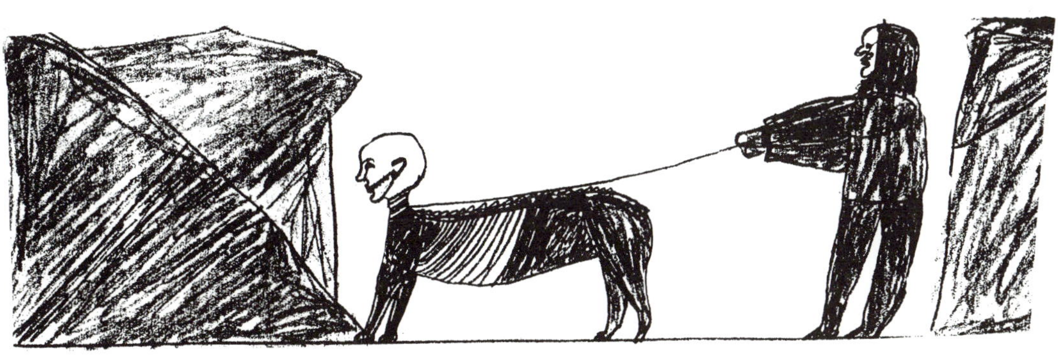

Le chamane et son esprit auxiliaire (dessin de Mikidi).

Tous les hommes, toutes les femmes ne peuvent pas devenir chamanes (*aŋak̄e’’*), alors que chacun peut avoir recours à la magie (*idizīne’*) en apprenant les formules magiques nécessaires.

Lorsque l’apprenti chamane, isolé sur sa montagne, loin de tout et de tous, entouré de forces mauvaises, d’esprits invisibles cherchant à lui nuire, lorsque crevant de peur, de faim, parfois de soif, il frotte inlassablement sa pierre contre le rocher plat d’un mouvement automatique, balançant son corps d’avant en arrière, lorsqu’il a subi la pluie, le soleil, la neige, les tempêtes, les nuits, alors, après des mois, sa persévérance est récompensée.

Parfois, pendant sa longue période d’apprentissage, le chamane passait des heures, loin de toute maison, à frotter une pierre contre une autre plus grande et plus plate, au-dessus d’une vieille tombe. Et entrait également dans son apprentissage de la « non-frayeur », la pratique suivante : il passait son bras, entièrement enveloppé dans la manche de son anorak, dans une tombe, à travers un trou. La main du squelette cherchait alors une ouverture dans la manche ainsi fermée, tâtait la main, et remontait le long du bras jusqu’à l’épaule…

aŋīarte’: action de frotter la pierre sur le rocher

imi^{p} *naniwa’*: l’Ours d’eau douce

Si l’apprenti chamane frotte sa pierre au bord d’un lac qu’il a choisi intentionnellement pour rencontrer l’Ours d’eau douce, et s’il sent qu’il est de plus en plus difficile de pousser la pierre, c’est que l’Ours d’eau douce ne tardera pas à lui apparaître. Il voit, avec terreur, l’eau, au milieu du lac, se soulever par ondes. Il voit le dos de l’Ours sortir de l’eau. Puis l’Ours tout entier, qui lui tourne le dos. L’Ours se tourne face à l’homme et avance vers lui. L’homme se sent alors animé d’un mouvement de balancement d’avant en arrière, dans la direction de l’Ours. Arrivé sur l’homme, l’Ours le dévore sans que l’homme ne ressente aucune douleur. Quand il ne reste plus que le cœur, l’homme perd connaissance. L’Ours retourne dans le lac et disparaît dans l’eau.

Alors apparaissent, à côté des os de l’homme, deux *jajweciä*^{t} (sing. : *jajwecia’*) qui se mettent à chanter le chant suivant (*iŋī*^{t} *: ūmarcā’*).

Corps (*tarna’*) du chant (*ūmarcā*) :

tit̄ārticarāna : L’homme auquel j’appartiens,

magizādart̄aŋi : Il faut le faire se lever.

tit̄articarāna : L’homme auquel j’appartiens,

ūmarcādartaŋi : Il faut le faire revenir à la vie.

iderñerti ajdorp̄o’: Mais il est impossible de le réveiller,

ūmarñert̄i ajdorp̄o’: Il est impossible de le faire revivre.

Refrain (*timā*) : *añaja jaja*

Scène d'intérieur dans une maison du sud du Groenland (gravure tirée de Graah, 1837).

Ils chanteront jusqu'à ce que l'homme reprenne allure humaine et ressuscite. Quand il aura repris vie, il sera torse nu : sans anorak. Il rentrera alors chez lui. En cours de route, une fois proche de sa maison, il apercevra ses anoraks qui accourent à sa rencontre. Il les prendra, s'habillera et rentrera dans sa maison.

Cette « initiation » à l'Ours d'eau douce se reproduira trois jours de suite. Trois jours de suite, l'apprenti *aŋake̅'* sera dévoré par *imi^{p} naniwa'* et ressuscitera grâce au chant des deux *jajweciä^{t}*.

Le *imi^{p} naniwa'* deviendra par la suite l'un des esprits auxiliaires de l'*aŋake̅'*.

– *jajweciä^{t} (sing. : jajwecia')*

Ils ont l'aspect d'hommes. Ils sont de trois tailles différentes, la plus petite étant plus petite qu'un corbeau. Ils sont vêtus de peaux. Ils « sentent aussi mauvais que de vieilles semelles de kamiks ».

Si un apprenti chamane aperçoit deux *jajweciä^{t}* près de lui et que l'un d'eux lui dit : « *ujarniaŋa…nadiñarpo'* » (cherche-moi… ne sait pas), il devra le toucher pour en faire son esprit auxiliaire.

– *pidecizi^{t}*

Parfois, l'apprenti chamane rencontre, en haut de la montagne où il va frotter sa pierre contre le rocher, deux hommes « étranges » munis de couteaux. Ils le tuent et le dépècent (le découpent) suivant les règles habituelles de dépeçage des humains. Une fois le dépeçage terminé, ces deux êtres disparaissent. Les deux *jajweciä̆*^{t} apparaissent alors, comme pour l'Ours d'eau douce. Ils se mettent à chanter et ressuscitent l'homme.

Cela se reproduira également trois jours de suite.

Quand l'*aŋak̄e'* aura vieilli, et grâce à cette initiation, il sera impossible de le tuer ni à coups de couteau, ni à coups de harpon.

– *uwer̃it̄*

Lorsque l'apprenti *aŋak̄e'* frotte sa pierre à côté d'un lac (c'est d'ailleurs généralement le site choisi), il voit parfois un *qaqaqā* (plongeon catmarin) sur l'eau du lac. Si l'oiseau a du sang qui coule de la commissure de son bec, l'homme doit se tourner vers le soleil levant et attendre. L'oiseau s'approchera de lui et l'homme perdra connaissance avant même que l'oiseau ne le touche.

Cela se reproduira trois jours de suite.

Le troisième jour, l'homme ne perdra connaissance que lorsque l'oiseau l'aura touché du bec sur le côté du torse.

Cela n'arrive qu'aux apprentis chamanes destinés à devenir des chamanes de grande renommée, très habiles.

Il s'agit donc là d'un signe de « prédestination » pour le chamane.

– *pōr̃udica'*

Ainsi est appelé un *nagalar̃a* (lagopède, perdrix des neiges) et un *āt̄e'* (harelde de Miquelon) que l'apprenti chamane voit trois jours de suite. Lorsque l'homme sera un *aŋak̄e'*, il lui arrivera, au cours d'une séance de chamanisme (*tōrnarte'*), d'être « *pōr*^{r}*ne'* », c'est-à-dire dévoré par un Ours ou un Morse, lorsqu'il sera en « mer » lors d'un de ses « voyages » (voir plus loin). Lorsqu'il « ressuscitera », avant de reprendre sa place dans la maison, avant la fin de la séance, il verra le *nagalar̃a* réapparaître sous la forme d'un Ours et le *āt̄e'* sous la forme d'un Morse.

L'ensemble de ces péripéties, courantes dans la vie d'un chamane au cours des séances habituelles, s'appelle : *pōr̃udica'*.

– *idim̄ā*^{n} (ou *idima*^{t}), [*idim̄ārpo'* se dit d'un chamane attaché, qui, au cours d'une séance, « voyage » au loin]

L'apprenti chamane fait son apprentissage de voyages lointains, généralement, sur le dos d'un *madercerta'* (eider à duvet) géant.

L'un de mes informateurs, Abudu, qui a interrompu son apprentissage au moment de la christianisation des Ammassalimiut, a fait ses vols sur le dos d'un lagopède géant à un seul œil.

– *uwerc̄a'* (l'amant ?) [*uwerc̄akizimade'* : fille-mère]

Au cours de leur apprentissage, certains apprentis chamanes procèdent plus ou moins sérieusement, pour « s'exercer », à des séances de chamanisme (*tōrnipu*^{t} : ils procèdent à une séance de chamanisme). La plupart du temps sans résultat. Mais, l'un d'entre eux, parfois, fait entrer dans la maison, au cours de la séance, un *uize'*[5], être bisexué ayant un torse de femme et un chignon de femme (*pikiwa*) sur la tête et le bas du corps d'un homme. Si l'apprenti couche avec cet *uize'*, il deviendra un grand *aŋake'*.

– *qadiarci*[t] (*qadia* : caverne)

Si l'apprenti chamane, en kayak, voit une caverne dont l'ouverture est tournée vers le soleil levant, il a intérêt à procéder comme suit : une fois son kayak tiré à terre, il posera, sur l'avant, la peau d'une tête de phoque, et, sur l'arrière du kayak, la peau des nageoires postérieures d'un phoque. Puis, il quittera son kayak sans mettre de pierres dessus[6] et montera vers la caverne dans laquelle il entrera. Les habitants de la caverne le dévoreront. Il sera ressuscité par les deux *jajweciä*[t] qui sont ses alliés dans ce genre de circonstances.

Cela se produira trois jours de suite.

Les habitants de la caverne deviendront alors, lorsqu'il sera *aŋake'*, des esprits auxiliaires et ils le protègeront, notamment des *qiŋaraŋici*[t].

Si l'ouverture de la caverne est dirigée dans une autre direction, il ne devra pas y entrer ; s'il le faisait, les *jajweciä*[t] ne réussiraient pas à le ressusciter.

– Les *tartä*[t] (sing. : *tarta'*) : les esprits auxiliaires.

L'apprenti *aŋake'* a intérêt à subir l'épreuve suivante : *qāmarcä*[t]. Il doit avaler des braises de *mudātä*[t] (branches de camarine), ce qui le rendra « visible de loin », comme une lueur, et attirera de nombreux esprits pour lui servir de *tarta'*, même des *qiŋaraŋici*[t], qui sont cependant, généralement, ennemis des hommes…

Pour se rendre ainsi visible aux esprits, et acquérir leur aide, l'apprenti chamane place entre les deux épaisseurs des kamiks, sur la semelle et sous la couche d'herbe séchée, un lichen orange qui pousse sur les rochers, appelé *cerē Icudunera* (ce qui signifie : la fiente de soleil).

L'apprenti chamane devient alors *inerpadikate'*, c'est-à-dire luisant, « phosphorescent », et visible de loin pour ses futurs esprits auxiliaires.

– *napadigice'*

Ce *tarta'* est un oiseau, le faucon gerfaut, qui chasse les *tupidä*[t] dangereux, et prend la défense du chamane, même contre les *qiŋaraŋici*[t], si nécessaire. Cet oiseau est énorme et peut atteindre la taille d'un ours. Il tue par le simple vent de ses ailes (*tarnitarpä*[t]).

5 - Se reporter à l'article de GESSAIN R., « Uizerq, l'amant. Un personnage de la mythologie des Ammassalimiut (côte est du Groenland) », *Objets et Mondes*, vol. 15, 1975, p. 319-330.

6 - Usage courant pour « amarrer » le kayak en cas de coup de vent.

– *ājumā*

Ce *tarta'* a la forme d'un oiseau au dos noir et aux bouts des ailes noirs et coupés, vivant sur les glaciers et doué de la parole. Lorsque son chamane fait appel à ce *tarta'* pour causer la mort de quelqu'un, l'oiseau vole au-dessus de la tête de l'homme condamné. L'air qu'il déplace par ses battements d'ailes suffit à le faire mourir. Ce *tarta'* à forme d'oiseau, appelé par son *aŋake'*, entre parfois dans la maison au cours d'une séance de chamanisme. Il volète alors à travers la maison en criant « *ateroni ājuma'po'* » (celui que je toucherai « fondra »). En effet, si l'un des habitants de la maison était touché d'un coup d'aile, il « fondrait » comme de « la viande pourrie ». Les habitants de la maison se défendaient à coups de bâtons pour ne pas être touchés, et jamais de couteaux car alors l'*ājumā*, fort effrayé, s'enfuyait à toute vitesse, emmenant avec lui l'âme du chamane (qui mourait).

– *torñartica'*

C'est un être que l'apprenti chamane voit parfois au bord de la mer. C'est un être marin de formes diverses mais sans queue (sans queue de poisson). Cet être pourra devenir un *torñarte'*, c'est-à-dire un esprit auxiliaire du futur chamane.

– *tornārte’ āquda’*

C’est une sorte de pou de mer, rose et pas plus grand « qu’une phalange de l’auriculaire ». C’est sous cette forme et cette taille que l’apprenti chamane le voit la première fois. Mais par la suite, il prendra la forme d’un « homme de taille surnaturelle, exceptionnelle ».

Pendant les séances de chamanisme, ce *tarta’* n’entre jamais dans la maison. On l’entend dans la terre, à l’extérieur.

Ce *tarta’* accompagne son chamane en mer, en restant sous le kayak de l’homme qui n’a plus besoin de pagayer, le *tarta’* faisant avancer le kayak tout seul.

Si l’homme dans son kayak rencontre de la glace compacte, le *tarta’* lui ménage un chenal à travers la glace qui s’ouvre d’elle-même devant lui.

Ce *tarta’* peut être envoyé par le chamane contre un homme pour le faire mourir. Il accompagne alors « l’homme qui doit mourir » sous la glace qui cèdera sous son poids.

Inversement, il viendra au secours de son chamane si celui-ci se trouve loin en mer, loin de la terre. Il poussera l’homme sur un morceau de glace, jusqu’à la côte.

Ce *tornārte’* est très puissant, l’un des alliés les plus puissants de l’*aŋak̄e’*. Si ce dernier veut faire mourir rapidement un homme, le *tornārte’* mangera son âme dès qu’il sera entré en contact avec sa victime. Il est si puissant qu’il mange et tue ainsi les *tupidä*^{t} *udercimade’*, c’est-à-dire les *tupidä*^{t} qui, n’ayant pu accomplir leur mission, se retournent contre celui qui les a créés (voir plus loin).

– *tōrnartī*^{t}

Ils ressemblent à de grands poissons à tête d’homme ; ils sifflent, ne parlent pas.

Ils sont au service des chamanes pour s’emparer de l’âme d’autres hommes et donc les faire mourir. Les *aŋak̄ī*^{t} ne font pas appel à eux au cours des séances de chamanisme.

– *tōrnartewacia’*

Ils sont comme les *tōrnartī*^{t} , mais plus petits.

– *qat̄imāce’* (cadavre)

Si l’apprenti chamane frotte sa pierre sur la tombe d’un *aŋak̄e’* (chamane) ou d’un *idizice’* (sorcier, magicien) mort, celui-ci se lèvera de sa tombe et lui apparaîtra. Il devra fuir. Si cela se produit trois jours consécutifs, le *qat̄imāce’* deviendra son *tarta’* et le protègera, en particulier contre les *qiŋaraŋici*^{t} qui en ont peur. Il pourra même intercéder auprès de la Lune en cas de violation des tabous (*qiŋarte’* : qui est courroucée lorsqu’il y a violation des tabous [la Lune]).

RÉCIT DE LA FEMME CIDAŘICIMADE' D'IMIKERTAJ, DANS LE SERMILIK

Cette femme *idizice'* (sorcière) est restée *cidařicimade* (comme folle sous l'action d'un tupilek qui s'est retourné contre elle, p. 295) pendant toute une année. On raconte qu'elle avait fabriqué ce tupilek avec un des oursons tués par son frère.

Au bout d'une année, les cohabitants, fatigués, et ne trouvant pas d'occasion de la jeter proprement à la mer (pendant un évanouissement par exemple), décidèrent de la tuer. L'un la tue à coups de lance.

Bien des années plus tard, Imaka, le mari de la vieille Kaga, faisant son apprentissage de chamane, alla « frotter sa pierre » sur la tombe isolée de cette vieille femme.

Et, trois jours de suite, elle se leva de la tombe pour le poursuivre. C'est ainsi qu'elle est devenue un esprit auxiliaire.

– *amõ* (ou *amõtorto'*)

C'est un *tarta'* vivant sur terre[7] et ressemblant à un homme ayant une tête très longue, un corps noir, avec les jambes repliées sous lui et de longs bras tout noirs. Il fait son apparition au cours des séances de chamanisme. On ne le voit pas, mais on l'entend crirer « *amõ, amõ* ». Si un homme est touché ou frôlé par le corps de l'*amõtorto'*, il devient aussitôt noir et ne tarde pas à mourir.

– *õŋä* (ou *õŋätorto'*)

Ce tarta', qui n'est pas plus grand qu'un bébé, tout blanc et tout gémissant, est aussi effrayant que le précédent. Il vit sur terre, rampe, ressemble aux humains et entre parfois dans la maison au cours d'une séance de chamanisme. On ne le voit pas mais on l'entend crier « *õnga, õnga* ». On s'en protège dans l'obscurité à coups de bâtons.

– D'autres *tartä^{t}* sont encore décrits dans le chapitre du « Monde des esprits et des êtres surnaturels ».

« Un *aŋake'* nommé Aja[8] reste dans les annales comme l'un des plus grands chamanes d'Ammassalik. Souvent, après des séances de chamanisme sensationnelles, il faisait allumer les lampes à huile. Tout le monde pouvait alors voir les *tartä^{t}*, ses esprits auxiliaires en visite. Il y en avait partout, assis par terre, d'autres sur les plateformes de fenêtre, d'autres même sur la grande plate-forme, dans le *kidi* (le fond de

7 - Il est considéré comme un *qimaqä^{t}*.

8 - Le chamane Aja vécut dans la région de Sermiligak au début du XIXe siècle.

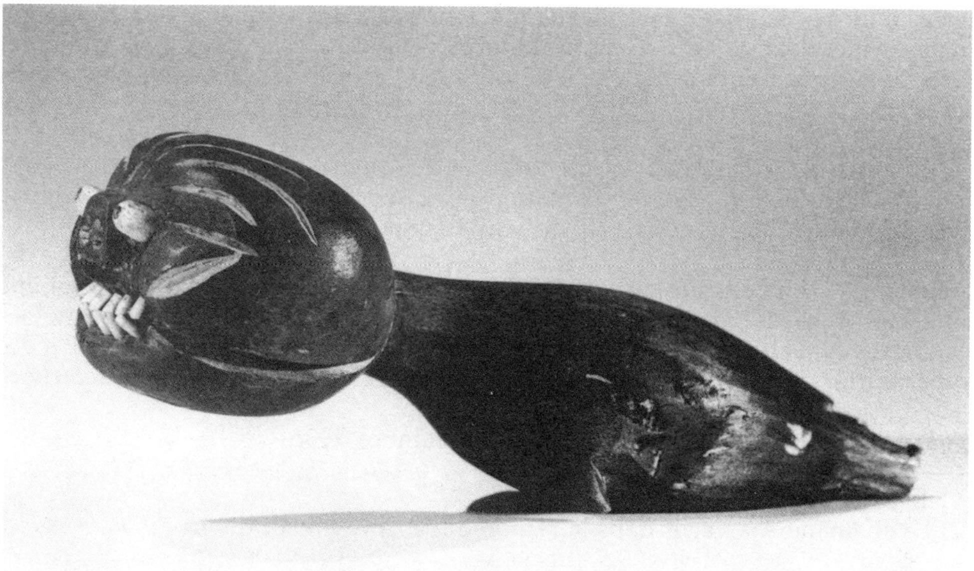

la plate-forme). Quelques-uns, grands et forts, avaient la figure tachetée de points verts « comme les *torternät* » (les orpins roses).

Il y en avait un assis sur la plate-forme de fenêtre avec un côté de la figure tout bleu, dit Johanna. Il avait la main dessus. Il cachait le côté bleu de sa figure avec la main. Cela le gênait. Il ne voulait pas qu'on le voie.

Johanna cache un côté de sa figure, et, timidement, se détournant de moi, me jette des regards malheureux. Ses sourcils remontent dans son front, ses paupières s'abaissent à demi, son *qaderiza* (l'espace entre le nez et la lèvre supérieure) s'allonge, les commissures des lèvres s'abaissent. Pauvre *tarta* ! »

(Journal de Kangerlugssuatsiak, le 29 septembre 1936)

LES VOYAGES

– *aīidiartă̄ᵗ* : voyages dans la mer

Pour apprendre à voyager dans la mer afin de faire visite à *imaᵖ uguwa* (la Femme de la mer, la déesse des animaux marins), l'apprenti chamane doit se laisser tomber dans la mer d'un promontoire ou d'un rocher qui avance dans la mer. Il coulera, et tombera sur trois rochers en formes de *tumara* (le coffre de rangement des hommes). S'il tombe sur le plus proche, cela lui donnera plus tard le pouvoir de visiter le domaine des morts de la mer, mais pas celui de rendre visite à *imaᵖ uguwa*. Mais, s'il touche l'un des deux autres, la déesse des animaux marins l'accueillera par la suite.

Nujapik (né vers 1875), baptisé Moses en 1911 (photo Thalbitzer, 1906).

- *qidadiarīā̈t*: voyages dans le ciel

L'apprenti chamane apprend à voyager dans le ciel sur le dos d'oiseaux divers qui prennent alors des tailles énormes. Par exemple, sur le dos d'un lagopède (*nagalar̃a*). « Pour lui donner l'habitude », l'oiseau montera en spirale en suivant la course du soleil dans le ciel, mais pendant une nuit seulement. Il arrivera ainsi à trois *tumara*. Si l'oiseau se pose sur le premier, le voyage ne servira à rien. S'il se pose sur l'un des deux derniers, l'apprenti chamane pourra, par la suite, se rendre dans le domaine des morts du ciel et rendre visite à la Lune.

– *qaparceˀpoˀ*

Se dit d'un *aŋakeˀ* qui, au cours d'une séance de chamanisme, décide d'accompagner certains de ses *tartäᵗ* à l'intérieur de la terre. Pour cela, il chante : « hoj hoj hoj… » Il pénètrera doucement dans la terre où son corps restera pendant que son âme voyagera en compagnie des esprits auxiliaires (*kiwicerpoˀ*). Quand l'âme voudra reprendre place dans son corps et refaire le voyage inverse pour faire surface dans la maison, elle « *qaparceˀpoˀ* » à son tour, chantant « hoj hoj hoj… »

– *pōrpoˀ*

Cela consiste pour l'*aŋakeˀ*, au cours d'une séance de chamanisme, à se faire « prendre » par un Ours. L'Ours se saisit du chamane par les parties génitales (un *aŋakeˀ* féminin ne peut donc pas procéder à ce genre de « voyage ») et le lance à un Morse qui le reçoit sur ses défenses. L'Ours plonge alors et refait surface plus loin. Le Morse renvoie l'*aŋakeˀ* à l'Ours qui l'attrape par les testicules et le « jeu » peut continuer ainsi plusieurs fois…

– *araditerteˀ*

En principe, un chamane doit apprendre un *idizīneˀ*(une formule magique de sorcellerie) chaque fois qu'il a vu un *tartaˀ* (un esprit auxiliaire). C'est généralement le *tartaˀ* lui-même qui lui enseigne cet *idizīneˀ*. Mais aussi, parfois, il l'apprend d'un *idiziceˀ*, c'est-à-dire d'un sorcier, d'un magicien.

Si le chamane a davantage de *tartäᵗ* qu'il ne connaît d'*idizinīᵗ*, il en mourra. Dans ce cas, cette mort s'appellera *araditerteˀ*.

Si, au contraire, il a appris davantage d'*idizinīᵗ* qu'il ne possède de *tartäᵗ*, il en mourra aussi : *cidar̃itoˀ* (il « perd la raison », devient dément). Il est à noter que ce n'est pas le cas des sorciers *idiziciᵗ* puisque leurs actions ne sont pas liées à des esprits auxiliaires, comme l'est le pouvoir des chamanes.

LES SOINS AUX MALADES

– *abeqiᵗ*

C'est le *tartaˀ* que le chamane interroge pour savoir ce qui se passera en ce qui concerne un malade. Si l'*abeqiᵗ* répond en tournant le dos, sa réponse n'a pas de valeur : « il dit n'importe quoi ». S'il répond de face, ce qu'il dit se réalisera.

– *qat̄imäceˀ äcerteˀ* (le cadavre qui va chercher)

Lorsqu'un adulte ou un enfant se réveille un matin avec un goût sucré dans la bouche, c'est le signe qu'un membre de sa famille, mort, est venu au cours de la nuit et lui a volé une de ses âmes. Il ne tardera pas, évidemment, à tomber malade ou même à mourir si un chamane n'intervient pas pour rattraper l'âme perdue et la ramener. Le chamane procède alors à une séance. Il *tōrniwo’* suivant les règles. Il fait appel à un de ses *tartä*^{t} qui apparaît sous la forme de trois doigts. Cette forme est caractéristique des *tartä*^{t} « spécialisés » dans la recherche des âmes volées par un mort (ce sont d'autres *tartä*^{t}, de formes diverses, qui vont chercher les âmes volées par un *tarta*). C'est au cours de son apprentissage, au bord d'un lac, que le chamane a vu un jour pour la première fois ce *tarta’*, sous forme de trois doigts minuscules, dans l'eau du lac.

– *aŋī*^{n} *qudaŋi*

Une procédure classique pour appeler des *tartä*^{t} à la recherche d'âmes perdues consiste, au cours d'une séance de chamanisme, à frotter le tambour (*qidā*^{t}) verticalement (*aŋiarte’*).

Si, en frottant sa pierre, l'apprenti chamane voit pendant trois jours consécutifs lui apparaître un *tartä’* sous la forme d'un *curcucō* (un sizerin boréal) qui se gonfle et lui parle le langage des hommes, l'apprenti chamane saura alors qu'il est habile à frotter le tambour verticalement pour guérir les malades.

– *aŋī*^{n} *cudupāwa*

Lorsque, pendant que le chamane frotte sa pierre, apparaît un *cudupāwa* (un sébaste) qui parle comme un homme : c'est un *tarta’*. Ce *tarta’* apparaîtra pour la première fois pendant trois jours consécutifs au cours de l'apprentissage du chamane, puis il deviendra son auxiliaire pour la guérison des malades au cours des séances de chamanisme.

DIVERS

– *uweřertē’*

Se dit de l'apprenti chamane, qui, son apprentissage terminé, va se livrer à son premier *tōrnide’* (séance de chamanisme). Le soir venu, et avant de commencer la séance, il « perd la raison ». Le sang lui coule de la bouche et du crâne, à la naissance de cheveux. Son cache-sexe tombe de lui-même. Il court autour de la maison et sur les dalles du sol ; il monte sur les plate-formes. Il ne reprend conscience que lorsque tout est prêt et qu'il va commencer à *tōrnītuŋu*. Seuls les futurs grands chamanes passent par ce stade de « perte de la raison » ; peut-être parce que, selon Abudu, « ils n'ont qu'une âme ».

Si un chamane raconte avant sa mort tout ce qui lui est particulier comme chamane (non pas les choses générales), il meurt d'une belle mort tranquille. Sinon…

RÉCITS

– **Macidida de Parnagaj** (récit noté à Parnagaj, le 31 mars 1935)

Quand elle avait dix-quinze ans, Macidida a passé deux jours à Qertada, près de Nativit, seule, sans parents. Elle est arrivée à Qertada en umiak, avec d'autres enfants, des femmes et, à l'aviron-gouvernail, le grand-père de Tabita de Kummiut[9]. On monte la tente sur le rocher, haut au-dessus de la rive. Le soleil va se coucher. Macidida part seule dans la montagne (quand elle m'a fait ce récit, elle ne pouvait se souvenir pourquoi). Elle monte dans les collines. Bientôt, elle aperçoit un « petit homme grand comme un enfant ». Il a une moustache comme certains hommes. Il porte des vêtements coupés comme les vêtements des gens d'Ammassalik, mais en peaux de renard. Il lui fait signe d'approcher et de s'asseoir à côté de lui. Il lui parle. Il lui pose des questions. Il apprend qu'elle n'a pas de parents, pas de frère ni de sœur. Il lui dit qu'il s'appelle Nortu et qu'il est un *jajwecia'*. Il la prend en affection. Il lui dit que plus tard, quand elle aura des fils, elle devra coudre sous l'aisselle gauche de leur anorak un ongle du quatrième doigt de la patte d'un phoque barbu (*añe'*). Ainsi, ses fils seraient forts et, s'ils voulaient se venger de quelqu'un, ils seraient vainqueurs. Il lui dit aussi qu'il interviendrait pendant la pêche au saumon, pour qu'elle puisse les attraper à la main. Au cours de l'été, pendant la pêche au saumon, Macidida attrapait tous les saumons qu'elle voulait : ils venaient se mettre d'eux-mêmes dans sa main.

À son retour le lendemain à la tente, ils sont tous repartis aussitôt en umiak pour Sermilik, car Atwata était mort brusquement « du ventre ».

– **Maratsi**

Un jour, le chamane Maratsi, assis sur la plate-forme, était en train de forger une pointe de harpon. Il tapait à petits coups sur le fer.

Cela réveilla Igati, un de ses *tartä^{t}* (esprits auxiliaires), qui dormait sous la plate-forme. Mécontent d'être réveillé, ce *tarta* lui donna un coup de couteau par derrière. Le couteau entra entre les deux omoplates et réapparut à côté du sternum, faisant gicler le sang et sortir un gros bourrelet de chair.

Pour arrêter le sang, Maratsi appliqua la main sur la plaie, frotta un peu et cria « *ajājājā* ». Le sang s'arrêta.

9 - Dans l'umiak, il y avait, aux avirons : Macidida, Kak^{w}a, Uwani, mère de Tabita, Pajwarti, mère de Jorcia (de Kangerlugssuatsiak), Tibaru, grand-mère paternelle de Tabita, Akiciguju, mère de Doti de Kummiut, ces deux dernières sans aviron.

Quand la plaie fut cicatrisée, il resta un gros bourrelet de chair sur la poitrine. Maratsi le coupa au ras de la poitrine parce qu'il trouvait que ce n'était pas beau.

Et ceci, tout le monde dans la maison l'a vu[10].

– **Une séance de chamanisme**

Kara me raconte une belle histoire de *tōrnide'*. Elle vient de Maratsi.

C'était en plein hiver. Ce jour-là, Maratsi avait mis, un peu contre son gré, des kamiks neufs qui lui montaient au-dessus des genoux. Préparatifs habituels pour une séance de chamanisme : la peau tendue devant le couloir d'entrée, les peaux obscurcissant les fenêtres, Maratsi assis par terre, ficelé, les mains derrière le dos, la tête entre les genoux, le tambour placé à côté de lui, les oreilles et l'anus des enfants bouchés par un morceau de graisse de phoque (pour empêcher leur âme de sortir), les lampes à huile éteintes de droite à gauche. Cris habituels de : goi ! goi ! goi !

Après un instant, Maratsi annonce qu'il va partir faire un voyage en compagnie de huit de ses *tartä^{t}* (esprits auxiliaires) : quatre de chaque côté. Comme il pense que son voyage durera longtemps, un autre de ses *tartä^{t}* restera dans la maison et racontera, au fur et à mesure, ce qui se passera et en particulier tout ce que fera Maratsi.

Maratsi part donc pour son voyage et son *tarta'* commence à raconter ce qu'il voit :

Maratsi, flanqué de ses huit *tartä^{t}*, s'éloigne de la maison dans la direction du sud. Tout à coup, la terre s'ouvre devant eux. Ils s'enfoncent dans la terre. Ils marchent longtemps, longtemps dans un terrain couvert de sable dans lequel ils enfoncent jusqu'à mi-mollet. De loin, Maratsi voit une grande étendue rouge : c'est un lac de sang, le sang de tous les morts. Ils arrivent au bord de ce lac et le traversent à gué. Maratsi suit les *tartä^{t}* qui le précèdent. Ils en ont jusqu'au-dessus des genoux. Sortis de ce lac de sang, ils arrivent en haut d'une falaise qu'ils doivent contourner. Puis ils descendent dans la vallée qu'ils avaient vue du haut de cette falaise. Ils rencontrent tous les morts que Maratsi a connus et d'autres encore. Il y voit son père, sa mère, ses frères et sœurs morts. Beaucoup souffrent de véritables tortures : l'un a, par-dessus ses mains, jusqu'à mi-bras, comme des gants faits de nageoires de phoque, un autre a des brassards autour des bras, sous les aisselles, faits avec les bordures d'une peau de phoque (le bord percé de trous, résidu de la peau). Et ces brassards sont tellement serrés et y sont depuis si longtemps qu'ils sont entrés dans la chair. Tous lui demandent de les débarrasser de ces instruments de torture.

10 - Ce récit m'a été fait le 25 janvier 1935 par Odini de Sermiligak, petit-fils de Maratsi.

Maratsi cède à la prière de deux d'entre eux : l'un est celui qui a des gants faits de nageoires de peaux de phoque, et l'autre, celui qui porte des brassards. Mais le travail est long et dur et arrache des cris de souffrance à ceux que Maratsi veut soulager. Cela dure longtemps, longtemps, tout cela jusqu'à ce qu'enfin Maratsi et ses huit *tartä*[t] se remettent en route pour le retour.

Dans la maison, le *tarta'* continue à raconter ce qui se passe, dans les moindres détails. Il fait presque petit jour déjà. Tout le monde est bien fatigué, tout le monde a sommeil, mais personne ne s'endort parce qu'on sait qu'il y a danger de mort si l'on s'endort.

Maratsi revient. La sortie des *tartä*[t] se fait avec le cérémonial habituel de cris, de battements de tambour et de peaux agitées. Puis on rallume les lampes.

Maratsi est là, assis comme au début, ficelé, mais pâle comme un mort. On le détache. Il rejoint sa place sur la plate-forme, silencieusement, et se met à pleurer.

Lorsque son émotion s'est calmée, il raconte ce qui lui est arrivé. Et, chose curieuse, cela concorde exactement avec ce que le *tarta'* a raconté pendant son absence. Mais, chose plus curieuse encore, et cela tout le monde dans la maison l'a vu, les kamiks, neufs la veille, que portait Maratsi, avaient des semelles usées, trouées, blanchies jusqu'à mi-hauteur par la marche et l'usure (comme de très vieux kamiks). Et quand il les a enlevés, il y avait dedans du sable humide.

C'était en plein hiver, et il gelait dur dehors…

(À Kangerlugssuatsiak, le 2 décembre 1936)

– **Uitsadirangitsek**

Du temps de Maratsi, il y avait un *aŋak̄e'* qu'on appelait Uitsadirangitsek.

Un soir, alors qu'il avait encore ses deux yeux, ce chamane fait une séance de *tōrnide'* (chamanisme). Elle suit son cours normal. Au milieu de la séance, un long silence – normal lui aussi – le chamane étant parti faire un voyage, soit dans la mer, soit dans la lune, soit ailleurs encore. À son retour, la séance se termine normalement. On rallume les lampes. Stupeur ! Le chamane, avant de commencer la séance de chamanisme avait ses deux yeux, et maintenant il n'en a plus qu'un !

Pressé de questions, il raconte :

Pendant qu'il faisait appel à ses *tartä*[t] (esprits auxiliaires), il s'est senti attiré vers l'extérieur. Il est alors sorti et a vu dans la mer, au bord du rivage, un morse, et, derrière lui, un peu plus loin, un ours (le Morse et l'Ours des chamanes). Il s'est senti attiré vers le morse qui le saisit dans sa gueule et le lança à l'ours, détachant ainsi un morceau de sa chair. Puis le morse a plongé pour réapparaître plus loin en mer, derrière l'ours. L'ours l'a alors lancé au morse, détachant un nouveau morceau de sa chair, et ainsi de suite jusqu'à qu'il ne lui reste plus que le squelette. Ils l'ont alors abandonné.

Sur le chemin du retour, le chamane a retrouvé tous les morceaux de chair qui avaient été enlevés par l'ours et le morse, et qui avaient été rejetés par eux, dans la mer, sous forme d'excréments. Ainsi, petit à petit, son squelette s'est à nouveau garni de chair. Et ainsi, il est passé à côté d'un grand iceberg sans y faire attention, puis à côté d'un autre grand iceberg. Et il l'a regardé et a vu que c'était son propre œil qui avait pris l'aspect de cet iceberg. Alors l'iceberg est venu se loger dans son orbite, reprenant sa forme première.

Mais ce n'est qu'à son retour qu'il s'est aperçu qu'il lui manquait un œil. Il l'avait tout simplement oublié en cours de route.

Dessin de Mikidi.

LA LANGUE CHAMANIQUE

On sait que toute activité ésotérique ou religieuse dispose d'un langage secret généralement peu ou pas compris par les non-initiés. Il en est de même chez les Eskimo.

Le chamanisme *aŋakīne'*, avait, dans sa pratique, disparu à Ammassalik en 1934-1937. Il restait une vieille femme encore considérée comme *aŋake'*, la vieille Kaga de Tiderida[11]. Elle fut ma principale informatrice. Deux autres informateurs m'ont apporté leurs connaissances (ou ce qu'ils en restait en 1934-1937) : Abudu de Sarpa' et Kara (ma mère adoptive) de Kangerlugssuatsiak.

Tous deux avaient eu des parents *aŋakī^t*, dont ils avaient appris « beaucoup de choses, après l'arrivée des Danois et des pasteurs », c'est-à-dire vers le début du XXe siècle. De plus, Abudu avait commencé un entraînement de chamane. Mais il se refusa toujours à me confier comment et pourquoi, et à la suite de quelles circonstances, il avait commencé son apprentissage.

L'intérêt de ce vocabulaire *aŋake* réside dans le fait que ses origines sont probablement très anciennes. Il se rattache peut-être à une ou plusieurs langues archaïques des premières populations arctiques, ancêtres des Eskimo.

De plus, les mots, expressions etc. données par les informateurs étaient ceux dont ils se souvenaient. Donc probablement ceux qui étaient le plus souvent utilisés. Ce qui pourrait apporter une clé à la compréhension des actes de chamanisme les plus fréquents.

Vocabulaire des Ammassalimiut (en 1934-1937) :

– Chamanisme : *aŋakīne'*

– Chamane : *aŋake'*

Vocabulaire des chamanes à Ammassalik :

– Chamanisme : *taqājmane'*

– Chamane : *taqājma*

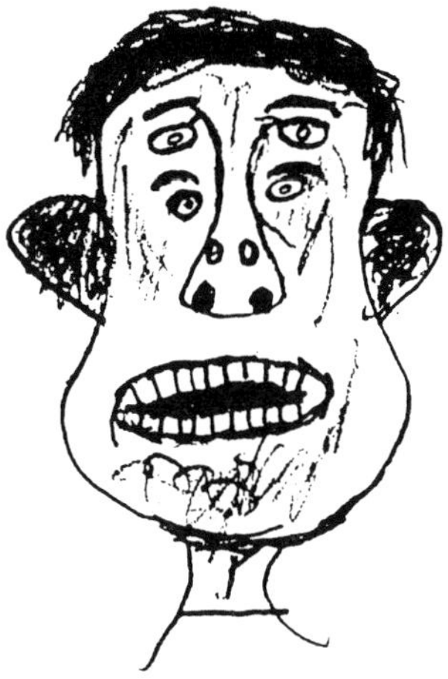

11 - Voir le récit de mon séjour chez elle, dans *Banquise*, Paris, Grasset, 1939.

Portrait d'Abudu.

MAGIE, SORCELLERIE ET RITES DE CHASSE

LE DOMAINE DE LA MAGIE

TUPILEKS, CHARMES ET AMULETTES

À la différence des cérémonies chamaniques qui se déroulent publiquement, toute l'activité relevant de la magie et de la sorcellerie doit demeurer essentiellement secrète. Dès lors qu'elle est démasquée, elle perd en effet toute son efficacité.

L'action du sorcier (*ilisiitseq*) s'oppose en général à celle du chamane (*angakkeq*), en ce sens que le premier exerce avant tout un pouvoir maléfique, tandis que le deuxième met ses dons et son savoir au service de l'individu ou de la communauté à des fins bénéfiques. Certains chamanes cependant exercent alternativement les deux fonctions, l'une ouvertement, l'autre de façon dérobée ; et cette ambivalence du personnage, tour à tour bienfaisant et nuisible, se rencontre fréquemment.

Le plus souvent, ce sont les personnes âgées qui détiennent la connaissance des pratiques magiques : que ce soient les divers procédés qui permettent de nuire à autrui, en lui dérobant une de ses âmes, en enlevant ses chances de succès à la chasse, en provoquant pour lui un accident, en rendant une femme stérile ou en compliquant un accouchement, etc., ou qu'il s'agisse, au contraire, de moyens efficaces qui protègent des innombrables mauvaises intentions pouvant venir d'autrui. Car la sorcellerie restant un art occulte, les soupçons pèsent inévitablement sur de nombreuses personnes, et les maladies, accidents, malheurs en tous genres et même les morts demeurées inexpliquées, sont attribués aux pratiques obscures d'individus cherchant à nuire, en particulier par jalousie ou désir de vengeance.

Les recettes magiques : paroles, gestes ou savoirs, sont obtenues auprès de leurs détenteurs en échange de biens précieux. Le paiement est absolument essentiel dans leur acquisition, et si, à force d'avoir servi, le moyen magique n'a plus de pouvoir, il peut recouvrer son efficacité par cession à une autre personne, en contrepartie d'une nouvelle rémunération.

Le principal moyen d'action de *l'ilisiitseq* est le *tupilek*. Cet acte funeste est mûrement prémédité car, pour réaliser un *tupilek*, il est nécessaire de réunir au préalable un certain nombre d'éléments dont l'obtention est particulièrement malaisée. Entreront dans la composition de cette étrange créature, avant tout des éléments humains : fragments de cadavres d'enfants collectés dans une tombe, cheveux, ongles ou morceaux de vêtements ayant appartenu à la personne visée par le maléfice, et encore toutes sortes de parties d'animaux divers : renard, chien, corbeau, perdrix des neiges, etc.

Une fois réuni cet ensemble d'objets très hétéroclites, le sorcier – aussi bien homme que femme – s'éloigne en secret de tout lieu habité. Près d'un ruisseau conduisant à la mer, son anorak mis à l'envers de façon à dissimuler son visage avec le capuchon, il assemble les divers éléments collectés, donnant alors sa forme au *tupilek* avant de lui communiquer la vie.

Le *tupilek* va s'animer sous l'effet conjugué des formules magiques que prononce le sorcier, à plusieurs reprises, et de son souffle envoyé vers la créature. Parole et souffle humain, chacun doué d'une force considérable, vont donner vie à cet être, le pourvoir d'une puissance surnaturelle, et lui dicter son implacable mission. En effet, de surcroît vivant et fortifié par la semence du sorcier, le *tupilek* va rejoindre la mer en suivant le cours du ruisseau, pour désormais suivre son propre destin, sans que son créateur n'ait plus aucun moyen de l'infléchir.

Un *tupilek* prend souvent l'aspect d'un être composite : mi-homme mi-animal, mi-ours mi-phoque, mi-squelette mi-vivant, etc., qui permet de l'identifier lorsqu'il se manifeste. Mais parfois, il a toutes les apparences d'un chien de traîneau, d'un oiseau ou d'un gibier, que le chasseur ne parvient à distinguer des autres animaux de son espèce que lorsqu'il en est très proche : la fourrure comporte des taches inhabituelles, une partie de la peau est dépourvue de poil, le comportement paraît singulier et il arrive qu'il parle comme un homme... Si le chasseur, par malheur, harponne cet étrange animal avant d'avoir repéré son aspect insolite, il est inexorablement entraîné par lui, avec le flotteur de son harpon, jusqu'à périr noyé.

Pour parvenir à l'accomplissement de sa funeste mission, le *tupilek* va inlassablement poursuivre sa victime, sur terre, sur mer, jusque dans la maison qu'il habite. Quiconque le regarde perd rapidement ses forces, entraîné inéluctablement vers la mort.

La personne qui se sent poursuivie par un *tupilek* tentera de se prémunir contre cette angoissante menace en portant sur elle des amulettes ou en se pourvoyant en huile et graisse de phoque rances, éléments protecteurs contre les puissances malfaisantes. L'urine humaine pourra également servir à éloigner les *tupileks* ou autres esprits menaçants. Mais seul le chamane détient le pouvoir, au cours d'une séance de chamanisme, de découvrir véritablement la présence d'un *tupilek* et d'en connaître l'auteur. Convoquant certains esprits connus pour être des « mangeurs » de *tupileks*, comme le faucon géant ou le *tornaartik*, il peut parvenir à la destruction de la créature néfaste.

En réalité, ce n'est pas sans risque pour lui-même que le sorcier a fabriqué un *tupilek*. En effet, si le *tupilek* lancé contre une personne rencontre chez cette dernière un pouvoir magique plus fort que celui de son créateur, il se retourne contre celui ou celle qui lui a insufflé la vie. Atteint de douleurs dans les os, malade, ou pris de délire et de crises de démence, le sorcier est alors identifié. S'il n'avoue pas son acte, perdant de ce fait tous ses pouvoirs magiques, il ne peut plus être accepté au sein de la communauté. Dans un accès de folie, il risque de passer sous la plate-forme commune et de ressortir le long du mur du fond de la maison, le *kidi*, en menaçant de mort tous ses cohabitants. Comme nous l'avons indiqué plus haut (p. 242), considéré comme trop dangereux, il est mis à mort par son entourage ou abandonné seul.

Dans l'arsenal des techniques de sorcellerie, il existe bien d'autres procédés que la création d'un *tupilek* pour atteindre un rival ou un ennemi. Souvent, ce qui est recherché, c'est un transfert de chance – ou de malchance – entre deux individus. Une vieille femme tentera, par exemple, de faire passer l'habileté et le succès à la chasse d'un bon chasseur sur la personne de son propre fils mauvais pourvoyeur de gibier. Ou encore elle cherchera à transférer la maladie qui atteint un de ses parents sur une autre personne qu'elle souhaite ardemment voir disparaître.

L'épouse, désireuse de se venger de l'infidélité de son mari, aura de même recours à un maléfice dirigé soit contre sa rivale soit contre le mari qui la délaisse. C'est aussi cette arme secrète que choisira un homme faible, sans soutien familial, pour prendre sa revanche sur un de ses compatriotes avec lequel il se sent incapable de rivaliser par la force physique, ou qu'il n'ose pas affronter en public au cours d'un duel de chant, de crainte d'en ressortir vaincu et couvert de honte.

Pour parvenir à leurs fins, ces personnes que rongent intérieurement envie, jalousie ou rancune, vont prendre conseil ou requérir l'aide d'individus dont ils soupçonnent les connaissances particulières en matière de sorcellerie. Selon le but recherché : l'échec à la chasse, l'accident de kayak, la maladie ou la mort, le mauvais sort va être jeté sur les instruments de chasse, sur l'embarcation du chasseur, sur les aliments ou directement sur la personne qui est visée[12]. Ce peut être une malédiction prononcée en direction du sujet ou de l'objet, c'est-à-dire une formule magique, répétée à deux reprises, dont les termes – souvent empruntés à la langue chamanique – doivent être énoncés très précisément, dans l'ordre adéquat et sans le moindre oubli. Ou bien l'instrument du malheur sera un objet placé en cachette, par exemple dans les vêtements, sous l'oreiller, à l'intérieur du kayak ou sur le traîneau de la future victime. Mise à son insu en présence du maléfice, celle-ci commencera à perdre toute son assurance à la chasse, ne parviendra plus à garder son équilibre en kayak, ne saura pas reconnaître à temps la glace dangereuse qui peut céder sous le poids du traîneau, ou tombera soudain gravement malade...

Des parties de cadavres humains, telles que dents, ongles, morceaux de scalp (et notamment l'épi des cheveux), cousues discrètement dans les vêtements de la victime, sont réputées très efficaces pour l'accomplissement d'une mission fatale. Il est, de même, recherché des éléments personnels provenant de la future victime : mèche de cheveux, morceau de vêtements, fragment de bois de son harpon ou de sa pagaie, pour agir indirectement sur elle par les moyens de la sorcellerie ; et cela peut aller jusqu'à l'utilisation du sang menstruel d'une femme pour anéantir les chances de son mari à la chasse.

D'autres éléments encore, sans relation manifeste avec la victime désignée : algue, oursin, plumes ou poils de corbeau, vertèbre de phoque, cadavre de bruant des neiges... placés dans l'environnement de l'individu à atteindre et investis de leur mission par des paroles magiques, vont avoir pour effet de faire enfler une partie de son corps, de le faire souffrir et de l'affaiblir jusqu'à ce qu'il en décède.

La mort suspecte d'un de ses chiens sera interprétée par un chasseur comme un avertissement qui lui est adressé. Il sera dès lors amené à se méfier de tous ses rivaux potentiels et à se protéger personnellement du mauvais sort qui le menace. Par ailleurs, l'existence d'intentions nuisibles à son égard peut être dévoilée à la personne en danger au cours d'un rêve. Souvent inspirés par les défunts, qui apparaissent et s'adressent au dormeur, les rêves sont très sérieusement pris en considération.

12 - Parfois, c'est une poupée fabriquée par la personne animée de mauvaises intentions qui figurera la victime sur laquelle le mauvais sort sera jeté.

À la suite d'un tel songe révélateur, une parade efficace sera recherchée contre les présupposées manœuvres occultes d'un individu malveillant.

Les armes principales de la prévention et de la défense contre la sorcellerie, moyens utilisés également pour la protection contre les mauvais esprits et les dangers de la nature, sont les amulettes, les charmes et certains gestes rituels. Les tatouages, dans une moindre mesure, peuvent également remplir la même fonction.

À sa naissance, l'enfant reçoit habituellement une ou plusieurs amulettes mises de côté de longue date ou spécialement fabriquées par un parent. Les amulettes données à ce nouvel être humain, après consécration – ou « sacralisation » – par une formule magique, sont destinées à le mettre à l'abri des attaques des sorciers et des esprits. Elles vont l'aider à se développer physiquement, à se fortifier et à conserver une santé solide, puis lui permettre d'assumer au mieux son rôle dans la vie communautaire, selon son identité sexuelle.

À cet égard, les petites filles, que l'on cherche moins à protéger que les garçons, se voient attribuer des amulettes essentiellement porteuses d'espoir pour leur avenir de mère de famille. Ces amulettes les rendront fécondes et aptes notamment à mettre au monde des garçons, les futurs chasseurs que la communauté familiale appelle de ses vœux ardents. Pour leur part, les jeunes garçons – objets d'une plus grande sollicitude – reçoivent différentes sortes d'amulettes destinées à leur conférer : force physique, courage, endurance, habileté, succès à la chasse et longue vie. Très souvent, ces amulettes sont cousues ou insérées dans des lanières de cuir, sortes de bretelles, que les hommes portent sur leur torse nu, ou dans des bracelets de bras, sans jamais s'en départir.

Les femmes adultes placent fréquemment une amulette à l'intérieur de leur chignon. Mais, en dehors de ces porte-bonheurs portés sur la personne elle-même ou cousus dans ses vêtements, il existe encore toutes sortes d'amulettes que les habitants d'Ammassalik s'emploient à disposer un peu partout dans leur environnement et dans leurs objets usuels, pour se protéger et attirer la chance sur eux. Le nombre d'amulettes utilisées par certains individus peut être ainsi considérable. Elles sont placées à l'entrée de la tente ou de la maison, sous la place de plate-forme qu'ils occupent ou en-dessous de la peau de phoque sur laquelle ils dorment, dans le kayak et sur la pagaie, à l'intérieur de l'umiak, dans les instruments de chasse, le tambour de danse, etc.

Constituées d'éléments et de matériaux extrêmement divers : figurines de bois représentant humains ou gibier, fragment d'objet ayant appartenu à un ancêtre, partie d'animal, pierre, morceau de fer, mica, etc., les amulettes ont pour fonction de conférer à l'individu qui les porte la principale qualité de l'ancêtre ou la propriété reconnue à l'animal et à la matière choisis à dessein (la force de l'ours, l'adaptabilité

Helga Jonathansen, fille de Kaga et d'Imaka (Tiderida, 1967).

du corbeau, la dureté de la pierre, la résistance et le tranchant du fer…). Les objets figuratifs favoriseront la fécondité de la femme et la survie de ses enfants, ou encore le succès de l'homme à la chasse. Quant à la graisse rance de phoque, elle servira à éloigner esprits dangereux et maléfices.

La parole magique, dont nous avons déjà souligné à plusieurs reprises toute la force, joue, de même, un rôle protecteur et bénéfique. Elle doit cependant être employée à bon escient. Inutilement ou trop fréquemment prononcée, elle s'émousse et finit par perdre son efficacité. Les actes les plus importants de la vie sont toujours accompagnés de charmes, ou d'incantations, prononcés par différentes personnes : père, mère, aïeul, accoucheuse… ou par l'individu directement concerné. Parfois les paroles suffisent, parfois elles servent à donner plus d'intensité à un geste rituel particulier.

Transmises de génération en génération, ces formules magiques en arrivent à ne plus être comprises par leurs utilisateurs, ce qui explique qu'elles soient souvent intraduisibles. Reçues d'une personne familière ou achetées, gardées secrètes, elles sont généralement répétées à deux reprises pour être opérantes. Elles peuvent éloigner l'adversité : maladie, famine, mort, malchance, catastrophe en tout genre, ou renforcer le caractère solennel de certains événements : par exemple consacrer la première utilisation d'une embarcation, le retour à l'habitation d'hiver, la reprise de la vie quotidienne après un deuil.

C'est encore par son pouvoir magique que le charme attirera le gibier vers le chasseur et fera disparaître les menaces et les obstacles qui encombrent sa route. Au retour de la chasse, une parole d'action de grâce, un rituel dédié à l'âme de l'animal tué par nécessité, assureront la pérennité de l'espèce et de nombreuses nouvelles captures pour cet homme respectueux des règles et des rites. Parmi ces gestes rituels accomplis par le chasseur, on peut mentionner le fait de donner quelques gouttes d'eau fraîche à boire au phoque ou à l'ours tué pour que son âme n'ait pas soif, placer la pointe meurtrière du harpon près de la lampe à huile pendant trois jours pour réchauffer cette âme et rejeter à la mer quelques parties de l'animal pour qu'il puisse se reconstituer et perpétuer l'espèce.

Enfin, dans les situations tout à fait extrêmes que représentent les cas de nécrophagie, le rituel de protection des personnes contraintes à recourir à un tel acte pour survivre associe gestes symboliques et paroles magiques. Les mots prononcés par le chamane ou l'aïeul doivent pénétrer par l'anus du mort, c'est-à-dire le passage emprunté par l'âme lorsqu'elle prend possession du corps, puis le sphincter est découpé, rituellement distribué aux survivants et consommé avant les autres parties du cadavre.

Outre l'emploi fréquent de la magie dans la vie quotidienne, on lui découvre aussi des utilisations plus spécifiques adaptées aux circonstances exceptionnelles.

Joëlle ROBERT-LAMBLIN

Magie, sorcellerie et rites de chasse

LE SORCIER

Le sorcier : *idizice'* (pluriel : *idizicī*^{t})

Le chamane communique avec le monde des esprits, en général ouvertement, et le plus souvent pour venir en aide aux hommes.

L'*idizice'* (le magicien, le sorcier), pour sa part, communique avec le monde des esprits en secret, dans la solitude, pour nuire, se venger, ou se protéger d'autres actions maléfiques.

Alors que les chamanes sont connus de tous, et doivent être connus de tous pour se livrer à l'exercice de leurs fonctions, une fois leur apprentissage terminé, les sorciers ne sont pas connus et doivent rester dans l'ombre. Dès que l'on sait pertinemment que telle personne est un *idizice'*, tout son pouvoir disparaît. On soupçonne souvent tel ou tel d'être un sorcier, sans en être sûr, mais on ne l'apprend véritablement que s'il "perd la raison".

Le chamanisme représente un ensemble de connaissances ésotériques transmises à un élève, choisi par le chamane. Cet élève subit un entraînement, une initiation de longue durée (plusieurs années) qui comporte un simulacre de re-naissance avant qu'il ne lui soit possible d'officier.

La pratique de l'*idizice'* est la magie. Pendant de longues années, il (ou elle) fera son apprentissage en cherchant à apprendre le plus possible de "ceux qui savent".

Toutefois, certains moyens magiques (ou formules, dans le cas de "charmes") peuvent être achetés et exécutés par quiconque en est devenu le "propriétaire".

idizine' : acte de magie ou de sorcellerie, maléfice.

– *arta*^{r}*c̄iwide'* (syn. de *ediniarticide'*, c'est-à-dire celui qui enseigne)

Avant d'enseigner un acte de sorcellerie, l'*idizice'* enseignant doit se curer soigneusement les ongles. Puis, par trois fois, il s'enfonce l'annulaire gauche dans le fond du gosier pour vomir. Après la troisième fois, il doit cracher. Ce n'est qu'ensuite qu'il pourra commencer à parler.

– *agidercī*^{t} *:* le paiement

Tout enseignement donné par un *idizice'* doit être payé. Dans la plupart des cas, le paiement consiste dans le don d'un flotteur de harpon, d'une courroie, etc.

Si l'*idizice'* est une femme, le paiement doit porter sur quelque chose qui lui est utile : *cake'* (couteau de femme) ou peau. Une autre forme de paiement éventuel est de coucher avec elle. Si l'*idizice'* est vieux et ne chasse plus, le paiement peut se faire en nourriture de toute sorte.

Dans un cas très particulier, celui qui précise les détails de la façon de défaire ou de ne pas défaire le haut du pantalon lors des visites (voir ci-dessous, p. 282), détails très précis et connus de peu d'*idizicī*^{t} (pluriel de *idizice'*), le seul paiement valable est un tirepoint de fer (*putū*^{t}) pour aiguiser les couteaux.

– *aniratārn̄e'*

Un *idizice'* qui vient d'accomplir un acte de sorcellerie doit rentrer dans la maison avec le capuchon de son vêtement sur la tête (*izidert̄uŋu*). S'il entrait avec le capuchon retiré (*iziwert̄uŋu*), les âmes des habitants de la maison les quitteraient et ils mourraient tous à la longue.

– Pour conserver leur pouvoir, certains *idizicī*^{t}, après s'être lavés à l'urine fermentée (ce qui est normal et habituel) s'essuient avec le duvet qui se trouve dans les nids de corbeaux sur lesquels un charme a été dit au préalable.

– Un *idizice'* qui a oublié le tout premier *idizīne'* (pratique ou formule magique) qu'il a appris, mourra de maladie (*idizin̄ermi* : par magie).

– *aŋakiwī*

Quand un *aŋāke'* emploie trop souvent son pouvoir surnaturel pour s'emparer des âmes (et par conséquent provoquer la mort), un *idizice'* a la possibilité de détruire ce pouvoir. Le sorcier fera boire au chamane de l'eau de source (*puidade'*) dans laquelle il aura versé une goutte de l'huile provenant du support de lampe à huile (*qortudupi'*).

– On dit que les chamanes reconnaissent les *idizicī*^{t} à ce que ceux-ci ont le corps noir depuis la lèvre inférieure jusqu'à la taille. Mais seuls les chamanes peuvent voir cette caractéristique.

Dessin de Kristian

Magie, sorcellerie et rites de chasse

LE TUPILEK

Le tupilek : *tupide'* ou *tupida'*

Les *idizicī*^{t} et certains chamanes ont le pouvoir de créer des *tupidā*^{t} et de les envoyer contre ceux qu'ils veulent faire mourir. Voici comment ils procèdent :

Le sorcier part en kayak. Une fois loin des lieux fréquentés, il s'arrête, hisse son kayak à terre, et y met tout à l'envers : le harpon et la lance (*awadisa'*) : la pointe vers l'avant du kayak ; le harpon à oiseau (*nukit*) : la pointe vers l'arrière. Il pose dans le trou d'homme, à sa propre place, le flotteur (*putarit*) dressé, comme un homme. Il part alors dans les terres et cherche un endroit propice, caverne ou fente de rocher. L'endroit doit, de préférence, lui permettre d'être arc-bouté solidement, le dos appuyé d'un côté et les pieds de l'autre. L'endroit trouvé, il retourne son anorak pour que le capuchon lui couvre le visage. Ou encore, il enlève sa culotte et s'en coiffe jusque sous les yeux. De cette façon, tout en ayant la vue bouchée, il est prêt à allaiter le tupilek une fois que celui-ci aura pris vie. Les tupileks se nourrissent, en effet, en têtant le sexe de celui par qui ils ont été créés.

L'homme rassemble les choses les plus hétéroclites, apportées à cet effet, ou trouvées en route : crânes, courroies, ossements humains ou autres, cheveux, morceaux de peaux, etc. Tout en dandinant son corps en avant et en arrière, il souffle sur ces choses juxtaposées l'une sur l'autre, jusqu'à ce qu'elles se soudent ensemble, et prennent la forme du tupilek.

Le tupilek une fois créé, l'homme, toujours les yeux fermés, le recouvre d'herbe comme d'une couverture, puis lui souffle trois fois dans la gueule. A la troisième fois, le tupilek prend vie. Il se saisit alors du sexe de l'homme et se met à têter. Pendant tout le temps de "l'allaitement" du tupilek, l'homme se balance d'avant en arrière en hurlant "jājā, jājā". Le tupilek, une fois rassasié, plonge dans la terre, comme les phoques plongent dans la mer, puis réapparaît en mer. Il se tourne vers celui qui l'a créé et lui demande ses instructions. Et c'est alors, seulement, que l'homme peut enlever son anorak et voir le tupilek. Il lui dit alors ce qu'il doit faire.

Certains tupileks ont la tête d'un phoque et l'arrière-train d'un ours. D'autres ont la tête d'une femme et le corps d'un chien. D'autres encore ont sur le côté une tête d'ours. Quand ils nagent dans l'eau, seule la tête de l'ours dépasse, et le chasseur attiré par lui meurt lorsque le tupilek fait surface.

Mais si le tupilek ne peut exécuter l'ordre de mort que lui a donné son créateur, il revient en arrière contre ce dernier et cause sa mort, par "perte de raison".

Ainsi, un *idizice'* "perd la raison" *(cidařipo')* si un de ses actes magiques ne réussit pas et se retourne contre lui, ou si le tupilek créé par lui ne réussit pas dans sa mission et revient contre lui. Dans le cas où un *idizice'* perd la raison, il ne peut sauver sa vie qu'en avouant tout ce qu'il a commis comme meurtres réels ou imaginaires. Du fait même qu'il a tout dévoilé, il perd son pouvoir.

Mais s'il ne révèle pas ses secrets, il est voué à une mort certaine : il meurt d'avoir perdu la raison, ou bien on le fait mourir tout simplement. On le ficelle, bras et jambes écartés, sur la plate-forme ou par terre. On lui met de grosses pierres sur la poitrine et on attend qu'il en meure. Parfois d'ailleurs on abrège sa mort en le jetant dans l'eau.

– *tupida umarcā*
Un chant spécial permet au sorcier ou au chamane de rassembler sans peine les choses hétéroclites dont il veut fabriquer un *tupide' :* ces choses viennent d'elles-mêmes à lui.

Dessin de Marti de Kummiut

Ce chant permet aussi de donner vie au *tupide'* (c'est un *iŋi*^{t}) :

tima (refrain) : *camōaja jājā*

tarna (corps) : *tucidiŋiwātuwa*
Je prononce une incantation

azigan̄a tagiwarcin̄ar̄iŋa
Et je vois là en bas

qaŋadiŋācia' (an̄er̄a, en langue chamanique)
Un phoque du Groenland

maridiku^{t} *qariŋawatarte' (maride' = kū :* ruisseau en langue chamanique)
Qui apparaît dans le ruisseau.

puŋ̄uarciartīna' qariŋiwatarte' (puŋ̄ō = qim̄e : chien en langue chamanique)
Mais c'est un chien qui apparaît!

maridiku^{t} *idiwipo' up̄ijarpo'*
Il surgit du ruisseau puis retombe.

nādiŋiartewar̄a caridiciar̄āna
J'ai créé ce petit être pour qu'il vive ici et là,

nunar̄a pudoq̄awiwin̄arpā
Il apparaît en différents lieux sur cette terre.

(chant relevé auprès de Kaga et d'Abudu)

Autre chant (*iŋi*^{t}) pour donner vie à un *tupide' (tubidā umarcādā)* :

> *nādiŋiārāna' caridic̄iār̄āna'*
> J'ai créé ce petit être pour qu'il vive ici et là,
>
> *imartiwaki*^{t} *caridic̄iar̄āna'*
> Je l'ai créé pour qu'il vive dans la mer.
>
> *cuk̄ūna idiwip̄a*
> Mais d'où surgit-il ?
>
> *iditiartik̄ūna idiwip̄a*
> Il surgit d'une petite dépression de terrain.
>
> *cuk̄ūna at̄igarpa*
> Par où repart-il de l'autre côté ?
>
> *iditiartik̄īna idiwip̄a*
> Il disparaît par une petite dépression de terrain.

– *cutuarter̄tuŋu*

Acte de souffler pour donner vie à un tupilek, ou pour guérir un malade (en pratiquant le soulèvement de la tête : *qidade'*).

– *ī tubidararte'*

Quand un homme n'a pas de chance à la chasse pendant une assez longue période (comparé à d'autres chasseurs sur le même terrain et pendant la même période), c'est qu'un *tupide'* qu'on a fait contre lui le suit pendant ses chasses (il "a" un *tupide'*). Le chasseur peut se débarasser du *tupide'* de la façon suivante : quand il verra un phoque à capuchon *(nīniarte')* adolescent (ce qui se voit aux tâches rougeâtres de son poil) qui fait surface avec un sébaste *(cudupāwa')* dans la gueule, l'homme doit se saisir du poisson que le phoque aura lâché (les *niniarti*^{t} inquiets lâchent en effet leur proie pour mieux plonger). Il le mettra sous la partie de la plate-forme qu'il habite, sur la poutre de soutènement des planches de la plate-forme *(adeřēŋ)*. Le sébaste aura pour effet de rendre le *tupide'* inoffensif.

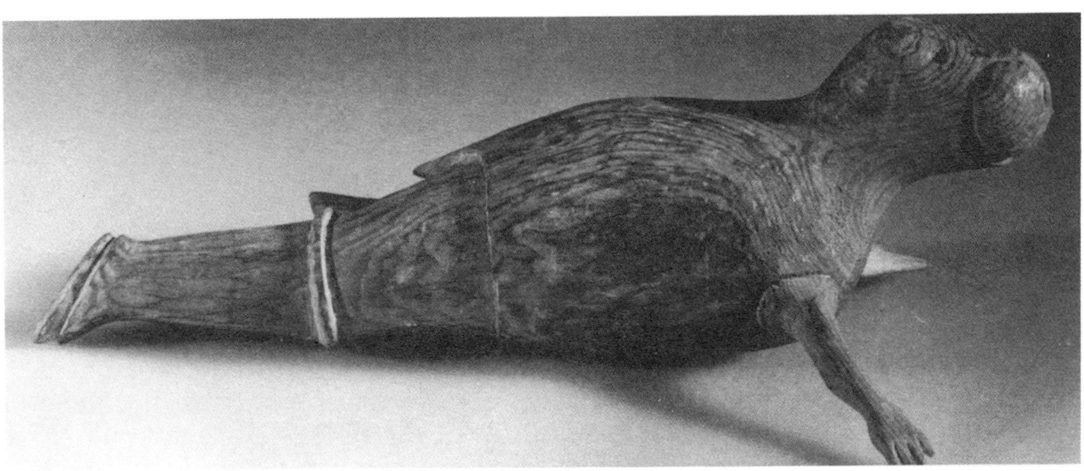

– *madiw̄ārtararte'*
Homme suivi par un *tupide'* (voir le récit, p. 380).

– *uderticine'*
Pour renvoyer le *tupide'* vers celui qui l'a créé, on peut dire le *ceqat* suivant :

udertit̄si^{t} : pour renvoyer la malédiction vers le sorcier

jā jā kizimuna madipāŋā (bis)
Qu'est-ce donc qui me poursuit?

jā jā qim̄ertī^{p} *qerŋ̄ertī*^{p} *madipāŋā* (bis)
C'est le chien noir qui me poursuit.

ja ja atāj̄t̄udi^{t} *ātājpudi*^{t} (bis)
Va-t-en!... tu es parti.
(*ceqa*^{t} chanté par Widimi de Kulusuk, qui l'avait appris de la vieille Akitsukujuk).

– Quand un *tupide'* a été envoyé contre un homme, sa maison tout entière peut être protégée contre ce *tupide'*.
L'homme en question est appelé : *tubitiwīzimade'*.
La protection autour de la maison : *ceqart̄uŋu*, à l'aide d'une formule magique (*ceqa*^{t}).
Le magicien (sorcier) court autour de la maison en criant :

jā jā
ātar̄i^{t} *uwān̄u*^{t}
Eloigne-toi de moi!

unam̄izito' ātartipar̄ān̄a'
Je le renvoie à celui qui a voulu me nuire.

– *tubit̄in̄e'*
Celui qui a fabriqué un *tupide'* peut savoir s'il risque de voir ce *tupide'* se retourner contre lui (*uderp̄izimade'*). Il enfile son anorak à l'envers en se couvrant le visage du capuchon. Puis il jette par-dessus son épaule une omoplate humaine et marche à reculons. S'il marche sur l'omoplate, il peut être tranquille. Mais s'il ne met pas le pied sur l'omoplate...

Récit

A Kangerlugssuatsiak, en novembre 1936, Kara raconte : « Voici ce qui est arrivé à la mère d'Ida de Kummiut.

La mère d'Ida était *idizice'*. Elle ne l'avait jamais dit, mais tout le monde le soupçonnait.
Un jour, son fils est assis à côté de sa lampe, sur le coffre de rangement. Il prend un morceau de viande dans l'écuelle à viande et le mange. Il entend sa mère qui mange aussi. Mais cela faisait du bruit, comme si elle avait mangé du *qija'* (de l'intestin de phoque barbu vidé de son contenu, qui craque sous la dent

comme du cartilage). Il se tourne vers elle et la regarde : elle était en train de manger de la viande. Il prend un morceau de la même viande et le mange. Mais sous ses dents à lui, la viande ne craque pas. Alors il comprend, parce qu'autrefois, quand la viande craquait ainsi sous les dents d'un homme ou d'une femme, c'était un signe que cet homme ou cette femme allait perdre la raison.

Le soir même, la vieille femme, étendue sur la plate-forme, demande à Adina (mère d'Ipa), qui habitait la même maison, de lui mettre de la graisse dans sa lampe. Adina coupe des morceaux de graisse et les met dans la lampe. Soudain, elle voit que la vieille femme, qui était couchée sur la plate-forme, se met à faire des bonds, tout en restant couchée sur le côté. Elle regarde et elle la voit qui, faisant d'horribles grimaces, se déplace en bondissant, tout en restant couchée sur le côté, comme une chienne "qui fait des avances" à un chien. Alors elle aussi, elle comprend. Et quand Aqanacia, le mari de la vieille femme, rentre de la chasse, Adina lui explique et son fils aussi lui dit ce qu'il en est. Lui n'avait rien vu.

Peu après, la vieille femme perd complètement la raison; elle hurle, trépigne, bave, dit des choses effrayantes et tous les hommes de la maison n'arrivent pas à la maîtriser. Ils la ficèlent alors sur la plate-forme. Et elle continue à hurler en bavant. Son mari lui tend le *naneqit* (le pique-feu servant à arranger la flamme de la lampe à huile) en bois tout allumé. Elle le mord malgré la flamme, et mange le bois allumé. C'est alors seulement qu'elle se tait et se calme.

Les habitants de la maison ont attendu, croyant que cela passerait comme cela aurait dû passer si elle n'avait pas été sorcière. Mais quand elle s'est réveillée, ça a été pire encore. Et cela a duré trois jours et trois nuits. Puis elle a cessé à nouveau de hurler et de se débattre. Alors, rapidement, ils lui ont mis son anorak et l'ont portée dehors. Ils l'ont transportée au bord d'une falaise et pendant qu'ils la portaient, ils voyaient que dans son ventre c'était comme si ça bougeait : ça remuait, comme s'il y avait quelque chose de vivant dans son corps. Arrivés sur la falaise, ils l'ont jetée à l'eau. En rentrant, ils l'ont entendue hurler et crier pendant longtemps. Cela se passait alors que la première neige était tombée.

En été, Aqanacia a pris Qitaraja, sa nièce, pour nouvelle femme. Un jour, Aqanacia était en train de chasser et Qitaraja était assise dans la tente. Tout à coup elle a vu, par l'ouverture de la tente, la femme morte venir en direction de la tente, comme si elle voulait y entrer. Alors Qitaraja a pris son couteau à lame arrondie et elle est sortie. Mais la femme morte avait disparu et les chiens étaient en haut de la falaise d'où on l'avait jetée à la mer, et ils aboyaient comme s'ils voyaient quelque chose d'étrange.

Alors, dans la nuit, Aqanacia et tous les siens sont partis en umiak pour un autre endroit. Ceci se passait à Siorartek, près de Kulusuk.»

Récit

Aparco', le père de Kaga de Tiderida est mort lui aussi *cidar̃ito'* (ayant perdu la raison), parce qu'un tulipek, qu'il avait fabriqué, s'est retourné contre lui. Ses accès de folie étaient tels qu'il arrachait la chair de ses propres mains et la mangeait. Il rongeait d'ailleurs aussi les os de ses mains, une fois sans chair.

LA CIVILISATION DU PHOQUE

CHARMES PRONONCÉS POUR FAVORISER LA CHASSE

aŋinīn : charmes prononcés pour favoriser la chasse

– Charme pour le gibier tué par un garçon, dit soit par le garçon lui-même, soit par son père, soit par un autre chasseur :

jā jā uguwet kizi tīmiarpākāguet, kikadiweciaᵖ umārtiwet tīmiarpataguet
Qu'est-ce que je tiens dans la main ? Ce sont les moustaches d'un phoque annelé.

jā jā uguwet kizi tīmiarpākāguet, mācāᵖ umartiwet tīmiarpataguet
Qu'est-ce que je tiens dans la main ? Ce sont les moustaches d'un phoque barbu.

jā jā uguwet kizi tīmiarpākāguet, abertīᵖ umartiwet tīmiarpataguet
Qu'est-ce que je tiens dans la main ? Ce sont les moustaches d'un phoque à capuchon.

jā jā uguwet kizi tīmiarpākāguet, qāŋadiŋacāᵖ umartiwet tīmiarpataguet
Qu'est-ce que je tiens dans la main ? Ce sont les moustaches d'un phoque du Grœnland.

jā jā uguwet kizi tīmiarpākāguet, ajarpatiᵖ umartiwet tīmiarpataguet
Qu'est-ce que je tiens dans la main ? Ce sont les moustaches d'un ours.

jā jā uguwet kizi tīmiarpākāguet, ataŋīwartiᵖ umartiwet tīmiarpataguet
Qu'est-ce que je tiens dans la main ? Ce sont les moustaches d'un narval.

jā jā uguwet kizi tīmiarpākāguet, qabiarpidiŋācāᵖ umartiwet tīmiarpataguet
Qu'est-ce que je tiens dans la main ? Ce sont les moustaches d'un morse.

Pour fixer la courroie (de remorquage) au maxillaire inférieur du phoque, on le saisit par les moustaches.

On remarquera que les termes utilisés pour désigner les animaux sont ceux de la langue chamanique.

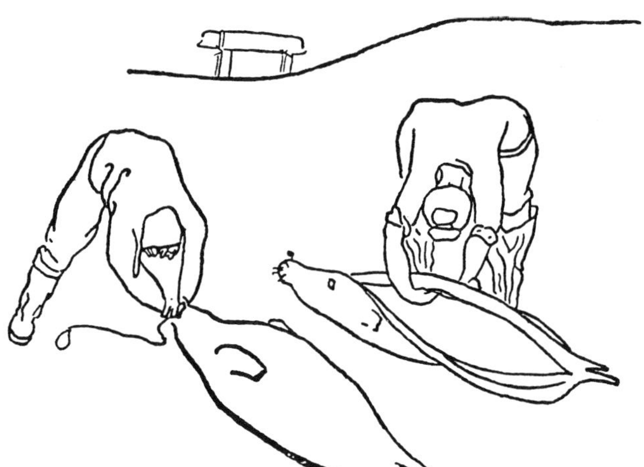

Magie, sorcellerie et rites de chasse

– Charme pour faire revenir le gibier vers le rivage (*citařicā*[t]) :

citāřānā kabuŋadeřuna qopariwa makiwet, kanimi imati makiwet
La grève là en-bas, la pente du terrain et les fentes des rochers au bord de l'eau,

kizi kaniwani imati makiwet
De quel sang sont-elles pleines?

kikadiwecia kaniwani imati makiwet
Elles sont pleines de sang de phoque annelé

qopariwa makiwet, kanimi imati makiwet...
Ces fentes de rochers-là, de quel sang sont-elles pleines?...

et ainsi de suite : phoque barbu, phoque à capuchon, phoque du Grœnland, ours, narval, morse. (Les termes pour les animaux et pour le sang sont empruntés à la langue chamanique.)

– Autres charmes pour avoir une bonne chasse :

* *jā jā ūma kizi ubaterpāŋa (ou ubäciārpāŋa), kikadiwēcia' ubaterpāŋa*
Qu'est-ce qui vient à ma rencontre? C'est un phoque annelé qui vient vers moi.

et ainsi de suite... Comme pour le charme précédent, tous les gibiers sont nommés.

* *jā jā cörnakut kizīna ceňerpāna*
Qu'est-ce qui a surgi en travers devant moi,

jā jā ati[p] *ātawiaŋit ātarama*
Au moment où je partais?

jā jā cörnakut kizīna ceňerpāna
Qu'est-ce qui a surgi en travers devant moi?

jā jā abertewa ceňerpāna
Est-ce un phoque à capuchon qui a surgi de cette façon?

idem, les autres gibiers.

* *ūma kizi nartipāŋa*
Qu'est-ce qui m'arrive par le côté?

kikadiwecia nartipāŋa
C'est un phoque annelé qui m'arrive par le côté.

idem, les autres gibiers.

* *ūma kizi madipāŋa*
Qu'est-ce qui me suit?

ajaʳpatiᵖ madipāŋa
C'est un ours qui me suit.

idem, les autres gibiers.

– Si un *idizice'* apprend plus de cinq charmes différents par espèce de gibier, ses chances à la chasse disparaissent, dit-on.

– Certains charmes sont destinés à faciliter la capture d'un ours (*nanercuᵗ*), celle d'un phoque à capuchon (*nīniartemuᵗ*), ou pour faire venir à la surface les requins (*niēdikamuᵗ, majwāditicīᵗ*).

– Un charme est prononcé pour se défendre contre un morse harponné qui attaque le kayak :

jā jā puwedertēwa
J'apparais

jā jā kaŋercutūwa
Dans le fjord,

jā jā maditīwa
Je le poursuis,

jā jā pidatēwapakiᵗ (prononcé très vite deux fois)
Je vais le dépecer!

(acheté par Pabia de Kulusuk à Peqitsingalik)

Se défendre contre un morse harponné qui attaque le kayak (dessin de Gaba)

POUR AGIR SUR LES OBSTACLES CLIMATIQUES

La glace

Si les glaces viennent s'amonceler le long de la côte et empêchent les hommes de chasser, voilà ce que l'on doit faire :

– Dans une tombe, on place face à face un crâne d'homme ayant, en guise de cheveux, des algues, et un bloc de glace ayant à peu près la forme d'un crâne, ayant, en guise de cheveux, des plantes rampantes.

C'est en somme un duel entre l'élément terre et l'élément mer.

– Prononcer un charme (*ceqa*^{t}) pour chasser la glace (*imārcā*^{t}) :

jā jā itīwani eqīŋadēr (bis)
L'une des jambes est pliée,

jā jā itīwani ticiŋadēr (bis)
L'autre jambe est tendue,

jā jā erciŋadī mījadiŋidēr (bis)
Les intestins vomissent.

suivi d'un long souffle comme pour chasser les glaces
(appris de Widimi de Kulusuk)

Les excréments humains jouent un grand rôle dans la lutte contre les glaces. Lors de mon séjour en 1936-37, Kristian, en raid, se débrouillait pour ne jamais déféquer sur la banquise.

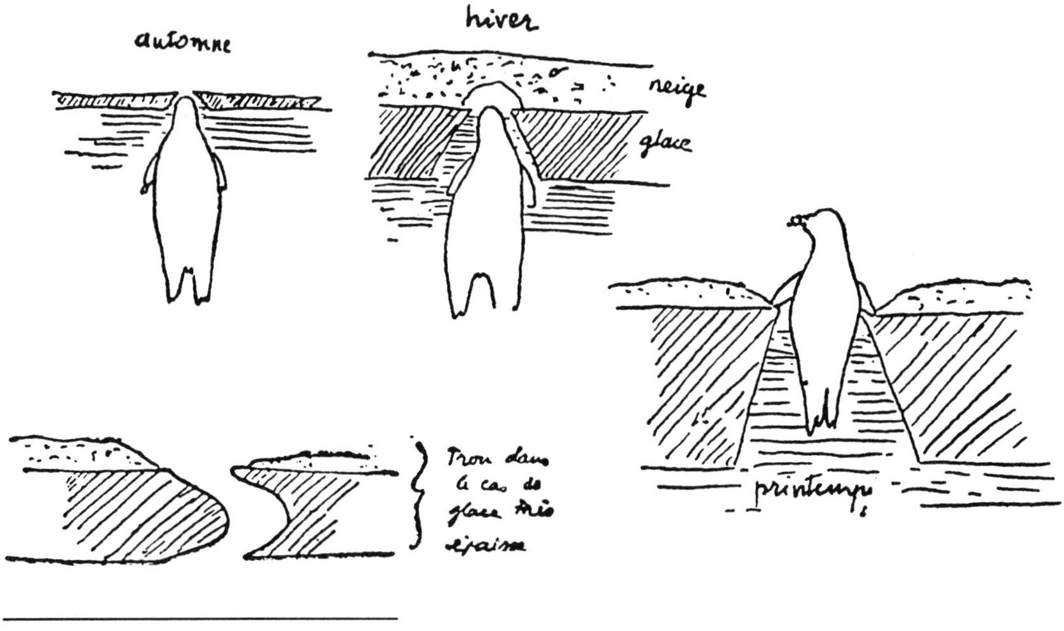

Le trou de respiration du phoque à travers la banquise, selon les saisons

LA CIVILISATION DU PHOQUE

La houle

Si la houle est forte et empêche les hommes de chasser :

– Il suffit d'écraser de l'oseille sauvage et de jeter le produit dans la mer. Celle-ci, dégoûtée par cette saveur acide, se calmera.
En 1935, Aroni a utilisé ainsi ce procédé, alors que la houle était forte. A la marée suivante, il n'y avait plus qu'une mer plate et sans rides.

– Prononcer un charme au bord de l'eau pour calmer la mer (*imārcī*^{t}), avant de partir en kayak :

jā jā cūcuwawawaŋa (bis)
Je crie

jā jā imartī cūcuwawawaŋa (bis)
A la place de la mer, je crie.
(appris de Kudupora de Sermiligak)

Une chasse au narval

Le brouillard, la brume

Différents charmes peuvent être prononcés pour chasser la brume (*pujowercīt*) :

– Dit soit en kayak, soit à terre :

jā jā pujo (bis)
Le brouillard

jā jā nōdi (bis)
Doit disparaître...

jā jā pujo (bis)
Le brouillard,

jā jā nararta (bis)
S'est dissipé!
(d'après Kudupora de Sermiligak)

– Ou bien :

jā jā pujortua (bis)
J'étais entouré de brouillard,

uaŋa eqaŋa pujuŋida' (bis)
Mais il n'y en a plus autour de moi.

jā jā qaqatität pujortuwit (bis)
Les brumes de montagnes,

kiātu iziwertīt (bis)
Qui va les dissiper?

uaŋa iziwertaka (bis)
C'est moi qui les dissiperai!

suivi d'un souffle
(appris par Kaga de Tiderida auprès du vieil Amitsikujuk)

– Ou bien dit par un chasseur en kayak, en se penchant vers l'avant :

jā jā awadā pujortoq (bis)
Il y a du brouillard au large...

jā jā pujuwa qimādikiŋa (bis)
Je dissipe le brouillard,

jā jā pujuwa ātartikiŋa (bis)
Je le fais disparaître.

jā jā kaqimaki pitigwatuŋu (bis)
Les montagnes apparaissent peu à peu.

suivi d'un long souffle, comme pour chasser la brume

ātwājpudit
Tu as disparu!
(d'après Widimi de Kulusuk)

PROTECTIONS CONTRE LES DANGERS ET LES MAUX : AMULETTES ET CHARMES

L'amulette : *arn̄iwa'*

Pour se protéger contre le mauvais sort, comme également contre l'action des esprits mauvais, les habitants d'Ammassalik portent des amulettes. Les unes apportent la réalisation d'un vœu, d'autres garantissent contre la maladie et le danger, d'autres encore assurent une longue vie. Ces amulettes peuvent être de toutes sortes, et n'importe qui peut en faire, mais particulièrement les vieilles personnes.

Une tête de corbeau, un simple bouche-plaie de phoque, un morceau de bois provenant d'une vieille tente, du tendon de phoque peuvent, par exemple, servir d'amulettes.

Extrait du journal de Kangerlugssuatsiak, le 1er décembre 1936 :

"Alors que j'étais seul tout à l'heure, Kara est venue vers moi et m'a apporté deux brassières de *mātāmē̃* (peau épilée tannée) et de perles, comme les hommes en portaient autrefois ici.

– Tu vois, me dit-elle, j'ai cousu un *arn̄iwa'* (une amulette) dans la brassière gauche. C'est une pierre taillée qui devait être un pendentif de collier et que j'ai trouvée dans une tombe près de Toqoda. Il y avait encore le crâne de l'enfant à côté, mais en morceaux. Alors si tu portes cette brassière, tu seras comme en pierre.

– Comment, comme en pierre ?

– Oui, si on veut te harponner, le harpon fera sur toi comme sur une pierre. Il retombera sans te blesser.

Kara me dit ça moitié en riant, moitié sérieuse.

– Et dans la brassière droite, j'ai cousu un morceau de poumon de phoque.

– Et le poumon de phoque, c'est pour quoi ?

– Si la glace se brise sous ton traîneau, alors tu ne couleras pas. Tu seras léger comme un poumon de phoque et tu flotteras. C'est ce qui est arrivé à Sagiusi (mari de Johanna) qui a flotté ainsi grâce à un *arn̄iwa'* en poumon de phoque."

On peut également assimiler à l'effet protecteur des amulettes le tatouage qui était pratiqué généralement chez les femmes.

Les charmes ou formules magiques : *ceqa*[t]

Les formules magiques peuvent également être utilisées contre les tupileks, les malédictions, la maladie et même la mort.

Les charmes sont revendus d'une génération à l'autre. Ils perdent de leur intensité au fur et à mesure que l'on s'en sert.

– Exemples de *ceqa*[t] pour guérir un malade :

jā jā izakaka (bis)
jā jā makidiwaka

(Informateur : Kaga de Tiderida qui l'a appris de Igeqo)

ou bien

jā jā iwikaka (bis)
jā jā makipaka

(formules intraduisibles)

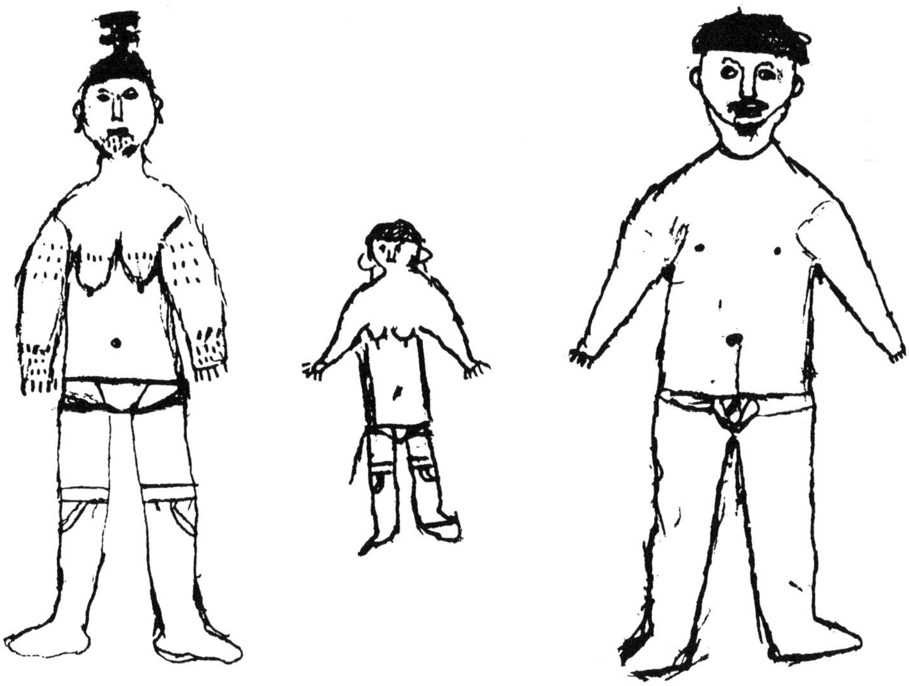

Le tatouage pratiqué généralement chez les femmes a, comme les amulettes, un effet protecteur (dessin d'Antusa)

– Pour vider une plaie de son pus :

jā jā una kizi maq̄iwañ̄a (bis)
Que vais-je vider de son pus?

jā jā qat̄a pudua maq̄uwaŋa (bis)
C'est le trou dans la peau qui est sur la plate-forme(5) que je vais vider de son pus.

(Informateur : Kaga de Tiderida, mai 1935)

– Pour faire cicatriser une plaie faite avec un instrument contondant :

jā jā qat̄amuna puduwa (bis)
Le trou dans la peau sur la plate-forme

jā jā mamit̄ini mamip̄o^{q} (bis)
Doit cicatriser... Il est cicatrisé!

suivi d'un souffle pour faire cicatriser la plaie.
(Informateur : Widimi, Kulusuk, mars 1935)

– Pour se guérir quand on se sent oppressé :

jā jā ertiwitiwaka (bis)
Mes grands poumons,

jā jā kadinertiwaka (bis)
Mes grandes bronches,

qut̄a (bis)
Plus haut(6)!

(Informateur : Torsida de Kulusuk qui l'a appris de Kangusukaq)

– Pour empêcher un moribond de mourir :

jā jā iditijartertuwakī^{t}
Par la grande dépression de terrain,

jā jā āditiuwarm̄añ̄a
La grande maladie

jā jā idiwip̄u^{t} up̄irarpo^{q} jā jā
Surgit puis de nouveau disparaît.

(Informateur : Kaga de Tiderida qui l'a appris de Parasaqajaq)

(5) Au cours du traitement curatif, un trou dans le *qa'*, la peau qui est sur la plate-forme, peut symboliser la plaie du corps à guérir.
(6) C'est-à-dire : inspirez l'air plus profondément.

– Pour réveiller un mourant :

jā jā kizi an̄ern̄eran̄i an̄ern̄erarp̄ua
De qui ai-je le souffle (la respiration)?

jā jā awaŋ̄iartī an̄ern̄eran̄i
J'ai le souffle de la chauve-souris[7],

an̄ern̄erarp̄ua
J'en ai le souffle....

suivi d'un grand souffle fait de la tête jusqu'aux pieds du mourant.
(Informateur Pidi de Kulusuk, mars 1935)

– Comme nous le verrons plus loin, des charmes magiques sont également indispensables pour la "désacralisation" des objets frappés de tabou (en cas de mort par exemple).

DIVERS

– Un chasseur qui rentre chez lui en kayak doit s'abstenir de s'exercer au lancer du harpon sur la voie du retour. S'il le faisait, sa femme aurait des règles abondantes et douloureuses.

– On dit que si un attelage de traîneau ne comporte que des chiennes, ou que des mâles, l'attelage risque de tuer son maître.

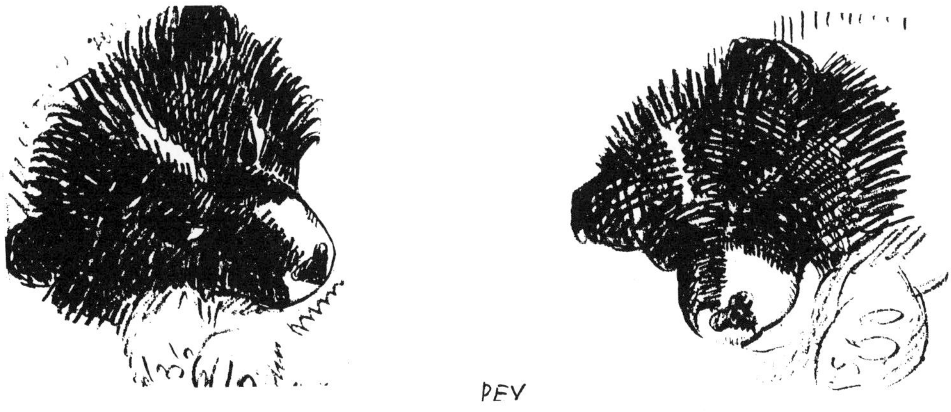

(7) Ainsi traduit par W. Thalbitzer (1923, p. 252) qui explique que certains informateurs décrivent cet animal comme ayant quatre pattes et pouvant voler, tandis que d'autres informateurs le désignent comme un oiseau que seuls les chamanes peuvent voir. Et Thalbitzer d'ajouter que la chauve-souris (*bat* en anglais) est parfois vue à Ammassalik mais n'est pas capturée. Il est intéressant de noter qu'on retrouve cet animal *awaŋiarte'* dans quatre des charmes magiques cités par Thalbitzer (*ibid.* pp. 252, 266 et 276).

LA CIVILISATION DU PHOQUE

KIDÂZI
AMMASSALIK
GREENLAND EST
1935
Paul E. Victor

LES CONFINS DE L'EXISTENCE

LA NAISSANCE, LA MORT, LA VIE DANS L'AU-DELÀ

La naissance et la mort, les deux moments les plus importants de la vie des hommes, constituent des périodes de très grands dangers pour la communauté familiale qui entoure la future mère ou le mourant. Les deux événements sont analogues quant aux conséquences qu'ils peuvent avoir sur les vivants : la mort rôde et les esprits maléfiques menacent alors gravement la maisonnée. De même le gibier risque-t-il de s'éloigner s'il est « contaminé » par l'impureté des humains. C'est pourquoi, dans ces moments critiques, d'infinies précautions doivent être prises et de nombreux tabous observés, sous peine de compromettre la survie du groupe.

Événement désiré au plus haut point par toute la communauté, car le nouveau-né est un trait d'union entre le passé et l'avenir, une naissance est cependant très fortement redoutée. Les risques que l'enfant vienne mort, ou qu'il meure pendant l'accouchement, sont très élevés ; ou c'est encore la mère qui peut mourir en couches.

Au cours de sa grossesse déjà, la future mère se munit d'amulettes destinées à mener la grossesse à terme, empêcher le fœtus garçon de se transformer en fille et faciliter l'accouchement, en libérant l'utérus des obstacles (comme des morceaux de glace) qui pourraient se mettre en travers du chemin de l'enfant, au moment de la naissance. Un sorcier peut en effet chercher à jeter un sort à cette femme en rendant son accouchement extrêmement difficile.

Lorsque l'enfant est sur le point de naître, la femme d'expérience qui va aider la future mère à accoucher fait mettre dehors tout ce qui se trouve à l'intérieur de la maison, et en particulier les vêtements de peau et les fourrures. Les hommes et les plus grands enfants doivent également s'éloigner de l'habitation jusqu'à ce qu'ils soient prévenus que le nouveau-né est arrivé au monde bien vivant. Chasseurs et gibiers sont de cette façon préservés des risques de contamination qu'entraînerait l'apparition inopinée de la mort.

Dans la maison, l'accoucheuse et la parturiente, toutes deux chignon défait pour faciliter symboliquement le passage de l'enfant, s'efforcent de le faire venir. Comme pour l'appeler vers le monde extérieur, l'accoucheuse émet des sons et prononce des paroles magiques afin de faire « fondre les morceaux de glace » qui pourraient faire obstacle à la naissance à l'intérieur de l'utérus.

C'est encore par un geste symbolique, en soufflant à travers la tige d'une herbe après avoir prononcé une incantation, que la femme qui assiste la future mère encourage l'enfant à prendre son souffle vital. Pour les cas les plus difficiles toutefois, il est fait appel au chamane, dans l'espoir que son intervention sera bénéfique lorsqu'il aura pu découvrir, grâce à ses dons de voyance, ce qui empêche le bon déroulement de l'accouchement.

Les femmes qui ont précédemment perdu un ou plusieurs enfants en bas âge vont tout tenter pour conserver leur dernier-né en vie, cherchant à le mettre hors d'atteinte des forces malveillantes. À la naissance, au lieu de laisser trancher le cordon ombilical par l'accoucheuse au moyen d'une coquille de moule, comme c'est l'habitude[13], elles le sectionnent elles-mêmes avec leurs dents. Puis, l'enfant menacé va être nanti de toutes sortes de moyens magiques – amulettes, charmes, rites particuliers – pour déjouer les esprits dangereux ou les âmes des morts qui s'acharneront à lui ravir son âme. Il peut être vêtu d'une manière différente des autres enfants[14] ou de façon ridicule, avec, par exemple, une partie de vêtement ayant le poil de la fourrure dans un sens et le reste dans l'autre sens, ou bien une botte en cuir épilé et l'autre en fourrure, etc. afin que les esprits, ne parvenant pas à le reconnaître, le laissent grandir en paix. Ces enfants qui bénéficient d'une vigilance ou d'un traitement particulier, sont désignés par le terme *piaarqusiaq*. Ils sont souvent astreints à de nombreuses règles de conduite qui peuvent les suivre jusqu'à ce qu'ils aient atteint l'âge adulte.

Un autre rite de protection pour un enfant en danger consiste à lui couper les cheveux à l'aide d'un couteau particulier dont la lame est faite de rangées de dents de requin acérées. Cette coiffure le différencie des autres individus dont les cheveux, par principe, ne doivent jamais être coupés. Il devient ainsi également méconnaissable pour les esprits malfaisants.

Dans la maison, après une naissance à l'issue heureuse, le retour à la vie normale est marqué par des rites de purification, tels que le lavage à l'urine des vêtements et des peaux qui avaient été sortis avant l'accouchement et la purification de la mère. Mais l'accouchée devra encore observer certains tabous alimentaires auxquels elle

13 - En aucun cas, le cordon ombilical ne doit être coupé avec un objet métallique. Il en est de même pour la coupe des cheveux.

14 - Par exemple, l'anorak a une forme ou une coupe particulière et comporte un *ukusuk*, c'est-à-dire une pointe faite d'un museau de phoque sur l'avant du capuchon.

est assujettie depuis sa grossesse. Elle doit, en particulier, s'abstenir pendant quelque temps de consommer la viande des mammifères marins et l'angélique.

Pour le nouveau-né, le moment le plus important après sa venue au monde va être celui où il reçoit de sa mère, de l'accoucheuse, ou de sa grand-mère, ses noms personnels, c'est-à-dire les constituants même de sa personnalité. Dès lors que ses différents noms lui sont prononcés à l'oreille et qu'il manifeste en quelque sorte son acquiescement en cessant de pleurer, il devient un être humain chargé d'expériences antérieures et il s'inscrit dans un réseau de relations sociales plus étendu que celui que lui confère sa simple parenté biologique.

L'enfant dont le corps accueille l'âme-nom du dernier défunt de la famille permet, en effet, à cette âme de reprendre sa place au milieu des vivants. Depuis sa séparation d'avec son corps précédent, celle-ci attend, malheureuse et grelottante de froid, d'être appelée par un de ses proches à une nouvelle existence sur terre. Et c'est un grand apaisement moral pour la mère que de parvenir à accomplir, vis-à-vis des disparus de son entourage, son devoir de les réincarner dans ses propres descendants. « Un tel est revenu ! » peut-elle alors annoncer avec une joie totale qui efface la douleur de la séparation d'avec l'être cher.

Celle qui va procéder au rituel du don des noms commence par humecter les lèvres de l'enfant en y mettant de l'eau avec le doigt. Ce rite, destiné à préparer l'accueil de l'âme-nom chez le nouveau-né, n'est pas sans rappeler les quelques gouttes d'eau fraîche que l'on donne à boire au gibier chassé, en offrande à son âme immortelle (son *inua* ou *iiva* dans le dialecte d'Ammassalik). Puis, tandis que la femme tient entre son pouce et son annulaire droits, l'annulaire de l'enfant[15], elle va lui annoncer près de l'oreille, un à un, les noms des défunts qu'il est destiné à porter, en commençant par le plus récemment décédé. Et, par le contact entre l'annulaire de la femme adulte et celui de l'enfant, le nom qui est prononcé se trouve fortifié. C'est par le chemin de l'anus que le nom va pénétrer dans le corps du bébé. Si l'enfant se calme, c'est qu'il accepte son nom. Dès ce moment, il sera aussi bien le grand-père, le père, la sœur, le frère, la tante, ou la cousine… disparus, car les noms, asexués, peuvent être donnés indistinctement à un homme ou à une femme.

Ainsi le nom est-il immortel, et l'individu qui l'incarne représente le maillon provisoire d'une très longue chaîne ininterrompue. Devenu le défunt réincarné,

15 - Celui de la main droite s'il s'agit d'un garçon, celui de la main gauche si c'est une fille.

le nouveau-né a en même temps hérité d'un savoir, d'aptitudes, d'expériences et de liens sociaux qui établissent un système particulier de prestations et de devoirs à l'égard de cette nouvelle parenté de « réincarnation ». Toute son éducation sera d'ailleurs marquée par cet état de fait : il ne subira ni réprimande, ni punition et, « sachant lui-même ce qu'il doit faire », il « refera » l'apprentissage de la vie au moyen de simples conseils ou d'incitations venant des adultes. Lors du partage du gibier dans la famille du mort dont il porte le nom, il recevra la part de viande qui était auparavant celle du défunt. Puis, à son tour, il devra également faire des dons à ces personnes pour lesquelles il représente le conjoint ou le parent « revenu ».

Le nom du défunt ne souffre pas d'être maltraité ou offensé. S'il n'est pas respecté, choyé, bien nourri, ou encore suffisamment vêtu, le mort peut se venger en rappelant son nom. L'enfant, privé d'un de ses principes vitaux, l'âme-nom, tombe malade et finit par mourir si le chamane ne parvient pas à ramener très vite le nom dans le jeune corps en le prononçant, comme lors du « baptême », c'est-à-dire en tenant l'annulaire du malade.

La pluralité de ses noms contribue à enrichir la personnalité de l'enfant. Elle élargit le champ de ses relations et lui permet, dans certaines circonstances, de se protéger en changeant de nom. Il arrive, par exemple, qu'après une maladie ou un événement grave dans son existence, un individu choisisse de se faire appeler par un autre de ses noms personnels, faisant, en quelque sorte, « peau neuve » et recommençant ainsi symboliquement une nouvelle vie.

Si par malheur l'enfant décède lors de l'accouchement, il faut très vite envelopper le cadavre dans une peau et le sortir de la maison. Ensuite, commencent les multiples prescriptions et interdictions qui entourent coutumièrement un deuil.

Fondamentalement, les habitants d'Ammassalik ne redoutent pas de mourir. La mort fait partie des risques quotidiens, ils la côtoient constamment. Ils la devancent parfois en décidant avec sérénité de mettre fin à leurs jours pour retrouver une vie meilleure dans l'au-delà.

Les personnes âgées, sentant leurs derniers moments approcher, décident souvent de livrer à leur entourage le récit intime de leur existence. Cette « confession », révélation de ce qui était resté secret, ignoré des autres même des plus proches, est un moment particulièrement solennel où chacun prend conscience que l'intéressé ne va pas tarder à quitter son existence terrestre.

La perspective qu'une partie d'eux-mêmes rejoindra les siens dans l'au-delà, tandis qu'une autre composante revivra plus tard dans un nouveau corps, par la coutume de la réincarnation du nom, contribue assurément à diminuer – voire à supprimer – l'angoisse des hommes devant la mort. En revanche, ce qui les remplit d'une immense frayeur, c'est la présence d'un mort parmi eux, qu'il s'agisse d'un cadavre, d'un spectre se manifestant auprès des vivants, ou d'une âme venant les tourmenter. Ceci peut expliquer que les rituels à la fois les plus nombreux et les plus élaborés sont ceux qui se rapportent à la mort et au deuil.

Dès le dernier soupir d'un des leurs, les femmes de la famille commencent leurs lamentations et leurs pleurs bruyants, tandis que l'on s'affaire, en grande hâte, à l'habillage du mort, à la sortie du corps et à l'évacuation de tout le contenu de la maison. Toutes ces opérations doivent impérativement se dérouler dans un laps de temps le plus court possible afin de procéder sans délai aux rites de purification et aux obligations imposées par le deuil.

Le nom du mort est devenu totalement tabou. Le défunt ne sera plus désigné que par un terme de parenté ou par une périphrase et, s'il portait le nom d'un objet ou d'un animal, celui-ci devra être renommé autrement dans la langue courante.

Les rites et les interdits du deuil vont frapper différemment les habitants de la maison, selon leur degré de parenté avec le mort et selon leur sexe. Parmi les proches parents du mort, les femmes et la personne qui a dû toucher le cadavre pour l'habiller et le sortir seront les plus touchées par les tabous alimentaires, les interdictions d'activité, et la mise à l'écart de la vie communautaire. Leur impureté risque de provoquer une mauvaise chasse ou une pénurie de gibier : par conséquent la disette pour tous. C'est pourquoi les règles du deuil doivent être très strictement observées et le chamane doit veiller à leur respect. Il est le seul, parmi les êtres humains, à pouvoir déceler la vapeur invisible qui entoure le visage et les doigts des *parinartit* (ceux qui sont astreints aux tabous du deuil). Si, par exemple, pour échapper à la dure et longue épreuve qu'impose un deuil, une femme a tenté de dissimuler une fausse-couche, le chamane peut le découvrir et faire avouer la fautive. Ce sera pour le bien de toute la communauté, car les colères de l'Homme-Lune envers les hommes qui transgressent les interdits sont terrifiantes.

Les divers rites entourant la mort sont à mettre en parallèle avec la conception que les Ammassalimiut ont du corps, de l'âme et de leur devenir après le décès. Les tout premiers rituels vont être consacrés à la dépouille mortelle du défunt et à ses objets personnels, tandis que commenceront aussitôt après les prescriptions qui vont frapper très sévèrement l'entourage du mort pendant trois jours, c'est-à-dire une durée qui correspond à la période pendant laquelle l'âme-principe de vie (*tarneq*) du défunt rôde encore dans le voisinage du corps (*timeq*). Passé ce temps, l'âme-principe de vie, définitivement séparée de son corps, entreprendra un long et pénible périple d'une année, avant d'accéder à la vie éternelle dans le Monde des morts. Les rites de deuil étant destinés à protéger les vivants comme à faciliter le trajet de l'âme du défunt, la durée maximale des observances pouvant toucher une femme en deuil, veuve ou mère de famille, sera ainsi d'un an.

Pour favoriser le cheminement du mort, les passages d'une étape à l'autre seront, de même, marqués chez les proches par des rites de purification, des changements vestimentaires et l'utilisation de nombreuses formules magiques. On craint grandement que l'âme d'un défunt qui n'aurait pas reçu toute l'assistance nécessaire au cours de sa progression vers l'au-delà revienne tourmenter les vivants sous la forme d'un spectre.

Après avoir été revêtu de ses meilleurs vêtements : l'anorak de kayak pour un homme, l'*amawut* pour une femme, le capuchon relevé sur la tête et les habits soigneusement serrés autour du cou, des poignets et des chevilles, le cadavre est enveloppé dans une grande peau de phoque cousue ou dans la couverture de cuir d'un kayak. Puis, attaché par les chevilles, les pieds devant, il est rapidement tiré hors de la maison par celui qui l'a habillé, un des plus proches parents du mort[16]. Parfois, pour aller plus vite, on le passe par la fenêtre. Sa demeure finale sera une tombe, consistant en un amas de pierres recouvrant le corps, ou une fente de rocher, ou bien ce sera l'océan même.

Parce qu'elle favorise l'accès au meilleur des Mondes des morts, celui qui est situé au fond des mers, la sépulture marine était préférée à la sépulture terrestre, à la fin du XIXe siècle. Ainsi, au moment où les habitants d'Ammassalik nouent leurs premiers contacts avec le monde occidental, le sort le plus couramment réservé au corps ficelé dans son linceul de cuir est le glissement à travers un trou creusé dans la banquise ou bien le dépôt sur le rivage en attendant que la marée l'entraîne.

Le mort emporte avec lui certains de ses objets familiers : pour un homme, par exemple, son tambour et ses instruments de chasse ; pour une femme, son matériel de couture, son couteau personnel et ses perles ; pour un enfant, ses jouets. Quant aux vieux vêtements et aux peaux usagées ayant appartenu au défunt, ils sont très

16 - On raconte que la dépouille mortelle d'une personne qui a pratiqué la sorcellerie est particulièrement lourde et qu'il faut s'y mettre à plusieurs pour arriver à la déplacer.

vite emportés loin de la maison pour être enfouis sous des pierres ou glissés dans une anfractuosité de rocher.

À l'intérieur de l'habitation vidée de son contenu – en particulier peaux et viande fraîche – qui restera dehors pendant trois jours, toute activité a cessé pour les parents du mort. Après s'être purifiés par le feu et lavés à l'urine, une fois revêtus d'habits nouveaux, ceux-ci vont se soumettre aux interdits du deuil.

Pendant trois jours, les personnes les plus proches du défunt : le conjoint, les ascendants et les descendants, de même que l'individu qui a touché le cadavre, resteront tout habillés sur la plate-forme, le capuchon relevé sur la tête. Ils ne devront s'adresser à personne, n'utiliser aucun instrument – en particulier leur couteau –, et ne manger ou boire que ce qui leur est tendu par les autres habitants de la maison, sans en avoir fait la demande et dans la limite de ce qui leur est autorisé de consommer en fonction des innombrables tabous alimentaires auxquels ils sont astreints. Dans le domaine des nourritures taboues, sont absolument prohibés : la viande fraîche de mammifère marin, différentes parties du phoque, les oiseaux, certains poissons et l'angélique.

Après ces trois jours de deuil, les hommes pourront reprendre leurs activités de chasse, non sans avoir au préalable accompli tous les rites nécessaires, avec la participation active de l'aïeul ou du chef de la maison. En prononçant de nombreuses formules magiques, l'ancêtre va débarrasser de son impureté l'homme qui sort du deuil et lui permettre la reprise progressive des diverses occupations : chasse, travail, etc. de la vie quotidienne. Les précautions à prendre sont essentielles, c'est pourquoi tous les rites de « désacralisation » des instruments et des actions vont être accomplis avec le plus grand soin.

Le deuil des femmes sera de beaucoup plus longue durée – jusqu'à un an – et les contraintes en sont considérables. La femme frappée par la mort d'un proche est dans l'obligation de garder la tête et les yeux baissés. Elle ne doit ni rire, ni élever la voix, ni chanter. Nourriture et boisson lui sont servis dans un récipient à part qui lui est personnel. Et, lorsqu'elle est autorisée à sortir de la maison, en gardant son capuchon sur la tête, il lui est formellement interdit de s'approcher du rivage, de regarder le ciel ou la mer, d'enjamber un ruisseau à saumon, de prendre part au retour du chasseur… Il s'agit ainsi de protéger de son impureté tant le gibier que les autres membres de la communauté (surtout les hommes). Le tabou de couture qui la touche également revêt un caractère différent. Si la femme en deuil s'expose à coudre, le bruit du fil risque de faire revenir le défunt vers la maison pour se venger. On raconte que l'Homme-Lune qui surveille de très près le respect des tabous par les humains, peut s'emparer du bras de la femme fautive et le tirer jusqu'à lui.

À la fin de son deuil, la femme, préalablement purifiée et revêtue de vêtements neufs, se verra peu à peu libérée de ces diverses interdictions par l'ancêtre de la maison. La formule utilisée : « tu peux (maintenant) faire ce que tu veux », prononcée par la personne âgée, consacre la reprise de l'existence commune pour cette femme, dans chacun des domaines précédemment interdits : occupations diverses, travaux, alimentation…

C'est durant cette période critique de trois jours où, après le décès, l'âme du mort est encore à proximité de son enveloppe charnelle, que peut survenir le retour à la vie du défunt. En général, les individus qui ainsi « ressuscitent » sont considérés comme une terrible menace pour les vivants, car on craint qu'ils ne soient revenus pour se venger. Parmi les moyens utilisés pour empêcher un mort de retourner parmi les vivants, figurent en particulier l'urine humaine et la graisse de phoque. Dans divers cas, toutefois, les intentions du « revenant » sont pacifiques et, si une personne de leur entourage sait comment l'accueillir et le retenir, il pourra paisiblement reprendre sa place dans la communauté des hommes. Tel est l'exemple du chasseur disparu que sa mère, par un chant-berceuse ininterrompu, parvient à faire revenir jusqu'à elle dans la maison. Par sa façon particulière d'entourer de ses bras le corps de son fils lorsqu'il réapparaît, et de le retenir entre ses deux annulaires fortement accrochés, elle réussit à l'arracher à la mort.

Certains êtres humains ont la particularité de reprendre vie plusieurs fois successivement, parce qu'un charme spécial a été prononcé à leur naissance. Au lieu de partir vers le Monde des morts, l'âme d'un tel individu va retourner vers la maison familiale, associée à une forme humaine rajeunie.

Lors de son lent cheminement vers le Pays des morts, l'âme du défunt va traverser une sorte de purgatoire. Aidée par les privations des vivants en deuil, elle se purifie peu à peu des substances terrestres qui l'encombrent en franchissant obstacles et épreuves. Lorsqu'elle aura enfin retrouvé les siens dans l'au-delà, elle mènera, pour l'éternité, une existence semblable à celle qu'elle avait sur terre, mais débarrassée des soucis et des malheurs.

D'après ce que racontent les plus grands chamanes après avoir, dans leurs vols magiques, visité les deux Pays des morts, celui qui est situé dans le ciel et celui qui se trouve au fond de la mer, la différence entre les deux réside essentiellement dans la nourriture dont disposent leurs « habitants » respectifs. Tandis que les morts célestes n'ont guère pour se nourrir que des corbeaux et des baies, les morts sous-marins jouissent en abondance de chair et de graisse de phoque et d'autres sortes d'animaux marins.

Il semble que ce soit la manière dont une personne décède, ou son mode de sépulture, qui détermine l'au-delà auquel elle est destinée. Selon la tradition, les femmes mortes en couches, les chasseurs disparus en kayak, les personnes qui ont abrégé leurs jours en se jetant dans la mer, vont rejoindre le Monde sous-marin des morts.

Les enfants mort-nés, pour leur part, de même que les nouveau-nés qui ont été supprimés peu après leur naissance[17], partent vers le ciel où, en dansant et en jouant à la balle, ils forment les aurores boréales.

Joëlle ROBERT-LAMBLIN

17 - Les enfants malformés ou faibles à la naissance ne sont pas appelés à survivre. De même, l'enfant d'une mère morte en couches va être enterré vivant avec sa mère, s'il ne se trouve aucune femme en mesure de l'allaiter. D'autres cas d'infanticides se retrouvent parmi les enfants adultérins ou dans des situations de grande détresse touchant la mère ou le groupe familial.

Les rituels de la naissance et de la mort

La naissance

L'attribution du nom et les différentes âmes qui habitent l'être humain

La mort : rites et tabous à observer

Le monde des morts

Divers

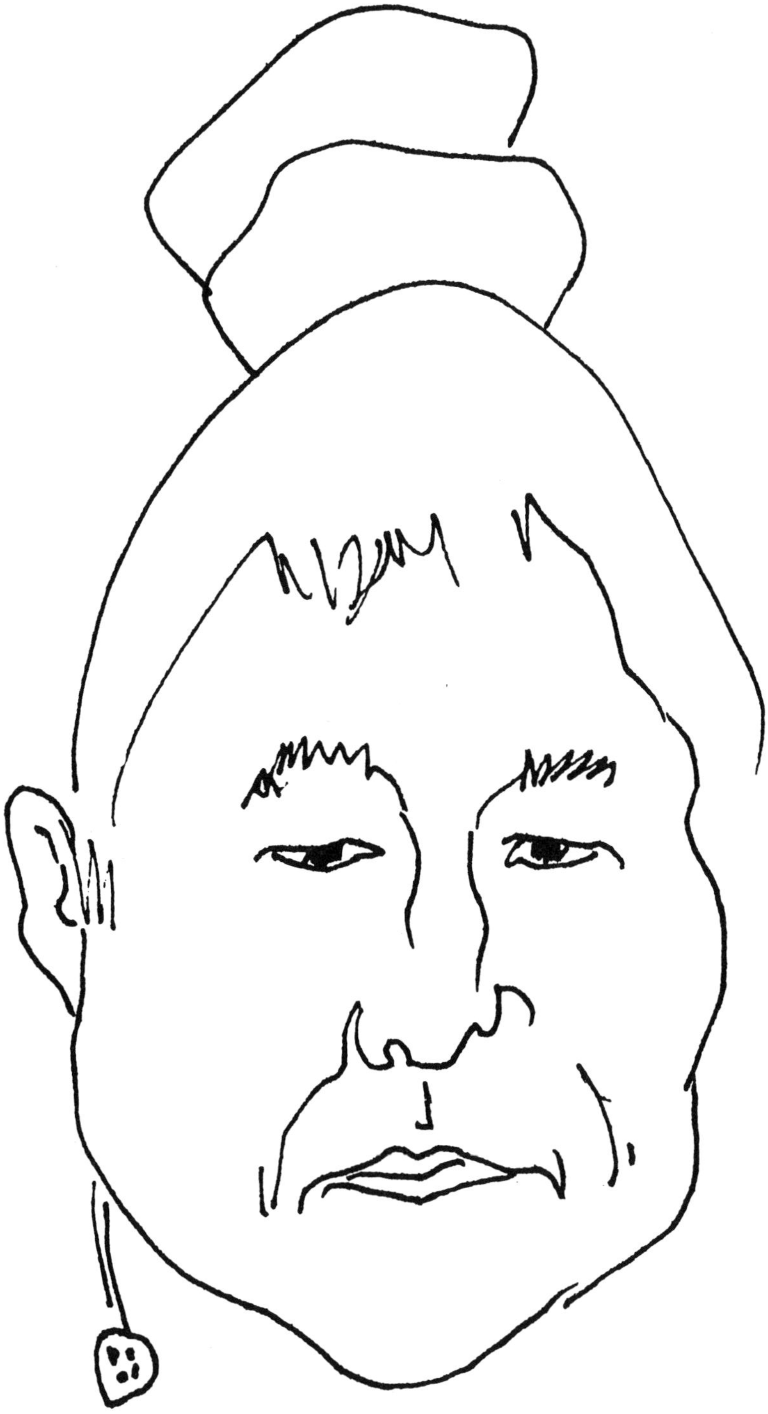

LA NAISSANCE

qidornartārnē' : naissance

La grossesse

qidernā'tigū' : si une femme a perdu plusieurs de ses enfants encore jeunes, elle ne devra pas coudre avec une jambe repliée, le genou sous le menton. Car un *qidernā'tigū'* (qui a l'aspect d'un fœtus de phoque : *idimē*), surgissant de la terre, entrerait dans le corps de la femme, par son sexe, et volerait l'âme de l'enfant.

L'accouchement : *ernicite'*

Elle accouche : *ernicipo'*

La femme qui va accoucher, lorsqu'elle sent le moment proche, doit prévenir les habitants de la maison. Ils procèdent alors aux mêmes rites que pour une mort, "parce que l'enfant peut naître mort".

Les habitants quittent la maison et la vident de son contenu. Ils sortent en particulier tout ce qui est cuir ou fourrure (exceptées les peaux qui sont tendues le long des murs). Un *ceqa'* (charme, formule magique) est dit sur la femme pour faciliter l'accouchement[1]. Si le nouveau-né vit, tous rentrent dans la maison avec le matériel.

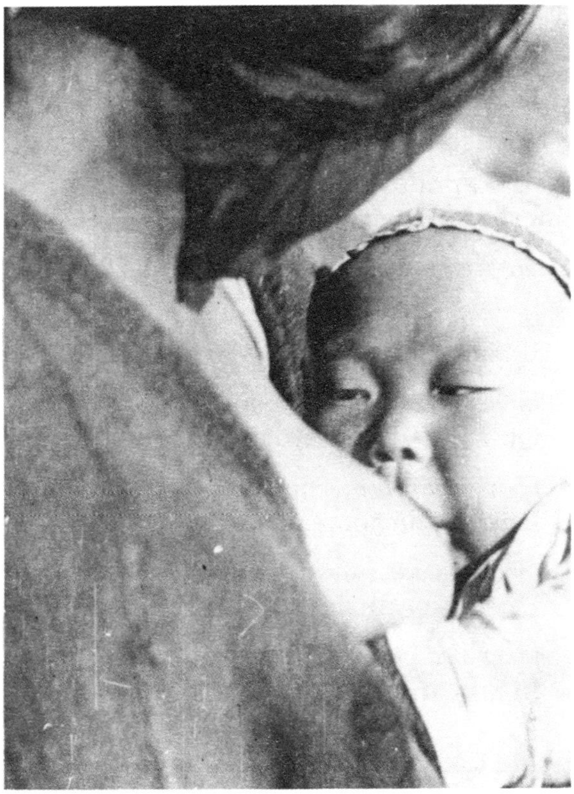

(1) Les techniques mêmes de l'accouchement sont décrites dans le tome 1 de *La Civilisation du Phoque*, pp. 168-169.

Formules magiques prononcées pour faciliter l'accouchement

– Ce *ceqa*^{t} doit être dit à l'extérieur de la maison, derrière le mur du fond, à l'endroit où se trouve la femme en couches :

jā jā man̄a qididi
Cela va s'ouvrir,

jā jā qoparm̄an̄a qididi
La fente-là va s'ouvrir.

jā jā man̄a kizi awicārt̄i
Qu'est-ce qui va se dilater?

jā jā qoparm̄an̄a awicārti
C'est la fente-là qui va se dilater.

– *ern̄izūzutomu*^{t} : charme dit, en soufflant dans la tige d'un brin d'herbe, pour faciliter un accouchement difficile (*ern̄izūzuto'*: femme dont l'accouchement est difficile) :

jā jā una kizi āt̄i
Qu'est-ce qui doit fondre?

jā jā nida'[2] *āt̄i*
C'est le morceau de glace qui doit fondre,

jā jā iwī^{p} *cut̄ua anern̄eradiŋu*
En soufflant dans la tige d'un brin d'herbe.
(Informateur: Abudu)

Ceci rappelle le geste de magie (*idizinermi*) qui consiste à trouver une tige d'herbe bien droite et à souffler dedans pour que l'enfant vive longtemps.

– *idimīwerci*^{t} : charme dit pour faire sortir le fœtus :

jā jā idimīwerci
Il faut faire sortir le fœtus.

jā jā cunāna idim̄eriwi (bis)
Qu'as-tu donc là-dedans?

jā jā nidaŋina idimēriwi (bis)
Est-ce un morceau de glace que tu as là-dedans?

jā jā nidadi idit̄uni (bis)
Un morceau de glace qui s'est transformé?

jā jā peqiciwin̄a
Il faut que tu guérisses!

(noté à Sermiligak en mars 1935)

(2) *nida'*: glace de glacier (ou d'iceberg) qui donne de l'eau douce. On dit que l'utérus des femmes qui ont des difficultés pour accoucher est fait d'un morceau de cette glace-là.

– Autre charme pour un accouchement difficile :

jā jā ūma kizi^p kunipāŋa
Qu'est-ce qui me renifle?

jā jā qimerti^p kunipāŋa
C'est un chien qui me renifle.

jā jā cukut kunipāŋa
Où me renifle-t-il?

jā jā eqiku^t kunipāŋa
Il me renifle le croupion

jā jā kanitūwaȓa adibertūŋu
Et lèche mon sang[3].
(Informateur : Abudu)

L'accouchée

Elle ne doit pas manger de *kuäni* (angélique) pendant une année.

Le placenta : *picoȓicidia'*

Le placenta peut être mis à sécher et sera conservé. L'enfant, pour sa toute première nourriture (à part le lait maternel), devra en manger un morceau. Il devra aussi en manger à chaque occasion de son enfance : pour son premier anorak, pour de nouveaux kamiks, et même s'il lui est donné un kayak fait à sa taille. Cela lui assurera longue vie.

Rosine Pivat et son enfant dans l'amaut (Kummiut, 1967)

(3) On notera que le terme pour désigner le sang (*kani'*) est emprunté à la langue chamanique.

LA CIVILISATION DU PHOQUE

À la naissance

La mère mouille les lèvres du nouveau-né, avec son annulaire si c'est un garçon, avec l'index si c'est une fille.

L'enfant mort-né

On l'habille avec le petit anorak qui lui était destiné. C'est le père qui le portera hors de la maison et l'enfouira généralement dans une vieille tombe. Les tabous de deuil sont alors les mêmes que pour un adulte (ces tabous n'étaient plus observés en 1934-37).

Si les enfants d'une femme meurent l'un après l'autre, parce qu'un chamane leur a volé leur âme, le nouveau-né doit être couché à la naissance, d'abord sur un nid d'oiseau, puis dans une caverne. Ce rite empêchera le vol de l'âme.

arcāqit (le deuxième enfant)

Si le premier enfant est mort, certaines règles et certains tabous doivent être observés pour l'enfant qui naîtra après lui :

– Son anorak devra avoir un capuchon bordé de peau de phoque et il n'enlèvera le capuchon que pour dormir. Son pantalon et ses kamiks devront être d'une pièce et ne pourront être retirés que pour dormir. Aux poignets de l'anorak, des lacets seront cousus pour permettre de fermer les manches.

– Il devra manger d'abord de l'estomac de *cak̄a* (phoque annelé) ou d'*an̄e'* (phoque barbu), à condition que ces phoques aient été tués au fond d'un fjord.

an̄ern̄idīt : pour que l'enfant vive longtemps

Si on trouve une tige d'herbe qui a poussé bien verticalement, on la cueille et on souffle dedans jusqu'à ce que l'air soufflé passe sans effort.

– Charme dit par la mère pour faire revivre un enfant mort à la naissance :

jā jā ūmartidi (bis)
Reviens à la vie!

jā jā nugitert̄udi (bis)
Reprends des forces!

jā jā an̄e^{r}*nidapi*^{t} (bis)
Respire!

(Formule magique acquise, en même temps qu'un acte de sorcellerie, par Itarat le mari de Makareta, en échange d'un flotteur de harpon et d'une courroie).
(Informateur: Makareta, Kulusuk, février 1935).

– Charme à dire sur un enfant qui va mourir :

jā jā qaneq īniājpit (bis)
Comment vis-tu vilain?

jā jā iwī^{p} *cut̄ua anern̄eraduŋu* (bis)
Respire par la tige du brin d'herbe!

jā jā, suivi d'un souffle

(Informateur: Kaga de Tiderida, qui l'avait appris de Qanapik)

L'ATTRIBUTION DU NOM ET LES DIFFÉRENTES ÂMES QUI HABITENT L'ÊTRE HUMAIN

Les habitants d'Ammassalik ont une conception de l'âme à la fois simple et complexe.

Le corps humain (*timā'*) est le support, le réceptacle, le contenant d'une multitude de petites âmes. La plus importante est l'âme-nom, grosse à peine comme un moineau des neiges (*pize'*). Elle se loge à la base du cou, à côté de l'âme de la vie. Celle-ci, comme l'âme du sommeil qui prend place dans l'aine droite, est grande comme le pouce. Toutes deux ont forme humaine. Il existe, de plus, une grande quantité de petites "âmes" qui logent dans chaque articulation.

L'enfant naît avec une âme-vie (*tarne'*), une âme-sommeil et des âmes-des-articulations nouvelles. Mais il lui manque la plus importante de toutes, celle sans laquelle il ne peut pas vivre : l'âme-nom (*ade'*). Avec l'âme-nom, se transmettent toutes les qualités et les défauts de celui qui la contenait auparavant. Du nom que l'on donnera à l'enfant dépendra son tempérament et aussi son caractère; donc en partie son avenir.

A peine le cordon ombilical est-il coupé, que la femme qui a aidé pour l'accouchement (*ernērcōrto'*) "baptise" l'enfant. Si c'est un garçon, elle lui prend l'annulaire gauche entre son pouce et son index droits, l'annulaire droit si c'est une fille et dit :

– *tamina adiracade*ʳ : "ainsi tu t'appelleras".

Puis elle lui murmure dans l'oreille les noms des morts récents, en général de sa famille, que l'enfant portera, noms d'hommes ou de femmes indistinctement. Ainsi les morts se réincarneront dans l'enfant.

En effet, l'âme-nom qui a quitté le corps du mort attend quelque part toute grelottante de froid. Dès qu'elle s'entend appeler, elle se précipite dans la maison où l'enfant vient de naître et pénètre dans son corps par la "porte des âmes" : l'anus. Reconnaissante, elle se pelotonne au chaud, à la base du cou, à côté de l'âme-vie.

Si l'âme-nom s'y trouve bien, elle restera dans ce corps accueillant. Mais si sa "demeure" (*ē* ou *eqa*, c'est-à-dire le logement, le refuge, l'habitation) est maltraitée, si l'enfant est bousculé, ou s'il est même simplement grondé, l'âme-nom s'en ira, mécontente, et l'enfant tombera malade. Si l'intervention d'un chamane ne peut décider le nom à revenir, l'enfant ne tardera pas à mourir.

Il faut, pour rappeler l'*ade'*, prononcer son nom tout en tenant l'annulaire de l'enfant (*tacerceřã*), comme pour le "baptême". L'*ade'* reviendra alors. Mais pendant tout le temps qu'il aura quitté son *eqa* (sa demeure corporelle), il aura froid et grelottera, et l'enfant sera malade.

Extrait du Journal de Kangerlugssuatsiak (le 21 octobre 1936) :

" La mère de Mikidi (de Kangerlugssuatsiak) et d'Adami (de Kummiut) s'appelait Kerta. Peu de temps après sa mort, il y a de cela quelque vingt ans, Johanna (de Kummiut) mit au monde Edisa. Edisa, entre autres noms, a celui de Kerta. Elle est la première en date à avoir pris le nom de Kerta. L'*ade'* s'est logée dans le corps d'Edisa.

Il y a cinq ans, la femme de Kristian mit au monde ici, à Kangerlugssuatsiak, une fille. On donna à cette fille le nom de Kerta "pour que Mikidi entende à nouveau le nom de sa mère."

De ce fait, à Kummiut, Edisa reçoit, lorsqu'Adami a tué un phoque, l'*iziwa'* (le demi-poitrail et le sternum) c'est-à-dire la part destinée à la mère du chasseur.

A Kangerlugssuatsiak, le même jour, l'autre Kerta reçoit également de Mikidi, si celui-ci a tué un phoque, l'*iziwa'*.

Voulant voir clair dans cette affaire, je demande alors à tous ceux de la maison alternativement, et séparément, comment ils expliquent que Kerta-*ade'* de l'ancêtre puisse, à la fois, loger dans le corps d'Edisa de Kummiut (maintenant à Copenhague) et dans le corps de Kerta ici.

Tout le monde m'a répondu de la même façon : la Kerta qui est dans Edisa, c'est l'*ade'*-corps de l'ancêtre (*ade'-timinarte'*), tandis que la Kerta d'ici ne fait que porter le nom (*adiwina'*) de la Kerta ancêtre. Ce qui n'empêche pas que Mikidi lui donne toujours l'*iziwa'*.

L'âme-sommeil, lorsqu'elle quitte le corps, provoque l'endormissement. C'est ce qui explique pourquoi il ne faut jamais réveiller brutalement les gens qui dorment. Et si certaines personnes, lorsqu'elles se réveillent, prononcent des paroles incohérentes, c'est parce que leur âme-sommeil n'a pas eu le temps de réintégrer son logement. Elle aussi sort et rentre par l'anus, porte des âmes.

Enfin, lorsqu'une des petites âmes des articulations quitte le corps, cela provoque la maladie et les douleurs. On a alors recours au chamane qui, par des procédés multiples, va à la recherche de l'âme qui a fui. Si un esprit-aide, envoyé par le chamane, la retrouve, il l'enferme comme un petit oiseau dans ses mains, la rapporte, la lâche à nouveau dans le corps où elle va reprendre sa place, et la guérison suit.

Quand l'âme-vie (*tarne'*) quitte le corps, l'individu meurt. L'âme-vie est toujours accompagnée par l'âme-nom (*ade'*), jusqu'à ce que cette dernière soit appelée pour réintégrer un nouveau corps : celui du nouveau-né.

L'âme du mort peut se venger dans certains cas de mort violente (meurtre ou assassinat) en réintégrant son corps matériel. Pour l'en empêcher, ce corps sera découpé suivant des règles bien établies et l'on dispersera les morceaux dans les endroits les plus différents et les plus éloignés les uns des autres.

Il est indispensable, par exemple si l'on tue un homme, d'empêcher son âme de rentrer dans son enveloppe humaine, et pour cela le principal est de supprimer la "porte" par laquelle elle a l'habitude d'entrer : l'anus.

Les rituels de la naissance et de la mort

LA MORT : RITES ET TABOUS À OBSERVER

Vocabulaire et définition

toruwo': il (elle) est mort(e)
parinarte': personne (proche du mort) qui doit observer tous les tabous liés au deuil
parinarpo': observe un tabou
aterte': autre personne (parent, frère ou sœur, enfant du mort) qui doit observer certains tabous de nourriture, de travail ou de chasse
aterpo': observer un tabou
nacide': les autres habitants de la maison pendant la période de trois jours qui suit la mort
nicadide': tabous de nourriture
aqecuʷicadide': tabous de travail, d'activité

Lorsqu'une personne est sur le point de mourir, tous les habitants de la maison sortent, exceptés le mari ou la femme, le père, la mère, les enfants.

Le cadavre est enlevé peu de temps après la mort, généralement dans les quelques heures qui suivent. Il est habillé des pieds à la tête. Le capuchon de l'anorak (généralement son anorak de kayak quand il s'agit d'un homme) tiré sur la tête. Ses mains sont recouvertes de gants (*qedeʳceʳtuŋu*).

Le mort est ligaturé aux chevilles, aux poignets et au cou.

La vareuse (le *qajarcit*, anorak de kayak pour les hommes; l'*amawut*, anorak avec un grand capuchon pour porter un bébé, pour les femmes) est maintenue en place par une courroie passée entre les jambes et dans des trous pratiqués dans le bas de la vareuse.
qidīdʷāt : les courroies des chevilles, des poignets et du cou
qitiwarida : la courroie entre les jambes

Puis le mort est enveloppé (*uwet̄at̄uŋu*) dans un "linceul" (*āmazā* ou *āmadā*) constitué par des peaux ou dans une vieille enveloppe de kayak, généralement l'enveloppe de son propre kayak si c'est un homme. Cette enveloppe, ce "linceul" est "cousu" à l'aide d'une courroie (*uwertādā*) passée dans des trous pratiqués autour des peaux ou autour de l'enveloppe de kayak (semblables aux trous pratiqués autour d'une peau pour la tendre pour le séchage).
Une courroie (*amugādā*) est attachée aux chevilles et sert à remorquer le cadavre hors de la maison, comme on remorque un phoque (*amugart̄uŋu* : le fait d'être remorqué; *amugarpā* : il est remorqué).

Le mort est le plus souvent jeté à la mer. Dans ce cas, les peaux du "linceul" *amāzā* sont retirées et enterrées. Mais le cadavre peut également être placé sur terre, soit dans une tombe constituée de grosses pierres plates, soit dans une fente de rochers et recouvert de dalles, soit (plus rarement) sous un amas de pierres.

Si le mort en a exprimé le désir, son kayak (ou plutôt le squelette de son kayak) est jeté à la mer ou placé dans la tombe. Si le mort n'a exprimé aucun désir, on agit "comme on pense que c'est le mieux" (en cas de famine, par exemple, les peaux sont récupérées en réserve de nourriture).

Si le mort est une femme, son couteau (*cake'*) est placé dans le capuchon de l'*amawut*.

Le cadavre est enlevé par la femme ou le mari du mort; ou, en leur absence, par le père ou la mère, ou encore par l'enfant aîné. Si celui qui devrait sortir le cadavre est trop faible (trop jeune ou trop vieux, par exemple), c'est le parent suivant le plus proche qui doit s'en charger.

Tout le contenu de la maison (sauf les plates-formes et les lampes à huile) est sorti de la maison en même temps que le cadavre.

Devant la maison (devant le couloir d'entrée), on allume un feu de plantes combustibles – arbustes, bruyères, etc. : *mudātä*^{t}, nom générique pour toutes les plantes servant de combustibles. Celui qui a sorti le mort doit, avant de rentrer dans la maison, poser un pied (n'importe lequel) dans le feu. Puis il va directement dans le fond de la plate-forme (le *kidi*) pour les rites de deuil.

Rites et tabous du deuil

Le "deuilleur" principal, qui n'est pas toujours celui qui a enlevé le cadavre, doit mettre les pieds dans le feu.

Pendant les trois jours qui suivent le décès (le jour du décès, plus deux jours), le père, la mère, le mari ou la femme et celui qui a sorti le cadavre doivent rester accroupis au fond de la plate-forme, entièrement habillés y compris les kamiks et la tête couverte du capuchon de leur anorak (*izidert̄uŋu*). Les hommes *parinarti*^{t} restent tournés vers la lampe à huile tandis que les femmes *parinarti*^{t} doivent être tournées vers le mur du fond.

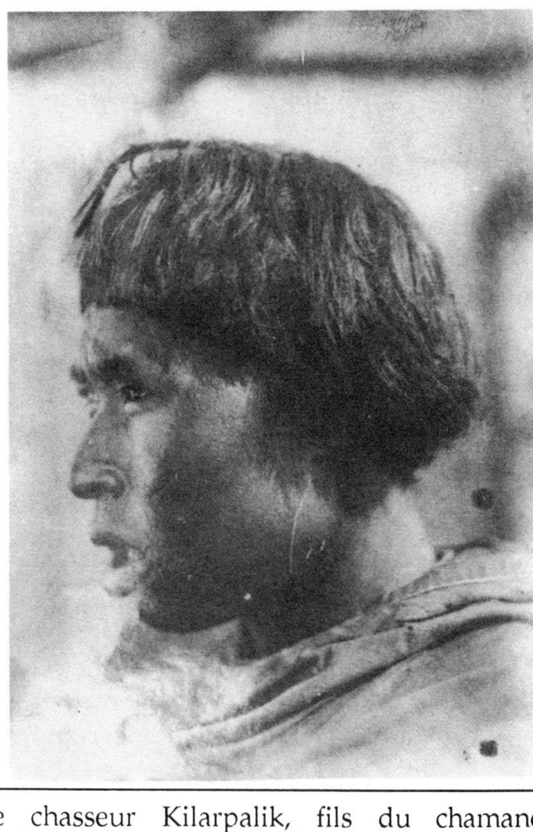

Le chasseur Kilarpalik, fils du chamane Sanimuinak et père de Jakob Sanimuinak du Scoresbysund. Né vers 1887, il fut baptisé en 1917 sous le nom de Julius Jeremias (note de J. R.-L.) [photo Thalbitzer, 1906]

Pendant cette période de trois jours, on leur tend la nourriture autorisée (non frappée par un tabou), coupée en morceaux. Ils la mangent avec les doigts, tout instrument étant tabou.

Pour satisfaire leurs besoins (*aŋīaʳpo'*), ils peuvent sortir de la maison, tête baissée, à petits pas, mais toujours accompagnés d'une autre personne. S'ils sortaient seuls, ils mourraient à bref délai.

Pendant ces trois jours, les autres habitants de la maison (*năcidi*[t]) ne doivent ni travailler ni chasser, mais ils peuvent s'alimenter. Ils ne doivent porter que le cache-sexe (*năci*[t]).

Après trois jours, tous les habitants de la maison doivent se laver à l'urine.

Les tabous de nourriture

Pendant la lune qui suit le décès (c'est-à-dire jusqu'à ce que la femme qui observe le deuil puisse reprendre et désacraliser son couteau : le *cake'*) :

- Les nourritures non taboues sont :
  la chair et la graisse fraîches de :
  ane' (le phoque barbu)
  caka (le phoque annelé adulte)
  nadaŋina' (le phoque du Groenland)
  ăwe' (le morse)
  nane' (l'ours)
  ainsi que :
  panerte' (la viande séchée) et *qīcīʲa'* (la viande gelée)
  niēdika (le requin)
  qime' (le chien, nourriture de disette).
- Les nourritures taboues sont :
  la viande fraîche de :
  nīniarte' (le phoque à capuchon)
  qītediwa' (le phoque commun)
  tous les jeunes phoques (*anĕra*, jeune phoque barbu; *năciʲa'*, jeune phoque annelé; *nīniaʳtewară*, jeune phoque à capuchon; *atate'*, jeune phoque du Groenland). La viande de jeune phoque est autorisée à partir du moment où elle date de trois jours.
  qiădiwa' (le narval).
- Les parties taboues sont : le crâne
  les nageoires
  les pattes de l'ours
  les viscères (foie, intestins, estomac, etc.).
- Les oiseaux sont tous tabous.
- Les plantes ne sont pas taboues, sauf le *kuăni* : l'angélique.
- Les poissons :
  * sont tabous : *kaburniēke*[t] (l'omble-chevalier)
  * ne sont pas tabous : *qiwaqe'* (le chabot)
  ammassăt (les capelans).

Ces tabous sont annulés après une lune.

Note : l'informatrice Tiduzia, de Kulusuk, m'a indiqué comme nourriture taboue : *ākā* (le sang séché) et *im̄igarme* (les aliments conservés, dans la graisse, dans les outres de peau).

En revanche, l'informateur Kora, de Kulusuk, m'a donné ces deux produits comme étant non tabous (de même que *kab̄urniēke*[t], l'omble-chevalier).

On trouve également des divergences, dans les informations recueillies auprès de Pavia et Tididija de Kulusuk, à propos de la viande fraîche (de moins de trois jours) de morse et de phoque du Groenland, que ces informateurs citent comme interdite et de la viande de phoque commun qu'ils donnent comme autorisée, ainsi que le foie de phoque.

Après trois jours de tabous

La femme la plus âgée de la maison, parmi celles qui n'observent pas le deuil, "désacralise" (*ceqarpo'*) les divers actes des habitants de la maison, à l'aide d'une ou de plusieurs formules (*ceqa*[t], plur. *ceqadi*[t]).

La désacralisation du kayak

Le premier chasseur qui part place son kayak sur la rive, à moitié dans l'eau. La femme qui désacralise dit un *ceqa*[t] spécial sur le kayak et, à partir de ce moment, tous les *nācidi*[t] peuvent chasser.

– *ceqa*[t] pour désacraliser le kayak(5) :

jā jā cornakut kizina cāñerpāna
Qu'est-ce qui a surgi en travers devant moi?

jā jā kikadiwecia cāñerpāna
Est-ce un phoque annelé qui a surgi en travers?

jā jā nacertewa cāñerpāna
Est-ce un phoque à capuchon(6) qui a surgi en travers?

jā jā at̄i ataviangi ātarāma
Au moment où je partais,

kizina cornakut cāñerpāna
Qu'est-ce qui a surgi en travers devant moi?

qaŋidiŋacia cāñerpāna
Est-ce un phoque du Groenland qui a surgi en travers?

(idem)... *abertewa cāñerpāna*
Est-ce un phoque à capuchon(6) qui a surgi en travers?

(idem)... *ajerpatawācia' cāñerpāna*
Est-ce un ours qui a surgi en travers?

(idem)... *at̄aŋuwartewa cāñerpāna*
Est-ce un narval qui a surgi en travers?

(5) Cette formule magique est pratiquement la même que celle qui est prononcée pour avoir une bonne chasse (voir plus haut); les termes utilisés pour désigner les différents gibiers sont en général ceux de la langue chamanique.
(6) Deux termes différents ont été utilisés pour désigner le phoque à capuchon.

La désacralisation du travail

Pour que les habitants de la maison puissent se remettre au travail, le plus vieil homme (en général) prend son couteau et un morceau de bois, se met dans la position de travail du bois (le bois appuyé sur le genou gauche, le couteau étant tenu dans la main droite) et dit le *ceqa*^{t} suivant :

> *jā jā putudidī*^{p} *put̄uwāni put̄urarp̄ua* (bis)
> J'ai des pinces(7) de langoustine
>
> *jā jā kizīna cenawara* (bis)
> Que vais-je travailler?
>
> *jā jā qidiwet̄sia cenawara* (bis)
> Un morceau de bois, je vais travailler
>
> *jā jā cenā cenā cenā* (bis)
> Travailler, travailler, travailler
>
> *jā jā putudidī*^{p} *put̄uwāni put̄urarp̄ua* (bis) *jā jā*
> J'ai des pinces de langoustine.

(formule recueillie en mars 1935 auprès d'Ediarseri de Noraj)

A partir de ce moment, tous les habitants de la maison peuvent reprendre leurs occupations habituelles, sauf les *parinartī*^{t} directement touchés par le deuil. Et on rentre dans la maison tout ce qui en a été sorti.

Mais pour que les femmes puissent se remettre à coudre, il faut un *ceqa*^{t} spécial :

> *jā jā mercerp̄ua* (bis)
> Je couds
>
> *jā jā cō*^{p} *put̄uwāni put̄urarp̄ua* (bis)
> J'ai des pinces(7) de quoi ?
>
> *jā jā put̄ugut̄i*^{p} *put̄uwāni put̄urarp̄ua* (bis)
> J'ai des pinces de crabe
>
> *jā jā pidiwicīni* (bis)
> Pour faire mon travail.

Ou bien, idem les deux premières phrases, et :

> *jā jā nit̄iwartī*^{p} *put̄uwāni put̄urarp̄ua* (bis)
> J'ai des pinces de petite araignée.
>
> *jā jā pujoraŋicīni* (bis)
> Rien n'est flou (brumeux) *jā jā*

(formules recueillies en mars 1935 auprès de Kudupora de Sermiligak)

---

(7) Le terme *put̄uwa* désigne l'ensemble formé par le pouce et l'index.

Les *parinarti*ᵗ : "deuilleurs", c'est-à-dire les proches parents du mort

Les "deuilleurs" reprennent leur vie courante par étapes, après avoir accompli les divers rites de désacralisation correspondant à chaque étape : se servir du couteau, sortir, descendre vers la rive, entrer dans le kayak ou dans l'umiak, chasser, etc. Mais les sévères tabous de nourriture durent de nombreux mois.

– L'homme *parinarte'* (le mari et/ou le père du mort) quitte le fond de la plate-forme, enlève son anorak, ses pantalons, ses kamiks en les déchirant (*aditertuŋu*). Il se lave (*upartuŋu*) entièrement, cheveux compris, dans de l'urine fermentée. Puis il met d'autres vêtements. Les vêtements déchirés sont enfouis sous des pierres, dans les collines ou dans des fentes de rochers.

– *ceqa*ᵗ (formule magique) dit par le *parinarte'* lorsqu'il veut, après trois jours, prendre quelque chose pour la première fois sur l'*ipe*ᵗ :

*jā jā ūma kizi*ᵖ *nadiŋinarcerurmaŋa*
Qui m'a dit de ne pas suivre de règles (de conduite) particulières?

nadiŋinarcedorpua
Je ne suis pas de règles particulières.

*awaŋiarti*ᵖ *nadiŋinarcerurmaŋa*
Puisque la chauve-souris(8) m'a dit de ne pas suivre de règles particulières,

nadiŋinarcedorpua
Je ne suis pas de règles particulières.

*ūma kizi*ᵖ *nadiŋinarcerurmaŋa*
Qui m'a dit de ne pas suivre de règles particulières?

nadiŋinarcedorpua
Je ne suis pas de règles particulières.

*nadā*ᵖ *nadiŋina perimaŋa*
Puisque (?) m'a dit de ne pas suivre de règles particulières,

nadiŋinarcedorpua
Je ne suis pas de règles particulières.

(Informateur : Abudu de Sarpak)

– Pendant une journée (c'est-à-dire le quatrième jour) le *parinarte'* peut se déplacer, sortir et rentrer, mais il ne peut ni travailler ni chasser. Il peut se servir lui-même de nourritures non taboues.

(8) Voir, ci-dessus, note 7, p. 300.

– *ceqa*[t] dit par le *parinarte'* pour la première sortie de la maison :

it̄erm̄a(9) *nadiŋinarc̄erurm̄aŋa*
Puisque mon aïeul m'a dit de ne pas suivre de règles (de conduite) particulières,

nadiŋinarc̄edorp̄ua
Je ne suis pas de règles particulières.

amaqima(10) *nadiŋinarc̄erurm̄aŋa*
Puisque mon aïeule m'a dit de ne pas suivre de règles particulières,

nadiŋinarc̄edorp̄ua
Je ne suis pas de règles particulières.

– Le lendemain, il peut aller chasser après que son kayak a été désacralisé. Mais le travail lui reste toujours interdit.

– Le cinquième jour, il doit chasser accompagné par un autre chasseur. Il ne doit pas s'éloigner des côtes. S'il harponne un phoque, il ne doit pas lui-même en retirer la tête de harpon (*caogat̄a igidiŋikā*). C'est l'autre chasseur qui doit le faire pour lui. Si l'autre chasseur s'est éloigné, le phoque doit être ramené à terre et, là seulement, le harpon peut être retiré (*igidit̄uŋu*) par un autre. La courroie du harpon doit être attachée à la courroie du kayak qui se trouve devant le trou d'homme (*taqa*), et non derrière comme d'habitude.

Dessin de Gaba

(9) Le plus vieil homme de la maison.
(10) La plus vieille femme de la maison.

– A partir du lendemain, sixième jour, après qu'un autre *ceqa*^{t} a été prononcé, il peut chasser normalement. Il peut également se remettre au travail après avoir été désacralisé.

– *ceqa*^{t} dit par l'homme *parinarte'* quand il veut retravailler le bois pour la première fois :

una kizi^{p} *qit̄adip̄aŋāna*
pit̄ima noqat̄adādā iziwa qit̄adip̄aŋāna
una kizi^{p} *qit̄adip̄aŋāna*
catuma aŋidādā iziwa qit̄adip̄aŋāna
una kizi^{p} *qit̄adip̄aŋāna*
eŋ̄^{w}*ā qat̄ip̄aŋāna*
qajwa' kajer̃iŋadiŋu
(Informateur : Abudu de Sarpak, traduction incertaine)

– Après trois jours, la femme *parinarte'* (la femme et/ou la mère du mort) se tourne vers la lampe à huile, arrache ses vêtements en les déchirant, se lave entièrement avec de l'urine, met de nouveaux vêtements (sans se couvrir la tête du capuchon). Les vêtements déchirés sont enfouis sous des pierres.

– Pendant une lune, la femme doit rester sur la plate-forme, dans une position recroquevillée (presque à quatre pattes), tournée vers la lampe à huile. Pendant la nuit, elle s'étend pour dormir. Une peau est tendue entre la lampe à huile et la plate-forme (cette peau est appelée *qajamiẽ*); celle-ci est passée entre la lampe (*unaqit*) et son support (*qotudupi'*). Sur cette peau est posé le pique-feu (*naner̃it*) servant à "arranger" les mèches et à entretenir le feu. La femme s'occupe de la lampe et entretient le feu. Mais il lui est interdit de couper elle-même sa nourriture, de coudre ou de travailler. Elle a le droit de parler.

– Une fois la lune révolue, un *ceqa*^{t} spécial doit être prononcé, soit par elle-même, soit par une autre femme, sur son couteau (*cake'* ou *caki*^{t}) :

jā jā pidap̄at̄e' (bis)
jā jā nōwārmi^{n} (bis)
jā jā pit̄suwā^{t} (bis)
jā jā nōwārmi^{n} (bis)
jā jā at̄erciwā^{t} (bis)
jā jā pidap̄at̄e' (bis)
(Informateur : Kudopora de Sermiligak, mars 1935; sens perdu)

– Ce *ceqa*^{t} doit être répété par un homme. A partir de ce moment, la femme peut couper sa nourriture elle-même et travailler. Mais avant de pouvoir coudre, elle doit encore dire un *ceqa*^{t} spécial :

jā jā merc̄ina (bis)
jā jā qat̄una merc̄ina (bis)
(Informateur : Kaga de Tiderida, mai 1935; sens perdu)

ou encore, en tenant l'aiguille en main :

jā jā kizi^{p} *put̄uwāni put̄urarp̄uwa*
J'ai des pinces de quoi?
qutuwiadi̅^{p} *put̄uwāni put̄urarp̄uwa*
J'ai des pinces de ver de terre.
(Informateur : Abudu de Sarpak)

Dans tous les cas, la femme doit continuer à observer les tabous de nourriture.

Pour la désacralisation du kayak (*caq̄it*) et du couteau de femme (*cake'*), une femme et un homme sont nécessaires. Pour les autres désacralisations, un homme seul ou une femme seule sont suffisants.

Tout ce qui appartient au *parinarte'* suit les mêmes tabous que le propriétaire. Par exemple : le feu de la lampe à huile ne doit pas sortir de la maison. Le couteau *cake'* de la femme ne doit pas être utilisé par une autre. Les vêtements ne peuvent pas être empruntés. En résumé, pendant le deuil, aucun contact direct ou indirect avec l'extérieur, sauf pour satisfaire les besoins naturels.

– *ceqa*^{t} prononcé par l'homme ou la femme *parinarte'* lorsqu'il (ou elle) redescend pour la première fois vers la rive :

jā jā mañā kizi c̄icerm̄añā (bis)
Qu'est-ce que je longe?

jā jā cit̄a' c̄icerm̄añā (bis)
Je longe le rivage (l'estran).

jā jā nuñā c̄icerm̄añā (bis)
Je longe la terre.

– *ceqa*^{t} dit sur l'umiak lorsqu'il est remis à l'eau pour la première fois, après le deuil :

jā jā kizi^{p} *at̄āni at̄araderťiwa* (bis)
De quoi ai-je les pattes?

jā jā teq̄iŋadi at̄āni at̄araderťiwa (bis)
J'ai des pattes de dytique[11].

jā jā ige^{r} *igārazerp̄ar̄a* (bis)
Je dépasse l'embouchure du fjord,

jā jā nadaŋinadi̅^{p} *at̄āni at̄araderťiwa* (bis)
J'ai des pattes de phoque du Grœnland.
(Informateur : Kara de Tiderida, mai 1935)

(11) Insecte coléoptère vivant dans les lacs.

ou encore :

*jā jā kizi*ᵖ *atāni atararpuwāna*
De quoi ai-je les pattes?

*jā jā nadaŋinadi*ᵖ *atararpuwāna*
J'ai des pattes de phoque du Grœnland,

jā jā kaŋe' ujājajpaȓa
Je contourne le cap.

*jā jā kizi*ᵖ *atāni atararpuwāna*
De quoi ai-je les pattes?

*jā jā teqiŋadi*ᵖ *atararpuwāna*
J'ai des pattes de dytique.

jā jā igāȓajpaȓa
Je dépasse l'embouchure du fjord.
(Informateur : Abudu de Sarpak)

ou encore :

kaŋerciwimakiwet
Ces fjords,

qudawaȓika
Je vais les prendre comme route.

pujuwituwa
Je n'ai plus de fumée(12).

– Les tabous de nourriture sont les mêmes pour les *parinarti*ᵗ hommes et femmes et durent un an. Ils sont levés après une année, après qu'un *ceqa*ᵗ a été prononcé.

Note : les renseignements ci-dessus concernant les règles de conduite et les tabous m'ont été donnés principalement par Tiduzia de Kulusuk, en mars 1935. D'autres informations provenant de Pavia et Tididija, recueillies également à Kulusuk en mars 1935, ne diffèrent de celles-ci que pour la durée du deuil masculin (3 ou 5 jours) et pour les aliments considérés comme tabous ou non (comme nous l'avons signalé plus haut). Toutes ces informations m'ont été confirmées également au cours de l'hivernage 1936-37 à Kangerlugssuatsiak.

La violation des tabous (*qiŋarti*ᵗ)

– *aniŋā qiŋarte'* : la Lune, qui veille à l'observance des tabous, est très irritée lorsqu'ils ne sont pas observés. La Lune surveille de près les agissements des humains. Lorsqu'un tabou n'a pas été observé par un homme, la Lune envoie son chien pour chercher le délinquant.
– On raconte aussi qu'un homme qui avait revêtu l'anorak du mort est tombé à l'eau car l'Ours d'eau douce, Imiᵖ naniwa, lui a "enlevé la raison".

(12) Cette fumée, brume ou vapeur (*pujō'*) qui entoure le visage et les mains des *parinarti*ᵗ, n'est visible que par les chamanes et par les êtres surnaturels. En langage chamanique, *parinarte'* se dit d'ailleurs *pujuwārte'*.

LE MONDE DES MORTS

La mort est considérée comme le passage de la vie sur terre, dure, éprouvante, faite de luttes continuelles contre les éléments, à une vie semblable, mais sans difficultés, au cours de laquelle, pour l'éternité, il n'y a ni grands froids ni famine. Cette notion-là, quoique assez vague, explique la sérénité, et même souvent la joie avec lesquelles les Eskimo d'Ammassalik envisagent la mort, et parfois même vont au devant d'elle lorsqu'ils se sentent inutiles dans la communauté ou devant une grande souffrance affective.

Le nom du mort ne doit plus être prononcé jusqu'au moment où il est donné à un enfant nouveau-né. Cette interdiction explique l'évolution de la langue; par exemple, lorsqu'un homme nommé Naja mourut, les mouettes ou goélands, qui s'appelaient ainsi, devinrent des "*qusi*^{t}".

L'âme-vie du mort part pour le grand voyage qui sépare la vie sur terre sous forme matérielle, de la vie après la mort sous forme impalpable. Elle a exactement l'apparence du mort. Mais elle est chargée des sucs terrestres, des sécrétions charnelles. Elle doit se débarrasser de toutes ces substances "puantes" dont elle est poissée, comme un oisillon dans "la glu de la vieille graisse".

Pour s'en défaire, elle peinera et souffrira pendant une année. Et pour l'aider à mieux supporter ces peines, pour lui faciliter ces souffrances, les vivants qui lui étaient proches doivent observer rigoureusement l'ensemble des tabous qui constituent le deuil.

Une sépulture chrétienne à Sermiligak

Si le corps du mort a été jeté à la mer, l'âme-vie rejoindra le domaine des morts qui se trouve dans la mer. Elle devra, pendant une année, monter une longue pente glissante. Sous son aspect humain, elle peinera à chaque pas, tombera, roulera jusqu'en bas de la pente, reprendra sa pénible ascension. Et ainsi, de chutes en glissades, se frottant, se raclant, s'écorchant, elle se purifiera et arrivera enfin sur un rivage où des tentes sont dressées. Elle y retrouvera tous ses parents et amis morts, s'ils y sont venus eux-mêmes. Après un an, elle appartient à la communauté des morts et peut chasser.

Ainsi, les morts qui sont immergés ont la vie belle. Ils vivent dans la mer, sous la tente. Ils n'ont jamais faim car les phoques y sont abondants. Les chamanes peuvent leur rendre visite et, par conséquent, leur apporter des nouvelles des vivants et rapporter à ceux-ci de leurs nouvelles.

Les hommes qui meurent en kayak rejoignent une île qui leur est réservée. Ils n'ont pas à attendre une année avant de pouvoir chasser.

Dans le domaine des morts dans la mer, il y a des tentes vides, construites par les parents d'enfants encore vivants. Quand ceux-ci seront morts, ils iront les habiter.

Si le corps du mort a été déposé sur la terre, l'âme-vie est destinée au domaine des morts dans les airs. Elle doit ramper pendant une année sous une grande couverture; elle doit s'y polir, s'y nettoyer, s'y récurer. Lorsqu'elle s'est purifiée enfin, elle atteint une terre où des tentes sont dressées. Elle y retrouve, comme on rencontre des amis en chemin, ceux de ses parents et amis morts qui ont rejoint le même domaine.

Le sort de ces morts, qui rejoignent le domaine des morts du ciel, est beaucoup moins enviable que celui des morts immergés; ils doivent se contenter d'une nourriture de qualité inférieure : de jeunes corbeaux et des airelles.

Une visite au Monde des morts

aŋako^{p} *iŋidā* : chant d'un chamane

udabizäciarn̄anu^{t} *udabizart̄ewart̄aŋa*
Je vais tenter de penser à autre chose,

anercārt̄aŋi tarn̄izērama
Je vais raconter le jour où j'ai été "désanimé",

qidam̄ut puwuwa tarn̄izērama
Le jour où je suis monté au ciel et j'ai été "désanimé".

tat̄aŋadīn̄a āt̄^{w}*ātā tapūwan̄a tip̄at̄art̄ida*
Lorsque nous sommes partis là-bas, nous sommes montés plus haut,

azert̄ina ert̄icin̄ar̄ip̄u^{t}
Et nous avons pu voir.

imigajŋin̄a tigicin̄ar̄ip̄u^{t} *imigajŋin̄a qernert̄iwin̄a*
Nous sommes arrivés à un lac, le lac était tout noir.

cijādīn̄a paŋādiwarte' qidītīn̄i paŋādiwarte'
Cela grouillait sur la rive, cela grouillait de larves.

cun̄apān̄a nätīciwi
En réalité, c'était des cadavres.

tatāŋadīn̄a' āt^w āta tapūwan̄a tipātartīda
Une fois partis de là-bas, nous sommes montés plus haut,

ałertīgu ertīcin̄ar̄ipu^t
Et nous avons pu voir.

īwitīki tigicin̄ar̄ipu^t
Nous sommes arrivés jusqu'à des hommes.

īwitīki piŋazinikīwet cunāpāgu kūcortu^t
Il y avait trois personnes en train de pêcher dans un ruisseau.

tatāŋadin̄a āt^w atā tapūwan̄a tipātartida
Lorsque nous sommes partis de là-bas, nous sommes montés plus haut,

azertīna ertīcin̄ar̄ipu^t
Et nous avons pu voir.

itirajn̄a tigicinar̄ipu^t
Nous sommes arrivés à une petite maison.

pārajwada cijādīn̄a paŋadiwarte^r qidītīn̄i
Près de l'entrée, cela grouillait de larves.

cunāpānā nätīciwi
En réalité, c'était des cadavres.

timā (refrain) : *camū^w ā*
(chant recueilli à Kulusuk en mars 1935, auprès de Widimi)

Supports de fusil pour le kayak

– Chant de Qartemartsik, un esprit auxiliaire, racontant sa visite au Monde des morts du ciel(13) :

tāŋiwäcaŋijoȓa
Je vais raconter

pūwūwa peqāȓama jūwiȋiwarmunim̄a
La première fois que j'étais là-haut, dans le vaste ciel.

eqaŋ̄iwäcaŋijoȓa
Je me rappelle,

qidam̄u peqāȓama
La première fois que j'étais dans le ciel,

tum̄arăt̄iwinikiwet kit̄orm̄u mōradit̄u[t]
Les marches(14) étaient usées et inclinées à l'envers.

īwi torot̄sārci[t] piŋ̄abiŋ̄a piŋ̄abiŋ̄a
Les êtres humains ne meurent plus là-haut, là-haut, là-haut, là-haut.
(chant enregistré auprès de Eiriki, à Tasida, le 6 février 1935)

DIVERS

aŋertarte' : l'homme qui ressuscite

Le corps de certains hommes, morts de mort violente (comme en kayak ou sur la glace), peut revenir dans les trois jours qui suivent sa mort.

Il entre dans la maison par le couloir. S'il entre normalement, face à la plate-forme, c'est que ses intentions sont mauvaises et que tous les habitants mourront à sa seule vue. Mais si le corps entre à reculons, en tournant le dos à la plate-forme, on doit alors saisir l'*aŋertarte'* à bras le corps par derrière, les deux mains jointes par les annulaires devant sa poitrine. Le corps se débat, mais n'a aucune force contre ces bras joints par les annulaires. Au bout d'un certain temps, le corps se calme et l'homme reprend sa place dans la famille.

Si le mort est mort en kayak, il rentre dans la maison en tenant à la main son *nūtāki[t]* (pièce en bois ou en os passée sous les courroies devant le trou d'homme et servant à maintenir la pagaie à l'arrêt). On le retient comme indiqué ci-dessus et le geste le plus important est de se saisir du *nūtāki[t]*. Si on n'y parvient pas, le *nūtāki[t]* sort de la maison, seul, et il est impossible de retenir le mort qui repart alors et ne reviendra plus.

Certains *aŋertarti[t]* morts en kayak, avant d'entrer dans la maison, préviennent de leur retour en frappant sur l'umiak avec leur *nūtāki[t]*.

(13) Le chamane Akku (le père d'Itarat qui a enseigné ce chant à Eiriki) s'est levé une nuit, a saisi son tambour, et s'est mis à chanter ce chant qui lui avait été dicté pendant son sommeil par son tarta Qartemartsik. Et pendant qu'il chantait, il se mouvait d'un mur à l'autre de la maison sans marcher, comme s'il glissait sur de la glace et comme si ses esprits le portaient. Itarat et ses frères, de même que les autres habitants de la maison, ont vu cela.
(14) On dit en effet que les marches de l'immense escalier emprunté par les morts pour accéder au ciel sont usées à l'envers.

Chant pour faire revenir un de ces morts : *aŋertarn̄ermi ūmarcā^{t}*

cērpājarm̄iʾama' ciāniti cawuwa
Lorsque je suis descendu de l'intérieur des terres vers la mer,

matāmät picānaŋa
Même si je n'ai pas l'habitude d'aller là-bas,

ciāniti picānaŋa
Je n'ai pas l'habitude d'aller là-bas,

nam̄adarcīcānaŋa
(Sens incertain).

La mère de l'*aŋertarte'*, lorsque son enfant mort rentre dans la maison et qu'elle le saisit à bras le corps en le retenant par les annulaires, doit porter ses kamiks sans les bottes intérieures (*adercī^{t}*).

***ager̄aŋīn̄e'* : la vendetta**

ager̄ā^{n} : l'adversaire
Si un homme a tué directement, ou par magie (*idizīne*), un autre homme, les hommes de la famille du mort deviennent les ennemis des hommes de l'autre famille. Cela provoque d'autres meurtres. Mais la chose peut être réglée par des chants de duel.

***ātīzimane'* : rites en cas de mort de chien**

Les rites de "deuil" pouvaient s'appliquer, pendant trois jours, aux morts de chiens. Les chiennes mettaient bas dans la maison. En attendant qu'elles mettent bas, comme pour une naissance d'enfant, les habitants de la maison sortaient en emportant leur *qā* (peau posée sur la plate-forme sur laquelle on se couchait et on dormait) et les autres peaux *odivi^{t}*.

Si un chiot était mort-né, on ne rentrait dans la maison (*izertiqītuŋu*) qu'après trois jours.

Les chiens morts étaient placés sous des pierres, jamais jetés à la mer. Les habitants de la maison devaient, comme pour une mort d'homme, tout sortir hors de la maison pendant trois jours.

PEV
1934

L'ORDRE COSMIQUE

L'ORDRE COSMIQUE ET LES ESPRITS QUI PEUPLENT LA NATURE

À Ammassalik, les êtres humains partagent leur univers avec toutes sortes d'autres créatures, êtres surnaturels, esprits ou forces occultes, dont ils redoutent considérablement la rencontre car celle-ci leur est, en général, fatale. Ces personnages extraordinaires qui peuplent l'intérieur des terres – glaciers, inlandsis, fonds des fjords – le dessous de la surface terrestre, le bord des côtes, les falaises, les grottes ou les anfractuosités de rochers, sont, en effet, le plus souvent des ennemis du genre humain. Certains volent le gibier capturé par les chasseurs, d'autres, en les attirant chez eux par la séduction, cherchent à s'emparer d'hommes et de femmes afin de les dévorer cruellement ou de les assimiler. Dans ce cas, ils les mutilent pour qu'ils leur ressemblent, s'accouplent avec eux et les entraînent dans leur propre monde d'où les malheureux ne reviendront plus jamais.

Lorsqu'ils se trouvent dans des lieux isolés, ou bien seuls dans l'obscurité nocturne, les hommes ordinaires entendent parfois ces êtres qui rôdent, mais ils ne les rencontrent que très exceptionnellement. En revanche, le chamane, surmontant appréhension ou effroi, provoque le contact avec ces créatures monstrueuses et cruelles, au cours de son initiation solitaire loin de tout lieu habité. Malgré les mauvais traitements dont il est l'objet, cet homme hors du commun cherche à se les concilier, à les « apprivoiser » pour en faire ses esprits auxiliaires. Il pourra ainsi, une fois leur agressivité neutralisée, tirer avantage de leurs pouvoirs et de leurs dons exceptionnels.

Parmi ces êtres fabuleux, certains sont anthropomorphes. Ils se différencient des humains par la taille, gigantesque (tels les *timersit* et les *ingatalit*) ou minuscule (les *iaajivetsiat*), l'absence de nez[1] et d'annulaire gauche (comme les *qingaranngitsit*), un gros ventre (le *neresivoq*), des ongles métalliques (la femme *kupajeq*), une calvitie[2] et de longs bras associés à de courtes jambes (*amoq*), une chair dure comme du bois (*niimila*), ou encore une apparence désincarnée, un peu comme une ombre (les *tarrajuatsiat*), qui les fait ressembler, en réalité, plus aux âmes errantes de certains morts qu'à des êtres vivants. *L'uiseq*, pour sa part, est un individu androgyne possé-

1 - Ils ont, dit-on, seulement la racine du nez, le bout du nez et les narines faisant défaut.

2 - Les populations eskimo ne connaissaient pas la calvitie. Elle est apparue depuis le métissage avec les Occidentaux.

dant tout à la fois un chignon de femme et un sexe d'homme, qui cherche, comme son nom (l'amant) l'indique, à s'accoupler avec un être humain.

Ces créatures non humaines ont la faculté d'apparaître et de disparaître à leur guise, de s'enfoncer dans le sol ou d'en émerger, d'enjamber les fjords, de couvrir à très grands pas d'énormes distances. Elles peuvent encore, pour certaines, changer de stature, passant d'une très grande taille à une fort petite.

Hormis toutes ces particularités et quelques autres, la manière de vivre de cette catégorie d'êtres est très proche de celle des humains : ils chassent à l'arc, au harpon ou au filet, se nourrissent de gibier (en rapport avec leur taille : perdrix pour les nains, narvals ou baleines pour les géants), se déplacent avec chiens et traîneaux, parfois en umiak (tel *umiagasat*, l'équipage d'umiak composé d'esprits) et certains chassent en kayak.

Ils cousent des peaux, portent des habits, vivent dans des maisons répliques de celles des hommes, ayant la même disposition familiale – organisée autour du couple – sur la plate-forme commune. Ils parlent, chantent et dansent également en s'accompagnant d'un tambour, possèdent encore des chamanes qui, eux aussi, ont des esprits auxiliaires. Leur langue est la langue *taartaq*, c'est-à-dire le langage des esprits, dite encore langue chamanique, car c'est en utilisant ces mots particuliers, incompréhensibles pour ses congénères, que le chamane peut entrer en communication et dialoguer avec les êtres surnaturels.

En règle générale, il arrive malheur aux hommes profanes qui aperçoivent ou rencontrent fortuitement ces créatures. Attaqués, éventrés, voracement engloutis, ou bien enlevés et emmenés jusqu'à l'antre de leurs assaillants, les humains sont alors perdus pour leurs semblables, à moins qu'ils n'aient pu être extirpés des griffes de leurs ravisseurs par l'intervention efficace d'un chamane assisté de ses esprits auxiliaires, avant l'expiration d'un délai de trois jours.

Il arrive néanmoins que certains de ces êtres, qu'ils soient *iaajvetsiat*, *timersit*[3], ou *innertivit*[4] se montrent bienveillants envers un humain : un homme, une femme

3 - Les *timersit*, gens de l'intérieur, géants qui, dit-on, chassent à l'arc les animaux terrestres (rennes, renards et lièvres), au harpon le narval, et au filet les phoques, peuvent avoir été les représentants d'un groupe humain rencontré anciennement par les Inuit, au cours de leurs longues migrations, devenus légendaires ultérieurement.

4 - Les *innertivit*, qui vivent le long des rivages, sous les rebords des côtes, et chassent en mer en kayak, seraient, selon la tradition orale, des représentants d'une population ayant disparu de la surface de la terre lorsque, dans des temps très anciens, la terre a basculé, laissant par la suite prospérer sur sa nouvelle surface la population humaine actuelle (les Inuit, qui sont les êtres humains par excellence).

ou un enfant, de leur choix. Ils se font connaître de celui-ci dans le secret de la solitude ou de la nuit noire et lui assurent, dès lors, aide et assistance pour le restant de sa vie.

D'autres êtres surnaturels de l'univers des Ammassalimiut ont une apparence tout à fait monstrueuse. Moitié hommes et moitié chiens, ce sont les redoutables *eqqilit*[5], amateurs de cervelle humaine ; mi-hommes mi-poissons, les *makakaajuit*, qui cherchent en plongeant sous l'eau à se saisir des phoques harponnés par les chasseurs ; une énorme tête placée directement sur des jambes, le *kiiappak*, qui apparaît parfois aux fenêtres des maisons, comme le fait également le *kopa* avec sa face difforme et terrifiante.

À cette liste s'ajoutent toutes sortes d'animaux fantastiques, oiseau sans ailes (*ajuma*), faucon géant (*nappalikitseq*) ou monstres divers, parmi lesquels le chamane puise volontiers ses esprits auxiliaires (*taartat*) et qu'il convoque lors des séances chamaniques : les *qimaqaat*, *ornararteq*, *eqingaleq*, etc.

Quant au très puissant et avisé esprit *Tornaartik*, décrit sous divers aspects physiques, demeurant généralement dans le milieu marin ou apparaissant parfois près des côtes, c'est lui qui, avec son assistant *l'aperqiteq*, va guider le chamane et ses esprits personnels tout au long du difficile et périlleux voyage sous-marin qui doit les conduire jusqu'à la demeure de la Maîtresse des animaux marins, au fond de l'océan.

D'autres sortes d'esprits, comme *qila* ou *aberqit* (l'esprit-oracle), sont consultés par le chamane plus spécifiquement dans l'exercice de ses pouvoirs de guérisseur et de devin.

Certains animaux, d'apparence ordinaire à première vue, révèlent lorsqu'on s'en approche une particularité physique ou manifestent un comportement anormal pour l'espèce à laquelle ils appartiennent. Ces ours, morses, phoques, chiens, renards et corbeaux singuliers sont en réalité des *tupileks*, créatures funestes de sorciers chargées d'une mission exterminatrice parmi les êtres humains.

De même que le monde extérieur des Ammassalimiut : falaises, rochers, glaciers, ruisseaux, etc., est peuplé d'esprits, les habitations humaines et leurs alentours ont aussi leurs esprits familiers qui effrayent surtout les enfants. Ces diverses sortes d'êtres, qui sont désignés par des noms différents, habitent les tas d'ordures extérieurs, se régalant de déchets culinaires ; ils se trouvent aussi dans le couloir de la maison, en dessous du seuil d'entrée de la grande pièce, ou encore à l'intérieur même de la maison : sous les plates-formes, au milieu du fouillis d'objets et de vieux

5 - Il semble établi que, dans les légendes eskimo, les *eqqilit* désignent les Indiens d'Amérique du Nord.

vêtements, dans les supports des lampes à huile et, surtout, derrière les tentures de peaux qui couvrent le mur du fond de la maison, dans le redouté *kidi*.

L'ordre cosmique ne dépend, toutefois, aucunement des agissements de ces nombreux êtres surnaturels, esprits ou âmes errantes de défunts, qui évoluent sur ou sous terre à proximité des humains, et dont ces derniers cherchent à se protéger au moyen de formules magiques, amulettes, graisse, urine ou encore objets métalliques aiguisés qui ont pour effet de les éloigner.

Les grandes puissances qui régissent l'univers, la bonne marche du temps et des saisons comme celle de la vie humaine et animale, se situent fort loin de l'écorce terrestre, aux deux pôles du monde symétriquement opposés : le ciel et le fond de la mer.

Au fond de l'océan réside *Imap nuliaka* (ou *Imap uguwa*), la Femme de la mer, la Mère des animaux marins. À l'origine des temps, c'est en passant de sa vie sur terre à son existence sous-marine, qu'à partir des phalanges amputées de ses mains sont nés les mammifères marins. Et c'est grâce à elle, qui consent à envoyer vers le rivage ses « enfants » : phoques, narvals, bélougas ou morses, que peut prospérer la société humaine. Mais qu'il advienne un acte répréhensible dans le comportement des hommes vis-à-vis des animaux marins, et la Femme de la mer, grandement irritée, rappelle à elle tout le gibier. Disette et famine s'installent alors parmi les hommes, par la faute de chasseurs n'ayant pas accompli les rites appropriés aux âmes des animaux tués, ou par celle de femmes ayant enfreint les règles et tabous liés à leur impureté temporaire (c'est-à-dire pendant leurs menstruations, ou après une fausse-couche ou un accouchement).

Seul un chamane très puissant aura le pouvoir d'entreprendre, après avoir découvert l'origine de la faute, le grand voyage plein d'embûches et de dangers qui mène à la demeure lointaine de la Mère des animaux marins. Guidé par *Tornaartik* et accompagné de ses esprits familiers, il lui faudra franchir tous les obstacles du parcours, puis affronter la Femme de la mer, pour en apaiser le courroux. Les mains mutilées de la divinité sont gauches et celle-ci supporte mal les animaux marins captifs qui pullulent, comme des poux, dans ses longs cheveux. Tout l'art du chamane sera de calmer la Femme en peignant sa lourde chevelure et en la libérant peu à peu des animaux qui reprendront alors le chemin du rivage, venant s'offrir à nouveau aux harpons des chasseurs.

Le ciel abrite plusieurs grandes puissances. Parmi les astres, se trouvent la Femme-Soleil, l'Homme-Lune, différentes étoiles ou constellations. Il y a, en outre, les forces atmosphériques, telles que *Asiaq*, qui envoie la pluie ; les quatre vents principaux ; *Katterteq*, le tonnerre, etc. Cependant, sans nul doute, la figure prédominante entre toutes est celle de l'Homme-Lune : *Aninga*.

Comme c'est le cas pour la Femme de la mer, les récits mythologiques personnifient le Soleil et la Lune et leur attribuent une origine humaine. Au point de départ de ce mythe, partagé avec la majorité des autres groupes eskimo, se trouve un inceste entre un frère (la Lune) et une sœur (le Soleil) qui, sans connaître la mort, vont directement accéder à un destin suprême et éternel.

L'histoire, telle que la raconte le chamane Sanimuinak à Gustav Holm et Johan Petersen pendant leur hivernage à Ammassalik en 1884-85, est la suivante:

« La Lune (un homme) habitait une maison ici sur terre où sa jeune sœur, le Soleil, habitait aussi. Le soir, quand les lumières s'éteignaient, la Lune rejoignait le Soleil (sa sœur) pour coucher avec elle.

Pour arriver à savoir qui venait le soir la rejoindre, le Soleil mit un soir de la suie de lampe sur ses mains. Comme d'habitude, une fois les lumières éteintes, la Lune vint coucher avec le Soleil et celui-ci lui mit des marques de suie sur les épaules.

Le lendemain, lorsque les lampes s'allumèrent, la sœur annonça que quelqu'un avait de la suie de lampe sur le corps. Mais, lorsqu'elle découvrit qu'il s'agissait de son propre frère, elle prit le couteau de son frère, l'aiguisa, se coupa les seins et les jeta vers lui en disant: « Puisque tu m'aimes tant, mange-moi! »

Ensuite, elle prit un tison, mit à la pointe de la mousse[6] de lampe à huile, la trempa dans l'huile et l'alluma. Puis elle sortit en courant et, au bout d'un moment, elle s'éleva dans le ciel.

Lorsque l'Homme-Lune vit que sa sœur, le Soleil, était partie dans les airs, il prit son instrument (de bois ou d'os) qui sert à enlever la glace sur le kayak, y mit de la mousse de lampe, l'alluma et sortit pour poursuivre sa sœur.

Mais lorsque l'Homme-Lune monta dans les airs, la mousse s'éteignit et il ne resta plus qu'une braise. Lorsque le tison de la lune est près de s'éteindre, l'Homme (la Lune) souffle dessus, il en tombe des escarbilles sur le côté, et c'est cela qui devient les étoiles.

La lune ne luit pas très fort, car ce n'est qu'une braise, et elle doit régulièrement descendre vers la terre pour chasser le phoque. Mais le soleil luit bien et chauffe bien parce que la mousse de la lampe était encore allumée quand la Femme (le Soleil) monta dans le ciel ».

On dit encore que le Soleil (*Sungula, Qamavaq* ou *Sereq*), la Lune (*Jajaq* ou *Aninga*[7]) et Véga, l'étoile alpha de la constellation de la Lyre (*Nelarsik*), forment une

6 - Des mousses ou des lichens séchés constituent la mèche de la lampe à huile de phoque.

7 - *jajatsiaq*, en langue chamanique, désigne le tambour du chamane. *Aninga* signifie « son frère aîné » (par référence au Soleil assurément).

fratrie – composée de deux frères et une sœur – dont la mère commune est la planète Jupiter (désignée soit comme la « mère du Soleil », soit comme la « mère de la Lune »).

Véga, l'étoile la plus lumineuse du ciel boréal, suit en effet pendant la nuit polaire une trajectoire semblable à celle du soleil et sa position permet aux hommes de mesurer le temps au cours de la nuit, comme le fait le soleil dans la clarté du jour. Quant à la Lune, sa réapparition périodique rythme le calendrier annuel des Ammassalimiut qui comptent chacune des nouvelles lunaisons à partir du jour le plus court de l'année, c'est-à-dire le solstice d'hiver. L'année eskimo commence ainsi avec la « première lune », correspondant à l'extrême fin du mois de décembre ou au début de janvier de notre calendrier.

Les autres astres, quoique de moindre importance, sont, de même, de précieux repères pour les Eskimo dans leur système d'orientation dans l'espace et le temps, en particulier lors de leurs déplacements. On peut mentionner ainsi : *Atit* ou *Asit* (deux étoiles, dont Altaïr, l'étoile la plus brillante de la constellation de l'Aigle), *Qasiuq* (l'étoile du berger, la planète Vénus), *Uttalit* (trois étoiles du baudrier d'Orion), *Kukiat* (« les chiens », qui constituent le groupe des Pléiades), *Pisittat* (la Grande Ourse), *Nelikatek* (Aldébaran, l'étoile alpha du Taureau), *Tartut* ou *Tukuija* (la Voie lactée), l'Étoile polaire, etc.

Lorsque les étoiles *Atit* apparaissent au sud, dans une certaine position, on comprend que le soleil va bientôt réapparaître et on se réjouit déjà du retour proche de la lumière et des beaux jours de printemps, synonymes d'abondance alimentaire. D'importantes festivités, laïques et religieuses à la fois, marquent cette période du solstice d'hiver, de la première nouvelle lune et de la réapparition du soleil en janvier. Il s'agit de véritables célébrations rituelles, en compagnie de visiteurs, avec partage et consommation de nourriture, chants, danses masquées, jeux divers parmi lesquels des jeux de compétition – de force ou d'adresse – ainsi que des divertissements appelés *uvajeertut*[8]. Enfin, pour parachever ces fêtes du renouveau et de la fécondité, ont lieu encore séances de chamanisme et échanges rituels de conjoints dans l'obscurité de la grande pièce commune.

8 - Parmi ces amusements, il y a l'homme qui se déguise en femme enceinte ou en vieille femme misérable qui fait le tour de l'assistance en mendiant cadeaux et nourriture pour son pauvre enfant (un paquet de vêtements) installé dans son *amawut* ainsi que pour elle-même. L'homme porte un chignon et des vêtements de femme, son visage est souvent noirci à la suie de lampe, son nez est retroussé par une lanière de cuir passant au-dessus des pommettes et des oreilles et un morceau de bois, placé à l'intérieur de sa bouche, lui distend les joues et change sa voix. D'autres jeux de mimiques, à la fois grotesques et réalistes, ou danses comiques, exécutés tant par des hommes que par des femmes, ayant une très forte connotation sexuelle dans leur expression, font aussi hurler de rire toute l'assistance.

S'il n'est donné aucune précision sur l'apparence extérieure de la Femme-Soleil, on sait que ses deux frères, la Lune et Véga, sont des chasseurs de grande stature, habillés d'une fourrure d'ours pour ce qui est du premier, d'un vêtement de peau imperméable quant au deuxième.

Asiaq, la puissance du cosmos maîtresse de la pluie et du temps, est décrite comme une femme au mauvais caractère dont le physique est particulier : tout y est à l'envers, par exemple les yeux et la bouche sont verticaux, le nez horizontal, les seins superposés, etc. Elle présente une autre particularité : elle s'alimente en dérobant de la nourriture dans les caches à provisions des humains, à l'aide d'une outre magique. Elle expédie sur terre une sorte de sac, solidement attaché à l'extrémité d'une lanière faite dans la bordure percée de trous (pour le séchage) d'une peau de phoque, et le remonte quand il est plein.

Lorsqu'il fait extrêmement froid chez les hommes, ou qu'il y a trop de neige, la chasse devenant impraticable, la famine s'installe. Un chamane puissant tente alors de « voler » jusqu'à la demeure céleste *d'Asiaq* pour la convaincre, après qu'elle a été bien rassasiée de viande, de secouer au-dessus de la Terre son morceau de peau d'ours mouillé d'urine. Les gouttelettes ainsi envoyées deviendront pluie, une pluie bénéfique qui fera fondre neige et glace, provoquera la débâcle, et rendra de nouveau fructueuse l'activité cynégétique des chasseurs.

Quant aux vents principaux, selon les croyances, ils forment une famille composée de deux adultes et de deux enfants, de sexe opposé. Les vents du nord représentent ainsi les parents et les vents du sud les enfants, tandis que les vents d'est sont de sexe masculin et les vents d'ouest sont féminins.

La famille des vents est alors constituée du père, le vent du nord-est (*neqqajaq*) ; de la mère, le vent du nord-ouest (*pitaraq*) ; du fils, le vent du sud-est (*kalanneq*) ; et de la fille, le vent du sud-ouest (*puvajerteq*). Et l'on raconte que, lorsque le *pitaraq* a soufflé, en général violemment, le *neqqajaq* prend sa revanche, puis le vent finit par s'apaiser et le calme revient (et en même temps les phoques). Pour calmer les éléments déchaînés, les êtres humains peuvent « coucher » avec les vents en mimant dehors l'accouplement : ce sera une femme pour modérer le vent adulte mâle (le *neqqajaq*), un homme afin de maîtriser le vent adulte femelle (le *pitaraq*).

Enfin, il faut revenir à l'Homme-Lune, le personnage-clé de l'univers des Ammassalimiut, pour en dégager toute l'importance et la puissance. Comme nous l'avons évoqué plus haut, il donne la mesure du temps qui s'écoule en entrouvrant progressivement la fenêtre de sa demeure céleste, ce qui offre aux habitants de la terre l'alternance régulière entre les différents quartiers de lune, la pleine lune, puis l'obscurité nocturne.

Non seulement ce chasseur d'ours, de narvals et de bélougas contrôle le cosmos, mais il intervient encore dans la société humaine : en tant que garant des règles morales – se transformant occasionnellement en justicier – et en tant que protagoniste – jouant un rôle essentiel dans la reproduction des êtres humains.

L'étendue de son pouvoir est considérable : il régule la fécondité des animaux marins et terrestres, régit les marées, dont les mouvements sont si vitaux pour les hommes[9], et, dans ses violentes colères, il peut déclencher orage, tempête de neige, raz de marée ou tremblement de terre. L'éclipse de lune, de même, est interprétée comme un mouvement de mauvaise humeur de l'Homme-Lune, menaçant de mort les individus s'étant rendus coupables de fautes graves.

Du haut de sa maison céleste, cet homme irascible et impulsif surveille en effet de très près les actions des hommes. À travers une sorte de trappe, il observe les habitants de la terre et leurs comportements. Lorsqu'il constate que les hommes ou les femmes ne respectent pas scrupuleusement les règles, prescriptions et interdits liés à leur condition ou à leur situation passagère, il est très irrité ; mais sa colère est particulièrement redoutable quand un tabou a été violé. À cet égard, la stricte observance des interdits qui frappent les humains pendant la période du deuil, est primordiale parmi toutes les règles de conduite sociale.

Les conséquences du courroux de l'Homme-Lune sur la communauté tout entière sont très graves : dérèglement du climat, immobilisation des marées, privation de gibier marin et terrestre, déclenchement de cataclysmes divers... On dit, à propos du tonnerre, que si l'on ne se maintient pas les mâchoires fortement serrées et collées ensemble avec du vieux sang de phoque séché, elles risquent de s'écarter en s'ouvrant et on en meurt. On raconte aussi que les baleines, les rennes et les bœufs musqués, que l'on chassait ici autrefois, ont disparu (au XIXe siècle) par la faute des hommes qui se comportaient mal, ayant trop de rapports sexuels avec les femmes des autres.

Le châtiment de l'Homme-Lune peut encore ne toucher qu'une seule habitation : celle où se trouve le (ou la) coupable. La maison est alors écrasée, inondée ou secouée jusqu'à l'écroulement. Ou bien l'Homme-Lune décide d'envoyer son chien redoutable ou encore l'ours géant pour exterminer les habitants de ce lieu devenu indésirable.

9 - C'est à la cassure de la banquise provoquée par les marées, le long du rivage, que les habitants d'Ammassalik ramassent des algues, une nourriture riche en vitamines permettant très souvent de faire la soudure en hiver en attendant le retour de périodes plus fastes. À la dislocation des glaces, la marée basse livre d'autres produits de l'estran également comestibles : mollusques ou crustacés.

Parfois, enfin, c'est l'Homme-Lune lui-même, attelant son traîneau, qui descend sur terre afin d'exécuter personnellement son châtiment.

Seuls les très grands chamanes ont acquis le pouvoir de s'envoler jusqu'à la Lune pour tenter de rétablir l'ordre du monde, l'harmonie entre les hommes et le gibier, que les manquements des hommes ont détruits. Les fléaux de la famine, de la maladie et de la mort se sont abattus sur la société ; il est devenu absolument nécessaire de nettoyer la maison de l'Homme-Lune souillée de toutes les impuretés accumulées par les fautes humaines. Toutefois, le chemin sera particulièrement long et plein de dangers pour l'intercesseur qu'est le chamane. En route, il y a notamment la redoutable femme *Nalikateq* (peut-être l'étoile Aldébaran ?), la dévoreuse d'entrailles, qui cherche à attirer le chamane jusqu'à elle pour en faire sa pâture. Vêtue d'un cache-sexe à tête de renard ou de chien, cette sirène chante et bat du tambour avec un long couteau effilé, cherchant par tous les moyens à faire perdre son sérieux au chamane. Si celui-ci succombe et rit, elle se jette sur lui, l'éventre et dévore ses entrailles. Le chamane doit donc l'éviter ou lui résister avant d'accéder à la demeure de son Maître suprême : l'Homme-Lune.

Au retour de ce voyage nocturne effectué par le chamane et son cortège d'esprits auxiliaires, la confession publique de l'individu responsable permettra le rétablissement de la situation au sein de la communauté plongée dans le malheur.

Par le contrôle de la fécondité féminine, la reproduction des êtres humains est encore entre les mains de cet esprit tout puissant, l'Homme-Lune. C'est à lui, par l'intermédiaire du chamane, que s'adresse la femme inféconde pour assurer sa descendance. Au cours de son vol chamanique jusqu'à la Lune, le médiateur humain obtiendra un fœtus – de préférence un garçon – pour cette femme privée de progéniture et, à son retour, il sera en droit de coucher avec la femme pour laquelle il est allé intercéder. Mais c'est parfois l'Homme-Lune lui-même, vêtu de sa peau d'ours, qui descend sur terre féconder la femme stérile. Leur enfant commun aura nécessairement un destin exceptionnel.

En définitive, les Eskimo d'Ammassalik apparaissent beaucoup plus soucieux de se concilier les grandes forces de la nature qui les dominent et dont ils dépendent entièrement, en réglementant leur propre conduite qu'en dédiant à ces puissances surnaturelles un culte particulier. Nous ne connaissons en effet, parmi les pratiques religieuses des Ammassalimiut, que l'existence de quelques festivals, comme ceux qui ont lieu au jour le plus court et au retour de l'astre solaire. Les autres pratiques consistent essentiellement en des gestes et paroles d'action de grâce, et en quelques dons d'offrandes rituelles, apparemment limités aux âmes des morts, au principe vital du gibier chassé et aux esprits de certains lieux. Ces offrandes seront de nature différente selon qu'il s'agit de celles que l'on dépose dans les tombes, de celles qui sont destinées à l'âme éternelle du phoque barbu ou de l'ours tué par le chasseur ou, enfin, de celles qui vont contribuer à bien disposer un lieu à l'égard des humains qui le fréquentent. Ces dernières sont dédiées, par exemple, au seuil de la maison communautaire et aux immenses glaciers situés au nord et au sud de la région, dont le front avance en pleine mer, menaçant dangereusement les embarcations des voyageurs.

Joëlle ROBERT-LAMBLIN

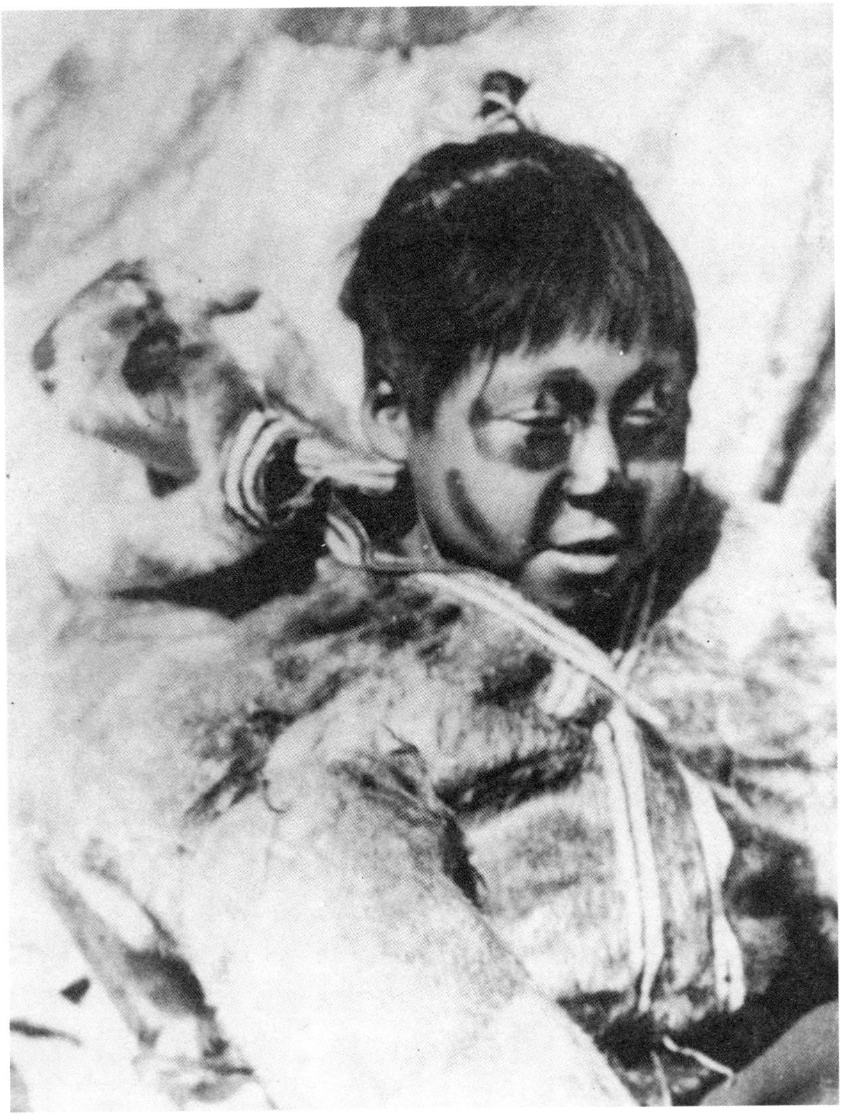

Un des jeux *uvajeertut*: jeune garçon déguisé en « femme portant un bébé dans l'*amaut* ».

Tupilek (dessin de Pikita de Kummiut, âgée de 13 ans).

LE MONDE DES ESPRITS ET DES ÊTRES SURNATURELS

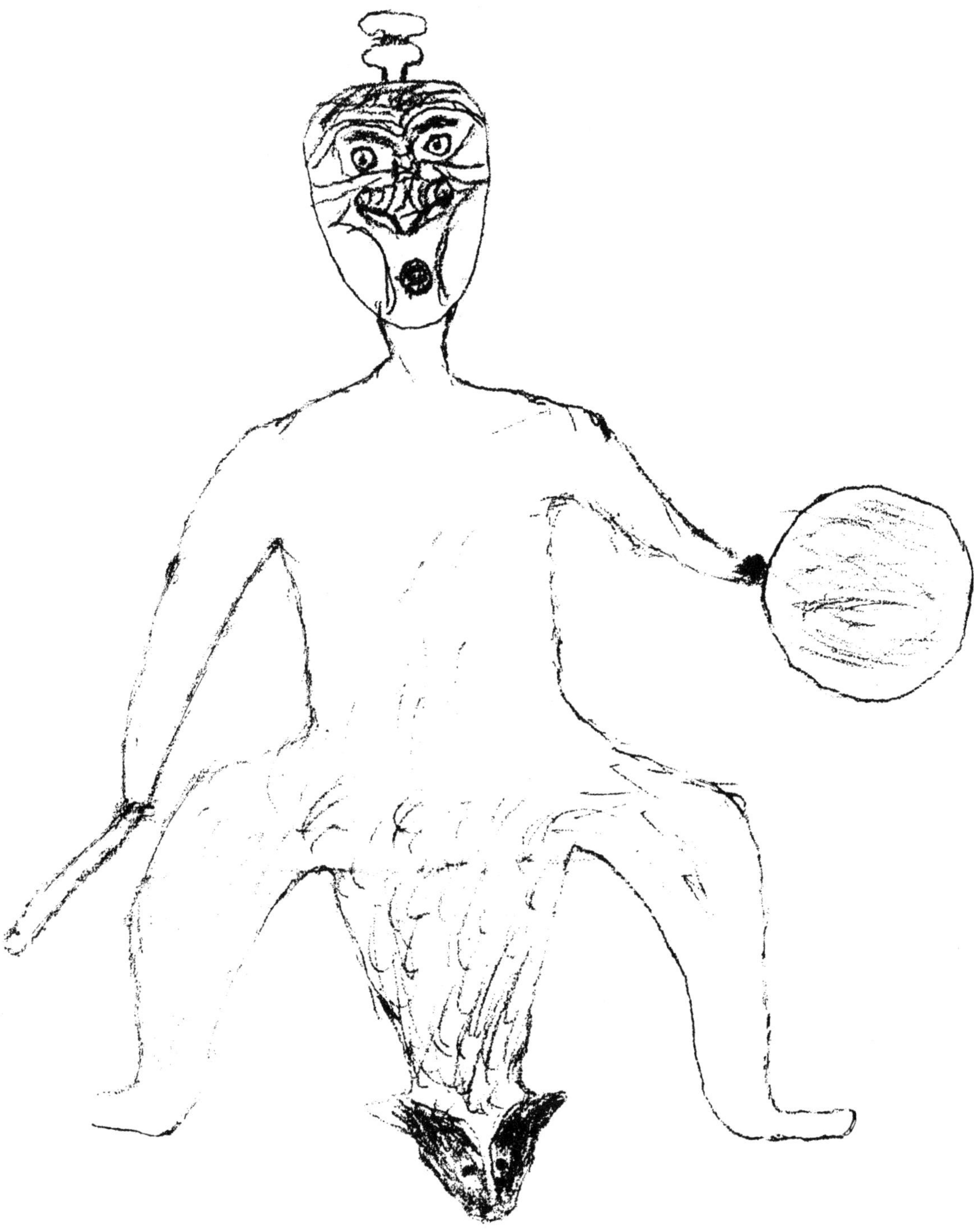

Nalikateq, la dévoreuse d'entrailles, femme redoutable qui cherche à attirer le chamane sur le chemin de la Lune (dessin eskimo)

Le monde des esprits et des êtres surnaturels

Tout ce qui entoure les Eskimo est peuplé d'esprits qui représentent les forces de la Nature, bienveillantes ou malveillantes, avec lesquelles il faut compter à chaque instant. Certains esprits vivent dans la mer, d'autres dans la terre ou sur la terre, dans les rochers, dans les glaces de la banquise ou des glaciers, et d'autres encore dans les airs.

Les hommes ordinaires ne peuvent les voir que très rarement. Parfois, ils les entendent sans les voir. Seuls les chamanes peuvent véritablement entrer en contact avec les esprits, leur parler et traiter avec eux.

LES ESPRITS ANTHROPOMORPHES

– *tarta'* (plur. : *tartä*^{t})

Certains esprits, ayant plus ou moins la forme d'êtres humains, deviennent des alliés des *aŋaki*^{t}. Ils ne sont en général visibles qu'aux chamanes, à part quelques exceptions :

« Johanna a vu un *tarta'*. C'est resté l'un des grands événements de sa vie. Elle avait environ dix ans. Un de ses compagnons l'a fait tomber en jouant. Elle s'est mise à pleurer. Pour la consoler, son oncle Simujok lui dit de venir avec lui. Ils sortent tous deux.

Alors je l'ai accompagné, dit Johanna. Je pleurais et il pleurait aussi. Il pleurait parce que mon père était mort et qu'il me plaignait d'être seule. Mais tout à coup, il m'a dit "Celui-là, le grand là-bas, regarde-le!"

Alors j'ai vu un homme plus grand que vous les *qatunä*^{t} (les Blancs). Il était assis et il était tout rouge. Ses anoraks, ses pantalons, tout était rouge. J'ai eu peur et je me suis arrêtée de pleurer. Mais mon oncle n'a pas eu peur car c'était son *tarta'* (esprit auxiliaire). Il s'appelait Ortsarpik. Il était assis et me faisait signe de m'asseoir à côté de lui. Mais j'ai eu peur. Nous sommes alors rentrés à la maison ». (Journal de Kangerlugssuatsiak, le 8 octobre 1936)

– *in̄ert̄ewa'*: le grand feu

Il vit dans la terre, dans les rochers, au bord de la mer, sous forme humaine. Très grand et très fort. Sans nez.

Il a le pouvoir de faire d'un homme un *aŋak̄e'*. Quand il a ainsi "choisi son homme", il lui apparaît et lui dit : «*iǰarpimu*^{t} *oq̄izarniä̅*»(1) (c'est-à-dire : Viens, entre à la maison!). Puis il ajoute : «*iǰarin̄iä*»(1) (Pars!). Lorsque l'homme est rentré chez lui, il sait qu'il est devenu *aŋak̄e'*. Quand il en aura besoin, il fera appel à son *in̄ert̄ewa'* (par exemple pour se venger de quelqu'un, ou s'il est en colère contre quelqu'un).

Noms des différents *in̄ert̄ewä*^{t} connus :

- Nuǰagi'
- Nägät^{w}a'
- Cugi
- Cugizäi^{n}
- Necewa'
- Unin̄i^{w}aq̄i^{t}
- Cik̄idedi

(1) C'est la langue chamanique qui est utilisée.

– *nīĵmida'*

Il vit dans les grottes, ou sous les rochers, sous forme humaine mais «très laid». Il n'a pas de nom personnel. Toute sa chair est en bois, sauf : les aisselles, le cou, la commissure des lèvres, l'aine, etc., c'est-à-dire toutes les articulations. Il mange les hommes. Son vomi et ses excréments reprennent la forme de l'homme qu'il a dévoré, qui rentre chez lui et se transforme alors en *aŋāke'* (celui-ci est devenu chamane, en a acquis toutes les connaissances sans passer par la longue et pénible période d'apprentissage habituelle).

– *neqeciwo'*

Il ressemble à un homme avec un très gros ventre. Quand il voit un homme, il se précipite sur lui et le mange vivant en lui coupant les membres. Pour cela, il se sert de son long couteau d'homme (le *neqiciwo'* femelle utilise le couteau de femme).

«Les chamanes ont beaucoup de *tartä*^{t} (esprits auxiliaires) différents. Quelques-uns sont des *neqeciwu*^{t} ou encore des *niwaŋiartiwi*^{t}. Ce sont comme des petits hommes qui habitent une terre se trouvant au milieu de l'inlandsis et qui s'appelle *time'*! Ils se nourrissent de *tupidä*^{t}, d'hommes, de chiens. Ils ont un gros ventre. Quand ils ont mangé ainsi un homme, parce que le chamane auquel ils sont «attachés» le leur a dit, leurs excréments retournent au squelette et reforment le corps, et l'homme revit. Il paraît qu'autrefois cela arrivait...»(Journal de Kangerlugssuatsiak, le 30 novembre 1936)

– *jaĵwecia'* ou *īĵajuwec̄ia'*

Il a l'aspect d'un homme, mais de très petite taille (parfois à peine plus gros qu'un corbeau). Il vit dans des maisons en pierres et en mottes, comme les hommes, avec un très long couloir d'entrée. Il porte un anorak en peau de phoque, ou en intestins de phoque ou d'oiseau (*amuaja'*); il n'a pas de culotte, mais un cache-sexe et des kamiks.

Les perdrix des neiges sont comme les ours de ces populations étranges. Les *jajweciä*^{t} les attaquent à plusieurs avec des lances.

Les *jajweciä*^{t} ont les mêmes pouvoirs que l'*iñer̄ewa'*. Ils se font connaître parfois à ceux ou à celles auxquels ils veulent du bien. Et dès lors on peut compter sur eux (comme dans le récit ci-dessus, p. 249).

Noms des différents *jajweciä*^{t} connus :

- Una^{r}ñа'
- Cār̄izi
- Nugat̄i
- Qōc̄a
- Tāqi
- Pingicu', dont la femelle s'appelle Cenar̄a
- Cār̄adi

– *tārajuäciā'* : il est proche du *jajwecia'*, mais de plus grande taille.

«Qidertanidi, le père de Kara et d'Odarpi, était un homme particulièrement grand et fort. Il pouvait à lui seul mettre un umiak à l'eau. Il avait des cheveux longs jusqu'à mi-corps.

Ses mains étaient grandes comme celles d'un *qatuna* (un Blanc), dit Kara. Une nuit qu'il dormait avec Odarpi installé sur son bras droit, il sent qu'on le tire violemment par les cheveux, comme si on voulait le tirer hors de la plate-forme. Lentement, il élève la main gauche libre, et brusquement se saisit de la main qui le tirait. C'était une toute petite main, minuscule comme une main d'enfant... Il l'attrape par le bout des doigts et tire, tire vers lui. D'abord il parvient à attirer la main. Mais bientôt il sent qu'on souffle dessus (comme le font les chamanes quand quelque chose va mal : *cibortut* (ils soufflent)). Et la main devient de plus en plus lourde et tire de plus en plus fort en arrière. Qidertanidi veut alors s'aider de son autre main, mais il n'arrive pas à dégager son bras du corps d'Odarpi, couché dessus. Et la petite main arrive à se libérer.

Toutes les nuits, tous ceux de la maison (toute la famille était alors à Umivik) entendirent jouer du tambour sur la colline. Toutes les nuits, avant et après; c'était le *jajwecia'* qui dansait.»

«Une nuit, Matadi se réveille en sursaut. Des mains la tâtent, montent et descendent le long de son corps et cherchent sa figure. Elle renverse la tête en arrière, hors de la plate-forme, presque sous la lampe, pour éviter ces attouchements. Elle crève de peur. Sa fille, tout en dormant, fait un mouvement; les attouchements cessent.

C'était un *taqajwecia'*, m'explique Kara : *jajwecia' aŋineȓa* (encore un petit génie, mais de plus grande taille).»(Journal de Kangerlugssuatsiak, le 29 septembre 1936)

Ieriki raconte (en 1935) que, lorsqu'il avait environ quinze ans, il est allé un jour, avec le chamane Mitsiwarnienga (baptisé plus tard Andreas), rendre visite au *jajwecia'* Pingicu' qui habitait une maison sur le flanc de la montagne, près d'Amitsiwartik. C'était en été (donc en plein jour).

Pingicu' est venu au devant d'eux en disant : «*oqizarniāci ijarpimut*» (ce qui signifie, en langue chamanique : entrez à la maison). Dans la maison, il y avait Cenaȓa, la femme de Pingicu' en train de coudre des peaux.

LA CIVILISATION DU PHOQUE

Au cours de la même année, Ieriki a également rendu visite à Tāqi, un autre *jajwecia'*, habitant tout près d'Amitsiwartik, mais cette fois sans Mitsiwarnienga.

Ieriki avait vu deux hommes très petits et était allé vers eux. Après avoir échangé leurs noms, Tāqi et son neveu l'ont invité à venir chez eux. Arrivé à un endroit où il n'y avait aucune maison mais des buissons de camarines, Tāqi a passé la main gauche sur le sol et a fait apparaître l'entrée de la maison.

Dans la maison, se trouvaient trois femmes et un homme : la femme de Tāqi, la femme du neveu de Tāqi et un couple installé au milieu de la plate-forme, dont l'homme était âgé.

– *tamasi pularterārarteurit ercinarterakāju'*! (Que tous ceux qui viennent rendre visite aient peur !), dit ce dernier.

En sortant, Ieriki vit un gros chien très effrayant. Il est aussitôt rentré dans la maison, ayant très peur, et l'a dit au vieux *jajwecia'*. Ce dernier s'est alors fâché, est venu vers lui et l'a frappé trois fois. Et pendant que Ieriki était encore par terre pour la troisième fois, le chien est entré dans la maison. Le vieux *jajwecia'* a alors empoigné Ieriki et l'a jeté hors de la maison, à travers le mur, le faisant voler «comme un oiseau» à travers la maison.

Ieriki a aussi entendu de loin un autre *jajwecia'* qui chantait.

Parmi les chants des *tartä*^{t} (esprits auxiliaires) de Kaga de Tiderida, voici, à titre d'exemple, ceux de trois *jajweciä*^{t} différents.

Il faut rappeler que la langue des *tartä*^{t} est la langue chamanique dont nous avons donné un vocabulaire le plus exhaustif possible.

Dessin de Torna d'Umivik

Dessin d'Adami de Kummiut, 31 ans

Le monde des esprits et des êtres surnaturels

La chamane Kaga, de Tiderida, avait au moins huit *tartä*^{t}, dont plusieurs *jajweciä*^{t}, plusieurs *qiŋaraŋici*^{t} et un corbeau.

En mai 1935, Kaga m'a dicté plusieurs chants de ses tartä^{t} personnels. Ils sont en totalité publiés par Paul-Emile Victor, Catherine Enel et Elisa Maqe, dans les *Meddelelser om Grönland* (1991), avec l'ensemble des autres chants enregistrés à Ammassalik, au cours de la mission de 1934-35 (avec R. Gessain, M. Perez et F. Matter).

– **Chant d'Annijak, *tarta* de Kaga**
(chant d'un grand *jajwecia' : cujcōrte'*, chasseur sans kayak dans les torrents):

cēr̄p̄āt̄armidiwa cijāniti cawua
Je marchais au bord de l'eau,

maridert̄uwart̄imāna cēr̄cidart̄iŋu
Je marchais le long de ce ruisseau.

maridert̄uwart̄imāna tucagiaderp̄ua
J'ai appelé vers ce ruisseau,

azigan̄a tagiŋuarcin̄ariŋa
Et là, en bas, j'ai aperçu

qajuwerciārtewa kikadiweciarina
Un phoque, un phoque annelé

nunar̄a tuwāni nut̄āwadaride^{r} *nutarciwadaride*^{r}
Qui nageait vers la terre et qui s'approchait.

dāwadīna niŋ̄erwāmiŋina
Alors avec une courroie de remorquage

kujabiŋajaŋi^{t} *qariŋuart̄arp̄ara*
Je l'ai attaché par la queue et je l'ai remonté.

utuwārt̄ewarina dāwadi kaniwiaderp̄aŋa
C'était un grand phoque barbu et puis je l'ai saigné.

(texte noté auprès de Kaga, à Tiderida, le 28 mai 1935)

- Chant d'Anudadak (un petit *jajwecia'*), *tarta* de Kaga

tum̄iädār̄m̄idiwa eŋ̄^{w}*ā ciāni tum̄iärdār̄m̄idiwa*
Je marchais, je marchais au bord d'un lac.

tarp̄idit̄ogaj̄una puguniädaride^{r} *pugucuardarideq*
Il y avait un renard qui grapillait des baies.

tum̄iädār̄iaŋa kujabiŋa tīcuadāriaŋa
Il est venu vers moi, je lui ai pris la queue

iŋ̄iwi qājani qariziwaŋ̄iwāma
Et il m'a tiré jusqu'au sommet d'une montagne.

majeradāŋiwa nunäzawarn̄ārŋiwa anercäwadāŋina
Ça soufflait un peu de l'intérieur, il y avait un petit vent.

(texte noté auprès de Kaga, à Tiderida, le 29 mai 1935)

Le monde des esprits et des êtres surnaturels

LES ÊTRES MONSTRUEUX

– *makakaj*

Mi-homme, mi-poisson, il guette le gibier chassé par les hommes pour s'en saisir.

«Les trois hommes ont chassé aujourd'hui. Odarpi n'a pas eu de chance, Kristian a ramené deux phoques du Grœnland et trois canards; et Mikidi, un phoque de fjord.

– Je l'ai harponné, raconte-t-il, et il a plongé entraînant avec lui le flotteur. C'est le flotteur qui l'a remonté en surface.

– Est-ce que le flotteur arrive à remonter tous les phoques, même les gros?

– Oui, sauf certains narvals. Mais beaucoup de flotteurs sont perdus.

Parfois ils remontent en surface, sans tête de harpon ni courroie. C'est un requin qui a tout mangé. Parfois ils remontent avec la tête de harpon mais, autour de celle-ci, la viande de phoque a été coupée comme avec un couteau. Ce sont les *makakaji*^{t} qui ont coupé ainsi avec leur couteau.» (Journal de Kangerlugssuatsiak, le 24 octobre 1936)

– *eqidi'*

Moitié homme, moitié chien, il vit dans les glaciers de l'intérieur[4]. Sa tête et ses membres antérieurs sont ceux d'un homme, son arrière-train est celui d'un chien. C'est l'ennemi implacable des hommes.

Les *eqidi*^{t} se nourrissent, dit-on, de la cervelle des hommes.

Histoire de deux *eqidi*^{t} :

Un chasseur avait pour *kip̄a'* (domestique) deux *eqidi*^{t} mâles. Dans la maison, vivait le chasseur, sa femme et deux enfants, un garçon et une fille.

Une nuit, alors qu'un des *eqidi*^{t} travaillait une courroie pour le fouet, en faisant du bruit, le maître se fâche parce que les enfants ne peuvent dormir. Les *eqidi*^{t}, effrayés, partent immédiatement et ameutent les autres *eqidi*^{t} qui viennent tuer le père et la mère et pendent les deux enfants par les pieds, le long de la falaise bordant la mer.

Trois umiaks passent, en chantant, et n'entendent pas les cris des enfants. Puis un umiak les entend enfin. La fille est morte de faim; un homme adopte le garçon.

Devenu grand et fort, celui-ci part en traîneau pour tuer les *eqidi*^{t}. Il rencontre deux *eqidi*^{t}, dont l'un est un de leur ancien *kip̄a*, en train de chasser avec l'*iciwartī*^{t} (le long harpon utilisé pour la chasse au phoque au trou respiratoire). Il appelle ses chiens comme pour la chasse à l'ours (pour qu'ils accélèrent leur course). Mais les *eqidi*^{t} se sauvent.

---

(4) Voir ci-dessus, note (5) p. 353.

Il suit leurs traces et arrive à une grande pierre sur un glacier. Dedans, il tue tous les *eqidi*^{t} avec son arbalète, après qu'ils se soient endormis. Mais les deux autres disparaissent. Il part à leur poursuite.

– *tornā*^{r}*ti'*

Il vit dans la mer. Ne porte pas de nom personnel. Son corps est celui d'un gros phoque noir ; ses bras sont ceux d'un homme, courts ; la tête (crâne) est très grande par rapport au corps ; la bouche est une gueule énorme. Il porte des «bretelles» porte-amulettes blanches, très visibles.

Les hommes qui le voient perdent connaissance, sauf les chamanes sur lesquels il n'a pas d'action.

Il mange des *tupidä*^{t}.

«Un oncle de Kristian, frère de sa mère, est mort de façon curieuse. Il est parti un jour à la chasse, sur la glace, accompagné de plusieurs chasseurs. Tout à coup, ceux-ci entendent une sorte de sifflement qui suit sa marche. Tous savent ce que c'est : un *tornā*^{r}*ti'* (esprit auxiliaire de chamane) est en train de le suivre sous la glace ; il est voué à une mort certaine. Peu de temps après, en effet, la glace cède sous lui et il disparaît. Quand les autres chasseurs l'eurent rejoint, il était déjà mort.

C'était le père de Madiwina (la femme de Nanadieli) qui avait ainsi envoyé son *tornā*^{r}*ti'*, car il était jaloux, étant moins bon chasseur.

Quelques semaines plus tard, le père du mort est mort lui-même de chagrin, et sa mère, le lendemain de la mort de son mari, est allée se jeter à l'eau.» (Journal de Kangerlugssuatsiak, le 4 décembre 1936)

– *aperqite'*

Il est tout noir et peut avoir un mètre de long. C'est l'aide du *tornā*^{r}*ti'*. L'un et l'autre obéissent à leur maître, le chamane.

Dessin de Marti, de Kummiut, âgé de 40 ans

– *ornařarte'*

Animal fantastique vivant dans la mer : une tête avec de nombreux yeux, des mains d'hommes, deux pieds dont les traces sont celles d'une lampe à huile enfoncée dans la neige, un anorak en général rouge.

Il est représenté dans le jeu de main *puidiŋidāne'*.

Dumidia et Josepi ont vu une trace d'*ornařarte'* sur la glace du fjord, près de Toqoda. Et Kadi d'Umivik, mort en 1935 de l'épidémie, alors qu'il avait environ une vingtaine d'années en a vu un dormant sur une glace flottante. Il l'a rejoint après avoir retourné son anorak pour avoir le visage caché par le capuchon (c'est ainsi qu'il faut faire pour ne pas mourir) et s'est battu avec lui. Comme il a eu le dessus, cet «animal» est devenu son «aide».

– *kiapa'* (le grand visage)

Être monstrueux et effrayant : une grande tête sur des jambes sans corps.

Récit raconté par la vieille Monika (55 ans), de Tassiussak, et confirmé ensuite par toutes les personnes interrogées :

«A Isertok (au sud du fjord Sermilik), il y avait trois frères.

Le premier, Aroni, est mort à pied dans les glaces. Sa mère, Cigatuta, étant partie à sa recherche, vit les traces de son fils et d'autres traces, extraordinaires, qui étaient celles d'un *kiapa'*.

A quelques temps de là, le frère d'Aroni, Uciaq, mourut en kayak. Binti, qui habitait également à Isertok (et qui y vit encore) raconte avoir vu, depuis la côte, le kayak se retourner et un *kiapa'* apparaître.

En 1925, le frère de ces deux hommes, Ado, qui vit encore à Isertok, vit sur la glace un *kiapa'* accompagné d'un tupilek qui était comme un jeune chien, mais grand et très laid. Heureusement, le *kiapa'* et le tupilek ne le virent pas, ce qui explique qu'il n'est pas mort.» (Fiche ethno n° 66, novembre 1934)

– *umiagasät*

C'est une sorte d'umiak fantôme dont l'équipage est composé de *kiapä*^{t} et que l'on voit de temps en temps. Il n'y a pas longtemps, les gens de Tiderida l'ont vu... Ils disent que les gens de cet umiak ont la tête tournée vers le large et ne peuvent regarder vers la terre.

– *kōpa'*

Figure grimaçante et difforme, généralement noire.

– *qimaqā*^{t}

Quand un homme voit un *qimaqā*^{t}, il perd connaissance. Les *qimaqā*^{t} vivent dans la terre, dans les rochers, etc.

Il y a plusieurs espèces de ces monstres effrayants :

* *amõ* (ou *amõtorto'*) : il ressemble à un animal à quatre pattes, grand comme un chien (voir la description). Il mange les hommes.

* *ame*^{r}*qi*^{t} : il ressemble à un requin qui aurait une tête de phoque avec les yeux sur les côtés. Sa taille est inférieure à celle de l'*amo*. Il mange les cadavres d'hommes. Il vit dans la terre.

* *aŋī, aŋīdi*^{t} : il ressemble à un sébaste. Il parle comme un homme.

* *ājumā* : être terrifiant, à corps d'oiseau, avec ou sans ailes (*izaq̄i*^{t}). Voir ci-dessus.

– *napādigice'* (le faucon gerfaut)

Il ressemble à un oiseau à cou très court (comme un aigle blanc, par exemple, avec bec et griffes crochus). Il se nourrit comme un lagopède, mais tue les hommes sur ordre d'un *aŋake'*.

– *kiwicerte'*

Créé par les *aŋakīt* et par les *tartä*^{t}. Il vit sous la terre. Quand il est seul en surface, il crie d'une voix angoissée: «*haǰi*! *haǰi*!» Puis il s'enfonce lentement dans la terre (*kiwicerpo'*) et disparaît.

– *cutua*^{r}*tērtē'*

Créé par les *aŋakī*^{t} et par les *tartä*^{t}.

Il peut ressusciter les morts en leur soufflant, en rythme, sur le menton (*tetō'*). Il peut s'enfoncer dans la terre (*kiwicerpo'*) et là, il peut faire rapidement grandir tout ce qui vit sous les mottes d'herbe (*itō'*) et dans les marécages (têtards, vers, petits poissons, etc.). Quand il a atteint la taille d'un phoque, il s'en nourrit.

– *qila*

Esprit auxiliaire de chamane. Peut être consulté pour une guérison.

– *aberqi*^{t}

Esprit oracle.

– *qāmercādi*^{t}

Ressemble à une peau *mātāmē* (peau de phoque épilée) qui se promène dans les airs.

– *agiweqi*^{t} et *tunōŋādi*^{t}

Ce sont des esprits-enfants qui font peur.

«Kara raconte : Odarpi et elle étaient enfants (âgés peut-être d'une dizaine d'années). Au retour d'une visite qu'ils avaient faite à une maison voisine (ils étaient à Toqoda), accompagnés par d'autres enfants, ils s'amusaient à courir sur la glace, suivis par quelques adultes dont un chamane, Izimada.

Tout à coup celui-ci, en riant, dit, montrant quelque chose d'inexistant à côté d'Odarpi :
– *agiweqiŋā, agiweqiŋā* : un *agiweqit* !

Aussitôt tous les enfants se sont arrêtés de courir et de s'amuser, cloués par la peur.

Il existe deux sortes de «génies» de ce genre, destinés à effrayer les enfants, ou plus exactement, deux sortes de génies-enfants :
* les *agiweqit*, qui ont un gros ventre et une grosse tête, le reste presque inexistant, que des os;
* les *tunõŋadi*^{t}, qui ont le dos tout noir comme du *mātāmẽ* (peau épilée et tannée).» (Journal de Kangerlugssuatsiak, le 12 novembre 1936)

LES ANIMAUX SINGULIERS

– L'ours

Il y a des ours si grands qu'un homme peut s'asseoir dans leurs traces. Ils ont le bas des pattes bleuté. Ils sont si grands qu'ils ne se préoccupent pas des chiens lancés à leur poursuite. Une balle de fusil en plomb ne pénètre pas dans leur peau, tant leur poil est dressé et dur.

En général, ces ours ont un corbeau sur le dos qui «mange la viande de leurs reins» et qui est pour eux comme un pou sur un homme.

(comme les chiens)

Les ours ordinaires font des traces[5] comme les chiens.

(comme les renards).

Ceux-ci font au contraire des traces comme[5] les renards.

«Il y a des ours qui, lorsqu'ils sont poursuivis, se transforment en autre chose. S'ils sont dans la mer, ils plongent et réapparaissent sous la forme d'un narval ou d'un phoque. Ou bien, ils disparaissent derrière un rocher et réapparaissent sous la forme d'un renard.

– Ce ne sont pas des ours comme des tupileks, ce sont de vrais et simples ours, mais qui ont la faculté de se transformer ainsi. Presque tous les ours peuvent le faire.

– Vous en avez vu?

– Pas nous. Mais mon père, dit Odarpi, en a vu un. Ils étaient plusieurs chasseurs à le pousuivre. Il a disparu derrière un rocher et de l'autre côté : un renard et puis plus d'ours.

– Tu le croiras, toi aussi, parce que nous te montrerons.

---

(5) Il s'agit de la position des pattes dans les empreintes laissées dans la neige.

«Odarpi et Kara me racontent une étrange histoire de corbeau. Ils étaient à Ikatek, lorsqu'un soir ils entendent des grattements sur le toit de la maison. Tous les chiens étaient attachés. Kara et Odine sortent pour voir ce qui se passe. Sur le toit, un corbeau. Elles le chassent et rentrent. Quelques instants plus tard, le corbeau entre à leur suite par le couloir d'entrée. On fait du bruit pour le chasser. Odarpi sort avec un fusil, de même que son père. Plus de corbeau.

Le même soir, le corbeau était à Tasida. Puis à Kulusuk. Puis à Nortsit. S'il était entré et s'était gonflé, il aurait rempli toute la maison, étouffant tous les habitants.»
(Journal de Kangerlugssuatsiak, le 3 novembre 1936)

LES ESPRITS DE LA MAISON

Ces personnages légendaires, qui habitent les maisons des hommes, semblent exister surtout pour les enfants. Ils se trouvent dans le *kidi* (le mur du fond de la grande plate-forme), ou sous la grande plate-forme, sous la plate-forme de fenêtre, sous l'*ip̄e*^{t} (l'endroit où l'on place la lampe à huile), sous le seuil de la maison, ou encore dehors, dans le tas de déchets près de la maison.

– *ajaqoze'* (celui qui n'a pas de dent), plur. *ajaqozī*^{t}

Ils vivent dans le *kidi*, derrière les *ādicä*^{t} (les peaux qui sont tendues contre le mur du fond).

C'est à eux que l'on donne les dents qui tombent.

L'enfant passe, par-dessus la peau, la main tenant la dent, en disant : "*padagade' picawara; padaŋice' picawä*^{t}", et il laisse tomber la dent.

– *izidiarte'*, plur. *izidiartī*^{t}

Ils vivent aussi dans le *kidi*. Ils n'ont pas de bras et portent un *amawut* (anorak féminin porte-bébé), au capuchon pointu, faisant une seule pièce avec le *ceqenī*^{t} (pantalon féminin).

– *qācertodiwartidiartī*^{t}

Ils vivent dans l'espace qui se trouve sous la grande plate-forme et portent de vieux *qācertā*^{t} (anorak de kayak[7]) jetés en rebut sous la plate-forme.

– *qajarcidiwartidiartī*^{t}

Ils vivent sous la plate-forme de fenêtre et portent de vieux *qajarci*^{t} (anorak de kayak imperméable).

---

(7) *qācerta'*: anorak en cuir *un̄e'* (peau épilée et blanchie au froid et à la neige) avec des manches en *mātāmē̃* (peau épilée et tannée), utilisé autrefois pour le kayak.

Le monde des esprits et des êtres surnaturels

– *aguidizadiwartidiartī*^{t}

Ils vivent sous l'*ipē*^{t} (l'endroit où est placée la lampe à huile) et portent de vieux *aguidizä*^{t} (tabliers de kayak).

– *ibaqä*^{t}

Ce sont de petits êtres minuscules, qui ressemblent à des hommes nus, pratiquement invisibles, mais dont on entend les chants. Ils habitent dans les mousses séchées (*ibaqä*^{t}) qui servent de mèches dans les lampes à huile (*unaqi*^{t}).

– les esprits qui vivent sous le seuil de la maison (*iziarmī*)

Ce sont des habitants "sérieux", auxquels on fait des offrandes. On laisse tomber quelques débris de nourriture en disant :
"*iziarmī picatit; agididerniākumarpusi*" (sous le seuil d'entrée, c'est pour vous; donnez-nous quelque chose en échange). Et en échange, ils donnent beaucoup de phoques.

– *īkadī*^{t}

Ils vivent dans le tas de déchets qui s'élève devant la maison. Quand on y jette le contenu des bassines sales, etc., cela dégouline chez eux et ils disent : "*toroniägajŋicī* !" (crevez donc, là-haut!).

Les *īkadī*^{t} ne dorment pas, car ils aiment trop jouer avec tout ce qu'ils trouvent dans le tas d'ordures. Ils jouent nuit et jour avec les vieilles poupées, les vieux os, les vieux dés à coudre, etc. Ils ont sommeil en permanence et leur figure en est toute déformée.

«La vieille Kulpora, morte cet été à Sermiligak, a eu une bien curieuse aventure pendant sa jeunesse. (C'est Johanna qui raconte). Elle est rentrée un jour dans la maison, comme aveuglée, toute pâle; et les yeux fermés. Elle vu un tupilek, disent tous ceux qui étaient présents. Mais elle a raconté, sans jamais parler du tupilek, que sous le seuil, là où le *torcō* (le couloir) finit dans la maison, elle a vu de la lumière, comme s'il y avait aussi une maison là-dessous. Et cette deuxième maison a donc, me dit Johanna, une sortie, une autre sortie plutôt, dans le *kidi* (le *kidi*, ce coin le plus reculé de la maison, tout contre le mur sans fenêtre, juste au-dessus du trou mystérieux qui est sous la plate-forme, le *kidi* reste pour les Eskimo quelque chose d'un peu effrayant, plein de mystère).

Il paraît qu'on sait que de telles maisons souterraines existent, par la mésaventure de deux hommes qui, il n'y pas tellement longtemps, au lieu d'entrer dans leur maison, seraient entrés sous le seuil et ressortis dans le *kidi*.» (Journal de Kangerlugssuatsiak, le 15 septembre 1936)

«A Tiderida, autrefois, on a entendu parler de deux bras qui, un jour, ont apparu à travers le sol d'une maison, tendant une bassine pleine de viande. Le reste du corps était caché dans le sol. Une voix venant de sous le sol dit :"*ūwiniguwet!*" (c'est-à-dire : restant de cuisson!). Mais comme tout le monde avait peur de prendre la bassine, le tout disparut. Depuis, on n'en a plus entendu parler.» (Journal de Kangerlugssuatsiak, le 26 avril 1937)

– *it̄izigic̄erm̄i*^{n} (ou *it̄izigierm̄ī*^{t})

Ce sont les habitants d'une petite maison qui apparaît parfois dans les rêves. Elle s'appelle *idiŋic̄iwi'* (qui dort et ne se réveille pas).

Quand on rêve que l'on atteint cette petite maison, on risque d'en mourir (de ne pas se réveiller le lendemain). On rêve ainsi qu'on entre dans cette maison pour faire une visite à ces *it̄izigierm̄ī*^{t}, et qu'on monte sur la plate-forme. Si on "tombe" dans le *kidi* (le mur du fond), on ne se réveillera plus. (La mère de mon compagnon Kristian, parmi d'autres, a fait ce rêve et a failli "tomber" dans le *kidi*.)

LES ESPRITS DES MORTS

«Kara raconte :

Amangana, le mari de Timiartitsa, quand il était encore jeune, ne croyait pas aux chamanes et disait que les morts, une fois morts, étaient bien morts. Il se moquait des chamanes et de tous ceux qui racontaient avoir vu ou entendu des choses étranges.

Un jour, pendant qu'il revient de la chasse à pied, à la tombée de la nuit, il se met à crier et à appeler les morts parce qu'il ne croyait pas qu'ils viendraient. Tout à coup, il entend un grand bruit. Devant lui apparaît sa mère, morte depuis longtemps. Et puis un autre grand bruit, et son père mort depuis longtemps. Et un autre grand bruit, et sa sœur morte depuis longtemps. Encore un grand bruit, et sa tante morte depuis longtemps; et comme ça jusqu'à ce qu'il soit entièrement entouré de morts.

Alors, avec sa pique à glace, il essaye d'empêcher qu'ils ne s'approchent de lui, en piquant rapidement autour de lui. Puis sa mère et son père lui sont apparus sous leur tente. Et quand il a eu enfin bien peur, ils ont tous à nouveau disparu.

Alors il est rentré à la maison. Il était tout blanc et il a vomi. Et il a raconté ce qui lui était arrivé.» (Journal de Kangerlugssuatsiak, le 30 novembre 1936)

– Les esprits qui hantent les vieilles tombes

«En entendant les chiens japper (*qidīdadit*, une forme particulière de jappement), Josepi sort de la maison. Il fait nuit. Il ne voit rien de remarquable mais, vers une tombe très ancienne, il entend des pleurs. Il appelle Gaba. Et Gaba, lui ausi entend des pleurs, des sanglots. Ils vont voir ce que c'est. Les pleurs cessent. Ils coupent chacun un morceau de graisse[8] et le jettent sur la tombe d'où sortaient les sanglots.

Un peu plus tard, Josepi sortant à nouveau, entend encore des sanglots dans la même direction. Il n'est pas allé plus loin que le seuil de la maison...» (Journal de Kangerlugssuatsiak, le 10 octobre 1936)

(8) La graisse est un moyen spécifique utilisé contre les manifestations surnaturelles. Lors des séances de chamanisme, on enduit le derrière des petits enfants avec de la graisse pour empêcher les esprits de pénétrer en eux au cours de leur sommeil et de leur voler leur âme.

Le monde des esprits et des êtres surnaturels

LES FORCES DE LA NATURE

– La Femme de la mer (*Ima*^{p} *nudiaka'* ou *Ima*^{p} *uguwa'*)

Au fond de la mer, vit une femme qui gouverne les animaux marins et dont le pouvoir est redoutable.

Elle vit dans une maison construite comme le sont les maisons des hommes. Les phoques, les morses, les ours, les narvals viennent nicher dans ses longs cheveux.

Quand la chasse est mauvaise, le chamane lui rend visite. Il lui peigne les cheveux, les débarasse de cette "vermine". Il s'ensuit des époques florissantes pour la chasse. (Lire, ci-dessus, pp.181-182, le récit de la visite du chamane Aaqi à Imap uguwa.)

Si quelqu'un manque à une des nombreuses prescriptions de la vie sociale, ou n'observe pas un tabou (de deuil par exemple), la Maîtresse des animaux marins, fâchée, retient les phoques près d'elle et provoque disette et famine. Seul le chamane, auprès duquel il faut confesser sa faute, peut intervenir auprès d'elle et éviter la catastrophe (car la mer est l'unique source de nourriture pour les habitants d'Ammassalik).

– Les esprits du ciel

Les esprits du ciel sont : la Lune, *Aniŋā'*; le Soleil, *Cerē'*; Véga, *Ndārci'*; et d'autres encore.

D'après la légende, la Lune, qui est mâle, vivait dans la même maison que sa sœur, le Soleil. Comme le frère désirait sa sœur, celle-ci fuit dans les airs, emmenant avec elle un peu de mousse enflammée de sa lampe à huile. Son frère la suivit, emportant également une flamme. Mais comme cette dernière avait tendance à s'éteindre, il souffla dessus, ce qui fit des étincelles : les étoiles.

Tous ces esprits ne peuvent être vus ou rencontrés que par l'*angak̄e'* (le chamane).

En cas de violation de tabou par les humains, la terre peut se mettre à trembler et détruire la maison; ou la maison peut être écrasée et les habitants tués par "le Chien de la Lune" ou "l'Ours de la Lune" (l'Ours d'eau douce peut aussi faire monter l'eau et noyer la maison); ou bien encore cela peut provoquer de violents orages marqués par du tonnerre et des éclairs violents.

– La Lune (*Aniŋā'*) : quelques "faits divers"[9]

Elle est de sexe masculin[10]

D'après les chamanes qui lui ont rendu visite, elle porte une peau d'ours. L'espace qui se trouve entre sa lampe à huile (*unaqi*^{t}) et la plate-forme sur laquelle elle est assise est fréquemment encombré de détritus multiples.

---

(9) Ce sont les seules notes de terrain sur ce sujet retrouvées à ce jour.
(10) Se reporter à l'article de Robert Gessain: "L'homme-Lune dans la mythologie des Ammassalimiut", in *Systèmes de signes*, Hommage à Germaine Dieterlen, Hermann, pp. 205-222.

Les détritus s'y accumulent par la faute des humains, les *parinarti*ᵗ, qui n'observent pas les tabous. La Lune, incommodée par ces détritus, finit par se fâcher. Il faut alors qu'un chamane (*aŋake'*) aille nettoyer ce coin sale de la maison de la Lune pour qu'elle revienne à des sentiments amicaux à l'égard des humains et, par exemple, ne fasse pas neiger trop longtemps.

Lorsqu'un tabou n'est pas observé par un homme, la Lune, qui surveille les actions des humains, se fâche (*Aniŋā' qiŋaʳte'*) et envoie un de ses chiens pour châtier le délinquant.

La fenêtre de la Lune est fermée grâce à des *ciŋidāt*, comme sont les fermetures des sacs ou des outres. La Lune est pleine lorsque les fermetures sont enlevées. Mais la Lune referme les ouvertures chaque jour un peu et la lumière de la Lune disparaît. Quand les ouvertures sont obturées, la Lune n'est plus visible : elle part à la chasse au narval. Elle revient avec des narvals, puis redéfait peu à peu les ouvertures.

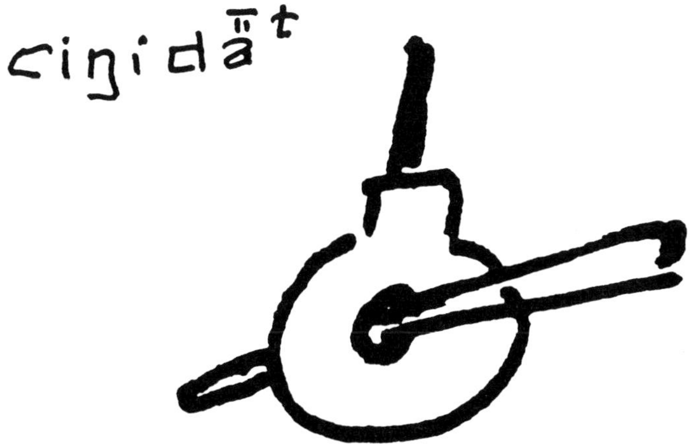

Sur la Lune on peut distinguer ses *igäᵗ*, les perches pour mettre vivres et vêtements hors de portée des chiens, et son anorak de peau (*adaciᵗ*) pendu dessus.

Les éclipses :
* si l'éclipse commence par-dessous, ce sont les hommes qui meurent;
* si elle commence par-dessus, ce sont les femmes qui meurent.

– Les étoiles

* *Ndārci'*, Véga, qui est l'une des étoiles les plus brillantes de la constellation de la Lyre (magnitude zéro), est considérée comme étant le frère du Soleil. Pendant la nuit polaire, en effet, cette étoile décrit dans le ciel une trajectoire analogue à celle que décrit le Soleil en été, ce qui permet aux Eskimo de mesurer le temps au cours de la nuit.

---

* *Āt̄i*^{t}, deux étoiles dont l'une est Ataïr.

Autrefois, quand ces deux étoiles appelées *Āt̄i*^{t} apparaissaient au-dessus de l'horizon, on fêtait cet événement (qui indique le jour le plus court de l'année) par la consommation de *qiciä*^{t} – des phoques entiers, faisandés, gelés, remorqués dans la maison –, et par une nuit entière de danses. Ceci avait lieu entre le 20 et le 25 décembre.

L'année commençait à la nouvelle lune qui suivait l'apparition de *Āt̄i*^{t}; c'est-à-dire en janvier.

Les mois n'avaient pas de nom (comme chez les Eskimo Caribou, par exemple), mais des numéros, le premier, le second, le troisième, etc.

On dit que les deux étoiles *Āt̄i*^{t} se battent avec le Soleil pour le point où ils se lèveront (*Āt̄i*^{t} *pāderā*^{t}) et que lorsque le Soleil a le dessus, le temps va devenir beau et chaud et les *qacimadi*^{t} (phoques qui montent sur la glace pour se chauffer au soleil) seront nombreux.

– La Maîtresse de la pluie et du temps (atmosphérique) : *Azia'*

Un grand chamane comme Naja avait le pouvoir d'aller rendre visite à *Azia'*, maîtresse de la pluie et du beau temps, qui vit dans la Lune. Il intercédait ainsi auprès d'elle pour qu'elle fasse régner le temps désiré.

Azia' possède un sac solidement attaché avec une lanière faite dans la bordure percée d'une peau de phoque; ce sac est plein de provisions dérobées dans les caches à viande des humains.

Récit

Dans la maison, il y a un homme et un bébé qui est son enfant. Le bébé crie : "*oŋā! oŋā!*". L'homme est fatigué de ces cris. Il sort et appelle :

- Vous autres ! Que quelqu'un vienne pour prendre mon enfant dans son capuchon (*amawut*) et le promène!

Une fille arrive. Elle entre dans la maison suivie par l'homme. L'homme met son enfant dans le capuchon de la fille. Il s'arrête de pleurer. Elle sort avec le bébé dans son capuchon . Elle disparaît. Le soir venu, elle ne reparaît pas. Elle a disparu avec le bébé. Alors l'homme, le père du bébé se souvient que la fille n'était pas comme les autres filles du groupement. Il se souvient qu'il a vu, en mettant l'enfant dans le capuchon, que la fille avait un creux entre les épaules, entre les omoplates.

On devine alors que la fille était *Azia'*, la déesse de la pluie.

Beaucoup d'hivers plus tard, le grand chamane Naja, au cours d'une séance de chamanisme, fait une visite à *Azia'*. Il lui demande de faire tomber la pluie pour faire fondre la neige qui recouvre encore la terre et empêche le printemps d'arriver. A côté d'elle, Naja voit un vieil homme avec de la barbe, qui crie : "*oŋā! oŋā! oŋā!*". Il comprend que ce vieil homme est l'enfant qui a été kidnappé par *Azia'*.

Naja demande à *Azia'* de faire tomber la pluie. Alors, du séchoir qui est au-dessus de la lampe à huile, *Azia'* décroche une sorte de sac en peau. Elle va le poser à droite du seuil de sa maison. Le sac s'enfonce dans la terre. Après un moment, elle le retire. Il est plein de *nunä*^{t} (pissenlits). Elle n'en veut pas. Elle remet le sac à la même place. Il s'enfonce dans la terre. Quand elle le retire, il est vide. Alors elle le place de l'autre côté du seuil, à gauche. Le sac s'enfonce dans la terre. Quand elle le retire, il est plein de viande de narval. Le sac était parti à terre chiper cette viande dans des caches à nourriture et des outres.

Naja explique à *Azia'* le but de sa visite. Alors *Azia'* prend un morceau de peau d'ours que l'on met pour s'asseoir dans le fond du trou d'homme d'un kayak. Elle le mouille légèrement et le secoue une fois. Elle veut le secouer une deuxième fois. Mais Naja l'arrête.

Naja rentre dans sa maison.
Trois jours plus tard, la pluie commence à tomber. Elle tombe pendant une lune.

– Les vents
La femme du *neqaja'* (vent du nord-est) est le *pidara'* (vent du nord-ouest) et le *kadane'* (vent du sud-est) est leur fils, le *puwajerte'* (vent du sud-ouest) leur fille.

«Quand le *kadane'* souffle, on dit :
partījadajrā : il va à sa rencontre (de sa mère).

Quand le *neqaja'* souffle et ne veut pas s'arrêter, les hommes disent aux femmes de coucher avec lui pour le calmer.

Quand le *pidara'* souffle, les femmes disent la même chose aux hommes.» (Journal de Kangerlugssuatsiak, le 28 octobre 1936)

«Le *neqaja'* est mâle. Le *pidara'* est femelle.
Quand le *neqaja'* souffle trop longtemps, une vieille femme, née par beau temps, sort, entièrement nue, se couche sur la terre ou sur la neige, et imite les gémissements et les gestes d'un enfant nouveau-né.
Ces gémissements pourraient s'écrire : "*uŋā, uŋā* !"

Si c'est le *pidara'*, il en est de même, mais c'est un homme nu qui mime l'enfant nouveau-né.» (Journal de Kangerlugssuatsiak, le 21 novembre 1936)

– Le tonnerre (*kat̄erte'*)
«Kara raconte :
Maintenant il n'y a presque plus de tonnerre. Mais autrefois, il y avait des coups de tonnerre tellement violents qu'ils décrochaient les mâchoires et faisaient éclater les kayaks. Ils tuaient même des hommes, qu'on retrouvait alors la bouche ouverte, la mâchoire pendante.
Lorsqu'un orage s'annonçait, tout le monde se calfeutrait dans les tentes. On les jumelait rapidement deux par deux par leur entrée, de façon à ce qu'il n'y ait pas d'ouverture.

Position des tentes jumelées

A l'intérieur, on distribuait rapidement à tous de l'*ākā* (du sang de phoque coagulé) conservé spécialement pour cette occasion. Chacun mettait son morceau d'*ākā* dans la bouche, mordillait, l'étendait sur toutes les dents, pour bien coller une mâchoire à l'autre, et attendait, une main appuyée sur la tête, l'autre pressant violemment sous le menton, pour empêcher la mâchoire de se décrocher.

L'*ākā* utilisé pour cette technique était spécialement préparé avec du sang de phoque barbu de deux ans, mais d'une espèce spéciale, très rare, les *tānī*ᵗ (phoques sans poils).

Cet *ākā* a la propriété d'être très collant.

Comme les orages étaient peu fréquents, l'*ākā* était parfois conservé pendant des années, traversait des famines sans être mangé et prenait l'aspect d'un morceau d'ébène.

Les chasseurs qui se trouvent en kayak relèvent leur *aguidiza'* (tablier de kayak) pour empêcher leur kayak d'éclater sous l'effet du tonnerre.

On raconte l'histoire d'un chamane qui, par un jour de grand beau temps, leva le nez, renifla l'air, et dit à tous ses compagnons de rentrer rapidement parce qu'un violent coup de tonnerre se préparait. On ne l'écouta pas. Il fit demi-tour seul. Il rencontra d'autres chasseurs en kayak, et leur tint les mêmes propos. Personne ne l'écouta sauf un, qui rentra avec lui. Aussitôt arrivés à terre, ils jumellent leur tente, font jumeler les autres tentes, où il n'y avait que des femmes et des enfants, se barricadent dans leur tente, mâchent de l'*ākā* et se collent les mâchoires.

– *eqida* ! et voilà, malgré le beau temps, tout à coup, un violent coup de tonnerre. Le soir aucun chasseur n'est rentré. Ils ont tous été tués.» (Journal de Kangerlugssuatsiak, le 27 janvier 1937)

– La glace tombée du ciel

«Johanna raconte qu'elle a vu un "iceberg" tomber du ciel.

Ils étaient tous, ses parents, ses frères et sœurs, sous la tente à Qarstek, près de Kulusuk. Elle avait à peu près dix ans (c'était donc en 1895 environ). Tout à coup, ils ont vu quelque chose apparaître dans le ciel.

Ça tournoyait, ça tournoyait dans le ciel, juste au-dessus de la tente et ça tombait juste sur la tente, dit Johanna.

Ses mains vivement agitées au-dessus de sa tête, ses yeux clignotants regardant vers le haut, le front plissé, la tête rentrée dans les épaules, elle mîme la scène.

Alors nous avons tous crié, crié. Nous avions très peur. Nous avons tous crié et ça s'approchait de plus en plus de la tente en tournoyant.

Sa tête rentre davantage dans les épaules. Elle cligne des yeux, manifestant la plus grande frayeur.

Nous avons tous crié. Et c'est allé tomber à Innak de l'autre côté de

Kulusuk, au lieu de tomber sur la tente. Alors des kayaks sont allés et ont ramené des morceaux : c'était de la glace, comme la glace du fjord. Ça fondait dans la maison comme la glace; c'était vraiment de la glace. Ce qui était tombé, c'était grand comme un iceberg.» (Journal de Kangerlugssuatsiak, le 29 septembre 1936)

– Un autre météore

«Johanna a d'ailleurs vu tomber un autre météore, et Odarpi également, comme un grand soleil avec beaucoup d'étoiles derrière comme une queue de chien. Et quand c'est tombé sur la terre, ça a fait comme de l'eau qui gicle de tous côtés, comme quand un iceberg s'écroule. Mais c'était comme du feu.

On appelle cela un *nakārterto':* une chose qui tombe (comme par exemple un oiseau tué).» (Journal de Kangerlugssuatsiak, le 29 septembre 1936)

– Une "glace-tupilek" (*pubi*)

«Kara raconte :

Ils étaient à Umivik. Elle, alors jeune fille, et Odine, alors *kipa* (servante) de sa mère, vont chercher de l'eau, un soir. Elles voient soudain une glace qui se déplace parmi les autres, le long du rivage, assez rapidement. Elles regardent et s'aperçoivent que c'est un tupilek à tête de phoque mais avec un corps énorme et blanc comme une glace flottante. Kara rentre dans la maison pendant qu'Odine reste dehors pour surveiller l'avance du tupilek qui s'approche de plus en plus de la maison. Qartowat (le frère de Sabina de Tasida) sort alors rapidement avec son fusil. Mais le tupilek-glace a disparu "sous terre, sous la maison", explique Odine.

C'est un *pubi*.

Un *pubi* est une glace-tupilek, qui souvent écrase une maison entière.» (Journal de Kangerlugssuatsiak, le 29 septembre 1936)

– Les très grands glaciers

Igertewa (celui qui est large), au nord de la région d'Ammassalik, est noté Steenstrup Braer sur les cartes danoises. La réputation de cet immense glacier est effrayante, presque autant que celle du glacier qui se trouve au sud, entre Timmiarmiut et Anoritoq, et que les Est-Grœnlandais appellent Puisortoq, c'est-à-dire celui qui "*puiwo'*", fait du brouillard.

Ce glacier (Puisortoq) a un énorme éperon de glace qui avance dans la mer vers le large, fort loin. Les umiaks sont obligés de passer au milieu du dédale d'icebergs nourris par le front du glacier. Mais ce qui cause la plus grande frayeur aux hommes, c'est le "sous-sol" de glace. De ce fond de glace se détachent des blocs, des icebergs entiers, qui montent à la surface en véritables volcans sous-marins. La tradition raconte que de nombreux umiaks ont été ainsi détruits par le glacier mécontenté par les hommes.

Lorsqu'on s'apprête à passer devant le glacier – ce qui prend une pleine journée – les umiaks s'arrêtent à la dernière terre. Tout le monde mange pour prendre des forces et parce que, tant que durera la traversée, on ne se nourrira pas pour ne pas mécontenter l'esprit du glacier.

Puis la traversée commence. Dans le silence. Pas uneseule parole ne doit être prononcée; les coups d'avirons doivent être silencieux eux aussi, comme les gens. Les enfants, effrayés par tout ce qu'on leur a raconté, sont blottis dans le fond de l'umiak et respirent à peine. Les mères donnent à têter à leurs bébés de peur que ceux-ci ne crient, ce qui inévitablement fâcherait l'esprit du glacier. Arrivés à peu près au milieu du glacier, les umiaks s'arrêtent et font une offrande. Autrefois, des objets de grande valeur tels que des perles, ou bien des morceaux de fer ou des peaux, étaient jetés sans bruit par-dessus bord. Pendant toute la traversée, personne sauf le barreur, et seulement s'il y est expressément obligé, ne doit regarder le front du glacier[11].

Igertewa, lui aussi, est connu pour sa férocité. Mais il n'a pas de volcans de glace sous-marins. Sa férocité vient surtout de ce qu'il débite des icebergs et des glaces énormes qui obligent les umiaks à passer très au large, si loin parfois que toutes les terres ne font plus qu'une ligne à l'horizon; et les traîneaux partant vers le nord ou venant du nord sont généralement arrêtés par la glace brisée à son pied.

– Le tremblement de terre (*itīmine'*)

En cas de violation de tabou, la terre peut se mettre à trembler et détruire la maison.

Autrefois, il arrivait ainsi que le sol de la maison soit comme battu par dessous, ou que les fenêtres soient secouées, sans vent, ce qui faisait mourir les habitants, en de brefs délais, de cause inconnue.

– La fin du monde

Elle est évoquée dans un chant où le Ciel menace d'écraser la Terre si le pilier qui le supporte se décroche :

iŋ̄erniaŋiderp̄ua (bis) *picin̄iaŋ̄iderp̄ua* (bis)
Je veux chanter, je veux chanter un chant de duel,

īna^{w}*acānu* (bis) *ūmanācānu* (bis)
Tant que je vis, tant que je suis en vie.

idāŋi nak̄at̄sawo' (bis) *qidat̄iwa nak̄at̄sawo'* (bis)
On dit qu'il va tomber, le Ciel va tomber,

cugāŋi pit̄icawo' (bis)
Le pilier porteur va se décrocher.

ajā ornert̄arp̄i (bis) *qidet̄iwa ornert̄arp̄i* (bis)
Es-tu allé là-haut? Es-tu allé dans le Ciel?

cat̄orutājanar̄a (bis) *idāŋi pit̄icawo'* (bis)
Il ne faut pas que tu mentes, on dit qu'il va se décrocher.

(texte noté auprès de Kion, à Kulusuk, le 26 février 1935).

(11) Voir aussi J. Robert-Lamblin, *Les Ammassalimiut au XX*^{e} *siècle*, 1986, pp. 380-381.

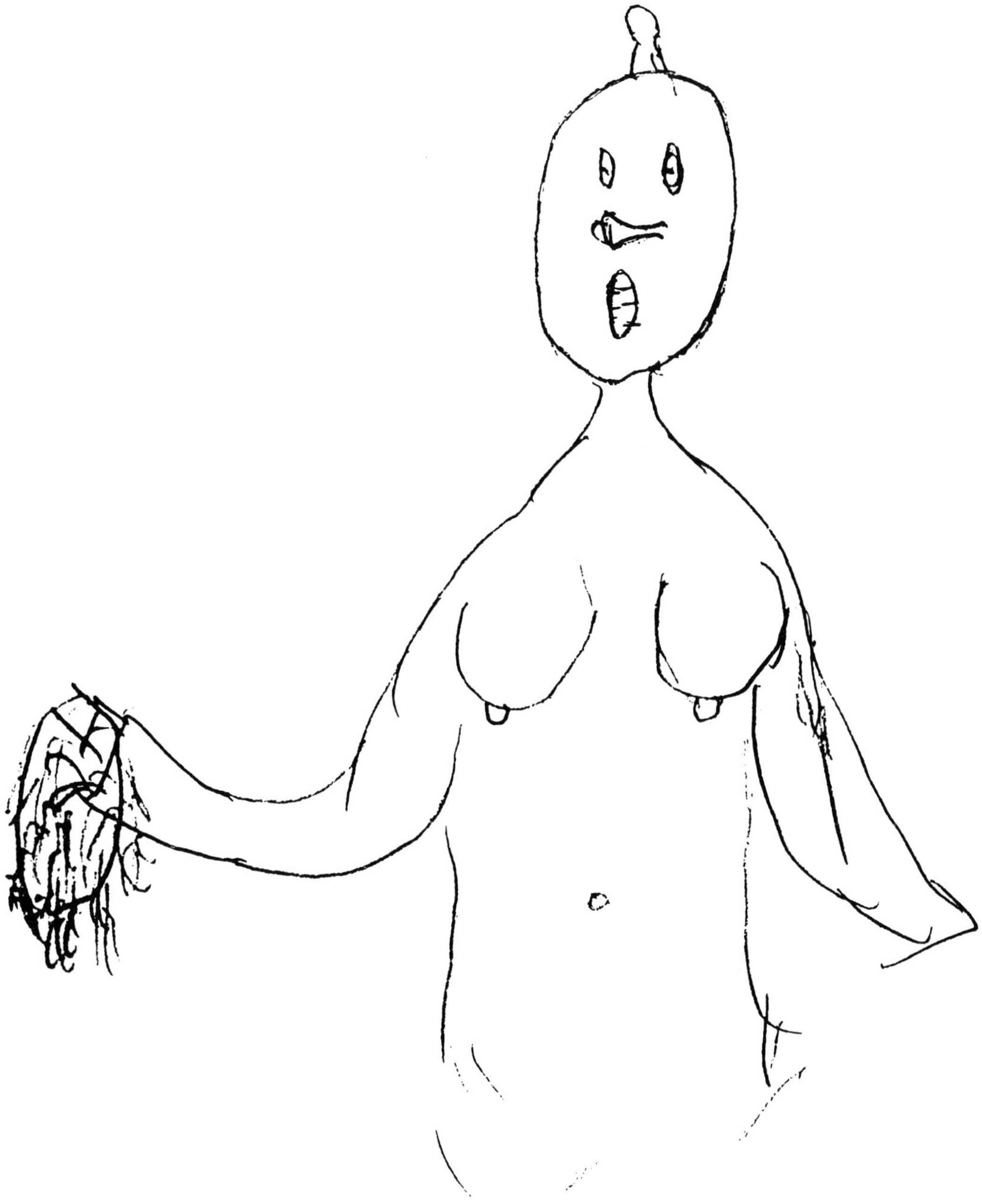

Azia', Maîtresse de la pluie et du beau temps, secouant son morceau de peau d'ours au-dessus de la Terre pour faire tomber la pluie (dessin eskimo)

Baptêmes luthériens à Tasiilaq en 1977.

LES NOUVELLES CROYANCES

Vers le milieu du XIXe siècle, les Groenlandais de la côte occidentale avaient tous été, peu ou prou, atteints par l'œuvre d'évangélisation de l'Église luthérienne dano-norvégienne ou par celle des frères Moraves, une communauté religieuse allemande ayant eu plusieurs lieux d'implantation au Groenland entre les années 1733 et 1900. À la fin du XIXe siècle, il restait à atteindre les païens de l'est et ceux de Thulé au nord-ouest de l'île.

Les frères Moraves établis à Friedrichsthal (aujourd'hui Narsarmijit), au sud-ouest du pays, les premiers à être entrés en contact avec les Est-Groenlandais venant faire du commerce au comptoir de Pamiagdluk, avaient l'intention, au début des années 1880, d'aller installer une mission religieuse sur la côte orientale du Groenland. Mais leur projet ne put se réaliser et c'est au Danois Gustav Holm que revint le succès d'être parvenu jusqu'à l'habitat de la population d'Ammassalik, en 1884. Un de ses compagnons de route et d'hivernage, le catéchiste luthérien ouest-groenlandais Johannes Hansen, connu sous le nom d'Hansêrak, l'avait officiellement accompagné pour lui servir de guide. Son intention réelle était cependant de révéler l'Évangile aux païens d'Ammassalik. Il s'y consacra autant qu'il put au cours de l'expédition de 1884-85 et fut ainsi le pionnier du travail missionnaire sur la côte orientale.

En réalité, l'Église luthérienne danoise était soucieuse de ne pas laisser les frères Moraves allemands attirer les Est-Groenlandais à Friedrichsthal, ou tenter de s'implanter à l'est du Groenland. L'installation conjointe, à Ammassalik, d'un poste de commerce et d'une mission religieuse permanente danoise se réalisa en 1894, soit dix années après l'œuvre « pionnière » d'Hansêrak. Le missionnaire-théologien Frederik Carl Peter Rüttel, premier pasteur danois envoyé dans cette région, commença dès 1895 son enseignement religieux et scolaire, si bien que, le 16 avril 1899, avaient lieu à Tasiilaq les premiers baptêmes chrétiens. Huit Ammassalimiut au total furent baptisés, parmi lesquels sept femmes ou jeunes filles et un jeune garçon. D'autres baptêmes suivirent et quatre premiers mariages religieux furent célébrés le 23 avril 1900.

Dans les faits, le travail d'évangélisation accompli par Rüttel semble avoir été particulièrement ardu, tant en raison de sa propre personnalité, que de sa méconnaissance de la langue locale et de son incompréhension à l'égard d'un mode de vie qu'il condamnait très sévèrement, le jugeant immoral. L'administrateur Ejnar Mikkelsen a des paroles très dures pour Rüttel, qui resta dix années à Ammassalik. Dans un de ses ouvrages, Mikkelsen l'accuse directement d'avoir détruit les liens fondamentaux qui assuraient la cohésion sociale de cette ethnie, et d'être responsable de la situation de déroute dans laquelle se trouvent les Est-Groenlandais, situation évoquant pour lui le sort de ces « morceaux de bois de flottage qui sont ballotés par les flots et jetés çà et là au gré des tempêtes » (E. Mikkelsen, 1934, p. 65, traduit du danois).

Lorsque Rüttel quitte Ammassalik en 1904, le nombre des baptisés s'élève à 62. Son successeur, le pasteur ouest-groenlandais Christian Rosing, reste jusqu'en 1922, poursuivant et achevant l'œuvre de christianisation. Il est aidé tout d'abord par un catéchiste (ouest-groenlandais), puis par deux et enfin par trois à partir de 1914 ; parmi ces derniers se trouve le premier garçon baptisé d'Ammassalik, devenu catéchiste entre-temps : Kârale Andreassen[1].

Au moment où le bâtiment de l'église de Tasiilaq est consacré, en 1908, le nombre des baptisés est d'environ 200, soit un peu plus du tiers de la population est-groenlandaise. Ce nombre continue de s'accroître régulièrement et, le 3 juillet 1921, deux cents ans jour pour jour après le débarquement du pasteur norvégien Hans Egede sur le sol groenlandais – à l'ouest du pays, près du fjord de Nuuk[2] – les derniers païens d'Ammassalik rejoignent l'ensemble de la communauté chrétienne, en accédant au baptême. Il s'agit d'un groupe de 12 hommes et 11 femmes, originaires du Sermilik.

Dans ses annales, l'Église luthérienne du Groënland peut alors (en 1921) proclamer avec la plus grande satisfaction que les anciennes croyances ont disparu chez les Est-Groenlandais, que ceux-ci ne craignent plus les esprits maléfiques, que leur manière de vivre s'est transformée : échange de femmes, extinction des lumières et polygamie ont cessé ; et enfin, que les assassinats, vengeances sanglantes (vendettas), et meurtres « impitoyables » d'enfants et de vieillards, ne sont plus pratiqués.

Il est certain que la morale puritaine luthérienne a profondément changé les mœurs des Ammassalimiut et que les pratiques chamaniques, vivement combattues, sont devenues clandestines ou ont été abandonnées[3]. La conversion des Ammas-

1 - Fils du chamane Mitsuarnianga et père d'Elisa Maqe, il fut l'informateur privilégié de Knud Rasmussen en même temps qu'un grand artiste. Les dessins de Kârale Andreassen évoquant la vie spirituelle des Ammassalimiut font l'objet d'une très belle et intéressante publication (Geertsen I., 1990).

2 - Date historique marquant le début de la colonisation du Groenland par le Royaume de Danemark-Norvège.

3 - La conversion du très redouté chamane Maratse et son baptême en avril 1912 ont été accueillis avec une joie particulière. Celle de Qio (Georg Quppersimaan), qui accomplissait le long apprentissage pour devenir chamane et qui fut baptisé en février 1915, présente un intérêt particulier car le récit de sa propre vie, lorsqu'il était encore païen, a été recueilli et publié par O. Sandgreen, en groenlandais, en 1972 (traduit en danois en 1982 ; traduction française par C. Enel, Gallimard, 1992).

salimiut s'est faite, en réalité, au prix de la destruction de nombreuses valeurs fondamentales pour eux – ne serait-ce, par exemple, qu'en donnant aux nouveaux baptisés des noms chrétiens étrangers, en discontinuité avec ceux des ancêtres du groupe, ce qui touchait à l'identité même de la personne humaine comme à celle du groupe, fondée sur un perpétuel retour des âmes-noms des êtres humains. Les nouvelles croyances devaient également entraîner la rupture de l'équilibre instauré entre cette petite société et l'univers dans lequel elle vivait : une harmonie qui était auparavant maintenue ou rétablie grâce au chamane.

Ce désarroi des premiers chrétiens d'Ammassalik transparaît dans le récit autobiographique de Georg Quppersimaan : « Nous avons été remplis d'incertitude lorsque l'évangélisation a commencé chez nous. Nous avions ici beaucoup de coutumes et diverses habitudes dont nous pensions que nous ne pouvions pas les abandonner, car, en les délaissant, nous nous serions nous-mêmes détruits... C'était très pénible de voir désignées comme inutiles les choses que l'on avait apprises au cours d'un si long temps et avec de si grandes difficultés. À présent, ces connaissances n'étaient plus utiles dans aucun monde ; il nous fallait cesser de les prendre en considération » (in O. Sandgreen, 1982, p. 181-182, traduit du danois).

Jusqu'à un certain point, il y eut syncrétisme entre les nouvelles croyances et les anciennes : les objets religieux servirent souvent d'amulettes ; les psaumes furent utilisés comme des charmes ou des formules magiques de guérison ; les anciens noms eskimo continuèrent à être utilisés en même temps que les noms chrétiens et les noms de baptême furent parfois choisis et prononcés de façon à rester très proches des noms païens ancestraux[4]. La consultation du missionnaire (ou celle de l'administrateur) devint une sorte de substitut au recours au chamane. Quant aux premières vaccinations médicales, elles furent considérées comme dotées d'un pouvoir magique.

En s'acculturant, les Est-Groenlandais transformèrent peu à peu leur vision du corps humain, renonçant par exemple au principe de son intégrité absolue (après une forte réticence, il fut admis que cheveux et ongles pouvaient être coupés[5]) en

4 - Telle Kaga (Kakak) qui a pris le nom de Karen, prononcé Kara ; ou Arpârte qui a pris le nom d'Albert (Alperte). Tukatse, baptisée Dorkas, a été appelée Torqatsi, et Pitsa, christianisé sous le nom de Peter, est devenu Pida. On trouve encore les noms de Gerhard prononcé Kiarrat, Ebbe prononcé Ippi, Bella Carita appelée Pitarqinia, Ephraim ou Ebba prononcé Ippa, ou Felicia appelée Pilikatsiak, etc.

5 - Pour être baptisés, les hommes durent faire couper leurs longs cheveux ; or, écrit Holm à propos de son séjour à Ammassalik en 1884 : « *When I asked them for a lock of their hair, they usually said that their father had told them they were never to have their hair cut... or they would die* » (in W. Thalbitzer, 1914, p. 86).

abandonnant la croyance en de petites âmes spécifiques situées à la charnière des différentes parties du corps. La santé est devenue une affaire plus individuelle : grossesse, accouchement, avortement, maladie mentale ou décès, ne constituent plus des situations de danger pour l'ensemble du groupe social. Les observances pour ces circonstances et les tabous sont tombés.

Cependant, pour la plupart des Est-Groenlandais contemporains, le corps vivant demeure intimement lié à l'âme-nom qui l'habite. Cette âme-nom qu'il a reçue à sa naissance et qui réincarne en lui un ancêtre disparu. Si l'âme-nom souffre moralement de mauvais traitements, le corps tombe malade et, inversement, si le corps est brutalisé, l'âme-nom se sépare de son enveloppe corporelle pour en regagner une autre le plus vite possible. Le principe de la « réincarnation » du nom (qu'il soit chrétien ou païen), qui est toujours vivace au Groenland oriental, est à la base de la plupart des liens sociaux, et le système d'éducation familiale, si particulier aux populations de culture eskimo, en découle.

Les grandes étapes de la vie religieuse des Est-Groenlandais sont, aujourd'hui, essentiellement le baptême, la confirmation et les cérémonies de l'enterrement. Le mariage n'est qu'une sorte de régularisation, devant le pasteur, d'une situation existant déjà depuis un certain temps. C'est surtout l'occasion d'une importante célébration familiale et sociale[6].

Le baptême religieux, au cours duquel le représentant de l'Église prononce officiellement les noms du petit enfant qui est présenté par ses parents, est la prolongation de la cérémonie familiale intime où le nouveau-né reçoit ses différents noms, de sa mère, de sa grand-mère, d'une tante ou de la sage-femme qui l'a mis au monde, et les accepte (en cessant de pleurer).

La confirmation, qui marque la fin de la catéchèse et l'entrée dans la vie des chrétiens adultes, a été assimilée par les Ammassalimiut à une sorte de rite de passage de l'adolescence à l'âge adulte. De fait, cette cérémonie a longtemps coïncidé, pour les promotions d'écoliers âgés de 14 ans, à la fin des études et à l'entrée dans la vie active. Célébrée par un long office de plusieurs heures, la cérémonie religieuse est suivie d'une fête sociale, préparée de longue date.

6 - En dehors des baptêmes, confirmations et mariages, sont aussi célébrées par des invitations et des réjouissances les nombreuses fêtes à date précise, directement empruntées au calendrier et au mode de vie occidentaux : Noël, Jour de l'An, Rois Mages, Pâques, de même que la première journée de scolarité d'un jeune enfant et tous les anniversaires. Sans modèle traditionnel (sauf d'éventuelles réminiscences d'anciennes célébrations hivernales, avec déguisement et divertissement, comme lors de la fête des Rois Mages telle que la décrit G. Nooter dans sa publication de 1975), ces fêtes sont célébrées à l'européenne.

L'idée chrétienne de la mort débouchant sur une vie future et la notion de l'au-delà sont des concepts facilement acceptés par cette population qui, dans sa propre conception du monde, avait la représentation de plusieurs mondes où les « âmes » des morts se retrouvaient et demeuraient éternellement. En revanche, les rites mortuaires, les interdits imposés par le deuil, les modes de sépulture ont été profondément modifiés par la religion luthérienne.

Après le décès, le corps du mort est placé dans une chapelle ardente, en attendant la cérémonie religieuse à l'église. Au cours de l'office religieux, l'assistance dépose sur la bière de petits bouquets de fleurs (artificielles) entourés de rubans ; puis elle accompagne le cercueil jusqu'au cimetière où se déroule une nouvelle cérémonie religieuse, plus brève, pour l'enterrement. Les tombes actuelles sont surmontées de croix et fleuries de couronnes de fleurs en matière plastique.

Des cimetières enclos ont été aménagés à l'écart des villages ou de la petite ville, dans les années 1960-1970. Auparavant, les tombes étaient dispersées çà et là et se trouvaient parfois au milieu des habitations. Je me souviens d'une vieille femme qui, en 1967, redoutait d'être enterrée dans le nouveau cimetière de Tasiilaq situé à l'écart de la ville et où encore peu de personnes avaient été inhumées. Craignant le froid moral de l'isolement et de la solitude, cette femme aurait préféré se retrouver enterrée parmi les maisons des vivants.

À l'approche de la mort, certaines personnes âgées décident, comme jadis, de « confesser » leur existence devant leur entourage, c'est-à-dire de révéler dans le plus grand détail ce que personne ne savait d'elles auparavant. Ce récit, devant la famille silencieuse et grave, qui sait que la fin approche, peut durer plusieurs jours[7]. La perspective de renaître dans un autre jeune corps est souvent exprimée comme un élément rassurant et apaisant face à la mort.

Il est à noter que quelques vieilles personnes ont été enterrées, encore récemment, avec leurs objets personnels : tambour, outils ou armes. Enfin, certains tabous de deuil se sont maintenus : on peut mentionner le refus, par les proches du mort, de chanter ou de jouer du tambour et le fait de s'abstenir de prononcer le nom du défunt.

Malgré les affirmations des représentants de l'Église luthérienne, un certain nombre de croyances anciennes en des esprits qui rôdent et menacent les vivants, généralement lorsqu'ils sont seuls, n'ont pas disparu. Dans les conversations surgit fréquemment l'évocation d'événements curieux et inquiétants, d'indices de la présence ou même de la rencontre d'êtres surnaturels qui provoquent une peur

7 - J'en ai moi-même été le témoin au cours d'un de mes séjours.

très vive. Des histoires d'esprits à l'apparence monstrueuse : *kiiappak*, *kupajeq*, d'êtres qui hantent l'inlandsis, de revenants, ou bien de disparus encore vivants (*qivittoq*[8]), sont souvent évoquées et prises très au sérieux. Ces croyances qui, en un syncrétisme surprenant, associent d'anciennes croyances d'Ammassalik à de nouvelles, empruntées au Groenland occidental ou au christianisme (en intégrant, notamment, le personnage du diable : *diaavulu*), dénotent un besoin de comprendre l'inexplicable et d'identifier ses frayeurs. Utilisation de charmes, port d'amulettes, crainte d'irriter les morts en prononçant leur nom avant qu'ils soient « réincarnés », font encore partie de la vie quotidienne au Groenland oriental.

Quant aux pratiques magiques maléfiques des *ilisiitsit*, les sorciers, on dit qu'elles continuent à provoquer des drames. Des événements tragiques, survenus dans des circonstances inexpliquées : mort accidentelle à la chasse, maladie foudroyante, infécondité d'une femme ou disparition du gibier, sont encore souvent attribués aux actions mal intentionnées de certaines personnes, soupçonnées d'avoir voulu porter malheur en fabriquant un *tupilek* (tel qu'il est décrit plus haut, p. 288-292) ou en prononçant des paroles maléfiques.

D'un homme décédé récemment, qui a été considéré comme responsable de la mort des enfants d'une femme ayant perdu bon nombre d'entre eux à la naissance ou en bas âge, on dit qu'il a déterré un cadavre d'enfant et l'a utilisé pour fabriquer des *tupileks* contre cette femme. Celle-ci, sage-femme de son métier, a effectivement perdu sept jeunes enfants sur les neuf qu'elle a mis au monde. Dans un autre cas, c'est en jetant verbalement un sort : « Tous tes enfants mourront ! » qu'un vieux chasseur s'est vengé de la femme qui avait refusé d'épouser son fils. Et il advint que quatre de ses enfants moururent tout jeunes, tandis qu'une petite fille, atteinte d'une malformation cardiaque, fut sauvée *in extremis* par la médecine danoise.

Un autre habitant d'Ammassalik a été tenu pour responsable de la maladie et de la mort d'une femme, de même que de la disparition des narvals, dans les années 1950 et 1960. D'un promontoire dominant la mer, il a, dit-on, enjoint aux narvals de quitter la proximité des villages ; la Femme de la mer les a, alors, tous rappelés à elle.

Une femme encore, hospitalisée et très malade, a, pense-t-on, fait mourir quelqu'un de son village afin de guérir elle-même. Elle s'est en effet, de façon surprenante, remise de sa maladie… Et l'on pourrait multiplier les exemples.

8 - Pluriel : *qivittut*. Personnes disparues soudain dehors, dont on dit qu'elles ne sont pas mortes et qu'elles vivent dans les montagnes enneigées ; parfois, des années après leur disparition, on voit leurs traces dans la neige. Cette croyance a été probablement introduite du Groenland occidental.

Si quelques pratiques et croyances traditionnelles des Ammassalimiut se sont maintenues jusqu'à nos jours, la fonction même du chamane a définitivement disparu. Aucun responsable religieux, aucune institution n'a véritablement pris le relais de ce personnage, clef de voûte de la société eskimo, tout à la fois médecin de l'âme et du corps, régulateur de la vie sociale et conciliateur des grandes Puissances de l'univers.

Joëlle ROBERT-LAMBLIN

PEY

LA FIN DE L'ISOLEMENT

Un important tournant dans l'histoire récente des Ammassalimiut se situe pendant la Seconde Guerre mondiale. La politique de protection et d'isolation jusqu'alors appliquée par le gouvernement danois ne peut être maintenue. Pendant cinq années, le Groenland oriental, coupé de tous liens tant avec le Danemark qu'avec le reste du pays, se retrouve directement sous la dépendance des États-Unis et cette région du globe devient la source d'informations météorologiques de la plus grande importance pour la navigation maritime et aérienne dans l'Atlantique nord. En 1941, une petite station américaine de radio-météorologie est installée à Tasiilaq ; puis, en 1942, une base militaire, destinée à permettre aux avions circulant entre l'Europe et l'Amérique de se ravitailler en cas de nécessité, est construite en plein cœur du district d'Ammassalik. Il est facile d'imaginer ce que la construction et la mise en service de cette base (la base d'Ikatek située dans un bras de fjord entre les villages de Kuummiut et de Sermiligak), pouvant accueillir jusqu'à huit cents militaires américains, ont pu provoquer comme perturbations dans la vie de la population locale. C'est à cette époque que les Ammassalimiut font la découverte étonnante de toute une culture matérielle et d'une technologie totalement étrangère à leur monde.

Les Danois reprennent le contrôle de la région à partir de l'année 1945 et commencent alors à s'y installer en nombre croissant. Le petit centre administratif et commercial de Tasiilaq se développe, se modernise et se transforme peu à peu en une véritable petite agglomération.

La fin des années 1950 et les années 1960 marquent une étape décisive dans l'évolution des Ammassalimiut vers l'« occidentalisation ». Cette nouvelle ère de transformations internes profondes est aussi celle de l'ouverture de la région sur le monde extérieur.

Conjointement à l'installation d'une station américaine de la ligne DEW[1], à Kulusuk, un petit aéroport à usage civil se construit et une ligne aérienne commerciale s'ouvre au début des années 1960. Désormais, il n'y a plus d'isolement hivernal : les contacts avec le monde extérieur deviennent possibles tout au long de l'année et les mouvements migratoires se multiplient entre cette région et la côte ouest du Groenland ou le Danemark. Les habitants d'Ammassalik ont de plus en plus d'occasions de quitter leur territoire et de découvrir d'autres modes de vie.

1 - DEW line : Distant Early Warning line, un réseau de stations radar implanté en Arctique canadien, nord Alaska, îles Aléoutiennes, Groenland, îles Féroé et Islande, de 1957 et 1993.

Si bien que rares sont ceux qui ne sont jamais sortis du Groenland oriental, pour raison de santé, pour un enseignement scolaire ou professionnel, pour un travail saisonnier, ou simplement pour rendre visite à un parent émigré.

Le tourisme estival en provenance d'Islande se développe rapidement, suivi plus tardivement d'un tourisme en saison hivernale permettant à des étrangers fortunés de découvrir la beauté du Grand Nord.

Au sein même du district d'Ammassalik, la fin des années 1950 et la décennie suivante sont marquées par d'importants regroupements de population. Les familles traditionnellement dispersées sont incitées à se rassembler en plus gros villages, autour des nouveaux services administratifs – de commerce, santé, école et église – qui se développent considérablement avec le changement de statut du Groenland.

À cette époque en effet, passant d'un statut de colonie, maintenu jusqu'en 1953, à celui de « région » faisant partie intégrante du Danemark – ou « Danemark du Nord » –, c'était le Groenland tout entier qui était pris dans un mouvement d'urbanisation, d'industrialisation et d'évolution rapides. Mais pour les Ammassalimiut qui émergeaient à peine de la « préhistoire », le rythme d'évolution devait être beaucoup plus rapide que pour la plupart de leurs compatriotes ouest-groenlandais, qui avaient subi de façon progressive la colonisation européenne depuis le XVIIIe siècle.

LA DISPARITION DU NOMADISME HIVERNAL

La notion de surpopulation du district d'Ammassalik, qui n'a cessé d'être évoquée depuis les années 1920, tient fondamentalement au fait que la population ammassalimiut s'est accrue de façon très spectaculaire, tout en changeant son mode d'occupation du territoire.

Assez vite après la création du comptoir commercial de Tasiilaq, les habitations intégrèrent des matériaux nouveaux dans leur construction : planches de bois pour tapisser les murs intérieurs, le plafond et le sol ; vitres pour les fenêtres ; papier goudronné pour la toiture… Ces matériaux étant coûteux et pratiquement intransportables en migration, les habitations devinrent fixes et propriétés privées. C'est ainsi que peu à peu disparut le nomadisme d'hiver et que la grande famille patriarcale se morcela en unités plus restreintes. Toutefois, il ne s'agissait pas d'un abandon radical de la vie communautaire, car le partage de nourriture et l'entraide familiale se prolongèrent – et continuent encore – dans les petits villages, entre les maisons qui abritent des proches parents. Mais la restructuration annuelle du groupe familial, principe de base de l'organisation sociale traditionnelle des Ammassalimiut, fut abandonnée au fur et à mesure que se développaient des établissements permanents. Et l'autorité du chef de famille, qui reposait en grande partie sur les décisions collectives, s'affaiblit avec cette transformation fondamentale du mode d'habitat.

Les modifications dans la construction des maisons peuvent difficilement apparaître comme des améliorations, sauf en ce qui concerne le gain de lumière apporté par les vitres des fenêtres, par rapport aux bandes d'intestins de phoque, et peut-être l'illusion de confort intérieur donnée par les panneaux de bois disposés sur les parois. Mais, en réalité, l'habitation a perdu beaucoup en chaleur et en étanchéité. Le long et bas couloir d'accès, creusé en contre-bas du sol de la maison, qui avait pour fonction d'assurer l'aération de celle-ci sans laisser échapper l'air chaud, fut très vite abandonné et remplacé par une simple porte en bois fermant généralement très mal, parfois par un petit porche à double porte. Les fenêtres aux cadres mal ajustés et aux carreaux souvent cassés laissèrent également pénétrer le froid. Enfin, le papier goudronné posé sur les toitures n'assurait pas une étanchéité aussi efficace que les anciennes couvertures d'umiak ou de tente, en peaux épilées et imperméabilisées, dont on recouvrait autrefois les toits des grandes maisons. À l'intérieur, la pièce commune devint petite et très basse, laissant en définitive encore moins d'espace et de volume d'air à chacun.

Le bois d'importation prit de plus en plus d'importance dans les habitations d'Ammassalik et les constructions entièrement en bois, entourées extérieurement d'un mur de mottes de terre épais pour les protéger du vent et du froid, firent leur apparition. Ces nouvelles habitations, difficilement chauffables à l'aide de simples lampes à graisse de phoque, s'équipèrent de poêles ; mais encore fallait-il pouvoir acheter et transporter le charbon, ou bien trouver du bois pour l'alimenter, dans un pays sans arbre…

Ultérieurement, la rénovation des habitations groenlandaises – jugées insalubres – fut inscrite dans le plan de modernisation de la région, décidé par la métropole danoise à la fin des années 1950. Peu à peu, les Ammassalimiut en vinrent à acheter à crédit des maisons neuves, tout en bois, importées préfabriquées du Danemark et, pendant longtemps, assemblées sur place par des ouvriers danois, avant que les Groenlandais ne soient appelés à participer eux-mêmes à la construction de leur logement. En fin de compte, dans le domaine de l'habitat, les Est-Groenlandais, dont les ancêtres avaient mis au point une habitation d'hiver remarquablement adaptée au vent et au froid, furent amenés à abandonner tout ce que pouvait leur fournir leur milieu naturel, notamment la pierre, pour devenir dépendants de matériaux importés, coûteux, fragiles, dangereux car inflammables, et très mal adaptés à leur climat (comment comparer, sur le plan de l'isolation thermique, une cloison de bois, épaisse de quelques centimètres, avec les murs d'autrefois dont l'épaisseur pouvait atteindre un mètre ?).

Lorsqu'à la fin des années 1950, le gouvernement danois encouragea le regroupement de la population d'Ammassalik autour des équipements scolaires et médicaux, des points de commerce et des installations pour traiter une nouvelle ressource récemment apparue : la morue, le nombre d'établissements d'hiver des Ammassalimiut se réduisit sensiblement et la population des villages crût très fortement.

À la fin du xxe siècle, les habitants d'Ammassalik se répartissent entre huit localités permanentes de dimensions très variées, allant de la petite capitale Tasiilaq qui, avec plus d'un millier de résidents, regroupe presque la moitié de la population est-groenlandaise et la majeure partie de la colonie danoise, jusqu'à de très petits villages de moins de deux cents habitants, en passant par deux agglomérations de taille moyenne, Kuummiut et Kulusuk, qui comptent près de quatre cents individus. Cette répartition de la population explique la diversité des activités et des moyens d'existence des Ammassalimiut dans la société contemporaine. À côté de la traditionnelle chasse au phoque, qui ne peut s'exercer que dans les villages de moindre importance, se sont développés en effet d'autres secteurs d'activité ou d'autres sources de revenus monétaires qui permettent de vivre dans les localités les plus peuplées.

À travers l'évocation de cette rapide évolution de l'habitat, nous pouvons constater que les deux principes fondamentaux qui présidaient jadis au mode de résidence hivernal des Ammassalimiut : dispersion de l'ethnie par petits groupes familiaux et changement fréquent de lieu d'hivernage, ont été l'un comme l'autre abandonnés. Il n'existe plus de discontinuité dans l'occupation et l'exploitation des divers territoires de chasse, et la densité humaine par lieu habité est devenue considérable.

LA PERSISTANCE DES MIGRATIONS D'ÉTÉ

Si le nomadisme hivernal a été délaissé par la presque totalité des Ammassalimiut – hormis quelques familles qui partaient encore en migrations lointaines le temps d'un hivernage à la fin du xxe siècle – le nomadisme estival n'a pas disparu. Il n'est plus pratiqué aussi systématiquement qu'autrefois et la période d'éloignement de la maison d'hiver est beaucoup moins longue, mais ce besoin de mobilité pendant les beaux jours de printemps et d'été reste un instinct bien ancré chez les habitants de cette région.

Entre fin mai et fin août, la plupart des villages sont ainsi désertés par une partie de leurs habitants, animés du désir de changer de mode de vie : quitter l'agglomération pour retrouver la nature, laisser la maison pour vivre sous la tente, se retrouver dans l'isolement ou bien se regrouper autrement que pendant l'hiver. Certaines familles parentes, vivant dans différents villages, ont l'habitude de se rejoindre chaque année en juin ou juillet sur les mêmes lieux de pêche ou de chasse. Mais le grand lieu traditionnel de rassemblement de printemps des Ammassalimiut à l'occasion de la pêche aux *ammassat*, Qingeq, a perdu son pouvoir attractif. Quelques familles viennent encore y pêcher le capelan, mais il ne s'agit plus de cette fête sociale et culturelle pendant laquelle tous se retrouvaient avec joie après le long isolement de l'hiver. Aujourd'hui, on répond « il n'y a plus *d'ammassat* depuis longtemps à Qingeq, c'est pour cela qu'on ne s'y rend plus ». L'explication peut être aussi différente : l'isolement hivernal n'existe plus, puisque des villages se sont constitués, il n'y a donc plus le même besoin fondamental de créer des occasions de rassemblement. À l'heure actuelle, c'est Tasiilaq qui joue d'une certaine façon le rôle que jouait Qingeq autrefois. Au cours de l'été, toute la population converge vers la ville, à un moment ou à un autre, et les retrouvailles et les échanges de nouvelles se font dehors, près du magasin principal. Parfois même, deux hommes pris de boisson miment un duel de chant.

Les tentes des migrations ne sont plus en peaux de phoque depuis plusieurs décennies. La toile importée a commencé à remplacer les peaux au début des années 1930 ; puis, en quelques années, l'habillage de cuir est devenu exceptionnel. Certaines tentes gardèrent toutefois la même armature de bois et la même forme conique que les tentes traditionnelles, les bâches en toile les recouvrant étant maintenues au sol par un cercle de pierres. Il y en avait encore quelques-unes de ce type dans les années 1960. À l'intérieur, une plate-forme basse, confectionnée avec du bois et recouverte de peaux, constituait le lit familial collectif où chacun dormait les pieds vers le fond de la tente et la tête vers l'ouverture. Dans la journée, les femmes assises en tailleur sur ce châlit faisaient des travaux de couture. Certaines tentes avaient même des lampes à graisse de phoque en matériau peu traditionnel, le récipient étant constitué par une boîte à gâteau en fer-blanc.

Mais, d'une façon générale, les tentes en coton de forme européenne ont été de plus en plus adoptées et le primus l'a emporté sur les lampes à huile de phoque. Plus récemment, les employés groenlandais de Tasiilaq se sont équipés de tentes en nylon, avec fenêtres et petits rideaux, comme on peut en trouver sur les terrains de camping européens. Dans certains lieux d'été, une maison de chasse communale peut abriter plusieurs familles à la fois ; dans d'autres endroits, des chasseurs se sont construit une cabane en bois, de la dimension d'une tente, où ils reviennent chaque année régulièrement.

La mobilité estivale de la population d'Ammassalik, qui avait connu un net déclin lorsque les umiaks commencèrent à disparaître, a trouvé un nouvel essor avec l'usage du bateau à moteur hors-bord. Ce nouveau moyen de locomotion rapide, raccourcissant les distances, a incité la population à reprendre et même à intensifier ses déplacements.

DES ACTIVITÉS DIVERSIFIÉES

À la fin du XXe siècle, la population d'Ammassalik se caractérise par une grande diversité dans ses modes de vie et de très forts contrastes entre une tradition qui persiste, tout en ayant subi d'importantes transformations, et de nouveaux modèles culturels introduits de l'extérieur.

Comme ses ancêtres, une partie des habitants de la région tire encore l'essentiel de ses moyens de subsistance de la chasse au phoque : ce sont des familles qui vivent dans les petites localités. Mais, au fur et à mesure de son accroissement démographique et de son évolution, la société ammassalimiut a vu émerger et se développer de nouvelles catégories socio-économiques dont la façon de vivre diffère fondamentalement du modèle traditionnel : celles des pêcheurs, salariés, artisans, retraités ou assistés.

LA CHASSE AU PHOQUE

Dans les plus petites agglomérations, la chasse au phoque demeure l'activité principale. Pour leurs habitants, la chair du phoque reste l'alimentation de base, la seule qui, à leurs yeux, rassasie vraiment et donne chaud ; mais la graisse de mammifère marin ne sert plus de combustible et les peaux, de moins en moins utilisées pour les embarcations ou les vêtements, sont plutôt destinées à la vente.

Dans ce secteur traditionnel d'activité, où persistent notamment la division sexuelle du travail, les règles de partage et de distribution du gibier, les techniques de préparation des peaux… d'importants changements technologiques se sont opérés au cours du XXe siècle, modifiant la pratique et le rendement de la chasse.

Une des premières acquisitions étrangères a été le fusil. Très vite, l'arme à feu a fait partie de l'équipement de chasse aux côtés des divers harpons et lances. Les chasseurs d'Ammassalik apprécièrent immédiatement les avantages de cette nouvelle arme avec laquelle ils peuvent atteindre un animal depuis une distance plus grande qu'avec leurs moyens traditionnels. Cependant, si l'emploi du fusil a constitué un progrès technique réel, il présente un inconvénient majeur par rapport au harpon traditionnel qui, grâce à son flotteur, permet de suivre la course du gibier blessé et, surtout, empêche l'animal tué de couler. L'arme à feu qui a, ainsi, augmenté les gains des chasseurs, a aussi sensiblement accru les pertes de gibier : de nombreux phoques chassés l'été en eau libre coulent avant que le chasseur ait pu approcher l'animal pour le récupérer. C'est pour pallier cet inconvénient qu'un certain nombre d'hommes ont longtemps continué à utiliser de façon concomitante fusil et harpon – notamment pour la chasse en kayak – le premier servant à blesser l'animal de loin, le second, lancé de plus près, à en assurer la capture. Un autre désavantage de ce changement technologique a été de créer chez les chasseurs une dépendance vis-à-vis du comptoir commercial où ils devaient se procurer leurs munitions.

Malgré tout, le harpon tend à céder définitivement la place au fusil qui est devenu de plus en plus perfectionné, avec chargeur et lunette de visée. L'ingénieuse arme de jet avec propulseur, si typique de la civilisation eskimo, a pratiquement été abandonnée dans cette région comme dans tous les autres territoires arctiques.

Une autre révolution importante dans les techniques de chasse au phoque a été l'utilisation du filet. Ce procédé, inconnu au Groenland oriental avant 1915, a été introduit de la côte ouest par un administrateur. Le filet n'a pas connu, auprès des Ammassalimiut, un succès aussi rapide que le fusil de chasse ; la diffusion de cette technique a été plus lente mais, une fois comprise et acquise par les chasseurs de la région, elle modifia considérablement les conditions de la chasse au phoque pendant la période d'englacement.

Ce nouveau procédé de capture, à l'aide d'un filet posé sous la glace, a pris la place de la traditionnelle chasse au phoque d'hiver au trou respiratoire, technique pénible pour les chasseurs qui devaient attendre et guetter pendant des heures, dans le froid, l'éventuelle apparition d'un phoque à l'un des multiples orifices qu'il peut utiliser pour venir respirer. « Quand nous avons su l'utiliser, le filet nous a sauvé la vie. Nous avons pu capturer beaucoup plus de phoques en hiver. Auparavant, lorsque la neige était trop épaisse, on mourait de faim », commente un vieil homme, qui se souvient des durs hivers de son enfance.

Dans la région d'Ammassalik, à la fin du XXe siècle, la période d'utilisation des filets à phoque dure en général de cinq à six mois, et les emplacements appropriés pour l'installation de ces pièges sont les zones de rupture de glace, par exemple les alentours d'un iceberg pris dans la masse gelée de la banquise, ou la fissure provoquée par les marées le long du rivage, endroits que fréquentent les phoques pour venir prendre leur respiration. La pose du filet consiste à creuser trois trous en ligne dans l'épaisseur de la glace, à l'aide de la longue pique (*tooq*), puis à faire coulisser le filet sous la glace, d'un trou vers l'autre, et à le tendre à l'aide d'une corde. Le filet de 8 à 10 mètres de longueur, lesté de pierres, pend alors dans l'eau, sous la glace. Certains chasseurs possèdent plusieurs filets, mais rarement plus de six ou huit, car ils doivent, au cours de l'hiver, aller les relever très régulièrement, les phoques captifs risquant d'être dévorés par les gammares.

Dans le domaine de la chasse, l'introduction du bateau à moteur, plus rapide que le kayak, a, pour sa part, entraîné une extension considérable du territoire que peut parcourir un chasseur en une journée, au départ de son village ou de son campement d'été. Cette nouvelle acquisition, qui remonte aux années 1960 pour quelques Ammassalimiut, s'est beaucoup développée dans le courant des années 1970, lorsque les canots à coque en plastique ou en fibre de verre, équipés de moteurs puissants, ont fait leur apparition et, malgré leur coût élevé, se sont très rapidement répandus.

Cette adoption massive des canots à moteur à grande vitesse par les habitants d'Ammassalik a précipité l'abandon du kayak, même dans les villages qui sont toujours tributaires de la chasse au phoque. Les jeunes générations marquent une nette préférence pour ce nouveau moyen de transport maritime, rapide et maniable, moins dangereux que le kayak et ne nécessitant guère d'apprentissage. Très peu de jeunes figurent parmi les derniers utilisateurs de kayaks.

On peut observer finalement que, si les chasseurs d'Ammassalik se sont révélés perméables à l'introduction d'un certain nombre de techniques étrangères – armes, pièges, moyen de transport sur l'eau – qu'ils ont adoptées en les considérant comme supérieures aux leurs, ils sont toutefois restés hostiles au changement de leur propre moyen de transport sur la neige et la glace. Le traîneau à chiens a longtemps résisté à la concurrence du scooter des neiges, utilisé surtout par des employés de la ville.

LA PÊCHE

Lorsque Holm découvrit la population d'Ammassalik, en 1884, cette dernière ne possédait aucune technique de pêche : ni ligne ni hameçon n'étaient employés et les seuls poissons qui figuraient parmi les ressources utilisées par les Ammassalimiut étaient l'omble chevalier, le chabot de mer et le requin, dont les techniques de capture par harponnage s'apparentaient en fait aux techniques de chasse ; ou bien le capelan dont la prise, à l'aide de longues épuisettes, est plutôt à rapprocher des techniques de cueillette.

Il semble bien que la pêche, avec ligne et hameçon, était connue des générations précédant les Est-Groenlandais découverts par Holm. Elle s'était vraisemblablement développée à des époques où le poisson – flétan, sébaste, loup de l'Atlantique ou morue – était plus abondant dans cette région, mais l'ichtyofaune était devenue particulièrement pauvre à Ammassalik, à la fin du XIXe siècle.

Au début du XXe siècle, une arrivée importante de morues polaires dans la région d'Ammassalik, puis quelques années plus tard, vers 1915-1916, la présence saisonnière, en automne, de grandes morues près de Kuummiut, ont amené la population d'Ammassalik à exercer une petite activité de pêche, en se procurant des hameçons importés au comptoir commercial. Toutefois, le développement de la pêche à la morue est resté très modeste pendant plusieurs décennies, cette occupation restant réservée aux femmes, aux enfants ou aux hommes inaptes à la chasse. La pêche demeurait limitée aux besoins de l'alimentation familiale, en période de pénurie de viande, ou à la vente auprès des quelques employés de l'administration locale, pour leur consommation personnelle.

Jusqu'à la fin des années 1950, la population d'Ammassalik manifestait toujours peu de goût et d'intérêt pour les activités de pêche et leurs produits. C'est alors que, sous l'impulsion des autorités danoises désireuses d'orienter le Groenland vers une activité économique moderne et compétitive sur le marché international, la pêche morutière fut développée intensivement au Groenland : le long de la côte ouest – au sud de la baie de Disko – ainsi que sur la côte orientale, dans le district d'Ammassalik. Le réchauffement des eaux groenlandaises (de l'ordre d'un à deux degrés) qui, à partir des années 1920, avait provoqué l'afflux de morues communes et le retrait des phoques vers le nord, s'était confirmé et semblait devoir durer.

Les années 1960 furent marquées par cette évolution économique et sociale. Le développement de l'industrie morutière entraîna des regroupements de population autour des installations de séchage et des usines de salaison ou de congélation, ainsi que la modernisation des techniques de pêche et des moyens de transport. Plusieurs villages de la région d'Ammassalik furent incités à développer cette nouvelle activité ; mais c'est sur Kuummiut que les principaux efforts se sont concentrés et en l'espace de trois années (1957-1960), la pêche commerciale s'y est développée de façon très spectaculaire.

Pour parvenir à créer ce nouveau produit destiné à l'exportation : le poisson séché, salé ou surgelé, d'importants changements s'imposèrent aux habitants de Kuummiut. Regroupement « urbain » autour des installations techniques et commerciales, adoption de nouveaux procédés de capture, modification dans le calendrier et le rythme des activités, transformation de l'organisation familiale du travail et du partage de la production, changements alimentaires... sont divers aspects de cette mutation socio-économique.

La modification de l'équipement et des moyens de transport n'a pas rencontré d'obstacle majeur auprès de ce petit groupe humain qui est, en général, favorable au progrès technique et s'adapte rapidement aux nouvelles technologies. En revanche, il n'en a pas été de même des habitudes sociales et des mentalités, qui offrent plus de résistance au changement : la reconversion des chasseurs en pêcheurs a été mal accueillie dans la période initiale. Dans la société traditionnelle, en effet, la pêche n'était qu'une activité saisonnière (pour l'omble chevalier et *l'ammassat*), ou une occupation non « considérée » que l'on pratiquait lorsqu'il était nécessaire de trouver quelque aliment d'appoint (morues polaires ou cottidés), mais il était inconcevable qu'un homme en pleine possession de ses moyens physiques se consacre pleinement à une telle activité. Il ne fut donc pas facile de convaincre les hommes de Kuummiut d'accorder l'essentiel de leur temps, non plus à la chasse mais à la pêche.

Néanmoins, la production morutière du Groenland oriental prit un certain essor qui n'eut malheureusement qu'un temps car, après une période faste, elle connut de très fortes fluctuations puis une baisse liée à un nouveau refroidissement de la mer.

L'ARTISANAT

Les Est-Groenlandais se sont acquis, hors de leur région, une réputation de sculpteurs de statuettes ou plus précisément de *tupileq*[2]. La plupart des figurines de bois ou d'ivoire qui se trouvent dans les collections privées, ou dans le réseau de distribution commerciale, sont en effet exécutées par des artisans d'Ammassalik.

La société ammassalimiut ne comportait pas, traditionnellement, de sculpteur professionnel ou d'artisan. C'est de l'aptitude qu'a en réalité tout homme et toute femme de cette culture à travailler les matériaux solides ou les peaux

2 - Le terme *tupileq* (ou *tupilaq*) désignait traditionnellement l'objet préparé en grand secret par un *ilisiitseq* (personne douée de pouvoirs maléfiques) pour jeter un sort contre une autre personne : objet hétéroclite fabriqué à partir d'éléments humains et animaux, lancé vers sa victime, « prenant vie » pour l'atteindre ou risquant de se retourner contre son créateur. *Tupileq* est maintenant le mot qui désigne, pour les étrangers, ces petites statuettes de 10 à 15 centimètres de haut, représentant des êtres composites ou grotesques étirés et légèrement courbés selon la forme imposée par la dent de cachalot dans laquelle ils sont le plus souvent sculptés. Certaines de ces figurines rappellent d'anciens thèmes mythologiques, d'autres sont le pur fruit de l'imagination de l'artisan.

qu'est né un artisanat, à la demande de l'extérieur. Peu à peu, la création artistique ne se consacrait plus à l'ornementation des objets usuels – remplacés par des produits importés ou des objets fabriqués sur place, mais ayant perdu tout élément décoratif – pour s'exprimer dans un artisanat à vocation commerciale. À la requête de Danois et d'Américains résidant sur place ou d'étrangers de passage, amateurs de souvenirs, s'est développée une certaine spécialisation dans la fabrication de statuettes ou de masques chez les hommes ; dans les travaux de fourrure, de cuirs colorés ou de perles, chez les femmes.

Dès les années 1930, Kulusuk était la première localité à utiliser l'aptitude d'un grand nombre de ses hommes à sculpter. Cette spécialité devait s'affirmer plus tard lorsque la base américaine de la ligne DEW et l'aéroport civil furent construits à proximité du village. Puis le monopole commercial (KGH), en se portant acheteur de statuettes pour l'exportation, favorisa l'éclosion d'un artisanat quasi « industriel » dans ce village, dans les années 1960. Pendant la période touristique d'été, les femmes et les enfants de Kulusuk viennent vendre à l'aéroport leurs travaux de perles ou de peaux, des *tupileq* ou des petits objets de bois, généralement confectionnés à la hâte pour l'arrivée de touristes peu exigeants, acheteurs de n'importe quel souvenir à rapporter.

L'artisanat n'est jamais devenu l'occupation spécifique d'une catégorie socio-professionnelle particulière ; il s'agit plutôt d'une activité complémentaire, s'ajoutant aux activités de pêche et de chasse ou à un emploi salarié. En cédant souvent à la tentation du travail facile et rapportant vite, les artisans est-groenlandais n'ont pas réussi de percée sur le marché international de l'« art eskimo ». Par ailleurs, la cessation des importations d'ivoire de cachalot a atteint ces sculpteurs qui ne se sont pas reconvertis au travail de la saponite, à l'instar des Inuits du Canada. Quelques Ammassalimiut exécutent des peintures à l'huile, mais, là encore, on ne peut pas parler d'artistes professionnels vivant de cette activité. Quant à la lithogravure, elle est inconnue dans cette région.

LES EMPLOIS SALARIÉS

Avec les débuts de la colonisation, à côté des chasseurs, vivant des ressources de l'environnement, est apparue une nouvelle catégorie socio-professionnelle, celle des employés salariés. Si, par sa nature de nomade libre et indépendant, sans contraintes d'horaires et sans habitudes régulières, le chasseur n'était guère prédisposé à devenir un employé au service d'un autre et asservi à un emploi du temps précis, cette nouvelle voie a toutefois trouvé dès le départ des adeptes, parmi de médiocres chasseurs, de jeunes orphelins, ou des femmes seules ou veuves, qui perçurent là une chance de survivre dans une société n'ayant guère la possibilité de leur venir en aide.

Pendant plusieurs décennies, les Ammassalimiut n'eurent accès, en général, qu'à des emplois sans qualification d'hommes à tout faire, manœuvres, ou de femmes de ménage, employées de maison (*kippaq*), chez les fonctionnaires danois ou ouest-groenlandais.

Tasiilaq, le petit centre commercial et administratif du district, a été le berceau de ces premières générations d'employés. Par la suite, le développement de la colonie offrit quelques possibilités d'emplois plus spécialisés et décentralisés – sage-femmes, catéchistes-enseignants – mais ceux-ci restèrent en nombre très limité. Un grave problème qui s'est très vite posé, venait de ce que les enfants de ces employés eurent une tendance – naturelle, faute de modèle familial différent – à vouloir vivre, à leur tour, de revenus monétaires, mais qu'ils ne trouvèrent pas d'emploi disponible.

Lorsque, après le deuxième conflit mondial, la politique du gouvernement danois à l'égard de cette région changea radicalement, le secteur tertiaire fut appelé à se développer de façon accélérée à Ammassalik. Cependant, la plupart des travaux demandant quelques qualifications furent confiés à des Danois ou à des Ouest-Groenlandais que l'on faisait venir pour quelques années, la population autochtone conservant les emplois subalternes. C'est cette situation de prolétarisation d'une partie des Ammassalimiut vivant dans les localités les plus peuplées, et de domination par les populations immigrées détenant les postes-clés, que décrit R. Gessain dans son livre *Ammassalik ou la civilisation obligatoire*. À cette époque en effet (1965-1966), seuls quelques Ammassalimiut commençaient à émerger dans l'échelle sociale des salariés de Tasiilaq, tandis que la masse des habitants de la ville, notamment les jeunes, souffraient d'un problème aigu de sous-emploi.

Dès la fin des années 1960, se dessinait déjà une volonté des autorités danoises de donner une formation professionnelle aux Ammassalimiut, par le biais d'un enseignement dispensé sur place ou de stages intensifs au Danemark et au Groenland occidental. Mais c'est surtout dans le courant des années 1970 que devaient s'intensifier les moyens mis en œuvre pour éduquer les Est-Groenlandais. Ils furent formés aux travaux de secrétariat, de comptabilité, de gestion et à diverses techniques (mécanique, électricité, radiotélégraphie…). Un certain nombre d'entre eux reprirent des emplois tenus au cours de la décennie précédente par des Ouest-Groenlandais ou des Danois. De même, pour les travaux de construction, la main d'œuvre locale fut enfin utilisée.

À la fin du XXe siècle, les plus gros employeurs sont l'administration commerciale et, plus loin derrière, les services de santé. Ces deux organismes, de même que l'École et l'Église, ont des représentants permanents dans les différentes localités de la région, mais les possibilités d'emplois salariés restant très limitées dans les villages, les jeunes sont attirés par la ville, à la recherche de travaux rémunérés.

Il est intéressant de remarquer que, dans cette course aux emplois, les femmes d'Ammassalik se sont très tôt frayé un chemin. Les sage-femmes ont été parmi les toutes premières salariées. On trouve des Est-Groenlandaises dans les diverses institutions : secrétaires, comptables, vendeuses, assistantes sociales, télégraphistes, aides-soignantes, postières, jardinières d'enfants, cuisinières, filles de salle, blanchisseuses... L'indépendance financière leur apporte souvent une grande liberté dans leur mode de vie, la faculté de rester célibataire, aussi bien que celle de quitter leur conjoint.

L'AIDE SOCIALE

La colonisation a changé le cours de l'histoire des Ammassalimiut en aidant un certain nombre des défavorisés de la société traditionnelle. Si quelques-uns trouvèrent leur place dans la nouvelle catégorie des salariés, d'autres bénéficièrent de diverses aides alimentaires ou financières.

Au XIXe siècle et encore au début du XXe siècle, le sort de certains membres de l'ethnie était particulièrement précaire : personnes âgées, orphelins, malades ou infirmes, veuves et femmes stériles étaient les premiers menacés en période de disette. C'était souvent d'elles-mêmes que ces personnes décidaient de se supprimer, afin que le groupe familial puisse survivre. À la sélection naturelle s'ajoutait donc une sorte de sélection sociale des plus aptes à produire et à se reproduire.

En développant à l'extrême un système d'assistance faisant appel à des fonds extérieurs, la société contemporaine permet à ses membres qui ne subviennent pas à leurs propres besoins de ne pas peser sur le groupe familial. Ces aides, tout en conférant une autonomie aux personnes qui les reçoivent, profitent souvent aux autres qui vivent sous le même toit.

LA COEXISTENCE DE MODES DE VIE DIVERS

À la totale irrégularité dans les activités quotidiennes des familles de chasseurs, la civilisation occidentale est venue apporter deux restrictions qui s'exercent surtout en période hivernale : la pause dominicale et le rythme scolaire. Le culte religieux luthérien du dimanche est souvent l'occasion pour les chasseurs de marquer un arrêt dans leurs activités et de rester au village faire des visites ou se reposer. Quant à l'observance du rythme scolaire, c'est un des problèmes les plus difficiles auquel se heurtent les instituteurs qui ne trouvent pas toujours l'appui des parents pour faire prendre aux enfants des habitudes de ponctualité. Dans cette société où l'enfant jouit d'une grande autonomie, les parents n'aident guère non plus les enseignants dans leur lutte contre l'absentéisme scolaire.

À l'époque des migrations saisonnières, la vie ancestrale reprend le dessus ; loin du catéchiste et de la chapelle, le dimanche n'existe plus et les enfants retrouvent une liberté totale. Certains chasseurs adaptent leurs dates de départ en migration aux vacances scolaires, d'autres ne tiennent pas compte des contraintes de l'école et décident de partir avec leur famille dès que le moment est propice pour la chasse au phoque ou la pêche à l'omble chevalier.

Totalement à l'opposé du mode de vie des chasseurs, se trouve celui des employés qui vivent au rythme des pendules et du calendrier officiel marquant les week-ends et les jours fériés. Les saisons, l'alternance de l'obscurité et de la clarté, n'ont pas de répercussions sur les horaires fixés par l'employeur, horaires qu'un certain nombre d'Ammassalimiut ont d'ailleurs la plus grande difficulté à respecter sur une longue période. La petite ville de Tasiilaq, qui rassemble la majorité des salariés du district, vit au rythme de l'emploi du temps des travailleurs et de celui des écoliers. Les départs du matin, la pause du déjeuner, les sorties de l'après-midi, remplissent de passants les quelques kilomètres de routes qui traversent la petite capitale. Lever, repas, heures de courses, week-ends, congés payés, tout est réglé selon un mode de vie occidental, et les nostalgiques de la chasse au phoque ou de la pêche au saumon doivent adapter leur désir de partir aux obligations de leur emploi, c'est-à-dire s'éloigner le soir ou très tôt le matin, et restreindre leurs migrations plus lointaines aux week-ends et au temps de vacances qui leur est accordé.

Les pêcheurs, pour leur part, ont un mode de vie plus réglé que celui des chasseurs, dans la mesure où ils doivent tenir compte des heures des marées et des moments où ils peuvent vendre leur poisson. Cependant les contraintes climatiques et les migrations de la faune marine gardent un rôle primordial dans l'exercice de leurs activités, et leur emploi du temps n'est pas ressenti comme aussi pesant qu'un horaire de bureau fixe et répétitif. Dans une certaine mesure, ils demeurent libres et indépendants dans leurs tâches.

Le partage des produits de la chasse entre les membres de la communauté avait ses règles coutumières dans la société traditionnelle. Celles-ci sont toujours en vigueur dans les petites localités tandis que, dans les villages qui ont beaucoup grossi, des tendances plus individualistes se développent : la distribution de nourriture se fait à l'intérieur d'un cercle de parenté beaucoup plus restreint. Pour les nouvelles activités en revanche : pêche commerciale, artisanat ou emplois salariés, il ne s'est établi aucune règle équivalente de distribution des gains monétaires aux membres de la parenté. Même si l'on reçoit en don des parts de viande, selon le système de répartition traditionnelle du gibier, il est admis que l'argent gagné puisse être gardé pour soi.

Il est toutefois très fréquent que les hommes d'Ammassalik qui vivent de revenus monétaires apportent régulièrement à leurs parents des sommes d'argent, comme ils auraient fait don, s'ils étaient chasseurs, d'une peau de phoque à leur mère et des parts de gibier revenant traditionnellement à leurs ascendants. Mais pour ces catégories de personnes, la solidarité familiale est beaucoup moins contraignante – car il n'existe aucune règle établie – que pour les chasseurs qui supportent encore le poids de la tradition. Ceci a permis à certains d'entre eux d'accumuler leurs gains et de constituer une sorte de classe bourgeoise, établie selon le modèle occidental : confort matériel, voyages à l'étranger, etc.

Dans la société contemporaine, à des degrés divers, toutes les catégories sociales se trouvent confrontées à la nécessité de disposer de moyens financiers suffisants pour assurer l'indispensable : logement, déplacements, outils de travail, vêtements, nourriture ; ainsi que le superflu : radio, télévision et magnétoscope, bibelots, tabac, alcool... L'époque de l'autosubsistance, où tout était produit au sein de la famille, paraît déjà bien loin. L'économie familiale ammassalimiut est entrée dans le système de l'économie de marché. Mais épargne et prévision n'étaient guère dans la nature des Eskimo nomades et la plupart des Est-Groenlandais ont aujourd'hui tendance à dépenser au jour le jour leurs gains et à accumuler les dettes. Quelques-uns, parmi ceux qui ont atteint un certain niveau de revenu, parviennent à épargner ; les uns consacrant leurs économies à leur logement et à leur intérieur, les autres à leur outil de travail : bateaux de pêche et canots à moteur hors-bord.

Joëlle ROBERT-LAMBLIN
(1989)

VERS UNE DISPARITION DE LA CIVILISATION DU PHOQUE ?

À la fin du xxe siècle, une partie des habitants d'Ammassalik vit encore par et pour le phoque. Tout en ayant modernisé son équipement de chasse et en se préoccupant de l'évolution de la valeur marchande des fourrures et des peaux, cette fraction de la population est restée proche de ses racines. Elle a maintenu certaines règles sociales ancestrales, telles que la solidarité familiale et le partage du gibier, et conservé des habitudes de vie des générations passées, ainsi que certains éléments de leur technologie : le traîneau à chiens et le fouet, le couteau particulier des femmes, la planche à racler les peaux, le foret à arc, l'herminette, le palisson pour assouplir les kamiks, le séchoir à vêtements que l'on suspend au-dessus de la source de chaleur, etc.

Mais cette partie de la population restée attachée aux activités cynégétiques est devenue minoritaire et la plupart de ses jeunes ne sont plus attirés par la chasse en tant qu'activité principale. Ils considèrent que c'est une existence très dure, qui oblige à rester dans des lieux trop isolés, où la vie quotidienne leur semble morne et ennuyeuse. De surcroît, à l'époque, la fourrure de phoque se vend mal sur le marché international et ils jugent trop aléatoires les gains provenant de cette occupation. À la sortie de leur scolarité, ils aspirent plutôt à des emplois salariés garantissant des rentrées régulières d'argent. Ceci explique le dépeuplement des petites localités, vidées de leurs éléments jeunes qui ne reviennent au village que pour passer des vacances en famille.

En dépit de tous les dangers de la situation, perçus par la municipalité depuis de nombreuses années déjà, l'afflux des villageois vers la petite ville de Tasiilaq n'a jamais cessé. La « ville » exerce un attrait indéniable, avec son aspect moderne, ses magasins-supermarchés bien approvisionnés, ses moyens de communication facilités avec l'extérieur et ses distractions, mais elle apporte aussi son cortège de problèmes ou de maux : chômage, difficultés de logement, cherté de la vie, mauvaise alimentation. Mal de vivre, incapacité d'entreprendre ou de poursuivre une activité, difficulté à supporter la présence d'étrangers qui sont souvent en position de domination par leur niveau de réussite, peuvent être le prix à payer pour cette vie citadine.

Malgré le dynamisme de quelques éléments de la population volontaires pour aller hiverner dans des lieux de chasse giboyeux, éloignés de toute agglomération, un retour en arrière vers le mode de vie de ses ancêtres est devenu pratiquement impensable pour l'ensemble de la société est-groenlandaise. C'est avec un sentiment d'impuissance que les plus âgés voient se tourner définitivement une page de leur longue histoire et se creuser le fossé avec les nouvelles générations pour lesquelles la civilisation du phoque relève plus d'un « musée des arts et traditions populaires » que de la réalité quotidienne.

*

* *

L'entrée dans le XXIe siècle des Est-Groenlandais, appelés *Tunumiit* (c'est-à-dire « les gens du dos »), a été marquée, d'une part par une accélération de la désertification des petits villages au profit de l'agglomération de Tasiilaq, d'autre part par les effets du réchauffement climatique entraînant des perturbations dans les activités et les modes de vie. En outre, depuis 2009, la région d'Ammassalik (Tasiilaq) est administrée au sein d'une immense commune, Sermeersoq, qui comprend les deux anciennes communes de la côte est, Ammassalik et Ittoqqortoormiit, et certaines de la côte ouest, parmi lesquelles figure la capitale du Groenland, Nuuk, avec ses 18 800 habitants (en 2021). C'est dire que les habitants de l'Est avec leurs quelque 3 100 âmes se sentent peu pris en compte.

La ville de Tasiilaq, qui atteint près de 2 000 résidants en 2021, concentre 69 % de la population originaire de la région. Pôle attractif en particulier pour les jeunes hommes et pour les femmes, cette agglomération n'a cessé de s'étendre et de se moderniser, adoptant l'internet et présentant une vie à la fois plus confortable et plus distrayante que tous les autres lieux. Elle ne peut cependant offrir d'activité salariée pour tous et tout au long de l'année, et nombreux sont ceux qui se retrouvent au chômage et sombrent dans l'alcoolisme. Les problèmes de violence y sont récurrents.

Les cinq petites agglomérations qui se maintiennent comptent chacune moins de 250 habitants ; on y vit encore essentiellement des ressources naturelles, chasse et pêche, comme à Sermiligaaq, Tiileqilaq et Isertoq. À Kuummiit, la pêche est davantage développée, avec une petite usine de traitement du poisson, et à Kulusuk, village proche de l'aéroport, porte d'entrée des visiteurs étrangers, on fabrique des objets d'artisanat destinés aux touristes.

L'impact du réchauffement climatique est diversement ressenti, mais les modes de vie en sont déjà affectés. *« Sila naalagaavok »*, *« Le climat est le maître »* : cette formule couramment utilisée au Groenland souligne la forte dépendance de l'homme du Nord à ce facteur. Les chasseurs de mammifères marins, comme les pêcheurs, sont amenés à adapter leurs activités à des changements importants, liés au raccourcissement de la période hivernale, aux modifications de comportement du gibier, voire à la disparition de certaines de leurs ressources ancestrales. On le constate, la glace de mer se forme à présent de plus en plus tard en hiver et fond de plus en plus tôt au printemps. La diminution de la banquise entraîne une raréfaction déjà perceptible des espèces chassées, phoques et ours blancs, et oblige à une adaptation des pratiques cynégétiques, notamment pour ce qui est de la pose des filets sous la glace de mer ou la traque du gibier au milieu des glaces dérivantes. L'amincissement de la couche de glace constitue, de surcroît, un danger permanent pour les hommes se rendant sur leur lieu de chasse en traîneau à chiens ou en motoneige. Des itinéraires empruntés autrefois ont dû être abandonnés.

Ceux qui doivent conserver une activité traditionnelle pour se nourrir ont la possibilité de se tourner davantage vers la pêche à la morue, au saumon, au flétan… Mais certains Est-Groenlandais sont peu enclins à cette reconversion : dans leur culture, le statut de pêcheur est bien moins valorisé que celui de chasseur. En outre, pour la plupart d'entre eux, seul le phoque constitue une « vraie » nourriture.

Enfin, le tourisme, qui se développe à la faveur du changement climatique, apporte des possibilités d'emploi et des débouchés pour les produits artisanaux proposés à la vente, tels que tupileks, masques, reproduction d'anciens instruments de chasse, ou encore travaux de peaux et fourrures ou de perles.

Si la vie sociale et économique n'a cessé d'évoluer vers l'occidentalisation, la tradition survit de nos jours à travers l'attachement de la population à son dialecte spécifique, le *tunumiisut*, pourtant fortement menacé par la langue officielle, le *kalaallisut*, le danois et l'anglais. C'est ainsi qu'une part non négligeable de cette culture originale a pu perdurer.

Joëlle ROBERT-LAMBLIN
(2021)

POSTFACE

Si l'engagement scientifique et humain de Paul-Émile Victor sur son « terrain » du Groenland est une aventure en soi, il en est des plus modestes qui peuvent aussi se raconter. La nouvelle édition de *La Civilisation du phoque*, que vous tenez entre vos mains, est de ces discrets voyages en obstination et ténacité.

C'était un soir d'automne, gris et pluvieux. Dans le domicile parisien de Joëlle Robert-Lamblin, une lumière inattendue s'est mise à rayonner sous nos yeux émerveillés. Joëlle venait de poser, courbée sous le poids des deux lourds volumes, *La Civilisation du phoque*, ouvrage mythique pour ceux qui s'intéressent à la chose polaire, intriguant et fascinant pour tous les autres. À chaque page tournée, un peu d'une époque, d'une culture, d'une épopée s'échappait du papier. Il était magnifique de redécouvrir cette œuvre doucement oubliée. Il y eut un silence – sans doute Joëlle était-elle déjà là-bas, retournée dans ses années groenlandaises – jusqu'à ce que, laissant filer d'entre ses doigts la dernière page, elle partage avec nous sa volonté de rééditer cet ouvrage auquel elle avait consacré tant d'énergie et de passion.

Un peu comme on ne refuse pas un embarquement pour un beau voyage, sans plus réfléchir aux difficultés, à la difficile navigation qui nous attendait dans le milieu de l'édition, parfois aussi redoutable que peut l'être un pack épais, nous avons répondu « En route ! » L'objet était magnifique, inspirant, historique, mais cela ne suffisait pas : les éditeurs se refusaient à notre projet comme une côte peut se refuser au plus tenace marin.

Mais nous avons souqué fort, tenu ferme la barre malgré les vents glacials… Plus prosaïquement, avouons-le, traversé Paris maintes fois, bataillé dans le métro avec les quatre kilos des deux tomes sous les bras, grimpé d'innombrables étages, portés toujours par la ferme conviction que cet ouvrage devait vivre une deuxième vie. Il fallait tenir, et nous avons tenu, jusqu'à ce jour du printemps 2020 où la mer devint calme et le brouillard laissa place à un paysage rempli d'espoir : les éditions

Belin partageaient notre enthousiasme, croyaient en notre projet. Qu'elles en soient remerciées. Enfin l'étrave de notre projet touchait terre !

L'accompagnement par l'Observatoire Photographique des Pôles de Joëlle Robert-Lamblin dans cette nouvelle édition de *La Civilisation du phoque* est emblématique de notre démarche : faire vivre, ou revivre comme dans cet ouvrage, un patrimoine photographique ou culturel en lien avec les mondes polaires, en mettant à leur service la passion et l'expertise en matière de photographie, d'édition et de cinéma de celles et ceux qui constituent l'équipe de l'association.

Vincent GAULLIER et Nicolas MINGASSON
À Paris, le 7 décembre 2021

ANNEXES

CARTE DE LA RÉGION D'AMMASSALIK

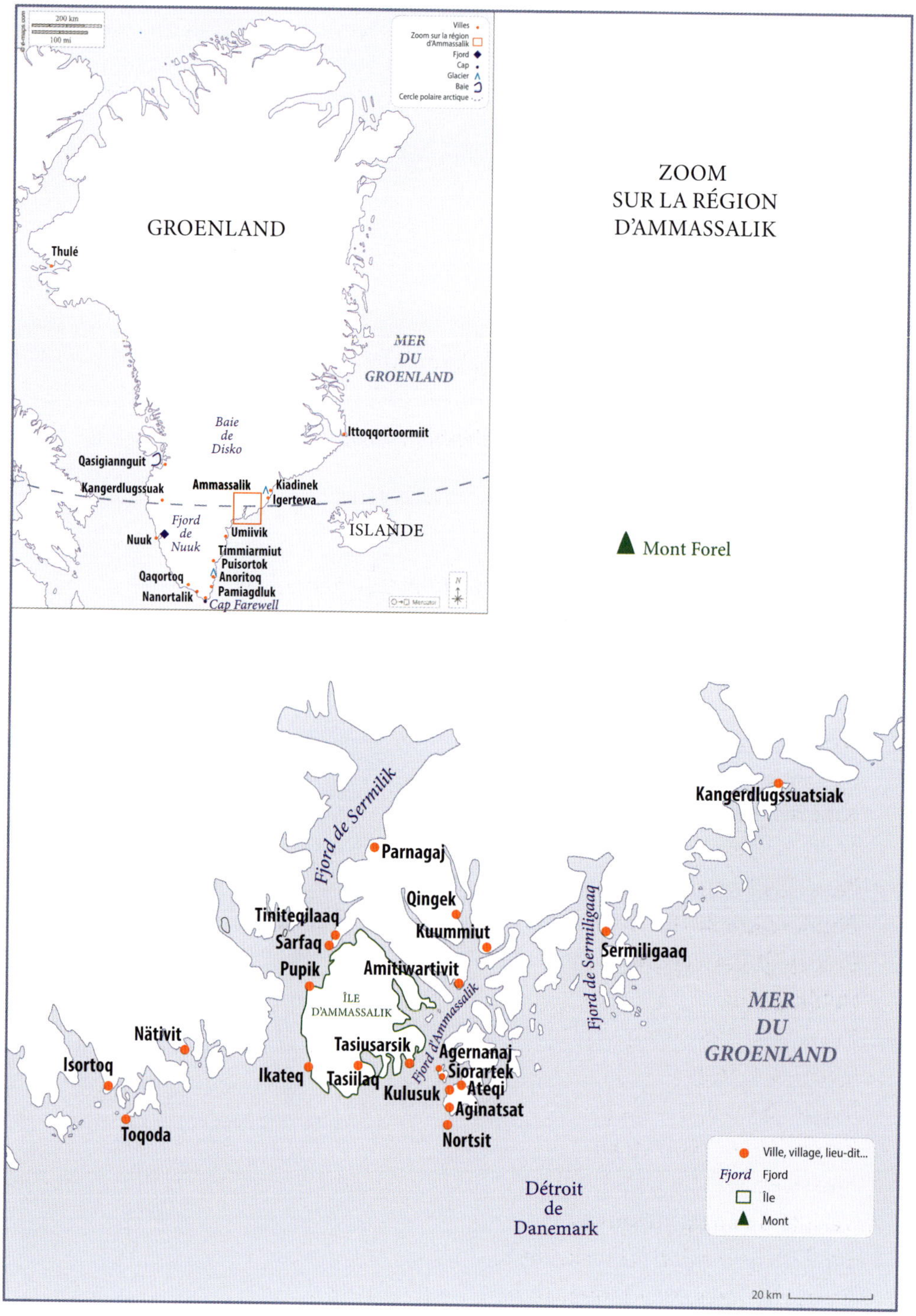

LIEUX MENTIONNÉS

(Si plusieurs orthographes sont présentes dans le texte, elles sont mentionnées ci-dessous)

Lieux ou villages

Agernanaj
Amitsiwartik/Amitiwartivit
Ammassalik/Angmagssalik
Anoritoq
Aqanacia'/Aginatsat
Ateqi
Christianshaab (actuellement Qasigiannguit)
Comptoir de Pamiagdluk
Friedrichsthal/ Frederiksdal/(actuellement Narsarmijit)
Igertewa
Ikatek /Ikateq/Ikkatteq
Isertok/Isortoq
Ittoqqortoormiit (nom actuel de la colonie du Scoresbysund)
Julianehaab (actuellement Qaqortoq)
Kangerlugssuatsiak / Kangerdlugssuatsiak
Kangerlussuak (Kangerdlugssuak, son ancien nom danois Søndre Strømfjord)
Kialineq/Kiadineq/Kiadeq
Kulusuk
Kuummiut/ Kummiut/Kuummiit
Naitivit/ Nätivit
Nortsit/Norsit
Nuuk (capitale du Groenland, anciennement Godthaab)
Parnagaj/ Parnagajik
Pubik/Pupik
Puisortok/ Puisortoq
Qingek/ Qingeq
Sarpa'/ Sarpak / Sarfaq
Sermiligak/ Sermiligaaq
Siorartek
Tasida/ Tasiilaq/Tassiussak
Tasilarteq/Tasidartik/Tasiusarsik
Tiderida/Tiileqilaq/Tiniteqilaaq

Timmiarmiut
Toqoda
Umiivik
Umivik / Umiivik

Zones et régions
Baie de Disko
Baie de Tassiussak
Détroit de Danemark
Fjord d'Ammassalik, Fjord de Sermilik, fjord de Sermiligak
Fjord d'Ammassivik
Fjord de Nuuk
Glacier d'Igertewa
Glacier de Puisortoq
Île d'Ammassalik/ District d'Ammassalik
Île de Korsø
L'Ice Cap/ L'Inlandsis
La baie d'Ikatek
Le Scoresbysund
Le Spitzberg et Jan Mayen
Mont Forel
Østerbygd et Vesterbygd
Région d'Umiivik
Région de Qingek
Région du cap Farewell
Région du Sermilik, Région de Sermiligak

TRANSCRIPTIONS PHONÉTIQUES

Le système phonétique utilisé en 1934-1937, tout en se rapprochant beaucoup du système employé par l'Association phonétique Internationale, par W. Thalbitzer et par K. Birket-Smith (*Five hundred Eskimo words*, Copenhague, 1928, p. 8), a été simplifié.

Une trop grande complication nous a paru inutile pour les raisons suivantes :

– il ne s'agit pas d'une étude linguistique et l'auteur des notes n'est pas un linguiste.

– les prononciations varient selon les localités – même parfois très proches les unes des autres – et selon les individus ; ce qui explique que l'on puisse trouver diverses orthographes pour un même mot.

Le dialecte d'Ammassalik est une langue vernaculaire orale qui, depuis peu seulement, commence à être transcrite avec une orthographe encore indéterminée et sujette à discussions. La langue officielle du Groenland reste celle de la côte occidentale. Différent dans son vocabulaire et sa prononciation, le dialecte est-groenlandais se trouve actuellement fortement influencé par la langue dominante ouest-groenlandaise.

Comme nous aurons l'occasion de le constater, cette langue (eskimo) est agglutinante, et un mot – composé d'un radical, d'une addition d'infixes et d'affixes et d'une désinence – peut à lui seul constituer une phrase complète.

Paul-Émile VICTOR

Prononciation

ä : se prononce comme en anglais « hat »
c : se prononce comme ts
ẽ, ĩ, õ, r̃ : formes nasalisées dc e, i, o et r
g : se prononce comme en français « gorge »
j : se prononce comme en anglais « yard »
ŋ : se prononce comme le « ng » anglais
q : forme uvularisée de k
s : se prononce comme en français « semer »
u : se prononce comme le « ou » français
w : se prononce comme en anglais « wagon »
z : se prononce comme en français « zigzag »

’ : point glottal ou coup de glotte fait par la luette après une voyelle. Il correspond à une fin de mot en « k » ou « q » plus ou moins audible (exemple : ī’ ou $\bar{\imath}^{k}$ ou $\bar{\imath}^{q}$: l’humain)

Un son long est marqué par un trait placé sur le symbole du son ; et un symbole en exposant représente un léger glissement vers ce son qui est à peine audible (exemple : $\bar{\imath}^{k}$).

RESSOURCES ANIMALES ET VÉGÉTALES

Est-groenlandais*	Nom scientifique	Français
Mammifères marins *(imarmiut)*		
puileq		phoque
natsiaq	*Pusa hispida*	phoque de fjord, phoque annelé ou marbré
anneq	*Erignathus barbatus*	phoque barbu
qittalivaq	*Phoca vitulina*	phoque commun, phoque veau marin
niiniarteq	*Cystophora cristata*	phoque à capuchon, phoque à crête
nalanginnaq	*Pagophilus groenlandicus*	phoque du Groenland
aaveq	*Odobenus rosmarus*	morse
arpeq	*Catacea*	baleine
tigaanguttik	*Balaenoptera acutorostrata*	baleine à rostre, petit rorqual
qialivaq	*Monodon monoceros*	narval
qialivarnaq	*Delphinapterus leucas*	bélouga, baleine blanche
Mammifères terrestres *(nunamiut)*		
naneq	*Thalarctos maritimus*	ours blanc, ours polaire
orersernaq	*Alopex lagopus lagopus*	renard polaire blanc
	Alopex lagopus caerulescens	isatis, renard bleu
tuttu	*Rangifer tarandus groenlandicus*	renne
Poissons *(aalisakkat)*		
kaporniarngaq	*Salvelinus alpinus*	omble chevalier
ammassaq (plur. *ammassat)*	*Mallotus villosus*	capelan
qivaareq	*Myoxocephalus scorpius*	cotte, chabot de mer, scorpion de mer
uuvaq	*Boreogadus saida*	morue polaire
aalisarngaq	*Gadus morhua*	morue commune
suluppaavaq	*Sebastes marinus*	sébaste
qalarngalik	*Reinhardtius hippoglossoides*	flétan noir
nalaarnaq	*Hippoglossus hippoglossus*	flétan de l'Atlantique
qeerngaq	*Anarhichas lupus*	loup de l'Atlantique
kapisilik	*Salmo salar*	saumon atlantique
oquutaq	*Hippoglossoides platessoides*	balai de l'Atlantique
niialingaq	*Somniosus microcephalus*	lémargue du Groenland, requin du Groenland
Oiseaux *(timmittat)*		
nagalarngaq	*Lagopus mutus*	lagopède des Alpes, perdrix des neiges
maleersartaq	*Somateria mollissima*	eider à duvet
nerteq	*Anser albifrons*	oie rieuse
pigivaarnaq	*Anas platyrhynchos*	canard colvert
norniarngaq	*Cepphus grylle*	guillemot à miroir
saarngittik	*Uria lomvia*	guillemot de Brünnich
qaqqaqqaaq	*Gavia stellata*	plongeon catmarin
qartiimoortoq	*Gavia immer*	plongeon imbrin
kutsuulaq	*Alle alle*	mergule nain
atteq	*Clangula hyemalis*	harelde de Miquelon
taalaqqaaq	*Rissa tridactyla*	mouette tridactyle
quseeq	*Larus hyperboreus*	goéland bourgmestre
quseernaq	*Larus marinus*	goéland marin
imeqqilaalaq	*Sterna paradisaea*	sterne arctique
qarattuk	*Fulmarus glacialis*	pétrel fulmar

Produits du rivage *(sittamiitit)*		
kiliittaq	*Mytilus edulis*	moule
paaq	*Mya truncata*	mye tronquée
pusingaleq	*Buccinum sp.*	buccin
sittarteq	*Hiatella sp.*	saxicave
surngujoq	*Musculus laevigatus*	(petit mollusque à coquille fine)
arsaq	*Strongylocentrotus*	oursin
uversarteq	*Actinia*	anémone de mer
qumaartertuaq	*Arenicola sp.*	ver de sable, chétopode
misarngarnat	*Ascophyllum nodosum*	goëmon des vaches
missaqqat	*Fucus vesiculosus*	fucus vésiculeux
imertikkat	*Palmaria palmata*	varech
kipilatsat	*Alaria pylai*	algue brune
Végétaux terrestres *(naasut)*		
kuanneq	*Angelica archangelica*	angélique
torteernaq	*Rhodiola rosea*	orpin
nunat	*Taraxacum croceum*	pissenlit
nutsungaq	*Oxyria digyna*	oseille sauvage
quttungaleq	*Salix herbacea*	saule herbacé
ittormiilaq	*Polygonum viviparum*	renouée vivipare
pukukkaq	*Empetrum nigrum*	camarine
kilaarnaq	*Vaccinium uliginosum*	airelle bleue, orcette

* Selon l'orthographe contemporaine.

GLOSSAIRE

Phonétique de 1934-37	Transcription*	Traduction
acinā^{t}	*atsinaaq*	courroie, lanière de cuir
aiet^{s}*i*^{t}	*ajatsit*	propulseur
ajaŋa'	*ajangaq*	bilboquet
amaqā	*amaqqaaq*	graisse de mammifère marin
am̄artit	*ammartit*	foret à arc
amawut	*amaarngut*	capuchon d'anorak (porte-bébé)
ammassat	*ammassat*	capelans
an̄e	*anneq*	phoque barbu
aŋake'	*angakkeq*	chamane
ate	*atteq*	trou de respiration du phoque
awadiza'	*avalisaq*	lance
āwe	*aaveq*	morse
awia'	*aaviaaq*	cousin au 2ème degré (issu de germain)
cak̄a'	*sakkaq*	phoque de fjord adulte
cake' (caki')	*sakkeq*	couteau à lame arrondie des femmes
ca^{o}*gata*	*savagattak*	tête (pointe) du harpon, détachable
cāqi^{t}	*saaqqit*	harpon à tête détachable et à propulseur
caq̄i^{t}	*saqqit*	kayak
ī (plur. *ivi*^{t})	*iik* (plur. *iivit*)	être humain
ibuaqoto'	*ipuaqqortooq*	couteau à long manche des hommes
idiwice' (idiwici)	*ilivitsiit*	phoque entier conservé sous la neige et consommé cru et faisandé
ima'	*imaq*	mer
ime'	*imeq*	eau douce, lac
imiŋā'	*immingaq*	outre en peau, réserve de nourriture
ip̄e' (ip̄i')	*iippik*	plate-forme de fenêtre
it̄e'	*itteq*	cousin germain, ou maison, ou grande plate-forme commune, ou compartiment d'une famille restreinte sur la grande plate-forme
itto'	*ittoq*	motte de terre et d'herbe
kamik	*kamik*	botte (double) en cuir de phoque
kamiu^{n}	*kammiun, kammiut*	palisson
kātōdi^{t}	*kaatuulit*	traîneau à chiens
kīapa'	*kiiappak*	masque ou être terrifiant
kidi	*kileq*	fond de la plate-forme
kidīda'	*kiliilaq*	moule, racloir à peau
kip̄a	*kippaq*	domestique, serviteur
matadi	*maattaalit*	mouffle de kayak à deux pouces
mātāmẽ (mātermā̈^{t}*)*	*maattameeq*	peau de phoque épilée
nadaŋin̄a'	*nalanginnaq*	phoque du Groenland
nane'	*naneq*	ours blanc
naneqit	*nanengriit*	pique-feu pour la lampe à graisse de phoque
necia'	*natsiaq*	jeune phoque de fjord
niadika	*niialingaq*	requin du Groenland
nīniarte'	*niiniarteq*	phoque à capuchon
nudiaka'	*nuliakkaaq*	femme
nuger̃e	*nugerngeq*	tendon (servant à la couture)
nukit	*nukkit*	harpon à oiseaux
odīwi	*uliivik*	peau, cuir
ōrat̄arne'	*oorattaarneq*	technique de retournement en kayak
ore^{r}*cen̄a (orocin̄a)*	*orersernaq*	renard
padasi	*palasi*	pasteur, prêtre
pādi	*paalit*	pagaie double
pertā	*pertaaq*	fil de tendon tressé à trois brins
pidad̄a'	*pilaalaq*	couteau des hommes (court)
pikiwa	*pikkivat*	chignon haut des femmes
puguket	*pukukkaq*	baie, camarine
puide'	*puileq*	phoque
putari^{t}	*puttarit*	flotteur de harpon

qā	*qaaq*	peau de phoque couvrant la plate-forme
qabiarpi'	*qapiarpik*	planche à écharner, à racler
qacimade'	*qatsimaleq*	phoque couché sur la glace, se chauffant au soleil
qajarcit	*qaajarsiit*	anorak de kayak imperméable
qamudi	*qamulit*	traîneau-support de fusil
qatuna	*qattunaaq*	Occidental, étranger blanc
qiädiwa' (qiediwa')	*qialivaq*	narval
qidā^{t}	*qilaat*	tambour
qim̄e'	*qimmeq*	chien
qit̄a	*qittaq*	fil de tendon à deux brins
qit̄ediwa'	*qittalivaq*	phoque commun
tarta	*taartaq*	esprit auxiliaire (aide) du chamane
tika'	*tikkaq*	homme
tim̄ia'	*timmiaq*	oiseau
tiwawo'	*tivavoq*	joue du tambour et danse
tō'	*tooq*	pique à glace
torco	*torsooq*	long couloir d'entrée de la maison
tornade'	*toornileq*	séance d'invocation des esprits par le chamane
tornivo'	*toornivoq*	fait une séance de chamanisme, invoque les esprits
tub̄e'	*tupeq*	tente
tumara	*tummarngaq*	coffre de rangement des hommes
ubatane	*upattaaneq*	jeu de distribution
udumä^{t}	*ulumaat*	herminette
umiak (umia')	*umiaq*	grande barque en bois et cuir (baleinière)
unaqit	*uunnaqqit*	lampe à graisse de phoque
un̄e	*unneq*	peau de phoque blanche épilée

* Selon l'orthographe contemporaine

BIBLIOGRAPHIE SÉLECTIVE

Quelques ouvrages pour en savoir plus

André M.-F. (dir.), *Le Monde polaire. Mutations et transitions*, Paris, Ellipses, 2005.

Lemarchand F., André M.-F. et Rémy F., *Cap sur les poles. 100 questions sur les mondes polaires*, Mouans-Sartoux, Omnisciences, 2011.

Masson-Delmotte V. (dir.), *Le Groenland. Climat, écologie, société*, Paris, CNRS éditions, 2016.

Victor D. et Dugast S., *Paul-Émile Victor, J'ai toujours vécu demain*, Paris, Robert Laffont, 2015.

Victor D. et Dugast S., *Paul-Émile Victor, Le rêve et l'action* (bio illustrée), Paris, Paulsen, 2020.

Bibliographie générale antérieure à 1993, date de la première édition

Balikci A., « Shamanistic behavior among the Netsilik Eskimos », *Southwestern Journal of Anthropology*, vol. 19, n° 4, 1963, p. 380-396.

Birket-Smith K., *Mœurs et coutumes des Eskimo*, Paris, Payot, 1955.

Bogoras W., « O tak nazyvayemom yazyke dukhov (shamanskom) u razlichnykh vetvey eskimoskogo plemeni », *Izvestiya Rossyskoy Akademii nauk*, vol. 13, n° 8-11, 1919, p. 489-495.

Bolus M., *The Beaver, Magazine of the North, Eskimo art issue*, Winnipeg, HBC, 1967.

Briggs J., *Never in Anger. Portrait of an Eskimo Family*, Cambridge, Harvard University Press, 1978.

Briggs J., « The Origins of Nonviolence : Inuit Management of Aggression », in Montagu A. (éd.), *Learning Nonaggression*, New York, Oxford University Press, 1978, p 54-93.

Briggs J., « La création des valeurs dans la société inuit canadienne », *Revue Internationale des Sciences Sociales*, vol. 31, n° 3, 1979, p. 426-438.

Burch E. et forman W., *The Eskimos*, Norman, University of Oklahoma Press, 1988.

Charcot J.B., « Rapports préliminaires sur la campagne du « *Pourquoi-Pas ?* » en 1925-1936 », *Annales Hydrographiques*, 1926-1937.

Charcot J.B., *Dans la mer du Groenland. Les croisières du* « Pourquoi-Pas ? ». *Complété par une notice bibliographique de l'auteur et le récit du naufrage du* « Pourquoi-Pas ? », Paris, Elbeuf Éditions P. Duval, 1936.

Charcot J.B., « Le dernier rapport de campagne du « *Pourquoi-Pas ?* » », *Annales Hydrographiques*, 1937.

Chichlo B., « L'ours-chamane », *Études Mongoles et Sibériennes*, vol. 12, 1981, p. 35-112.

Christensen N.O. et Ebbesen H., « Angmagssalik itsak. I gamle dage », *Publikationer fra Arktisk Institut*, vol. 1, 1984.

Damas D. (éd.), *Handbook of North American Indians, volume V : Arctic*, Washington, Smithsonian Institution, 1984.

De Bonneval L. et Robert-Lamblin J., « Utilisation des végétaux à Ammassalik (Est Groenland) », *Études Inuit*, vol. 3, n° 2, 1979, p. 104-128.

De Quervain A., *Quer durchs Grönlandeis : Die Schweizerische Grönland-Expedition 1912-13*, Bâle, Kober C.F. Spittlers Nachfolger, 1914.

De Quervain A. et Mercanton P.L., « Résultats scientifiques de l'expédition suisse au Groenland 1912-13 », *Med om Grönland,* 1925, p. 55-272.

Delaby L. (dir.), *L'Ours, l'Autre de l'homme. Études mongoles et Sibériennes n° 11*, Nanterre, Société d'ethnologie, 1980.

Dorais L.-J., « Some notes on the language of East Greenland », *Études Inuit*, vol. 5, 1981, p. 43-70.

Eliade M., *Le chamanisme et les techniques archaïques de l'extase*, Paris, Payot, 1968.

Eliade M., *Le sacré et le profane*, 2e éd., Paris, Gallimard, coll. Idées, 1975.

Enel C., « Signification sociale d'un artisanat touristique au Groenland oriental », *Études Inuit*, vol. 5, n° 2, 1981, p. 125-142.

Enel C., *Le récit de la chasse et ses gestes au Groenland oriental,* Paris, thèse, Université Paris V, 1984.

Enel C., « Éléments de grammaire et de vocabulaire de la langue ouest-groenlandaise », *Documents du Centre de Recherches Anthropologiques du Musée de l'Homme*, 1984.

Fitzhugh W. et Kaplan S., *Inua. Spirit World of the Behring Sea Eskimo*, Washington D.C., Smithsonian Institution Press, 1982.

Geertsen I., *Kârale Andreassen, en Östgrönlandsk kunstner*, Nuuk, Atuakkiorfik, 1990.

Gessain R., *Les Esquimaux du Groenland à l'Alaska*, Paris, Bourrelier, 1947.

Gessain R., « Tupilek, à propos de figurines eskimo », *Les Cahiers de Marottes et Violons d'Ingres*, vol. 8, 1950, p. 19-37.

Gessain R., « L'ajagaq, bilboquet eskimo », *Journal de la Société des Américanistes*, vol. 41, n° 2, 1952, p. 239-293.

Gessain R., « Figurine androgyne eskimo (support de fusil sur le kayak) », *Journal de la Société des Américanistes*, vol. 43, 1954, p. 207-218.

Gessain R., « Contribution à l'anthropologie des Eskimo d'Ammassalik », *Med. om Grönland*, Bd. 161, n° 4, 1960.

Gessain R., « Angmassalik, trente ans après : évolution d'une tribu eskimo dans le monde moderne », *Objets et Mondes*, vol. 7, n° 2, 1967, p.133-157.

Gessain R., « Makout mon frère, fils de mon fils », *Sciences*, n° 49-50, 1967, p. 35-41.

Gessain R., « Le kayak des Ammassalimiut. Évolution démographique », *Objets et Mondes*, v. 8, n° 4, 1968, p. 247-265.

Gessain R., *Ammassalik ou la civilisation obligatoire*, Paris, Flammarion, 1969.

Gessain R., « Un jeu des Ammassalimiut et d'ailleurs. Jeu eskimo ? Diffusion ? Convergence ? », *Objets et Mondes*, vol. 11, n° 3, 1971, p. 263-272.

Gessain R., « Uizerq, l'amant. Un personnage de la mythologie des Ammassalimiut (côte est du Groenland) », *Objets et Mondes*, vol. 15, n° 2, 1975, p. 319-330.

Gessain R., « Essai sur l'ethnonosologie des Ammassalimiut au xixe siècle », *Objets et Mondes*, vol. 15, n° 2, 1975, p. 129-148.

Gessain R., « Ammassalik 1934-1975. Introduction aux dix ans d'enquêtes du CRA. Tradition et changement au Groenland oriental », *Objets et Mondes*, vol. 15, n° 2, 1975, p. 121-126.

Gessain R., « Questions et hypothèses pour une étude du peuplement ancien de la côte est du Groenland », *Congrès International des Américanistes*, 42e édition (Paris, 1976), 1978, p. 23-33.

Gessain R., « L'Homme-Lune dans la mythologie des Ammassalimiut (côte est du Groenland) », in Trincaz J., *Systèmes de Signes. Textes réunis en hommage à Germaine Dieterlen*, Paris, Hermann, 1978, p. 205-222.

Gessain R., « Masques eskimo d'Ammassalik, côte est du Groenland », *Le Courrier du Musée de l'Homme*, vol. 3, 1978.

Gessain R., « La mort du chasseur perdu », *Boréales, Revue du Centre de Recherches Internordiques*, vol. 14, 1979, p. 379-384.

Gessain R., « Nom et réincarnation chez les Ammassalimiut (côte est du Groenland) », *Boréales, Revue du Centre de Recherches Internordiques*, vol. 15-16, 1979, p. 407-419.

Gessain R., « Umivik, maison et parenté chez les Ammassalimiut (côte est du Groenland) », *Objets et Mondes*, vol. 20, n° 2, 1980, p. 71-74.

Gessain R., *Ovibos. La grande aventure des bœufs musqués et des hommes*, Paris, R. Laffont, 1981.

Gessain R., « Dance masks of Ammassalik (East Coast of Greenland) », *Arctic Anthropology*, vol. 21, n° 2, 1984, p. 81-107.

GESSAIN R., DORAIS L.-J. et ENEL C., « Vocabulaire du Groenlandais de l'Est. », *Documents du Centre de Recherches Anthropologiques du Musée de l'Homme,* vol. 10, 1986, p. 1-192.

GESSAIN R. et ROBERT-LAMBLIN J., « Migrations des Ammassalimiut au XIXe siècle, d'après les archives des Frères moraves », *Bulletins et Mémoires de la Société d'Anthropologie de Paris,* vol. 2, n° 1, 1974, p. 153-159.

GESSAIN R. et ROBERT-LAMBLIN J., « Dix années d'enquêtes du Centre de Recherches Anthropologiques, Musée de l'Homme. Tradition et changement au Groenland oriental. Ouvrage collectif », *Objets et Mondes,* vol. 15, n° 2, 1975, p. 117-285.

GESSAIN R. (éd.) et ROBERT-LAMBLIN J. (éd.), *Actes du XLIIe Congrès International des Américanistes, vol. V, Écologie, démographie et acculturation en milieu arctique. Congrès du centenaire. Paris, 2-9 septembre,* Paris, Société des Américanistes, 1978.

GESSAIN R. et VICTOR P.-É., « Le kayak des Ammassalimiut, évolution technique », *Objets et Mondes,* vol. 9, n° 2, 1969, p. 145-166.

GESSAIN R. et VICTOR P.-É., « Le kayak des Ammassalimiut, évolution technique (suite) », *Objets et Mondes,* vol. 9, n° 3, 1969, p. 225-244.

GESSAIN R. et VICTOR P.-É., « Le tambour chez les Ammassalimiut (côte est du Groenland) », *Objets et Mondes,* vol. 13, n° 3, 1973, p. 129-160.

GESSAIN R. et VICTOR P.-É., « Magitärneq, jeu d'osselets chez les Ammassalimiut (Côte Est du Groenland) », *Objets et Mondes,* vol. 16, n° 2, 1974, p. 73-88.

GRAAH W.A., *Narrative of an Expedition to the East Coast of Greenland sent by order of the King of Denmark, in search of the lost colonies,* Londres, Parker, 1837.

HAMAYON R., « Des chamanes au chamanisme », *L'Ethnographie,* vol. 78, n° 87-88, 1982, p. 13-48.

HIU L., *Les Esquimaux de Sibérie révélés par leurs contes, mythes et quotidien,* Paris, J. Maisonneuve, 1990.

HOLM G., « Sagn of Fortaellinger fra Angmagsalik », *Med. om Grönland,* vol. 10, n° 5, 1887, p. 237-345.

HOLM G., « Ethnological sketch of the Angmagssalik Eskimo. The Ammassalik Eskimo : contributions to the Ethnology of the East Greenland Natives. Thalbitzer W. ed., 1914 », *Med. om Grönland,* vol. 39, n° 1, 1911, p. 1-147.

HOLM G., *Konebaads Ekpeditionen. Etnologisk skitze af Angmagsalikerne,* 2e éd., Rodhos, Melgaard J., 1972.

HOLM G. et PETERSEN J., « Angmassalik distrikt », *Med. om Grönland,* vol. 61, 1921, p. 560-662.

HOLTVED E., « The Eskimo myth about the Sea-Woman. A folkloristic sketch », *Folk,* 1966-1967, p. 145-153.

Holtved E., « Eskimo shamanism », in edsman G.M. (éd), *Studies in Shamanism*, Stockholm, Scripta Instituti Donneriani Aboensis, 1967, p. 23-31.

Jenness D., *Eskimo administration IV: Greenland*, Calgary, Arctic Institute of North America, *Technological Paper*, n° 19, 1967.

Jensen B., *Eskimoisk Festlighed. Et essay om menneskelig overlevelsesteknik*, Copenhague, G.E.C., Gad., 1965.

Kaalund B., *The Art of Greenland : sculpture, crafts, painting*, Oakland, The University of California Press, 1979.

Kleivan I., « Mitârtut, vestiges of the Eskimo Sea-Woman Cult in West Greenland », *Med. om Grönland*, vol. 161, n° 5, 1960.

Kleivan I., « Inuit religion », in eliade M. (éd.), *The Encyclopedia of Religion*, New York Macmillan, vol. 7, 1987, p. 270-273.

Knuth E., *Billedhugger i Angmagssalik*, Copenhague, CA Reitzel, 1943.

Langaney A., « De la Sibérie au Groenland de l'Est : immunologie et histoire d'une dispersion », in gessain R. (éd.) et robert-lamblin J. (éd.), *Actes du XLIIe Congrès International des Américanistes, vol. V, Écologie, démographie et acculturation en milieu arctique. Congrès du centenaire. Paris, 2-9 septembre*, Paris, Société des Américanistes, 1978, p. 39-45.

Lantis M., *Alaskan Eskimo ceremonialism*, Monograph of the American Ethnological Society, vol. 11, New York, JJ. Augustin, New York, 1947.

Lantis M., « The religion of the Eskimos », in ferm V. (éd.), *Forgotten Religions*, New York, Philosophical Library, 1950, p. 311-339.

Lee R. et Devore I., *Man the hunter*, Chicago, Aldine, 1968.

Leighton A. et Hugues C.C., « Notes on Eskimo patterns of suicide », *Southwestern Journal of Anthropology*, University of New Mexico, vol. 11, n° 4, 1955, p. 327-338.

Le Mouel J.F., « Ammassalik dans les collections du Musée de l'Homme. Dix années d'enquêtes du Centre de Recherches Anthropologiques, musée de l'Homme. Textes rassemblés par Gessain R. et Robert-Lamblin J. », *Objets et Mondes*, vol. 15, n° 2, 1975, p. 259-266.

Leroi-gourhan A., *Le geste et la parole. La mémoire et ses rythmes*, Paris, A. Michel, 1965.

Leroi-gourhan A., *Évolution et techniques. L'homme et la Matière.* Paris, A. Michel, 1971.

Leroi-gourhan A., *Évolutions et techniques. Milieu et techniques*, Paris, A. Michel, 1973.

Levi-strauss C., *Anthropologie structurale*, 2e éd., Paris, Plon, Agora, 1974.

Lot-falk E., *Les rites de chasse chez les peuples sibériens*, Paris, Gallimard, 1953.

LYNGE F., *Fugl og Sael, og Mennesker*, Copenhague, Nordisk Landes Bog Forlag, 1981.

LYNGE F., « Conflict treatment, old and new. From Sinngajik to E.E.C. and Greenpeace », *Folk*, vol. 30, 1988, p. 5-22.

MARY-ROUSSELIERE G., *Les jeux de ficelle des Arviligjuarmiut*, Ottawa, Musées nationaux du Canada, bulletin 233, 1969.

MARY-ROUSSELIERE G., *Qitdlarssuaq, l'histoire d'une migration polaire*, Montréal, Presses de l'Université de Montréal, 1980.

MARY-ROUSSELIERE G., « Langage et magie chez les Esquimaux centraux », *Eskimo*, vol. 42, 1991-1992, p. 14-21.

MATHIASSEN T., *Prehistory of the Angmagssalik Eskimos*, Copenhague, CA Reitzel, 1933.

MAUSS M. et BEUCHAT H., « Essai sur les variations saisonnières des sociétés eskimos. Étude de morphologie sociale », *L'Année Sociologique 1904-1905*, vol. 9, 1904, p. 39-132.

MAUSS M., *Manuel d'Ethnographie*, Paris, Payot, 1947.

MAUSS M., « Les techniques du corps », in *Sociologie et anthropologie*, Paris, Presses Universitaires de France, 1960, p. 365-386.

MELGAARD J., « Traditional sculpture in Greenland », *The Beaver, Magazine of the North*, 1967, p. 54-59.

METAYER M., *Contes de mon iglou*, Montréal, Éditions du Jour, 1973.

MIKKELSEN E., *De Östgrønlandske Eskimoer Historie*, Copenhague, Gyldendalske Boghandel Nordisk Forlag, 1934.

MIKKELSEN E. et SVEISTRUP P.P., *The East Greenlanders possibilities of existence, their production and consumption*, Copenhague, C.A. Reizel, 1944.

MORRIS D., *La clé des gestes*, Paris, Grasset, 1978.

NANSEN F., *Eskimo Life*, Londres, Longmans et Grun, 1893.

NIPPGEN J., *Les Prêtres païens du Groenland oriental (Les Angakoks)*, Alençon, Herpin, 1914.

NOOTER G., « Mitârtut, Winter feast in Greenland », *Objets et Mondes*, vol. 15, n° 2, 1975, p. 159-168.

NOOTER G., « Change in a hunting community of East-Greenland », *Folk*, vol. 14, n° 15, 1972, p. 163-204.

NOOTER G., *Leadership and headship. Changing authority patterns in an East-Greenland hunting community*, Leyden, Brill, 1976.

NOOTER G.W., « Improvisation and innovation. Social consequences of material changes », in VAN GULIK W.R. (éd.), VAN DER STRAITEN H.S. (éd.) et VAN WENGEN

G.D. (éd.), *From field-case to show-case. Research, Acquisition and Presentation in the Rijksmuseum voor Volkenkunde*, Amsterdan, J.C. Gieben, 1980, p. 113-121.

Nunaata katersugaasivia K., *Gustav Holm Samlingen*, Nuuk, Pilersuiffik, 1985.

Nungak Z. et arima E., *Légendes Inuit de Povungnituk, Québec*, Ottawa, Musée national de l'Homme, Musées nationaux du Canada, 1975.

Oosten J.G., *The theoretical structure of the religion of the Netsilik and Iglulik*, Meppel, Krips Repro, 1976.

Oosten J.G., « The structure of the shamanistic complex among the Netsilik and Iglulik », *Études Inuit*, vol. 5, n° 1, 1981, p. 83-98.

Oosten J.G., « Male and Female in Inuit Shamanism », *Études Inuit*, vol. 10, n° 1-2, 1986, p. 115-131.

Ostermann H. (éd.), « Knud Rasmussen's posthumous notes on the life and doings of the East Greenlanders in olden times », *Med. om Grönland*, vol. 109, n° 1, 1938.

Ostermann H. (éd.), « Knud Rasmussen's notes on the East Greenland legend and myths », *Med. om Grönland*, vol. 109, n° 3, 1939.

Perrot M., « Les Ammassalimiut au Danemark, 1972. Étude démographique et psycho-sociologique de l'émigration de la côte orientale du Groenland », *Bulletins et Mémoires de la Société d'Anthropologie de Paris*, vol. 2, 1974, p. 5-107.

Perrot M., « Relations Est et Ouest-Groenlandais : Tunumiut et Kidamiut », in Gessain R. (éd.) et Robert-Lamblin J. (éd.), *Actes du XLIIe Congrès International des Américanistes, vol. V, Écologie, démographie et acculturation en milieu arctique. Congrès du centenaire. Paris, 2-9 septembre*, Paris, Société des Américanistes, 1978, p. 67-73.

Perrot M. et robert-lamblin J., « Publications en langue française concernant la côte est du Groenland », *Objets et Mondes*, vol. 15, n° 2, 1975, p. 271-282.

Petersen H.C., « Skin boats of Greenland », *Skin boats of the North*, Roskilde, vol. 1, 1986.

Petersen J. « Ujuâts Dagböger fra Östgrönland 1894-1935 », *Det Grønlandske Selskabs Skrifter*, vol. 19, n° 1, 1957, p. 1-209.

Petersen R., « The Greenland Tupilak », *Folk*, vol. 6, n° 2, 1964, p. 73-101.

Petersen R., « Some regulating factors in the hunting life of Greenlanders », *Folk*, vol. 7, 1965, p. 107-124.

Petersen R., « Burial-forms and death cult among the Eskimos », *Folk*, vol. 8-9, 1966-1967, p. 259-280.

Petersen R., « Efter et dödsfald i Angmagssalik », *Jordens Folk*, vol. 4, n° 2, 1968, p. 242-245.

PETERSEN R., « On the variations of settlement pattern and hunting conditions in three districts of Greenland. Circumpolar problems : habitat, economy and social relations in the Arctic », *Wenner Gren Center International Symposium serie*, vol. 21, 1969, p. 153-161.

PETERSEN R., « Acquisition and sharing of the bag in East Greenland », *Inter-Nord, Revue internationale d'Études Arctiques et Nordiques*, n° 12, 1972, p. 282-286.

PETERSEN R., « On the East Greenlandic dialect in comparison with the West Greenlandic », *Objets et Mondes*, vol. 15, n° 2, 1975, p. 177-182.

PETERSEN R., « On hunting and urbanization in East Greenland », in GESSAIN R. (éd.) et ROBERT-LAMBLIN J. (éd.), *Actes du XLII*e *Congrès International des Américanistes, vol. V, Écologie, démographie et acculturation en milieu arctique. Congrès du centenaire. Paris, 2-9 septembre*, Paris, Société des Américanistes, 1978, p. 76-81.

PETERSEN H., STAFFELDT E., *Bogen om Grönland. Fortid, nutid og fremtid*, Copenhague, Politikens Forlag, 1978.

PRYTZ-JOHANSEN J., « Den Östgrönlandske angakokkult og dens forudsaetninger », *Geografisk tidskrift*, vol. 43, 1940, p. 31-55.

QUPPERSIMAAN G., *Min eskimoiske fortid*, Charlottenlund, Det Gronlandske Forlag, 1982.

QUPPERSIMAAN G., *Mon passé eskimo*, Paris, Gallimard, L'Aube des Peuples, 1992.

RASMUSSEN K., *Eskimo Folk-Tales*, Londres, Gyldendal, 1921.

RASMUSSEN K., *Myter og Sagn fra Grönland. Östgronlaenderne*, Copenhague, Gyldendalske Boghandel Nordisk Forlag, 1921.

RASMUSSEN K., *Du Groenland au Pacifique. Deux ans d'intimité avec des tribus d'Esquimaux inconnus*, Paris, Plon, 1929.

RASMUSSEN K., *500 leveregler, gamle ord og varsler fra Vestgrönland*, Charlottenlund, Det Grönlandske Selskab Skrifter, vol. 23, 1979.

RASMUSSEN K., « Frederikshaab, Julianehaab og Nanortalik » in RASMUSSEN K., *Inuit fortaeller. Grönlaendernes sagn og myter* (vol. 1), Lynge, Bogan, 1981.

RASMUSSEN K., « Godthaab, Sukkertoppen, Holsteinsborg, Egedesminde og Upernavik », in RASMUSSEN K., *Inuit fortaeller. Grönlaendernes sagn og myter* (vol. 2), Lynge, Bogan, 1981.

RASMUSSEN K., « Sydöstgrönland og Angmagssalik », in RASMUSSEN K., *Inuit fortaeller. Gronlaendernes sagn og myter* (vol. 3), Lynge, Bogan, 1981.

RINK H., « Den Östgrönlandske Dialekt », *Med. om Grönland*, vol. 10, n° 4, 1887, p. 207-234.

RINK H., *Danish Greenland, its people and products*, 2e éd., Montréal, McGill - Queen's University Press, 1974.

RINK H., *Tales and Traditions of the Eskimo*, 2e éd., Londres, C. Hurst, 1974.

RINK S., *Vestgrönlaender Kateket Hansêraks dagbog om de Hedenske Östgrönlaendere*, Copenhague, Hagerup Forlag, 1900.

ROBBE B., « Le traitement des peaux de phoque chez les Ammassalimiut, observé en 1972 dans le village de Tîleqilaq », *Objets et Mondes*, vol. 15, n° 2, 1975, p. 199-208.

ROBBE P., « Partage du gibier chez les Ammassalimiut observé en 1972 dans le village de Tîleqilaq. Dix années d'enquêtes du Centre de Recherches Anthropologiques, musée de l'Homme. Textes rassemblés par Gessain R. et Robert-Lamblin J. », *Objets et Mondes*, vol. 15, n° 2, 1975, p. 209-222.

ROBBE P., « Les noms de personne chez les Ammassalimiut », *Études Inuit*, vol. 5, n° 1, 1981, p. 45-82.

ROBBE P., « Existence et mode d'intervention des sorciers (*Ilisiitsut*) dans la société inuit d'Ammassalik », *Études Inuit*, vol. 7, n° 1, 1983, p. 25-40.

ROBBE P. et DORAIS L.-J., *Tunumiit Oraasiat. Tunumiut oqaasii. Det östgrönlandske sprog. The East Greenlandic Inuit Language. La langue inuit du Groenland de l'Est,* Québec, Centre d'Étude Nordique - Université Laval, Nordicana, 1986.

ROBERT J., « Les Ammassalimiut émigrés au Scoresbysund. Étude démographique et socio-économique de leur adaptation (côte orientale du Groenland 1968) », Cahier du CRA n° 11-12, *Bulletins et Mémoires de la Société d'Anthropologie de Paris*, vol. 8, 1971, p. 5-136.

ROBERT-LAMBLIN J., « Eskimo ammassalimiut et Aléoutes qigeron : différences écologiques, historiques, démographiques », *L'Anthropologie*, n° 79, vol. 3, 1975, p. 519-536.

ROBERT-LAMBLIN J., « Mortalité et expansion démographique à Ammassalik au XXe siècle », *Objets et Mondes,* vol. 15, n° 2, 1975, p. 223-235.

ROBERT-LAMBLIN J., « Kummiut (Est-Groenland) : de la chasse au phoque à la pêche à la morue, incidences sociologiques et démographiques sur la vie du village », *Actes du XLIIe congrès international des Américanistes*, vol. 5, 1976, p. 99-107.

ROBERT-LAMBLIN J., « Famille biologique et famille sociale à Ammassalik (côte Est du Groenland). Influence des changements récents sur la structure familiale et la fécondité des femmes », *Études Inuit*, vol. 2, n° 2, 1978, p. 23-36.

ROBERT-LAMBLIN J., « Endogamy and exogamy in two Arctic Communities : Aleut and East Greenlandic Eskimo », in LAUGHLIN W.S. et HARPER A.B., *The first Americans, origins, affinities and adaptations,* New York, Fisher, 1979, p. 293-307.

ROBERT-LAMBLIN J., « Quelques pratiques médicales traditionnelles des Ammassalimiut (côte orientale du Groenland) », *Boréales, Revue du Centre de Recherches Internordiques*, vol. 14, 1979, p. 389-391.

Robert-lamblin J., « Le kayak aléoute – vu par son constructeur et utilisateur – et la chasse à la loutre de mer », *Objets et Mondes,* vol. 20, n° 1, 1980, p. 5-20.
Robert-lamblin J., « "Changement de sexe" de certains enfants d'Ammassalik (Est Groenland), un rééquilibrage du sex ration familial ? », *Études Inuit*, vol. 5, n° 1, 1981, p. 117-126.
Robert-lamblin J., « Interactions entre structures démographiques et structures sociales à Ammassalik (Est Groenland) », *L'anthropologie*, vol. 85, n° 2, 1981, p. 299-306.
Robert-lamblin J., « Woman's role and power within the Aleut society », *Folk*, vol. 24, 1982, p. 197-202.
Robert-lamblin J., « L'expression de la violence dans la société ammassalimiut (côte orientale du Groenland) », *Études Rurales*, vol. 95-96, 1984, p. 115-129.
Robert-lamblin J., « Influence de l'éducation sur l'identité sexuelle. Un exemple chez les Inuit », in *Côté femmes, Approches ethnologiques*, Paris, L'Harmattan, coll. Connaissance des Hommes, 1986, p. 95-107.
Robert-lamblin J., *Les Ammassalimiut au XXe siècle. Analyse du changement social au Groenland oriental*, Bordeaux, Presses universitaires de Bordeaux, coll. Mémoires des Cahiers Ethnologiques, vol. 1, 1986.
Robert-lamblin J., *Ammassalik, East Greenland - end or persistance of an isolate? - Anthropological and demographical study on change*, Copenhague, *Med. om Grönland*, coll. Man and Society, vol. 10, 1986.
Robert-lamblin J., « Robert Gessain (11.4.1907 – 8.4.1986) : un pionnier de la recherche arctique française en Sciences humaines », *Études Inuit,* vol. 10, n° 1-2, 1986, p. 303-312.
Robert-lamblin J., « Esquimaux (Eskimo) », *Encyclopaedia Universalis*, vol. 7, 1988, p. 277-281. Revu pour l'édition 2001.
Robert-lamblin J., « La Saga des Maratse ou la petite histoire des habitants de Sermiligaaq au Groenland oriental », *Objets et Mondes*, vol. 25, n° 3-4, 1988, p. 103-110.
Robert-lamblin J., « L'œuvre d'ethnologue, artiste et explorateur de Paul-Émile Victor au Groenland oriental », *Journal du Musée de l'Homme*, exposition « Chez les Eskimo », 1988, p. 3.
Robert-lamblin J., « Ammassalik 1967-1987. Observation d'une transition », *Grønland*, numéro spécial, 1988, p. 20-30.
Robert-lamblin J., « Life, health and therapy among the East Greenlanders : tradition and acculturation », communication at *The Seventh Inuit Studies Conference* (Fairbanks, Alaska, 1990), *Cahiers d'Études Inuit*, vol. 4, 1992, p. 115-123.

Rosing C., *Östgrönlaenderne. Tunuamiut: Grönlands sidste Hedninger*, Copenhague, Ejnar Munksgraads Forlag, 1946.

Rosing J., *Isimardik den store drabsmand*, Charlottenlund, Det Gronlandske Selskabs, coll. Det Grönlandske Selskabs Skrifter XX, 1960.

Rosing J., *Sagn og Saga fra Angmagssalik*, Copenhague, Rhodos, 1963.

Rosing O., *Angkakkortalissuit*, 2e éd., Nuuk, Atuakkiorfik, 1990.

Rouland N., « Les modes juridiques de solution des conflits chez les Inuit », *Études Inuit*, vol. 3, hors-série, 1979.

Rüttel F.C.P., *Ti Aar bland Östgrönlands Hedninger*, Copenhague, Gyldendal, 1917.

Saladin d'anglure B., « Nom et parenté chez les Esquimaux Tarramiut du Nouveau-Québec (Canada) », in Pouillon J. et Maranda P. (éds), *Échanges et Communications. Mélanges offerts à Claude Lévi-Strauss*, Paris, Mouton, 1970, p. 1013-1039.

Saladin d'anglure B., « Iqallijuq ou les réminiscences d'une âme-nom inuit », *Études Inuit*, vol. 1, n° 1, 1977, p. 33-63.

Saladin d'anglure B., « Esquimaux. La mythologie des Inuit de l'Arctique central nord-américain », in bonnefoy Y. (éd.), *Dictionnaire des mythologies*, Paris, Flammarion, 1981, p. 379-385.

Saladin d'anglure B., « Du foetus au chamane : la construction d'un troisième sexe inuit », *Études Inuit*, vol. 10, n° 1-2, 1986, p. 25-113.

Saladin d'anglure B., « La part du chamane ou le communisme sexuel inuit dans l'Arctique central canadien », *Journal de la Société des Américanistes*, vol. 75, 1989, p. 133-171.

Saladin d'anglure B., « Frère-lune (Taqqiq), sœur-soleil (Siqiniq) et l'intelligence du Monde (Sila). Cosmologie inuit, cosmographie arctique et espace-temps chamanique », *Études Inuit*, vol. 14, n° 1-2, 1990, p. 75-139.

Sandgreen O., *Oje for oje og tand for tand*, Nuuk, Otto Sandgreens Forlag, 1987.

Savard R., « La déesse sous-marine des Eskimo », in Pouillon J. et Maranda P. (éds), *Échanges et Communications. Mélanges offerts à Claude Lévi-Strauss*, Paris, Mouton, 1970, p. 1331-1344.

Sergeeva K.S. et Rubcova E.S., *Esquimaux d'Asie : contes et récits*. Paris, Éditions du CNRS, 1988.

Söby R.M., « The Eskimo Animal Cult », *Folk*, vol. 11-12, 1969, p. 43-78.

Sonne B., « Toornaarsuk, an historical Proteus », *Arctic Anthropology*, vol. 23, n° 1-2, 1986, p. 199-219.

Taylor G., « Shamanic sex roles in traditional Labrador inuit society », in Hopal M. et von Sadovszky O.J. (éds.), *Shamanism, past and present*, Budapest, Ethnographic Institute, Academy of Sciences – Los Angeles, Fullerton, International Society for Trans-Oceanic Research, 1989, p. 297-306.

THABILTZER W., *Les prêtres païens du Groenland oriental (les angakoks), Congrès International des Américanistes,* 16e édition (Vienne, 1908), Alençon, Herpin, 1914.

THALBITZER W. (éd.), *The Ammassalik Eskimo (Contributions to the Ethnology of the East Greenland Natives), part I*, Copenhague, *Med. om Grönland,* vol. 39, no 1 à 7, 1914.

THALBITZER W. (éd.), *The Ammassalik Eskimo (Contributions to the Ethnology of the East Greenland Natives), part II*, Copenhague, *Med. om Grönland*, vol. 40, no 1 à 3, 1923.

THABILTZER W., « Cultic Games and Festivals in Greenland », *Congrès International des Américanistes,* 21e édition (La Haye -Göteborg, 1924), 1924, p. 236-255.

THABILTZER W., « The Cultic Deities of the Inuit (Eskimo) », *Congrès International des Américanistes,* 22e édition (Rome, 1926), vol. 2, 1926, p. 367-393.

THABILTZER W., *Légendes et chants esquimaux du Groenland*, Paris, Leroux, 1929.

THABILTZER W., « Les magiciens Esquimaux, leurs conceptions du monde, de l'âme et de la vie », *Journal de la Société des Américanistes de Paris*, vol. 22, n° 1, 1930, p. 73-106.

THALBITZER W., *Den Grönlandske Kateket Hansêraks Dagbog om den Danske Konebaadsekspedition til Ammassalik i Östgronland 1884-1885*, Charlottenlund, Det Gronlandske Selskabsskrifter, vol. 8, 1933.

THALBITZER W., *The Ammassalik Eskimo (contributions to the Ethnology of the East Greenlanders), Social customs and mutual aid*, Copenhague, *Med. om Grönland*, vol. 40, no 4, 1941.

THERRIEN M., *Le corps inuit (Québec arctique),* Paris, SELAF/PUB, 1987.

TRAP J.P., *Danmark, Grönland,* 5e éd., Copenhague, J.P. Gads Forlag, vol. 14, 1970.

VICTOR P.-É., « Les jeux de ficelle chez les Eskimo d'Angmagssalik », *Journal Société des Américanistes,* vol. 29, no 2, 1937, p. 299-331.

VICTOR P.-É., « Le bilboquet chez les Eskimo d'Angmagssalik », *Journal de la Société des Américanistes,* vol. 30, n° 2, 1938, p. 299-331.

VICTOR P.-É., *Boréal. La joie dans la nuit,* Paris, Grasset, 1938.

VICTOR P.-É., « Un an chez les Esquimaux d'Angmagssalik », *La Géographie,* vol. 19, 1938, p. 153-167.

VICTOR P.-É., *Banquise (Boréal II). Le jour sans ombre,* Paris, Grasset, 1939.

VICTOR P.-É., « La technomorphologie d'une population de chasseurs : les Eskimo d'Angmagssalik (Groenland) », *L'Anthropologie,* vol. 49, 1939, p. 246-248.

Victor P.-É., « Les jeux de ficelle (*cat's craddle*). Jeux d'enfants et d'adultes chez les Eskimo d'Angmagssalik. Contribution à l'ethnologie des Eskimo d'Angmagssalik », *Med. om Grönland*, vol. 125, n° 7, 1940.
Victor P.-É., *La grande faim*, Paris, Julliard, Paris, 1953.
Victor P.-É., *Poèmes esquimaux*, 2e éd., Paris, P. Seghers, coll. Cahiers bi-mensuels, n° 78, 1958.
Victor P.-É. (trad.) et Gessain R., *Poésie eskimo*, Tourouzelle, Avant-Quart éditions, n° 10, 1972.
Victor P.-É., *Eskimos nomades des Glaces*, Paris, Hachette, 1972.
Victor P.-É., *Chiens de traîneaux, compagnons du risque*, Paris, Flammarion, 1974.
Victor P.-É., « Un exemple d'acculturation technique : les origines du traîneau actuel à Ammassalik », *Objets et Mondes*, vol. 15, n° 2, 1975, p. 253-257.
Victor P.-É., *La vie des Eskimo*, Paris, Nathan, 1976.
Victor P.-É., *Les survivants du Groenland*, Paris, R. Laffont, 1977.
Victor P.-É., *Doumidia*, Paris, Grasset, 1982.
Victor P.-É., *Vents du Nord, vents du Sud, l'Iglou*, Paris, Stock, 1987.
Victor P.-É., « Groenland 1934-1986 », *Objets et Mondes*, vol. 25, n° 3-4, 1988, p. 85-88.
Victor P.-É., *Eskimo*, Paris, Stock, 1988.
Victor P.-É., « Techniques de chasse au phoque à Ammassalik, il y a un demi-siècle (1934-1937) », *Grønland*, n° 7-8, 1988.
Victor P.-É. avec la collaboration de Robert-Lamblin J., « Aliments et préparations alimentaires des Ammassalimiut en 1934-1937 (Groenland oriental) », *Boréales, Revue du Centre de Recherches Inter-Nordiques*, n° 62-65, 1995, p. 113-147.
Victor P.-É. et Robert-Lamblin J., *La Civilisation du Phoque. Jeux, gestes et techniques des Eskimo d'Ammassalik*, Paris, A. Colin et R. Chabaud, 1989.
Victor P.-É. et Robert-Lamblin J., *La Civilisation du Phoque. Légendes, rites et croyances des Eskimo d'Ammassalik*, Paris, R. Chabaud, 1993.
Victor P.-É., Enel C., et Maqe E., « Chants d'Ammassalik », *Med. om Grönland, Man and Society*, vol. 16, 1991.
Weyer E.M. Jr., *The Eskimos. Their environment and folkways*, New Haven, Yale University Press, 1932.

LE FONDS DE DOTATION PAUL-ÉMILE VICTOR

FONDS DE DOTATION
PAUL-ÉMILE VICTOR

Paul-Émile Victor (1907-1995) était un ethnologue français, explorateur polaire, fondateur et directeur des Expéditions Polaires Françaises. Par ses combats et ses actions, il a offert à des milliers d'hommes la possibilité de travailler sur le terrain polaire, contribuant au développement de la recherche scientifique française. La France a ainsi pu se positionner de manière pérenne dans le milieu polaire international, notamment en établissant et en perpétuant des bases en Antarctique (la base Dumont d'Urville et la base franco-italienne Concordia). Paul-Émile Victor était par ailleurs conférencier, écrivain, défenseur de l'environnement, dessinateur...

À travers toute son œuvre (littéraire, photographique, graphique, épistolaire, audiovisuelle...) transparaissent son humanisme et les valeurs qu'il a faites siennes toute sa vie :

– l'esprit d'équipe, le sens du partage et de l'intérêt général, voire de l'intérêt national ;

– le sens de la responsabilité, personnelle et planétaire ;

– l'intégrité et l'indépendance vis-à-vis des pouvoirs politiques et financiers ;

– la curiosité, l'ouverture et la confiance en l'autre ;

– le sens de la transmission, de l'écoute et le soutien aux générations futures.

C'est pour porter ces valeurs que les quatre enfants de "PEV" ont créé le Fonds de dotation Paul-Émile Victor. Ce Fonds a pour objet de :

– sauvegarder, entretenir, valoriser et exploiter l'œuvre de Paul-Émile Victor en vue de sa connaissance par le plus grand nombre ;

– poursuivre et approfondir le travail de mémoire en vue de le rendre plus professionnel, plus pérenne, plus européen et plus international ;

– transmettre et porter les valeurs de Paul-Émile Victor, dans une démarche humaniste s'appuyant sur la responsabilité, le partage, le dialogue et l'ouverture aux différences.

Dans ce but, il se propose d'initier, de participer ou de soutenir tout projet portant sur la recherche ou la transmission culturelle, scientifique ou autre, qu'il jugera compatible avec sa raison d'être.

Le Fonds a notamment lancé en 2020 le premier Prix littéraire de l'Aventure du cœur et d'ailleurs, initié en 2021 la grande saison culturelle et éducative consacrée aux pôles, *2021, l'Été polaire*, et créé à cette occasion les Trophées Victor qui mettent en lumière et récompensent l'engagement à faire avancer la découverte, la connaissance et la compréhension des zones polaires.

Pour tout savoir sur Paul-Émile Victor : www.paulemilevictor.fr

L'OBSERVATOIRE PHOTOGRAPHIQUE DES PÔLES

OBSERVATOIRE PHOTOGRAPHIQUE
DES PÔLES

Zones clés de la planète, les régions polaires et les peuples qui y vivent subissent de plein fouet les bouleversements culturels, économiques, environnementaux et climatiques qui, depuis quelques décennies, ébranlent le monde. Lieux de rêve et d'inspiration pour l'humanité tout entière, elles sont aussi un espace de science et de recherche. L'Observatoire Photographique des Pôles a été fondé pour rendre compte de ces transformations et en informer le public.

Créé en 2008 à l'initiative de Nicolas Mingasson, l'Observatoire s'est donné pour mission de documenter ces régions sentinelles. Pour ce faire, il constitue un fonds photographique unique quant à sa diversité et à l'origine des documents collectés, en réunissant des archives photographiques issues d'archives historiques, de fonds de photographes, d'explorateurs, de scientifiques.

Si l'Observatoire Photographique des Pôles œuvre à la préservation de l'existant, il travaille également à la production de la mémoire photographique de demain en incitant les populations autochtones et la communauté scientifique à documenter leur vie quotidienne et leur environnement à travers un regard photographique exigeant et cohérent. A terme, son objectif est de disposer d'un réseau de « correspondants photographiques » à travers les régions polaires.

L'Observatoire organise, participe et partage son expertise avec les missions menées aujourd'hui au-delà des cercles polaires, ou rend compte de celles-ci. L'expédition photographique menée par Christian Morel *Hour polar heritage,* qui a dressé un portrait photographique contemporain de la science polaire à l'occasion de la quatrième Année Polaire Internationale, est à ce titre symbolique de la volonté de l'Observatoire : renouer, par cette démarche, avec l'esprit des grandes missions photographiques passées.

L'Observatoire s'investit également dans des travaux de recherches iconographiques tel celui mené par Agnès Voltz sur les expéditions du commandant Charcot qui ont, notamment, abouti à une exposition présentée à la Maison de l'Amérique latine puis au Muséum d'histoire naturelle du Havre ; et à l'édition de *L'Aventure des Pôles : Charcot, explorateur visionnaire* aux éditions Larousse.

Les actions culturelles destinées au grand public à travers l'organisation de grandes expositions photographiques, parmi lesquelles *Dolganes*, au musée de l'Homme de Paris, font aussi partie des engagements de l'Observatoire.

www.observatoirephotographiquedespoles.org

LOOK AT SCIENCES

Agence de presse photographique depuis 2006 et société de production audiovisuelle et cinéma depuis 2009, Look at Sciences possède un savoir-faire original autour de l'image avec un tropisme très prononcé pour les sciences, l'environnement et la médecine, tout en s'ouvrant sur les interactions entre sciences et société, sciences et art…

Télévision, cinéma, web, presse, édition : quel que soit le media, nos productions sont portées par un récit rigoureux sur le fond et vivant sur la forme, et par des images fortes. Elles racontent la recherche : les découvertes qui voient parfois le jour, qui mettent en scène des femmes et des hommes qui participent à l'avancée des connaissances ou qui se font l'écho des interrogations de la société face à des enjeux essentiels.

Parmi nos dernières productions, *Le manifeste de l'Arcouest,* de Jean-Marie Boulet et Philippe Worms, écrit avec Pierre-Henri Gouyon (France 3, Public Sénat) narre une pandémie qui ravage le monde. Des chercheurs engagés décident de se réunir en Bretagne, sur des lieux chargés d'histoire pour réfléchir à leur responsabilité et à leur action, face à l'accélération du réchauffement climatique, l'effondrement de la biodiversité et les techno-sciences incontrôlées… avec l'idée de produire un manifeste. *Opération Planète 9*, de Florence Tran, écrit avec Cécile Dumas (Arte France), présente la quête d'une planète qui viendrait remplacer Pluton dans la liste des planètes de notre système solaire. Et le long métrage cinéma *Peau d'âme,* de Pierre Oscar Lévy et Olivier Weller raconte l'histoire d'une équipe d'archéologues qui fouillent les lieux de tournage du film *Peau d'Âne* de Jacques Demy. Perles, clous, paillettes et autres fragments se révèlent. C'est la magie de l'œuvre de Jacques Demy et le charme du texte de Charles Perrault qu'on approche.

Dans nos engagements, il y a aussi celui d'épauler l'Observatoire photographique des pôles par la gestion du fonds photographique que l'on trouve sur le site de l'Observatoire et la production de courtes vidéos mettant en valeur ce fonds.

Parmi nos partenaires : Arte France, France, 5, Public Sénat, LCP-Assemblée nationale, Le blob.tv, *Sciences et Avenir*, *Ça m'intéresse*, *Science et Vie*, l'Inserm, le CNRS, l'IRD, le Collège de France, Sciences Po, Universcience, la Fédération Léo Lagrange, le FIR, la région Ile-de-France.

www.lookatsciences.com

CRÉDITS PHOTOGRAPHIQUES

Paul-Émile Victor : 63, 65, 91h, 102, 104, 306, 328, 361
Joëlle Robert-Lamblin : 45, 46, 47, 48, 49, 50, 51, 52, 81, 90, 91b, 92, 94, 95, 100b, 101b, 106, 168, 207b, 208h, 210, 244, 330, 344
Musée de l'Homme : 96, 103, 105, 191, 206, 207h, 208b, 249, 259, 264, 266, 269, 272, 275, 276, 290, 299, 335, 346, 367
De Quervain : 100h

Les objets reproduits font partie des Collection arctiques du musée de l'Homme. Ils ont été rapportés par l'Expédition française sur la côte est du Groenland 1934-1935 (P.-É. Victor, R. Gessain, M. Pereze et F. Matter).
Les dessins eskimo font partie du Fonds Paul-Émile Victor de la bibliothèque du musée de l'Homme au sein de la bibliothèque centrale du Muséum national d'histoire naturelle.

Direction éditoriale
Olivia Recasens

Édition et coordination éditoriale
Gwendoline Blanchard, assistée d'Amélie Bigoni

Direction artistique et mise en pages
Enora Le Bourdonnec / Studio Humensis
Palimpseste

Prépresse
Arthur Caillard

Fabrication
Marianne Sigogne
Sandrine Sgarzi-Pavi

Imprimé par Macrolibros en Espagne
N° d'édition : 41002591-01
Dépôt légal : octobre 2022